GRUNDRISSE DES RECHTS

Matthias Herdegen · Europarecht

Europarecht

von

Dr. Matthias Herdegen

o. Professor an der
Rheinischen Friedrich-Wilhelms-Universität, Bonn

4., überarbeitete und erweiterte Auflage

Verlag C. H. Beck München 2002

Die Deutsche Bibliothek – CIP-Einheitsaufnahme

Herdegen, Matthias:
Europarecht / von Matthias Herdegen. –
4., überarb. und erw. Aufl. –
München : Beck, 2002
  (Grundrisse des Rechts)
  ISBN 3 406 49142 1

ISBN 3 406 49142 1

© 2002 Verlag C. H. Beck oHG
Wilhelmstraße 9, 80801 München
Druck und Satz: Druckerei C. H. Beck
(Adresse wie Verlag)

Gedruckt auf säurefreiem, alterungsbeständigem Papier
(hergestellt aus chorfrei gebleichtem Zellstoff)

Vorwort zur vierten Auflage

Die freundliche Aufnahme des Buches hat in recht kurzer Zeit zu einer neuen Auflage gedrängt. Zu berücksichtigen waren dabei vor allem die neue Rechtsprechung des Europäischen Gerichtshofs zu den Marktfreiheiten und der Rechtsangleichungsbefugnis der Europäischen Gemeinschaft, einzelne Rechtsetzungsakte wie die Regelungen zum Statut der Europäischen Gemeinschaft sowie die Ergebnisse des EU-Gipfels von Laeken.

Bonn, im Januar 2002   Matthias Herdegen

Vorwort zur dritten Auflage

Mit der neuen Auflage nimmt der Grundriß wesentliche Entwicklungen im Gefüge der Europäischen Union auf. Der Vertrag von Amsterdam ist am 1. Mai 1999 in Kraft getreten. Die Rechtsprechung des Europäischen Gerichtshofs hat in vielem eine Aktualisierung und Verfeinerung der Darstellung (etwa zu den Marktfreiheiten, zur Sozialpolitik oder zu den Schranken der Gemeinschaftskompetenzen) gefordert.

Vor allem mußte die Neuauflage die Ergebnisse des EU-Gipfels und der Reformkonferenz von Nizza einarbeiten. Hierzu gehören die feierlich proklamierte Charta der Grundrechte der Europäischen Union sowie die institutionellen Reformen, welche die Mitgliedstaaten im Dezember 2000 ausgehandelt haben.

Die Zielsetzung des Grundrisses ist unverändert geblieben. Das Buch will einen umfassenden Einstieg in die vielgestaltigen Regelungsmaterialien geben, die sich unter dem begrifflichen Dach des „Europarechts" zusammenfinden. Im Zentrum steht dabei das Recht der drei Europäischen Gemeinschaften, ergänzt um die Formen der Zusammenarbeit in der zweiten und dritten „Säule der Europäischen Union.

Einbezogen werden darüber hinaus auch andere Formen der institutionalisierten Zusammenarbeit, die in den letzten Jahren für ein zusammenwachsendes Europa ständig an Bedeutung gewonnen haben: das Recht des Europarates mit der Europäischen Menschenrechtskonvention, der WEU und schließlich der OSZE-Prozeß. Diese Materien stehen häufig am Rande einer Befassung mit dem Europarecht, das auch heute noch gern auf das Recht der Europäischen Union reduziert wird. Ihre Einbeziehung ist deswegen geboten, weil sie für ein Verständnis des europäischen Integrationsprozesses schlicht unentbehrlich sind. So verschafft die Kenntnis der Europäischen Menschenrechtskonvention als Keim gemeineuropäischer Verfassungsstandards dem angehenden Juristen überhaupt erst den Zugang zu wesentlichen Facetten der europäischen Rechtskultur. Die institutionelle Reform des Rechtsschutzsystems der EMRK mit dem neuen Europäischen Gerichtshof für Menschenrechte wird bald dem juristischen Grundwissen zugeordnet werden.

Das Buch wendet sich in erster Linie an Studenten. Trotz des Bemühens um eine konzentrierte Darstellung will der Band auch Wahlfachkandidaten eine solide Grundlage bieten. Dies gilt insbesondere für die Vernetzung des Europäischen Gemeinschaftsrechts mit dem Staatsrecht sowie für aktuelle Problemfelder (wie die Verwirklichung der Wirtschafts- und Währungsunion oder die Ein-wirkung von Regeln der Welthandelsordnung).

Den Mitarbeitern meines Lehrstuhls gilt der Dank für den Einsatz bei der Neubearbeitung. Frau Michaela Peters danke ich für engagierte Mitwirkung bei der Aktualisierung zahlreicher Passagen, Frau Bischoff und Frau Brennig für die Erstellung des Manuskripts. Herr Dr. Hans-Georg Dederer und Herr Referendar Stefan Barden haben sich der kritischen Durchsicht der Endfassung angenommen.

Für die – wiederum – vorzügliche Zusammenarbeit mit dem Hause C.H.Beck sei Herrn Dr. Johannes Wasmuth nachdrücklicher Dank gesagt.

Bonn, im Dezember 2000   Matthias Herdegen.

Inhaltsverzeichnis

	Seite	Rdnr.
Abkürzungsverzeichnis	XXIII	
Literaturhinweise	XXVII	

1. Teil. Grundlagen 1

§ 1. Europarecht als System vernetzter Ordnungen	1	1
I. Europarecht im engeren Sinne	1	2
II. Europarecht im weiteren Sinne	3	5
III. Die unterschiedliche Finalität der europarechtlichen Ordnungen	7	11
IV. Begriffliche Klärungen	9	13

§ 2. Europarat	11	14
I. Ziele und Struktur	11	14
II. Europarechtsabkommen	12	17

§ 3. Die Europäische Menschenrechtskonvention als gemeineuropäischer Grundrechtsstandard	15	18
I. Bedeutung der ERMK	15	18
II. Konventionsorgane	16	20
III. Verfahren	18	22
IV. Neuere Rechtsprechung des EGMR zu einzelnen Konventionsrechten	20	24
1. Autonome Auslegung der Konventionsrechte	20	24
2. Schutzpflichten aus der Konvention	23	26
3. Verbot unmenschlicher Behandlung	23	27
a) Auslieferung	24	27
b) Abschiebung	24	27
4. Schutz der Familie und der Privatsphäre	25	28

	Seite	Rdnr.
5. Meinungsfreiheit	26	29
6. Eigentumsschutz	26	30
7. Diskriminierungsverbot	29	33
8. Schranken der Konventionsrechte	29	34
V. Geltung der EMRK im innerstaatlichen Recht	31	37
VI. Die Bedeutung der EMRK für die allgemeinen Rechtsgrundsätze des Gemeinschaftsrechts	33	38
§ 4. Entwicklung der Europäischen Gemeinschaften und der Europäischen Union	37	40
I. Die Europäische Gemeinschaft für Kohle und Stahl	37	40
II. Die Römischen Verträge: Gründung der Europäischen (Wirtschafts-)Gemeinschaft	39	43
III. Der weitere Ausbau der Gemeinschaftsordnung	40	45
IV. Der Vertrag von Maastricht über die Europäische Union	42	48
1. Die Begründung der „Europäischen Union"	43	50
2. Änderung der Gemeinschaftsverträge	44	51
3. Abkommen zur Sozialpolitik	44	52
4. Erweiterung der Europäischen Union	45	53
V. Sonderentwicklungen (Abkommen von Schengen und Dublin)	45	54
VI. Vertrag von Amsterdam	45	55
VII. Vertrag von Nizza	48	59
VIII. Außenbeziehungen	49	60
1. Europäische Freihandelsassoziation und Europäischer Wirtschaftsraum	49	60
2. GATT und Welthandelsorganisation	50	61
3. Europaabkommen	50	62
4. Entwicklungspolitik	50	63

	Seite	Rdnr.
§ 5. Struktur der Europäischen Union	51	64
I. Die drei „Säulen" der Europäischen Union ..	51	64
II. Europäischer Rat als Leitorgan der Europäischen Union	52	66
III. Die Mitwirkung der Gemeinschaftsorgane in der zweiten und dritten Säule	53	67
IV. Das Verhältnis der Gemeinschaften zur Europäischen Union	54	69
V. Die Verflechtung der Gemeinschaftsverträge mit dem EU-Vertrag	56	72
VI. „Verstärkte Zusammenarbeit	56	72a
§ 6. Die Rechtsnatur der Europäischen Gemeinschaften und der Europäischen Union	58	73
I. Die Europäischen Gemeinschaften als internationale Organisationen	58	73
1. Rechtspersönlichkeit im Völkerrecht	58	73
2. Die Geltung des allgemeinen Völkerrechts	59	75
a) Bindung der Europäischen Gemeinschaften	59	75
b) Gemeinschaftsrecht und völkerrechtliche Beziehungen unter den Mitgliedstaaten	60	76
3. Rechtsfähigkeit im innerstaatlichen Rechtsverkehr	61	77
4. Vorrechte und Immunitäten	61	78
II. Die Supranationalität der Europäischen Gemeinschaften	62	79
1. Das Gemeinschaftsrecht als autonome Rechtsordnung	63	80
2. „Durchgriffswirkung" des sekundären Gemeinschatsrechts	63	81
III. Rechtsnatur der Europäischen Union	65	82
IV. Das System der Europäischen Union als „Staatenverbund"	66	84

	Seite	Rdnr.
§ 7. Verhältnis der Europäischen Gemeinschaften und der Europäischen Union zu den Mitgliedstaaten	72	88
I. Die Mitgliedstaaten als „Herren der Verträge"	72	89
II. Ausscheiden einzelner Mitgliedstaaten	74	92
III. Grundprinzipien im Verhältnis zwischen Gemeinschaften und Mitgliedstaaten	75	94
1. Pflicht zur Loyalität und Vertragstreue (Art. 10 EG)	75	94
2. Koordinierung der Wirtschaftspolitik (Art. 4 EG)	77	96
3. Diskriminierungsverbot (Art. 12 EG)	77	97
4. Subsidiaritätsprinzip	81	101
5. Schutz- und Notstandsklauseln	83	103
IV. Grundwerte der Europäischen Union	84	103a

2. Teil. Die Europäischen Gemeinschaften als Herz der Europäischen Union 85   104

	Seite	Rdnr.
§ 8. Institutionen der Europäischen Gemeinschaften	85	104
I. Überblick	85	104
1. Verklammerung der drei Gemeinschaften durch gemeinsame Organe	85	104
2. Die (Haupt-)Organe	86	105
3. Funktionsteilung im Gemeinschaftssystem	87	110
4. Sitz der Organe	88	111
5. Verwaltungspersonal	89	112
6. Interorganvereinbarungen	89	113
II. Rat der Gemeinschaften (Rat der Europäischen Union)	90	114
1. Allgemeines	90	114
2. Zusammensetzung und andere organisatorische Aspekte	91	115
a) Zusammensetzung	91	115

	Seite	Rdnr.
b) Unterstützung durch den Ausschluß der Ständigen Vertreter und das Generalsekretariat	92	116
c) Geschäftsordnung	93	117
3. Beschlußfassung	94	119
4. Aufgaben	99	124
5. Staatsrechtliche Bindungen des Ratsvertreters	100	126
a) Die Rücksicht auf Grundrechte und andere verfassungsrechtliche Standards	100	126
b) Beteiligung des Bundestages	103	129
c) Die deutsche Mitwirkung im Rat und das föderale Kompetenzgefüge	104	130
III. Kommission	106	133
1. Allgemeines	106	133
2. Zusammensetzung	107	134
3. Beschlußfassung und Geschäftsordnung	109	135
4. Aufgaben	110	136
5. Verwaltungsorganisation	112	140
IV. Europäisches Parlament	113	141
1. Allgemeines	113	141
2. Zusammensetzung und Organisation	114	143
3. Aufgaben	117	146
4. Exkurs: Politische Parteien	119	147
V. Gerichtshof	120	148
1. Allgemeines	120	148
2. Organisation und Verfahrensregeln des EuGH	121	150
3. Gericht erster Instanz	122	152
4. Die Rechtsprechung des EuGH als Integrationsfaktor	123	153
VI. Rechnungshof	124	154
VII. Nebenorgane	124	155
1. Wirtschafts- und Sozialausschuß	124	155
2. Ausschuß der Regionen	125	156

	Seite	Rdnr.
VIII. Sonstige Institutionen	125	157
1. Europäische Investitionsbank	125	157
2. Weitere rechtlich verselbständigte Institutionen zur Erfüllung der Vertragsziele	126	158
IX. Institutionelles Gleichgewicht	127	159
§ 9. Rechtsquellen des Gemeinschaftsrechts	129	160
I. Überblick	129	160
II. Primäres Gemeinschaftsrecht	130	161
1. Die Gemeinschaftsverträge und ihre zugehörigen Bestandteile als Grundordnung der Gemeinschaften	130	162
a) Tragende Strukturprinzipien	131	163
b) Vertragsänderungen	131	164
c) Unmittelbare Anwendbarkeit von Vertragsbestimmungen	133	167
2. Allgemeine Rechtsgrundsätze des Gemeinschaftsrechts	135	169
3. Charta der Grundrechte der Europäischen Union	139	174a
III. Sekundäres Gemeinschaftsrecht	143	175
1. Verordnung	143	176
2. Richtlinie	144	177
a) Gebot effektiver Umsetzung	145	180
b) Richtlinienkonforme Auslegung	147	182
c) Unmittelbare Wirkung von Richtlinien	148	183
3. Entscheidungen	151	186
4. Empfehlungen und Stellungnahmen	151	187
5. Sonstige Rechtsakte	152	188
IV. Das Prinzip der begrenzten Einzelermächtigung	152	189
1. Erfordernis einer vertraglichen Grundlage für die Verbands- und Organkompetenz	152	189
2. Ungeschriebene Gemeinschaftskompetenzen	153	191

		Seite	Rdnr.
	3. Die „Generalermächtigung" des Art. 308 EG	154	193
V.	Verfahren der Rechtsetzung	155	194
	1. Allgemeines	155	194
	2. Mitwirkung des Europäischen Parlaments	155	195
	3. Erlaß von Durchführungsvorschriften	157	199
VI.	Auslegung des Gemeinschaftsrechts und richterliche Rechtsfortbildung	159	200
VII.	Gültigkeitsvermutung für Rechtsakte der Gemeinschaftsorgane	161	202

§ 10. System des gemeinschaftlichen Rechtsschutzes 163 203
    I. Der EuGH als Garant des gemeinschaftlichen Rechtsschutzes 163 203
   II. Vertragsverletzungsverfahren 164 205
      1. Klage der Kommission 164 205
      2. Klage eines Mitgliedstaates 165 206
      3. Gegenmaßnahmen nach allgemeinen Grundsätzen des Völkerrechts 165 207
  III. Nichtigkeitsklage 165 208
      1. Allgemeines 165 208
      2. „Organstreit" 167 209
      3. Nichtigkeitsklage Einzelner 169 212
        a) Klage gegen an Dritte gerichtete Entscheidungen 169 213
        b) Klage gegen normative Rechtsakte 170 214
  IV. Untätigkeitsklage 172 218
   V. Vorabentscheidungsverfahren 173 219
      1. Gegenstand und Bedeutung 173 219
      2. Vorlageberechtigung und Vorlagepflicht ... 173 220
      3. Zweifel an der Gültigkeit des sekundären Gemeinschaftsrechts: das „Verwerfungsmonopol" des EuGH 175 221
      4. Einstweiliger Rechtsschutz 176 222

	Seite	Rdnr.
5. Bindungswirkung von Vorabentscheidungen	177	223
6. Der EuGH als gesetzlicher Richter	178	224
VI. Schadensersatzklage und Haftung der Gemeinschaften	178	225
VII. Das Maß richterlicher Ermessenskontrolle	179	226

§ 11. Gemeinschaftsrecht und nationales Recht 183 228
    I. Vorrang des Gemeinschatsrechts 183 228
    II. Haftung der Mitgliedstaaten für die Verletzung von Gemeinschaftsrecht 187 232
        1. Staatshaftung für die Nichtumsetzung von Richtlinien 187 232
        2. Die Haftung für Gesetzgebungsakte und für Verwaltungshandeln 189 235
    III. Gemeinschaftsrecht und Grundgesetz 192 238
        1. Die verfassungsrechtliche Integrationsermächtigung und ihre Schranken 192 238
        2. Die verfassungsgerichtliche Kontrolle 197 243
    IV. Bundesverfassungsgericht und Europäischer Gerichtshof 201 249
    V. Nationaler Vollzug des Gemeinschaftsrechts .. 202 251
    VI. Gemeinschaftsrechtliche Einwirkungen auf die Dogmatik des Verwaltungsrechts 206 255
    VII. Rechtsschutz gegen transnationale Verwaltungsakte 208 257

§ 12. Die Finanzverfassung der Europäischen Gemeinschaften 210 258
    I. Haushaltsplan 210 258
    II. Einnahmen und Ausgaben 212 262
        1. Haushaltseinnahmen 212 262
        2. Haushaltsausgaben 212 263
    III. Finanzielle Aktivitäten außerhalb des Haushaltes der Gemeinschaften 213 264

	Seite	Rdnr.
§ 13. Unionsbürgerschaft	215	265
I. Bedeutung	215	265
II. Freizügigkeit als Unionsbürgerrecht	216	267
III. Politische Mitwirkungsrechte	217	268
1. Kommunalwahlrecht	217	268
2. Wahl zum Europäischen Parlament	218	270
IV. Diplomatischer Schutz	219	271
§ 14. Gemeinsamer Markt und Herstellung des Binnenmarktes	221	272
I. Gemeinsamer Markt und Binnenmarkt als Leitziel wirtschaftlicher Integration	221	272
II. Instrumentarium zur Verwirklichung des Binnenmarktes	223	275
III. Völkervertragliche Regelungen: die Abkommen von Schengen und Dublin	225	277
§ 15. Marktfreiheiten	228	281
I. Die Marktfreiheiten als Pfeiler des Binnenmarktes	228	281
II. Die gemeinsame Struktur: die Marktfreiheiten als Diskriminierungs- und Beschränkungsverbot	229	282
III. Schutzrichtung	230	284
§ 16. Freier Warenverkehr	233	286
I. Abschaffung der Binnenzölle und Abgaben gleicher Wirkung	233	286
II. Verbot mengenmäßiger Beschränkungen und Maßnahmen gleicher Wirkung	233	287
1. Bedeutung für den Binnenmarkt	233	287
2. Maßnahmen gleicher Wirkung: die „*Dassonville*-Formel"	234	288
3. Die Ausgrenzung nichtdiskriminierender Verkaufsbeschränkungen vom Verbot des Art. 28 EG: die „*Keck*-Formel"	236	290

	Seite	Rdnr.
III. Rechtfertigungen für Handelsbeschränkungen	238	293
1. Immanente Schranken des Art. 28 EG: die „*Cassis de Dijon*-Formel"	239	294
2. Rechtfertigung nach Art. 30 EG	240	295
3. Verhältnismäßigkeitsprüfung	241	296
4. Der Schutz des gewerblichen und kommerziellen Eigentums	245	300
IV. Die rationalitätsstiftende Wirkung der Rechtsprechung des EuGH	249	303
V. Handelsmonopole	250	304
§ 17. Freiheiten des Personenverkehrs	252	305
I. Freizügigkeit der Arbeitnehmer	252	306
1. Gegenstand der Freizügigkeit der Arbeitnehmer	252	307
2. Drittwirkung	254	311
3. Schranken und Ausnahmen	255	312
4. Sekundärrecht	256	314
II. Niederlassungsfreiheit	260	317
1. Inhalt	260	317
2. Schranken und Ausnahmen	263	321
3. Sekundärrecht	263	322
III. Umgekehrte Diskriminierung	264	323
§ 18. Dienstleistungsfreiheit	266	324
I. Gegenstand der Dienstleistungsfreiheit	266	324
II. Zulässige Beschränkungen	268	325
III. Sekundärrecht	270	327
§ 19. Freiheit des Kapital- und Zahlungsverkehrs	273	330
§ 20. Rechtsangleichung	275	332
I. Sekundäres Gemeinschaftsrecht	275	332
II. Völkervertragliche Rechtsangleichung	279	336
§ 21. Landwirtschaft	280	337

	Seite	Rdnr.

§ 22. Wettbewerbsordnung 283   342
    I. Allgemeines 283   342
   II. Das Kartellverbot des Art. 81 EG 284   344
      1. Verbot wettbewerbsbeschränkender Verhaltensformen (Art. 81 Abs. 1 EG) 284   344
      2. Nichtigkeit verbotener Absprachen 285   344
      3. Freistellung (Art. 81 Abs. 3 EG) 286   347
  III. Mißbrauchsverbot des Art. 82 EG 287   349
  IV. Zuständigkeit und Verwaltungsverfahren 289   353
   V. Fusionskontrolle 291   356
  VI. Extraterritoriale Geltung des Wettbewerbsrechts 292   358
 VII. Öffentliche Unternehmen (Art. 86 EG) 293   359
VIII. Verhältnis des EG-Wettbewerbsrechts zum nationalen Wettbewerbsrecht 296   365
  IX. Staatliche Beihilfen 297   366
   X. Internationale Wettbewerbsordnung 299   368
  XI. Offener Netzzugang auf dem Energiesektor und in anderen Bereichen 300   369

§ 23. Handelspolitik 303   295
    I. Allgemeines 303   370
   II. Gemeinsamer Zolltarif 306   375

§ 24. Wirtschafts- und Währungspolitik: die Wirtschafts- und Währungsunion 308   377
    I. Wirtschaftspolitik 308   378
      1. Vertragliche Grundlagen 308   378
      2. Stabilitäts- und Wachstumspakt 310   380
   II. Währungspolitik 312   383
  III. Die Währungsunion als Stabilitätsgemeinschaft 313   384
  IV. Institutionelles System der Währungsunion ... 314   386
   V. Das europäische Währungssystem als Vorstufe der gemeinsamen Währung 318   390

	Seite	Rdnr.
VI. Stufenweise Verwirklichung der Wirtschafts- und Währungsunion	319	392
1. Die erste und zweite Stufe	319	393
2. Der Eintritt in die dritte Stufe	319	394
a) Die Konvergenzkriterien	320	395
b) Zeitplan und Verfahren	324	402
c) Ursprüngliche und spätere Teilnehmerstaaten	325	404
d) Mitgliedstaaten mit Ausnahme- oder Sonderstatus	326	405
e) Bindungen nach deutschem Staatsrecht	328	406
f) Nachträgliches Ausscheiden eines Teilnehmerstaates	329	409
3. Durchführung der Währungsumstellung	331	410
§ 25. Umweltpolitik	336	413
§ 26. Sozialpolitik	341	421
I. Allgemeines	341	421
II. Die Überführung des Abkommens über die Sozialpolitik in den EG-Vertrag	342	422
III. Spezielle Mechanismen der Rechtsetzung	343	423
IV. Gleichbehandlung von Männern und Frauen im Arbeitsleben	344	424
§ 27. Sonstige Politikbereiche	351	430
I. Beschäftigungspolitik	351	430
II. Verkehrspolitik	352	431
III. Bildungs- und Kulturpolitik	353	432
IV. Gesundheitspolitik	354	433
V. Verbraucherschutz	354	434
VI. Energiepolitik	355	435
VII. Industriepolitik	355	436
VIII. Regionalpolitik	355	437
IX. Forschungspolitik	356	438

	Seite	Rdnr.
§ 28. Außenbeziehungen	357	439
I. Außenkompetenzen	357	439
II. Wirkungen völkerrechtlicher Verträge im Gemeinschaftsrecht	359	442
III. Die Europäische Gemeinschaft und die Welthandelsordnung (GATT/WTO)	360	443
1. Völkerrechtliche Bindung der Europäischen Gemeinschaft	360	443
2. Anwendbarkeit der WTO-Vorschriften im Gemeinschaftsrecht	361	445
IV. Assoziationsabkommen	367	452
V. Europäischer Wirtschaftsraum	371	457
VI. Transatlantische Beziehungen	371	458

3. Teil. Intergouvernementale Zusammenarbeit und Reformperspektiven in der Europäischen Union 375 460

§ 29. Gemeinsame Außen- und Sicherheitspolitik 375 460

§ 30. Polizeiliche und justitielle Zusammenarbeit in Strafsachen 381 467

§ 31. Entwicklungsperspektiven für die Europäische Union 386 471

4. Teil. Sonstige Formen der Zusammenarbeit auf dem Gebiet der Verteidigungs- und Sicherheitspolitik 393 473

§ 32. Westeuropäische Union (WEU)	393	473
I. Die WEU als Verteidigungsbündnis und als System kollektiver Sicherheit	393	473
II. Übergang von WEU-Aufgaben auf die Europäische Union	396	477

	Seite	Rdnr.
§ 33. Organisation für Sicherheit und Zusammenarbeit in Europa (OSZE)	398	478
I. Entwicklung des KSZE-Prozesses bis hin zur OSZE	398	478
II. Institutionen	403	486
Sachverzeichnis	407	

Abkürzungsverzeichnis

a. F.	alte Fassung
aaO	am angegebenen Ort
ABl.	Amtsblatt
Abs.	Absatz
AJIL	American Journal of International Law
AKP-Staaten	Staaten des afrikanischen, karibischen und pazifischen Raums
AöR	Archiv des öffentlichen Rechts
Art.	Artikel
Aufl.	Auflage
BArbBl.	Bundsarbeitsblatt
BayVBl.	Bayerische Verwaltungsblätter
Bd.	Band
BALM	Bundesanstalt für landwirtschaftliche Marktordnung
BFH	Bundesfinanzhof
BGBl.	Bundesgesetzblatt
BGH	Bundesgerichtshof
BGHZ	Entscheidungen des Bundesgerichtshofs in Zivilsachen
Bull.BReg.	Bulletin des Presse- und Informationsamtes der Bundesregierung
BVerfG	Bundesverfassungsgericht
BVerfGE	Entscheidungen des Bundesverfassungsgerichts
BVerwG	Bundesverwaltungsgericht
BVerwGE	Entscheidungen des Bundesverwaltungsgerichts
bzw.	beziehungsweise
CMLRev.	Common Market Law Review
d. h.	das heißt
ders.	derselbe
DÖV	Die Öffentliche Verwaltung
DV	Die Verwaltung
DVBl.	Deutsches Verwaltungsblatt
EA	Europa-Archiv
EA	Vertrag zur Gründung der Europäischen Atomgemeinschaft
EAG	Europäische Atomgemeinschaft
EAGFL	Europäischer Ausrichtungs- und Garantiefonds für die Landwirtschaft

Abkürzungsverzeichnis

ECLR	European Competition Law Review
ECU	European Currency Unit (Europäische Währungseinheit)
EFTA	European Free Trade Association (Europäische Freihandelsassoziation)
EG	Europäische Gemeinschaft(en)
EGV a. F.	Vertrag zur Gründung der Europäischen Gemeinschaft in seiner durch den Vertrag von Maastricht geänderten Fassung
EGKS	Europäische Gemeinschaft für Kohle und Stahl
EGMR	Europäischer Gerichtshof für Menschenrechte
E. L. Rev.	European Law Review
EMRK	Europäische Menschenrechtskonvention (eigentlich: Konvention zum Schutze der Menschenrechte und Grundfreiheiten)
ESZB	Europäisches System der Zentralbanken
EU	Europäische Union
EU	Vertrag über die Europäische Union
EuG	Gericht erster Instanz der Europäischen Gemeinschaften
EuGH	Gerichtshof der Europäischen Gemeinschaften
EuGRZ	Europäische Grundrechte-Zeitschrift
EuGVÜ	Europäisches Gerichtsstands- und Vollstreckungsübereinkommen
EuR	Europarecht
Euratom	Europäische Atomgemeinschaft
EUV a. F.	Vertrag über die Europäische Union vom 7. Februar 1992
EuZW	Europäische Zeitschrift für Wirtschaftsrecht
EVG-Vertrag	Vertrag über die Europäische Verteidigungsgemeinschaft
EWG	Europäische Wirtschaftsgemeinschaft
EWGV	Vertrag zur Gründung der Europäischen Wirtschaftsgemeinschaft
EWI	Europäisches Währungsinstitut
EWR	Europäischer Wirtschaftsraum
EWS	Europäisches Währungssystem
EWS	Europäisches Wirtschafts- und Steuerrecht
f. (ff.)	folgende (fortfolgende)
FAO	Food and Agriculture Organization (Ernährungs- und Landwirtschaftsorganisation)
GASP	Gemeinsame Außen- und Sicherheitspolitik
GATS	General Agreement on Trade in Services (Allgemeines Abkommen über den Handel mit Dienstleistungen)

Abkürzungsverzeichnis XXV

GATT	General Agreement on Tariffs and Trade (Allgemeines Zoll- und Handelsabkommen)
gem.	gemäß
GG	Grundgesetz
GKG	Gerichtskostengesetz
GMBl.	Gemeinsames Ministerialblatt
GO	Geschäftsordnung
GOEP	Geschäftsordnung des Europäischen Parlaments
GWB	Gesetz gegen Wettbewerbsbeschränkungen
HRLJ	Human Rights Law Jounal
Hrsg.	Herausgeber
i. d. F.	in der Fassung
i. S. v.	im Sinne von
i. V. m.	in Verbindung mit
ILM	International Legal Materials
IWF	Internationaler Währungsfonds
JO	Journal Officiel
JuS	Juristische Schulung
JWT	Journal of World Trade
JZ	Juristenzeitung
KartellVO	Kartellverordnung
KS	Vertrag über die Gründung der Europäischen Gemeinschaft für Kohle und Stahl
KSZE	Konferenz über Sicherheit und Zusammenarbeit in Europa
lit.	littera (Buchstabe)
m. Anm.	mit Anmerkung
NATO	North Atlantic Treaty Organization
NJW	Neue Juristische Wochenschrift
n. F.	neue Fassung
Nr.	Nummer
NVwZ	Neue Zeitschrift für Verwaltungsrecht
NZA	Neue Zeitschrift für Arbeitsrecht
OECD	Organisation for Economic Co-operation und Development (Organisation für wirtschaftliche Zusammenarbeit und Entwicklung)
OEEC	Organisation for European Economic Co-operation
OLG	Oberlandesgericht
OSZE	Organisation für Sicherheit und Zusammenarbeit in Europa
RdA	Recht der Arbeit
RdE	Recht der Energiewirtschaft
R. G. D. I. P.	Revue Générale de Droit International Public
RMC	Revue du Marché commun et de l'Union européenne
Rn.	Randnummer

Abkürzungsverzeichnis

Rs.	Rechtssache
RUDH	Revue universelle des droits de l'homme
Rz.	Randziffer
S.	Seite
Ser.	Série; Series
Slg.	Sammlung
sog.	sogenannt(-e, -er, -es)
st. Rechtspr.	ständige Rechtsprechung
StPO	Strafprozeßordnung
str.	streitig
StWG	Gesetz zur Förderung der Stabilität und des Wachstums der Wirtschaft
TRIPS	Trade-Related Aspects of Intellectual Property
u. a.	und andere
UAbs.	Unterabsatz
UN	United Nations
UN-Charta	Charta der Vereinten Nationen
verb. Rs.	verbundene Rechtssachen
VerfO	Verfahrensordnung
VGH	Verwaltungsgerichtshof
vgl.	vergleiche
VN	Vereinte Nationen
VVDStRL.	Veröffentlichungen der Vereinigung der Deutschen Staatsrechtslehrer
VwGO	Verwaltungsgerichtsordnung
VwVfG	Verwaltungsverfahrensgesetz
WEU	Westeuropäische Union
WLR	Weekly Law Reports
WTO	World Trade Organization (Welthandelsorganisation)
WuW	Wirtschaft und Wettbewerb
ZaöRV	Zeitschrift für ausländisches öffentliches Recht und Völkerrecht
ZBB	Zeitschrift für Bankrecht und Bankwirtschaft
ZEuP	Zeitschrift für Europäisches Privatrecht
ZHR	Zeitschrift für das gesamte Handelsrecht und Wirtschaftsrecht
Ziff.	Ziffer
ZIP	Zeitschrift für Wirtschaftsrecht und Insolvenzpraxis
ZPO	Zivilprozeßordnung
ZRP	Zeitschrift für Rechtspolitik
ZUM	Zeitschrift für Urheber- und Medienrecht

Literaturhinweise

1. Lehrbücher

H.-W. Arndt, Europarecht, 4. Aufl. 1999;
B. Beutler/R. Bieber/J. Pipkorn/J. Streil, Die Europäische Union, 5. Aufl. 2001;
A. Bleckmann, Europarecht, 6. Aufl. 1997;
E. Grabitz/A. v. Bogdandy/M. Nettesheim (Hrsg.), Europäisches Außenwirtschaftsrecht, 1994;
W. Hakenberg, Grundzüge des Europäischen Gemeinschaftsrechts, 2000;
M. Herdegen, Internationales Wirtschaftsrecht, 2. Aufl. 1995;
H. P. Ipsen, Europäisches Gemeinschaftsrecht, 1972;
P. J. G. Kapteyn/P. VerLoren van Themaat, Introduction to the Law of the European Communities, 3. Aufl. 1998;
Ch. Koenig/A. Haratsch, Europarecht, 3. Aufl. 2000;
Ch. Koenig/M. Pechstein, Die Europäische Union, 3. Aufl. 2000;
Ch. Koenig/C. Sander, Einführung in das EG-Prozeßrecht, 1997;
G. Nicolaysen, Europarecht I, 1991;
G. Nicolaysen, Europarecht II, 1996;
T. Oppermann, Europarecht, 4. Aufl. 1999;
M. Schweitzer/W. Hummer, Europarecht, 5. Aufl. 1996 mit Nachtrag 1999;
R. Streintz, Europarecht, 4. Aufl. 1999;
S. Weatherhill/P. Beaumont, EU Law, 3. Aufl. 1999.

2. Kommentare/Handbücher

Ch. Calliess/M. Ruffert (Hrsg.), Kommentar zu EUV und EGV, 2. Aufl. 2001;
M. A. Dauses (Hrsg.), Handbuch des EU-Wirtschaftsrechts (Stand: Januar 1999);
J. A. Frowein/W. Peukert, Europäische Menschenrechtskonvention, 2. Aufl. 1996;
R. Geiger, EUV/EGV, 3. Aufl. 2000;
E. Grabitz/M. Hilf (Hrsg.), Das Recht der Europäischen Union (Stand: Mai 2001);
H. v. d. Groeben/J. Thiesing/C.-D. Ehlermann (Hrsg.), Kommentar zum EU-/EG-Vertrag, 5. Aufl. 1997 ff.;
K. Hailbronner/E. Klein/S. Magiera/P.-Ch. Müller-Graff, Handkommentar zum EUV/EGV (Stand: November 1998);
O. Lenz (Hrsg.), EG-Vertrag, 2. Aufl. 1999;
J. Schwarze (Hrsg.), EU-Kommentar, 2000;

H. Smit/P. E. Herzog (Hrsg.), The Law of the European Economic Community, 6 Bde. (1976 ff.).

3. Entscheidungs- und Materialsammlungen

Sammlung der Rechtsprechung des Gerichtshofs der Europäischen Gemeinschaften (Teil I: Entscheidungen des Gerichtshofs; Teil II: Entscheidungen des Gerichts erster Instanz);

Sammlung der Rechtsprechung des Europäischen Gerichtshofs für Menschenrechte (Série A/Series A);

G. A. Bermann/R. J. Goebel/W. J. Dave/E. M. Fox, Cases and Materials on European Community Law, 1993; Supplement 1995; Supplement 1998;

S. Breitenmoser, Praxis des Europarechts, 1996;

P. Craig/G. de Búrca, EU Law, 2. Aufl. 1998;

W. Hummer/B. Simma/Ch. Vedder, Europarecht in Fällen, 3. Aufl. 1999;

Ch. Koenig/M. Pechstein, Entscheidungen des Europäischen Gerichtshofs, 1998.

4. Zeitschriften und Jahrbücher

Cahiers de droit européean
Columbia Journal of European Law
Common Market Law Review
Europarecht
Europäische Grundrechte-Zeitschrift
Europäische Zeitschrift für Wirtschaftsrecht
European Law Journal
European Law Review
Recht der Internationalen Wirtschaft
Revue du Marché commun et de l'Union européenne
Revue trimestrielle de droit europin
Yearbook of European Law
Zeitschrift für ausländisches öffentliches Recht und Völkerrecht

1. Teil. Grundlagen

§ 1. Europarecht als System vernetzter Ordnungen

Das „Europarecht" bildet das begriffliche Dach für mehrere 1
rechtliche Ordnungen, die vielfältig miteinander verflochten sind.
Dabei geht es um unterschiedliche Formen der regionalen Zusammenarbeit unter europäischen Staaten auf verschiedenen Gebieten und mit einem jeweils unterschiedlichen Kreis von europäischen Mitgliedstaaten. Unterschiedlich sind auch die Mechanismen des Zusammenwirkens. Sie reichen vom bloßen Forum für die wechselseitige Konsultation über die vertragliche Bindung an gemeinsame Standards und den Organisationsrahmen verbindlicher Beschlüsse der Mitgliedstaaten bis hin zur Schaffung von mit eigenen Regelungskompetenzen ausgestatteten „supranationalen" Organisationen durch Übertragung staatlicher Hoheitsrechte. Die Vielfalt dieser zwischenstaatlichen Organisationsformen in Europa und ihre Vernetzung untereinander hat einen Grad an Komplexität erreicht, der den Zugang zu dieser Materie außerordentlich erschwert. Hinzu kommt, daß die rechtlichen Begriffe dem komplexen Entwicklungsstand mit dem Nebeneinander verschiedener Gebilde oft nicht Rechnung tragen. Zuweilen wird ein und derselbe Begriff auch mit unterschiedlichen Inhalten gefüllt. Dies beginnt schon beim Begriff des Europarechtes selbst. Eine wesentliche Aufgabe des Europarechtes als Rechtsdisziplin liegt hier in einer klaren Systematisierung.

I. Europarecht im engeren Sinne

Im Zentrum der institutionalisierten Zusammenarbeit und Integration 2
auf wirtschaftlichem und politischem Gebiet stehen die drei
europäischen Gemeinschaften:

- die Europäische Gemeinschaft für Kohle und Stahl (Montanunion) – EGKS –,
- die Europäische Gemeinschaft (früher: Europäische Wirtschaftsgemeinschaft) – EG – und
- die Europäische Atomgemeinschaft (Euratom) – EAG –

Diese drei Gemeinschaften sind durch gemeinsame Organe (Europäisches Parlament, Rat, Kommission, Gerichtshof und Rechnungshof) auf das engste miteinander verflochten. Der Maastrichter Unionsvertrag (EU) von 1992 hat den Verbund der drei Gemeinschaften durch die zwischenstaatliche Kooperation auf zwei neuen Politikfeldern ergänzt. Zugleich hat der Vertrag von Maastricht die „Europäische Union" als das gemeinsame Dach geschaffen, welches diese gesamte neue Ordnung überwölbt. Die Gemeinschaften und die neuen Formen der Zusammenarbeit werden häufig als die drei „Säulen" der Europäischen Union bezeichnet. Die drei Gemeinschaften bilden danach die erste (und wichtigste) Säule der Europäischen Union. Die Gemeinsame Außen- und Sicherheitspolitik (GASP) bildet die zweite Säule, während die polizeiliche und justitielle Zusammenarbeit in Strafsachen (früher: Zusammenarbeit in den Bereichen Justiz und Inneres) als dritter Pfeiler der Europäischen Union firmiert. Das Recht der drei Europäischen Gemeinschaften *(Gemeinschaftsrecht)* und die Normen über die neuen Formen der Zusammenarbeit im Rahmen der Europäischen Union machen das *Europarecht im engeren Sinne* aus.

3 Dabei bestehen zwischen dem Gemeinschaftsrecht und dem sonstigen Recht der Europäischen Union fundamentale strukturelle Unterschiede. Die Zusammenarbeit auf dem Gebiet der GASP und die polizeiliche und justitielle Zusammenarbeit in Strafsachen entsprechen den herkömmlichen Formen zwischenstaatlicher Kooperation auf vertraglicher Grundlage: Verbindliche Beschlüsse verpflichten unmittelbar nur die Mitgliedstaaten selbst. Das für die zweite und dritte Säule geltende Recht der Europäischen Union erreicht den einzelnen Bürger oder das einzelne Unternehmen nicht unmittelbar. Rechtswirkungen im innerstaatlichen Recht der Mitgliedstaaten, insbesondere für den Einzelnen, ergeben sich erst aus nationalen Rechtsakten, welche die getroffenen Beschlüsse in

das nationale Recht umsetzen. Für die Willensbildung entscheidende Akteure sind nicht etwa unabhängige Organe, sondern die Regierungen als Vertreter der jeweiligen Mitgliedstaaten. Deshalb spricht man hier von „intergouvernementaler" Zusammenarbeit.

Demgegenüber begründet das Gemeinschaftsrecht eine eigenständige Rechtsordnung, die nicht nur für die Mitgliedstaaten gilt, sondern auch für den Einzelnen unmittelbar Rechte und Pflichten begründet. Dies gilt sowohl für die Gründungsverträge der drei Gemeinschaften (EG-Vertrag, EAG-Vertrag, EGKS-Vertrag) selbst („primäres" Gemeinschaftsrecht) als auch das Recht, welches die Gemeinschaftsorgane auf der Grundlage der Verträge setzen („sekundäres" Gemeinschaftsrecht). Entscheidend ist dabei, daß die Mitgliedstaaten den drei Gemeinschaften Hoheitsrechte übertragen haben und dadurch den Gemeinschaftsorganen erlauben, an ihrer Stelle Regelungsgewalt auch gegenüber dem Einzelnen auszuüben (Beispiele: Erlaß der EG-Verordnung zur Fusionskontrolle, Bußgeldentscheidungen gegen Unternehmen im Wettbewerbsrecht).

II. Europarecht im weiteren Sinne

Die Konzentration des Interesses auf die Europäische Union mit den drei Gemeinschaften prägt die rechtswissenschaftliche Ausbildung. Dabei wird oft anderen Formen der institutionalisierten Zusammenarbeit in Europa nicht die gebührende Beachtung geschenkt. Sie gehören zum Europarecht im weiteren Sinne. Die Einbeziehung neben der Europäischen Union stehender Organisationen zwischenstaatlicher Zusammenarbeit in Europa (insbesondere: Europarat mit der Europäischen Menschenrechtskonvention, Westeuropäische Union und OSZE sowie Europäische Freihandelsassoziation) ist schon deswegen geboten, weil das Vertragssystem der Europäischen Union selbst immer wieder darauf Bezug nimmt. Die Entwicklung des Gemeinschaftsrechts und der Europäischen Union läßt sich ohne den Blick über das Europarecht im engeren Sinne hinaus überhaupt nicht verstehen.

6   Der 1949 gegründete *Europarat* bildete zunächst eine vom gemeinsamen geistesgeschichtlichen Erbe geprägte Wertegemeinschaft „westlich" orientierter Staaten Europas (siehe hierzu § 2). Durch die Aufnahme zahlreicher Staaten aus dem früheren „Ostblock" ist der Europarat zu einem gesamteuropäischen Forum auf der Grundlage eines gemeinsamen Bestandes an rechtsstaatlichen und demokratischen Strukturprinzipien geworden. Die Europäische Gemeinschaft „führt jede zweckdienliche Zusammenarbeit mit dem Europarat herbei" (Art. 303 EG). Im Rahmen des Europarates wurde ein wichtiger Baustein für einen gemeinsamen europäischen Grundrechtsstandard geschaffen: die *Europäische Konvention zum Schutze der Menschenrechte und Grundfreiheiten* (EMRK) mit einer Reihe von späteren Protokollen (siehe hierzu § 3). Für die Entwicklung eines ungeschriebenen Grundrechtsstandards im Gemeinschaftsrecht spielt die EMRK eine prägende Rolle. Seit Jahrzehnten alimentiert die EMRK die Herausbildung allgemeiner Rechtsgrundsätze zum Schutz des Einzelnen durch die Rechtsprechung des Gerichtshofs der Europäischen Gemeinschaft (EuGH). Der Maastrichter Unionsvertrag bekennt sich ausdrücklich zur Achtung des in der Konvention niedergelegten Grundrechtsstandards (Art. 6 Abs. 2 EU).

7   Die *Westeuropäische Union* (WEU), im Kern eine Verteidigungsallianz westeuropäischer Staaten, hat nach der Überwindung des Ost-West-Konflikts friedenssichernde Funktionen im Dienste der gesamteuropäischen Sicherheit übernommen und ist so in die Rolle einer Regionalorganisation im Sinne des VIII. Kapitels der UN-Charta hineingewachsen (hierzu § 32). Eine Schlüsselrolle spielt die WEU als europäische „Schwesterorganisation" der NATO bei der Schaffung einer europäischen Verteidigungsidentität und für die Verwirklichung einer gemeinsamen Sicherheitspolitik im Rahmen der Europäischen Union. Der Maastrichter Unionsvertrag bezeichnet die WEU ausdrücklich als „integralen Bestandteil der Entwicklung der Europäischen Union" (Art. 17 Abs. 1 UAbs. 2 EU).

8   Das Bemühen um eine europäische Sicherheitsarchitektur steht im Zentrum der *Organisation für Sicherheit und Zusammenarbeit in Europa* (OSZE, der früheren Konferenz für Sicherheit und Zu-

sammenarbeit in Europa – KSZE). Der mit der Schlußakte von Helsinki (1975) angestoßene KSZE-Prozeß hat durch die politische und wirtschaftliche Transformation in Osteuropa neue Impulse erfahren. Das gemeinsame Bekenntnis der Teilnehmerstaaten zu den Prinzipien von Rechtsstaatlichkeit, Demokratie, Pluralismus und Marktwirtschaft hat in der Charta von Paris für ein neues Europa von 1990 eindrucksvoll Niederschlag gefunden. Die Bestimmungen des Maastrichter Unionsvertrages verweisen bei den Zielen der GASP auf die Schlußakte von Helsinki und die Charta von Paris (Art. 11 Abs. 1 EU).

Auf wirtschaftlichem Gebiet ist die als Alternative zu den Europäischen Gemeinschaften im Jahre 1960 von Nicht-EG-Staaten gegründete *Europäische Freihandelsassoziation* (EFTA) völlig in den Sog des Gemeinschaftssystems und der Europäischen Union geraten. Die Mitgliedstaaten der Rest-EFTA gehören (mit Ausnahme der Schweiz) dem *Europäischen Wirtschaftsraum* (EWR) an, der weitgehend von den Grundprinzipien des EG-Vertrages regiert wird.

Die Organisation für Europäische Wirtschaftliche Zusammenarbeit (*Organisation for European Economic Co-operation* – OEEC) wurde im Jahre 1948 als Reaktion auf den Marshall-Plan der Vereinigten Staaten gegründet und mutierte im Jahre 1961 zur Organisation für wirtschaftliche Zusammenarbeit und Entwicklung (*Organisation for Economic Co-operation and Development* – OECD). Die OECD ist weit über den europäischen Rahmen hinaus gewachsen und zu einem Forum der wirtschaftlichen Zusammenarbeit der 29 wichtigsten Industrieländer der westlichen Welt geworden. Mitglieder sind Australien, Belgien, Dänemark, Deutschland, Finnland, Frankreich, Griechenland, Großbritannien, Irland, Island, Italien, Japan, Kanada, Luxemburg, Mexiko, Neuseeland, Niederlande, Norwegen, Österreich, Polen, Portugal, Schweden, Schweiz, Spanien, Südkorea, Tschechien, Türkei, Ungarn und die Vereinigten Staaten.

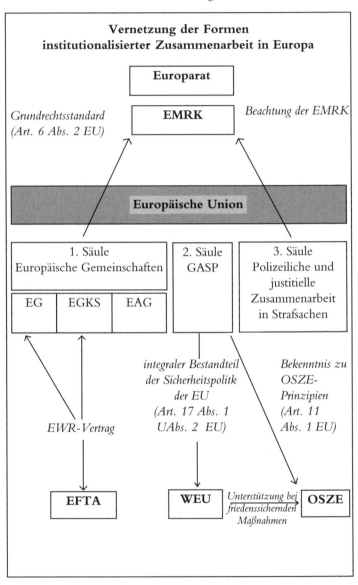

III. Die unterschiedliche Finalität der europarechtlichen Ordnungen

Die einzelnen Rechtsordnungen, die sich unter dem Dach des 11
Systembegriffs „Europarecht im weiteren Sinne" zusammenfinden,
werden von einer eigenen Finalität bestimmt. Der Europarat steht
in einer „paneuropäischen Tradition", welche auf der Grundlage
einer geistesgeschichtlichen Einheit die Staaten Europas zu ihrer
Kooperation zusammenführen läßt. Der Gedanke einer Wertegemeinschaft als Grundlage rechts- und sozialstaatlicher Prinzipien
überbrückt dabei die beachtliche Heterogenität, welche unter den
Mitgliedstaaten auf politischem und wirtschaftlichem Sektor besteht. Bei einzelnen Staaten des früheren „Ostblocks" läßt sich die
Aufnahme in den Europarat als Unterstützung schwieriger Transformationsprozesse und als Prämie für die stete Annäherung an
diese Prinzipien (im Vorgriff auf deren völlige Umsetzung in die
Rechtswirklichkeit) deuten.

Wesentlich anspruchsvoller ist das mit der Montanunion und
den anderen Europäischen Gemeinschaften begründete System einer „Integration" durch die Schaffung überstaatlicher Organe, die
einen eigenständigen, von der Gesamtheit der Mitgliedstaaten lösbaren Willen bilden und in einzelnen Bereichen die Hoheitsgewalt
der Mitgliedstaaten nach innen, gegenüber dem Einzelnen, zu verdrängen vermögen. Die Bündelung nationaler Hoheitsrechte und
deren Aufgehen in einer sektoral immer weiter ausgreifenden „Gemeinschaftsgewalt" ist bis heute gegenständlich begrenzt.

Im Gegensatz zu den von gemeinsamen geistesgeschichtlichen 12
Wurzeln getriebenen Einigungsbestrebungen ist das System der Europäischen Gemeinschaften lange von der Rückbindung an wirtschaftspolitische Zielsetzungen bestimmt gewesen. Diese funktional
begrenzte Finalität ist von den Mitgliedstaaten aber nie als letzter
Zweck verstanden worden, sondern hat stets auch als Vehikel für
eine umfassendere Vernetzung nationaler Politiken gedient. Die
Präambel des EGKS-Vertrages bekundet die „Überzeugung, daß
der Beitrag, den ein organisiertes und lebendiges Europa für die

Zivilisation leisten kann, zur Aufrechterhaltung friedlicher Beziehungen unerläßlich ist". Die Gründungsstaaten der Europäischen [Wirtschafts-]Gemeinschaft bekennen den festen Willen, die „Grundlagen für einen immer engeren Zusammenschluß der europäischen Völker zu schaffen" (Präambel des EG-Vertrages). Hinter der wirtschaftlichen Integration stand immer das Bemühen, durch die Rückwirkung auf andere Bereiche den „*spill-over-Effekt*" in eine engere politische Zusammenarbeit münden zu lassen.

Die Rechtsprechung des EuGH hat mit der Entwicklung allgemeiner Rechtsgrundsätze auf der Grundlage der gemeinsamen Verfassungsüberlieferungen der Mitgliedstaaten und der Europäischen Menschenrechtskonvention seit langem die wirtschaftliche Integration in Beziehung zu einem gemeineuropäischen Standard im Grundrechtsbereich gesetzt. Die Mitgliedstaaten der Europäischen Union betonen die Geltung „demokratischer Grundsätze" für ihre Regierungssysteme (Art. 6 Abs. 1 EU). Die Gegenüberstellung von Europa als geistesgeschichtlicher Wirkungseinheit einerseits und bloß funktionaler Integration andererseits spiegelt so seit jeher eine nur selektive Wahrnehmung der europarechtlichen Entwicklung wider.

Der entscheidende Brückenschlag zur politischen Integration liegt in der Verwirklichung der Währungsunion, die der EG-Vertrag im Sinne eines bindenden Zeitplanes vorsieht. Die Vergemeinschaftung der Währungspolitik mit einer einheitlichen europäischen Währung und dem Zwang zu hoher Haushaltsdisziplin zieht mittelbar eine Vielzahl neuer Politikbereiche in den Sog der Integration. Die Verwirklichung der Währungsunion mit dem Primat der Währungsstabilität läßt sich mit nur leichter Überspitzung als Grundnorm der Gemeinschaftsordnung begreifen, weil sie bislang offene Abwägungsprozesse im Sinne der privilegierten Berücksichtigung der Preisstabilität steuert (s. Art. 105 Abs. 1 Satz 1 EG). Die Einführung einer neuen Unionsbürgerschaft (Art. 17 ff. EG) als Grundlage einer umfassenden Mobilitätsgarantie und der Einräumung politischer Mitwirkungsrechte wird es langfristig erforderlich machen, Erwerb und Verlust der Staatsangehörigkeit der Mitgliedstaaten zu harmonisieren. Damit würde sich sogar das

Staatsvolk als personales Substrat der einzelnen Staaten dem Regelungszugriff des Gemeinschaftssystems erschließen.

IV. Begriffliche Klärungen

Das Nebeneinander europäischer Organisationen und europäischer Institutionen mit oft ähnlich lautenden Bezeichnungen birgt die Gefahr begrifflicher Verwirrung. Zusätzliche Konfusion stiften die Praxis innerhalb der Europäischen Gemeinschaften und unpräziser Sprachgebrauch in den Medien. Deswegen erscheint hier besondere begriffliche Klärung angezeigt. 13

Die *Europäische Union* ist streng von den drei *Europäischen Gemeinschaften* zu unterscheiden. Die Europäische Union bildet das begriffliche Dach für die drei Europäischen Gemeinschaften („erste Säule" der Europäischen Union) und die daneben bestehenden Formen der Zusammenarbeit auf den Politikfeldern der zweiten und dritten „Säule".

Die drei Europäischen Gemeinschaften bilden das Herzstück der Europäischen Union („erste Säule"). Die frühere „Europäische Wirtschaftsgemeinschaft" firmiert heute schlicht als „Europäische Gemeinschaft" (Art. 1 EG). Diese neue Bezeichnung für *eine* der drei „Europäischen Gemeinschaften" hat anfangs für eine gewisse Unklarheit gesorgt.

Der *Rat der Europäischen Gemeinschaften* nennt sich seit einiger Zeit „*Rat der Europäischen Union*", obwohl er eigentlich (nur) Organ der drei Europäischen Gemeinschaften ist. Allerdings fungiert der Rat auch als Beschlußgremium im Rahmen der zweiten und dritten „Säule" der Europäischen Union. Da der Rat der Europäischen Gemeinschaften („Rat der Europäischen Union") grundsätzlich in der Zusammensetzung der jeweiligen Fachminister tagt, wird dieses Organ landläufig oft als „Ministerrat" bezeichnet.

Der *Europäische Rat* ist das oberste Beschlußgremium der Europäischen Union; er setzt sich aus den Staats- und Regierungschefs der Mitgliedstaaten und dem Präsidenten der Europäischen Kommission zusammen (Art. 4 EU). Der *Europäische Rat* ist von der internationalen Organisation *Europarat* zu unterscheiden.

Literatur: *D. M. Curtin,* Postnational democracy – The European Union in search of a political philosophy, 1997; *J. Isensee* (Hrsg.), Europa als Idee und rechtliche Form, 2. Aufl., 1994; *T. Oppermann,* Der Europäische Traum zur Jahrhundertwende, JZ 1999, S. 317 ff.; *C. Tomuschat,* Das Endziel der europäischen Integration -- Maastricht ad infinitum?, DVBl. 1996, S. 1073 ff.

§ 2. Europarat

I. Ziele und Struktur

Der Europarat bildet eine 1949 gegründete internationale Organisation mit Sitz in Straßburg. Seine Aufgabe ist es, „eine engere Verbindung zwischen seinen Mitgliedern zum Schutze und zur Förderung der Ideale und Grundsätze, die ihr gemeinsames Erbe bilden, herzustellen und ihren wirtschaftlichen und sozialen Fortschritt zu fördern" (Art. 1 *lit.* a der Europaratssatzung). Erfüllt werden soll diese Aufgabe „durch Beratung von Fragen von gemeinsamem Interesse, durch den Abschluß von Abkommen und durch gemeinschaftliches Vorgehen auf wirtschaftlichem, sozialem, kulturellem und wissenschaftlichem Gebiet und auf den Gebieten des Rechts und der Verwaltung sowie durch den Schutz und die Fortentwicklung der Menschenrechte und Grundfreiheiten" (Art. 1 *lit.* b der Satzung). 14

Mittlerweile gehören dem Europarat 43 Mitgliedstaaten an: Albanien, Andorra, Armenien, Aserbeidschan, Belgien, Bulgarien, Dänemark, Deutschland, Estland, Finnland, Frankreich, Georgien, Griechenland, Großbritannien, Irland, Island, Italien, Kroatien, Lettland, Liechtenstein, Litauen, Luxemburg, Malta, frühere Jugoslawische Republik von Mazedonien, Moldavien, Niederlande, Norwegen, Österreich, Polen, Portugal, Rumänien, Rußland, San Marino, Schweden, Schweiz, Slowakei, Slowenien, Spanien, Tschechien, Türkei, Ukraine, Ungarn, Zypern.

Alle Mitglieder bekennen sich zum „Grundsatz der Vorherrschaft des Rechts" und zur Anerkennung von Menschenrechten und Grundfreiheiten (Art. 3 Satz 1 der Satzung). Jeder europäische Staat, der diese Voraussetzung erfüllt und bereit ist, an den satzungsmäßigen Aufgaben mitzuwirken, kann vom Ministerkomitee eingeladen werden, Mitglied des Europarates zu werden (Art. 4 Satz 1 der Satzung). Die Aufnahme der meisten Staaten des früheren „Ostblocks" einschließlich Rußlands und anderer europäischer 15

Nachfolgestaaten der Sowjetunion hat dem Europarat eine neue Bedeutung als gesamteuropäisches Forum verliehen. Dabei ist die Aufnahme in den Europarat zu einer Art Gütesiegel für Demokratie und Rechtsstaatlichkeit geworden. Hier verfährt der Europarat allerdings nicht immer ganz konsequent (Aufnahme Albaniens, Bulgariens, Rumäniens und Rußlands einerseits und das unter Vorbehalt gestellte Aufnahmeangebot an Kroatien andererseits, das erst im November 1996 endgültig Mitglied geworden ist).

Bei schwerwiegender Mißachtung der in Art. 3 der Satzung genannten Grundsätze kann das Ministerkomitee einem Mitgliedstaaten das Recht auf Vertretung vorläufig entziehen und ihn zum Austritt auffordern; als schärfstes Mittel kann das Komitee den Ausschluß des Mitgliedstaates beschließen (Art. 8). Wegen der Menschenrechtsverletzungen in Tschetschenien hat die Beratende Versammlung die Mitwirkungsrechte der russischen Abgeordneten – auf unsicherer Rechtsgrundlage – zeitweise suspendiert und das Menschenrechtskomitee aufgefordert, die Mitgliedschaftsrechte (vorläufig) auszusetzen (EuGRZ 2000, S. 189).

16 Organe des Europarates sind das Ministerkomitee und die Beratende Versammlung (Art. 10 der Satzung). Das *Ministerkomitee* (Art. 13 ff. der Satzung) nimmt im Namen des Europarates Exekutivaufgaben wahr. In diesem Organ ist jedes Mitglied durch seinen Außenminister oder einen besonders Beauftragen vertreten (Art. 14 der Satzung). Die *Beratende Versammlung* (Art. 22 ff. der Satzung) bringt – wegweisend für die Entwicklung internationaler Organisationen – das parlamentarische Element in das Europaratssystem ein. Das Parlament eines jeden Vertragsstaates entsendet die für den jeweiligen Staat festgelegte Zahl von Vertretern (zwischen zwei und 18 parlamentarischen Vertretern).

Das Ministerkomitee und die Beratende Versammlung treffen die wichtigen Beschlüsse grundsätzlich mit einer Mehrheit von zwei Dritteln (Art. 20 *lit.* c und d, 29 der Satzung).

II. Europaratsabkommen

17 Den wichtigsten multilateralen Vertrag im Rahmen des Europarates bildet die Europäische Menschenrechtskonvention von 1950 (mit bislang 11 Protokollen). Als weitere Europaratsabkommen sind insbesondere das Europäische Niederlassungsabkommen von 1955 (BGBl. 1959 II, S. 997), das Europäische Übereinkommen über die friedliche Beilegung von Streitigkeiten von 1957 (BGBl. 1961 II, S. 81), die Europäische Sozialcharta von 1961 (BGBl. 1964 II, S. 1261; revidierte Fassung von 1996 noch nicht in Kraft), das Europäische Übereinkommen über Staatenimmunität von 1972 (BGBl. 1990 II, S. 34), das Europäische Übereinkommen zur Bekämpfung des Terrorismus von 1977 (BGBl. 1978 II, S. 321), das Europäische Übereinkommen zur Verhütung von Folter und unmenschlicher oder erniedrigender Behandlung oder Strafe von 1987 (BGBl. 1989 II, S. 946) sowie das Rahmenübereinkommen zum Schutz von Minderheiten von 1995 (BGBl. 1997 II, S. 1408) zu nennen. Jüngere Europaratsabkommen beziehen sich auf die Schranken der Biomedizin (Übereinkommen zum Schutz der Menschenrechte und der Menschenwürde im Hinblick auf die Anwendung von Biologie und Medizin, ILM 36 [1997], S. 817; Zusatzprotokoll über das Verbot des Klonens von menschlichen Lebewesen, ILM 36 [1997], S. 1415) sowie die Staatsangehörigkeit (Europäische Konvention zur Staatsangehörigkeit von 1997, ILM 37 [1998], S. 44).

Von den Europaratskonventionen ist die Europäische Charta der Regional- oder Minderheitensprachen von 1992 (BGBl. 1998 II, S. 1314) Gegenstand einer interessanten Entscheidung des französischen Verfassungsrats geworden. Der Verfassungsrat sieht in den speziellen Rechten für sprachliche Minderheiten im amtlichen Sprachgebrauch eine Verletzung der Verfassungsprinzipien der Unteilbarkeit der Republik, der Gleichheit vor dem Gesetz und der Einheit des französischen Volkes (Conseil constitutionnel, Entscheidung vom 15. 6. 1999, No. 99–412 DC, JO vom 18. 6. 1999, S. 8964). Aufschlußreich ist diese Entscheidung auch deswegen, weil manche französischen Kritiker in der Charta mit dem besonderen Schutz von Regional- oder Minderheitensprachen eine Aushöhlung der nationalen Identität sowie eine Gefährdung eines gemeinsamen Kulturguts sehen und dabei den Einfluß deutscher Vorstellungen von regionaler Vielfalt diagnostizieren.

1. Teil. Grundlagen

Literatur: *R. Alleweldt,* Präventiver Menschenrechtsschutz – Ein Blick auf die Tätigkeit des Europäischen Komitees zur Verhütung von Folter und unmenschlicher oder erniedrigender Behandlung oder Strafe (CPT), EuGRZ 1998, S. 245 ff.; *H.-J. Bartsch,* Council of Europe – Legal Co-operation in 1993, Yearbook of European Law 13 (1993), S. 527 ff.; *J. L. Bourban,* Le Conseil de l'Europe, 1985; *T. M. Buchsbaum,* The Council of Europe and the CSCE: Partners in Leadership?, European Yearbook Bd. 40 (1992), S. 7 ff.; *K. Carstens,* Das Recht des Europarats, 1956; *U. v. Holtz,* 50 Jahre Europarat, 2000; *H. Klebes,* Rahmenübereinkommen des Europarats zum Schutz nationaler Minderheiten, EuGRZ 1995, S. 262 ff.; *A. Laufs,* Menschenrechtsübereinkommen zur Biomedizin und das deutsche Recht, NJW 1997, S. 776 ff.; *M. Weckerling,* Der Durchführungsmechanismus des Rahmenübereinkommens des Europarates zum Schutz nationaler Minderheiten, EuGRZ 1997, S. 605 ff.

§ 3. Die Europäische Menschenrechtskonvention als gemeineuropäischer Grundrechtsstandard

I. Bedeutung der EMRK

Auf der Grundlage eines Entwurfes der Beratenden Versammlung des Europarates wurde 1950 in Rom die Europäische Menschenrechtskonvention (EMRK) unterzeichnet. Sie ist im Jahr 1953 nach der Ratifizierung durch zehn Staaten in Kraft getreten. 41 Mitgliedstaaten des Europarates einschließlich Rußlands (Ratifikation am 5. Mai 1998) sind Vertragsstaaten der Konvention. Die Europäische Menschenrechtskonvention gewährleistet elementare Menschenrechte (Recht auf Leben, Folterverbot, Verbot von Sklaverei und Zwangsarbeit), den Schutz persönlicher Freiheit, Justizgrundrechte (rechtsstaatliche Verfahrensgarantien), besondere Freiheitsrechte (Schutz der Privatsphäre, Gewissens- und Religionsfreiheit, freie Meinungsäußerung, Versammlungs- und Vereinsfreiheit) sowie das Recht auf Ehe und Familie. Ergänzt worden sind diese Gewährleistungen durch eine Reihe von Zusatzprotokollen, die (für die ihnen beigetretenen Staaten) weitere Garantien enthalten. Von besonderer Bedeutung ist etwa das Protokoll Nr. 1, mit dem der Schutz des Eigentums gewährleistet ist (Art. 1), und das Protokoll Nr. 6 mit dem Verbot der Todesstrafe (Art. 1). 18

Die überragende Bedeutung der Europäischen Menschenrechtskonvention für die Entwicklung des internationalen Menschenrechtsschutzes liegt darin, daß damit zum ersten Mal effektive Durchsetzungsmechanismen für den Menschenrechtsschutz auf internationaler Ebene im Rahmen eines justizförmig geordneten Verfahrens geschaffen worden sind. Die Spruchpraxis der Konventionsorgane mit der behutsam-dynamischen Auslegung und Fortentwicklung der einzelnen Gewährleistungen hat aus der EMRK eine Art gemeineuropäischen Grundrechtsstandard geformt. Der Beitritt zahlreicher osteuropäischer Staaten einschließlich Rußlands 19 stellt die Einhaltung eines gleichbleibend hohen Schutzniveaus ebenso vor große Herausforderungen wie die neuen Mitgliedstaaten selbst, die ihre Rechtsordnung den vielfach sehr subtilen Konventionsstandards anzugleichen haben. In der jüngeren Rechtsprechung findet die Befürchtung, die Konventionsstandards könnten abgesenkt werden, keine Grundlage. Wohl aber praktiziert der Europäische Gerichtshof für Menschenrechte eine kluge Rücksichtnahme auf zeitgeschichtliche Herausforderungen bei der rechtsstaatlichen Transformation neuer Konventionsstaaten (siehe etwa zum Verbot politischer Beteiligung für Polizeibeamte in Ungarn EGMR, *Rekvényi ./. Ungarn,* NVwZ 2000, S. 421).

In den Mitgliedstaaten, in denen eine verfassungsgerichtliche Kontrolle von Gesetzen ganz fehlt oder nur schwach ausgeprägt ist (wie in Frankreich, wo der Verfassungsrat Gesetze nur vor sicherer Verkündung überprüfen kann), spielt der Rechtsschutz nach der EMRK die Rolle einer Art Ersatz-Verfassungsgerichtsbarkeit (siehe zur Kontrolle eines französischen Parlamentsgesetzes EGMR, *Chassagnou ./. Frankreich,* RUDH 1999, S. 17).

Die Vertragsstaaten müssen auch bei der Übertragung von Hoheitsrechten auf internationale Organisationen die Einhaltung der Konventionsstandards sicherstellen. Das ist für die Mitgliedschaft in den Europäischen Gemeinschaften von großer Bedeutung (unten IV.). Bei der vertraglichen Einschränkung nationaler Gerichtsbarkeit durch Immunitätsgewährung für internationale Organisationen muß der nach Art. 6 EMRK gebotene Rechtsschutz durch angemessene Mechanismen der justizförmigen Streitbeilegung (etwa Schiedsverfahren) garantiert sein (s. zu arbeitsrechtlichen Ansprüchen gegen die Europäische Weltraumorganisation ESA EGMR, *Waiter u.a. ./. Deutschland,* EuGRZ 1999, S. 207).

II. Konventionsorgane

20 Ursprünglich war das Rechtsschutzsystem der Konvention zweistufig ausgestaltet. Mit der *Europäischen Kommission für Menschenrechte* (EKMR) und dem *Europäischen Gerichtshof für Menschenrechte* (EGMR)

§ 3. Die Europäische Menschenrechtskonvention

in Straßburg waren zwei (quasi-)richterliche Organe geschaffen worden, deren Funktionsweise einen ähnlich ausdifferenzierten Rechtsschutz gewährleistete, wie er aus dem innerstaatlichen Recht bekannt ist. Die Kommission hatte bei der Behandlung von Beschwerden eine wichtige Filter- und Vermittlungsfunktion. Das Verfahren vor der Kommission (die eine Beschwerde auch verbindlich zurückweisen konnte) war stets einer endgültigen Entscheidung durch den Gerichtshof vorgelagert. Die Zweistufigkeit dieses Rechtsschutzsystems (in dem neben dem Gerichtshof auch das *Ministerkomitee* des Europarates eine subsidiäre Zuständigkeit hatte) hat sich für die Bewältigung der Verfahrensflut als zu schwerfällig erwiesen.

Das 11. Protokoll zur EMRK (BGBl. 1995 II, S. 578) gestaltet **21** das Rechtsschutzsystem der Konvention grundlegend um (hierzu *R. Bernhardt*, Reform of the Control Machinery under the European Convention on Human Rights: Protocol No. 11, AJIL 89 [1995], S. 145 ff.; *J. Meyer-Ladewig*, Ein neuer ständiger Europäischer Gerichtshof für Menschenrechte, NJW 1995, S. 2813 ff.; *H. Schermers*, The Eleventh Protocol to the European Convention on Human Rights, E.L. Rev. 19 [1994], S. 367 ff.).

Das Protokoll sieht vor, daß Kommission und bisheriger Gerichtshof zu einem einheitlichen Organ verschmelzen: dem neuen ständigen *Europäischen Gerichtshof für Menschenrechte* (Art. 19 EMRK). Dieser Gerichtshof hat im November 1998 seine Tätigkeit aufgenommen. Die Zahl der (nunmehr hauptamtlichen) Richter entspricht der Zahl der Konventionsstaaten (Art. 20 EMRK). Das neue System kennt drei verschiedene Spruchkörper (Art. 27 EMRK): *Ausschüsse* mit drei Richtern (zur Vorprüfung von Individualbeschwerden), *Kammern* mit sieben Richtern (Regelzuständigkeit für substanzhaltige Individualbeschwerden und für Staatenbeschwerden) und die *Große Kammer* mit siebzehn Richtern (für die Entscheidung wichtiger Rechtsfragen). Das Plenum ist für organisatorische Fragen zuständig (Art. 26 EMRK).

Neben dem neuen Gerichtshof besteht weiterhin das Ministerkomitee des Europarates als Konventionsorgan mit „politischem Einschlag". Das Ministerkomitee kann beim Gerichtshof die Erstattung eines Rechtsgutachtens zu Konventionsfragen beantragen

(Art. 47 EMRK). Es wacht über die Durchführung von endgültigen Urteilen des Gerichtshofs (Art. 46 Abs. 2 EMRK).

III. Verfahren

22 Ein Verfahren vor dem Gerichtshof kann durch jeden Vertragsstaat eingeleitet werden, welcher die angebliche Verletzung der Konvention durch einen anderen Vertragsstaat rügt (*Staatenbeschwerde* gemäß Art. 33 EMRK).

Daneben kann sich jede natürliche Person, nicht-staatliche Organisation oder Personenvereinigung mit der sog. *Individualbeschwerde* an den Gerichtshof wenden und die Verletzung eines Konventionsrechts durch einen Mitgliedstaat rügen (Art. 34 EMRK). Die Individualbeschwerde ist in der Entwicklung des Menschenrechtsschutzes etwas geradezu Revolutionäres. Denn damit wird dem Einzelnen die Möglichkeit eröffnet, auf internationaler Ebene, im Rahmen eines völkerrechtlichen Vertrages, vor unabhängigen Organen Rechtsschutz selbst gegen seinen eigenen Heimatstaat zu suchen. Mit der vertraglichen Anerkennung dieser Beschwerdemöglichkeit unterwirft sich der jeweilige Mitgliedstaat der Möglichkeit, sogar von seinen eigenen Staatsangehörigen durch ein zwischenstaatliches Organ zur Rechenschaft gezogen zu werden. Nach der Reform des Konventionssystems durch das 11. Protokoll bedarf es keiner besonderen Unterwerfungserklärung der Konventionsstaaten im Hinblick auf die Individualbeschwerde mehr.

Eine Individualbeschwerde wird vorab von einem Ausschuß auf seine *Zulässigkeit* geprüft (Art. 28 EMRK). Diese Prüfung erstreckt sich zunächst auf die Einhaltung der verfahrensmäßigen Vorschriften. Hierzu gehört die Erschöpfung des innerstaatlichen Rechtsweges und die Sechs-Monatsfrist nach der endgültigen innerstaatlichen Entscheidung (Art. 35 Abs. 1 EMRK). Unzulässig sind aber auch mit der Konvention unvereinbare Beschwerden (etwa die Berufung auf ein nicht in der EMRK gewährleistetes Recht oder der Bezug auf einen noch nicht von der Bindung an die Konvention erfaßten Zeitraum) sowie offensichtlich unbegründete oder mißbräuchliche Beschwerden (Art. 35 Abs. 3 EMRK). Ein (ein-

§ 3. Die Europäische Menschenrechtskonvention

stimmiger) Verwerfungsbeschluß des Ausschusses ist endgültig (Art. 28 Satz 2 EMRK).

Wenn ein Ausschuß eine Individualbeschwerde nicht als unzulässig verworfen hat, entscheidet grundsätzlich eine Kammer (Art. 29 EMRK). Eine Kammer kann eine Rechtssache an die Große Kammer abgeben, wenn es um bedeutsame Auslegungsfragen geht oder wenn die Entscheidung zu einer Abweichung von früherer Rechtsprechung führen kann; eine solche Abgabe an die Große Kammer steht unter dem Vorbehalt, daß keine Partei widerspricht (Art. 30 EMRK). Diese Widerspruchsmöglichkeit einer Partei ist höchst problematisch. Sie beeinträchtigt die Gewährleistung einer einheitlichen Rechtsprechung durch die Große Kammer. Daneben schadet der Widerspruchsvorbehalt der Prozeßökonomie. Denn eine Partei kann ohnehin nach Ergehen des Urteils der Kammer die Verweisung an die Große Kammer beantragen (Art. 43 Abs. 1 EMRK). Dann entscheidet ein Richterausschuß der Großen Kammer über die Annahme des Verweisungsantrages (Art. 43 Abs. 2 EMRK). Für die Annahme kommt es darauf an, ob die Rechtssache wichtige Fragen der Auslegung oder Anwendung der Konvention (oder der Protokolle) oder sonst eine Frage von schwerwiegender Bedeutung aufwirft. Bei Annahme des Verweisungsantrages entscheidet die Große Kammer die Sache durch Urteil (Art. 43 Abs. 3 EMRK).

Bei für zulässig erklärten Beschwerden tritt der Gerichtshof in die erforderlichen Ermittlungen ein (Art. 38 Abs. 1 *lit.* a EMRK) und hält sich mit dem Ziel einer gütlichen Einigung auf der Grundlage der Konventionsstandards zur Verfügung der Parteien (Art. 38 Abs. 1 *lit.* b EMRK). Im Falle einer gütlichen Einigung streicht der Gerichtshof die Rechtssache durch eine kurze Entscheidung (mit Angabe des Sachverhalts und der erzielten Lösung) aus seinem Register (Art. 39 EMRK).

Im Falle einer Konventionsverletzung kann der Gerichtshof gemäß Art. 41 EMRK dem Verletzten eine Entschädigung als Wiedergutmachung für erlittene (materielle und immaterielle) Schäden zubilligen. Die Rechtsprechung des EGMR macht von dieser Möglichkeit in beachtlichem Umfang Gebrauch.

20 1. Teil. Grundlagen

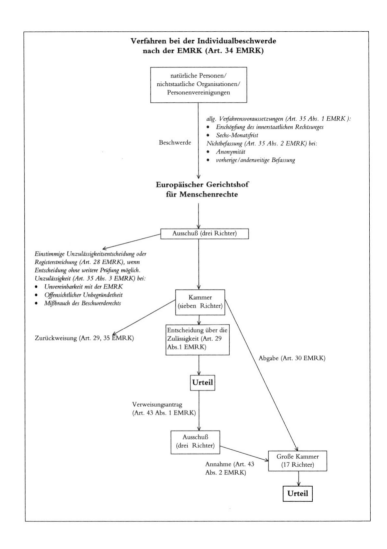

§ 3. Die Europäische Menschenrechtskonvention 21

Die (endgültigen) Entscheidungen des Gerichtshofs verpflichten die Mitgliedstaaten gemäß Art. 46 Abs. 1 EMRK zu deren Befolgung. Problematisch ist die Reichweite dieser Verpflichtung in den Fällen, in denen die festgestellte Konventionsverletzung auf innerstaatlichen Rechtsnormen beruht. Hier dürfte der verurteilte Mitgliedstaat verpflichtet sein, nicht nur im konkreten Fall dem Urteil nachzukommen, sondern auch seine Rechtsordnung der EMRK im Lichte der Konventionsauslegung durch den Gerichtshof anzupassen. Zwangsmittel zur Durchsetzung von Urteilen sind nicht vorgesehen.

IV. Neuere Rechtsprechung des EGMR zu einzelnen Konventionsrechten

1. Autonome Auslegung der Konventionsrechte

Der EGMR praktiziert eine Auslegung der Konvention, die sich 24 von nationalen Begrifflichkeiten emanzipiert.

Das Konventionssystem und die eigenständige Auslegung der Konvention durch den Gerichtshof seien anhand eines Falles veranschaulicht, den der EGMR im Jahre 1984 entschieden hat (EGMR, *Öztürk ./. Deutschland*, Ser. A Nr. 73 = EuGRZ 1985, S. 62). In diesem Fall wurde gegen einen türkischen Staatsangehörigen wegen einer Verkehrsordnungswidrigkeit im Raum Heilbronn eine Geldbuße von 60,– DM verhängt. Nach seinem Einspruch vernahm das Amtsgericht Heilbronn den Beschwerdeführer sowie mehrere Zeugen unter Mitwirkung eines Dolmetschers. Daraufhin nahm der Betroffene seinen Einspruch zurück. Das Amtsgericht hat dann dem Betroffenen die Gerichtskosten auferlegt. Die Gerichtskasse hat gegen den Betroffenen die Kosten einschließlich des Betrages von 63,90 DM für die Zuziehung des Dolmetschers festgesetzt. Diese Entscheidung hat das übergeordnete Landgericht bestätigt. Daraufhin erhob der Betroffene Beschwerde bei der Europäischen Kommission für Menschenrechte. Er machte geltend, daß sein Recht auf unentgeltliche Beiziehung eines Dolmetschers aus Art. 6 Abs. 3 *lit.* e EMRK verletzt worden sei. Die Verfahrensvoraussetzungen für die Beschwerde – wie etwa die vorherige Erschöpfung des innerstaatlichen Rechtsweges – waren erfüllt. Für die Begründetheit der Beschwerde kam es nun entscheidend darauf an, ob es sich hier überhaupt um ein Strafverfahren i. S. v. Art. 6 Abs. 2 und Abs. 3 EMRK gehandelt hat.
Denn die Vorschrift des Art. 6 Abs. 3 EMRK bezieht sich nur auf die Rechte eines Angeklagten („accusé", „charged with a criminal offense"). Es

muß sich also um eine Straftat handeln (vgl. auch Art. 6 Abs. 2 EMRK). Dies ist deswegen zweifelhaft, weil der deutsche Gesetzgeber mit der Schaffung des neuen Ordnungswidrigkeitengesetzes die hiervon erfaßten Tatbestände entkriminalisieren wollte. Mit der Einstufung eines Verhaltens als Ordnungswidrigkeit sollte gerade kein schwerwiegendes Unwerturteil verbunden sein. Freilich hängt die Einstufung eines Delikts als Straftat nicht allein von dem Etikett ab, das ihm das nationale Recht gibt. Insoweit ist die Konvention unabhängig vom nationalen Recht auszulegen. Dabei ist auf die Bedeutung einer Ordnungswidrigkeit im Vergleich zu anderen Delikten Rücksicht nehmen. Die Kommission für Menschenrechte hat die Auffassung der Bundesregierung, hier handele es sich nicht um eine Straftat im Sinne der Konvention, verworfen und den Fall vor den Gerichtshof gebracht. Der EGMR hat sich der Ansicht der Kommission angeschlossen und aus dem präventiven und repressiven Zweck der Sanktion (Geldbuße) abgeleitet, daß es sich hier um eine Straftat gehandelt habe. Dabei hat der Gerichtshof das Prinzip einer von nationalen Begrifflichkeiten unabhängigen, autonomen Auslegung der Konvention betont. Diese Entscheidung ist sehr problematisch, wie sich aus den abweichenden Voten einiger Richter ergibt. Dennoch war die Bundesrepublik Deutschland zur Beachtung der für sie bindenden Entscheidung verpflichtet (siehe Art. 46 Abs. 1 EMRK). Damit war auch die Verpflichtung verbunden, das innerstaatliche Recht durch Gesetzesänderung der Konvention in der Auslegung des Gerichtshofes anzupassen (siehe jetzt § 57 GKG n. F., § 464 StPO n. F.).

25 In einem sehr dynamischen Sinne hat der EGMR eine autonome Konventionsauslegung bei der Konkretisierung des Begriffes „zivilrechtliche Ansprüche und Verpflichtungen" im Sinne von Art. 6 EMRK betrieben. Unter Heranziehung der jeweils verbindlichen Fassung in englischer und französischer Sprache („civil rights and obligations", „droits et obligations de caractère civil") hat der EGMR die Verfahrensgarantien des Art. 6 Abs. 1 EMRK auf den Rechtsschutz gegen verwaltungsbehördliche Entscheidungen erstreckt, die freiberufliche oder sonstige erwerbswirtschaftliche Tätigkeiten Privater zum Gegenstand haben (so zu einem verwaltungsgerichtlichen Verfahren gegen die Rücknahme der Betriebserlaubnis für eine Klinik und den Widerruf der Approbation EGMR, *König ./. Deutschland,* Ser. A Nr. 27 = EuGRZ 1978, S. 406; zur Streitigkeit über die Versagung einer gewerblichen Genehmigung bei Betrieb einer Tankstelle EGMR, *Benthem ./. Niederlande,* Ser. A Nr. 97 = EuGRZ 1986, S. 299). Auch den Streit mit Verwaltungsbehörden über die Genehmigung von

§ 3. Die Europäische Menschenrechtskonvention 23

Müllablagerung im Hinblick auf die Beeinträchtigung des Grundeigentums (Brunnennutzung) hat der EGMR in die Garantie des Rechtsschutzes für „zivilrechtliche Ansprüche und Verpflichtungen" einbezogen (EGMR, *Zander ./. Schweden,* Ser. A Nr. 279-B = EuGRZ 1995, S. 535). Diese Ausweitung der Rechtsschutzgarantie zwingt einige Mitgliedstaaten zu erheblichen Reformen beim Ausbau des Rechtsschutzes gegen Verwaltungsentscheidungen, welche die berufliche Tätigkeit oder die Eigentumsnutzung betreffen.

Der weite Anwendungsbereich der Verfahrensgarantie des Art. 6 Abs. 1 EMRK (mit dem Anspruch auf gerichtliche Entscheidung „innerhalb einer angemessenen Frist") hat auch Auswirkungen für Verfahren vor dem Bundesverfassungsgericht. So hat der EGMR in der Dauer eines verfassungsgerichtlichen Verfahrens von mehr als sieben Jahren einen Verstoß gegen Art. 6 Abs. 1 EMRK gesehen (EGMR, *Probstmeier ./. Deutschland,* EuGRZ 1997, S. 405).

2. Schutzpflichten aus der Konvention

Die Konventionsrechte richten sich nicht gegen Private, sondern **26** gegen die Mitgliedstaaten. Jedoch hat die Rechtsprechung des EGMR für die Gewährleistungen der Konvention staatliche Pflichten zum Schutz gegen Gefährdungen Einzelner durch Private entwickelt (so zum Anspruch auf strafrechtlichen Schutz bei Sexualdelikten gegen geistig behinderte Minderjährige EGMR, *X und Y ./. Niederlande,* Ser. A Nr. 91 = EuGRZ 1985, S. 297).

Besondere Schutzpflichten organisatorischer Art hat der EGMR bei der Bekämpfung terroristischer Gewalttaten aus dem Recht auf Leben (Art. 2 EMRK) entwickelt (zum „Organisationsverschulden" der britischen Sicherheitskräfte bei der Tötung von IRA-Terroristen EGMR, *McCann u.a. ./. Vereinigtes Königreich,* Ser. A Nr. 324 = HRLJ 1995, S. 760).

3. Verbot unmenschlicher Behandlung

Nach Art. 3 EMRK darf niemand gefoltert oder unmenschlicher **27** oder erniedrigender Strafe oder Behandlung unterworfen werden. Daraus ergeben sich Hindernisse für die Auslieferung von Straftätern und die Abschiebung von Ausländern. Dies gilt dann, wenn jemand in einen fremden Staat verbracht werden soll, in dem ihm eine entwürdigende Behandlung droht. Hier berührt sich das *Verbot*, zu unmenschlicher Behandlung einen Kausalbeitrag zu leisten, mit dem *Schutz* des Einzelnen vor einer solchen Behandlung durch einen fremden Staat.

a) Auslieferung

Aus der Europäischen Menschenrechtskonvention können sich Hindernisse für die Auslieferung an einen Drittstaat im Hinblick auf das dortige Sanktionensystem und die dort herrschenden Zustände im Strafvollzug ergeben. In dem bekannten *Soering*-Fall (EGMR, Ser. A Nr. 161 = EuGRZ 1989, S. 314) hat der EGMR entschieden, daß die Auslieferung eines Deutschen durch Großbritannien an die USA bei drohender Todesstrafe im Hinblick auf die Haftbedingungen für Todeskandidaten und das „Todeszellensyndrom" (mit der Ungewißheit über die Hinrichtung) mit dem Verbot unmenschlicher Behandlung (Art. 3 EMRK) unvereinbar ist.

b) Abschiebung

Die Rechtsprechung des EGMR leitet aus Art. 3 EMRK empfindliche Einschränkungen der Freiheit eines Konventionsstaates her, den Aufenthalt von Ausländern zu beenden. So ist bei der Abschiebung eines wegen Drogenhandels verurteilten Staatsangehörigen in sein Heimatland zu prüfen, ob er dort in einer ganz speziellen Weise physischer Gefährdung (etwa durch ehemalige Komplizen) ausgesetzt ist, vor der ihn die staatlichen Behörden nicht ausreichend zu schützen vermögen (EGMR, *H.L.R. ./. Frankreich,* NVwZ 1998, S. 163). Hier wird der aus Art. 3 EMRK abgeleitete Abschiebungsschutz auf *nichtstaatliche* Verfolgung ausgedehnt.

Das Bundesverwaltungsgericht hat diese Ausdehnung des Abschiebungsschutzes über die Fälle staatlicher Verfolgung hinaus schroff kritisiert (BVerwGE 104, 265 [271]). Die Umformung des Art. 3 EMRK in eine „völkervertragsrechtliche Generalklausel für die Gewährung eines allgemeinen Flüchtlingsschutzes" überschreitet nach Ansicht des Bundesverwaltungsgerichts die Grenzen zulässiger Rechtsfortbildung durch den EGMR.

Noch weiter ist der EGMR mit dem Schutz von Ausländern vor einer dramatischen Verschlechterung der Existenzbedingungen bei einer drohenden Abschiebung gegangen. Der EGMR sieht etwa die beabsichtigte Abschiebung eines an Aids erkrankten Drogenkuriers in sein Heimatland dann als Verstoß gegen Art. 3 EMRK an, wenn dort die schlechte medizinische Versorgung für den erkrankten Ausländer die verbleibende Lebenserwartung weiter beschneiden und ihn erheblichen Leiden aussetzen würde. Die angenommene Verantwortung des Aufenthaltsstaates für erträgliche Lebensbedingungen des Ausländers knüpft der EGMR bereits an die bloße Übernahme einer medizinischen und seelischen Betreuung (EGMR, *D./. Vereinigtes Königreich,* NVwZ 1998, S. 161).

Literatur: *K. Hailbronner,* Art. 3 EMRK – ein neues europäisches Konzept der Schutzgewährung?, DÖV 1999, S. 617 ff.

4. Schutz der Familie und der Privatsphäre

Nach der Rechtsprechung des EGMR schließt der Begriff „Familie" in Art. 8 EMRK auch die Beziehung zwischen einem Kind und seinem nichtehelichen Vater ein. Dabei stellt die nach irischem Recht gegebene Möglichkeit der heimlichen Freigabe des Kindes zur Adoption ohne Kenntnis oder Zustimmung des nichtehelichen Vaters eine Verletzung von Art. 8 EMRK dar, sofern nicht besondere Gründe des Kindeswohles ein derartiges Verfahren rechtfertigen (EGMR, *Keegan ./. Irland,* Ser. A Nr. 290 = NJW 1995, S. 2153).

Eine Beeinträchtigung des Familien- und Privatlebens kann sich auch aus schweren Umweltverschmutzungen ergeben, die das häusliche Dasein empfindlich belasten, selbst wenn die Schwelle zu ernsthaften Gesundheitsgefährdungen nicht überschritten ist (EGMR, *López Ostra ./. Spanien,* Ser. A Nr. 303-C = EuGRZ 1995, S. 530). Dabei betont der EGMR bei der Zulassung oder bloßen Duldung umweltbeeinträchtigender Anlagen, daß der Staat auch auf den Schutz der Nachbarn vor Belästigungen und ge-

28

sundheitlichen Beeinträchtigungen zumindest in einer Abwägung mit dem öffentlichen Interesse angemessen Rücksicht nehmen muß.

5. Meinungsfreiheit

29 Eine besonders facettenreiche Konkretisierung von Schutzbereich und Rechtfertigungsstandards für zulässige Übertretungen hat der EGMR in seiner Rechtsprechung zur Meinungsfreiheit des Art. 10 EMRK entwickelt. Im Vordergrund steht dabei das Bemühen, in weitem Umfang den Meinungspluralismus zu sichern und Eingriffe an recht subtilen Verhältnismäßigkeitskriterien zu messen. Insbesondere Eingriffe in die Pressefreiheit durch das Verbot der Veröffentlichung von Informationen unterwirft der EGMR einem strengen Rechtfertigungszwang (zum Schutz der Pressefreiheit bei der Veröffentlichung der Steuererklärung eines Peugeot-Generaldirektors durch die satirische Wochenzeitschrift „Le Canard enchainé" EGMR, *Fressot ./. Frankreich*, EuGRZ 1999, S. 5).

In ziemlich extensiver Weise hat die Rechtsprechung die private Rundfunkveranstaltungsfreiheit in den Bereich des Art. 10 Abs. 1 EMRK einbezogen und unter weitgehender Reduktion des Zulassungsvorbehaltes in Art. 10 Abs. 1 Satz 3 EMRK staatliche Beschränkungen den strengen materiellen Rechtfertigungskriterien des Art. 10 Abs. 2 EMRK unterworfen. Danach läßt sich heute insbesondere der völlige Ausschluß Privater durch ein staatliches Rundfunk- und Fernsehmonopol nicht mehr rechtfertigen (EGMR, *Informationsverein Lentia ./. Österreich*, Ser. A Nr. 276 = EuGRZ 1994, S. 549).

6. Eigentumsschutz

30 Von großer praktischer Bedeutung ist die Rechtsprechung zum Eigentumsschutz nach Art. 1 des ersten (Zusatz-)Protokolls zur EMRK. Diese Bestimmung verbürgt zunächst jeder juristischen oder natürlichen Person das „Recht auf Achtung ihres Eigentums" (Art. 1 Abs. 1 Satz 1 EMRK). Eigentumsbeschränkungen läßt Art. 1 Abs. 2 des Zusatzprotokolls im „Allgemeininteresse oder zur

§ 3. Die Europäische Menschenrechtskonvention

Sicherung der Zahlung der Steuer oder sonstigen Abgaben oder von Geldstrafen" im Rahmen des Erforderlichen zu. Eine ausdrückliche Regel für die Enteignung enthält Art. 1 Abs. 1 Satz 2 des Zusatzprotokolls und verweist dabei auf die „durch die allgemeinen Grundsätze des Völkerrechts vorgesehenen Bedingungen".

Die dabei angesprochenen Grundsätze des Völkerrechts beschränken die Enteignung von Ausländern und knüpfen sie insbesondere an eine angemessene Entschädigung. Umstritten ist, ob der Verweis auf die Grundsätze des Völkerrechtes in Art. 1 Abs. 1 Satz 2 des Zusatzprotokolls nur für die Enteignung von Ausländern gilt (Rechtsgrundverweisung) oder den Eigentumsentzug ganz allgemein, also auch bei eigenen Staatsangehörigen, an die völkerrechtlichen Standards bindet (Rechtsfolgenverweisung). Die Rechtsprechung des EGMR deutet den Verweis auf die „allgemeinen Grundsätze des Völkerrechts" als (nur Ausländer schützende) Rechtsgrundverweisung, gelangt aber auf einem anderen Weg zum grundsätzlichen Gebot der Enteignungsentschädigung bei eigenen Staatsangehörigen: bei schwerwiegenden Beeinträchtigungen der Eigentumsnutzung oder des Eigentums (von Inländern) müsse ein gerechter Ausgleich („fair balance") zwischen dem allgemeinen Interesse und den Belangen des Einzelnen vorgenommen werden, der diesen vor einem übermäßigen Sonderopfer bewahrt (EGMR, *Sporrong und Lönnroth ./. Schweden*, Ser. A Nr. 52, Ziff. 69 = EuGRZ 1983, S. 523). Ein solcher Ausgleich erfordert regelmäßig eine im Lichte der Verhältnismäßigkeit ausreichende Entschädigung (EGMR, *Lithgow ./. Vereinigtes Königreich*, Ser. A Nr. 102 Ziff. 121 = EuGRZ 1988, S. 350). 31

Die Bedeutung des konventionsrechtlichen Schutzes für das Eigentum verdeutlicht der Fall *Chassagnou*. Hier hatte der EGMR über eine Individualbeschwerde gegen Beschränkungen der Eigentumsnutzung nach einem französischen Jagdgesetz von 1964 zu entscheiden (EGMR, *Chassagnou ./. Frankreich*, RUDH 1999, S. 17). Dieses Gesetz verpflichtete die Eigentümer kleinerer Grundstücke unter bestimmten Voraussetzungen dazu, Mitglieder kommunaler Jagdverbände zu werden und diesen Verbänden das Jagdrecht auf ihrem Land zu übertragen. Diese Verpflichtung galt auch für kategorische Gegner der Jagd. Der EGMR sah in der zwangsweisen Übertragung von Jagdrechten zugunsten von Jagdfreunden zu Recht einen unverhältnismäßigen Eingriff in das Eigentum. Daneben stellte der EGMR eine Verletzung der Versammlungsfreiheit

(Art. 11 EMRK) sowie eine Verletzung des Diskriminierungsverbotes (Art. 14 EMRK i. V. m. Art. 1 des Ersten Zusatzprotokolls und i. V. m. Art. 11 EMRK) fest. Diese Entscheidung dokumentiert, wie der EGMR den im nationalen (hier: französischen) Recht unzureichend verwirklichten Grundrechtsschutz gegenüber Parlamentsgesetzen zu gewährleisten vermag.

32 Im Hinblick auf den Entschädigungsumfang, welcher einen die Verhältnismäßigkeit des Eingriffs wahrenden Ausgleich darstellt, differenziert der EGMR zwischen unterschiedlichen Fallgruppen der Enteignung. Im Regelfall muß sich die Entschädigung am Wert des entzogenen Gutes orientieren. Jedoch kann bei Enteignungsmaßnahmen im Dienste einer wirtschaftlichen Reform oder der „Schaffung größerer sozialer Gerechtigkeit" mit der Verstaatlichung ganzer Industriezweige der Entschädigungsstandard den Marktwert auch deutlich unterschreiten (EGMR, *Lithgow ./. Vereinigtes Königreich,* aaO, Ziff. 121):

„Eigentumsentzug ohne Zahlung einer Entschädigung, deren Höhe in angemessenem Verhältnis zum Wert steht, würde normalerweise einen unverhältnismäßigen Eingriff darstellen, der nach Art. 1 nicht gerechtfertigt erscheint. Art. 1 gewährt jedoch nicht ein Recht auf volle Entschädigung unter allen Umständen, da rechtmäßige Ziele des ‚öffentlichen Interesses, wie solche bei Maßnahmen wirtschaftlicher Reformen oder Maßnahmen, die die Schaffung größerer sozialer Gerechtigkeit beabsichtigen, geringere Erstattungen als den vollen Marktwert erforderlich machen können . . .".

Besondere Beachtung verdient ein Urteil des EGMR, welches die Nichterfüllung eines Schiedsspruches auf Zahlung vertraglicher Leistungen durch einen Mitgliedstaat als Eigentumsverletzung qualifiziert und eine vom Zahlungsanspruch ausgehende Entschädigung (einschließlich Zinsen) zugebilligt hat (EGMR, *Stran Greek Refineries* und *Stratis Andreadis ./. Griechenland,* Ser. A Nr. 301-B).

Interesse verdient die neuere Rechtsprechung zur Entschädigung nach Art. 41 EMRK bei Eigentumsverletzungen. Bei der konventionswidrigen Ausübung eines staatlichen Vorkaufsrechts sieht der EGMR die Restitution durch Rückübertragung des Grundstücks als die beste Art von Schadensersatz an. Wenn das nicht möglich ist, muß der Schadensersatz nach dem gegenwärtigen Verkehrswert des Grundstückes bemessen werden (EGMR, *Hentrich ./. Frankreich,* Ser. A Nr. 296-A Ziff. 71 = EuGRZ 1996, S. 602).

7. Diskriminierungsverbot

Das Verbot der Diskriminierung unter Anknüpfung an eines der 33
in Art. 14 EMRK genannten Merkmale (wie Geschlecht, Rasse,
Hautfarbe oder Religion) bildet keinen allgemeinen Gleichheitssatz, sondern gilt nur im Rahmen des Schutzbereichs eines anderen
Konventionsrechtes.
Nach einer Entscheidung des EGMR hat die Erhebung der baden-württembergischen Feuerwehrabgabe wegen deren Beschränkung auf Männer die Vorschrift des Art. 14 i.V.m. mit Art. 4
Abs. 3 *lit.* d EMRK verletzt (EGMR, *Schmidt ./. Deutschland,*
Ser. A Nr. 291-B = EuGRZ 1995, S. 392). Diese Feuerwehrabgabe knüpfte an die (auf Männer beschränkte) Pflicht zum Feuerwehrdienst an. Der EGMR hat es dahingestellt sein lassen, ob die
unterschiedliche Behandlung von Männern und Frauen hinsichtlich dieser Bürgerpflicht zu rechtfertigen ist. Denn, so der EGMR,
diese Dienstpflicht existiere nur theoretisch, da in der Praxis keine
Person verpflichtet worden sei, Dienst in der Feuerwehr zu leisten.
Die finanzielle Leistung habe deshalb in der Rechtswirklichkeit
ihren Ausgleichscharakter verloren und sei so zur eigentlichen Verpflichtung geworden. Mittlerweile hat das Bundesverfassungsgericht unter Aufgabe seiner früheren Rechtsprechung die auf Männer beschränkte Feuerwehrabgabe als einen Verstoß gegen Art. 3
Abs. 3 (und Abs. 2) GG eingestuft (BVerfGE 92, 91).

8. Schranken der Konventionsrechte

Typisch für die Konventionsfreiheiten sind Schrankenregelungen, 34
die Eingriffe an einen dreistufigen Rechtfertigungsstandard
binden: eine gesetzliche Grundlage, die Erforderlichkeit „in einer
demokratischen Gesellschaft" und die Verfolgung bestimmter öffentlicher Interessen (Art. 8 Abs. 2, 9 Abs. 2, 10 Abs. 2, 11 Abs. 2
EMRK). Eine besonders reiche Kasuistik hat die Rechtsprechung
zu den Schranken der Meinungsfreiheit (Art. 10 Abs. 2 EMRK)
entwickelt. Im Vordergrund stehen dabei zwei grundsätzliche Anliegen: die verläßliche Sicherung des Meinungspluralismus mit rationalen Verhältnismäßigkeitskriterien für zulässige Eingriffe einer-

seits und die Zuerkennung eines gewissen Einschätzungsspielraums („margin of appreciation") mit der Rücksicht auf besondere nationale Befindlichkeiten andererseits:

> „Die Meinungsäußerungsfreiheit stellt eine der wesentlichen Grundlagen einer demokratischen Gesellschaft dar; unbeschadet des Art. 10 Abs. 2 gilt sie nicht nur für einfache ‚Nachrichten' oder einfache ‚Ideen', welche positiv aufgenommen werden, welche als unschädlich angesehen werden oder welche auf Gleichgültigkeit stoßen, sondern auch für solche, die Angriffe enthalten, schockieren oder irritieren. Die Meinungsäußerungsfreiheit gemäß Art. 10 unterliegt einer Reihe von Ausnahmen, welche jedoch eng auszulegen sind, so daß die Notwendigkeit für irgendwelche Beschränkungen überzeugend dargelegt werden muß. ... Das Adjektiv ‚notwendig' i.S. des Art. 10 Abs. 2 bedeutet das Vorliegen eines ‚dringenden gesellschaftlichen Bedürfnisses'. Die vertragsschließenden Staaten haben einen gewissen Beurteilungsspielraum bezüglich der Frage, ob ein solches Bedürfnis vorliegt, der jedoch mit einer europäischen Überwachung einhergeht, die sich sowohl auf die Gesetzgebung als auch auf die Durchführungsentscheidungen, selbst diejenigen der unabhängigen Gerichte erstreckt" (EGMR, *Observer und Guardian* ./. *Vereinigtes Königreich,* Ser. A Nr. 216 Ziff. 59 = EuGRZ 1995, S. 16).

So hat der EGMR im *Spycatcher*-Fall ein Publikationsverbot für ein Buch über den britischen Geheimdienst als konventionswidrig qualifiziert, weil dieses Verbot wegen der bereits im Ausland erfolgten Veröffentlichung nutzlos geworden war (EGMR, *Observer und Guardian* ./. *Vereinigtes Königreich,* aaO).

35 Als unverhältnismäßigen Eingriff hat der EGMR auch die Entlassung einer deutschen Gymnasiallehrerin eingestuft, die wegen ihrer Mitgliedschaft in einer linksextremistischen Partei (DKP) nach langjähriger Tätigkeit im Schuldienst verfügt worden war (EGMR, *Vogt* ./. *Deutschland,* Ser. A Nr. 323 = EuGRZ 1995, S. 590). Dabei dürfte neben einer gewissen Inkonsequenz des öffentlichen Diensthern (der die Lehrerin trotz ihrer Mitgliedschaft eingestellt hatte) und der uneinheitlichen Extremistenpolitik innerhalb der deutschen Bundesländer auch die Wiedervereinigung Deutschlands mit der entfallenen kommunistischen Bedrohung von außen eine Rolle gespielt haben.

Besonders scharfe Anforderungen stellt der EGMR im Interesse einer offenen demokratischen Ordnung an Beschränkungen der Betätigungsfreiheit und erst recht an das Verbot politischer Parteien (zur Auflösung der Vereinten Kommunistischen Partei der Türkei EGMR, *TBKP* ./. *Türkei,* HRLJ 19 [1998], S. 306).

§ 3. Die Europäische Menschenrechtskonvention 31

Zum von der Rechtsprechung anerkannten Einschätzungsspiel- 36
raum gehört die Rücksicht auf besondere nationale oder lokale
Verhältnisse.

Ein Beispiel bildet die Beschlagnahme eines Filmes mit aggressiv-antikatholischer Tendenz („Das Liebeskonzil") in Österreich. Diese Maßnahme wurde darauf gestützt, daß der Film die religiösen Gefühle der katholischen Bevölkerungsmehrheit in Tirol schwer verletze. Der EGMR sah hierin eine ausreichende Rechtfertigung für den Eingriff in die Meinungsfreiheit eines Kinobetreibers:
„The Court cannot disregard the fact that the Roman Catholic religion is the religion of the overwhelming majority of Tyroleans. In seizing the film, the Austrian authorities acted to ensure religious peace in that region and to prevent that some people should feel the object of attacks on their religious beliefs in an unwarranted and offensive manner. It is in the first place for the national authorities, who are better placed than the international judge, to assess the need for such a measure in the light of the situation existing locally at a given time. In all the circumstances of the present case, the Court does not consider that the Austrian authorities can be regarded as having overstepped their margin of appreciation in this respect" (EGMR, *Otto-Preminger-Institut ./. Österreich*, Ser. A Nr. 295-A, Ziff. 56 = HRLJ 1994, S. 371; hierzu *Chr. Grabenwarter*, Filmkunst im Spannungsfeld zwischen Freiheit der Meinungsäußerung und Religionsfreiheit, Anmerkungen zum Urteil des EGMR vom 20. 9. 1994 im Fall Otto-Preminger-Institut, ZaöRV 55 [1995], S. 128 ff.).

V. Geltung der EMRK im innerstaatlichen Recht

Die meisten Mitgliedstaaten haben die EMRK mit einem Ver- 37
tragsgesetz in innerstaatliches Recht umgesetzt. Den Schritt zur innerstaatlichen Umsetzung der EMRK hat nunmehr auch Großbritannien mit dem *Human Rights Act 1999* (ILM 38 [1999], S. 464) vollzogen. Das britische Gesetz sieht vor, daß innerstaatliche Gesetzgebungsakte soweit wie möglich konventionskonform ausgelegt und angewendet werden müssen. Bei Parlamentsgesetzen können höhere Gerichte die Unvereinbarkeit förmlich feststellen. Eine solche Erklärung der Konventionswidrigkeit berührt aber die Geltungskraft eines Gesetzes nicht. In einigen Staaten (Griechenland und Österreich) gilt die EMRK mit Verfassungsrang.

In der Bundesrepublik Deutschland gelten die Bestimmungen der EMRK im Range des Zustimmungsgesetzes nach Art. 59

Abs. 2 Satz 1, 2. Alternative GG (BVerfGE 82, 106 [115]). Zwar könnte sich der Bundesgesetzgeber aus innerstaatlicher Sicht durch ein späteres Gesetz über Konventionsrecht hinwegsetzen. Aber es gilt die Vermutung, daß die Gesetze im Einklang mit den völkerrechtlichen Verpflichtungen der Bundesrepublik Deutschland auszulegen sind. Insoweit spricht eine Vermutung dafür, daß sich der Gesetzgeber mit späteren Regelungen nicht in Widerspruch zu vertraglichen Vereinbarungen setzen will. Da die Konvention im innerstaatlichen Recht nicht mit dem Rang von Verfassungsrecht gilt, kann eine Verfassungsbeschwerde nicht unmittelbar auf eine Konventionsverletzung gestützt werden (BVerfGE 64, 135 [157]). Aber die Rechtsprechung des Bundesverfassungsgerichts mißt der Konvention große Bedeutung für die Konkretisierung verfassungsrechtlicher Standards zu:

„Bei der Auslegung des Grundgesetzes sind auch Inhalt und Entwicklungsstand der Europäischen Menschenrechtskonvention in Betracht zu ziehen, sofern es nicht zu einer Einschränkung oder Minderung des Grundrechtsschutzes nach dem Grundgesetz führt, eine Wirkung, die die Konvention indes selbst ausgeschlossen wissen will (Art. 60 EMRK). Deshalb dient insoweit auch die Rechtsprechung des Europäischen Gerichtshofs für Menschenrechte als Auslegungshilfe für die Bestimmung von Inhalt und Reichweite von Grundrechten und rechtsstaatlichen Grundsätzen des Grundgesetzes" (BVerfGE 74, 358 [370]).

So hat sich das Bundesverfassungsgericht etwa bei der Konkretisierung des Rechtsstaatsprinzips auf die Unschuldsvermutung gemäß Art. 6 Abs. 2 EMRK bezogen (BVerfGE 74, 358 [370f.]). Auch das Bundesverwaltungsgericht anerkennt „die Pflicht zur Beachtung einer gefestigten Auslegungspraxis" des EGMR. Diese Pflicht sieht das Bundesverwaltungsgericht im Rechtsschutzsystem der EMRK angelegt (BVerwG, JZ 2000, S. 1050 [1052] m. Anm. von *S. Kadelbach*).

Gelegentlich wird in der deutschen Staatsrechtslehre erwogen, die Unterwerfung der Bundesrepublik Deutschland unter das Rechtsschutzsystem der EMRK als Übertragung von Hoheitsrechten im Sinne von Art. 24 Abs. 1 GG zu verstehen. Die Folge wäre, daß sich Entscheidungen des EGMR auch gegen entgegenstehendes Verfassungsrecht grundsätzlich durchsetzen würden.

§ 3. Die Europäische Menschenrechtskonvention 33

Gegen diesen Ansatz spricht aber, daß der EGMR nur mit rechtsprechenden Funktionen und nicht auch mit rechtsetzenden Befugnissen betraut ist; insbesondere kann der EGMR keine neuen Rechte und Pflichten unter „Durchgriff" auf den Einzelnen begründen.

VI. Die Bedeutung der EMRK für die allgemeinen Rechtsgrundsätze des Gemeinschaftsrechts

Der EuGH hat bei der Entwicklung eines ungeschriebenen 38
Grundrechtsstandards als Teil der allgemeinen Rechtsgrundsätze des Gemeinschaftsrechts immer wieder auf die EMRK (sowie die gemeinsamen Verfassungsüberlieferungen der Mitgliedstaaten) zurückgegriffen (EuGH, Rs. 44/79, Slg. 1979, 3727 Rn. 17 ff.; st. Rechtspr.). Inzwischen verweist Art. 6 Abs. 2 EU ausdrücklich auf die EMRK:
„Die Union achtet die Grundrechte, wie sie in der . . . Europäischen Konvention zum Schutze der Menschenrechte und Grundfreiheiten gewährleistet sind und wie sie sich aus den gemeinsamen Verfassungsüberlieferungen der Mitgliedstaaten als allgemeine Grundsätze des Gemeinschaftsrechts ergeben".

Eine unmittelbare Bindung der Europäischen Gemeinschaften an die EMRK besteht nicht. Zuweilen hat die Rechtsprechung des Straßburger Gerichtshofs für Menschenrechte die vom EuGH (unter Rückgriff auf die EMRK) entwickelten Standards im Sinne eines weitergehenden Grundrechtsschutzes überholt. So hat der EuGH zunächst den Grundrechtsschutz der Wohnung nur auf den privaten Bereich beschränkt, weil sich Art. 8 EMRK nur auf die freie Entfaltung der Persönlichkeit beziehe (EuGH, verb. Rs. 46/87 und 227/88, Slg. 1989, 2859 Rn. 18 – *Hoechst*); einige Jahre später hat der EGMR (unter Fortführung früherer Ansätze) alle Geschäftsräume ausdrücklich in den Schutz der Privatsphäre nach Art. 8 EMRK einbezogen (EGMR, *Niemitz ./. Deutschland,* Ser. A 256, S. 23 = NJW 1993, S. 718).

Ein förmlicher Beitritt der Gemeinschaften zur EMRK (der gegenwärtig nach Art. 66 Abs. 1 EMRK nur Staaten offensteht) würde die Gemeinschaften den Kontrollmechanismen der EMRK unterwerfen und hätte damit erhebliche Auswirkungen auf das gemeinschaftliche Rechtsschutzsystem. Der EuGH hat deshalb in einem Gutachten festgestellt, daß ein Beitritt der Europäischen Gemeinschaft zur EMRK eine vorherige Änderung des EG-Vertrages erfordert (EuGH, Gutachten 2/94, Slg. 1996, I-1759 Rn. 35).

39 Nach gegenwärtiger Rechtslage können Rechtsakte der Europäischen Gemeinschaft nicht vor den Organen der EMRK angegriffen werden. Denkbar ist aber, daß ein nationaler Ausführungsakt, dessen Inhalt vom Gemeinschaftsrecht vorgegeben ist, wegen der Verletzung der EMRK von den Betroffenen vor die Straßburger Konventionsorgane gebracht wird.

Im Falle *Melchers* (ZaöRV 50 [1990], S. 836 f.) hat ein deutsches Unternehmen eine Individualbeschwerde gegen die Bundesrepublik Deutschland wegen des Vollzugs der Verurteilung zu einer Geldbuße erhoben, welche der EuGH im Anschluß an eine Bußgeldentscheidung der Europäischen Kommission ausgesprochen hatte und die in Deutschland (nach Art. 244, 256 EG) für vollstreckbar erklärt worden war. Die Europäische Kommission für Menschenrechte hat den Vorwurf einer Konventionsverletzung (Mißachtung der Unschuldsvermutung nach Art. 6 Abs. 2 EMRK) zurückgewiesen. Zwar müsse bei der Übertragung von Hoheitsrechten auf internationale Organisationen (hier von der Bundesrepublik auf die Europäische Gemeinschaft) sichergestellt sein, daß „im Rahmen jener Organisationen ein vergleichbares Maß an Individualrechtsschutz gewährleistet ist". Aber die Rechtsprechung des EuGH zum Grundrechtsschutz auf Gemeinschaftsebene entspreche diesem Standard. Der Fall zeigt im übrigen die Perspektive eines „dreidimensionalen" Grundrechtsschutzes: Der Individualbeschwerde bei der Europäischen Kommission für Menschenrechte war ein Verfahren vor dem EuGH und anschließend eine Klage vor deutschen Gerichten wegen der Erteilung der Vollstreckungsklausel sowie eine Verfassungsbeschwerde beim Bundesverfassungsgericht vorausgegangen.

Die Einhaltung von Konventionsstandards überprüft der EGMR auch bei der Übertragung von Hoheitsrechten auf die Europäischen Gemeinschaften. So hat der EGMR im Ausschluß Gibraltars von den Wahlen zum Europäischen Parlament einen Verstoß gegen das Recht auf Wahl zur gesetzgebenden Körperschaft gemäß Art. 3 des Ersten Zusatzprotokolls zur EMRK gesehen (EGMR, *Matthews ./. Vereinigtes Königreich,* EuZW 1999, S. 308 ff. m. Anm. v. *Ch. Lenz*). Der Beschluß und Akt des Rates zur Einführung allgemeiner und unmittelbarer Wahlen zum Europäischen Parlament (Direktwahlakt) und die entsprechende britische Wahlgesetzgebung

§ 3. Die Europäische Menschenrechtskonvention 35

hatten die britischen Einwohner Gibraltars von den Wahlen zum Europäischen Parlament ausgeschlossen. Der Direktwahlakt des Rates nach Art. 190 Abs. 4 EG und die entsprechenden Bestimmungen der anderen beiden Gemeinschaftsverträge bedurften der Zustimmung durch die Mitgliedstaaten und bildeten einen Teil der vertraglichen Grundordnung des Gemeinschaftssystems. Wie der EGMR klarstellt, können zwar derartige Rechtsakte der Europäischen Gemeinschaft nicht unmittelbar mit der Individualbeschwerde angegriffen werden. Wohl aber vermag der EGMR zu überprüfen, ob die Mitgliedstaaten bei der Übertragung von Kompetenzen auf die Europäischen Gemeinschaften die Konventionsstandards eingehalten haben oder nicht:

„The Court observes that acts of the EC as such cannot be challenged before the Court because the EC is not a Contracting Party. The Convention does not exclude the transfer of competences to international organisations provided that Convention rights continue to be ‚secured'. Member States' responsibility therefore continues even after such a transfer" (aaO, Ziff. 32).

Mit dieser Rechtsprechung nimmt der EGMR in gewisser Weise verfassungsrechtliche Funktionen auch im Hinblick auf Strukturprinzipien der Europäischen Gemeinschaften und der Europäischen Union wahr.

Literatur: *E. Brems,* The Margin of Appreciation Doctrine in the Case-Law of the European Court of Human Rights, ZaöRV 56 (1996), S. 240 ff.; *T. Buß,* Grenzen der dynamischen Vertragsauslegung im Rahmen der EMRK, DÖV 1998, S. 323 ff.; *G. Dannemann,* Schadensersatz bei Verletzungen der EMRK, 1994; *J. A. Frowein/W. Peukert,* EMRK-Kommentar, 2. Aufl. 1996; *J. A. Frowein,* Der europäische Menschenrechtsschutz als Beginn einer europäischen Verfassungsrechtsprechung, JuS 1986, S. 845 ff.; *K. Gelinsky,* Der Schutz des Eigentums gemäß Art. 1 des Ersten Zusatzprotokolls zur Europäischen Menschenrechtskonvention, 1996; *T. Giegerich,* Luxemburg, Karlsruhe, Straßburg – Dreistufiger Grundrechtsschutz in Europa?, ZaöRV 50 (1990), S. 836 ff.; *C. Grabenwarter,* Europäisches und nationales Verfassungsrecht, VVDStRL 60 (2001), S. 290 ff.; *C. Grabenwarter/R. Thienel* (Hrsg.), Kontinuität und Wandel der EMRK, 1998; *H. Golsong u.a.,* Internationaler Kommentar zur Europäischen Menschenrechtskonvention, 1986 ff.; *M. Janis/R. Kay/A. Bradley,* European Human Rights Law, 1995; *P. Mahoney/J. Callewaert/C. Ovey,* The Doctrine of the Margin of Appreciation under the European Convention on Human Rights: Its Legitimacy in Theory and Application in Practice, HRLJ 19 (1998), S. 1 ff.; *L.-E. Pettiti/E. Decaux/P.-H. Imbert,* La Convention Européenne des Droits de l'homme, 1995; *J. Polakiewicz,* Die

Verpflichtungen der Staaten aus den Urteilen des Europäischen Gerichtshofs für Menschenrechte, 1993; *V. Schlette,* Europäischer Menschenrechtsschutz nach der Reform der EMRK, JZ 1999, S. 219 ff.; *C. Walter,* Die Europäische Menschenrechtskonvention als Konstitutionalisierungsprozeß, ZaöRV 59 (1999), S. 961 ff.

§ 4. Entwicklung der Europäischen Gemeinschaften und der Europäischen Union

I. Die Europäische Gemeinschaft für Kohle und Stahl

Nach dem zweiten Weltkrieg gewann das Bemühen um eine dauerhafte Integration der Staaten Europas unter der Übertragung von Hoheitsrechten auf eine zwischenstaatliche Einrichtung mit der Schaffung der Europäischen Gemeinschaft für Kohle und Stahl (EGKS) oder „Montanunion" feste Gestalt. Für diese Entwicklung haben die in der Zwischenkriegszeit von *Graf Coudenhove-Kalergi* gegründete Paneuropäische Bewegung und die berühmte Zürcher Rede *Winston Churchills* vom 19. September 1946 mit dem Ruf nach einer „Neugründung der europäischen Familie" den Boden bereitet. Den entscheidenden Impuls verdankt die Montanunion dem vom französischen Außenminister *Robert Schuman* und seinem Mitarbeiter *Jean Monnet* entwickelten Plan, die Produktion von Kohle und Stahl Deutschlands und Frankreichs unter ein gemeinsames Dach zu stellen und anderen europäischen Staaten den Beitritt zu diesem Zusammenschluß zu öffnen. Die Aufsicht über diesen wirtschaftlichen und militärischen Schlüsselsektor sollte einem von den Mitgliedstaaten unabhängigen supranationalen Organ übertragen werden. Hierin lag der Keim für eine institutionalisierte Partnerschaft zwischen Frankreich und Deutschland unter Einbeziehung beitrittswilliger Nachbarn, die das industrielle Potential Deutschlands in diesem wichtigen Bereich domestizierte und zugleich der Bundesrepublik den Weg zurück in die europäische Staatengemeinschaft ebnete. Der Schuman-Plan mündete im Jahre 1951 in den Vertrag über die Gründung der EGKS zwischen Belgien, der Bundesrepublik Deutschland, Frankreich, Italien, Luxemburg und den Niederlanden, der 1952 in Kraft trat. Von Anfang an verstanden die Gründerstaaten die Montanunion als Keim für eine weitere Integration der europäischen Staaten. Die Präambel des EGKS-Vertrages bekräftigt die Entschlossenheit der Mitgliedstaaten,

„an die Stelle der jahrhundertealten Rivalität einen Zusammenschluß ihrer wesentlichen Interessen zu setzen, durch die Errichtung einer wirtschaftlichen Gemeinschaft den ersten Grundstein für eine weitere und vertiefte Gemeinschaft unter Völkern zu legen, die lange Zeit durch blutige Auseinandersetzungen entzweit waren, und die institutionellen Grundlagen zu schaffen, die einem nunmehr allen gemeinsamen Schicksal die Richtung weisen können".

Die Vertragszwecke sind in Art. 1 KS umschrieben. Hierzu gehört insbesondere die Schaffung eines gemeinsamen Marktes für Kohle und Stahl. Die Aufgaben der EGKS ergeben sich aus Art. 2 KS.

41 Bei der Montanunion handelt es sich um eine internationale Organisation, die aufgrund der Übertragung von Hoheitsrechten der Mitgliedstaaten supranationalen Charakter hat. Wegweisend für das künftige Gemeinschaftssystem ist die Organisationsstruktur mit einem dem Gemeinschaftsinteresse verpflichteten Gremium aus unabhängigen Mitgliedern, der Hohen Behörde (jetzt: „Kommission"), dem aus den Vertretern der Mitgliedstaaten zusammengesetzten (Minister-)Rat, dem Gerichtshof und der Parlamentarischen Versammlung (jetzt: „Europäisches Parlament"). Das Schwergewicht der Regelungskompetenzen liegt bei der Kommission (Art. 8 ff. KS). Dieses Organ hat gegenüber dem (Minister-)Rat eine stärkere Stellung, als sie die anderen Gemeinschaftsverträge der Kommission einräumen. Insbesondere ist dieses unabhängige Organ ermächtigt, Rechtsakte mit unmittelbarer Wirkung für einzelne Unternehmen („Durchgriffswirkung") zu erlassen. Dies gilt etwa für die Kontrolle von Kartellen und Unternehmenszusammenschlüssen, die auch die Festsetzung von Geldbußen einschließen kann.

In seiner ursprünglichen Fassung charakterisierte der KS (Art. 9) die Hohe Behörde noch ausdrücklich als „überstaatlich" (in französisch: „supranational").

42 Die EGKS ist durch zahlreiche interventionistische Mechanismen mit planwirtschaftlichem Einschlag geprägt. Besondere Regelungen enthält der EGKS-Vertrag für Produktionskrisen (Art. 57 ff.), Preisregelungen (Art. 60 ff.) und die Kartellordnung (Art. 65 ff.) mit der Kontrolle von Zusammenschlüssen (Art. 66). *Hans Peter Ipsen* hat für die Montanunion und die beiden später er-

§ 4. Entwicklung der Europ. Gemeinschaften u. der Europ. Union 39

richteten Gemeinschaften den Begriff „Zweckverbände funktioneller Integration" geprägt (Europäisches Gemeinschaftsrecht, 1972, S. 197).

Die Vertragsdauer beträgt 50 Jahre (Art. 97 KS). Dies bedeutet, daß der Montansektor mit dem Auslaufen des EGKS-Vertrages im Jahre 2002 in die Anwendungsbereiche des umfassenderen EG-Vertrages überführt wird. Finanzielle Überleitungsregelungen enthält ein besonderes Protokoll, das die Mitgliedstaaten auf der Konferenz von Nizza im Dezember 2000 ausgehandelt haben.

Literatur: G. *Bebr,* The European Coal and Steel Community – A Political and Legal Innovation, Yale Law Journal 63 (1953), S. 1 ff.; *H. Mosler,* Der Vertrag über die Europäische Gemeinschaft für Kohle und Stahl, ZaöRV 14 (1951), S. 1 ff.; *ders.,* Die europäische Integration aus der Sicht der Gründungsphase, in: Festschrift für Ulrich Everling, Bd. II, 1995, S. 911 ff.; *D. Petzina,* The Organs of the European Coal and Steel Community: Economic Forces and Political Interests, Zeitschrift für die gesamte Staatswissenschaft 137 (1981), S. 450 ff.

II. Die Römischen Verträge: Gründung der Europäischen (Wirtschafts-)Gemeinschaft und der Europäischen Atomgemeinschaft

Bald nach der Gründung der Montanunion gewannen die Bemühungen um eine umfassendere Integration auf politischem Gebiet Konturen (Vertrag über die Europäische Verteidigungsgemeinschaft [EVG-Vertrag] von 1952, Satzungsentwurf für eine Europäische Politische Gemeinschaft von 1953). Die Ablehnung des EVG-Vertrages durch die französische Nationalversammlung warf derartige Bemühungen um eine politische Integration empfindlich zurück. Dieses Scheitern des anspruchsvollen Bemühens einer politischen Integration führte zur Einsicht, daß der Integrationsprozeß schrittweise auf wirtschaftlichem Gebiet voranzutreiben sei. Damit verband sich die Erwartung, daß der Ausbau des Gemeinschaftssystems auf wirtschaftlichem Gebiet letztlich die politische Integration zur Konsequenz habe. Pläne zur Schaffung eines gemeinsamen Marktes und für eine Atomgemeinschaft (als Beitrag zur Lösung der Energieproblematik) mündeten in die Verträge zur Gründung

43

der *Europäischen Wirtschaftsgemeinschaft* (EWG) und der *Europäischen Atomgemeinschaft* (EAG), welche im Jahre 1957 in Rom unterzeichnet wurden und zu Beginn des Jahres 1958 in Kraft getreten sind. Gründungsmitglieder waren wie bei der Montanunion Belgien, die Bundesrepublik Deutschland, Frankreich, Italien, Luxemburg und die Niederlande. Der Maastrichter Unionsvertrag von 1992 änderte die Bezeichnung der „Europäischen Wirtschaftsgemeinschaft": Seither heißt sie schlicht „Europäische Gemeinschaft" (Art. 1 EG).

44 Die Europäische Gemeinschaft bildet im Kern eine Zollunion (Art. 23 Abs. 1 EG). Im Hinblick auf die Meistbegünstigungsklausel des Allgemeinen Zoll- und Handelsabkommens (GATT) hat man der Europäischen (Wirtschafts-)Gemeinschaft die Ausnahme für Zollunionen (Art. XXIV GATT) zugestanden (für die sektoral begrenzte Montanunion hatte es insoweit einer speziellen Freistellung, eines „waiver", bedurft). Die vier „Marktfreiheiten" des EG-Vertrages zielen auf die Verwirklichung eines gemeinsamen Marktes mit einem freien Verkehr von Waren, Personen, Dienstleistungen und Kapital. Die organisatorische Struktur von Europäischer Gemeinschaft und Europäischer Atomgemeinschaft stimmt weitgehend überein. Anders als bei der Montanunion liegt das Schwergewicht der Willensbildung beim Rat, über den die einzelnen Mitgliedstaaten (vertreten durch ihre Regierungen) an der Rechtsetzung und anderen Regelungskompetenzen teilhaben. Dieser Einfluß ist später durch eine stete Aufwertung des Europäischen Parlamentes abgeschwächt worden. Die Kommission ist mit der Initiative bei der Rechtsetzung, mit dem Erlaß von Durchführungsvorschriften und in einzelnen Bereichen mit Vollzugsbefugnissen betraut. Sie fungiert als „Hüterin der Gemeinschaftsordnung".

Literatur: *H.J. Küsters,* Die Gründung der Europäischen Wirtschaftsgemeinschaft, 1982.

III. Der weitere Ausbau der Gemeinschaftsordnung

45 Durch die stufenweise *Fusion* der Organe ist eine enge institutionelle Verklammerung der drei Gemeinschaften herbeigeführt

§ 4. Entwicklung der Europ. Gemeinschaften u. der Europ. Union 41

worden. Nunmehr bestehen ein einheitliches Europäisches Parlament und ein einheitlicher Gerichtshof der Europäischen Gemeinschaften (Abkommen über gemeinsame Organe für die Europäischen Gemeinschaften von 1957) sowie ein gemeinsamer Rat und eine gemeinsame Kommission („Fusionsvertrag" von 1965). 1977 kam der Rechnungshof hinzu. Die Kompetenzen der Organe richten sich nach dem jeweiligen Gemeinschaftsvertrag. So hat die Kommission im Rahmen der Montanunion weitergehende Befugnisse als beim Handeln aufgrund des EG-Vertrags oder des EAG-Vertrags.

Für die weitere Entwicklung von besonderer Bedeutung sind die 46
Finanzreform der Gemeinschaften (seit 1970 zunehmende Finanzierung durch eigene Mittel), die Direktwahl des Europäischen Parlaments (seit 1979), die Schaffung des Europäischen Währungssystems (ab 1978) sowie die Etablierung der Europäischen Politischen Zusammenarbeit (seit 1970). Im Jahre 1973 *erweiterte* sich die bisherige 6er-Gemeinschaft zur Gemeinschaft der Neun (mit Großbritannien, Dänemark und Irland). 1981 ist Griechenland beigetreten. Portugal und Spanien wurden 1986 aufgenommen. Im Jahre 1990 wurde das Gebiet der früheren DDR, die durch Beitritt in die Bundesrepublik Deutschland aufgegangen war, in die Gemeinschaftsordnung integriert. Die Gemeinschaftsverträge wurden auf den Gebietszuwachs der Bundesrepublik Deutschland ohne Vertragsänderung erstreckt. Der notwendige Prozeß der Anpassung an das Gemeinschaftsrecht wurde durch Übergangsregelungen der Gemeinschaftsorgane abgefangen.

Weitreichende Änderungen brachte die *Einheitliche Europäische* 47
Akte von 1986. Sie stellte die Europäische Politische Zusammenarbeit auf eine eigene vertragliche Grundlage (außerhalb der Gründungsverträge). Daneben brachte dieses Vertragswerk neue Regelungen zum Binnenmarkt sowie zur Errichtung eines Gerichtes erster Instanz und führte bedeutsame Neuerungen bei der Rechtsetzung ein (Verfahren der Kooperation und Ausbau der qualifizierten Mehrheit für Ratsbeschlüsse). Schließlich bescherte die Einheitliche Europäische Akte der Europäischen Gemeinschaft einen beachtlichen Kompetenzzuwachs (insbesondere im Bereich von

Forschung und Technologie, Umweltschutz und Wirtschaftsentwicklung).

IV. Der Vertrag von Maastricht über die Europäische Union

48 In eine neue Dimension hat der *Maastrichter Vertrag über die Europäische Union* von 1992 (in Kraft getreten am 1. November 1993) den Integrationsprozeß geführt. Dieser Vertrag begreift sich als „ei-ne neue Stufe bei der Verwirklichung einer immer engeren Union der Völker Europas" (Art. 1 Abs. 2 EU). Der Unionsvertrag erschließt im Zusammenwirken der Mitgliedstaaten neue Bereiche der Zusammenarbeit außerhalb des Systems der drei Gemeinschaften und begründet als übergreifendes Gebilde die „Europäische Union". Damit verbunden ist eine institutionelle Zweigleisigkeit des Gemeinschaftssystems einerseits und der „intergouvernemen-talen" Zusammenarbeit im Rahmen der Europäischen Union in den neu erschlossenen Politikbereichen andererseits. Diese Zweigleisigkeit äußert sich auch darin, daß der EuGH grundsätzlich nur für die Auslegung der Gemeinschaftsverträge und nicht für die Bestimmungen der „intergouvernementalen" Zusammenarbeit zuständig ist. Jedoch hat der *Vertrag von Amsterdam* eine vorsichtige Erweiterung der Zuständigkeiten des EuGH im Bereich der zweiten und dritten Säule gebracht (siehe Art. 46 EU; enger Art. L EUV a.F.). Neben der Begründung der Europäischen Union beinhaltet der Vertrag von Maastricht eine Änderung der Gemeinschaftsverträge. Von besonderer Bedeutung sind dabei die Bestimmungen über die Wirtschafts- und Währungsunion, die zu einer Vergemeinschaftung der Währungshoheit geführt haben. Im Zusammenhang mit dem Unionsvertrag wurde schließlich von den Mitgliedstaaten mit Ausnahme des Vereinigten Königreichs das Abkommen der Elf über die Sozialpolitik abgeschlossen.

49 Die Ratifizierung des Unionsvertrages war in mehreren Mitgliedstaaten von verfassungsrechtlichen Auseinandersetzungen (zu-

§ 4. Entwicklung der Europ. Gemeinschaften u. der Europ. Union 43

weilen unter Einschaltung der Verfassungsgerichtsbarkeit) begleitet. In Dänemark, Frankreich und Irland wurden Volksabstimmungen durchgeführt. Im Hinblick auf den Unionsvertrag ist das deutsche Grundgesetz an mehreren Stellen geändert worden. Von besonderer Bedeutung ist dabei die Einführung des neuen „Europa-Artikels" (Art. 23 GG). In Deutschland machte das „Maastricht"-Urteil des Bundesverfassungsgerichts (BVerfGE 89, 155) den Weg zur Ratifikation des Unionsvertrages frei. Dieses Urteil ist von herausragender Bedeutung für die Deutung des Verhältnisses von Mitgliedstaaten und Europäischer Union sowie für die verfassungsrechtlichen Standards für den weiteren Integrationsprozeß.

1. Die Begründung der „Europäischen Union"

Das Vertragsregime der Europäischen Union überlagert das System der Gemeinschaften und der neu geschaffenen Formen der Zusammenarbeit als gemeinsames Dach: 50

„Grundlage der Union sind die Europäischen Gemeinschaften, ergänzt durch die mit diesem Vertrag eingeführten Politiken und Formen der Zusammenarbeit" (Art. 1 Abs. 3 Satz 1 EU).

Die Bestimmungen über die Europäische Union schaffen den institutionellen Rahmen für eine „intergouvernementale" (d. h. nicht mit der Übertragung von Hoheitsrechten verbundene) Zusammenarbeit auf den Gebieten der Außen- und Sicherheitspolitik – GASP (Titel V) sowie die polizeiliche und justitielle Zusammenarbeit in Strafsachen (Titel VI). Die Zusammenarbeit auf diesen beiden Feldern wird als die zweite und die dritte „Säule" der Europäischen Union bezeichnet.

Der Unionsvertrag bekennt sich zur Achtung der Identität der Mitgliedstaaten und zu deren auf demokratischen Grundsätzen beruhenden Regierungssystemen (Art. 6 Abs. 1 und 3 EU). Daneben steht die Achtung von Grundrechten, wie sie sich aus der EMRK und den gemeinsamen Verfassungsüberlieferungen der Mitgliedstaaten als „allgemeine Grundsätze des Gemeinschaftsrechts" ergeben (Art. 6 Abs. 2 EU).

2. Änderung der Gemeinschaftsverträge

51 Zu den Änderungen der Gemeinschaftsverträge gehört zunächst ein terminologischer Wandel, die neue Bezeichnung „Europäische Gemeinschaft" für die Europäische Wirtschaftsgemeinschaft (Art. 1 EG). Einige allgemeine Prinzipien wie die Subsidiarität finden Eingang in den EG-Vertrag (Art. 5 Abs. 2 EG). Neu eingeführt wird die Unionsbürgerschaft mit bestimmten politischen Mitwirkungsrechten (Art. 17ff. EG). Daneben erschließt der Unionsvertrag der Europäischen Gemeinschaft neue Kompetenzbereiche. Den zentralen Komplex bildet dabei die Wirtschafts- und Währungsunion (Art. 98ff. EG).

3. Abkommen zur Sozialpolitik

52 Eine interessante Form von partikulärem Gemeinschaftsrecht („Sondergemeinschaftsrecht") wird durch das Abkommen der elf (jetzt 14) Mitgliedstaaten mit Ausnahme Großbritanniens über die Sozialpolitik begründet. Die von den meisten Mitgliedstaaten angestrebte Vertiefung der sozialen Dimension der Europäischen Gemeinschaft durch eine weitgehende Vergemeinschaftung der Sozialpolitik im Maastrichter Unionsvertrag scheiterte am Widerstand Großbritanniens. Deshalb verständigten sich die Mitgliedstaaten mit Ausnahme Großbritanniens auf eine partikuläre, d.h. nur die – damals elf – anderen Mitgliedstaaten umfassende Angleichung sozialer Standards außerhalb des EG-Vertrages, jedoch unter Nutzung des institutionellen Systems der Europäischen Gemeinschaft. Die vertragliche „Brücke" des Abkommens über die Sozialpolitik zum Gemeinschaftssystem bildet das Maastrichter Protokoll über die Sozialpolitik, welches die institutionelle Verflechtung des Abkommens über die Sozialpolitik mit dem EG-Vertrag (Einschaltung von Rat, Kommission, Europäischem Parlament und Gerichtshof) erlaubt. Dieses von allen Mitgliedstaaten getragene Protokoll bildet einen integralen Bestandteil des Unionsvertrages (siehe Art. 311 EG). Der Zugriff auf die Entscheidungsmechanismen des EG-Vertrages für die auf einen Großteil der Mitgliedstaaten beschränkte Vergemeinschaftung eines Politikbereiches unter

Inanspruchnahme des für das allgemeine Gemeinschaftsrecht geschaffenen institutionellen Systems ist außerordentlich problematisch. Die Problematik dieses Sonderweges hat der *Vertrag von Amsterdam* mit der Überführung der Sozialpolitik in den EG-Vertrag gelöst.

4. Erweiterung der Europäischen Union 1995

Der Beitritt von Österreich, Schweden und Finnland ist zu Beginn des Jahres 1995 wirksam geworden. In diesem Zusammenhang haben auch die Gemeinschaftsverträge eine Anpassung erfahren. Norwegen entschied sich nach einer Volksabstimmung dafür, der Europäischen Union fernzubleiben.

V. Sonderentwicklungen (Abkommen von Schengen und Dublin)

Wesentliche Erleichterungen des grenzüberschreitenden Personenverkehrs mit dem Abbau der Personenkontrollen und mit neuen Mechanismen der polizeilichen Kooperation sind im Rahmen des Systems von Schengen verwirklicht worden. Dabei geht es nicht um Maßnahmen auf der Grundlage des EG-Vertrages, sondern um einen vertraglichen Sonderweg einzelner Mitgliedstaaten (der allen anderen EU-Mitgliedern offensteht). In der Sache geht es hier – wie schon beim Abkommen über die Sozialpolitik – um ein „Europa der zwei Geschwindigkeiten". Das gleiche gilt für das Abkommen von Dublin über die Bestimmung des zuständigen Staates für die Prüfung eines in einem Mitgliedstaat der Europäischen Gemeinschaften gestellten Asylantrages von 1990 (BGBl. 1994 II, S. 792). Das Abkommen von Dublin ist seit 1. 9. 1997 in Kraft.

VI. Vertrag von Amsterdam

Im Einklang mit Art. 48 Abs. 2 EU hat der Europäische Rat Ende März 1997 in Turin eine Konferenz mit den Vertretern der

Mitgliedstaaten einberufen, die sich mit einer Revision der vertraglichen Grundlagen der Union befaßt hat. Zentrale Themen der Reformdiskussion bildeten namentlich eine weitere Parlamentarisierung der gemeinschaftlichen Entscheidungsprozesse, die Vereinfachung des institutionellen Gefüges mit seinen komplexen Verfahrensstrukturen und die gesteigerte Handlungsfähigkeit der Union im Bereich der Gemeinsamen Außen- und Sicherheitspolitik sowie der polizeilichen und justitiellen Zusammenarbeit in Strafsachen. Die Arbeit der Regierungskonferenz, an der auch Vertreter der Kommission und des Europäischen Parlaments teilgenommen hatten, mündete in den *Vertrag von Amsterdam*, der am 2. Oktober 1997 unterzeichnet worden ist (BGBl. 1998 II, S. 387). In Kraft getreten ist der Vertrag am 1. Mai 1999.

56 Das Vertragswerk von Amsterdam führte eine Änderung des Unionsvertrages von Maastricht sowie der Gründungsverträge der drei Gemeinschaften herbei. In der konsolidierten Fassung des *Vertrags von Amsterdam* haben diese Verträge unter fortlaufender Numerierung der alten und der neu aufgenommenen Bestimmungen eine technische Straffung und Vereinfachung erfahren. Die dadurch eintretende neue Nummernfolge der einzelnen Bestimmungen forderte eine gewisse Gewöhnung.

57 Die Reformen des institutionellen Systems der Gemeinschaften bleiben hinter manchen Forderungen zurück. Die Stellung des Europäischen Parlaments ist durch die Ausweitung des (vereinfachten) Verfahrens der Mitentscheidung gegenüber dem Rat gestärkt worden. Die bei der bevorstehenden Erweiterung der Europäischen Union dringliche Neuaustarierung der Gewichtsverhältnisse im Rat (Stimmenschlüssel für die einzelnen Mitgliedstaaten) regelt das Vertragswerk ebensowenig wie eine Neufestsetzung der Zahl der Kommissionsmitglieder. Der sog. Schengen-Besitzstand ist durch ein besonderes Protokoll zum *Amsterdamer Vertrag* in den Rahmen der Europäischen Gemeinschaft überführt worden. Auch das Abkommen über die Sozialpolitik hat der Vertrag von Amsterdam in den EG-Vertrag integriert. Damit wurde die Sonderstellung des Vereinigten Königreichs auf dem Gebiet der Sozialpolitik beendet. Ein neues Kapitel zur Beschäftigung im EG-Vertrag soll

§ 4. Entwicklung der Europ. Gemeinschaften u. der Europ. Union 47

die verstärkte Koordinierung beschäftigungspolitischer Maßnahmen (ohne eigene Gemeinschaftskompetenzen) erleichtern.

Behutsame Reformen sieht der *Vertrag von Amsterdam* für die Gemeinsame Außen- und Sicherheitspolitik vor (etwa durch die Schaffung eines Hohen Vertreters). Aus dem Bereich der polizeilichen und justitiellen Zusammenarbeit in Strafsachen sind die Visa-, Asyl- und Einwanderungspolitik sowie andere Politiken betreffend den freien Personenverkehr von Drittstaatsangehörigen (Art. 61 ff. EG) von der dritten in die erste Säule gewandert (Vergemeinschaftung).

Mit dem Amsterdamer Vertragswerk hat das Konzept der „verstärkten Zusammenarbeit" („Flexibilität") Eingang in den Unionsvertrag und den EG-Vertrag gefunden (Art. 40 und Art. 43 ff. EU; Art. 11 EG). Damit soll einzelnen Mitgliedstaaten erleichtert werden, im Rahmen der Verträge im Sinne vertiefter Integration oder verstärkter intergouvernementaler Zusammenarbeit voranzuschreiten. Voraussetzung hierfür ist jeweils eine Ermächtigung durch den Rat. Damit ist eine vertragliche Grundlage für die Schaffung von „Sondergemeinschaftsrecht", „Sonderunionsrecht" oder für Bereiche besonders verstärkter Integration oder intensiver Zusammenarbeit bereitgestellt worden. **58**

Schließlich hat der *Vertrag von Amsterdam* die Möglichkeit eröffnet, daß die Stimmrechte und andere vertragliche Rechte eines Mitgliedstaates ausgesetzt werden, wenn dieser Mitgliedstaat bestimmte Grundsätze (der Freiheit, der Demokratie, der Menschenrechte und Grundfreiheiten sowie der Rechtsstaatlichkeit) schwerwiegend und anhaltend verletzt hat (Art. 7 EU; Art. 309 EG).

Literatur: *J. Bergmann,* Der Amsterdamer Vertrag, 1998; Bericht von *de Vigo* und *Tsatsos* über den Vertrag von Amsterdam, EuGRZ 1998, S. 72 ff.; *A. v. Bogdandy/C. D. Ehlermann* (Hrsg.), Konsolidierung und Kohärenz des Primärrechts nach Amsterdam, Europarecht 1998, Beiheft 2; *F. Dehousse,* Le traité d'Amsterdam, Reflet de la nouvelle Europe, Cahiers de droit européen 1997, S. 265 ff.; *H. G. Fischer,* Der Amsterdamer Vertrag zur Revision des Vertrages über die Europäische Union, JA 1997, S. 818 ff.; *K. Hasselbach,* Maastricht II – Ergebnisse der Regierungskonferenz zur Reform der EU, BayVBl. 1997, S. 454 ff.; *M. Hilf/E. Pache,* Der Vertrag von Amsterdam, NJW 1998, S. 705 ff.; *H. Kortenberg,* Closer cooperation in the Treaty of Amsterdam, CMLRev. 35 (1998), S. 833 ff.; *H. Lecheler,* Die Fortentwicklung des Rechts der Europäischen Union durch den Amsterdam-Vertrag, JuS 1998, S. 392 ff.; *D. O'Keeffe/P. M. Twomey* (Hrsg.), Legal Issues of the Amsterdam Treaty, 1999; *A. Otting,* Von Maastricht nach Amsterdam, BArbBl. 1997 Nr. 11, S. 10 ff.; *M. Pechstein/Ch. Koenig,* Die Europäische Union, Die Verträge von Maastricht und Amsterdam, 2. Aufl. 1998; *R. Streinz,* Der Vertrag von Amsterdam, EuZW 1998, S. 137 ff.; *ders., Der Vertrag von Amsterdam – Die institutionellen Veränderungen für die Europäische Union und die Europäische Gemeinschaft,* Jura 1998, S. 57 ff.; *Ch. Thun-Hohenstein,* Der Vertrag von Amsterdam – die neue Verfassung der EU, 1997.

VII. Vertrag von Nizza

59 Im Dezember 2000 haben die Staats- und Regierungschefs der EU-Mitgliedstaaten auf der Konferenz von Nizza einen Vertragstext über die institutionellen Reformen ausgehandelt, welche die künftige Erweiterungsfähigkeit der Europäischen Union sichern sollen. Der Vertrag bedarf noch der Ratifizierung durch alle Mitgliedstaaten. Aus einer integrationsorientierten Perspektive stellt der heftig umkämpfte Vertragstext von Nizza ein bescheidenes Reformminimum dar. Der Vertrag stärkt das Stimmengewicht der bevölkerungsreichen Mitgliedstaaten gegenüber den kleineren Ländern. Die Stimmenparität der vier „großen" Mitgliedstaaten (Deutschland, Frankreich, Italien und Großbritannien) ungeachtet des demographischen Gewichts Deutschlands entsprach einer Forderung Frankreichs. Daneben sieht der Vertrag von Nizza eine mögliche Stimmwägung (auf Antrag) unter Beachtung der Bevölkerungsverhältnisse der Europäischen Union bei qualifizierten Mehrheitsentscheidungen vor (sog. „demographisches Netz"). Weiterhin soll die Bevölkerungszahl bei der Verteilung der Abgeordnetensitze im Europäischen Parlament auf die einzelnen Mitgliedstaaten stärker berücksichtigt werden. Daneben sieht der Vertrag von Nizza vor, daß die Zahl der Mitglieder der Europäischen Kommission künftig begrenzt wird (ab dem Jahr 2005 durch den Verzicht der größeren Mitgliedstaaten auf einen zweiten Kommissar; nach einer Erweiterung der Europäischen Union auf 27 Mitgliedstaaten durch Beschränkung auf höchstens 26 Kommissionsmitglieder). Schließlich wird auch die Zahl der Abgeordneten des Europäischen Parlaments an eine absolute Obergrenze gebunden.

§ 4. Entwicklung der Europ. Gemeinschaften u. der Europ. Union 49

In recht bescheidenem Rahmen bewegt sich der weitere Ausbau des Mehrheitsprinzips. Das Einstimmigkeitserfordernis – und damit die Vetomöglichkeit für jeden einzelnen Mitgliedstaat – bleibt namentlich in einzelnen Bereichen der Handelspolitik sowie in zentralen Fragen der Steuer- und Sozialpolitik erhalten. Schließlich haben sich die Mitgliedstaaten in Nizza auf eine Erleichterung der sog. „verstärkten Zusammenarbeit" unter integrationswilligen Mitgliedstaaten verständigt.

Außerhalb einer förmlichen Vertragsänderung ist auf dem EU-Gipfel von Nizza feierlich die Charta der Grundrechte der Europäischen Union proklamiert worden.

Literatur: *A. Hatje,* Die institutionelle Reform der Europäischen Union – der Vertrag von Nizza auf dem Prüfstand, EuR 2001, S. 143 ff.

VIII. Außenbeziehungen

1. Europäische Freihandelsassoziation und Europäischer Wirtschaftsraum

In Konkurrenz zum Gemeinschaftssystem haben zur Stärkung 60 ihrer handelspolitischen Stellung die Staaten Dänemark, Großbritannien, Norwegen, Österreich, Portugal, Schweden und die Schweiz den Vertrag zur Errichtung der *Europäischen Freihandelsassoziation* (EFTA) von 1960 geschlossen. Später wurden Finnland und Liechtenstein der EFTA assoziiert sowie Island als Vollmitglied aufgenommen. Die stärkere Anziehungskraft des Europäischen Gemeinschaftssystems unterwarf die EFTA einem nachhaltigen Schrumpfungsprozeß. Das Abkommen über den Europäischen Wirtschaftsraum (EWR) von 1992 rückt die Rest-EFTA (mit Ausnahme der Schweiz) unter Schaffung binnenmarktähnlicher Verhältnisse näher an das Gemeinschaftssystem heran und begründet eine riesige Freihandelszone mit freiem Waren-, Personen-, Dienstleistungs- und Kapitalverkehr. Die Schweiz hat (nach der Ablehnung des EWR-Abkommens) im Jahre 2000 einem Bündel von Verträgen mit der Europäischen Gemeinschaft und den Mit-

2. GATT und Welthandelsorganisation

61 Die Europäische Gemeinschaft ist im Rahmen ihrer handelspolitischen Kompetenzen in die Rechtsstellung ihrer Mitglieder im GATT hineingewachsen. Mittlerweile ist die Gemeinschaft förmliche Vertragspartei des Abkommens zur Gründung der Welthandelsorganisation (WTO) von 1994 und der multilateralen Abkommen zur Reform und Ergänzung des GATT-Systems (s. § 28. III).

3. Europaabkommen

62 Eine Reihe von Assoziationsabkommen („Europaabkommen") mit mittel- und osteuropäischen Staaten bringen diese Länder in ein enges Verhältnis zu den Gemeinschaften (Europäische Gemeinschaft und Montanunion). Ziel dieser Abkommen ist es, die wirtschaftliche Transformation mit der Entwicklung marktwirtschaftlicher Strukturen in den assoziierten Ländern zu fördern und deren Wirtschaftspotential zu steigern. Daneben sollen die Europaabkommen einzelnen Nachbarländern der Europäischen Union den Weg zu einem Beitritt ebnen. Für einige beitrittswillige Länder aus Mittel- und Osteuropa sowie aus dem Mittelmeerraum hat die Europäische Kommission eine konkrete Perspektive für die Aufnahme in die Europäische Union eröffnet (s. § 31).

4. Entwicklungspolitik

63 Zur Entwicklungsförderung der Staaten aus dem afrikanischen, karibischen und pazifischen Raum (sog. AKP-Staaten) sind eine Reihe von Kooperationsverträgen („Lomé-Abkommen") geschlossen worden. Das IV. Lomé-Abkommen ist durch das Partnerschaftsabkommen von Cotonou mit den AKP-Staaten (ABl. 2000, Nr. L 317, S. 3 ff) abgelöst worden (s. § 28 I., IV.).

§ 5. Struktur der Europäischen Union

I. Die drei „Säulen" der Europäischen Union

Das Modell der drei „Säulen" mit der Europäischen Union als „Dach" oder „Mantel" ist der Versuch, sich der Neuschöpfung „Europäische Union" und deren nicht leicht durchschaubarer Struktur mit bildhafter Sprache zu nähern, ohne sich vorschnell auf eine rechtlich präzise Qualifikation festzulegen. Die drei Europäischen Gemeinschaften sind als internationale Organisationen Träger eigener Rechte und Pflichten im Verhältnis zu ihren Mitgliedern und Drittstaaten. Kraft übertragener Hoheitsrechte üben sie selbständig Kompetenzen gegenüber den Mitgliedstaaten und den einzelnen Bürgern aus. Im Rahmen der mit dem Unionsvertrag eingeführten Zusammenarbeit innerhalb der GASP sowie der polizeilichen und justitiellen Zusammenarbeit in Strafsachen handeln nach außen die Mitgliedstaaten selbst. Die dabei gefaßten Beschlüsse entfalten im innerstaatlichen Recht der Mitgliedstaaten keine unmittelbare Wirkung, sondern müssen insoweit durch Rechtsakte der Mitgliedstaaten umgesetzt werden. Dies ist der zentrale Unterschied zwischen der „Vergemeinschaftung" von Kompetenzfeldern einerseits und bloßer „intergouvernementaler" Zusammenarbeit andererseits. **64**

Wie das Gebilde „Europäische Union" in die Institutionstypik des Völkerrechtes einzuordnen ist, läßt der Maastrichter Unionsvertrag in der Schwebe. Art. 1 EU beschränkt sich auf Umschreibungen mit recht geringer rechtlicher Präzision: **65**

„Durch diesen Vertrag gründen die Hohen Vertragsparteien untereinander eine Europäische Union, im folgenden als Union bezeichnet.
Dieser Vertrag stellt eine neue Stufe bei der Verwirklichung einer immer engeren Union der Völker Europas dar, in der die Entscheidungen möglichst offen und möglichst bürgernah getroffen werden.
Grundlage der Union sind die Europäischen Gemeinschaften, ergänzt durch die mit diesem Vertrag eingeführten Politiken und Formen der Zusammenarbeit. Aufgabe der Union ist es, die Beziehungen zwischen den Mitgliedstaaten sowie zwischen ihren Völkern kohärent und solidarisch zu gestalten."

Die Europäische Union verbindet unterschiedliche Politikbereiche mit unterschiedlichem Integrationsstand. Am ehesten läßt sich die Europäische Union als ein Gebilde begreifen, das die Gesamtheit der drei Gemeinschaften sowie das institutionell verfestigte Zusammenwirken der Mitgliedstaaten in den neu hinzugekommenen Politikbereichen (GASP, polizeiliche und justitielle Zusammenarbeit in Strafsachen) umfaßt.

II. Europäischer Rat als Leitorgan der Europäischen Union

66 Als politisches Leitorgan der Europäischen Union fungiert der Europäische Rat. Dieses Gremium „gibt der Union die für ihre Entwicklung erforderlichen Impulse und legt die allgemeinen politischen Zielvorstellungen für diese Entwicklung fest" (Art. 4 Abs. 1 EU). Der Europäische Rat setzt sich aus den Staats- und Regierungschefs der Mitgliedstaaten sowie dem Präsidenten der Kommission zusammen (Art. 4 Abs. 2 Satz 1 EU). Unterstützt werden die Mitglieder des Europäischen Rates von den Außenministern und einem Mitglied der Kommission (Art. 4 Abs. 2 Satz 2 EU).

Zu unterscheiden ist der Europäische Rat vom (Minister-)Rat der Europäischen Gemeinschaften. Obwohl der Rat der Europäischen Gemeinschaften gar kein Organ der Europäischen Union ist, bezeichnet sich dieses Gremium seit 1993 selbst als „Rat der Europäischen Union". Dies ist ein Beispiel dafür, wie die im Unionsvertrag angelegten unterschiedlichen Strukturen durch unscharfe Begrifflichkeiten eingeebnet werden. Dabei ist allerdings zu bedenken, daß die Trennlinien zwischen den drei Säulen durchlässig ausgestaltet sind. Insbesondere wirken die Organe der Gemeinschaften an der Willensbildung in der zweiten und dritten Säule mit.

Die Bezeichnung des „Europäischen Rates" als „Leitorgan" der Europäischen Union verlangt eine Klarstellung. In der völkerrechtlichen Terminologie wird der Begriff „Organ" grundsätzlich nur auf Organisationen mit eigener Rechtspersönlichkeit bezogen, die der Europäischen Union überwiegend abgesprochen wird. Der Europäische Rat bildet letztlich nur die Bündelung des politischen Willens der Mitgliedstaaten durch die Bereitstellung eines gemeinsamen Forums.

§ 5. Struktur der Europäischen Union 53

Literatur: *U. Everling,* Die Rolle des Europäischen Rates gegenüber den Gemeinschaften, EuR 1995/Beiheft 2, S. 41 ff.

III. Die Mitwirkung der Gemeinschaftsorgane in der zweiten und dritten Säule

Der Vertrag von Maastricht sieht für die Union „einen einheitli- 67
chen institutionellen Rahmen" vor; damit soll die „Kohärenz und Kontinuität der Maßnahmen zur Erreichung ihrer Ziele unter gleichzeitiger Wahrung und Weiterentwicklung des gemeinschaftlichen Besitzstandes" sichergestellt werden (Art. 3 Abs. 1 EU). Ausdruck dieses einheitlichen institutionellen Rahmens und des Bemühens um Kohärenz ist eine beachtliche Durchlässigkeit der „Drei-Säulen-Struktur". Sie äußert sich namentlich darin, daß Organe der Gemeinschaften (insbesondere Rat und Kommission) in die Zusammenarbeit im Rahmen der GASP und die polizeiliche und justitielle Zusammenarbeit in Strafsachen einbezogen werden. Ganz allgemein sind Rat und Kommission für die Kohärenz aller außenpolitischen Maßnahmen der Union im Rahmen ihrer Außen-, Sicherheits-, Wirtschafts- und Entwicklungspolitik verantwortlich (Art. 3 Abs. 2 EU).

Im Rahmen der GASP ist der (Minister-)Rat der Gemeinschaf- 68
ten – innerhalb der Leitlinien des Europäischen Rates – für die Abstimmung zwischen den Mitgliedstaaten, die Annahme gemeinsamer Standpunkte und gemeinsamer Aktionen zuständig (Art. 14 und 15 EU). Auch im Rahmen der polizeilichen und justitiellen Zusammenarbeit in Strafsachen ist der Rat das entscheidende Konsultations- und Beschlußforum (Art. 30 Abs. 2, 32 und 34 EU). Die Kommission und das Europäische Parlament sind gegenüber dem Rat eher auf eine untergeordnete Beteiligung verwiesen; der *Vertrag von Amsterdam* hat eine Aufwertung der Kommission bei der Außenvertretung der Europäischen Union gebracht (zur Beteiligung der Kommission Art. 18 Abs. 4, 27 und 36 Abs. 2 EU; zur Beteiligung des Europäischen Parlaments Art. 21 und 39 EU). Allerdings kann sich das Europäische Parlament im Hinblick auf die Finanzierung von Ausgaben im Rahmen der zweiten und dritten

Säule über seine Haushaltsbefugnisse eine erhebliche Mitsprache sichern (Art. 28 und 41 EU). Im übrigen muß der Europäische Rat dem Europäischen Parlament nach jeder Tagung Bericht erstatten und ihm einen jährlichen Bericht über die Entwicklung der Union vorlegen (Art. 4 Abs. 3 EU).

IV. Das Verhältnis der Gemeinschaften zur Europäischen Union

69   Die drei Gemeinschaften wahren im Gefüge der Europäischen Union ihre eigene Rechtspersönlichkeit. Sie können – im Gegensatz zur Europäischen Union – Verträge mit Drittstaaten und anderen internationalen Organisationen schließen oder selbst internationalen Organisationen beitreten (etwa der Welthandelsorganisation – WTO). Auf völkerrechtlicher Ebene wird die Tätigkeit im Rahmen der zweiten und dritten „Säule" den Mitgliedstaaten zugerechnet, die im Falle eines völkerrechtlichen Deliktes hierfür ch in solidarischer Weise die völkerrechtliche Verantwortung gen müssen.

Auf der anderen Seite gewährleistet das Gebot der Kohärenz (Art. 3 Abs. 2 EU) die innere Stimmigkeit des Verhaltens der Gemeinschaften einerseits und der im Rahmen der anderen beiden „Säulen" zusammenwirkenden Mitgliedstaaten andererseits. Mit der Sicherung des Kohärenzgebots sind die Gemeinschaftsorgane Rat und Kommission betraut. Im Sinne des Gebotes der „Unionstreue" müssen die Mitgliedstaaten Beschlüsse im Rahmen der intergouvernementalen Zusammenarbeit auf Gemeinschaftsebene berücksichtigen. So wäre es unzulässig, daß ein Staat bei der Abstimmung über Rechtsakte des Gemeinschaftsrechts im (Minister-) Rat der Europäischen Gemeinschaften im Widerspruch zu GASP-Beschlüssen handelt oder sich dabei anders verhält als bei der Annahme solcher Beschlüsse.

70   Die Entscheidungskompetenzen des EuGH beschränken sich grundsätzlich auf die erste Säule. Für die Zusammenarbeit im Rahmen der GASP und die polizeiliche und justitielle Zusammen-

§ 5. Struktur der Europäischen Union 55

arbeit in Strafsachen sieht jetzt aber der *Vertrag von Amsterdam* die Möglichkeit einer Zuständigkeitserweiterung vor (Art. 46 EU). Im übrigen ist denkbar, daß bei der Verknüpfung von Maßnahmen des sekundären Gemeinschaftsrechts mit GASP-Beschlüssen (etwa die Verhängung eines Handelsembargos nach Art. 301 EG) der EuGH eine gewisse Inzidentprüfung der Wirksamkeit einer GASP-Maßnahme vornehmen kann.

Ein Beispiel für die Vernetzung der GASP und der Kompetenzen der Europäischen Gemeinschaft bildet etwa der Erlaß von Embargo-Maßnahmen nach Art. 301 EG auf der Grundlage von GASP-Beschlüssen (nach Art. 13 EU). Hierin läßt sich auch der Unterschied zwischen dem Erlaß unmittelbar wirkender Rechtsakte des sekundären Gemeinschaftsrechts einerseits und der intergouvernementalen Zusammenarbeit andererseits verdeutlichen. Ein GASP-Beschluß zur Verhängung eines Embargos gegen einen Drittstaat bindet zunächst nur die Mitgliedstaaten. Er hat keine unmittelbaren Auswirkungen auf die einzelnen Handelsunternehmen und deren vertragliche Beziehungen zu dem betroffenen Drittstaat. Erst der Erlaß einer Embargo-Verordnung nach dem EG-Vertrag kann ein Verbot für die einzelnen Unternehmen begründen, das eine auch im innerstaatlichen Recht wirksame Verpflichtung darstellt.

Ebenso interessant wie komplex ist die vereinzelte Verknüpfung **71** von GASP-Maßnahmen und Rechtsakten der Europäischen Gemeinschaft. Ein solches integriertes System fand sich bis 2000 bei der Exportkontrolle von zivil und militärisch verwendbaren Gütern (dual use-Gütern; hierzu *T. Jestaedt/N. v. Behr,* Die EG-Verordnung zur Harmonisierung der Exportkontrollen von zivil und militärisch verwendbaren Gütern, EuZW 1995, S. 137 ff.; *A. Reuter,* Exportkontrolle bei Gütern mit doppeltem Verwendungszweck, NJW 1995, S. 2190 ff.).

Hier hat der Rat der Europäischen Union nach Art. 13 EU eine gemeinsame Aktion zur Ausfuhrkontrolle von Gütern mit doppeltem Verwendungszweck im Rahmen allgemeiner Leitlinien des Europäischen Rates angenommen (Beschluß 94/942/GASP vom 19. 12. 1994, ABl. 1994 Nr. L 367, S. 8; EuZW 1995, S. 149). Gleichzeitig hat der Rat eine Verordnung der Europäischen Gemeinschaft erlassen (Verordnung [EG] Nr. 3381/94 vom 19. 12. 1994 über eine Gemeinschaftsregelung der Ausfuhrkontrolle von Gütern mit doppeltem Verwendungszweck, ABl. 1994 Nr. L 367, S. 1; EuZW 1995, S. 146). Beide Maßnahmen bildeten ein „integriertes System", an dem Rat, Kommission und Mitgliedstaaten im Rahmen ihrer Kompetenzbereiche mitwirkten. Diese Verflechtung von EG-Verordnung und GASP-Beschluß hat der Rat mit der neuen Dual-use-Verordnung aufgegeben. Die Verordnung

(EG) Nr. 1334/2000 (ABl. 2000 Nr. L 159, S. 1) gründet sich allein auf den EG-Vertrag (Art. 133 EG).

V. Die Verflechtung der Gemeinschaftsverträge mit dem EU-Vertrag

72 Der Maastrichter Unionsvertrag bringt eine enge Verflechtung zwischen den Gemeinschaftsverträgen und dem Unionsvertrag selbst. So richten sich Entwürfe zur Änderung der „Verträge, auf denen die Union beruht", nach einem einheitlichen Verfahren (Art. 48 EU). Die Aufnahme eines neuen Mitgliedstaates kann sich nur durch dessen Beitritt zu den drei Gemeinschaftsverträgen und dem Unionsvertrag vollziehen (Art. 49 EU). Auch ein Teilrückzug aus der Europäischen Union ist nicht vorgesehen.

Zumindest problematisch ist es deshalb, wenn das Bundesverfassungsgericht in seinem „Maastricht-Urteil" bei einer Fehlentwicklung der Währungsunion, die als Geldwertstabilität gewährleistende Gemeinschaft konzipiert ist, einen einseitigen Rückzug apodiktisch für möglich hält (BVerfGE 89, 155 [204]).

Literatur: *D. Curtin,* The Constitutional Structure of the European Union: A Europe of Bits and Pieces, CMLRev. 30 (1993), S. 17 ff.; *R. Dehousse* (Hrsg.), Europe after Maastricht, 1994; *R. Hrbek* (Hrsg.), Der Vertrag von Maastricht in der wissenschaftlichen Kontroverse, 1993; *G. Ress,* Die Europäische Union und die neue juristische Qualität der Beziehungen zu den Europäischen Gemeinschaften, JuS 1992, S. 985 ff.

VI. „Verstärkte Zusammenarbeit"

72a Das Konzept der „verstärkten Zusammenarbeit" erlaubt Mitgliedstaaten, die untereinander im Interesse vertiefter intergouvernementaler Zusammenarbeit (im Rahmen der zweiten und dritten Säule der Europäischen Union) oder besonders intensiver Integration (im Rahmen des EG-Vertrages) zusammenwirken wollen, die in den Verträgen vorgesehenen Organe, Verfahren und Mechanismen im Rahmen der vertraglichen Ziele in Anspruch zu nehmen, wenn sie hierzu vom Rat ermächtigt worden sind (Art. 40 und Art. 43 ff. EU; Art. 11 EG). Diese Zusammenarbeit unter besonders kooperations- oder integrationswilligen Mitgliedstaaten ist ein

§ 5. Struktur der Europäischen Union 57

offener Prozeß, dem sich andere Mitgliedstaaten später jederzeit anschließen können.

Das *Vertragswerk von Nizza* knüpft die „verstärkte Zusammenarbeit" an die Beteiligung von mindestens acht Mitgliedstaaten. Zugleich soll das bestehende „Veto-Recht" eines Mitgliedstaates (Art. 40 Abs. 2 UAbs. 2, 43 Abs. 1 *lit.* h EU, Art. 11 Abs. 2 UAbs. 2 EG) entfallen.

§ 6. Die Rechtsnatur der Europäischen Gemeinschaften und der Europäischen Union

I. Die Europäischen Gemeinschaften als internationale Organisationen

1. Rechtspersönlichkeit im Völkerrecht

73 Mit den drei Europäischen Gemeinschaften haben die Mitgliedstaaten internationale Organisationen geschaffen: Als auf der Grundlage eines völkerrechtlichen Vertrages errichtete Gebilde mit eigenen Organen, die einen von den Mitgliedstaaten unabhängigen Willen bilden, sind diese Träger eigener Rechte und Pflichten. Die Rechtspersönlichkeit der Gemeinschaften ist ausdrücklich in den drei Gründungsverträgen anerkannt (Art. 281 EG, Art. 184 EA, Art. 6 Abs. 1 KS). Die Völkerrechtssubjektivität äußert sich beim Abschluß völkerrechtlicher Verträge mit Staaten und anderen internationalen Organisationen (Beispiel: Assoziationsabkommen, Mitgliedschaft der EG in der Welthandelsorganisation [WTO]). Die Völkerrechtspersönlichkeit der Gemeinschaften ist im Verhältnis zu Drittstaaten davon abhängig, daß diese die Gemeinschaften ausdrücklich oder konkludent anerkennen. Die weitreichende Anerkennung der Gemeinschaften in der Staatengemeinschaft äußert sich insbesondere darin, daß diese in ein umfangreiches Netz vertraglicher Beziehungen eingebunden sind.

74 Die Vertretung der Gemeinschaften im völkerrechtlichen Verkehr liegt grundsätzlich bei der Kommission. Besonderheiten gelten für völkerrechtliche Verträge. Bei der Europäischen Gemeinschaft und der Europäischen Atomgemeinschaft werden völkerrechtliche Verträge durch die Kommission ausgehandelt und durch den Rat abgeschlossen (Art. 300, 133 Abs. 3 und 4 EG, Art. 206 Abs. 2 EA). Bei der Montanunion richtet sich die Vertretungsbefugnis nach der internen Zuständigkeit (Art. 6 Abs. 4 KS). Soweit es in internationalen Organisationen und anderen internationalen

§ 6. Die Rechtsnatur d. Europ. Gemeinschaften u. d. Europ. Union

Foren um die Behandlung von Aspekten geht, die sowohl die Zuständigkeit der Mitgliedstaaten als auch die der Gemeinschaften tangieren, treten Kommission und Ratsvorsitz gemeinsam als Vertreter auf. Im Rahmen der Verhandlungen um eine Reform des GATT-Systems und die Schaffung einer neuen Welthandelsorganisation (Uruguay-Runde) führte die Kommission (auf der Grundlage einer besonderen Ermächtigung) alleine die Verhandlungen im Namen der Gemeinschaft und der Mitgliedstaaten. Diesem umfassenden Verhandlungsmandat der Kommission lag ein Ratsbeschluß zugrunde. Bei OSZE-Treffen spricht die Delegation des EU-Mitgliedslandes, das die Präsidentschaft der Europäischen Union innehat, auch für die Union (obwohl die Europäische Union gar kein Völkerrechtssubjekt ist). Die Delegation schließt Vertreter der Europäischen Kommission mit ein. An den Gipfelkonferenzen der OSZE (früher: KSZE) ist der Präsident des (Minister-)Rates beteiligt.

2. Die Geltung des allgemeinen Völkerrechts

a) Bindung der Europäischen Gemeinschaften

Als Völkerrechtssubjekte sind die Europäischen Gemeinschaften 75
nicht nur an die von ihr abgeschlossenen völkerrechtlichen Verträge gebunden, sondern auch an das Völkergewohnheitsrecht und die allgemeinen Rechtsgrundsätze des Völkerrechtes, soweit diese ihrem Inhalt nach auf die Gemeinschaften anwendbar sind. Gemeinschaftsabkommen sind Bestandteil des Gemeinschaftsrechts (s. Art. 300 Abs. 7 EG). Die Rechtswirkungen der allgemeinen Grundsätze des Völkerrechts in der innergemeinschaftlichen Rechtsordnung sind dagegen umstritten. Gute Gründe sprechen dafür, auch diese allgemeinen Grundsätze des Völkerrechtes als Bestandteil des Gemeinschaftsrechts anzusehen und Rechtsakte der Gemeinschaftsorgane hieran zu messen.

So hat der EuGH die extraterritoriale „Anwendung" des EG-Wettbewerbsrechts daraufhin überprüft, ob es mit allgemeinen völkerrechtlichen Grundsätzen (Auswirkungsprinzip) vereinbar ist (EuGH, verb. Rs. 89, 104, 114, 116, 117, 125--129/85, Slg. 1988, 5233 Rn. 6f., 18 ff. – *Zellstoffkartell*).

Eine EG-Verordnung, welche Handelsvergünstigungen nach einem Kooperationsabkommen mit der (früheren) Sozialistischen Föderativen Republik Jugoslawien aussetzte, hat der EuGH an den Regeln des Völkergewohnheitsrechts (hier über die Billigung oder Suspendierung vertraglicher Bindungen wegen grundlegender Änderung der Umstände) gemessen:

„Die Gemeinschaft muß ihre Befugnisse . . . unter Beachtung des Völkerrechts ausüben. Sie muß daher die Regeln des Völkergewohnheitsrechts beachten, wenn sie eine Verordnung erläßt, mit der Handelszugeständnisse ausgesetzt werden, die durch ein von ihr mit einem Drittland geschlossenes Abkommen oder aufgrund eines solchen gewährt wurden" (EuGH, Rs. C-162/96, Slg. 1998, I-3655 Rn. 45 – *Racke*).

b) Gemeinschaftsrecht und völkerrechtliche Beziehungen unter den Mitgliedstaaten

76 Die Bestimmungen der Gründungsverträge verdrängen von vornherein innerhalb der Beziehungen unter den Mitgliedstaaten zahlreiche Regeln des allgemeinen Völkerrechtes. Das Rechtsschutzsystem der Gemeinschaftsverträge schließt es weitgehend aus, daß ein Mitgliedstaat auf Vertragsverletzungen eines anderen Mitgliedstaates mit Repressalien reagiert oder Schadensersatzansprüche erhebt. Der Rückgriff auf das allgemeine Sanktionspotential des Völkerrechts oder die Erhebung von Schadensersatzansprüchen ist allenfalls dann denkbar, wenn die vertraglichen Rechtsschutzmechanismen ausgeschöpft sind. Der EG-Vertrag verpflichtet die Mitgliedstaaten, „Streitigkeiten über die Auslegung oder Anwendung dieses Vertrages nicht anders als hierin vorgesehen zu regeln" (Art. 292 EG). Selbst dann, wenn sich ein Mitgliedstaat auch vom EuGH nicht von einer Vertragsverletzung abbringen läßt, läßt sich argumentieren, daß die Rechtsposition der einzelnen Unionsbürger nicht zum Spielball von Gegenmaßnahmen gemacht werden dürfe. Jedenfalls dürfen Sanktionen eines Mitgliedstaates nicht in die im Vertrag gewährleisteten Rechte unbeteiligter Mitgliedstaaten oder deren Angehöriger eingreifen.

Nach der Rechtsprechung des EuGH darf ein Mitgliedstaat keine Handelsbeschränkungen verhängen, um damit die fehlerhafte Umsetzung von

Gemeinschaftsregelungen durch einen anderen Mitgliedstaat zu ahnden (so zu britischen Ausfuhrbeschränkungen beim Export von Vieh nach Spanien als Reaktion auf die angebliche Mißachtung von EG-Tierschutzbestimmungen für das Schlachten, EuGH, Rs. C-5/94, Slg. 1996, I-2553 – *Hedley Lomas*).

3. Rechtsfähigkeit im innerstaatlichen Rechtsverkehr

Von der Völkerrechtssubjektivität zu unterscheiden ist die (Privat-)Rechtsfähigkeit im nationalen Recht der einzelnen Mitgliedstaaten (s. Art. 282 EG, Art. 185 EA, Art. 6 Abs. 3 KS). Diese Rechtspersönlichkeit im nationalen Recht sichert die Handlungsfähigkeit der Gemeinschaften im innerstaatlichen Rechtsverkehr (etwa im Hinblick auf den Abschluß von Verträgen oder den Erwerb von Grundstücken). Insoweit liegt die Vertretung grundsätzlich bei der Kommission (siehe aber Art. 6 Abs. 4 KS).

4. Vorrechte und Immunitäten

In den Mitgliedstaaten stehen den Europäischen Gemeinschaften eine Reihe von Vorrechten und Befreiungen zu. Das Protokoll über die Vorrechte und Befreiungen der Europäischen Gemeinschaften von 1965 sichert die Unverletzlichkeit der Räumlichkeiten, den Schutz von Vermögensgegenständen und Guthaben vor Zwangsmaßnahmen und eine weitgehende Befreiung von Abgaben. Umstritten ist, inwieweit die Gemeinschaften im übrigen Befreiungen vor nationaler Gerichtsbarkeit (Immunität) genießen. Im Bereich des hoheitlichen Handelns genießen die Europäischen Gemeinschaften (ebenso wie andere internationale Organisationen) kraft Völkergewohnheitsrechts Immunität in den Mitgliedstaaten und den Drittstaaten, welche die Gemeinschaften anerkannt haben. Bei nichthoheitlichem Handeln dürften sie dagegen (so wie selbst Staaten) grundsätzlich der Gerichtsbarkeit unterworfen sein (zur Verneinung der Immunität der Europäischen Gemeinschaft im Hinblick auf eine „Durchgriffshaftung" als Mitglied des Internationalen Zinnrates *House of Lords, J. H. Rayner Ltd. v. Department of Trade,* [1989] 3 W. L. R. 969 [H. L.]).

II. Die Supranationalität
der Europäischen Gemeinschaften

79 Mit der Charakterisierung der Europäischen Gemeinschaften als „supranationale" Organisationen sollen Wesenszüge gekennzeichnet werden, die in der Übertragung von Hoheitsrechten durch die Mitgliedstaaten (der Substituierung von staatlicher Hoheitsgewalt durch Gemeinschaftsgewalt) und dem hohen Grad verselbständigter Willensbildung ihre Grundlage haben. Diese „supranationalen" Elemente sind bereits in der Montanunion verwirklicht, deren Gründungsvertrag in seiner ursprünglichen Fassung die „Hohe Behörde", das wichtigste Entscheidungsorgan, als „überstaatlich" (französisch: „supranational") charakterisiert hatte (Art. 9 a. F.). Der supranationale Entwicklungsstand der Gemeinschaften hat den EuGH veranlaßt, zur Charakterisierung der Grundlagen der Gemeinschaftsordnung die Begrifflichkeit des Staatsrechts heranzuziehen. Dieser Rückgriff auf staatsrechtliche Kategorien macht angesichts des steten Kompetenzzuwachses der Gemeinschaften verbunden mit einzelnen Strukturprinzipien, wie sie sich sonst nur im Staatsrecht finden, durchaus Sinn. Bei allen begrifflichen Anleihen aus dem Staatsrecht ist zu bedenken, daß die Gemeinschaftsordnung insgesamt noch ein weites Stück von einem Staat oder einem auch nur staatsähnlichen Gebilde entfernt ist. So hat der EuGH den EG-Vertrag als „Verfassungsurkunde einer Rechtsgemeinschaft" bezeichnet (EuGH, Gutachten 1/91, Slg. 1991, I-6079 Rn. 21 – *EWR-Vertrag*). Dabei hat der EuGH die Besonderheiten der EG-Rechtsordnung hervorgehoben:

> „Nach ständiger Rechtsprechung des Gerichtshofes haben die Gemeinschaftsverträge eine neue Rechtsordnung geschaffen, zu deren Gunsten die Staaten in immer weiteren Bereichen ihre Souveränitätsrechte eingeschränkt haben und deren Rechtssubjekte nicht nur deren Mitgliedstaaten, sondern auch ihre Bürger sind ... Die wesentlichen Merkmale der so verfaßten Rechtsordnung der Gemeinschaft sind ihr Vorrang vor dem Recht der Mitgliedstaaten und die unmittelbare Wirkung zahlreicher, für ihre Staatsangehörigen und für sie selbst geltenden Bestimmungen" (aaO, Rn. 21).

§ 6. Die Rechtsnatur d. Europ. Gemeinschaften u. d. Europ. Union 63

1. Das Gemeinschaftsrecht als autonome Rechtsordnung

Die Rechtsordnung der Gemeinschaften beruht zwar auf einer 80
vertraglichen Willenseinigung der Mitgliedstaaten, hat sich aber
trotz dieser völkerrechtlichen Grundlage verselbständigt und zu einer autonomen Rechtsordnung entwickelt. Entscheidend ist, daß
die Mitgliedstaaten den Gemeinschaften Hoheitsrechte zugewiesen
und den Gemeinschaftsorganen die Befugnis zu eigenständiger
Rechtsetzung übertragen haben:

„Zum Unterschied von gewöhnlichen internationalen Verträgen hat der
E[W]G-Vertrag eine eigene Rechtsordnung geschaffen, die bei seinem Inkrafttreten in die Rechtsordnungen der Mitgliedstaaten aufgenommen worden
und von ihren Gerichten anzuwenden ist. Denn durch die Gründung einer
Gemeinschaft für unbegrenzte Zeit, die mit eigenen Organen, mit der Rechts-
und Geschäftsfähigkeit, mit internationaler Handlungsfähigkeit und insbesondere mit echten, aus der Beschränkung der Zuständigkeit der Mitgliedstaaten
oder der Übertragung von Hoheitsrechten der Mitgliedstaaten auf die Gemeinschaft herrührenden Hoheitsrechten ausgestattet ist, haben die Mitgliedstaaten, wenn auch auf einem begrenzten Gebiet, ihre Souveränitätsrechte beschränkt und so einen Rechtskörper geschaffen, der für ihre Angehörigen und
sie selbst verbindlich ist" (EuGH, Rs. 6/64, Slg. 1964, 1254, 1269, *Costa ./. E. N. E. L.*)

2. „Durchgriffswirkung" des sekundären Gemeinschaftsrechts

Kraft der auf die Gemeinschaften übertragenen Hoheitsrechte 81
können die Gemeinschaftsorgane Regelungen erlassen, die – ohne
eine Vermittlung der Mitgliedstaaten – unmittelbar für Einzelne
Rechte und Pflichten begründen können („Durchgriffswirkung"
des sekundären Gemeinschaftsrechts). Beispiele bilden Verordnungen oder Entscheidungen, die unmittelbar einzelne Bürger oder
Unternehmen zu einem bestimmten Verhalten verpflichten oder
ihnen Rechte verleihen wie etwa die Genehmigung eines Unternehmenszusammenschlusses oder die Verhängung einer Geldbuße.
In dieser möglichen „Durchgriffswirkung" liegt der wesentliche
Unterschied zwischen den Regelungsbefugnissen der Gemeinschaften und den Beschlüssen anderer internationaler Organisa-

tionen oder sonstiger Foren „intergouvernementaler" Zusammenarbeit (wie etwa Beschlüssen im Rahmen der zweiten oder dritten „Säule" der Europäischen Union).

So bindet die Verhängung eines Embargos des Sicherheitsrates der Vereinten Nationen gegen den Staat A wegen des Bruchs oder einer Bedrohung des Weltfriedens (VII. Kapitel der UN-Charta) zunächst einmal nur die Mitgliedstaaten der Vereinten Nationen (Art. 25, 48 Abs. 2 UN-Charta). Ähnliches gilt für verbindliche Beschlüsse im Rahmen der gemeinsamen Außen- und Sicherheitspolitik der Europäischen Union. Derartige Beschlüsse müssen von den jeweiligen Mitgliedstaaten erst in innerstaatliches Recht umgesetzt werden, um unmittelbare Rechtswirkungen für Einzelne zu entfalten. Anders liegt es dagegen beim Erlaß einer Embargo-Verordnung der Europäischen Gemeinschaft (Art. 301 EG). Sie begründet unmittelbar für einzelne Unternehmen das Verbot, an unter das Embargo fallenden Handelsgeschäften mitzuwirken.

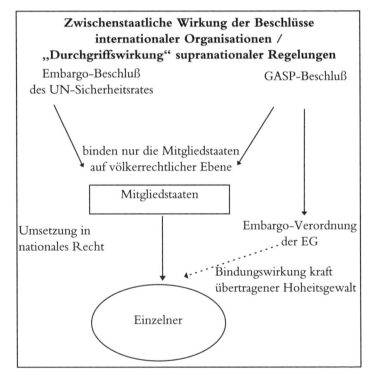

III. Rechtsnatur der Europäischen Union

Die Europäische Union stellt ein Gebilde dar, dessen rechtliche 82
Erfassung nicht ganz einfach ist. Einerseits spricht der Maastrichter
Unionsvertrag von der „Aufgabe der Union" (Art. 1 Abs. 3 EU),
von den Zielen der Union (Art. 2 EU) und von einem „einheitlichen institutionellen Rahmen" der Union (Art. 3 Abs. 1 EU).
Auch sonst wird die Union als Adressat von rechtlichen Prinzipien
behandelt (Art. 6 EU). Andererseits stattet der Vertrag von Maastricht die Union an keiner Stelle mit eigenen Kompetenzen nach
innen oder außen aus. Der Unionsvertrag schweigt über eigene
Rechte und Pflichten des neugeschaffenen Gebildes. So fehlt jeder
Anhaltspunkt für die Befugnis der Union, selbst völkerrechtliche
Verträge zu schließen. Aus alledem läßt sich schließen, daß die
Mitgliedstaaten nicht die erkennbare Absicht hatten, die Union zu
einer auf völkerrechtlicher Ebene rechtsfähigen Organisation zu
machen. Die Union verfügt auch nicht über Organe, die einen
von der Gesamtheit der Mitgliedstaaten unterscheidbaren eigenständigen Willen bilden könnten. Der „Europäische Rat" (Art. 4
EU) bildet ein Leit-„Organ" nur in einem weiteren Sinne, nämlich
als Forum für die Abstimmung unter den Mitgliedstaaten unter
Einbeziehung des Kommissionspräsidenten.

Der Rat der Europäischen Gemeinschaften („Rat der Europäi- 83
schen Union") und die anderen Gemeinschaftsorgane sind in die
Willensbildung im Rahmen der zweiten und dritten „Säule" der
Union nur im Wege der Organleihe eingebunden. Nach herrschender Auffassung findet die Annahme einer Völkerrechtsfähigkeit der Europäischen Union im Unionsvertrag keine Grundlage
(so auch BVerfGE 89, 155 [195]; str.). Letztlich bildet die Europäische Union ein Forum zur Bündelung der Willensbildung und
Willensbetätigung der Mitgliedstaaten in ihrer gesamthänderischen
Verbundenheit, aber kein von den Mitgliedstaaten unabhängiges
Rechtssubjekt. Eigene Kompetenzen hat die Union nicht. Die
Vorschrift des Art. 6 Abs. 4 EU ist als politische Absichtserklärung
zu verstehen und nicht etwa als Verleihung einer beliebig erwei-

terbaren Kompetenz. Unklarheit stiften die neuen Vorschriften der Art. 24 und Art. 38 EU, welche den Abschluß von Verträgen im Rahmen der zweiten und dritten Säule durch den Rat vorsehen. Eine Erklärung der Mitgliedstaaten auf der Amsterdamer Konferenz macht aber deutlich, daß damit keine Zuständigkeiten von den Mitgliedstaaten auf die Europäische Union (also auch keine Vertragsabschlußkompetenz) übertragen werden sollten.

Es ist aber denkbar, daß die Europäische Union auch ohne die vertragliche Verleihung eigener Rechte und Pflichten in einem prozeßhaften Geschehen in eigene Rechte (und Pflichten) hineinwächst und so zur internationalen Organisation mit eigener Rechtspersönlichkeit wird. Daß eine derartige Entwicklung denkbar ist, zeigt das Beispiel der OSZE, bei der sich die Ausbildung fester Organstrukturen und Institutionen sogar ohne vertragliche Grundlage vollzogen hat.

Literatur: *A. v. Bogdandy/M. Nettesheim,* Die Verschmelzung der Europäischen Gemeinschaften in der Europäischen Union, NJW 1995, S. 2324ff.; *H.J. Hahn,* Der Vertrag von Maastricht als völkerrechtliche Übereinkunft und Verfassung, 1992; *I. Pernice,* „Europäische Union" – die Sprachverwirrung von Maastricht, ZEuP 1995, S. 177ff.; *G. Ress,* Ist die Europäische Union eine juristische Person?, EuR 1995/Beiheft 2, S. 27ff.

IV. Das System der Europäischen Union als „Staatenverbund"

84   Der Vertrag von Maastricht hat für das Gemeinschaftssystem fundamentale Neuerungen gebracht, welche eine neue Typenbildung zur Charakterisierung des neugeschaffenen Unionssystems nahelegen. Der große „Qualitätssprung" liegt aber weniger in einer Verbreiterung und Vertiefung der institutionalisierten Zusammenarbeit im Rahmen der zweiten und dritten „Säule". Entscheidend ist vielmehr der Kompetenzzuwachs durch die Vergemeinschaftung der Währungspolitik. Die Übertragung der Währungshoheit rührt stärker als alle anderen Gemeinschaftskompetenzen am Nerv des staatsrechtlichen Eigenlebens der Mitglieder. Seit dem Übergang der Währungshoheit durch den Beginn der dritten Stufe der

§ 6. Die Rechtsnatur d. Europ. Gemeinschaften u. d. Europ. Union 67

Währungsunion gestaltet die Europäische Gemeinschaft wegen der Auswirkungen währungspolitischer Entscheidungen nicht nur die Wirtschaftspolitik im engeren Sinne, sondern auch andere Politikfelder wie die Sozialpolitik entscheidend mit. In der Völkerrechtsgeschichte ist eine derartige Verlagerung der Währungshoheit bislang stets mit der Schaffung eines (Bundes-)Staates verbunden gewesen. Im Rahmen eines internationalen Organisationsverbandes bildet dieser Schritt ein Novum.

Auf der anderen Seite fehlt es dem System der Europäischen 85
Union nach wie vor an wesentlichen Staatsmerkmalen. Der Vertrag von Maastricht versteht das neugeschaffene System als eine „immer engere Union der Völker Europas" (Art. 1 Abs. 2 EU). *Ein* europäisches Staatsvolk existiert weder als personelles Substrat supranationaler Hoheitsgewalt noch als Anknüpfungsfaktor für demokratische Legitimation. Die neu begründete „Unionsbürgerschaft" ist der Staatsangehörigkeit mit all den damit verbundenen Rechten und Pflichten nicht einmal wesensähnlich. Vor allem aber – und hierin liegt der wohl wichtigste Unterschied des Unionsverbandes zu einem Staat – wird das Verhältnis zwischen den Mitgliedstaaten und den zur Europäischen Union gehörenden drei Gemeinschaften nicht abschließend vom Gemeinschaftsrecht festgelegt oder von Gemeinschaftsorganen konkretisiert. Vielmehr bleibt für die Mitgliedstaaten insoweit *auch* das eigene Verfassungsrecht bestimmend. Damit eng in Verbindung steht, daß die Europäischen Gemeinschaften nur über die auf vertraglichem Wege konkret übertragenen Kompetenzen verfügen (Prinzip der begrenzten Einzelermächtigung). Die übertragenen Befugnisse können nicht ohne eine vertragliche Ermächtigung selbständig erweitert werden (Fehlen einer sogenannten „Kompetenz-Kompetenz").

Ganz anders ist die Rechtslage in einem Bundesstaat: Hier definiert die Verfassung als Bundesgesetz umfassend die Kompetenzverteilung zwischen dem Gesamtstaat und seinen Untergliederungen. Der Konflikt zwischen Bundesrecht und Landesrecht entscheidet sich nach Regeln des Bundes und kann im Streitfalle auch nur von Bundesorganen einer verbindlichen Lösung zugeführt werden. Die Geltung des Rechtssatzes „Bundesrecht bricht Landesrecht" ist deshalb wesensnotwendiger Bestandteil einer bundesstaatlichen Ordnung. Die Europäischen Gemeinschaften (insoweit handelnd durch den Europäischen Gerichtshof) nehmen zwar für das Gemeinschaftsrecht den Vorrang gegenüber allem nationalen Recht in Anspruch; aber das Verfassungsrecht der Mitgliedstaaten kann den Vorrang des Gemeinschaftsrechts in dieser *Absolutheit* nicht anerkennen. Dies gilt jedenfalls solange, als die Mitgliedstaaten im Konflikt zwischen beiden Rechtsmassen die Entscheidung über die Gemeinschaftskompetenzen und die „richtige" Anwendung der Gemeinschaftsverträge nicht ohne jede Einschränkung übertragen haben. Erst dann, wenn der Satz „Gemeinschaftsrecht bricht nationales Recht" ohne irgendeinen Vorbehalt auch im Verfassungsrecht der Mitgliedstaaten gilt, mutiert die Gemeinschaftsordnung im Dachverband der Europäischen Union zu einem bundesstaatsähnlichen Gebilde. Eine solche Entwicklung würde sich dann anbahnen, wenn die Mitgliedstaaten im Wege der Vertragsänderung eindeutig dem EuGH oder einem neuen Gemeinschaftsorgan die Befugnis übertragen würden, die Grenzen der Gemeinschaftskompetenzen abschließend und mit Wirkung für die Mitgliedstaaten zu bestimmen. Das Kompetenzverhältnis zwischen Unionssystem und Mitgliedstaaten wird auch dadurch geprägt, daß die Mitgliedstaaten die rechtlichen Grundlagen des Unionssystems auf vertraglichem Wege ändern, möglicherweise das gesamte System einvernehmlich auch ganz aufheben können.

86 Das Bundesverfassungsgericht hat die Staatsqualität der Europäischen Union (des Unionssystems) in aller Deutlichkeit verneint. Dabei hat das Gericht nicht nur damit argumentiert, daß die Gemeinschaften lediglich über gegenständlich begrenzte Kompetenzen auf bestimmten Sektoren verfügen (BVerfGE 89, 155 [192ff.]). Das Bundesverfassungsgericht betont daneben vor allem, daß es der Europäischen Union an einem europäischen Staatsvolk als hinreichend homogenem Personenverband und als Zurechnungssubjekt für die demokratische Legitimation von Staatsgewalt fehle:

„Die Europäische Union ist nach ihrem Selbstverständnis als Union der Völker Europas (Art. A Abs. 2 EU [Art. 1 Abs. 2 EU n.F.]) ein auf eine dynamische Entwicklung angelegter (...) Verbund demokratischer Staaten;

§ 6. Die Rechtsnatur d. Europ. Gemeinschaften u. d. Europ. Union

nimmt er hoheitliche Aufgaben wahr und übt dazu hoheitliche Befugnisse aus, sind es zuvörderst die Staatsvölker der Mitgliedstaaten, die dies über die nationalen Parlamente demokratisch zu legitimieren haben." (BVerfGE 89, 184).

Aus der notwendigen demokratischen Legitimation von Hoheitsgewalt durch die Rückbindung an die einzelnen Staatsvölker leitet das Bundesverfassungsgericht Grenzen für die Ausdehnung der Gemeinschaftskompetenzen ab:

„Vermitteln die Staatsvölker – wie gegenwärtig – über die nationalen Parlamente demokratische Legitimation, sind mithin der Ausdehnung der Aufgaben und Befugnisse der Europäischen Gemeinschaften vom demokratischen Prinzip her Grenzen gesetzt. Jedes der Staatsvölker ist Ausgangspunkt für eine auf es selbst bezogene Staatsgewalt. Die Staaten bedürfen hinreichend bedeutsamer eigener Aufgabenfelder, auf denen sich das jeweilige Staatsvolk in einem von ihm legitimierten und gesteuerten Prozeß politischer Willensbildung entfalten und artikulieren kann, um so dem, was es – relativ homogen – geistig, sozial und politisch verbindet (. . .), rechtlichen Ausdruck zu geben" (BVerfGE 89, 186).

Die vielleicht etwas schroff formulierte Absage des Bundesverfassungsgerichts an eine Qualifikation der Europäischen Union als staatsähnliches Gebilde trifft in der Sache völlig zu. Die damit verbundene Hervorhebung der einzelnen Staatsvölker als Legitimationsquell für Hoheitsgewalt und die Rückkoppelung von Gemeinschaftskompetenzen an die Parlamente der Mitgliedstaaten hat in der Europarechtslehre viel Kritik erfahren. Soweit dem Bundesverfassungsgericht dabei unterstellt wird, es sei in „völkischen" Ideologien früherer Zeiten befangen, sind die Grenzen einer fairen Auseinandersetzung mit dieser grundlegenden Entscheidung überschritten. **87**

Um die Stellung des Unionssystems im Spektrum der Organisationsformen beim gegenwärtigen Integrationsstand zwischen dem bloßen Staatenbund und dem Bundesstaat zu umschreiben, hat das Bundesverfassungsgericht in seinem Urteil zum Maastrichter Unionsvertrag die Europäische Union als „Staatenverbund" umschrieben:

„Der Vertrag begründet einen europäischen Staatenverbund, der von den Mitgliedstaaten getragen wird und deren nationale Identität achtet; er betrifft die Mitgliedschaft Deutschlands in supranationalen Organisationen, nicht eine

Zugehörigkeit zu einem europäischen Staat" (BVerfGE 89, 181). „Die Bundesrepublik Deutschland ist . . . auch nach dem Inkrafttreten des Unions-Vertrags Mitglied in einem Staatenverbund, dessen Gemeinschaftsgewalt sich von den Mitgliedstaaten ableitet und im deutschen Hoheitsbereich nur kraft des deutschen Rechtsanwendungsbefehls verbindlich wirken kann" (BVerfGE 89, 190).

Mit dem Begriff des „Staatenverbundes" vermag das Gericht zwar nicht an eine im Völkerrecht oder in der allgemeinen Staatslehre anerkannte Typologie anzuknüpfen, aber es handelt sich dabei um einen interessanten Versuch, die Eigenheiten des Unionssystems mit dem außergewöhnlichen Grad an vergemeinschafteten Kompetenzbereichen sowie die Breite der unter das Dach der Union gezogenen Politikfelder als „Mehr" gegenüber dem herkömmlichen Staatenbund begrifflich einzufangen.

Literatur: *H.-J. Blanke,* Der Unionsvertrag von Maastricht – Ein Schritt auf dem Weg zu einem europäischen Bundesstaat?, DÖV 1993, S. 412 ff.; *A. von Bogdandy,* Supranationaler Föderalismus als Wirklichkeit und Idee einer neuen Herrschaftsform, 1999; *S. Breitenmoser,* Die Europäische Union zwischen Völkerrecht und Staatsrecht, ZaöRV 55 (1995), S. 951 ff.; *K. Doehring,* Staat und Verfassung in einem zusammenwachsenden Europa, ZRP 1993, S. 98 ff.; *ders.,* Die nationale Identität der Mitgliedstaaten und der Europäischen Union, in: Festschrift für Ulrich Everling, Bd. I, 1995, S. 263 ff.; *O. Dörr,* Zur Rechtspolitik der Europäischen Union, EuR 1995, S. 334 ff.; *U. Everling,* Zur föderalen Struktur der Europäischen Gemeinschaft, in: Staats- und Völkerrechtsordnung, Festschrift für Karl Doehring, 1989, S. 179 ff.; *ders.,* Das Maastricht-Urteil des Bundesverfassungsgerichts in seiner Bedeutung für die Entwicklung der Europäischen Union, Integration 1994, S. 165 ff.; *M. Fromont,* Europa und nationales Verfassungsrecht nach dem Maastricht-Urteil – Kritische Bemerkungen, JZ 1995, S. 800 ff.; *J. A. Frowein,* Das Maastricht-Urteil und die Grenzen der Verfassungsgerichtsbarkeit, ZaöRV 54 (1994), S. 1 ff.; *ders.,* Die Verfassung der Europäischen Union aus der Sicht der Mitgliedstaaten, EuR 1995, S. 315 ff.; *V. Götz,* Das Maastricht-Urteil des Bundesverfassungsgerichts, JZ 1993, S. 1081 ff.; *S. Griller,* Die Unterscheidung von Unionsrecht und Gemeinschaftsrecht nach Amsterdam, EuR, Beiheft 1/1999, S. 45 ff.; *H.J. Hahn,* Der Vertrag von Maastricht als völkerrechtliche Übereinkunft und Verfassung, 1992; *M. Herdegen,* Maastricht and the German Constitutional Court: Constitutional Restraints for an „Ever Closer Union", CMLRev. 31 (1994), S. 235 ff.; *P. Hommelhoff/P. Kirchhof* (Hrsg.), Der Staatenverbund der Europäischen Union, 1994; *P.M. Huber,* Maastricht – ein Staatsstreich?, 1993; *H. P. Ipsen,* Zehn Glossen zum Maastricht-Urteil, EuR 1994, S. 1 ff.; *P. Kirchhof,* Der deutsche Staat im Prozeß der europäischen Integration, in: J. Isensee/ P. Kirchhof (Hrsg.), Handbuch des Staatsrechts der Bundesrepublik Deutschland, Bd. VII, 1992, § 183; *N. MacCormick,* Das Maastricht-Urteil: Souveränität heute, JZ 1995, S. 797 ff.; *D. Murswiek,* Maastricht und der Pouvoir Constituant, Der Staat 1993, S. 161; *T. Oppermann/C. D. Classen,* Die EG vor der Europäischen Union, NJW 1993, S. 5; *T. Schmitz,* Integration in der supranationalen Union, 2001; *M. Schröder,* Das Bundesverfassungsgericht als Hüter des Staates im Prozeß der europäischen Integration, DVBl. 1994, S. 316 ff.; *H. Steinberger,* Die Europäische Union im Lichte der Entscheidung des Bundesverfassungsgerichts vom 12. Oktober 1993, in: Festschrift für Rudolf Bernhardt (Beiträge zum ausländischen öffentlichen Recht und Völkerrecht, Bd. 120), 1995, S. 1313 ff.; *C. Tomuschat,* Die Europäische Union unter der Aufsicht des Bundesverfassungsgerichts, EuGRZ 1993, S. 489 ff.; *Ch. Vedder,* Die Unterscheidung von Unionsrecht und Gemeinschaftsrecht nach Amsterdam, EuR, Beiheft 1/1999, S. 7 ff.; *J. H. H. Weiler,* The State „über alles", in: Festschrift für Ulrich Everling, Bd. II, 1995, S. 1651 ff.

§ 7. Das Verhältnis der Europäischen Gemeinschaften und der Europäischen Union zu den Mitgliedstaaten

88 Das Verhältnis des Verbandes der Europäischen Union zu den einzelnen Mitgliedstaaten ist aus rechtlicher Sicht deswegen so schwierig zu erfassen, weil es den Rahmen der herkömmlichen Typologie internationaler Organisationen sprengt. Heikel ist dabei weniger das Verhältnis zur Europäischen Union als „Dach" sowie die Zusammenarbeit im Rahmen der zweiten und dritten „Säule". Denn dabei geht es um eine „intergouvernementale" Zusammenarbeit, welche sich in die klassischen Formen zwischenstaatlicher Kooperation auf vertraglicher Grundlage einfügt. Schwierigkeiten ergeben sich vielmehr aus der beispiellosen Kompetenzfülle, die den drei Gemeinschaften (insbesondere der Europäischen Gemeinschaft) durch die Übertragung von Hoheitsrechten der Mitgliedstaaten erwachsen ist.

I. Die Mitgliedstaaten als „Herren der Verträge"

89 Die Grundlagen der Europäischen Gemeinschaften und des Unionsverbandes liegen in einer vertraglichen Willenseinigung der Mitgliedstaaten. Aus völkerrechtlicher Sicht können die Parteien einen völkerrechtlichen Vertrag beliebig ändern oder aufheben. Dies spricht dafür, daß die Mitgliedstaaten im Rahmen einer vertraglichen Vereinbarung weiterhin über den Inhalt der dem Unionssystem zugrundeliegenden Verträge verfügungsberechtigt sind. Nach überwiegender Auffassung können die Mitgliedstaaten mit einer Vertragsänderung auch in die Kompetenzen der Europäischen Gemeinschaften eingreifen und die von ihnen übertragenen Hoheitsrechte wieder zurückholen. Die Gegenmeinung stellt darauf ab, daß bei der Übertragung von Hoheitsrechten ein derartiger Zugriff nicht mehr ohne weiteres möglich ist, weil sich die Mitgliedstaaten nicht nur (quasi „schuldrechtlich") zur Achtung der

neugeschaffenen Kompetenzen verpflichtet haben, sondern diese Kompetenzen („dinglich") zugunsten der Gemeinschaften aufgegeben haben. Bei dieser Sichtweise bedürfte eine Einschränkung der auf einer Übertragung von Hoheitsrechten beruhenden Kompetenz zumindest der Zustimmung der jeweils betroffenen Gemeinschaften, da die Mitgliedstaaten alleine nicht mehr über die Hoheitsrechte der Gemeinschaften verfügen könnten. Im Kern geht es bei dieser Diskussion darum, inwieweit die Gemeinschaften noch als „Geschöpfe" der Mitgliedstaaten von der vertraglichen Willensbildung ihrer Mitglieder abhängig sind und inwieweit sich das Gemeinschaftssystem schon von seinen völkervertraglichen Grundlagen emanzipiert hat.

Die der Europäischen Union zugrundeliegenden Verträge setzen **90** der Änderungsbefugnis der Mitgliedstaaten keine ausdrücklichen inhaltlichen Schranken. Wohl aber sind bei Änderungen der Verträge bestimmte Verfahrensregeln zu beachten (Art. 48 EU). An diese Verfahrensregeln sind die Mitgliedstaaten solange gebunden, als diese vertragliche „Selbstbindung" nicht ausdrücklich durch eine Vertragsänderung aufgehoben worden ist. Im übrigen ist außerordentlich umstritten, ob die Änderungsbefugnis der Mitgliedstaaten inhaltlich irgendwelchen Schranken unterworfen ist. Manche Stimmen in der Europarechtslehre plädieren dafür, ähnlich wie im Verfassungsrecht vieler Mitgliedstaaten, bestimmte Strukturprinzipien anzuerkennen, die (zumindest während des Bestandes des Unionssystems) einen änderungsfesten Kern aufweisen.

Der EuGH hat bereits gewisse Schranken für die Vertragsänderung entwickelt. Nach seiner Rechtsprechung dürfen Abkommen der Europäischen Gemeinschaft mit Drittstaaten in die „Grundlagen der Gemeinschaft selbst" auch dann nicht eingreifen, wenn die vertraglichen Bestimmungen über solche Abkommen entsprechend geändert worden sind (EuGH, Gutachten 1/91, Slg. 1991 I-6079 Rn. 69 ff. – *erstes EWR-Gutachten*). Dies legt den Schluß nahe, daß die Mitgliedstaaten sogar mit einer ausdrücklichen Vertragsänderung nicht elementare Strukturprinzipien der Gemeinschaftsordnung beseitigen können.

Um die Zugriffsmöglichkeiten der Mitgliedstaaten geht es auch **91** bei der Frage, ob die Mitgliedstaaten die Europäischen Gemeinschaften (und das Unionssystem) auflösen könnten. Während der

Vertrag über die Montanunion nach fünfzig Jahren ausläuft (Art. 97 KS), sind die Römischen Verträge zur Gründung der anderen Gemeinschaften auf unbegrenzte Dauer angelegt (Art. 312 EG, Art. 208 EA). Auch der Unionsvertrag selbst ist in seiner Geltung zeitlich nicht beschränkt (Art. 51 EU). Nach überwiegender Auffassung können die Mitgliedstaaten die Europäischen Gemeinschaften (und den gesamten Unionsverband) wieder durch einen Aufhebungsvertrag (als *actus contrarius* zum Gründungsvertrag) auflösen. Auch das Bundesverfassungsgericht unterwirft die vertragliche Bindung an das Unionssystem der Herrschaft der Mitgliedstaaten (BVerfGE 89, 155 [190]). Nach anderer Ansicht können die Europäischen Gemeinschaften nur mit Zustimmung der vertretungsberechtigten Gemeinschaftsorgane aufgelöst werden. Bei alledem handelt es sich gegenwärtig nur um akademische Fragen. Ihre Beantwortung prägt aber das politische Verhältnis zwischen den Gemeinschaften und ihren Mitgliedern.

Literatur: *U. Everling*, Sind die Mitgliedstaaten der Europäischen Gemeinschaften noch Herren der Verträge?, in: Festschrift für Hermann Mosler, 1983, S. 173 ff.; *M. Herdegen*, Vertragliche Eingriffe in das „Verfassungssystem" der Europäischen Union, in: Festschrift für Ulrich Everling, Bd. I, 1995, S. 447 ff.; *T. Schilling*, The Autonomy of the Community Legal Order: An Analysis of Possible Foundations, Harvard International Law Journal 37 (1996), S. 389; *J. H. H. Weiler/U. R. Haltern*, Response: The Autonomy of the Community Legal Order – Through the Looking Glass, Harvard International Law Journal 37 (1996), S. 449 ff.

II. Ausscheiden einzelner Mitgliedstaaten

92   Die Gründungsverträge der drei Gemeinschaften und der Unionsvertrag sehen einen einseitigen Austritt nicht vor und regeln auch sonst nicht das Ausscheiden einzelner Mitgliedstaaten. Die vertragliche Bindung an die Römischen Verträge und den Unionsvertrag „auf unbegrenzte Zeit" (Art. 312 EG, Art. 208 EA, Art. 51 EU) und die zeitlich fixierte Geltungsdauer des EGKS-Vertrages (Art. 97) bedeuten, daß sich ein Mitgliedstaat grundsätzlich nicht mit einer einseitigen Erklärung von den Gemeinschaftsverträgen lösen kann. Auch für einen Ausschluß des Mitgliedstaates bieten

§ 7. Das Verhältnis der Europäischen Gemeinschaften

die Verträge keine Grundlage. Denkbar ist aber, daß sich unter außergewöhnlichen Umständen ein Ausscheiden (Austritt oder Ausschluß) mit den völkerrechtlichen Grundsätzen über den Wegfall der Geschäftsgrundlage begründen ließe.

Das Bundesverfassungsgericht hat sich in seinem *Maastricht-Urteil* 93 dieser Problematik mit erstaunlicher Unbefangenheit genähert:

„Deutschland ist einer der ‚Herren der Verträge', die ihre Gebundenheit an den ‚auf unbegrenzte Zeit' geschlossenen Unions-Vertrag (Art. Q EUV a. F. [Art. 51 EU]) mit dem Willen zur langfristigen Mitgliedschaft begründet haben, diese Zugehörigkeit aber letztlich durch einen gegenläufigen Akt auch wieder aufheben könnten" (BVerfGE 89, 155 [190]).

Ähnlich apodiktisch nimmt das Bundesverfassungsgericht an, die Bundesrepublik Deutschland könne sich bei einem Scheitern der Währungsunion aus der vertraglichen Vergemeinschaftung der Währungshoheit zurückziehen:

„Der Unions-Vertrag regelt die Währungsunion als eine auf Dauer der Stabilität verpflichtete und insbesondere die Geldwertstabilität gewährleistende Gemeinschaft. . . . Der Vertrag setzt langfristige Vorgaben, die das Stabilitätsziel zum Maßstab der Währungsunion machen, die durch institutionelle Vorkehrungen die Verwirklichung dieses Zieles sicherzustellen suchen und letztlich – als ultima ratio – beim Scheitern der Stabilitätsgemeinschaft auch einer Lösung aus der Gemeinschaft nicht entgegenstehen" (BVerfGE 89, 155 [204]).

Dieser sachlich nicht gebotene, mit leicht drohendem Unterton formulierte und begründungsarme Hinweis auf eine einseitige Lösung vertraglicher Bindungen hat dem *Maastricht-Urteil* des Bundesverfassungsgerichts viel (in diesem Punkte berechtigte) Kritik eingebracht.

III. Grundprinzipien im Verhältnis zwischen Gemeinschaften und Mitgliedstaaten

1. Pflicht zur Loyalität und Vertragstreue (Art. 10 EG)

Die Loyalitätspflicht der Mitgliedstaaten und der Grundsatz der 94 Vertragstreue sind in Art. 10 EG niedergelegt. Dabei zielt Art. 10 Abs. 1 EG auf die positive Mitwirkung bei der Erfüllung von Verpflichtungen aus dem Gemeinschaftsrecht (Satz 1) und die Unterstützung der Gemeinschaft (Satz 2), während Art. 10 Abs. 2 EG alle die Vertragsziele gefährdenden Maßnahmen untersagt. Aus der Sicht der Gemeinschaften verpflichtet die Vertragstreue die Mitgliedstaaten zu einer loyalen Erfüllung vertraglicher Verpflichtungen. Hierzu gehört die einheitliche und uneingeschränkte Erfüllung des Gemeinschaftsrechts insbesondere bei der Ausgestaltung der innerstaatlichen Rechtsordnung (vgl. EuGH, Rs. C-213/89, Slg. 1990, I-2433 Rn. 19 – *Factortame I*). Vollzug und Umsetzung gemeinschaftsrechtlicher Normen durch nationale Organe müssen so ausgestaltet sein, daß der Normzweck nicht gefährdet oder vereitelt wird. Die Rechtsprechung des EuGH hat den Grundsatz der Gemeinschaftsloyalität immer wieder für eine dynamische Auslegung des Gemeinschaftsrechts, zuweilen für eine weitreichende Rechtsfortbildung bemüht (vgl. EuGH, Slg. 1991, I-5357 Rn. 36 – *Francovich*). Der Grundsatz der loyalen Zusammenarbeit verpflichtet auch die Gemeinschaften zu gewisser Rücksichtnahme auf die Mitgliedstaaten (vgl. zur Rechtshilfe der Europäischen Gemeinschaften gegenüber den Mitgliedstaaten EuGH, Rs. C-2/88, Slg. 1990, I-3367 Rn. 23 – *Zwartveld*). In dieser wechselseitigen Rücksichtnahme findet das Prinzip der „Gemeinschaftstreue" Ausdruck.

95 Umstritten ist, ob jenseits der loyalen Erfüllung konkreter Verpflichtungen und der loyalen Umsetzung von Gemeinschaftsnormen in innerstaatliches Recht ein allgemeines Prinzip der „Gemeinschaftstreue" existiert, das etwa auch die loyale Mitwirkung bei der Willensbildung auf Gemeinschaftsebene erfaßt. Es ist jedenfalls naheliegend, in einer „Politik des leeren Stuhls" oder einer zur Durchsetzung bestimmter Ziele praktizierten Verweigerungshaltung im Rat der Europäischen Gemeinschaften eine Verletzung des Grundsatzes der „Gemeinschaftstreue" zu sehen.

Zuweilen wird der Gedanke wechselseitiger Loyalität im Verhältnis von Europäischer Gemeinschaft und Mitgliedstaaten im Sinne einer Rücksichtnahme der Gemeinschaftsorgane auf die besondere verfassungsrechtliche Situation einzelner Mitgliedstaaten gedeutet (vgl. BVerfGE 89, 155 [202]). Gegenüber einer solchen Deutung von Art. 10 EG ist Vorsicht geboten. Denn verfassungsrechtliche Besonderheiten eines Mitgliedstaates rechtfertigen grundsätzlich keine privilegierte Behandlung im Hinblick auf gemeinschaftsrechtliche Verpflichtungen. Dies gilt insbesondere im Hinblick auf die Ausgestaltung der innerstaatlichen Kompetenzordnung. So ist es ausschließlich Aufgabe der zuständigen deutschen Bundesorgane (insbesondere des deutschen Vertreters im Rat der Europäischen Gemeinschaften) – und nicht etwa der Gemeinschaftsorgane –, Länderinteressen auf Gemeinschaftsebene zur Geltung zu bringen.

2. Koordinierung der Wirtschaftspolitik (Art. 4 EG)

Von großer Bedeutung ist die in Art. 4 EG vorgesehene Abstimmung der Wirtschafts- und Währungspolitik der Mitgliedstaaten. Die enge Koordinierung der Wirtschaftspolitik baut auf dem Binnenmarkt sowie der Festlegung gemeinsamer Ziele auf und ist „dem Grundsatz einer offenen Marktwirtschaft mit freiem Wettbewerb verpflichtet" (Art. 4 Abs. 1 EG). Im Hinblick auf die Verwirklichung der Währungsunion sollen die Mitgliedstaaten eine einheitliche Geld- und Wechselkurspolitik verfolgen, die „vorrangig das Ziel der Preisstabilität verfolgen und unbeschadet dieses Zieles die allgemeine Wirtschaftspolitik in der Gemeinschaft unter Beachtung des Grundsatzes einer offenen Marktwirtschaft mit freiem Wettbewerb unterstützen" soll (Art. 4 Abs. 2 EG). Als richtungsweisende Grundsätze für die Wirtschafts- und Währungspolitik von Gemeinschaften und Mitgliedstaaten nennt Art. 4 Abs. 3 EG: „stabile Preise, gesunde öffentliche Finanzen und monetäre Rahmenbedingungen sowie eine dauerhaft finanzierbare Zahlungsbilanz". 96

3. Diskriminierungsverbot (Art. 12 EG)

Zu den Grundpflichten der Mitgliedstaaten gehört das Verbot der Diskriminierung aus Gründen der Staatsangehörigkeit gemäß Art. 12 Abs. 1 EG. Zu beachten ist, daß das Diskriminierungsverbot nur im Rahmen des Anwendungsbereiches des EG-Vertrages Geltung beansprucht, der allerdings eine ständige Ausweitung erfahren hat. Dieses Diskriminierungsverbot gilt nur vorbehaltlich besonderer Bestimmungen des Vertrages. Vorrangig sind insbesondere die speziellen Diskriminierungsverbote, die sich aus den Re- 97 geln über die Arbeitnehmerfreizügigkeit und die Niederlassungsfreiheit ergeben. Das Diskriminierungsverbot umfaßt auch versteckte (mittelbare) Diskriminierungen, das heißt Ungleichbehandlungen, die an überwiegend mit der Staatsangehörigkeit verbundene Tatbestände anknüpfen (insbesondere Herkunft oder Wohnort). Das Diskriminierungsverbot des Art. 12 EG ist von praktischer Bedeutung vor allen Dingen insoweit, als im Bereich der Niederlassungs- und Dienstleistungsfreiheit die im Vertrag vorgesehenen Harmonisierungsvorschriften noch nicht erlassen worden sind.

So hat der EuGH das Diskriminierungsverbot in einem Fall als anwendbar angesehen, in dem ein britischer Tourist in Paris Opfer eines gewalttätigen Überfalles war und der französische Staat die Entschädigung für die Opfer von Gewalttaten deswegen verweigert hat, weil die Gegenseitigkeit für französische Staatsbürger in Großbritannien nicht verbürgt war (EuGH, Rs. 186/87, Slg. 1989, 195 – *Cowan*). Entscheidend hat der EuGH hier darauf abgestellt, daß der britische Tourist sich als Empfänger von Dienstleistungen in Paris im Anwendungsbereich der Marktfreiheiten und damit des EG-Vertrages bewegt hat.

98   Mittlerweile weitet die allgemeine Gewährleistung der Freizügigkeit für Unionsbürger (Art. 18 EG) den Anwendungsbereich des Diskriminierungsverbotes beträchtlich aus.

Bedeutung hat das Diskriminierungsverbot des Art. 12 EG etwa im Prozeßrecht erlangt. So stellt das Erfordernis der Prozeßkostensicherheit nach § 110 Abs. 1 Satz 1 ZPO für ausländische Kläger vor Art. 12 Abs. 1 EG eine verbotene Diskriminierung aus Gründen der Staatsangehörigkeit dar, wenn es um Ansprüche im Zusammenhang mit dem innergemeinschaftlichen Austausch von Gütern und Dienstleistungen geht (EuGH, Rs. C-323/95, Slg. 1997, I-1698 Rn. 16 f. – *Heyes*; siehe zum Verstoß des Erfordernisses der Prozeßkostensicherheit nach § 110 Abs. 1 Satz 1 ZPO gegen Art. 49 und 50 EG bei der Klage des Erbringers einer Dienstleistung EuGH, Rs. C-20/92, Slg. 1993, I-3777 – *Hubbard*). Als einen Verstoß gegen das Diskriminierungsverbot hat der EuGH auch die Anwendung des § 917 Abs. 2 ZPO (Arrestgrund einer Vollstreckung des Urteils im Ausland) zu Lasten von EU-Ausländern eingestuft (EuGH, Rs. C-398/92, Slg. 1994, I-467 – *Mund & Fester*).

Aus dem allgemeinen Diskriminierungsverbot leitet der EuGH auch einen Anspruch von Unionsbürgern ab, in einem anderen Mitgliedstaat bei der Gerichts- und sonstigen Verfahrenssprache in den Genuß von Vergünstigungen für Angehörige einer sprachlichen Minderheit zu kommen. So darf eine italienische Regelung, die den Gebrauch des Deutschen vor Gerichten und Verwaltungsbehörden zuläßt, nicht auf in der Provinz Bozen ansässige Angehörige der deutschsprachigen Volksgruppe (unter Ausgrenzung deutschsprachiger Unionsbürger aus anderen Mitgliedstaaten) beschränkt werden (EuGH, Rs.

C-274/96, Slg. 1998, I-7637 – *Bickel* = EuZW 1999, S. 82 m. Anm. v. *M. Nowak*). Hier sah der EuGH im Erfordernis eines inländischen Wohnsitzes im Hinblick auf die Dienstleistungsfreiheit und die allgemeine Freizügigkeitsgewährleistung für Unionsbürger (Art. 18 EG) eine unzulässige Diskriminierung (aaO, Rn. 26 ff.). Im Schutz der deutschsprachigen Minderheit in Südtirol wollte der EuGH keine objektive Rechtfertigung für die Beschränkung des Sprachenprivilegs sehen.

Die Diskriminierung eigener Staatsangehöriger (Inländerdiskriminierung, *discrimination à rebours*) verbietet Art. 12 EG nicht ohne weiteres. Dies bedeutet, daß die Mitgliedstaaten ihre eigenen Staatsangehörigen vielfach schlechter stellen können als andere Unionsbürger, sofern es um rein interne Sachverhalte geht und jeglicher Bezug zu den Freiheiten des Gemeinschaftsrechts fehlt. So beläßt die vom EuGH festgestellte Unvereinbarkeit des deutschen „Reinheitsgebotes" für aus anderen EG-Mitgliedstaaten eingeführtes Bier mit den Bestimmungen über den grenzüberschreitenden Warenverkehr (EuGH, Rs. 178/84, Slg. 1987, 1227) der Bundesrepublik Deutschland die Möglichkeit, am „Reinheitsgebot" für deutsche Bierbrauer festzuhalten. Auch im Bereich der Freizügigkeit von Arbeitnehmern oder der Niederlassungsfreiheit von Unternehmern ist es denkbar, daß Inländer oder deren Angehörige schlechter gestellt werden als Angehörige anderer EU-Mitgliedstaaten, soweit es nicht um die Inanspruchnahme der Freiheiten des EG-Vertrages geht (vgl. zum Nachzugsrecht des aus einem Drittstaat stammenden Ehegatten eines Inländers EuGH, verb. Rs. 35 u. 36/82, Slg. 1982, 3723 – *Morson*). Gegenüber den besonderen Regeln zum freien Personenverkehr (Arbeitnehmerfreizügigkeit, Niederlassungsrecht) ist das Diskriminierungsverbot subsidiär.

Aus den Regeln über die Arbeitnehmerfreizügigkeit und die Niederlassungsfreiheit kann sich ein Verbot der Inländerdiskriminierung dann ergeben, wenn Inländer im Rahmen eines rechtmäßigen Aufenthaltes in einem anderen Mitgliedstaat sich wegen der Inanspruchnahme dieser Freiheiten in einer ähnlichen Lage befinden wie ein EG-Ausländer. Eine solche Situation kann sich etwa dann ergeben, wenn jemand nach Gemeinschaftsrecht anerkannte berufliche Qualifikationen in einem anderen EU-Mitgliedstaat erworben hat und sich später in seinem Heimatstaat niederlassen möchte, wo strengere Zulassungsvoraussetzungen für die Berufstätigkeit gelten. So hat der Europäische Gerichtshof zum Kreis der durch Vorschriften zur Anerkennung handwerklicher Qualifikationen Begünstigten ausgeführt:

> Der freie Personenverkehr, die Niederlassungsfreiheit und der freie Dienstleistungsverkehr „wären nicht voll verwirklicht, wenn die Mitgliedstaaten die Vergünstigung der gemeinschaftlichen Bestimmungen denjenigen ihrer Staatsangehörigen versagen dürften, die von den Erleichterungen auf dem Gebiet des Verkehrs und der Niederlassung Gebrauch gemacht haben und die dank dieser Erleichterungen die in der Richtlinie erwähnten beruflichen Qualifikationen in einem anderen Mitgliedstaat als demjenigen erworben haben, dessen Staatsangehörigkeit sie besitzen" (EuGH, Rs. 115/78, Slg. 1979, 399 Rn. 17 ff. – *Knoors*).

Entscheidend ist für den EuGH der Gedanke, daß Inländer, die durch Inanspruchnahme der durch die Marktfreiheiten gemeinschaftsrechtlich gewährleisteten Mobilität im EU-Ausland bestimmte Qualifikationen erlangt haben, in ihrem eigenen Heimatstaat nicht schlechter gestellt werden dürfen als andere Unionsbürger und so nicht der Früchte gemeinschaftsrechtlich verbürgter Mobilität beraubt werden dürfen (siehe zum Genehmigungserfordernis zum Führen eines im Ausland erworbenen Grades EuGH, Rs. C-19/92, Slg. 1993, I-1663 – *Kraus*).

100 Die zuweilen aus dem Gemeinschaftsrecht resultierende Besserstellung von Angehörigen aus anderen EU-Mitgliedstaaten (oder Produkten aus dem EU-Ausland) kann sich aus innerstaatlicher Sicht als staatsrechtliches Problem darstellen. Einen Verstoß gegen den allgemeinen Gleichheitssatz (Art. 3 Abs. 1 GG) kann man nicht einfach mit dem Argument verneinen, daß sich die für Inländer nachteilige Differenzierung aus einer Verteilung der Regelungsgewalt zwischen Mitgliedstaaten und Europäischer Gemeinschaft ergibt. Denn unbeschadet der Einwirkung des Gemeinschaftsrechts bleibt die Differenzierung den deutschen Rechtsetzungs- und Rechtsanwendungsorganen zuzurechnen. Die Rücksicht auf gemeinschaftsrechtliche Forderungen im Interesse des Binnenmarktes eignet sich aber als Rechtfertigungsgrund für eine Ungleichbehandlung. Dennoch beeinflußt die Herabsetzung inländischer Standards für EU-Angehörige oder für aus anderen Mitgliedstaaten eingeführte Produkte und Dienstleistungen die Freiheitsbeschränkungen, die sich als Inländerdiskriminierung darstellen. Denn bei Grundrechtseingriffen muß im Rahmen der Verhältnismäßigkeitsprüfung der abgesenkte Standard des Gemeinschaftsrechts Berücksichtigung finden. Es bedarf besonderer Rechtfertigung, weshalb Standards, die jetzt nicht mehr gerechtfertigte Beschränkungen des Binnenmarktes oder der Marktfreiheiten darstellen, gegenüber Inländern noch erforderlich und im engeren Sinne verhältnismäßig sein sollen.

Ein anderes Problem ergibt sich daraus, daß bei innerstaatlichen Standards für die Teilnahme am Wirtschaftsleben (etwa Anforderungen an die Berufszulassung) von an sich für alle Wirtschaftsteilnehmer oder Produkte geltenden Gesetzesregelungen nur noch ein „Gesetzestorso" übrig bleibt, der nicht für die wirtschaftliche Betätigung von Angehörigen aus anderen Mitgliedstaaten oder aus dem EU-Ausland stammende Waren und Dienstleistungen gilt. Hier ist sorgfältig zu überprüfen, ob die Aufrechterhaltung eines solchen Regelungstorsos im Hinblick auf Wettbewerbsnachteile für Inländer überhaupt mit dem hypothetischen Willen des Gesetzgebers vereinbar wäre.

Literatur: *A. Epiney,* Umgekehrte Diskriminierungen, 1995; *D. König,* Das Problem der Inländerdiskriminierung – Abschied von Reinheitsgebot, Nachtbackverbot und Meisterprüfung?, AöR 118 (1993), S. 591 ff.; *T. Schilling,* Gleichheitssatz und Inländerdiskriminierung, JZ 1994, S. 8 ff.

4. Subsidiaritätsprinzip

Das in Art. 2 Abs. 2 EU und Art. 5 EG ausdrücklich anerkannte 101
Subsidiaritätsprinzip soll einer ausufernden Inanspruchnahme der gemeinschaftlichen Regelungsgewalt entgegenwirken. Es bedeutet, daß die Europäische Gemeinschaft in den Bereichen, in denen sie nicht die alleinige Regelungsgewalt hat, ihr Eingreifen einer besonderen Rechtfertigung zu unterziehen hat:

„In den Bereichen, die nicht in ihre ausschließliche Zuständigkeit fallen, wird die Gemeinschaft nach dem Subsidiaritätsprinzip nur tätig, sofern und soweit die Ziele der in Betracht gezogenen Maßnahmen auf Ebene der Mitgliedstaaten nicht ausreichend erreicht werden können und daher wegen ihres Umfangs oder ihrer Wirkung besser auf Gemeinschaftsebene erreicht werden können" (Art. 5 Abs. 2 EG).

Das Anwendungsfeld des Subsidiaritätsprinzips liegt also im Bereich der „konkurrierenden" Regelungskompetenzen der Gemeinschaft. Die praktische Bedeutung liegt vor allem darin, daß es eine besondere Rechtfertigungs- und Begründungslast schafft. Seine Wirksamkeit entfaltet das Subsidiaritätsprinzip auf prozeduraler Ebene im Rahmen der Willensbildung der beteiligten Organe, die sich vorab Rechenschaft über die Einhaltung der Maßstäbe des Art. 5 Abs. 2 EG zu geben haben.

In diesem Sinne haben sich das Europäische Parlament, der Rat und die Kommission in ihrer Gemeinsamen Erklärung zur Anwendung des Subsidiaritätsprinzips von 1993 (ABl. 1993 Nr. C 329, S. 135; EuGRZ 1993, S. 603) verständigt.

102 Die Steuerungskraft des Subsidiaritätsprinzips als „Regelungsbremse" ist nüchtern einzuschätzen. Auch als Kontrollmaßstab für das Gemeinschaftshandeln ist das Subsidiaritätsprinzip schwer faßbar. Einer richterlichen Überprüfung durch den EuGH erschließen sich allenfalls evidente Verstöße gegen das Subsidiaritätsprinzip, in denen die Gemeinschaftsorgane nicht einmal einen plausiblen Begründungsansatz für eine Gemeinschaftsregelung liefern.

Flankiert wird der Subsidiaritätsgrundsatz durch das Gebot der Erforderlichkeit (Interventionsminimum) für die Inanspruchnahme von Regelungsgewalt der Gemeinschaft im Verhältnis zu den Mitgliedstaaten (siehe Art. 5 Abs. 3 EG).

Dem *Vertrag von Amsterdam* ist ein Protokoll über die Anwendung der Grundsätze der Subsidiarität und der Verhältnismäßigkeit beigefügt. Damit soll die Verwirklichung beider Prinzipien in der Praxis klarere Konturen als bisher gewinnen.

Literatur: *G. Bermann,* Harmonization in the European Community, Introduction, Columbia Journal of Transnational Law, 29 (1991), No. 1, S. 7 ff.; *C. Callies,* Subsidiaritäts- und Solidaritätsprinzip in der Europäischen Union, 2. Aufl. 1999; *H. D. Jarass,* EG-Kompetenzen und das Prinzip der Subsidiarität nach Schaffung der Europäischen Union, EuGRZ 1994, S. 209 ff.; *H. Lecheler,* Das Subsidiaritätsprinzip – Strukturprinzip einer Europäischen Union, 1993; *B. Schima,* Das Subsidiaritätsprinzip im Europäischen Gemeinschaftsrecht, 1994.

5. Schutz- und Notstandsklauseln

Schutz- und Notstandsklauseln des EG-Vertrages dienen der Bewältigung bestimmter wirtschaftlicher oder politischer Krisensituationen sowie der Wahrung völkerrechtlicher Verpflichtungen im Dienste der Völkergemeinschaft. Die Konkretisierung dieser Klauseln zwingt oft zu schwierigen Gratwanderungen zwischen der notwendigen Rücksicht auf nationale Eigenheiten oder die in besonderen Situationen angezeigte Lockerung des gemeinschaftsrechtlichen „Korsetts" einerseits und einer Belastungsprobe für den Binnenmarkt und die gemeinsame Außen- und Handelspolitik andererseits. 103

Schutzklauseln entfalten (vorübergehende) Bedeutung in besonderen Krisensituationen (siehe Art. 119, 134 EG). *Notstandsklauseln* zum Schutz wesentlicher Sicherheitsinteressen eines Mitgliedstaates, zur Bewältigung interner oder außenpolitischer Krisen sowie zugunsten völkerrechtlicher Verpflichtungen im Hinblick auf die Wahrung von Frieden und internationaler Sicherheit enthalten Art. 296, 297 EG. Bei einer drohenden Verfälschung der Wettbewerbsbedingungen durch die Inanspruchnahme der Notstandsklauseln sieht Art. 298 Abs. 1 EG Konsultationen zwischen der Kommission und dem jeweiligen Mitgliedstaat im Dienste einer wettbewerbskonformen Angleichung der nationalen Maßnahmen vor. In jedem Falle ist die Mißbrauchsgrenze des Art. 298 Abs. 2 EG zu beachten.

Einen umstrittenen Beispielsfall für die Berufung auf die Notstandsregelungen des EG-Vertrages bildete die Beschränkung des Außenwirtschaftsverkehrs durch Griechenland gegen Mazedonien wegen eines angeblichen territorialen Konfliktpotentials. Die Europäische Kommission hat eine Klage wegen Vertragsverletzung gegen Griechenland (siehe EuGH, Rs. C-120/94, Slg. 1994, I-3040) später zurückgenommen.

Besonderen Interessen eines Staates tragen auch die Vorbehalte zugunsten der öffentlichen Ordnung und Sicherheit in Art. 30 Satz 1, 39 Abs. 3, 46 Abs. 1 EG Rechnung.

Literatur: *W. Hummer,* Das griechische Embargo, in: Festschrift für Ulrich Everling, Bd. I, 1995, S. 511 ff.

IV. Grundwerte der Europäischen Union

103 a   Das Selbstverständnis des Staatenverbundes der Europäischen Union als Wertegemeinschaft bekundet Art. 6 Abs. 1 EU:

> „Die Union beruht auf den Grundsätzen der Freiheit, der Demokratie, der Achtung der Menschenrechte und Grundfreiheiten sowie der Rechtsstaatlichkeit; diese Grundsätze sind allen Mitgliedstaaten gemeinsam."

Daneben bekennt sich Art. 6 Abs. 3 EU zur Achtung der „nationalen Identität" der Mitgliedstaaten.

Die Grundsätze des Art. 6 Abs. 1 EU bewehrt Art. 7 EU mit einem Sanktionsmechanismus. In dem in Art. 7 Abs. 1 EU näher geregelten Verfahren kann der Rat in der Zusammensetzung der Staats- und Regierungschefs einstimmig feststellen, daß eine schwerwiegende und anhaltende Verletzung der Grundsätze des Art. 6 Abs. 1 EU durch einen Mitgliedstaat vorliegt. Auf der Grundlage einer derartigen Feststellung kann der Rat mit qualifizierter Mehrheit beschließen, bestimmte Rechte dieses Mitgliedstaates einschließlich der Stimmrechte im Rat der Europäischen Union auszusetzen (Art. 7 Abs. 2 EU).

Unterhalb der „Eingriffsschwelle" des Art. 7 Abs. 1 EU haben 14 Mitgliedstaaten unter dem Dach der jeweiligen Ratspräsidentschaft als „bilaterale" Maßnahmen drapierte Sanktionen gegen Österreich (wegen der Regierungsbeteiligung der FPÖ) beschlossen (siehe zur Beendigung der Österreich-Sanktionen die Erklärung der französischen Präsidentschaft, abgedruckt in: EuGRZ 2000, S. 416). Die Vereinbarkeit dieses konzentrierten Vorgehens unter den Auspizien der Ratspräsidentschaft gegen einen Mitgliedstaat mit dem Grundsatz der Gemeinschaftstreue ist höchst problematisch.

Der *Vertrag von Nizza* erlaubt künftig schon bei einer drohenden Verletzung der Grundprinzipien Maßnahmen des Rates (Art. 7 Abs. 1 EG i. d. F. von Nizza).

2. Teil. Die Europäischen Gemeinschaften als Herz der Europäischen Union

§ 8. Institutionen der Europäischen Gemeinschaften

I. Überblick

1. Verklammerung der drei Gemeinschaften durch gemeinsame Organe

Die Europäischen Gemeinschaften haben ein recht kompliziertes **104** institutionelles System. Durch das Abkommen über gemeinsame Organe der Europäischen Gemeinschaften von 1957 und den sogenannten „Fusionsvertrag" von 1965 sind die Organe der drei Gemeinschaften stufenweise verschmolzen worden (siehe Art. 9 Abs. 1 bis 3 des *Vertrages von Amsterdam*). Die Hauptorgane (Europäisches Parlament, Rat, Kommission, Gerichtshof und Rechnungshof) sind der Europäischen Gemeinschaft, der Europäischen Atomgemeinschaft und der Montanunion gemeinsam. Es handelt sich also um einheitliche Organe der drei Gemeinschaften. Die Schaffung einheitlicher Organe hat eine enge institutionelle Verklammerung der drei Gemeinschaften bewirkt. Abhängig vom jeweiligen Tätigkeitsfeld üben diese Organe ihre Befugnisse nach den Bestimmungen des jeweils einschlägigen Vertragssystems (EG-Vertrag, EAG-Vertrag oder EGKS-Vertrag) aus. Ferner ist bei den einzelnen Organen die Verpflichtung auf das Gemeinschaftsinteresse und die Rückbindung an die einzelnen Mitgliedstaaten unterschiedlich ausgestaltet. Im Hinblick auf die Funktionen der gemeinsamen Organe lehnt sich die Ausgestaltung der Europäischen Atomgemeinschaft eng an die Struktur der Europäischen Gemeinschaft an. Dagegen bestehen deutliche Unterschiede zum institutionellen System der Montanunion, in der die Kommission (dort zunächst „Hohe Behörde" genannt) gegenüber dem Rat eine wesentlich stärkere Stellung hat als in den später gegründeten Gemeinschaften. Die folgende Darstellung rückt das institutionelle System der Europäischen Gemeinschaft als der weitaus wichtigsten Organisation in den Vordergrund.

2. Die (Haupt-)Organe

105 Die drei Gründungsverträge (Art. 7 Abs. 1 EG, Art. 3 Abs. 1 EA, Art. 7 KS) nennen in (unterschiedlicher Reihenfolge) als Organe der Gemeinschaften:

- das Europäische Parlament,
- den Rat (Rat der Europäischen Gemeinschaften, „Rat der Europäischen Union"),
- die Kommission („Europäische Kommission", im EGKS-Vertrag ursprünglich als „Hohe Behörde" bezeichnet),
- den Gerichtshof (mit dem Gericht erster Instanz) und den Rechnungshof.

106 Durch die Verwirklichung der Währungsunion (Eintritt in deren dritte Stufe) wurde das institutionelle System der Europäischen Gemeinschaften erweitert: durch die Europäische Zentralbank und das Europäische System der Zentralbanken, welche die währungshoheitlichen Befugnisse der Gemeinschaft ausüben. Die Organstellung der Europäischen Zentralbank findet insbesondere in ihrer Parteistellung im Verfahren der Nichtigkeitsklage und der Untätigkeitsklage (Art. 230 Abs. 1 und Abs. 3, 232 Abs. 4 EG) Ausdruck.

107 Die einzelnen Organe der Gemeinschaften sind in unterschiedlicher Weise auf die Wahrung der Gemeinschaftsbelange verpflichtet. Volle Unabhängigkeit und alleinige Bindung an das Wohl der Gemeinschaft kennzeichnen die Kommission und ihre Mitglieder (Art. 213 Abs. 2 EG, Art. 126 Abs. 1 EA, Art. 9 Abs. 2 KS). Ähnliches gilt für den Rechnungshof (Art. 247 Abs. 4 EG, Art. 160b Abs. 4 EA, Art. 45b Abs. 4 KS). Für den Gerichtshof ergibt sich seine völlig unabhängige Stellung im Dienste der Rechtsordnung der Gemeinschaften schon aus seiner richterlichen Aufgabe, „die Wahrung des Rechts bei der Auslegung und Anwendung" der Verträge zu sichern (Art. 220 EG, Art. 136 EA, Art. 31 KS).

Der Rat ist durch eine gewisse Doppelnatur gekennzeichnet. 108
Einerseits fungiert er als Gemeinschaftsorgan, andererseits vermittelt
der Rat über seine Mitglieder, die (Regierungs-)Vertreter der einzelnen Mitgliedstaaten, den Einfluß nationaler Interessen auf die
politische Willensbildung innerhalb der Gemeinschaften. Die Ratsmitglieder selbst handeln als Vertreter von (Verfassungs-)Organen
der Mitgliedstaaten, die nicht nur politische Interessen wahrzunehmen haben, sondern auch rechtlichen Bindungen innerstaatlichen
Rechtes unterliegen. Das Europäische Parlament bildet die Vertretung der „Völker der in der Gemeinschaft zusammengeschlossenen
Staaten" (Art. 189 Abs. 1 EG, Art. 107 EA, Art. 20 KS). Seine
Mitglieder handeln völlig frei von staatsrechtlichen Bindungen an
ihre Mitgliedstaaten.

Zu den genannten Organen treten Hilfsorgane mit beratenden 109
Funktionen hinzu (siehe Art. 7 Abs. 2 EG, Art. 3 Abs. 2 EA, Art. 7
Satz 2 KS). Bei der Europäischen Gemeinschaft und der Europäischen Atomgemeinschaft besteht ein gemeinsamer Wirtschafts- und
Sozialausschuß, während bei der Montanunion ein Beratender
Ausschuß zur Unterstützung der Kommission eingerichtet wurde.
Zur Aufwertung regionaler und lokaler Belange hat der Vertrag
von Maastricht einen Ausschuß der Regionen bei der Europäischen Gemeinschaft eingeführt.

3. Funktionsteilung im Gemeinschaftssystem

Die Zuordnung von Kompetenzen an die einzelnen Gemein- 110
schaftsorgane verwirklicht ein recht kompliziertes System der Gewaltenteilung und Gewaltenverschränkung. Dabei lassen sich zwar
gewisse Parallelen zur klassischen Gewaltenteilung im innerstaatlichen Recht ziehen. Aber die besondere korporative Struktur der
Gemeinschaften setzt dabei unbefangenen Parallelen Grenzen. Die
institutionelle Ordnung der Gemeinschaften ist davon geprägt, daß
sie auch heute noch auf dem einzelnen Staat als ihrem Mitglied
aufbaut. Nationale Belange werden entscheidend durch die Staatenvertreter artikuliert und im Rat der Gemeinschaften zur Geltung gebracht. Insoweit ist die Interessenvertretung der einzelnen

Staatsvölker weiterhin mediatisiert. Erst allmählich ist der Einfluß der „Vertreter der Völker der in der Gemeinschaft zusammengeschlossenen Staaten" (vgl. Art. 189 Abs. 1 EG) durch eine Stärkung des Europäischen Parlamentes aufgewertet worden.

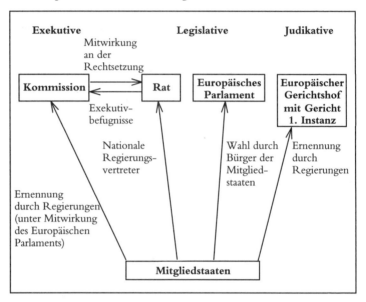

4. Sitz der Organe

111 Der Sitz der Organe ist gemäß Art. 289 EG, Art. 189 EA, Art. 77 KS, Art. 37 Fusionsvertrag im Einvernehmen zwischen den Regierungen der Mitgliedstaaten bestimmt worden (Beschluß über die Festlegung der Sitze der Organe und bestimmter Einrichtungen und Dienststellen der Europäischen Gemeinschaften von 1992, ABl. 1992 Nr. C 341, S. 1). Danach haben der Rat und die Kommission ihren Sitz in Brüssel. In den Monaten April, Juni und Oktober hält der Rat seine Tagungen in Luxemburg ab. Das Europäische Parlament hat seinen Sitz in Straßburg und hält dort die zwölf monatlich stattfindenden Plenartagungen ab. Sondersitzungen des Plenums sowie Sitzungen der Ausschüsse finden in Brüssel statt.

Das Generalsekretariat des Parlaments wurde in Luxemburg eingerichtet. Dieser aufwendige „Wanderzirkus" ist weniger dem Europäischen Parlament anzulasten als dem zähen Ringen der beteiligten Mitgliedstaaten, möglichst viel Präsenz der Gemeinschaftsorgane auf ihrem Staatsgebiet zu erhaschen. Der Gerichtshof der Europäischen Gemeinschaften und der Rechnungshof haben ihren Sitz in Luxemburg. Ein Protokoll zum *Amsterdamer Vertrag* bestätigt diese und andere bereits getroffene Sitzregelungen. Die Europäische Investitionsbank hat ihren Sitz in Luxemburg. In Brüssel sind der Wirtschafts- und Sozialausschuß sowie der Ausschuß der Regionen angesiedelt. Die Europäische Zentralbank hat ihren Sitz in Frankfurt am Main.

5. Verwaltungspersonal

Die Europäischen Gemeinschaften verfügen über einen eigenen **112** öffentlichen Dienst (mit einem Personalbestand von etwa 28 500 Angehörigen). Sieht man einmal vom umfangreichen Sprachendienst ab, stellt sich der Verwaltungsapparat der Gemeinschaften als weitaus weniger ausgedehnt und kostenintensiv dar, als dies der landläufigen Auffassung entspricht. Die Kommission verfügt über etwa 20 000 Bedienstete, beim Generalsekretariat des Rates sind etwa 2500 Bedienstete tätig. Das Europäische Parlament beschäftigt etwa 4500 Mitarbeiter, während beim Gerichtshof etwa 1000 Bedienstete tätig sind. Die Rechtsstellung der Gemeinschaftsbediensteten hat der Rat im Verordnungswege durch das Statut der Beamten der Europäischen Gemeinschaften und die Beschäftigungsbedingungen für die sonstigen Bediensteten der Gemeinschaft geregelt (Art. 24 Abs. 1 Fusionsvertrag; Art. 283 EG).

6. Interorganvereinbarungen

In einzelnen Bereichen haben die Gemeinschaftsorgane ihre Be- **113** ziehungen durch Interorganvereinbarungen geregelt. Beispiele bilden die Gemeinsame Erklärung des Europäischen Parlaments, des Rates und der Kommission über die Einführung eines Konzertierungsverfahrens von 1975 (ABl. 1975 Nr. C 89, S. 1f., 63f.), die

Vereinbarung über die Modalitäten für die Abwicklung der Arbeiten des in Art. 251 EG vorgesehenen Vermittlungsausschusses von 1993 (ABl. 1993, Nr. C 329, S. 141 f.), die Interinstitutionelle Erklärung von Rat, Kommission und Europäischem Parlament zur Anwendung des Subsidiaritätsprinzips von 1993 (ABl. 1993 Nr. C 329, S. 133; EuGRZ 1993, S. 603) sowie mehrere Vereinbarungen zum Haushaltsrecht. Derartige Vereinbarungen zwischen den Organen lassen sich als Annex zu den Mitwirkungskompetenzen beim Erlaß von Rechtsakten verstehen und, soweit es um den inneren Geschäftsgang geht, auf die Geschäftsordnungsautonomie der beteiligten Organe stützen. Rechtswirkungen nach außen entfalten derartige Vereinbarungen nicht. Wohl aber ist es denkbar, daß sie als Konkretisierung von Rücksichtnahmepflichten im Verhältnis zwischen den beteiligten Organen normative Bedeutung erlangen (s. EuGH, Rs. C-25/94, Slg. 1996, I-1469 Rn. 48 f. – *Kommission ./. Rat*).

Literatur: *M. Gauweiler,* Die rechtliche Qualifikation interorganschaftlicher Absprachen im Europarecht, 1988; *M. Hilf,* Die Organisationsstruktur der Europäischen Gemeinschaften, 1982; *C. Reich,* La mise en œuvre du traité sur l'Union européenne par les accords interinstitutionnels, RMC 1994, S. 81 ff.

II. Rat der Gemeinschaften (Rat der Europäischen Union)

1. Allgemeines

114 Die Aufgaben des Rates im allgemeinen, seine Organisation und die Willensbildung sind in den Art. 202 ff. EG, Art. 115 ff. EA und Art. 26 ff. KS geregelt. Bei der Rechtsetzung hat der Rat immer noch das größte Gewicht, obwohl die Stellung des Parlaments gegenüber dem Rat im Laufe der Entwicklung massiv aufgewertet worden ist. In der (hier nicht näher behandelten) Montanunion hat der Rat gegenüber der „Hohen Behörde" (Kommission) eine deutlich schwächere Stellung als nach den Römischen Verträgen.

Der Rat der Europäischen Gemeinschaften bildet im institutionellen Gefüge das Gemeinschaftsorgan mit der größten Kompe-

§ 8. Institutionen der Europäischen Gemeinschaften   91

tenzfülle. Als Bindeglied zwischen Gemeinschaften und den Mitgliedstaaten kommen ihm wichtige „Scharnierfunktionen" zu. Im Bereich der zweiten und dritten „Säule" der Europäischen Union liegt im Rat die Zuständigkeit für den Beschluß gemeinsamer Maßnahmen auf dem Gebiet der GASP und im Rahmen der polizeilichen und justitiellen Zusammenarbeit in Strafsachen. Diese Art „Organleihe" im Dienst der „intergouvernementalen" Zusammenarbeit ändert nichts daran, daß der Rat Organstellung nur im Rahmen der drei Gemeinschaften besitzt. Seit 1993 bezeichnet sich der Rat selbst als „Rat der Europäischen Union" (ABl. 1993 Nr. L 281, S. 18). Hierin liegt eine falsche, die Rechtsstellung des Rates als Organ der Gemeinschaften verdunkelnde Etikettierung.

Außerhalb seiner Funktionen als Gemeinschaftsorgan bildet der Rat auch ein Forum für Beschlüsse der Mitgliedstaaten. Die im Rat versammelten Staatenvertreter handeln dabei nicht für das Gemeinschaftsorgan „Rat", sondern für die Mitgliedstaaten in ihrer gesamthänderischen Verbundenheit. Die von einer derartigen Regierungskonferenz gefaßten Beschlüsse (*Beispiel:* Ernennung der Mitglieder der Kommission durch die „Regierungen der Mitgliedstaaten im gegenseitigen Einvernehmen" gem. Art. 214 Abs. 2 EG, Art. 127 Abs. 2 EA, Art. 10 Abs. 2 KS) sind als *„uneigentliche Ratsbeschlüsse"* den Mitgliedstaaten (und nicht etwa den Gemeinschaften) zuzurechnen. Sie bilden kein sekundäres Gemeinschaftsrecht.

2. Zusammensetzung und andere organisatorische Aspekte

a) Zusammensetzung

In den Rat entsendet jeder Mitgliedstaat je einen Vertreter „auf **115** Ministerebene, der befugt ist, für die Regierung des Mitgliedstaates verbindlich zu handeln" (Art. 203 Abs. 1 EG, Art. 116 Abs. 1 EA, Art. 27 KS). Diese Neufassung der Regelung über die Zusammensetzung des Rates durch den Maastrichter Unionsvertrag soll es jetzt Mitgliedstaaten mit föderaler Struktur erlauben, auch Minister ihrer Gliedstaaten (Bundesländer) zu entsenden. Die staatsrechtliche

Grundlage für eine derartige Außenvertretung der Bundesrepublik Deutschland durch einen (vom Bundesrat benannten) Landesminister ist mit Art. 23 Abs. 6 GG für Entscheidungen in den Bereichen geschaffen worden, bei denen „im Schwerpunkt ausschließliche Gesetzgebungsbefugnisse der Länder betroffen sind" (hierzu § 6 des Gesetzes über die Zusammenarbeit von Bund und Ländern in Angelegenheiten der Europäischen Union). Aus staatsrechtlicher Perspektive handelt es sich dabei um eine unglückliche Mischverwaltung in auswärtigen Angelegenheiten, die zu einer höchst komplizierten Abstimmung von Bundesregierung, Bundesrat und entsandtem Ländervertreter zwingt und der Durchsetzung staatlicher Belange auf Gemeinschaftsebene wenig förderlich ist. Eine ähnliche Regelung besteht in Österreich (Art. 23 d des neuen österreichischen Bundesverfassungsgesetzes). Die Staatssekretäre des Bundes sind nach ständiger Praxis des Rates zur Teilnahme an der Beschlußfassung des Rates zugelassen, so daß ihre Mitwirkung mittlerweile durch Gewohnheitsrecht gedeckt sein dürfte. Der Rat tagt grundsätzlich mit den für die jeweiligen Bereiche zuständigen Fachministern und wird dann auch nach den jeweiligen Ressorts bezeichnet (etwa Agrarministerrat oder Wirtschafts- und Finanzministerrat [sog. „ECOFIN-Rat]). Bei allgemeinpolitischen Fragen wirken die Außenminister der Mitgliedstaaten mit. In besonderen Fällen tagt der Rat in der Zusammensetzung der Staats- und Regierungschefs (s. Art. 121 Abs. 3 EG).

b) Unterstützung durch den Ausschuß der Ständigen Vertreter und das Generalsekretariat

116 Der Ratsvorsitz wechselt alle sechs Monate. Dabei nimmt das jeweilige Präsidialmitglied zugleich den Vorsitz im Europäischen Rat wahr.

Unterstützt wird der Rat durch den Ausschuß der Ständigen Vertreter (nach seiner französischen Bezeichnung oft *COREPER* genannt; Art. 207 Abs. 1 EG, Art. 121 Abs. 1 EA, Art. 30 Abs. 1 KS) sowie ein Generalsekretariat unter der Leitung eines Generalsekretärs (Art. 207 Abs. 2 EG, Art. 121 Abs. 2 EA, Art. 30 Abs. 2 KS).

c) Geschäftsordnung

Die Geschäftsordnung des Rates (s. Art. 207 Abs. 3 EG, Art. 121 **117** Abs. 3 EA, Art. 30 Abs. 3 KS) bildet sekundäres Gemeinschaftsrecht (str.). Die Vorschriften sind für den Rat selbst bindend, solange er sie nicht förmlich abgeändert hat (siehe EuGH Rs. 68/86, Slg. 1988, 855 Rn. 48 – *Vereinigtes Königreich ./. Rat*). Die Annahme von Mehrheitsbeschlüssen regelt die Geschäftsordnung nach Art. 7 Abs. 1. In dringenden Angelegenheiten kann der Rat durch schriftliche Abstimmung Beschlüsse fassen (Art. 8 der Geschäftsordnung). Über jede Ratstagung wird ein Protokoll gefertigt (Art. 9 der Geschäftsordnung). Häufig werden von Gemeinschaftsorganen oder einzelnen Mitgliedstaaten zu den vom Rat erlassenen Rechtsakten Erklärungen zu Protokoll gegeben, in denen eine bestimmte Deutung des Rechtsaktes Ausdruck findet. Auf solche Protokollerklärungen greifen die Mitgliedstaaten gerne zurück, um eine ihnen günstige Rechtsauffassung zu stützen, insbesondere um sich durch abschwächende Auslegung von Normen des Sekundärrechts Handlungsspielräume zu erhalten. Normative Bedeutung können dabei jedoch höchstens Erklärungen des Rates als Rechtsetzungsorgan selbst für die Auslegung gewinnen, während die Erklärungen von Mitgliedstaaten und der Kommission nur rechtlich unerhebliche Begründungen von Rechtsstandpunkten darstellen.

In seinem Urteil zur EG-Fernsehrichtlinie hatte sich das Bundesverfassungsgericht im Verfahren zwischen dem Freistaat Bayern und dem Bund mit der Bedeutung einer Protokollerklärung von Rat und Kommission zu befassen, welche die umstrittene „Quotenregelung" in der Richtlinie abschwächen sollte. Das Bundesverfassungsgericht hat das Bemühen des deutschen Vertreters um die Annahme dieser Protokollerklärung zu Recht als untauglichen Versuch gewertet, die mit der deutschen Zustimmung zu der Richtlinie letztlich preisgegebene Rechtsposition (Ablehnung der Quotenregelung wegen des Fehlens einer Gemeinschaftskompetenz) durch das Hinwirken auf die nicht veröffentlichte und in ihrer rechtlichen Tragweite zweifelhafte Protokollerklärung zu wahren (BVerfGE 92, 203 [244 f.]).

Der *Vertrag von Amsterdam* anerkennt das Recht des Zugangs **118** zu den Dokumenten des Europäischen Parlaments, des Rates und der Kommission (Art. 207 Abs. 3 UAbs. 2, 255 Abs. 1 EG). Der Rat soll (im Verfahren der Zusammenarbeit) allgemeine Grundsätze einschließlich der Einschränkungen des Zugangsrechts regeln (Art. 255 Abs. 2 EG). In Erfüllung des Auftrags aus Art. 255 Abs. 2 EG regelt die Verordnung (EG) Nr. 1049/2001 des Europäischen Parlaments und des Rates über den Zugang der Öffentlichkeit zu Dokumenten des Europäischen Parlaments, des Rates und der Kommission (ABl. 2001 Nr. L 145, S. 43) allgemein den Zugang zu Dokumenten dieser drei Gemeinschaftsorgane. Für die Verweigerung des Zuganges zu einem Dokument enthält die Ausnahmevorschrift des Art. 4 der Verordnung nähere Bestimmungen.

Literatur: *M. Herdegen,* Die Auslegung von Erklärungen von Gemeinschaftsorganen und Mitgliedstaaten zu EG-Rechtsakten, ZHR 1991, S. 52 ff.; *M. Pechstein,* Die Bedeutung von Protokollerklärungen zu Rechtsakten der EG, EuR 1990, S. 249 ff.; *B. Wägenbaur,* Der Zugang zu EU-Dokumenten – Transparenz zum Anfassen, EuZW 2001, S. 680 ff.

3. Beschlußfassung

119 Die Beschlußfassung im Rat ist in Art. 205 EG, Art. 118 EA, Art. 28 KS geregelt. Grundsätzlich genügt die einfache Mehrheit (Art. 205 Abs. 1 EG, Art. 118 Abs. 1 EA). Der Grundsatz der einfachen Mehrheitsentscheidung verdeckt, daß die Entscheidung mit einfacher Mehrheit nach den Verträgen die Ausnahme bildet (*Beispiel:* Erlaß der Geschäftsordnung).

Besonderheiten gelten für die Beschlußfassung im Rahmen der Montanunion (Art. 28 Abs. 2 KS).

120 In den meisten Fällen setzt ein Ratsbeschluß eine *qualifizierte* Mehrheit voraus (siehe etwa Art. 133 Abs. 4 EG). Dann findet nach Art. 205 Abs. 2 EG, Art. 118 Abs. 2 EA, Art. 28 Abs. 4 KS eine Stimmenwägung unter den Ratsmitgliedern statt. Dabei entfallen auf die Mitgliedstaaten zwischen zwei Stimmen (Luxemburg) und zehn Stimmen (für die vier „großen" Mitgliedstaaten Deutschland, Frankreich, Italien und Vereinigtes Königreich). Hinter der Stimmenverteilung auf die einzelnen Mitgliedstaaten steht die Rücksicht auf Majorisierungsängste der kleineren Mitgliedstaaten und eine Reverenz an das Prinzip der souveränen Gleichheit, das hier

§ 8. Institutionen der Europäischen Gemeinschaften 95

durch eine die bevölkerungsschwächeren Mitglieder bevorzugende Abstufung abgemildert ist. Bei den insgesamt 87 Stimmen ist die qualifizierte Mehrheit mit 62 Stimmen erreicht. Das Quorum für ein „Veto" liegt damit bei 26 Stimmen. Im Rahmen der qualifizierten Mehrheiten ist noch einmal zu differenzieren: Die „einfache" qualifizierte Mehrheit (mit mindestens 62 Stimmen) genügt in den Fällen, in denen Beschlüsse auf Vorschlag der Kommission zu fassen sind; in allen anderen Fällen bedarf es zusätzlich einer weiteren Qualifikation, nämlich der Zustimmung von mindestens zehn Mitgliedstaaten.

Stimmengewichte im Rat der Europäischen Union		
	gegenwärtig	künftig
		(Vertragswerk von Nizza)
Belgien	5	12
Dänemark	3	7
Deutschland	10	29
Griechenland	5	12
Spanien	8	27
Frankreich	10	29
Irland	3	7
Italien	10	29
Luxemburg	2	4
Niederlande	5	13
Österreich	4	10
Portugal	5	12
Finnland	3	7
Schweden	4	10
Vereinigtes Königreich	10	29
Bulgarien		10
Estland		4
Lettland		4
Litauen		7
Malta		3
Polen		27
Rumänien		14
Slowakei		7
Slowenien		4
Tschechische Republik		12
Ungarn		12
Zypern		4

Das *Vertragswerk von Nizza* sieht eine grundsätzliche Änderung der Stimmengewichte im Rat vor und kommt dabei den Wünschen der bevölkerungsreicheren Mitgliedstaaten nach stärkerer Berücksichtigung des demographischen Faktors entgegen. Die Änderungen sind im *Protokoll von Nizza zur Erweiterung der Europäischen Union* enthalten und sollen – angesichts der bevorstehenden Erweiterung der Union – ab dem 1. Januar 2005 gelten (Art. 3 des Protokolls). Die im Protokoll vorgesehene Vertragsänderung erhöht bei der qualifizierten Mehrheit die Gesamtstimmenzahl im Rat von 87 auf 237 Stimmen (ohne neue Mitgliedstaaten). Die „großen" Mitgliedstaaten Deutschland, Frankreich, Italien und Vereinigtes Königreich verfügen danach gleichermaßen über 29 Stimmen, gefolgt von Spanien (und künftig auch Polen) mit 27 Stimmen. Die „einfache" qualifizierte Mehrheit bei Beschlüssen auf Vorschlag der Kommission setzt die Mehrheit der Mitgliedstaaten mit insgesamt mindestens 169 Stimmen voraus. In den anderen Fällen bedarf es der Zustimmung von mindestens zwei Dritteln der Mitgliedstaaten (mit ebenfalls 169 Stimmen). Mit dem sog. „demographischen Netz" führt das Protokoll von Nizza ein neues strukturelles Moment ein: Bei Beschlußfassung mit qualifizierter Mehrheit kann ein Mitgliedstaat verlangen, daß hinter der Mehrheit mindestens 62 Prozent der Gesamtbevölkerung der Europäischen Union stehen (Art. 205 Abs. 4 EG i.d.F. von Nizza). Diese Reform wird künftig Entscheidungen mit qualifizierter Mehrheit deutlich erschweren.

Außerdem hat in die Schlußakte der Konferenz von Nizza eine Erklärung Eingang gefunden, in der sich die Mitgliedstaaten auf die Stimmengewichte künftiger Mitglieder verständigt haben. Bei einer Erweiterung auf 27 Mitgliedstaaten soll eine qualifizierte Mehrheitsentscheidung 258 von insgesamt 345 Stimmen erfordern.

121 In bestimmten, besonders wichtigen Fällen verlangen die Verträge Einstimmigkeit für einen Ratsbeschluß (*Beispiele:* Harmonisierung der indirekten Steuern nach Art. 93 EG, Rückgriff auf die „Generalermächtigung" des Art. 308 EG). Der einstimmigen Annahme eines Beschlusses steht nach den Römischen Verträgen die

§ 8. Institutionen der Europäischen Gemeinschaften 97

Stimmenthaltung von anwesenden oder vertretenen Mitgliedern nicht entgegen (Art. 205 Abs. 3 EG, 118 Abs. 3 EA; anders grundsätzlich für die Montanunion Art. 28 Abs. 3 Satz 1 KS). Von spezieller Bedeutung ist das Einstimmigkeitserfordernis in den zahlreichen Fällen, in denen der Rat nach dem EG-Vertrag auf Vorschlag der Kommission tätig wird und die Änderung dieses Vorschlags beschließt (Art. 250 Abs. 1 EG).

Die Auseinandersetzung um die Geltung des Mehrheitsprinzipes hat in den sechziger Jahren auf seiten Frankreichs zur Berufung auf elementare Eigeninteressen als Schranke des Majoritätsprinzipes und infolge der sich hieran anknüpfenden Auseinandersetzungen zu einer „Politik des leeren Stuhles" unter Rückzug aus dem Rat geführt. In Folge dieser Auseinandersetzungen kam es zur „Luxemburger Vereinbarung" von 1966 (Bull. EWG 1966, Nr. 3, S. 9). Diese Vereinbarung wird oft auch als „agreement to disagree" bezeichnet. Die Luxemburger Vereinbarung äußert sich zum Abstimmungsmodus wie folgt: 122

„I. Stehen bei Beschlüssen, die bei Mehrheit auf Vorschlag der Kommission gefaßt werden können, sehr wichtige Interessen eines oder mehrerer Partner auf dem Spiel, so werden sich die Mitglieder des Rates innerhalb eines angemessenen Zeitraumes bemühen, zu Lösungen zu gelangen, die von allen Mitgliedern des Rats unter Wahrung ihrer gegenseitigen Interessen und der Interessen des Rates gemäß Artikel 2 des Vertrages angenommen werden können.
II. Hinsichtlich des vorgestellten Absatzes ist die französische Delegation der Auffassung, daß bei sehr wichtigen Interessen die Erörterung fortgesetzt werden muß, bis ein einstimmiges Einvernehmen erzielt worden ist.
III. Die sechs Delegationen stellen fest, daß in der Frage, was geschehen soll, falls keine vollständige Einigung zustandekommt, mittlerweile unterschiedliche Meinungen bestehen.
IV. Die sechs Delegationen sind jedoch der Auffassung, daß diese Meinungsverschiedenheit nicht verhindert, daß die Arbeit der Gemeinschaft nach dem normalen Verfahren wieder aufgenommen wird."

Nach überwiegender Meinung der Europarechtslehre hat die Luxemburger Vereinbarung keinerlei Verbindlichkeit, da die Abstimmungsregeln des EG-Vertrages nur mit einer Vertragsänderung hätten modifiziert werden können. Dennoch haben namentlich bei schweren agrarpolitischen Auseinandersetzungen immer wieder einzelne Mitgliedstaaten ein angebliches „Vetorecht" bemüht, auch nachdem die Einheitliche Europäische Akte das Mehrheitsprinzip ausgebaut und den Zwang zum Konsens gemildert hatte.

123 Im Hinblick auf den Beitritt neuer Mitgliedstaaten im Jahr 1995 haben sich das Vereinigte Königreich und Spanien dafür eingesetzt, trotz der durch den Beitritt verursachten Erhöhung der Gesamtstimmenzahl die bisherige „Sperrminorität" von 23 Stimmen beizubehalten. Demgegenüber bestanden die anderen Mitglieder auf einer proportionalen Anpassung der Mehrheitsregel. Eine informelle Tagung der Außenminister führte zum sogenannten „*Kompromiß von Ioannina*", der im Ratsbeschluß von 29. März 1994 Niederschlag fand (ABl. 1994 Nr. C 105, S. 1; Anpassungsbeschluß ABl. 1995 Nr. C 1, S. 1):

„Falls Mitglieder des Rates, die über insgesamt 23 bis 25 Stimmen verfügen, erklären, daß sie beabsichtigen, sich einem Beschluß des Rates, für den eine qualifizierte Mehrheit erforderlich ist, zu widersetzen, so wird der Rat alles in seiner Macht stehende tun, um innerhalb einer angemessenen Zeit und unbeschadet der zwingenden Fristen, die durch die Verträge und durch das abgeleitete Recht ... vorgeschrieben sind, eine zufriedenstellende Lösung zu finden, die mit mindestens 65 Stimmen angenommen werden kann ...".

Im Gegensatz zum Luxemburger Kompromiß handelt es sich hier um eine bloße Verfahrensregelung, die sich wohl noch im Rahmen der Geschäftsordnungsautonomie des Rates halten dürfte. Entscheidend ist, daß der „Kompromiß von Ioannina" letztlich nicht verhindert (oder verhindern kann), daß nach dem erfolglosen Bemühen um eine möglichst große Mehrheit der Rat doch mit der für eine qualifizierte Mehrheit erforderlichen Mindeststimmenzahl von 62 Stimmen entscheidet.

Literatur: *G. Poensgen*, Das Paradox von Ioannina: Betrachtungen zu einem Ratsbeschluß, in: Festschrift für Ulrich Everling, Bd. II, 1995, S. 1133; *R. Streinz*, Die Luxemburger Vereinbarung, 1984; *M. Vasey*, Decision-making in the Agricultural Council and the „Luxembourg Compromise", CMLRev. 25 (1988), S. 725 ff.

§ 8. Institutionen der Europäischen Gemeinschaften

4. Aufgaben

> **Die wesentlichen Kompetenzen des Rates**
> - Rechtsetzung
> - Haushaltskompetenzen
> - Mitgestaltung der Außenbeziehungen
>   - Zustimmung zu völkerrechtlichen Verträgen
> - Exekutivbefugnisse
> - Kreationsbefugnisse
>   - Ernennung der Mitglieder des Rechnungshofes
>   - Ernennung der Mitglieder des Wirtschafts- und Sozialausschusses
>   - Ernennung der Mitglieder des Ausschusses der Regionen

124

Die Aufgaben des Rates liegen insbesondere auf dem Gebiet der *Rechtsetzung*. Trotz mehrfach gesteigerter Mitwirkungsbefugnisse des Europäischen Parlaments läßt sich der Rat immer noch als das Hauptgesetzgebungsorgan der Gemeinschaften einstufen. Von besonderer Bedeutung sind die vom Rat erlassenen Regelungen zur Verwirklichung des Binnenmarktes und der Marktfreiheiten. Hierzu gehören auch die Maßnahmen zur Angleichung der Rechts- und Verwaltungsvorschriften der Mitgliedstaaten (Harmonisierung) im Dienste eines funktionierenden Binnenmarktes (Art. 95 EG). Im Bereich der Rechtsetzung hängt ein Tätigwerden des Rates weitgehend von einer Initiative der Kommission ab (siehe etwa Art. 94, 95 Abs. 1 EG). Der Rat kann dabei von sich aus die Kommission auffordern, Vorschläge zu unterbreiten (Art. 208 EG). Mit dem Parlament teilt sich der Rat die *Haushaltskompetenzen* (Feststellung des Haushaltsplanes, siehe Art. 272 EG, Art. 177 EA, Art. 78 KS). Wesentliche Kompetenzen hat der Rat auch auf dem Gebiet der *Außenbeziehungen* (Mitwirkung beim Abschluß völkerrechtlicher Verträge gem. Art. 300 EG, Erlaß von Embargo-Maßnahmen nach Art. 301 EG). Daneben übt der Rat eine Reihe von *Exekutivbefugnissen* aus (etwa Gewährung von Ausnahmen vom Beihilfeverbot gem. Art. 88 Abs. 2 UAbs. 3 EG, Vorgehen gegen übermäßige öffentliche Defizite gem. Art. 104 Abs. 7–14 EG). Daneben liegen beim Rat wichtige *„Kreationsfunktionen"*. So ernennt der Rat die Mitglieder des Rechnungshofes, des Wirtschafts- und Sozialausschusses sowie des Ausschusses der Regionen. Auch die entscheidenden Verfahrensschritte zur Verwirklichung der dritten Stufe der *Währungsunion* traf der Rat in der Zusammensetzung der Staats- und Regierungschefs (Art. 121 Abs. 3 und Abs. 4 EG). Schließlich regelt der Rat die Rechtsstellung der Beamten und der sonstigen Bediensteten der Gemeinschaften (s. Art. 283 EG).

125 Im Rahmen der Europäischen Union sichert der Rat (zusammen mit der Kommission) innerhalb seiner Zuständigkeiten die „Kohärenz" außenpolitischer Maßnahmen bei der Ausübung seiner Kompetenzen als Gemeinschaftsorgan (Art. 3 Abs. 2 EU). Zur Verwirklichung einer gemeinsamen Außen- und Sicherheitspolitik ist der Rat für gemeinsame Maßnahmen zuständig (gemeinsame Standpunkte gemäß Art. 15 EU, gemeinsame Aktionen gemäß Art. 14 EU). In der polizeilichen und justitiellen Zusammenarbeit in Strafsachen wirkt der Rat insbesondere durch die Annahme gemeinsamer Standpunkte und gemeinsamer Maßnahmen (künftig: Rahmenbeschlüsse) sowie die Ausarbeitung völkerrechtlicher Abkommen zwischen den Mitgliedstaaten mit (Art. 34 EU).

5. Staatsrechtliche Bindungen des Ratsvertreters

a) Die Rücksicht auf Grundrechte und andere verfassungsrechtliche Standards

126 Die Vertreter der einzelnen Mitgliedstaaten im Rat nehmen nicht nur an der Ausübung der Gemeinschaftsgewalt teil, sondern handeln auch als Staatsorgane. Dies unterscheidet sie etwa von den Abgeordneten des Europäischen Parlamentes oder den Mitgliedern der Kommission. Daraus ergibt sich das Problem, inwieweit die Ratsmitglieder staatsrechtlichen Bindungen unterliegen. Diese Frage stellt sich bei der Zustimmung zu Rechtsakten, die inhaltlich von verfassungsrechtlichen Standards etwa im Bereich der Grundrechte abweichen.

> Ein *Beispiel* bildet die Zustimmung des deutschen Vertreters im Rat zu einer Quotenregelung im Fernsehbereich, welche aus der Gemeinschaft stammenden Sendungen einen Mindestanteil in öffentlichen und privaten Fernsehprogrammen in verbindlicher Weise sichert. Darin liegt ein empfindlicher Eingriff in die Kommunikationsgrundrechte (Art. 5 Abs. 1 GG).

§ 8. Institutionen der Europäischen Gemeinschaften 101

Inwieweit das deutsche Ratsmitglied verfassungsrechtlichen (insbesondere grundrechtlichen) Standards Rechnung zu tragen hat, ist in der deutschen Staatsrechtslehre umstritten. Die Frage nach den staatsrechtlichen Bindungen bei der Stimmabgabe im Rat ist deswegen brisant, weil ein einmal erlassener Rechtsakt des Rates die Ausübung von Gemeinschaftsgewalt (und nicht mehr von nationaler Hoheitsgewalt) darstellt. Dies bedeutet, daß die Rechtmäßigkeit eines Ratsbeschlusses nicht mehr am deutschen Grundgesetz gemessen werden kann, da es lediglich die öffentliche Gewalt der Bundesrepublik zu binden vermag. Nur die Anerkennung der Rechtswirkungen eines Ratsbeschlusses im innerstaatlichen Recht steht in engen Grenzen unter einem „Verfassungsvorbehalt", der aber das innerstaatliche Recht in Konflikt mit dem Gemeinschaftsrecht bringt. Aus der Sicht der Gemeinschaften und ihrer Organe setzt sich sekundäres Gemeinschaftsrecht gegen alles entgegenstehende nationale Recht durch. Auch nach der Rechtsprechung des Bundesverfassungsgerichts ist aus der Perspektive des Grundgesetzes dieser Vorrang anzuerkennen, sofern nicht elementare Verfassungsprinzipien verletzt werden (s. unten, § 11.III.1). 127

In dem zur Verabschiedung eines Rechtsaktes durch den Rat der Gemeinschaften führenden Verfahrensablauf ist das Verhalten des deutschen Ratsvertreters das letzte Glied in der Kausalkette, bei dem die Rückbindung deutscher Staatsgewalt an das Grundgesetz verwirklicht werden kann. Dieses Verhalten ist auch der letzte Akt deutscher Staatsgewalt in diesem Prozeß der Rechtserzeugung, der sich verfassungsgerichtlicher Kontrolle zuführen läßt. Ausgangspunkt für die Gewinnung verfassungsrechtlicher Standards für das Verhalten des deutschen Ratsvertreters muß dessen Bindung an die verfassungsmäßige Ordnung (Art. 20 Abs. 3, 1 Abs. 3 GG) sein. Diese Bindung kann nicht bedeuten, daß der deutsche Vertreter im Rat nur solchen Rechtsakten zustimmen darf, die mit dem Grundgesetz in vollem Umfang übereinstimmen. Denn ein derartiges Festhalten aller Ratsvertreter an uneingeschränkter Kongruenz von Ratsbeschlüssen mit ihrem heimatlichen Verfassungsrecht würde die Rechtsetzung im Rat und damit den gesamten Integrationsprozeß empfindlich lähmen. Das rigorose Beharrenmüssen des deutschen Vertreters im Rat auf Einhaltung grundgesetzlicher Standards würde Deutschland auch den notwendigen Verhandlungsspielraum im politischen Raum nehmen. Die verfassungsrechtliche Ermächtigung zur Übertragung von Hoheitsrechten im Dienste der europäischen Integration (Art. 24 Abs. 1, Art. 23 Abs. 1 Satz 1 und 2 GG) schließt die Ermächtigung an den deutschen Ratsvertreter ein, bei der Willensbildung im Rat verfassungsrechtliche Substanz nach Maßgabe einer Abwägung preiszugeben. Zu bedenken ist dabei auch, daß Art. 23 Abs. 1 Satz 1 GG die *Entwicklung* der Europäischen Union zum Staatsziel aufwertet. Auf der anderen Seite darf der deutsche Ratsvertreter keinesfalls Rechtsakten zustimmen, die gegen tragende Prinzipien der Verfassungsordnung verstoßen und deswegen innerstaatlich keine Anerkennung finden könnten. Diese Grenze ist jedenfalls bei einem Eingriff in den „Tabubereich" des Art. 79 Abs. 3 GG erreicht. Aber schon im Vorfeld des unaufgebbaren Verfassungsbestandes bestehen feste Grenzen. Sie lassen sich der Vorschrift des Art. 23 Abs. 1 Satz 1 GG entnehmen, welche die Entwicklung der Europäischen Union an die Wahrung demokratischer, rechtsstaatlicher, sozialer und föderativer Grundsätze und des Subsidiaritätsprinzips sowie die Gewährleistung eines „diesem Grundgesetz im wesentlichen vergleichbaren Grundrechtsschutzes" bindet.

128 Im Vorfeld dieser Grundsätze können verfassungsrechtliche Positionen zum Gegenstand einer Abwägung gemacht werden. Dies ist unproblematisch, soweit bei Verhandlungslösungen im Rat die Einbuße an bestimmten verfassungsrechtlichen Positionen durch die Durchsetzung anderer Belange von Verfassungsrang gewissermaßen kompensiert wird.

Beispiel: Nachgeben bei kulturprotektionistischen Quotenregelungen zugunsten europäischer Produktionen im Medienrecht als Preis für eine Verbesserung des Persönlichkeitsrechtsschutzes bei Gegendarstellungen.

Manches spricht dafür, darüber hinausgehend eine Abwägung verfassungsrechtlicher Positionen mit nicht verfassungsrechtlich speziell anerkannten Wirtschaftsbelangen zuzulassen.

Beispiel: Ein nach deutschem Verfassungsrecht unzulässiger Grundrechtseingriff wird durch Entgegenkommen der anderen Mitgliedstaaten bei der Rücksicht auf Interessen eines bestimmten Unternehmenssektors „aufgewogen".

§ 8. Institutionen der Europäischen Gemeinschaften 103

Ohne einen adäquaten Ausgleich (der auch in der Verhinderung verfassungswidriger Regelungen bestehen kann) ist insbesondere die Preisgabe grundrechtlicher Standards unzulässig.

Zum Schutz von Grundrechten kommt vor allem eine Verfassungsbeschwerde gegen den dem Stimmverhalten im Rat zugrundeliegenden Beschluß der Exekutive (Kabinettsbeschluß bei Vertretung durch einen Bundesminister) in Verbindung mit einstweiligem Rechtsschutz gegen den Abstimmungsakt im Rat in Betracht. Darin liegt zwar noch keine unmittelbare Grundrechtsbeeinträchtigung, aber das Abstimmungsverhalten des deutschen Vertreters ist bei der Normerzeugung der letzte Akt deutscher Staatsgewalt, der unmittelbar dem Grundgesetz unterworfen ist.

Das Bundesverfassungsgericht hat in seiner Entscheidung zur Tabaketikettierungsrichtlinie mit der Verpflichtung von Tabakproduzenten zu warnenden Hinweisen (Verfassungsbeschwerde gegen die deutsche Zustimmung im Rat wegen einer Verletzung von Art. 5 Abs. 1 Satz 1 GG) die Beschwerdeführer darauf verwiesen, daß nach der Verabschiedung der Richtlinie noch angemessener Rechtsschutz gegen den innerstaatlichen Umsetzungsakt in Betracht komme (BVerfG, EuGRZ 1989, S. 339). Dies ist deswegen erstaunlich, weil das Bundesverfassungsgericht gegenwärtig Rechtsakte der Gemeinschaft überhaupt nicht am Maßstab der Grundrechte überprüft (BVerfGE 73, 339 [387]).

Der deutsche Ratsvertreter muß auch die Kompetenzschranken für ein Gemeinschaftshandeln beachten. Wenn sich eine Gemeinschaftskompetenz für ein bestimmtes Regelungsvorhaben nicht einmal in noch vertretbarer Weise begründen läßt, besteht für den deutschen Vertreter im Rat kein Spielraum mehr. Die Zustimmung muß versagt werden (vgl. BVerfGE 92, 203 [236]).

b) Beteiligung des Bundestages

Nach Art. 23 Abs. 3 GG muß die Bundesregierung vor ihrer Mitwirkung an „Rechtsetzungsakten der Europäischen Union" dem Bundestag Gelegenheit zu einer Stellungnahme geben. Dabei ist der Begriff der „Rechtsetzung" weit auszulegen. Er erfaßt über den Erlaß von Verordnungen und Richtlinien hinaus auch andere bindende Beschlüsse mit Außenwirkung. So hat das Bundesverfassungsgericht in seinem „Euro-Beschluß" die Entscheidung des Rates in der Zusammensetzung der Staats- und Regierungschefs über die Teilnehmerstaaten an der Währungsunion (Art. 121 Abs. 4 EG) als einen „Rechtsetzungsakt" im Sinne von Art. 23 Abs. 3 GG qualifiziert (BVerfG, EuGRZ 1998, S. 164 [171]). Die Bundesregierung hat diese Stellungnahmen des Bundestages bei den Verhandlungen zu berücksichtigen. Die Vorschrift des § 5 Satz 3 des Gesetzes über die Zusammenarbeit von Bundesregierung und Deutschem Bundestag in Angelegenheiten der Europäischen Union (nach der die Bundesregierung die Stellungnahme des Bundestages ihren Verhandlungen „zugrundelegt"), ist verfassungskonform auszulegen: Eine Bindung der Bundesregierung an die Position des Bundestages besteht nicht.

c) Die deutsche Mitwirkung im Rat und das föderale Kompetenzgefüge

130 Die Vertretung der Bundesrepublik Deutschland im Rat bildet auch ein Problem für das föderale Kompetenzgefüge. Das Grundgesetz (Art. 23 Abs. 1 GG, früher Art. 24 Abs. 1 GG) läßt die Übertragung von Hoheitsrechten auf die Gemeinschaften ohne Unterschied danach zu, ob Kompetenzen des Bundes oder der Länder berührt sind. Den Gemeinschaften sind viele Kompetenzen in Bereichen zugewachsen, die Gegenstand ausschließlicher Gesetzgebungskompetenzen der Länder sind. Bis zur Grundgesetzänderung im Zusammenhang mit dem Maastrichter Unionsvertrag wirkte nur die Bundesregierung (durch einen Vertreter) an der Rechtsetzung auch in diesen Bereichen mit. Es war ein zentrales Anliegen der Bundesländer, durch eine Mitbeteiligung an Angelegenheiten der Europäischen Gemeinschaften (der Europäischen Union) angemessene Kompensation für verlorene Regelungskompetenzen zu erhalten. Das Zustimmungsgesetz zur Einheitlichen Europäischen Akte brachte eine gewisse Einbeziehung der Länder. Eine dramatische Aufwertung ihrer Positionen haben die Bundesländer dann im Zusammenhang mit dem Maastrichter Unionsvertrag (Art. 23 GG) durchzusetzen vermocht. Das Bundesverfassungsgericht hat in seinem (nach altem Recht vor der Einfügung des neuen Art. 23 in das Grundgesetz ergangenen) Urteil zur EG-Fernsehrichtlinie den Grundsatz bundesfreundlichen Verhaltens („Bundestreue") und die treuhänderische Verantwortung des Bundes betont:

§ 8. Institutionen der Europäischen Gemeinschaften 105

„Behält das Grundgesetz die Regelung des von der Gemeinschaft beanspruchten Gegenstandes innerstaatlich dem Landesgesetzgeber vor, so vertritt der Bund gegenüber der Gemeinschaft als Sachwalter der Länder auch deren verfassungsmäßige Rechte. Geht es um das Bestehen und die Reichweite einer solchen Gemeinschaftskompetenz, so verpflichtet das Bundesstaatsprinzip den Bund, den Rechtsstandpunkt der Länder zu berücksichtigen" (BVerfGE 92, 203 [230]).

Die neuen Mitwirkungsrechte der Bundesländer über den Bundesrat (Art. 23 Abs. 2, Abs. 4 bis 6 GG) und das hierzu ergangene Ausführungsgesetz (Gesetz über die Zusammenarbeit zwischen Bund und Ländern in Angelegenheiten der Europäischen Union) gehen weit über die vom Bundesverfassungsgericht nach bisherigem Recht entwickelten Grundsätze bundesfreundlichen Verhaltens hinaus. Die Stellung des Bundesrates wird dabei in einer Weise gestärkt, daß sie die Verantwortung der Bundesregierung für die außen- und integrationspolitischen Belange in gefährlicher Weise aushöhlt. Gesetzestechnisch liegt eine Anhäufung gegenläufiger Prinzipien vor, die in äußerst unbestimmte Rechtsbegriffe gekleidet sind. **131**

Bei einem Regelungsvorhaben, welches im Schwerpunkt Gesetzgebungsbefugnisse der Länder betrifft und der Bund kein Recht zur Gesetzgebung hat oder im Schwerpunkt die Einrichtung der Behörden der Länder oder ihrer Verwaltungsverfahren betrifft, wird das Abwägungskarussell auf die Spitze getrieben (Art. 23 Abs. 5 Satz 2 GG, § 5 Abs. 2 des Gesetzes über die Zusammenarbeit von Bund und Ländern in Angelegenheiten der Europäischen Union).

Die Bundesregierung hat unter den Voraussetzungen des Art. 23 Abs. 5 Satz 2 GG bei ihrer Verhandlungsposition die Stellungnahme des Bundesrates „maßgeblich" zu berücksichtigen. Andererseits ist die „gesamtstaatliche" Verantwortung des Bundes zu wahren. Bei einer Divergenz zwischen Bundesregierung und Stellungnahme des Bundesrates, die auch durch erneute Beratungen nicht ausgeräumt werden kann, ist die Auffassung des Bundesrates dann „maßgebend", wenn er seine Auffassung mit einem mit zwei Dritteln seiner Stimmen gefaßten Beschluß bestätigt (§ 5 Abs. 2 des Gesetzes über die Zusammenarbeit von Bund und Ländern in Angelegenheiten der Europäischen Union). Daraus ergibt sich im Umkehrschluß, daß sich die Bundesregierung bei einem schlichten Mehrheitsbeschluß des Bundesrates am Ende durchsetzt und das letzte Wort hat.

Vor der Zustimmung zu Vorhaben, die auf Art. 308 EG gestützt werden, hat die Bundesregierung das Einvernehmen mit dem Bun- **132** desrat herzustellen, soweit dessen Zustimmung nach innerstaatlichem Recht erforderlich wäre und soweit die Länder innerstaatlich zuständig wären (§ 5 Abs. 3 des Gesetzes über die Zusammenarbeit von Bund und Ländern in Angelegenheiten der Europäischen Union).

Die bisherigen beschränkten Erfahrungen mit der Kompetenzverteilung zwischen Bund und Ländern bei der Vertretung Deutschlands durch einen vom Bundesrat benannten Repräsentanten etwa bei der Änderung der EG-Fernsehrichtlinie mit der Rotation der Außenvertretung zwischen Mitgliedern verschiedener Landesregierungen belegen nicht die Sinnhaftigkeit dieses komplizierten Regimes. Dies gilt sowohl im Hinblick auf das Zusammenspiel zwischen Bund und Ländern sowie unter den Ländern als auch im Hinblick auf die Vertretung deutscher Positionen nach außen.

Literatur: *K. H. Friauf,* Die Bindung deutscher Verfassungsorgane an das Grundgesetz bei Mitwirkung an europäischen Organakten, in: K. H. Friauf/ R. Scholz, Europarecht und Grundgesetz, 1990, S. 9 ff.; *M. Heintzen,* Zur Frage der Grundrechtsbindung der deutschen Mitglieder des EG-Ministerrats, Der Staat 1992, S. 367 ff.; *M. Herdegen,* Europäisches Gemeinschaftsrecht und die Bindung deutscher Verfassungsorgane an das Grundgesetz, EuGRZ 1989, S. 309 ff.; *ders.,* Die Belastbarkeit des Verfassungsgefüges auf dem Weg zur Europäischen Union, EuGRZ 1992, S. 589 ff.; *ders.,* After the TV Judgment of the German Constitutional Court: Decision-making within the EU Council and the German Länder, CMLRev. 32 (1995), S. 1369 ff.; *M. Hilf,* Europäische Union: Gefahr oder Chance für den Föderalismus in Deutschland, Österreich und der Schweiz?, VVDStRL 53 (1994), S. 8 ff.; *G. Nicolaysen,* Tabakrauch, Gemeinschaftsrecht und Grundgesetz, EuR 1989, S. 215 ff.; *G.-B Oschatz/H. Risse,* Die Bundesregierung an der Kette der Länder?, DÖV 1995, S. 437 ff.; *G. Roller,* Mitwirkung der deutschen Länder und der belgischen Regionen an EG-Entscheidungen, AöR 123 (1998), S. 21 ff.; *R. Scholz,* Europäisches Gemeinschaftsrecht und innerstaatlicher Verfassungsrechtsschutz, in: Friauf/Scholz, aaO, S. 53 ff.; *T. Stein,* Europäische Union: Gefahr oder Chance für den Föderalismus in Deutschland, Österreich und der Schweiz?, VVDStRL 53 (1994), S. 27 ff.; *R. Streinz,* Bundesverfassungsgerichtliche Kontrolle über die deutsche Mitwirkung am Entscheidungsprozeß im Rat der Europäischen Gemeinschaften, 1990; *I. Winkelmann,* Die Bundesregierung als Sachwalter von Länderrechten – Zugleich Anmerkung zum EG-Fernsehrichtlinien-Urteil des Bundesverfassungsgerichts, DÖV 1996, S. 1 ff.

III. Kommission

1. Allgemeines

133 Die Kommission bildet dasjenige politische Organ der Gemeinschaften, in dem die Mitglieder und die Willensbildung ganz von

§ 8. Institutionen der Europäischen Gemeinschaften   107

den Mitgliedstaaten gelöst sind. Sie bildet zusammen mit dem Gerichtshof die reinste Ausprägung eines „supranationalen" Organes im Gemeinschaftssystem. Die Kommission nimmt vor allem die Aufgaben einer „Exekutive" der Gemeinschaften wahr. Ihre Funktionen reichen aber darüber hinaus und erstrecken sich insbesondere auf die Mitgestaltung der Rechtsetzung. Im Montanunionsvertrag wird die ursprüngliche Bezeichnung „Hohe Behörde" synonym für die Kommission verwendet. Nach dem EGKS-Vertrag hat die Kommission („Hohe Behörde") eine besonders starke Stellung, die sie bei den späteren Römischen Verträgen zugunsten des Rates eingebüßt hat. Aufgrund ihrer Verselbständigung gegenüber nationalen Einflüssen und ihrer Aufgaben wird die Kommission gerne als „Hüterin" der Verträge und „Motor" des Integrationsprozesses bezeichnet. Seit 1993 hat sie die Bezeichnung „Europäische Kommission". Allerdings firmiert sie beim Erlaß von Rechtsakten weiterhin (vertraglich korrekt) als „Kommission der Europäischen Gemeinschaften" (EuZW 1994, S. 34). Nähere Bestimmungen zu den Aufgaben und der Organisation finden sich in Art. 211 ff. EG, Art. 124 ff. EA, Art. 8 ff. KS.

2. Zusammensetzung

Die Zusammensetzung der Kommission seit September 1999   134
- Präsident: Romano Prodi (Italien)
- Vizepräsident, Administrative Reform: Neil Kinnock (Großbritannien)
- Vizepräsident, Beziehungen zum Europäischen Parlament/Verkehr & Energie: Loyola de Palacio (Spanien)
- Wettbewerb: Mario Monti (Italien)
- Landwirtschaft und Fischerei: Franz Fischler (Österreich)
- Unternehmen und Informationsgesellschaft: Erkki Liikanen (Finnland)
- Binnenmarkt: Frits Bolkestein (Niederlande)
- Forschung: Philippe Busquin (Belgien)
- Wirtschaft und Währungsangelegenheiten: Pedro Solbes Mira (Spanien)
- Entwicklung und humanitäre Hilfe: Poul Nielson (Dänemark)
- Erweiterungen: Günter Verheugen (Deutschland)
- Außenbeziehungen: Chris Patten (Großbritannien)
- Handel: Pascal Lamy (Frankreich)
- Gesundheits- und Verbraucherschutz: David Byrne (Irland)
- Regionalpolitik: Michel Barnier (Frankreich)

- Bildung und Kultur: Viviane Reding (Luxemburg)
- Haushalt: Michaele Schreyer (Deutschland)
- Umwelt: Margot Wallström (Schweden)
- Justiz und Inneres: Antonio Vitorino (Portugal)
- Beschäftigung und soziale Angelegenheiten: Anna Diamantopoulou (Griechenland)

Der Kommission gehören 20 Mitglieder an (Art. 213 Abs. 1 EG, Art. 126 Abs. 1 EA, Art. 9 Abs. 1 KS). In der Praxis stellt jeder Mitgliedstaat mindestens ein Kommissionsmitglied. Auf die „großen" Mitgliedstaaten (Deutschland, Frankreich, Italien und Vereinigtes Königreich sowie Spanien) entfallen jeweils zwei Mitglieder. Die Mitglieder der Kommission nehmen ihre Aufgaben in völliger Unabhängigkeit, allein dem Wohl der Gemeinschaften verpflichtet, wahr (Art. 213 Abs. 2 EG, Art. 126 Abs. 2 EA, Art. 9 Abs. 2 KS).

Das *Vertragswerk von Nizza* zielt auf eine langfristige Beschränkung der Zahl der Kommissionsmitglieder (Art. 4 des Protokolls von Nizza zur Erweiterung der Europäischen Union). Danach soll ab dem 1. Januar 2005 jeweils nur noch ein Staatsangehöriger pro Mitgliedstaat der Kommission angehören. Die „großen" Mitgliedstaaten müssen dann also auf die Bestellung eines zweiten Kommissars verzichten. Nach einer Erweiterung der Europäischen Union auf 27 Mitgliedstaaten soll die Größe der Europäischen Kommission auf höchstens 26 Mitglieder beschränkt werden (Art. 213 Abs. 1 UAbs. 2 EG i. d. F. von Nizza).

Eine herausgehobene Stellung hat der Präsident der Kommission inne. Er gehört dem Europäischen Rat (Art. 4 Abs. 2 EU) an. Die Regierungen der Mitgliedstaaten benennen im gegenseitigen Einvernehmen den Kandidaten für die Präsidentenposition. Seine Benennung bedarf der Zustimmung des Parlaments (Art. 214 Abs. 2 UAbs. 1 EG). Die Benennung der übrigen Kommissionskandidaten durch die nationalen Regierungen hat im Einvernehmen mit dem designierten Kommissionspräsidenten zu geschehen (Art. 214 Abs. 2 UAbs. 2 EG). Der *Vertrag von Amsterdam* hat die politische Führungsrolle des Kommissionspräsidenten ausdrücklich verankert (Art. 219 Abs. 1 EG). Nach der *Reform von Nizza* soll künftig der Präsi-

§ 8. Institutionen der Europäischen Gemeinschaften 109

dent über die Zuständigkeiten der einzelnen Kommissionsmitglieder entscheiden (Art. 217 Abs. 2 EG i.d.F. von Nizza). Außerdem soll der Präsident mit Zustimmung der Kommission von einem Mitglied den Rücktritt verlangen können (Art. 217 Abs. 4 EG i.d.F. von Nizza).

Ernannt werden der Präsident und die übrigen Kommissionsmitglieder von den Vertretern der Mitgliedstaaten aufgrund eines „uneigentlichen Ratsbeschlusses" für die Amtszeit von fünf Jahren (Art. 214 Abs. 1 EG, Art. 127 Abs. 1 EA, Art. 10 Abs. 1 KS). Erforderlich ist die vorherige Zustimmung des Europäischen Parlamentes zu den designierten Mitgliedern der Kommission als Kollegium (Art. 214 Abs. 2 UAbs. 3 EG, Art. 127 Abs. 2 UAbs. 3 EAG, Art. 10 Abs. 2 UAbs. 3 KS).

Nach der *Reform von Nizza* soll über die Designierung und die Ernennung aller Kommissionsmitglieder der Rat in der Zusammensetzung der Staats- oder Regierungschefs mit qualifizierter Mehrheit entscheiden (Art. 214 Abs. 2 EG i.d.F. von Nizza).

3. Beschlußfassung und Geschäftsordnung

Bei der Beschlußfassung gilt das Kollegialprinzip. Die Beschlüsse 135
der Kommission werden mit der Mehrheit der Mitglieder gefaßt (Art. 219 Abs. 2 EG, Art. 132 Abs. 2 EA, Art. 13 Abs. 1 KS). Nähere Bestimmungen trifft die Geschäftsordnung. Die Geschäftsordnung sieht neben der Beschlußfassung in gemeinschaftlicher Sitzung (ordentliches Verfahren gem. Art. 3 ff.) die Beschlußfassung im schriftlichen Verfahren (Art. 10) vor. Eine Delegation von Entscheidungsbefugnissen auch auf eines oder mehrere Kommissionsmitglieder ist möglich, soweit es sich nur um Maßnahmen der Geschäftsordnung und der Verwaltung handelt (Art. 11 Abs. 1 der Geschäftsordnung der Kommission). Hiervon ausgenommen sind Grundsatzentscheidungen (s. EuGH, Rs. 5/85, Slg. 1986, 2585 Rn. 37 – *Akzo*).

Verstöße gegen die Geschäftsordnung können wegen eines wesentlichen Formmangels zur Nichtigkeit von Rechtsakten der Kommission führen.

Im Zusammenhang mit einer Klage von Unternehmen aus mehreren Mitgliedstaaten gegen eine Entscheidung der Kommission in Wettbewerbssachen (Feststellung wettbewerbshindernder Praktiken, Untersagungsverfügung und Festsetzung von Geldbußen) hat der EuGH entschieden, daß die Kommission im Einklang mit ihrer Geschäftsordnung als Kollegium über von ihr erlassene Rechtsakte einschließlich der Begründungen entscheiden und dabei als Gremium den Rechtsakt auch in allen verbindlichen Sprachen annehmen muß (EuGH, Rs. C-137/92 P, Slg. 1994, I-2555 Rn. 11 – *BASF*).

4. Aufgaben

136

Die wichtigsten Aufgaben der Kommission
- Mitwirkung an der Rechtsetzung durch Rat und Parlament
  - Initiative
  - weitere Beteiligung
- Ausübung eigener Rechtsetzungsbefugnisse
- Erlaß von Durchführungsbestimmungen aufgrund einer Ermächtigung des Rates
- Außenvertretung der Gemeinschaften
- Entscheidungen im Verwaltungsvollzug
- Kontrollaufgaben
  - Vertragsverletzungsverfahren
  - Nichtigkeits- und Untätigkeitsklage
  - Genehmigung von nationalen Abweichungen von gemeinschaftsrechtlichen Regeln

---

Die Aufgaben der Kommission als Organ der Europäischen Gemeinschaft und der Europäischen Atomgemeinschaft sind allgemein in Art. 211 EG und Art. 124 EA umschrieben (siehe auch Art. 8 KS zu den Aufgaben der Kommission). Daraus ergeben sich folgende Aufgabenfelder für die Kommission:
- Wächterfunktion (Sicherstellung der Einhaltung der Gemeinschaftsrechtsordnung)
- Abgabe von Empfehlungen und Stellungnahmen
- Wahrnehmung eigener Regelungsbefugnisse
- Mitwirkung am Erlaß von Rechtsakten des Rates und des Europäischen Parlamentes
- Ausübung von Durchführungsbefugnissen aufgrund einer Ermächtigung des Rates.

§ 8. Institutionen der Europäischen Gemeinschaften 111

An der *Rechtsetzung* ist die Kommission vor allem durch die Einbringung von *Vorschlägen* beteiligt. Die meisten Rechtsakte können nur auf Initiative der Kommission erlassen werden. Einer Untätigkeit der Kommission können das Europäische Parlament und der Rat dadurch begegnen, daß sie die Kommission zu einer Initiative auffordern (Art. 192 Abs. 2, 208 EG, Art. 107a, 122 EA, Art. 20a, 26 Abs. 3 KS). Wenn der Rat auf Vorschlag der Kommission tätig wird, so kann er grundsätzlich Änderungen dieses Vorschlages nur mit Einstimmigkeit beschließen (Art. 250 EG, Art. 119 Abs. 1 EA). In einigen wenigen Bereichen hat die Kommission eine originäre Rechtsetzungskompetenz (s. etwa Art. 86 Abs. 3 EG). Daneben erläßt die Kommission aufgrund einer Ermächtigung des Rates Durchführungsverordnungen im Rahmen von „Grundverordnungen" des Rates (Art. 211, vierter Spiegelstrich EG). Die Ermächtigung zum Erlaß von Durchführungsbestimmungen deckt nicht den Erlaß von Regelungen, die wesentliche Aspekte der Ausgestaltung des geregelten Bereiches erfassen und deshalb der Zuständigkeit des Rates vorbehalten bleiben müssen. Der Rat hat für die Ausgestaltung der Durchführungsbefugnisse der Kommission mehrere Verfahren entwickelt, bei denen Ausschüsse (besetzt mit Vertretern der Mitgliedstaaten unter dem Vorsitz eines Vertreters der Kommission) eine zentrale Bedeutung haben („Komitologie", hierzu siehe unten, § 9 V.3.). **137**

Wichtige Kompetenzen hat die Kommission im Bereich der Außenbeziehungen, etwa bei der Aushandlung völkerrechtlicher Verträge (Art. 133 Abs. 3, 300 EG). Sie unterhält auch Beziehungen zu den Organen der Vereinten Nationen und anderen internationalen Organisationen. **138**

In verschiedenen Bereichen nimmt die Kommission Exekutivbefugnisse wahr. In Händen der Kommission liegt insbesondere der direkte Verwaltungsvollzug des Wettbewerbsrechtes. Daneben ist die Kommission zuständig für die Bestätigung (Genehmigung) von Abweichungen einzelner Mitgliedstaaten von Harmonisierungsmaßnahmen gem. Art. 95 Abs. 4 bis 6 EG sowie für die Ermächtigung zu Schutzmaßnahmen in handelspolitischen Krisensituationen (Art. 134 EG). Schließlich fungiert die Kommission als Hüter der Gemeinschaftsordnung (Art. 211, erster Spiegelstrich EG, Art. 124, erster Spiegelstrich EA). Zur Durchsetzung der Gemeinschaftsverpflichtungen der Mitgliedstaaten kann die Kommission das Vertragsverletzungsverfahren nach Art. 226 EG, Art. 141 EA betreiben. **139**

112 2. Teil. Die Europ. Gemeinschaften als Herz der Europ. Union

5. Verwaltungsorganisation

140   Organisationsplan der Europäischen Kommission

• Generalsekretariat	– Regionalpolitik
• Generalinspektion	– Steuern und Zollunion
	– Umwelt
• Generaldirektionen	– Unternehmen
– Arbeit und Soziales	– Wettbewerb
– Außenbeziehungen	– Wirtschaft und Finanzen
– Bildung und Kultur	– Verkehr
– Binnenmarkt	
– Energie	• Gemeinsame Forschungsstelle
– Entwicklung	• Gemeinsamer Dienst für Außenbeziehungen
– Erweiterung	• Gemeinsamer Dolmetsch- und Konferenzdienst
– Finanzkontrolle	• Juristischer Dienst
– Fischerei	• Presse- und Informationsdienst
– Forschung	• Übersetzungsdienst
– Gesundheit und Verbraucherschutz	
– Handel	• Amt für amtliche Veröffentlichungen
– Haushalt	• Amt für humanitäre Hilfe – ECHO
– Justiz und Inneres	• Europäisches Amt für Betrugsbekämpfung
– Landwirtschaft	• Eurostat
– Personal und Verwaltung	• Informationsgesellschaft

Die Verwaltungsstruktur der Europäischen Kommission ist im Herbst 1999 neu geordnet worden. Nunmehr umfaßt die Kommission insgesamt 36 Dienststellen. Eine zentrale Rolle spielen dabei die für einzelne Sachbereiche zuständigen Generaldirektionen (auf französisch: „Directions Générales", abgekürzt „DG"). Ihre bisherige Numerierung ist abgeschafft worden. Neben der Generaldirektion stehen das Generalsekretariat und eine Reihe spezieller Dienste. Dabei kommt dem Juristischen Dienst eine besondere Rolle zu. Er wird insbesondere beim Erlaß von Rechtsakten und sonstigen Maßnahmen mit rechtlichen Auswirkungen zugezogen. Die einzelnen Generaldirektionen und Dienste sind dem Geschäftsbereich eines weisungsbefugten Kommissionsmitglieds zugeordnet.

§ 8. Institutionen der Europäischen Gemeinschaften

Die Kommissare werden von sogenannten „Kabinetten" mit einem Kabinettschef als Leiter unterstützt. Die Kabinettschefs spielen eine wesentliche Rolle bei der Willensbildung innerhalb der Kommission.

IV. Europäisches Parlament

1. Allgemeines

Das Europäische Parlament fungiert als das demokratische Repräsentativorgan, welches die Völker der in den Gemeinschaften zusammengeschlossenen Staaten vertritt. Wichtige Mitspracherechte hatte das Parlament im Verlaufe der Entwicklung zunächst im Haushaltsbereich erlangt. Im übrigen war das Europäische Parlament lange Zeit weitgehend auf Anhörungs- und Kontrollbefugnisse beschränkt. Später ist seine Beteiligung an der Rechtsetzung zunehmend stärker ausgeformt worden. Die Debatte um ein „Demokratiedefizit" in der Gemeinschaftsordnung ist mit der Willensbildung auf Gemeinschaftsebene verbunden. Dabei ist zu bedenken, daß eine stärkere Parlamentarisierung der Rechtsetzung leicht in ein Spannungsfeld zum Grundsatz der Subsidiarität gelangen kann. Die Abgeordneten des Parlamentes üben keinerlei nationale Hoheitsgewalt aus und sind von jeglichen staatsrechtlichen Bindungen frei. Je stärker die programmatische Verbundenheit über nationale Grenzen hinaus in den Gruppierungen des Europäischen Parlamentes wächst, desto stärker dürften die unitarisierenden Tendenzen im Parlament werden. Es ist bezeichnend, daß die Rücknahme von Regelungsvorhaben durch die Kommission im Dienste der Subsidiarität gerade beim Europäischen Parlament auf Beanstandung gestoßen ist. **141**

Für das Bundesverfassungsgericht vermittelt die Beteiligung des Europäischen Parlaments auf Gemeinschaftsebene für sich genommen noch keine hinreichende demokratische Legitimationsgrundlage. Vielmehr erfolge im Staatenverbund der Europäischen Union die „demokratische Legitimation notwendig durch die Rückkoppelung des Handelns europäischer Organe an die **142**

Parlamente der Mitgliedstaaten" (BVerfGE 89, 155 [185]). Der demokratischen Legitimation durch das Europäische Parlament will das Bundesverfassungsgericht nur eine „stützende Funktion" attestieren („die sich verstärken ließe, wenn es nach einem in allen Mitgliedstaaten übereinstimmenden Wahlrecht gemäß Art. 190 Abs. 4 EG gewählt würde und sein Einfluß auf Politik und Rechtsetzung der Europäischen Gemeinschaften wüchse" [aaO, 186]).

2. Zusammensetzung und Organisation

143

Länderquoten für die Abgeordneten des Europäischen Parlaments		
	gegenwärtig	künftig (Vertrag von Nizza)
Belgien	25	22
Dänemark	16	13
Deutschland	99	99
Griechenland	25	22
Spanien	64	50
Frankreich	87	72
Irland	15	12
Italien	87	72
Luxemburg	6	6
Niederlande	31	25
Österreich	21	17
Portugal	25	22
Finnland	16	13
Schweden	22	18
Vereinigtes Königreich	87	72
Bulgarien		17
Estland		6
Lettland		8
Litauen		12
Malta		5
Polen		50
Rumänien		33
Slowakei		13
Slowenien		7
Tschechische Republik		20
Ungarn		20
Zypern		6

§ 8. Institutionen der Europäischen Gemeinschaften 115

Dem Europäischen Parlament gehören 626 Abgeordnete an. Der *Vertrag von Amsterdam* hat die Anzahl der Mitglieder für die Zukunft auf 700 begrenzt (Art. 189 Abs. 2 EG). Sie verteilen sich nach festen Länderquoten auf die einzelnen Mitgliedstaaten (Art. 190 Abs. 2 EG). Wahlrechtsregelungen enthält der 1976 als Beschluß des Rates verabschiedete Akt zur Einführung allgemeiner unmittelbarer Wahlen der Abgeordneten der Versammlung – Direktwahlakt. Der Direktwahlakt ist wegen seines vertragsähnlichen Charakters dem Primärrecht zuzuordnen.

Dieser Verteilungsschlüssel verzerrt die proportionale Vertretung des jeweiligen Staatsvolkes in massiver Weise. So entfällt in Luxemburg ein Abgeordnetensitz auf etwa 70 000 Einwohner, während in Deutschland ein Abgeordneter durchschnittlich etwa 800 000 Einwohner vertritt. Je stärker die Mitwirkungsrechte des Europäischen Parlamentes (insbesondere bei der Rechtsetzung) ausgebaut wurden, desto schwerer wurde es, diese Durchbrechung der Wahlgleichheit der Stimmbürger zu rechtfertigen.

Das *Vertragswerk von Nizza* sieht vor, daß ab dem 1. Januar 2004 die Verteilung im Europäischen Parlament stärker an die demographischen Verhältnisse herangeführt wird; zugleich soll die Zahl der auf die einzelnen Mitgliedstaaten entfallenden Abgeordneten im Hinblick auf die künftige Erweiterung der Europäischen Union (mit Ausnahme der deutschen Abgeordneten) reduziert werden (Art. 2 des Protokolls von Nizza zur Erweiterung der Europäischen Union). Die in die Schlußakte der in die Konferenz von Nizza eingehende Erklärung bekundet das Einverständnis der Mitgliedstaaten über die Abgeordnetensitze, die auf die Mitglieder entfallen sollen. Die Gesamtzahl der Abgeordneten soll nach einer Erweiterung auf 27 Mitgliedstaaten auf 732 beschränkt werden.

Die Abgeordneten sind weder an Aufträge noch an Weisungen **144** gebunden (Art. 4 Abs. 1 Satz 2 des Direktwahlaktes). Seit dem Jahre 1979 werden die Abgeordneten direkt gewählt. Die Wahlperiode beträgt 5 Jahre (Art. 3 des Direktwahlakts; Art. 190 Abs. 3 EG). Das in Art. 190 Abs. 4 EG, Art. 108 Abs. 4 EA, Art. 21 Abs. 4 KS vorgesehene einheitliche Wahlverfahren in allen Mitgliedstaaten steht noch aus.

Mit dem Ausschluß Gibraltars (das ein „dependent territory" des Vereinigten Königreichs ist) von den Direktwahlen zum Europäischen Parlament hatte sich der EGMR im Falle *Matthews* auseinanderzusetzen (EGMR, *Matthews ./. Vereinigtes Königreich,* EuZW 1999, S. 308 m. Anm. v. *Ch. Lenz*). Der Direktwahlakt des Rates sah vor, daß das Vereinigte Königreich die Vorschriften dieses Aktes nur auf das Vereinigte Königreich selbst anwendet (Anhang II), also Gibraltar von den Direktwahlen zum Europäischen Parlament ausgeschlossen ist. Diese Bestimmung des Direktwahlaktes wurde durch britische Wahlgesetzgebung umgesetzt. Eine britische Staatsangehörige mit Wohnsitz in Gibraltar hatte einen Verstoß gegen Art. 3 des 1. Zusatzprotokolls zur EMRK geltend gemacht. In dieser Vorschrift verpflichten sich die Vertragsstaaten, „in angemessenen Zeitabständen freie und geheime Wahlen unter Bedingungen abzuhalten, welche die freie Äußerung der Meinung des Volkes bei der Wahl der gesetzgebenden Körperschaften gewährleisten". Bei der Auslegung der Vorschriften stellte der EGMR auf den Schutz der „effektiven politischen Demokratie" ab. Dabei gelangte der Gerichtshof zu dem Ergebnis, daß das Europäische Parlament im Lichte seiner Stellung als direkt demokratisch legitimiertes Repräsentativorgan und seines Anteils am Rechtsetzungsprozeß der Europäischen Gemeinschaften auch für Gibraltar zu den „gesetzgebenden Körperschaften" im Sinne von Art. 3 des 1. Zusatzprotokolls zu rechnen sei. Hier sichert der EGMR – über die Konventionsverpflichtungen der Mitgliedstaaten – mittelbar demokratische Standards innerhalb der Europäischen Gemeinschaften und der Europäischen Union (hierzu oben, § 3 VI.).

Die regelmäßigen Plenarsitzungen in Straßburg werden im angemieteten Sitzungssaal des Europarates abgehalten. In Brüssel verfügt das Europäische Parlament dagegen über einen eigenen Plenarsaal (für Sondersitzungen).

145

Fraktionen im Europäischen Parlament
- Fraktion der Europäischen Volkspartei (232)
- Fraktion der Sozialdemokratischen Partei Europas (181)
- Fraktion der Liberalen und Demokratischen Partei Europas (52)
- Fraktion der Grünen/Freie Europäische Allianz (46)
- Konföderale Fraktion der Vereinigten Europäischen Linken/Nordische Grüne Linke (42)
- Fraktion Union für das Europa der Nationen (30)
- Technische Fraktion der unabhängigen Abgeordneten – gemischte Fraktion (19)
- Fraktion für das Europa der Demokratien und der Unterschiede (16)
- Fraktionslos (8)

§ 8. Institutionen der Europäischen Gemeinschaften 117

Die innere Ordnung des Parlamentes regelt sich nach dessen Geschäftsordnung (GOEP). An der Spitze des Parlaments steht der Präsident (Art. 19 GOEP), der zusammen mit den 14 Vizepräsidenten das Präsidium bildet (Art. 21 Abs. 1 GOEP). Die Mitglieder können sich nach ihrer politischen Zugehörigkeit zu Fraktionen zusammenschließen (Art. 29 Abs. 1 GOEP). Für die Bildung einer Fraktion bedarf es einer Mindestzahl, die zwischen 14 Abgeordneten (bei ihrer Herkunft aus 4 oder mehr Mitgliedstaaten) und 29 Abgeordneten (bei Herkunft aus einem einzigen Mitgliedstaat) schwankt (Art. 29 Abs. 2 GOEP).

Das Europäische Parlament kann die Einsetzung eines nichtständigen Untersuchungsausschusses beschließen, der „behauptete Verstöße gegen das Gemeinschaftsrecht oder Mißstände bei der Anwendung desselben prüft" (Art. 193 Abs. 1 EG, Art. 107b Abs. 1 EA, Art. 20b Abs. 1 KS). Das Europäische Parlament ernennt einen Bürgerbeauftragten, der Beschwerden von jedem Unionsbürger oder jeder natürlichen oder juristischen Person mit Wohnort oder Sitz in einem Mitgliedstaat über Mißstände im Gemeinschaftssystem entgegennimmt und näher prüft (Art. 195 EG, Art. 107d EA, Art. 20d KS).

3. Aufgaben

Die wesentlichen Befugnisse des Europäischen Parlamentes	146

- Haushaltskompetenzen
- Mitwirkung an der Rechtsetzung
  - Anhörung
  - Verfahren der Zusammenarbeit
  - Verfahren der Mitentscheidung
- Zustimmung bei bestimmten völkerrechtlichen Abkommen
- Zustimmung zur Aufnahme neuer Mitgliedstaaten
- Kreationsfunktion
  - Zustimmung zur Benennung der Kommissionsmitglieder
- Kontrollfunktionen
  - Mißtrauensvotum gegen die Kommission
  - Untersuchungsausschüsse

Während Art. 20 KS bei den Aufgaben des Europäischen Parlamentes nur von Kontrollbefugnissen spricht und Art. 107 EA dem noch die Beratung hinzufügt, umschreibt Art. 189 EG die Aufgaben des Parlamentes ohne gegenständliche Begrenzung. Darin spiegelt sich die ständige Aufwertung der Rechtsstellung mit einem deutlichen Kompetenzzuwachs vor allem bei der Rechtsetzung.

Im *Haushaltsbereich* hat das Parlament seit langem wesentliche Mitspracherechte (insbesondere bei den nicht-obligatorischen Ausgaben). Im übrigen gibt es eine Skala gestufter Mitwirkungsrechte des Parlaments. Am unteren Rand der Skala der Mitwirkung ist die *Anhörung* angesiedelt, die als fakultative Anhörung oder als obligatorische Anhörung ausgestaltet sein kann (*Beispiel:* Für eine obligatorische Anhörung: Erlaß umweltpolitischer Vorschriften, Art. 175 Abs. 2 EG). Nach der Rechtsprechung des EuGH führt der Verstoß gegen ein Anhörungsgebot zur Nichtigkeit des jeweiligen Rechtsaktes wegen eines wesentlichen Formfehlers (im Sinne von Art. 230 Abs. 2 EG):

„Die in Artikel 43 Absatz 2 Unterabsatz 3 EWG-Vertrag und in den entsprechenden Vertragsbestimmungen vorgesehene Anhörung ermöglicht dem Parlament eine wirksame Beteiligung am Gesetzgebungsverfahren der Gemeinschaft. Diese Befugnis ist für das im Vertrag gewollte institutionelle Gleichgewicht wesentlich. Sie spiegelt auf Gemeinschaftsebene, wenn auch in beschränktem Umfang, ein grundlegendes demokratisches Prinzip wider, nach dem die Völker durch eine Versammlung ihrer Vertreter an der Ausübung der hoheitlichen Gewalt beteiligt sind" (EuGH, Rs. 138/79, Slg. 1980, 3333 Rn. 33 – *Roquette*).

Wesentlich gesteigerte Mitwirkungsrechte gelten für das Parlament im:
- Verfahren der Zusammenarbeit (gem. Art. 252 EG, vgl. § 9, V. 2.) und im
- Verfahren der Mitentscheidung mit einer Art „Vetorecht" (gem. Art. 251 EG, vgl. § 9, V. 2.).

Ähnlich wie der Rat kann das Europäische Parlament die Kommission auffordern, die Initiative für den Erlaß von Gemeinschaftsakten zu ergreifen (Art. 192 Abs. 2 EG).

Im Rahmen der *Außenbeziehungen* ist das Europäische Parlament beim Abschluß von völkerrechtlichen Abkommen mit Drittstaaten oder internationalen Organisationen anzuhören (Art. 300 Abs. 3

§ 8. Institutionen der Europäischen Gemeinschaften 119

UAbs. 1 EG). Der Abschluß bestimmter Abkommen bedarf der Zustimmung des Parlaments (Art. 300 Abs. 3 UAbs. 2 EG).

Die *Aufnahme* neuer Mitgliedstaaten setzt ebenfalls die Zustimmung des Europäischen Parlaments voraus (Art. 49 Abs. 1 EU). Vor einer Änderung der Gemeinschaftsverträge oder des Unionsvertrages muß das Parlament gehört werden (Art. 48 Abs. 2 EU).

Die Ernennung des Präsidenten und der übrigen Mitglieder der Kommission hängt von einem *zustimmendem* Votum des Parlamentes ab (Art. 214 Abs. 2 UAbs. 3 EG, Art. 127 Abs. 2 UAbs. 3 EA, Art. 10 Abs. 2 UAbs. 3 KS).

Zu den *Kontrollinstrumenten* des Parlamentes gehört die Möglichkeit eines Mißtrauensvotums gegen die Kommission (Art. 201 EG) sowie die Einsetzung von Untersuchungsausschüssen (Art. 193 EG).

Schließlich ist das Europäische Parlament bei der gemeinsamen Außen- und Sicherheitspolitik (Art. 21 EU) und bei der polizeilichen und justitiellen Zusammenarbeit in Strafsachen (Art. 39 EU) beteiligt. Der Europäische Rat hat dem Europäischem Parlament Bericht zu erstatten (Art. 4 Abs. 3 EU).

4. Exkurs: Politische Parteien

Die Vorschrift des Art. 191 EG anerkennt die Rolle politischer 147 Parteien auf europäischer Ebene „als Faktor der Integration in der Union" (Satz 1). Sie sollen dazu beitragen, „ein europäisches Bewußtsein herauszubilden und den politischen Willen der Bürger der Union zum Ausdruck zu bringen" (Satz 2). Mit dieser Bestimmung ist ein erster Schritt zur Aufnahme der Parteien in das institutionelle Gefüge der Gemeinschaftsordnung getan. Für ein europäisches Parteienrecht bedürfte es der Festlegung normativer Bedingungen für die Binnenstruktur der Parteien. Gewisse inhaltliche Anforderungen an die Anerkennung als Partei auf europäischer Ebene lassen sich aus Art. 6 Abs. 1 EU herleiten, welcher sich zu demokratischen Grundsätzen für die Regierungssysteme der Mitgliedstaaten bekennt.

Literatur: *K. Doehring,* Demokratiedefizit in der Europäischen Union?, DVBl. 1997, S. 1133 ff.; *J. Drexl u.a.* (Hrsg.), Europäische Demokratie, 1999; *P. M. Huber,* Die politischen Parteien als Partizipationsinstrumente auf Unionsebene, EuR 1999, S. 579 ff.; *C. Lange/C. Schütz*, Grundstrukturen des Rechts der europäischen politischen Parteien i. S. d. Art. 138a EG, EuGRZ 1996, S. 299 ff.; *G. Majone*, Europes „Democracy Deficit": The Question of Standards, European Law Journal 4 (1998), S. 5 ff.; *V. Neßler*, Deutsche und Europäische Parteien, EuGRZ 1998, S. 191 ff.; *ders.*, Willensbildung im Europäischen Parlament – Abgeordnete und Fraktionen zwischen Konsens und Dissens –, ZEuS 1999, S. 157 ff.; *V. Saalfrank*, Funktion und Befugnisse des Europäischen Parlaments, 1995; *D. Tsatsos*, Europäische politische Parteien?, EuGRZ 1994, S. 45 ff.; *J. H. H. Weiler*, The European Union Belongs to its Citizens: Three Immodest Proposals, European Law Review 22 (1997), S. 150.

V. Gerichtshof

1. Allgemeines

148 Der Gerichtshof der Europäischen Gemeinschaften fungiert im institutionellen System der Gemeinschaften als gemeinsames Rechtsprechungsorgan. In den Worten des Art. 220 EG, Art. 136 EA sichert der Gerichtshof „die Wahrung des Rechts bei der Auslegung und Anwendung dieses Vertrags" (ähnlich für die Montanunion Art. 31 KS). Die Zuständigkeiten des Gerichtshofs sind in den Verträgen abschließend aufgelistet. Der Gerichtshof nimmt eine Reihe von Zuständigkeiten wahr, die in nationalen Rechtsordnungen oft unterschiedlichen Zweigen der Gerichtsbarkeit zugewiesen sind (etwa als „Verfassungsgericht" oder als „Verwaltungsgericht" der Gemeinschaften). Die Tätigkeit des EuGH ist insbesondere von Bedeutung für

– die Auslegung von Verträgen oder sonstigen Gemeinschaftsrechts
– die Fortbildung des Gemeinschaftsrechts
– die Kontrolle der Rechtsakte der Gemeinschaftsorgane auf ihre Vereinbarkeit mit höherrangigem Recht und
– die Kontrolle des Verhaltens der Mitgliedstaaten am Maßstab des Gemeinschaftsrechts.

Außerhalb der Prüfungszuständigkeit des EuGH liegen grundsätzlich Maßnahmen der „intergouvernementalen" Zusammenarbeit in der zweiten und dritten „Säule" der Europäischen Union (Art. 46 EU). Insoweit sieht der *Vertrag von Amsterdam* eine beschränkte Kompetenzausweitung für den EuGH vor (Art. 35, 46 EU).

§ 8. Institutionen der Europäischen Gemeinschaften

Dem Gerichtshof ist seit dem Jahre 1989 (aufgrund eines Ratsbeschlusses von 1988) ein weiteres Gericht angegliedert worden: Das Gericht erster Instanz (EuG) (s. Art. 225 EG, Art. 140a EA, Art. 32d KS). Dieses erstinstanzliche Gericht ist Teil des Gemeinschaftsorganes „Gerichtshof". In der Gerichtsorganisation ist das EuG vom übergeordneten „Gerichtshof" zu unterscheiden. Die Entscheidungen des EuGH und des EuG werden in einer amtlichen Sammlung veröffentlicht (Teil I: Entscheidungen des EuGH, Teil II: Entscheidungen des Gerichtes erster Instanz). **149**

2. Organisation und Verfahrensregeln des EuGH

Dem EuGH gehören fünfzehn Richter an (Art. 221 Abs. 1 EG, Art. 137 Abs. 1 EA, Art. 32 Abs. 1 KS). Unterstützt wird der EuGH von acht (vorübergehend neun) Generalanwälten, die in völliger Unabhängigkeit Schlußanträge zu den vor dem Gerichtshof verhandelten Rechtssachen stellen (Art. 222 Abs. 1 und Abs. 2 EG, Art. 138 Abs. 1 u. 2 EA, Art. 32a Abs. 1 u. 2 KS). Für das Amt des Generalanwaltes hat die Institution des „commissaire du gouvernement" beim französischen Conseil d'Etat (dem höchsten Verwaltungsgericht in Frankreich) Modell gestanden. Diese Schlußanträge sind für das Verständnis der für den deutschen Juristen oft erstaunlich knapp gehaltenen Begründungen der Entscheidungen des Gerichtshofs von wesentlicher Bedeutung und haben der Rechtsprechung des EuGH auch wichtige Impulse vermittelt. Die Richter und die Generalanwälte werden von den Regierungen der Mitgliedstaaten im gegenseitigen Einvernehmen (durch „uneigentliche Ratsbeschlüsse") auf sechs Jahre ernannt (Art. 223 EG, Art. 139 Abs. 1 EA, Art. 32b Abs. 1 KS). Dabei stellt jeder Mitgliedstaat einen Richter. Auf die „großen" Mitgliedstaaten (Deutschland, Frankreich, Italien und Vereinigtes Königreich) sowie auf Spanien entfallen in der Praxis je ein Generalanwalt. Die übrigen Generalanwaltsposten rotieren unter den kleineren Mitgliedstaaten. **150**

Die Verfahrensregeln ergeben sich aus den Gemeinschaftsverträgen, den Satzungen des Gerichtshofs der Europäischen (Wirtschafts-)Gemeinschaft, der Europäischen Atomgemeinschaft und **151** der Montanunion (Protokolle zu den drei Gründungsverträgen), der Verfahrensordnung und der zusätzlichen Verfahrensordnung des EuGH sowie der Verfahrensordnung des EuG. Der Gerichtshof tagt grundsätzlich in Vollsitzungen, kann jedoch Kammern bilden, die sich der Vorbereitung von Entscheidungen annehmen oder bestimmte Gruppen von Rechtssachen entscheiden (Art. 221 Abs. 2 EG, Art. 137 Abs. 2 EA, Art. 32 Abs. 2 KS).

Im Augenblick bestehen beim Gerichtshof sechs Kammern (zwei mit jeweils 7 Richtern, zwei mit 3 und zwei mit 4 Richtern). Der Entscheidung durch das Plenum sind grundsätzlich die Rechtssachen vorbehalten, in denen ein Mitglied oder ein Gemeinschaftsorgan die Behandlung in Vollsitzung verlangt (Art. 221 Abs. 3 EG, Art. 137 Abs. 3 EA, Art. 32 Abs. 3 KS, Art. 95 § 2 Abs. 2 Verfahrensordnung). Personalsachen werden in der Praxis automatisch als Kammersachen behandelt. Im übrigen können alle direkten Klagen oder Vorabentscheidungsverfahren an eine Kammer verwiesen werden, wenn nicht die Schwierigkeit oder die Bedeutung der Rechtssache oder sonstige besondere Umstände eine Plenarentscheidung indizieren (Art. 95 § 1 Verfahrensordnung). In der Praxis des Gerichtshofs kommt es zur Verweisung an eine Kammer nur bei solchen Rechtssachen, die auf Grundlage einer konsolidierten Rechtsprechung entschieden werden können oder geringe Bedeutung haben. Die Kammern können im übrigen anhängige oder an sie verwiesene Rechtssachen dem Plenum vorlegen (Art. 95 § 3 Verfahrensordnung). Etwa die Hälfte aller Entscheidungen des Gerichtshofs wird von Kammern getroffen.

3. Gericht erster Instanz

152 Das als Teil des Organes „Gerichtshof" geschaffene Gericht erster Instanz (EuG) ist durch Ratsbeschluß von 1988 zur Entlastung des EuGH geschaffen worden (s. Art. 225 EG, Art. 140a EA, Art. 32d KS). Das Gericht erster Instanz hat fünfzehn richterliche Mitglieder (Art. 2 Abs. 1 des Errichtungsbeschlusses). Es bestehen Kammern mit drei oder fünf Richtern. Aufgrund einer Änderung des Ratsbeschlusses von 1988 im Jahre 1999 und einer Änderung der Verfahrensordnung des Gerichtes erster Instanz können bestimmte Fälle ohne besondere Komplexität einem Einzelrichter zur Entscheidung übertragen werden. Ständige Generalanwälte gibt es beim EuG nicht. Von der Möglichkeit, in schwierigen Rechtssachen einen Richter mit der Funktion eines Generalanwaltes zu betrauen (s. Art. 2 Abs. 3 des Errichtungsbeschlusses), ist bislang wenig Gebrauch gemacht worden. Die Zuständigkeit des EuG bezieht

§ 8. Institutionen der Europäischen Gemeinschaften 123

sich auf die Klagen natürlicher und juristischer Personen (Nichtigkeits-, Untätigkeits- und Schadensersatzklagen sowie Streitigkeiten in Beamtensachen und Klagen aufgrund von Schiedsklauseln, siehe Art. 3 des Errichtungsbeschlusses). Rechtsmittel zum EuGH sind auf Rechtsfragen beschränkt. Dem EuGH selbst bleiben damit insbesondere Entscheidungen in Vertragsverletzungsverfahren, über Nichtigkeitsklagen von Mitgliedstaaten und Gemeinschaftsorganen sowie in Vorabentscheidungsverfahren vorbehalten.

Das *Vertragswerk von Nizza* erweitert in behutsamer Weise die Zuständigkeit des EuG (Art. 225 Abs. 1 EG i.d.F. von Nizza i.V.m. Art. 51 der Satzung des EuGH i.d.F. von Nizza). Künftig sollen in bestimmten Bereichen auch Vorabentscheidungen des EuG möglich sein (Art. 225 Abs. 3 EG i.d.F. von Nizza). Zur Entlastung soll der Rat dem EuG gerichtliche Kammern beiordnen können (Art. 225a EG i.d.F. von Nizza).

4. Die Rechtsprechung des EuGH als Integrationsfaktor

Der Gerichtshof hat in besonderer Weise als Integrationsfaktor **153** für die Gemeinschaft gewirkt. Sein Mandat zur „Wahrung des Rechts" hat der Gerichtshof immer wieder in besonders dynamischer Weise verstanden und dieses Verständnis in einer integrationsfreundlichen Auslegung der Verträge, zuweilen in kühner Rechtsfortbildung dokumentiert (*Beispiele:* Rechtsprechung zur unmittelbaren Anwendbarkeit des Gemeinschaftsrechts als eigenständiger Rechtsordnung mit unbedingtem Vorrang gegenüber nationalem Recht, Entwicklung allgemeiner Rechtsgrundsätze, Haftung der Mitgliedstaaten für Nichtumsetzung von Richtlinien, Haftung für Verstöße gegen Primärrecht). Diese dynamische Rechtsprechung ist insoweit problematisch, als sie an die Grenzen der auch in den einzelnen Mitgliedstaaten bekannten richterlichen Rechtsfortbildung gerät (siehe zur richterlichen Rechtsfortbildung im Gemeinschaftsrecht BVerfGE 75, 233 [241 ff.]; 89, 155 [188, 210]).

Literatur: Bericht der Reflexionsgruppe über die Zukunft des Gerichtssystems der Europäischen Gemeinschaften, Sonderbeilage zu NJW/EuZW 2000; *C.D. Classen,* Die Jurisdiktion des Gerichtshofs der Europäischen Gemeinschaften nach Amsterdam, EuR, Beiheft 1/1999, S. 73 ff.; *U. Everling,* Die Zukunft der europäischen Gerichtsbarkeit in einer erweiterten Europäischen Union, EuR 1997, S. 398 ff.; *H. Kirschner/K. Klüpfel,* Das Gericht erster Instanz der Europäischen Gemeinschaft, 2. Aufl. 1998; *Ch. Koenig/C. Sander,* Einführung in das EG-Prozeßrecht, 1997; *C. O. Lenz,* Die Gerichtsbarkeit in der Europäischen Gemeinschaft nach dem Vertrag von Nizza, EuGRZ 2001, S. 433 ff.; *G. C. Rodríguez Iglesias,* Der Gerichtshof der Europäischen Gemeinschaften als Verfassungsgericht, EuR 1992, S. 225 ff.; *T. Stein,* Richterrecht wie anderswo auch? – Der Gerichtshof der Europäischen Gemeinschaften als „Integrationsfaktor", in: Richterliche Rechtsfortbildung. Festschrift der Juristischen Fakultät zur 600-Jahrfeier der Universität Heidelberg, 1986, S. 649; *L. Violini,* Grundrechtsschutz durch den Gerichtshof der Europäischen Gemeinschaften und nationale Gerichte nach Amsterdam, EuR, Beiheft 1/1999, S. 117 ff.; *U. Wölker,* Grundrechtsschutz durch den Gerichtshof der Europäischen Gemeinschaften und nationale Gerichte nach Amsterdam, EuR, Beiheft 1/1999, S. 99 ff.

VI. Rechnungshof

154 Der Rechnungshof bildet das mit der externen Rechnungsprüfung betraute Organ der Gemeinschaften (Art. 246 ff. EG, Art. 160 a ff. EA, Art. 45 a ff. KS). Die fünfzehn Mitglieder des Rechnungshofes werden vom Rat nach Anhörung des Europäischen Parlamentes auf sechs Jahre ernannt (Art. 247 Abs. 1 und Abs. 3 EG, Art. 160 b Abs. 1 und Abs. 3 EA, Art. 45 b Abs. 1 und Abs. 3 KS). Sie üben ihre Tätigkeit in voller Unabhängigkeit aus (Art. 247 Abs. 4 EG, Art. 160 b Abs. 4 EA, Art. 45 b Abs. 4 KS). Aufgabe des Rechnungshofs ist es, die Rechtmäßigkeit und Ordnungsmäßigkeit von Einnahmen und Ausgaben sowie die Wirtschaftlichkeit der Haushaltsführung zu prüfen (Art. 248 Abs. 2 EG, Art. 160 c Abs. 2 EA, Art. 45 c Abs. 2 KS).

Literatur: *H. O. Ries,* Die Finanzkontrolle des Europäischen Rechnungshofs und Evaluation, DÖV 1992, S. 293 ff.

VII. Nebenorgane

1. Wirtschafts- und Sozialausschuß

155 Der Wirtschafts- und Sozialausschuß bildet ein Nebenorgan mit beratenden Funktionen, das sich aus 222 Vertretern des wirtschaft-

§ 8. Institutionen der Europäischen Gemeinschaften 125

lichen und sozialen Lebens zusammensetzt (Art. 7 Abs. 2, 257 ff. EG, Art. 3 Abs. 2, 165 ff. EA). Ernannt werden die Mitglieder des Ausschusses vom Rat. Die Stellungnahmen des Ausschusses zu Regelungsvorhaben bilden eine wichtige Brücke zwischen dem Rechtsetzungsprozeß auf Gemeinschaftsebene und den innerstaatlichen Interessengruppen.

2. Ausschuß der Regionen

Der Ausschuß der Regionen stärkt das regionale und lokale Element in der Europäischen Gemeinschaft (Art. 7 Abs. 2, 263 ff. EG). Er setzt sich aus 222 Vertretern der regionalen und lokalen Gebietskörperschaften zusammen, die vom Rat ernannt werden. Der Einfluß des Ausschusses der Regionen ist nicht nur wegen seines bloß beratenden Charakters beschränkt, sondern auch deshalb, weil die darin vertretenen regionalen Gebietskörperschaften ganz unterschiedliches Gewicht in den einzelnen Mitgliedstaaten haben. So lassen sich nur wenige regionale Körperschaften (wie die Regionen Belgiens oder die österreichischen Bundesländer) im Hinblick auf ihre staatsrechtliche Stellung und ihren nationalen Einfluß mit den deutschen Bundesländern vergleichen.

156

Auf die Bundesrepublik Deutschland und die anderen großen Mitgliedstaaten entfallen jeweils 24 Ausschußmitglieder. Die von der Bundesregierung vorzuschlagenden Mitglieder und deren Stellvertreter werden von den Bundesländern benannt. Dabei müssen die Länder sicherstellen, daß die Gemeinden und Gemeindeverbände mit drei Mitgliedern im Regionalausschuß vertreten sind (§ 14 des Gesetzes über die Zusammenarbeit von Bund und Ländern in Angelegenheiten der Europäischen Union).

Literatur: *C. Tomuschat* (Hrsg.), Mitsprache der dritten Ebene in der europäischen Integration: Der Ausschuß der Regionen, 1995.

VIII. Sonstige Institutionen

1. Europäische Investitionsbank

Die Europäische Investitionsbank (Art. 9, 266 f. EG) ist eine finanziell und organisatorisch selbständige Finanzinstitution, die über eine

157

eigene Rechtspersönlichkeit verfügt und ohne eigenen Erwerbszweck tätig ist. Ihre Aufgaben gelten insbesondere der finanziellen Förderung weniger entwickelter Gebiete sowie der Unterstützung von Modernisierungsprojekten und von Gemeinschaftsprojekten mehrerer Mitgliedstaaten durch die Gewährung von Darlehen und Bürgschaften. Die Tätigkeit der Europäischen Investitionsbank reicht über die Europäische Union hinaus und erfaßt auch die Förderung der wirtschaftlichen Entwicklung assoziierter Staaten und Drittstaaten. Insbesondere osteuropäische Länder werden in beachtlichem Maße durch die Gewährung von Krediten unterstützt. Mittlerweile ist die Europäische Investitionsbank zu einem der bedeutendsten internationalen Kreditgeber geworden und rangiert dabei sogar noch vor der Weltbank. Das Volumen der günstigen Kredite der Europäischen Investitionsbank beläuft sich auf etwa 26 Milliarden ECU (Stand: Frühjahr 1998). Dieser Betrag entspricht knapp einem Drittel des gesamten Haushalts der Gemeinschaft. Manche warnenden Stimmen sehen in diesem „Nebenhaushalt" der Europäischen Gemeinschaft eine Gefährdung für die Finanzdisziplin. Das Angebot sehr zinsgünstiger Kredite etwa für südeuropäische Mitgliedstaaten kann disziplinierende Marktmechanismen (Risikoprämien für Staatsanleihen) neutralisieren.

2. Weitere rechtlich verselbständigte Institutionen zur Erfüllung der Vertragsziele

158 Von besonderer Bedeutung unter den weiteren Organen und Institutionen ist die Europäische Zentralbank (s. § 24 IV.).

Die Versorgungsagentur der Europäischen Atomgemeinschaft findet ihre Grundlage unmittelbar im EAG-Vertrag (Art. 53 ff. EA). Eine Reihe weiterer rechtlich verselbständigter Einrichtungen hat der Rat durch Verordnung zur Erfüllung der Vertragsziele geschaffen. Auf der Grundlage von Art. 308 EG hat der Rat beispielsweise das Europäische Zentrum für die Förderung der Berufsbildung, die Europäische Stiftung zur Verbesserung der Lebens- und Arbeitsbedingungen, die Europäische Agentur für die Beurteilung von Arzneimitteln und das Europäische Harmonisierungsamt für den Bin-

§ 8. Institutionen der Europäischen Gemeinschaften 127

nenmarkt (Europäisches Markenamt) geschaffen. Beim Europäischen Markenamt registrierte Marken für Waren und Dienstleistungen genießen gemeinschaftsweiten Schutz (Gemeinschaftsmarken, Verordnung Nr. 40/94, ABl. 1994 Nr. L 11, S. 1). Die Europäische Umweltagentur findet ihre Grundlage in einer auf Art. 175 EG gestützten Verordnung (s. § 25). Inwieweit durch Sekundärrecht nachgeordnete Einrichtungen der Gemeinschaft errichtet werden können, ist umstritten. Höchst problematisch ist insbesondere der Rückgriff auf Art. 308 EG bei der Gründung von Einrichtungen, die mit hoheitlichen Befugnissen ausgestattet sind (wie etwa das Europäische Markenamt).

IX. Institutionelles Gleichgewicht

Das „institutionelle Gleichgewicht" bildet das gemeinschaftsrechtliche Gegenstück zum Grundsatz der Gewaltenteilung. Der EuGH hat Anhörungsrechte des Europäischen Parlamentes bei der Rechtsetzung als wesentliche Elemente des „vom Vertrag gewollten institutionellen Gleichgewichtes" sowie als Widerspiegelung eines „grundlegenden demokratischen Prinzips" bezeichnet. Dieses Mitwirkungsrecht stelle deshalb eine „wesentliche Formvorschrift dar, deren Mißachtung die Nichtigkeit der betroffenen Handlung zur Folge hat" (EuGH, Rs. 138/79, Slg. 1980, 3333 Rn. 33 – *Roquette*). Auf den Gedanken des institutionellen Gleichgewichtes hat der EuGH auch die Erweiterung der Klagebefugnis des Europäischen Parlamentes bei der Nichtigkeitsklage im Fall der Verletzung eigener Rechte gestützt (EuGH, Rs. C-70/88, Slg. 1990, I-2041 Rn. 21 ff. – *Tschernobyl*):

159

„Die Verträge haben ... ein System der Zuständigkeitsverteilung zwischen den verschiedenen Organen der Gemeinschaft geschaffen, das jedem Organ seinen eigenen Auftrag innerhalb des institutionellen Gefüges der Gemeinschaft und bei der Erfüllung der dieser übertragenen Aufgaben zuweist.
Die Wahrung des institutionellen Gleichgewichts gebietet es, daß jedes Organ seine Befugnisse unter Beachtung der Befugnisse der anderen Organe ausübt. Sie verlangt auch, daß eventuelle Verstöße gegen diesen Grundsatz geahndet werden können.

Dem Gerichtshof obliegt es nach den Verträgen, über die Wahrung des Rechts bei deren Auslegung und Anwendung zu wachen. Er muß daher in der Lage sein, die Aufrechterhaltung des institutionellen Gleichgewichts und folglich die richterliche Kontrolle der Beachtung der Befugnisse des Parlaments, wenn dieses ihn zu diesem Zweck anruft, durch einen Rechtsbehelf sicherzustellen, der ihm die Erfüllung seiner Aufgabe ermöglicht ...."

Mittlerweile ist die Klagebefugnis des Europäischen Parlaments ausdrücklich im EG-Vertrag anerkannt (Art. 230 EG). Das Europäische Parlament kann sich bei der Nichtigkeitsklage dann nicht mit Erfolg auf eine Mißachtung seines Anhörungsrechtes berufen, wenn das Parlament trotz Dringlichkeit die Behandlung eines Vorschlages in einer Weise dilatorisch behandelt, daß damit die Pflicht zur redlichen Zusammenarbeit unter den Gemeinschaftsorganen verletzt wird, und der Rat wegen dieser Verzögerung den streitigen Rechtsakt erlassen hat, ohne die parlamentarische Stellungnahme abzuwarten (EuGH, Rs. C-65/93, Slg. 1995, I-643 Rn. 23 ff.).

§ 9. Rechtsquellen des Gemeinschaftsrechts

I. Überblick

Normenhierarchie im Gemeinschaftsrecht

- **Primäres Gemeinschaftsrecht**
  - Gründungsverträge (EGV, EAGV, EGKSV)
  - Protokolle zu den Verträgen
  - Allgemeine Rechtsgrundsätze des Gemeinschaftsrechts

  - **Völkerrechtliche Abkommen der Gemeinschaften**
  - **Regeln des allgemeinen Völkerrechts**
    - (Gewohnheitsrecht, allgemeine Rechtsgrundsätze des Völkerrechts)

- **Sekundäres Gemeinschaftsrecht**
  - Verordnungen
    - „Grundverordnungen" (Rat)
    - Durchführungsverordnungen (Kommission)
  - Richtlinien
  - Entscheidungen
  - [– Empfehlungen und Stellungnahmen]

Im Gemeinschaftsrecht existiert ein ähnlicher Stufenbau der Rechtsnormen wie im innerstaatlichen Recht. An der Spitze der Normenhierarchie steht das „primäre" Gemeinschaftsrecht, das die Gründungsverträge und Rechtsquellen gleichen Ranges umfaßt. Die Verträge bilden die Grundlage des von den Gemeinschaftsorganen erlassenen „sekundären" Gemeinschaftsrechts. Bestandteil des Gemeinschaftsrechts sind auch die von den Gemeinschaften abgeschlossenen völkerrechtlichen Verträge mit Staaten und anderen internationalen Organisationen (s. § 28 II). Die völkerrechtlichen Abkommen binden die Gemeinschaftsorgane (Art. 300 Abs. 7 EG).

160

Sie stehen im Range zwischen dem primären Gemeinschaftsrecht und dem sekundären Gemeinschaftsrecht. Auch die Regeln des allgemeinen Völkerrechts (Gewohnheitsrecht und allgemeine Rechtsgrundsätze) wirken in das Gemeinschaftsrecht hinein. Sie finden jedoch nur insoweit Geltung, als sie nicht von den Regeln der Gemeinschaftsverträge verdrängt werden.

Die Regelungen des Gemeinschaftsrechts unterscheiden sich auch nach ihren Adressaten. Die Gemeinschaftsverträge richten sich zunächst an die Mitgliedstaaten und die Organe der Gemeinschaften selbst. Vielfach begründen sie aber auch unmittelbar, d. h. ohne weiteren Umsetzungsakt, Rechte und Pflichten für den Einzelnen (unmittelbare Anwendbarkeit). Die Rechtsakte der Gemeinschaftsorgane richten sich teilweise nur an die Mitgliedstaaten, teilweise entfalten sie aber auch unmittelbare Wirkungen für den Einzelnen.

Zusammen mit den politischen Zielsetzungen der Gemeinschaften bildet der vorhandene Bestand des Gemeinschaftsrechts den sogenannten *„acquis communautaire"* (gemeinschaftlicher Besitzstand), dessen Übernahme eine Grundvoraussetzung für den Beitritt neuer Mitgliedstaaten ist. Mögliche Anpassungen des bestehenden Gemeinschaftsrechts im Hinblick auf die Aufnahme neuer Staaten werden durch ein Abkommen zwischen den Mitgliedstaaten und dem beitretenden Staat geregelt (s. Art. 49 Abs. 2 EU).

II. Primäres Gemeinschaftsrecht

161 In der Rechtsordnung der Gemeinschaften nimmt das Primärrecht die oberste Rangstufe ein. Das primäre Gemeinschaftsrecht wird in erster Linie von den Gründungsverträgen (mit ihren Protokollen und Anhängen) gebildet, erfaßt aber auch ungeschriebene Regeln (die allgemeinen Rechtsgrundsätze des Gemeinschaftsrechts).

1. Die Gemeinschaftsverträge und ihre zugehörigen Bestandteile als Grundordnung der Gemeinschaften

162 Die Gemeinschaftsverträge bilden die Grundordnung der Gemeinschaften. Deswegen werden sie gerne als eine Art „Verfassung" der Gemeinschaftsrechtsordnung charakterisiert. Der EuGH hat den EG-Vertrag als „Verfassungsurkunde einer Rechtsgemeinschaft" (EuGH, Gutachten 1/91, Slg. 1991, I-6079 Rn. 21 – *erstes EWR-Gutachten*) bezeichnet. Als Vertragsbestandteil gelten die Protokolle zu den Verträgen (s. Art. 311 EG, Art. 207 EA).

a) Tragende Strukturprinzipien

Der EuGH hat einzelne Strukturprinzipien des EG-Vertrages wegen ihrer grundlegenden Bedeutung für die Gemeinschaftsordnung herausgearbeitet. Solchen tragenden Grundsätzen attestiert der EuGH besondere Resistenz gegen eine Aushöhlung. Zu den zentralen Strukturprinzipien rechnet der EuGH insbesondere eine autonome, von externen Einflüssen freie Rechtsprechung, wie er sie in Art. 220 EG gewährleistet sieht (EuGH, Gutachten 1/91, Slg. 1991, I-6079 Rn. 35 ff. – *erstes EWR-Gutachten*). **163**

b) Vertragsänderungen

Die Vertragsänderungen sind in Art. 48 EU geregelt. Voraussetzung hierfür ist die Ratifikation durch alle Mitgliedstaaten. Besonderheiten gelten für die „kleine" Vertragsänderung (Vertragsrevision) nach Art. 95 Abs. 3 und Abs. 4 KS. Hier können die Gemeinschaftsorgane selbst in engen Grenzen eine Vertragsänderung im Hinblick auf die Kompetenzen der Kommission vornehmen. Eine solche Vertragsanpassung steht unter dem Vorbehalt, daß sie bestimmte grundlegende Bestimmungen des Vertrages sowie „das Verhältnis zwischen den der Kommission und den den einzelnen Organen der Gemeinschaft zugewiesenen Befugnissen" nicht beeinträchtigt (Art. 95 Abs. 3, 2. Halbsatz KS). „Autonome" (d.h. auf der Grundlage des Vertrages ohne schwerfällige Vertragsänderungsverfahren vorgenommene) Modifikationen von einzelnen Vertragsbestimmungen sehen die Verträge auch bei der Zusammensetzung der Gemeinschaftsorgane vor (s. Art. 221 Abs. 4, 222 Abs. 3 EG). Hierher gehört auch der Erlaß von Bestimmungen zur Konkretisierung der Konvergenzkriterien durch den Rat; die Vorschriften treten an die Stelle des Maastrichter Protokolls zu den Konvergenzkriterien (Art. 6 des Protokolls). **164**

Im übrigen können vertragliche Bestimmungen nur über eine ausdrückliche Vertragsänderung gemäß Art. 48 EU modifiziert werden.

165 Allenfalls in eng begrenzten Ausnahmefällen kommt eine Änderung des Vertragsrechtes durch eine allgemein anerkannte abweichende Praxis der mit der Normanwendung betrauten Gemeinschaftsorgane, die sich zu *Gewohnheitsrecht* verfestigt hat, in Betracht. Dabei kann es nur um eine Praxis gehen, die sich noch in der Nähe vertretbarer Konkretisierungen einer Vertragsbestimmung bewegt und nur kleine Gewichtsverschiebungen unter den Mitgliedstaaten oder unter den Gemeinschaftsorganen bewirkt (*Beispiel:* Vertretung der Bundesrepublik Deutschland im Rat durch Staatssekretäre). Formelkompromisse wie die „Luxemburger Vereinbarung" oder Konsensbekundungen wie der „Kompromiß von Ioannina" sind nicht geeignet, vertraglich geltende Mehrheitsregeln bei der Beschlußfassung aufzuheben.

166 Völkerrechtliche Verträge der Gemeinschaften dürfen elementare Strukturprinzipien der Gemeinschaften oder die Ausübung wesentlicher Funktionen der Gemeinschaftsorgane auch nicht mittelbar aushöhlen oder stören, selbst wenn sie den Vertragstext formal unberührt lassen. In diesem Sinne hat der Gerichtshof entschieden, daß ein Assoziationsvertrag (Vertrag mit EFTA-Staaten über den Europäischen Wirtschaftsraum) keine „gemischte" Gerichtsbarkeit (mit Richtern des EuGH und Richtern aus assoziierten EFTA-Staaten) schaffen dürfe, die durch ihre Spruchpraxis zu dem neuen Vertrag auf die Rechtsprechung des Gerichtshofs Einfluß nehmen könne. Wegen der weitgehenden Anlehnung des EWR-Vertrages an die Prinzipien des EG-Vertrages befürchtete der EuGH einen aus der Sicht des Gemeinschaftsrechts suspekten Einfluß des vorgesehenen „gemischten" Gerichtes auf seine eigene Auslegung des Gemeinschaftsrechts. Eine solche Präjudizierung seiner Rechtsprechung durch einen neuen Spruchkörper außerhalb des Gemeinschaftssystems hat der EuGH als Beeinträchtigung von Art. 220 EG und noch allgemeiner als Eingriff in die „Grundlagen der Gemeinschaftsrechts" angesehen (EuGH, Gutachten I/91, Slg. 1991, I-6079, Rn. 46, 71 – *erstes EWR-Gutachten*). Darüber hinaus wollte

§ 9. Rechtsquellen des Gemeinschaftsrechts

der Gerichtshof eine derartige Einflußnahme auf das Gerichtssystem des EG-Vertrages nicht einmal bei einer ausdrücklichen Änderung von Art. 310 EG zulassen:

„Artikel 238 [Art. 310 EG n. F.] bietet jedoch keine Grundlage für die Errichtung eines Gerichtssystems, das Artikel 164 E[W]G-Vertrag [Art. 220 EG n. F.] und noch allgemeiner die Grundlagen der Gemeinschaft selbst beeinträchtigt.

Aus denselben Gründen könnte eine Änderung dieser Bestimmung in dem von der Kommission angesprochenen Sinne die Unvereinbarkeit des Gerichtssystems des Abkommens mit dem Gemeinschaftsrecht nicht beseitigen" (aaO, Rn. 71 f.).

Hierin liegt der Ansatz zu einem Stufenbau von Vorschriften der Gemeinschaftsverträge (elementare und weniger elementare Vorschriften und Grundsätze). Umstritten ist, inwieweit die Mitgliedstaaten im Wege der Vertragsänderung auf Vertragsinhalte zugreifen können, die zu den „Grundlagen der Gemeinschaft selbst" im Sinne der Rechtsprechung des EuGH gehören (etwa die Existenz und wesentliche Kompetenzen des Europäischen Parlaments oder des Gerichtshofes).

Nach Ansicht des EuGH kann ein Beitritt der Europäischen Gemeinschaft zur EMRK wegen der massiven Auswirkungen auf das Rechtsschutzsystem der Gemeinschaft nur im Rahmen einer Vertragsänderung erfolgen (EuGH, Gutachten 2/94, Slg. 1996, I-1759 Rn. 34):

„Zwar ist die Wahrung der Menschenrechte eine Voraussetzung für die Rechtmäßigkeit der Handlungen der Gemeinschaft, doch hätte der Beitritt zur Konvention eine wesentliche Änderung des gegenwärtigen Gemeinschaftssystems des Schutzes der Menschenrechte zur Folge, da er die Einbindung der Gemeinschaft in ein völkerrechtliches, andersartiges institutionelles System und die Übernahme sämtlicher Bestimmungen der Konvention in die Gemeinschaftsrechtsordnung mit sich brächte."

c) Unmittelbare Anwendbarkeit von Vertragsbestimmungen

167 Die unmittelbare Anwendbarkeit von Vertragsvorschriften bezieht sich auf deren Rechtswirkung im innerstaatlichen Recht. Bestimmungen, die unmittelbar anwendbar sind, äußern Rechtswirkungen für Einzelne (Rechte und Pflichten) und für innerstaatliche

134 2. Teil. Die Europ. Gemeinschaften als Herz der Europ. Union

Organe (Behörden und Gerichte), ohne daß es hierfür noch eines besonderen gesetzlichen Umsetzungsaktes bedarf. Unmittelbar anwendbare Bestimmungen können auch bestehenden Gesetzen und sonstigen nationalen Rechtsakten entgegengehalten werden. Unmittelbar anwendbar sind solche Vertragsbestimmungen, die unbedingt sind und die aufgrund ihrer inhaltlichen Bestimmtheit keiner weiteren Umsetzung bedürfen (also „rechtlich vollkommen" sind). Der EuGH hat einer Reihe von Vertragsvorschriften in diesem Sinne unmittelbare Anwendbarkeit zugesprochen.

Grundlegend ist die Entscheidung des EuGH im Falle *van Gend & Loos* (EuGH, Rs. 26/62, Slg. 1963, 1) zur unmittelbaren Anwendbarkeit von Art. 25 EG. Diese Vorschrift verbietet es den Mitgliedstaaten, neue Ein- und Ausfuhrzölle einzuführen oder (in der Übergangszeit bis zur völligen Beseitigung von Binnenzöllen) bestehende zu erhöhen. Hier wandte sich eine Transportfirma in den Niederlanden dagegen, daß eine aus Deutschland eingeführte Ware nach Inkrafttreten des EG-Vertrages mit einem erhöhten Einfuhrzoll belegt wurde. Auf Vorlage des angerufenen niederländischen Gerichtes betonte der EuGH, daß die Rechtsordnung der Gemeinschaft darauf angelegt sei, zur Verwirklichung des gemeinsamen Marktes den Einzelnen sowohl Rechte wie auch Pflichten zu verschaffen. Von der Gesetzgebung der Mitgliedstaaten unabhängige Rechte des Einzelnen seien dann anzunehmen, wenn der Vertrag eine inhaltlich völlig klare und unbedingte Regelung enthalte und so die Mitgliedstaaten zu einem ganz bestimmten Verhalten verpflichte. Dann komme es nicht mehr auf die Umsetzung durch den nationalen Gesetzgeber an:

„Das von der Gesetzgebung der Mitgliedstaaten unabhängige Gemeinschaftsrecht soll daher den Einzelnen, ebenso wie es ihnen Pflichten auferlegt, auch Rechte verleihen. Solche Rechte entstehen nicht nur, wenn der Vertrag dies ausdrücklich bestimmt, sondern auch auf Grund von eindeutigen Verpflichtungen, die der Vertrag den Einzelnen wie auch den Mitgliedstaaten und den Organen der Gemeinschaft auferlegt. Der Wortlaut von Artikel 12 [Art. 25 EG n. F.] enthält ein klares und uneingeschränktes Verbot, eine Verpflichtung nicht zu einem Tun, sondern zu einem Unterlassen. Diese Verpflichtung ist im übrigen auch durch keinen Vorbehalt der Staaten eingeschränkt, der ihre Erfüllung von einem internen Rechtsetzungsakt abhängig machen würde. Das Verbot des Artikels 12 [Art. 25 EG n. F.] eignet sich seinem Wesen nach vorzüglich dazu, unmittelbare Wirkungen in den Rechtsbeziehungen zwischen den Mitgliedstaaten und dem ihrem Recht unterworfenen Einzelnen zu erzeugen" (aaO, S. 25 ff.).

168 Im Bereich der Marktfreiheiten (Gewährleistung des freien Verkehrs von Waren, Personen, Dienstleistungen und Kapital) hat der EuGH immer wieder betont, daß einzelne Vertragsbestimmungen

§ 9. Rechtsquellen des Gemeinschaftsrechts 135

den Einzelnen unmittelbar wirkende Rechtspositionen verleihen, die sie gerichtlich geltend machen können und die innerstaatliche Gerichte zu wahren haben (s. zur Freizügigkeit der Arbeitnehmer, EuGH, Rs. 41/74, Slg. 1974, 1337 [1347] – *van Duyn*).

Im Bereich der Erhebung von Abgaben hat der EuGH dem Diskriminierungsverbot des Art. 90 Abs. 1 EG klare Verpflichtungen entnommen, die den Mitgliedstaaten kein Ermessen belassen und deshalb unmittelbar anwendbar sind (so zur Unzulässigkeit der Erhebung von Umsatzausgleichsteuer bei der Einführung von Waren aus anderen Mitgliedstaaten EuGH, Rs. 57/65, Slg. 1966, 257 [266 f.] – *Lütticke*). Auch dem Gebot der Lohngleichheit für Männer und Frauen in Art. 119 EG (Art. 141 EG n. F.) hat der EuGH unmittelbare Geltung beigemessen (EuGH, Rs. 43/75, Slg. 1976, 455 – *Defrenne II*); in diesem Fall ging es um das vertraglich geforderte Ausscheiden von Stewardessen aus dem Dienst der staatlichen Fluggesellschaft Sabena mit dem Erreichen des 40. Lebensjahres.

Literatur: *M. Heintzen*, Hierarchisierungsprozesse innerhalb des Primärrechts der Europäischen Gemeinschaft, EuR 1994, S. 35 ff.; *M. Herdegen*, Vertragliche Eingriffe in das „Verfassungssystem" der Europäischen Union, in: Festschrift für Ulrich Everling, Bd. I, 1995, S. 447 ff.; *G. C. Rodriguez Iglesias*, Zur „Verfassung" der Europäischen Gemeinschaft, EuGRZ 1996, S. 125 ff.

2. Allgemeine Rechtsgrundsätze des Gemeinschaftsrechts

Die Gemeinschaftsverträge bilden in einzelnen Bereichen eine unvollkommene Ordnung, die nach einer Ergänzung verlangt. Eine wesentliche Lücke besteht insbesondere bei materiellen Schranken für die Ausübung von Gemeinschaftsgewalt. Die Gemeinschaftsverträge enthalten bis heute noch keinen Grundrechtskatalog. Auch in anderen Bereichen verlangt die vertragliche Gemeinschaftsordnung nach einer Ergänzung durch ungeschriebene Regeln. Zur Ergänzung dieser Lücken hat der EuGH die allgemeinen Rechtsgrundsätze des Gemeinschaftsrechts entwickelt. Der vertragliche Ansatz für solche ungeschriebenen Rechtsgrundsätze findet sich an entlegener Stelle im Zusammenhang mit der Haftung der Gemeinschaften für die durch ihre Organe oder Bediensteten verursachten Schäden: Nach Art. 288 Abs. 2 EG, Art. 188 Abs. 2 EA richtet sich die außervertragliche Haftung der Gemeinschaften „nach den allgemeinen Rechtsgrundsätzen, die den Rechtsordnungen der Mitgliedstaaten gemeinsam sind". Bezugspunkt für die Gewinnung die-

169

ser allgemeinen Rechtsgrundsätze sind die Rechtsordnungen der Mitgliedstaaten, aus denen im Wege einer an den Besonderheiten des Gemeinschaftsrechts orientierten (und in diesem Sinne selektiven oder „wertenden") Rechtsvergleichung ein Grundbestand übereinstimmender Prinzipien herausgefiltert werden (s. Generalanwalt *Roemer,* Schlußanträge in der Rechtssache Rs. 29/69, Slg. 1969, 419 [428] – *Stauder*).

Die allgemeinen Rechtsgrundsätze gelten weithin in Ergänzung vertraglicher Regeln als Teil des primären Gemeinschaftsrechts. Dies gilt insbesondere für Grundsätze zum Schutz des Einzelnen gegenüber der Gemeinschaftsgewalt und die außervertragliche Haftung der Gemeinschaften. Auf der Ebene des sekundären Gemeinschaftsrechts sind dagegen allgemeine Rechtsgrundsätze angesiedelt, die im Dienstrecht der Gemeinschaften oder im Verwaltungsverfahrensrecht spezielle Anwendung finden.

170 Von herausragender Bedeutung ist die Entwicklung allgemeiner Rechtsgrundsätze im Dienste eines gemeinschaftlichen Grundrechtsstandards durch die Rechtsprechung des EuGH. Hierin liegt ein herausragender Beitrag des EuGH zur Vervollkommnung des Gemeinschaftssystems als einer Rechtsgemeinschaft auf der Grundlage europäischer Verfassungstraditionen. Grundlage für die Schaffung eines ungeschriebenen Grundrechtsstandards durch den EuGH bildet der Rückgriff auf die gemeinsame Verfassungsüberlieferung der Mitgliedstaaten und die Gewährleistungen der EMRK. (st. Rspr: EuGH, Rs. 11/70, Slg. 1970, 1125 Rn. 4 – *Internationale Handelsgesellschaft;* Rs. 4/73, Slg. 1974, 491 Rn. 13 – *Nold;* Rs. 44/79, Slg. 1979, 3727 Rn. 15 ff. – *Hauer*). Der Unionsvertrag „ratifiziert" die Rechtsprechung des EuGH zu einem gemeinschaftlichen Standard der Grundrechte in Art. 6 Abs. 2 EU:

> „Die Union achtet die Grundrechte, wie sie in der am 4. November 1950 in Rom unterzeichneten Europäischen Konvention zum Schutze der Menschenrechte und Grundfreiheiten gewährleistet sind und wie sie sich aus den gemeinsamen Verfassungsüberlieferungen der Mitgliedstaaten als allgemeine Grundsätze des Gemeinschaftsrechts ergeben."
>
> Grundlegend zum *Eigentumsschutz* ist das Urteil im Falle *Hauer* (Rs. 44/79, Slg. 1979, 3727). Hier ging es um ein allgemeines Verbot der Neuanpflanzung von Weinreben durch eine EG-Verordnung, mit welcher der Rat einer an-

§ 9. Rechtsquellen des Gemeinschaftsrechts

haltenden Überproduktion von Wein entgegenwirken wollte. Der EuGH betonte hier die Geltung der Grundrechte als allgemeine Rechtsgrundsätze. Die Gewährleistung des Eigentumsrechtes sieht der EuGH in der Gemeinschaftsordnung „gemäß den gemeinsamen Verfassungskonzeptionen der Mitgliedstaaten gewährleistet, die sich auch im Zusatzprotokoll zur Europäischen Menschenrechtskonvention widerspiegeln" (Rn. 17). Zugleich betont der EuGH die Schranken des Eigentums gemäß Art. 1 Abs. 2 des ersten Zusatzprotokolls zur EMRK sowie die Eingriffsmöglichkeiten im Dienste der sozialen Funktion des Eigentums nach den Verfassungsbestimmungen mehrerer Mitgliedstaaten (Rn. 19 ff.). Die Beschränkungen des Eigentumsrechts im Rahmen einer gemeinsamen Marktorganisation aus strukturpolitischen Gründen überprüfte der EuGH dann daraufhin, „ob sie nicht einen im Hinblick auf den verfolgten Zweck unverhältnismäßigen, nicht tragbaren Eingriff in die Vorrechte des Eigentümers darstellen, der das Eigentumsrecht in seinem Wesensgehalt antastet" (Rn. 23). Im Ergebnis hielt der EuGH das Neuanpflanzungsverbot wegen seines vorübergehenden Charakters und der bestehenden Überschüsse für gerechtfertigt.

Andere geschützte Grundrechte bilden etwa die Berufsfreiheit (EuGH, Rs. 44/79, Slg. 1979, 3727 Rn. 32 – *Hauer*), die Unverletzlichkeit der Wohnung mit Ausnahme der Geschäftsräume zum Schutz vor Durchsuchungen im kartellrechtlichen Ermittlungsverfahren (EuGH, verb. Rs. 46/87 u. 227/88, Slg. 1989, 2859 Rn. 17 ff. – *Hoechst*) und das Recht auf rechtliches Gehör (EuGH, Rs. 136/79, Slg. 1980, 2058 Rn. 21 – *Panasonic*). In der Untersuchung eines Beamtenbewerbers auf bestimmte gesundheitliche Risiken gegen dessen Willen – verdeckter Aids-Test bei Einstellungsuntersuchung – sah der EuGH eine Verletzung des Rechtes auf Achtung des Privatlebens und nahm dabei auf Art. 8 EMRK Bezug (EuGH, Rs. C-404/92 P, *X ./. Kommission*, Slg. 1994, II-4737 Rn. 17 ff.).

171 Das allgemeine *Willkürverbot* hat der EuGH aus einer Zusammenschau von Art. 12, 34 Abs. 2 UAbs. 2, 141 EG abgeleitet (EuGH, Rs. 125/77, Slg. 1978, 1991 Rn. 23 ff. – *Koninklijke Scholten-Honig*). Die Rechtslehre geht hier überwiegend von einem allgemeinen Rechtsgrundsatz aus. Daneben hat der EuGH ein Recht auf einen fairen Prozeß, insbesondere auf ein Verfahren innerhalb einer angemessenen Frist unter Rückgriff auf Art. 6 Abs. 1 EMRK anerkannt; zu einem kartellrechtlichen Bußgeldverfahren vor dem EuGH von fünfjähriger Dauer EuGH, Rs. C-185/95 P, Slg. 1998, I-8417 Rn. 26 ff. – *Baustahlgewebe GmbH*).

172 Eine große Rolle spielt in der Rechtsprechung der Grundsatz der *Verhältnismäßigkeit*. Dieser Grundsatz verlangt neben der Eignung und Erforderlichkeit einer belastenden Maßnahme im Lichte des angestrebten Zieles, daß die Bedeutung des Zweckes die

Schwere des Eingriffes als angemessen erscheinen läßt (EuGH, Rs. 44/79, Slg. 1979, 3727 Rn. 23 – *Hauer;* EuGH, Rs. 122/78, Slg. 1979, 677 Rn. 16-18 – *Buitoni;* EuGH, Rs. 181/84, Slg. 1985, 2889 Rn. 20 – *Man;* zum Verhältnismäßigkeitsgrundsatz bei Maßnahmen der Risikovorsorge gegen BSE unter Ungewißheitsbedingungen EuGH, Rs. 180/96, Slg. 1998, I-2265 – *BSE*). Der Grundsatz der Verhältnismäßigkeit ist mittlerweile auch im Verhältnis zwischen Gemeinschaften und Mitgliedstaaten in Art. 5 Abs. 3 EG ausdrücklich festgeschrieben. Das Verbot von unverhältnismäßigen Eingriffen in die Rechtssphäre greift auch dort, wo ein spezielles Grundrecht nicht anerkannt ist (EuGH, verb. Rs. 46/87 und 227/88, Slg. 1989, 2859 Rn. 19, 35 – *Hoechst*).

Über den Grundrechtsschutz im Rahmen allgemeiner Rechtsgrundsätze hinaus spielt das Verhältnismäßigkeitsprinzip eine wichtige Rolle bei der Prüfung von Beschränkungen der Marktfreiheiten durch nationale Maßnahmen.

173 Weiterhin anerkennt die Rechtsprechung die Prinzipien des *Vertrauensschutzes* und der *Rechtssicherheit*. Der EuGH hat betont,

„daß die Grundsätze des Vertrauensschutzes und der Rechtssicherheit Bestandteil der Rechtsordnung der Gemeinschaft sind. Daher kann es nicht als dieser Rechtsordnung widersprechend angesehen werden, wenn nationales Recht in einem Bereich wie dem der Rückforderung von zu Unrecht gezahlten Gemeinschaftsbeihilfen berechtigtes Vertrauen in die Rechtssicherheit schützt. Eine Untersuchung der nationalen Regelungen der Mitgliedstaaten über die Rücknahme von Verwaltungsakten und die Rückforderung von zu Unrecht gewährten öffentlichen Geldleistungen zeigt im übrigen, daß das Bestreben, in der einen oder anderen Form ein Gleichgewicht zwischen dem Grundsatz der Rechtmäßigkeit der Verwaltung einerseits sowie dem Grundsatz der Rechtssicherheit und des Vertrauensschutzes andererseits herzustellen, den Rechtsordnungen der Mitgliedstaaten gemeinsam ist" (EuGH, Rs. 205–215/82, Slg. 1983, 2633 Rn. 30 – *Deutsche Milchkontor*).

Zuweilen scheint ein überschießender Regelungsimpetus die Sensibilität der Gemeinschaftsorgane für grundrechtliche Standards außer Kraft zu setzen. Dies zeigt die EG-Verordnung Nr. 2560/2001 über grenzüberschreitende Zahlungen in Euro (ABl. 2001 Nr. L 344, S. 13 ff.). Danach dürfen die Gebühren für grenzüberschreitende Überweisungen u.a. die (von Land zu Land und von Bank zu Bank unterschiedlichen) Inlandsgebühren nicht überschreiten. Die Verordnung setzt sich über die unterschiedlichen Kostenstrukturen bei Inlands- und Auslandstransaktionen hinweg und dürfte jedenfalls vorübergehend manche Kreditinstitute zu nicht kostendeckenden Gebühren zwingen (unverhält-

§ 9. Rechtsquellen des Gemeinschaftsrechts

nismäßiger und gleichheitswidriger Eingriff in die Berufsfreiheit und Verstoß gegen das Diskriminierungsverbot). Hier handelt es sich um eine bislang beispiellose Beschränkung der unternehmerischen Preisgestaltungsfreiheit und um einen schweren ordnungspolitischen Mißgriff.

Für das Bundesverfassungsgericht ist der vom EuGH entwickelte **174** Grundrechtsschutz von ausschlaggebender Bedeutung für die mögliche Überprüfung von sekundärem Gemeinschaftsrecht am Maßstab der deutschen Grundrechte. Im Zusammenhang mit einer Analyse der Rechtsprechung des EuGH attestiert das Bundesverfassungsgericht dem gemeinschaftsrechtlichen Grundrechtsschutz ein Maß, das „nach Konzeption, Inhalt und Wirkungsweise dem Grundrechtsstandard des Grundgesetzes im wesentlichen gleichzuachten ist" (BVerfGE 73, 339 [378]). Darauf hat das Bundesverfassungsgericht eine wichtige Einschränkung seiner Überprüfung von sekundärem Gemeinschaftsrecht gestützt: Solange die Gewährleistung angemessenen Grundrechtsschutzes auf Gemeinschaftsebene anhalte, sei eine Anrufung des Bundesverfassungsgerichtes wegen einer Verletzung deutscher Grundrechte durch Rechtsakte des Gemeinschaftsrechtes unzulässig (aaO, 387).

Literatur: *U. Bernitz/J. Nergelius* (Hrsg.), General Principles of European Community Law, 2000; *H.-J. Blanke,* Vertrauensschutz im deutschen und europäischen Verwaltungsrecht, 1999; *K.-D. Borchardt,* Der Grundsatz des Vertrauensschutzes im Europäischen Gemeinschaftsrecht, 1988; *J. Coppel/ A. O'Neill,* The European Court of Justice: Taking rights seriously?, CLMRev. 29 (1992), S. 669 ff.; *C. O. Lenz,* Der europäische Grundrechtsstandard in der Rechtsprechung des EuGH, EuGRZ 1993, S. 585 ff.; *H.-W. Rengeling,* Grundrechtsschutz in der Europäischen Gemeinschaft, 1993; *H.-W. Rengeling/A. Mideke/M. Gellermann,* Rechtsschutz in der Europäischen Union, 1994; *J.H.H. Weiler/N.J.S. Lockart,* „Taking Rights Seriously": The European Court and its fundamental rights jurisprudence, CMLRev. 32 (1995), S. 51 ff., 579 ff.

3. Charta der Grundrechte der Europäischen Union

Auf dem EU-Gipfel von Nizza haben der Rat der Europäischen **174 a** Union sowie die Präsidenten des Europäischen Parlaments und der Europäischen Kommission am 7. Dezember 2000 feierlich die Charta der Grundrechte der Europäischen Union (abgedruckt in: EuGRZ 2000, S. 554) verkündet. Entworfen hat die Grundrechtscharta eine Arbeitsgruppe („Konvent") unter dem Vorsitz des früheren Bundespräsidenten *Herzog*. Dieser „Konvent" setzte sich aus 15 Beauftragten der Staats- und Regierungschefs, 16 Mitgliedern des Europäischen Parlaments, 30 von den nationalen Parlamenten entsandten Mitgliedern und einem Mitglied der Europäischen Kommission zusammen; außerdem waren je zwei Beobachter des EuGH und des Europarates (darunter ein Mitglied des EGMR) beteiligt. Auf den Katalog der Grundrechte hat offenkundig die Europäische Menschenrechtskonvention stark als Inspirationsquelle eingewirkt (siehe Art. 52 Abs. 3). Daneben sind Einflüsse der nationalen Verfassungsüberlieferungen (und hier namentlich des deutschen Grundgesetzes) erkennbar. Die Charta gilt für Organe und Einrichtungen der Union sowie für den Vollzug des EU-Rechts durch die Mitgliedstaaten (Art. 51 Abs. 1). Neue Zuständigkeiten für die Europäische Gemeinschaft und die Europäische Union soll die Charta nicht begründen (Art. 51 Abs. 2).

Im ersten Kapitel der Charta (Würde des Menschen) bekennt sich die Europäische Union zu der Würde des Menschen (Art. 1), dem Recht auf Leben (Art. 2), dem Recht auf Unversehrtheit (Art. 3), dem Verbot der Folter und unmenschlicher oder erniedrigender Strafe oder Behandlung (Art. 4) und dem Verbot der Sklaverei und der Zwangsarbeit.

Das Verbot, den menschlichen Körper oder Teile davon als solche zur Erzielung von Gewinnen zu nutzen (Art. 3 Abs. 2, 3. Spiegelstrich) verlangt nach einer engen Auslegung (namentlich bei Patenten auf DNA-Sequenzen). Sonst könnten sich hieraus leicht Innovationshemmnisse für den pharmazeutischen und medizinischen Fortschritt sowie Konflikte mit dem WTO-Recht (TRIPS-Abkommen) ergeben. Verboten ist weiter das reproduktive Klonen von Menschen (Art. 3 Abs. 2, 4. Spiegelstrich).

Die Freiheiten des zweiten Kapitels umfassen das Recht auf Freiheit und Sicherheit (Art. 6), die Achtung des privaten Familienlebens (Art. 7), den Schutz personenbezogener Daten (Art. 8), das Recht, eine Ehe einzugehen und eine Familie zu gründen (Art. 9), die Gedanken-, Gewissens- und Religionsfreiheit (Art. 10), die Freiheit der Meinungsäußerung und Informationsfreiheit (Art. 11), die Versammlungs- und Vereinigungsfreiheit (Art. 12), die Freiheit von Kunst und Wissenschaft (Art. 13), das Recht auf Bildung (Art. 14), die Berufsfreiheit und das Recht zu arbeiten (Art. 15), die unternehmerische Freiheit (Art. 16), das Eigentumsrecht (Art. 17), das Asylrecht (Art. 18) sowie den Schutz bei Abschiebung, Ausweisung und Auslieferung (Art. 19). Das dritte Kapitel (Gleichheit) proklamiert die Gleichheit vor dem Gesetz (Art. 20), die Nichtdiskriminierung (Art. 21), die Vielfalt der Kulturen, Religion und Sprachen (Art. 22), die Gleichheit von Männern und Frauen (Art. 23), die Rechte des Kindes (Art. 24), Rechte älterer Menschen (Art. 25) sowie die Integration der Menschen mit Behinderung (Art. 26). Heikel ist die unscharf formulierte Rechtfertigung für „spezifische Vergünstigungen für das unterrepräsentierte Geschlecht" (Art. 23 Abs. 2). Unter dem Titel „Solidarität" führt das vierte Kapitel eine bunte Palette vorwiegend sozialer Grundrechte zusammen: Recht auf Unterrichtung und Anhörung der Arbeitnehmerinnen und Arbeitnehmer im Unternehmen (Art. 27), Recht auf Kollektivverhandlungen und Kollektivmaßnahmen (Art. 28), Recht auf Zugang zu einem Arbeitsvermittlungsdienst, Schutz bei ungerechtfertigter Entlassung (Art. 30), Recht auf angemessene Arbeitsbedingungen (Art. 31), Verbot der Kinderarbeit und Schutz der Jugendlichen am Arbeitsplatz (Art. 31), Schutz des Familien- und Berufslebens (Art. 33), Schutz sozialer Sicherheit (Art. 34), Gesundheitsschutz (Art. 35), Zugang zu Dienstleistungen von allgemeinem wirtschaftlichem Interesse (Art. 36), Umweltschutz (Art. 37) und Verbraucherschutz (Art. 38). Die Aufnahme sozialer Grundrechte ist etwa der aller Verfassungspoesie abholden Nüchternheit des Grundgesetzes fremd. Sie entspricht aber den Verfassungsurkunden mancher romanischer Länder, der neuen deutschen Länder und der Sehnsucht mancher politischer Kräfte nach der wärmenden Ausstrahlung sozialer Gewährleistungen. In der weichen Unverbindlichkeit der sozialen Verheißungen (oft nur nach Maßgabe des Gemeinschaftsrechts und der einzelstaatlichen Rechtsvorschriften erklärt) befriedigt die Grundrechtscharta diese Sehnsüchte gewissermaßen in homöopathischer Dosis. Das ausdrückliche Bekenntnis zu Dienstleistungen von allgemeinem wirtschaftlichem Interesse (Art. 36) könnte künftig eine gewisse

Sprengkraft im Wettbewerbsrecht zugunsten von öffentlichen Unternehmen und deren Marktposition entfalten.

Die „Bürgerrechte" des fünften Kapitels schließen das aktive und passive Wahlrecht bei den Wahlen zum Europäischen Parlament (Art. 39), das aktive und passive Wahlrecht bei den Kommunalwahlen (Art. 40), das Recht auf eine gute Verwaltung (Art. 41), das Recht auf Zugang zu Dokumenten (Art. 41), die mögliche Befassung des Bürgerbeauftragten im Falle von Mißständen (Art. 43), das Petitionsrecht (Art. 44), die Freizügigkeit und Aufenthaltsfreiheit (Art. 45) sowie den diplomatischen und konsularischen Schutz (Art. 46) ein.

Unter den justiziellen Rechten des sechsten Kapitels nennt die Grundrechtscharta das Recht auf einen wirksamen Rechtsbehelf und ein unparteiisches Gericht (Art. 47), die Unschuldsvermutung und Verteidigungsrechte (Art. 48), Grundsätze der Gesetzmäßigkeit und der Verhältnismäßigkeit im Zusammenhang mit Straftaten und Strafen (Art. 49) sowie das Recht, wegen derselben Straftat nicht zweimal strafrechtlich verfolgt oder bestraft zu werden (Art. 50).

174 b Jede Einschränkung der in der Charta anerkannten Rechte und Freiheiten unterliegt den Rechtfertigungsstandards des Art. 52 Abs. 1:

> „Jede Einschränkung der Ausübung der in dieser Charta anerkannten Rechte und Freiheiten muß gesetzlich vorgesehen sein und den Wesensgehalt dieser Rechte und Freiheiten achten. Unter Wahrung des Grundsatzes der Verhältnismäßigkeit dürfen Einschränkungen nur vorgenommen werden, wenn sie notwendig sind und den von der Union anerkannten dem Gemeinwohl dienenden Zielsetzungen oder den Erfordernissen des Schutzes der Rechte und Freiheiten Anderer tatsächlich entsprechen."

Mangels vertraglich begründeter Geltung vermag die Grundrechtscharta keine unmittelbare Verbindlichkeit zu entfalten. Jedoch wird die Grundrechtscharta auch als nicht rechtsverbindliches Dokument einen wichtigen Beitrag dazu leisten, die Konturen des bislang ungeschriebenen Grundrechtsstandards zu schärfen. Insbesondere wird sie für den EuGH eine Inspirationsquelle bei der Rechtskontrolle der Gemeinschaftsorgane und bei der Fortentwicklung des Gemeinschaftsrechts darstellen. Diese Wirkung ist vor allem deswegen von Bedeutung, weil es in der Europäischen Union bislang an einer durchgeformten Grundrechtsdogmatik fehlt und sich die Abwägung von Belangen Einzelner und der Allgemeinheit weithin auf die Gegenüberstellung abstrakter Formeln reduziert.

Literatur: *S. Alber/U. Widmaier,* Die EU-Charta der Grundrechte und ihre Auswirkungen auf die Rechtsprechung, EuGRZ 2000, S. 497 ff.; *S. Baer,* Grundrechtecharta ante portas, ZRP 2000, S. 361 ff.; *Ch. Calliess,* Die Charta der Grundrechte der Europäischen Union – Fragen der Konzeption, Kompetenz und Verbindlichkeit, EuZW 2001, S. 261 ff.; *Ch. Grabenwarter,* Die Charta der Grundrechte für die Europäische Union, DVBl. 2001, S. 1 ff.; *E. Pache,* Die Europäische Grundrechtscharta – ein Rückschritt für den Grundrechtsschutz in Europa?, EuR 2001, S. 475 ff.; *K. Ritgen,* Grundrechtsschutz in der Europäischen Union, ZRP 2000, S. 371 ff.

III. Sekundäres Gemeinschaftsrecht

Das sekundäre Gemeinschaftsrecht umfaßt die Rechtsakte der Gemeinschaftsorgane, die aufgrund der Gemeinschaftsverträge oder aufgrund einer Ermächtigung durch einen anderen Rechtsakt (etwa Ermächtigung zum Erlaß von Durchführungsbestimmungen durch die Kommission in einer „Grundverordnung" des Rates) erlassen worden sind. Im Rahmen der Römischen Verträge fungierte lange Zeit der Rat bei Verordnungen und Richtlinien als Haupt-Gesetzgeber. Mittlerweile hat das Europäische Parlament weithin „gesamthänderischen" Anteil an der Rechtsetzung gewonnen (siehe unten, V. 2.). **175**

1. Verordnung

Die Verordnung ist als Regelungstypus von ihren Rechtswirkungen her am ehesten dem innerstaatlichen Gesetz vergleichbar (s. Art. 249 Abs. 2 EG, Art. 161 Abs. 2 EA). In der Montanunion entspricht der Verordnung die „Entscheidung" (Art. 14 Abs. 2 KS). Die Verordnung ist durch allgemeine Geltung und Verbindlichkeit in all ihren Teilen gekennzeichnet. Sie gilt unmittelbar in allen Mitgliedstaaten, äußert insoweit „Durchgriffswirkung" für den Einzelnen. Die Begründungspflicht zur Verordnung ergibt sich **176** für die Europäische Gemeinschaft aus Art. 253 EG. Gemäß Art. 254 Abs. 1 und Abs. 2 EG sind Verordnungen zu veröffentlichen (im Amtsblatt der Gemeinschaften, Teil L). Die Kommission ist zumeist auf Durchführungsverordnungen beschränkt, welche aufgrund einer „Grundverordnung" erlassen werden (Art. 202 dritter Spiegelstrich, Art. 211 vierter Spiegelstrich EG).

2. Richtlinie

177 Zweiter Regelungstypus für allgemeine Vorschriften bildet die Richtlinie (Art. 249 Abs. 3 EG, Art. 161 Abs. 3 EA). Im EGKS-Vertrag entspricht der Richtlinie die „Empfehlung" (Art. 14 Abs. 3 KS). Richtlinien richten sich an die Mitgliedstaaten und verpflichten diese, den Inhalt der Richtlinie in innerstaatliches Recht umzusetzen. Damit liegt der Richtlinie das Grundkonzept eines zweistufigen Rechtsetzungsverfahrens zugrunde: Zunächst wird das Regelungsprogramm mit Verbindlichkeit für die Mitgliedstaaten erlassen (Richtlinie). Auf der nächsten Stufe setzen die Mitgliedstaaten den Richtlinieninhalt durch innerstaatliche Rechtsakte in nationales Recht um (nationale Durchführungsbestimmungen). Im Verfahren der Mitentscheidung angenommene Richtlinien sowie an alle Mitgliedstaaten gerichtete Richtlinien des Rates und der Kommission werden im Amtsblatt der Gemeinschaft (Teil L) veröffentlicht (Art. 254 Abs. 1 und Abs. 2 EG). Die sonstigen Richtlinien werden mit der Bekanntgabe an die Adressaten wirksam (Art. 254 Abs. 3 EG); sie werden im Teil C des Amtsblattes veröffentlicht.

178 Für die Erfüllung der Umsetzungspflicht legen die Richtlinien jeweils eine bestimmte Frist fest. Die Richtlinie ist das klassische Instrument für die Harmonisierung der innerstaatlichen Rechtsvorschriften durch inhaltliche Angleichung. Da sie den Mitgliedstaaten einen gewissen Gestaltungsspielraum bei der Umsetzung beläßt, stellt sich die Richtlinie gegenüber der Verordnung als die schonendere Maßnahme dar. Allerdings faßt die Rechtsetzungspraxis Richtlinien häufig so detailscharf, daß den nationalen Organen bei der Umsetzung nur ein karger Spielraum belassen wird. Hier liegt ein wichtiges Anwendungsfeld für die Beachtung des Subsidiaritätsprinzips durch die Gemeinschaft und ihre Organe.

Richtlinien äußern schon vor Ablauf der Umsetzungsfrist eine **179** gewisse Vorwirkung. Wie der EuGH entschieden hat, darf ein Mitgliedstaat während der laufenden Umsetzungsfrist keine Vorschriften erlassen, die geeignet sind, die Erreichung des in der Richtlinie vorgeschriebenen Ziels ernstlich in Frage zu stellen (EuGH, Rs. C-129/96, Slg. 1997, I-7411 – *Inter-Environnement Wallonie*). Der Gerichtshof leitet dies aus Art. 10 Abs. 2, 249 Abs. 3 EG ab. Von Bedeutung ist die Vorwirkung insbesondere in den Fällen, in denen ein Mitgliedstaat innerhalb der Umsetzungsfrist Regelungen erläßt, die der abschließenden Umsetzung der Richtlinie in innerstaatliches Recht dienen und die in einem zentralen Punkt vom Richtlinienstandard abweichen (aaO, Rn. 48). Anders zu beurteilen sind innerstaatliche Rechtsakte, die auf eine allmähliche Heranführung des innerstaatlichen Rechts an Richtlinienstandards gerichtet sind und so in keinem Zielkonflikt mit der Richtlinie stehen (aaO, Rn. 49).

In Anknüpfung an diese Rechtsprechung des EuGH hat das Bundesverwaltungsgericht im Hinblick auf die Flora-Fauna-Habitat-Richtlinie Verhaltenspflichten (hier bei der Planung einer Autobahn) im Vorfeld einer innerstaatlichen Umsetzung (durch Ausweis bestimmter Schutzgebiete) anerkannt:

„In diesem Sinne kann den Mitgliedstaat eine ‚vorgezogene' Verhaltenspflicht treffen, die man als Pflicht zur Vermeidung von Widersprüchen mit den Zielsetzungen der Richtlinie oder als Pflicht zur ‚Stillhaltung' als gemeinschaftsrechtliche Vorwirkung verstehen kann. Diese Vorwirkung ist darauf gerichtet, daß schutzwürdige Gebiete weder zerstört noch anderweitig beeinträchtigt werden, bevor sie nach nationalem Recht unter Schutz gestellt wurden" (BVerwGE 107, 1 [22]).

a) Gebot effektiver Umsetzung

Richtlinien verpflichten zur effektiven Umsetzung. Dies bedeu- **180** tet, daß die verbindliche Geltung des Richtlinieninhalts innerstaatlichen Rechtes für den Einzelnen und für nationale Organe zweifelsfrei gesichert sein muß. Grundsätzlich sind deswegen Richtlinien in der Form von Außenrechtssätzen (Gesetzen, Rechtsverordnungen u. a.) umzusetzen. Die Umsetzung – etwa von Umweltstandards (Grenzwerte für die Reinheit von Luft oder Gewässern) –

durch bloße Verwaltungsvorschriften ist problematisch. Eine Umsetzung durch solche verwaltungsinternen Regelwerke genügt jedenfalls dann nicht, wenn deren generelle Verbindlichkeit auch für Gerichte und Einzelne nicht eindeutig gewährleistet ist (EuGH, Rs. C-361/88, Slg. 1991, I-2567 – *TA Luft*). Das Bemühen im deutschen Verwaltungsrecht, Verwaltungsvorschriften einen normativen Charakter zu attestieren, hat damit einen erheblichen Rückschlag erlitten. Das ist nicht nur zu bedauern; denn hierbei zeigt sich, daß es der deutschen Rechtsdogmatik immer noch nicht gelungen ist, Klarheit über die Bindungswirkung von bestimmten Verwaltungsvorschriften nach außen und deren mögliche Durchbrechung im Einzelfall zu schaffen. Es ist deswegen nicht erstaunlich, daß der EuGH im Hinblick auf die TA Luft das Hin und Her über den Charakter von normkonkretisierenden Verwaltungsvorschriften als Rechtssatz schonungslos offengelegt hat:

> „Die Bundesrepublik Deutschland und die Kommission streiten ... darüber, inwieweit in der deutschen Lehre und Rechtsprechung technischen Verwaltungsvorschriften zwingender Charakter zuerkannt wird. Die Kommission hat auf Rechtsprechung hingewiesen, in der ein solcher Charakter insbesondere im Bereich des Steuerrechts verneint wird; die Bundesrepublik Deutschland hat ihrerseits Rechtsprechung angeführt, in der ein solcher Charakter im Bereich der Kernenergie anerkannt wird. Es ist festzustellen, daß die Bundesrepublik Deutschland im konkreten Fall der TA Luft keine nationale Gerichtsentscheidung angeführt hat, mit der dieser Verwaltungsvorschrift über ihre Verbindlichkeit für die Verwaltung hinaus unmittelbare Wirkung gegenüber Dritten zuerkannt würde. Es läßt sich also nicht sagen, daß der einzelne Gewißheit über den Umfang seiner Rechte haben kann, um sie gegebenenfalls vor den nationalen Gerichten geltend machen zu können, noch auch daß diejenigen, deren Tätigkeiten geeignet sind, Immissionen zu verursachen, über den Umfang ihrer Verpflichtungen hinreichend unterrichtet sind." (aaO, Rn. 20).

181 Bei Richtlinien, die dem Einzelnen gerichtlich durchsetzbare Rechtspositionen verschaffen sollen, muß zwar nicht immer eine inhaltsgleiche Umsetzung durch einen förmlichen Gesetzgebungsakt erfolgen. Wohl aber muß sichergestellt sein, daß die nach der Richtlinie zu Begünstigenden sich auf ihre Rechtsposition im Sinne des Gemeinschaftsrechtes vor nationalen Behörden und Gerichten berufen können (EuGH, Rs. C-433/93, Slg. 1995, I-2303

§ 9. Rechtsquellen des Gemeinschaftsrechts 147

Rn. 18 ff. – *Vergaberichtlinien*). Bei der Umsetzung der EG-Vergabe- und Nachprüfungsrichtlinien in Deutschland ergab sich das Problem, daß diese Richtlinien subjektive Rechte der Interessenten und Bieter begründen wollen, aber die Aufnahme des Richtlinieninhalts in das Haushaltsgrundsätzegesetz (§§ 57 a–c) gerade subjektive Rechte ausschließen sollte und die Betroffenen auf unvollkommenen Rechtsschutz durch besondere Überwachungsausschüsse verwies. Hier schafft die Neuregelung des Vergaberechts von 1998 (§§ 97–129 GWB) Abhilfe.

b) Richtlinienkonforme Auslegung

Nach der Rechtsprechung des EuGH verlangt das Gemeinschaftsrecht, daß Bestimmungen des nationalen Rechtes richtlinienkonform auszulegen sind (so zur erforderlichen Wahl effektiver Sanktionen für eine Diskriminierung von Frauen im Arbeitsleben entgegen der EG-Gleichstellungsrichtlinie, EuGH, Rs. 14/83, Slg. 1984, 1891 Rn. 26 – *von Colson;* Rs. 106/89, Slg. 1990, I-4135 – *Marleasing*). Dabei hat der EuGH auf die Verpflichtung zur Gemeinschaftstreue nach Art. 10 EG hingewiesen. **182**

Der Bundesgerichtshof mißt Richtlinien schon vor Ablauf der Umsetzungsfrist eine Vorwirkung bei, die über das vom Gemeinschaftsrecht Gebotene hinausgeht. So hat der Bundesgerichtshof entschieden, daß bei der Konkretisierung der Generalklausel des § 1 UWG (Verbot eines gegen die guten Sitten verstoßenden Wettbewerbes) der Inhalt einer EG-Richtlinie zur vergleichenden Werbung (Richtlinie 97/55/EG) im Rahmen richtlinienkonformer Auslegung auch dann Berücksichtigung zu finden hat, wenn die Umsetzungsfrist noch nicht abgelaufen ist (BGHZ 138, 55 = EuZW 1998, S. 474 m. Anm. v. *F. Bayreuther*):

„Soweit der Senat in seiner bisherigen Rechtsprechung ... von einem grundsätzlichen Verbot der vergleichenden Werbung ausgegangen ist, dem er einen allgemeinen Ausnahmegrundsatz gegenübergestellt hat, wird an diesem Regel-Ausnahme-Verhältnis nicht mehr festgehalten. Vergleichende Werbung ist nunmehr als grundsätzlich zulässig anzusehen, sofern die unter Art. 3 a Abs. 1 lit. a bis h der Richtlinie 97/55/EG genannten Voraussetzungen erfüllt sind.

Der Bundesgerichtshof ist an einer richtlinienkonformen Auslegung nicht dadurch gehindert, daß die Frist für die Umsetzung der Richtlinie zur vergleichenden Werbung noch nicht abgelaufen ist. Läßt sich Richtlinienkonformität mittels einfacher Auslegung im nationalen Recht herstellen, so ist der Richter jedenfalls nach deutschem Rechtsverständnis befugt, sein bisheriges Auslegungsergebnis zu korrigieren und den geänderten rechtlichen und tatsächlichen Verhältnissen Rechnung zu tragen ... Dies gilt grundsätzlich auch für den Zeitraum vor Ablauf der Umsetzungsfrist ..." (BGHZ 138, 59 f.)

c) Unmittelbare Wirkung von Richtlinien

183 Nach der unterschiedlichen Regelungstypik der Gemeinschaftsverträge unterscheidet sich die Richtlinie von der Verordnung dadurch, daß sie keine direkte Wirkung im innerstaatlichen Recht hat und nicht unmittelbar Rechte oder Pflichten Einzelner begründen kann. Diesen Unterschied von Verordnung und Richtlinie hat die Rechtsprechung des EuGH erheblich eingeebnet. Nach der Rechtsprechung kann eine Richtlinie ausnahmsweise dann unmittelbare Anwendung finden, wenn

– diese Richtlinie trotz Fristablaufes nicht in innerstaatliches Recht umgesetzt worden ist und
– die Richtlinie von ihrem Inhalt her unbedingt und hinreichend bestimmt ist, um im Einzelfall angewendet zu werden.

Unter diesen Voraussetzungen können sich Einzelne gegenüber dem Staat (und seinen Untergliederungen) vor nationalen Behörden und Gerichten auf sie *begünstigende* Vorschriften einer Richtlinie berufen (EuGH, Rs. 8/81, Slg. 1982, 53 Rn. 21 ff. – *Becker*, st. Rspr.). Die Begründung für diese „vertikale" Drittwirkung sieht der EuGH darin, daß der Mitgliedstaat aus seiner Säumnis gegenüber den von einer Richtlinie Begünstigten keinen Vorteil ziehen soll:

„Mit der den Richtlinien durch Artikel 189 [Art. 249 EG n. F.] zuerkannten verbindlichen Wirkung wäre es folglich unvereinbar, grundsätzlich auszuschließen, daß sich betroffene Personen auf die durch die Richtlinie auferlegte Verpflichtung berufen können. Insbesondere in den Fällen, in denen etwa die Gemeinschaftsbehörden die Mitgliedstaaten durch Richtlinien zu einem bestimmten Verhalten verpflichten, würde die praktische Wirksamkeit einer solchen Maßnahme abgeschwächt, wenn die einzelnen sich vor Gericht hierauf nicht berufen und die staatlichen Gerichte sie nicht als Bestandteil des Gemeinschaftsrechts berücksichtigen können. Daher kann ein Mitgliedstaat, der die in den Richtlinien vorgeschriebenen Durchführungsmaßnahmen nicht fristgemäß erlassen hat, den einzelnen nicht entgegenhalten, daß er die aus

§ 9. Rechtsquellen des Gemeinschaftsrechts 149

dieser Richtlinie erwachsenen Verpflichtungen nicht erfüllt hat. Demnach können sich die einzelnen in Ermangelung von fristgemäß erlassenen Durchführungsmaßnahmen auf Bestimmungen einer Richtlinie, die inhaltlich als unbedingt und hinreichend genau erscheinen, gegenüber allen innerstaatlichen, nicht richtlinienkonformen Vorschriften berufen; einzelne können sich auf diese Bestimmungen auch berufen, soweit diese Rechte festlegen, die dem Staat gegenüber geltend gemacht werden können" (aaO Rn. 22 ff.).

Hinter der Rechtsprechung zur unmittelbaren Anwendbarkeit **184** („Direktwirkung") von Richtlinien steht auch das Anliegen des EuGH, den Normen des Gemeinschaftsrechts optimale Wirkungskraft zu verschaffen (*effet utile,* siehe – im Zusammenhang mit der unmittelbaren Wirkung von Entscheidungen – EuGH, Rs. 9/70, Slg. 1970, 825 Rn. 5 – *„Leberpfennig").* Die „vertikale", den Einzelnen begünstigende Drittwirkung gilt auch gegenüber dem Staat als privaten Arbeitgeber (so zur Berufung auf die EG-Gleichstellungsrichtlinie gegenüber einer unterschiedlichen Altersgrenze für männliche und weibliche Angestellte einer Gesundheitsbehörde EuGH, Rs. 152/84, Slg. 1986, 723).

Erhebliche praktische Bedeutung hat die unmittelbare Wirkung, die der EuGH der Mitteilungspflicht der Informationsrichtlinie 83/189/EWG beimißt. Nach dieser Richtlinie haben die Mitgliedstaaten der Kommission technische Vorschriften für Produkte (die sich als mögliche Handelshemmnisse auswirken können) mitzuteilen (Art. 8 und 9). Teilt ein Mitgliedstaat solche Standards nicht der Kommission mit, können sich Einzelne vor nationalen Gerichten und Behörden unmittelbar auf die Mitteilungspflicht nach der Richtlinie berufen mit der Folge, daß ihnen die Nichteinhaltung dieser Standards nicht vorgehalten werden kann (EuGH, Rs. C 194/94, Slg. 1996, I-2201 Rn. 54 – *CIA Security* = EuZW 1996, S. 379 m. Anm. v. *J. Fronja*). Die jüngere Rechtsprechung hat die unmittelbare Wirkung der Richtlinie dem Schutzzweck entsprechend auf mögliche Beschränkungen des innergemeinschaftlichen Handels begrenzt. So kann sich ein Einzelner im Strafverfahren wegen Trunkenheit nicht darauf berufen, daß technische Standards für Alkoholmeßgeräte der verwendeten Art nicht der Kommission gemäß der Richtlinie mitgeteilt worden sind. Derartige Wirkungen eines Verwendungsverbotes liegen außerhalb des auf den Handel bezogenen Schutzzwecks der Richtlinie (EuGH, Rs. T-226/97, Slg. 1998, I-2711 Rn. 35 ff. – *Lemmens* = EuZW 1998, S. 569 m. Anm. v. *R. Abel*).

Das Bundesverfassungsgericht hat die Rechtsprechung des EuGH zur unmittelbaren Anwendbarkeit von Richtlinien als zulässige Rechtsfortbildung anerkannt. Damit bewege sich der EuGH noch im Rahmen europäischer Rechtstradition (BVerfGE 75, 223 [241 ff.]).

185 Höchst umstritten ist die Frage, ob Richtlinien auch „horizontale Drittwirkung" entfalten können. Dabei geht es um die unmittelbare Anwendbarkeit von Richtlinien im Verhältnis Privater zueinander mit korrespondierenden individuellen Rechten und Pflichten. Eine solche umfassende Drittwirkung würde bedeuten, daß Richtlinien auch ohne einen innerstaatlichen Umsetzungsakt Verpflichtungen Einzelner begründen könnten, die das Gegenstück zur Begünstigung anderer darstellen. Der EuGH lehnt eine solche Drittwirkung *zu Lasten* Privater ab. Nach der Rechtsprechung können Richtlinien nämlich für Einzelne keine unmittelbaren Verpflichtungen begründen (EuGH, Rs. 152/84, Slg. 1986, 723 Rn. 48 – *Marshall I*).

In der jüngsten Zeit ist die Diskussion um die Möglichkeit einer „horizontalen Drittwirkung" erneut aufgeflammt. Dabei hat der EuGH daran festgehalten, daß die unmittelbare Wirkung von Richtlinien auf das Verhältnis Bürger-Staat beschränkt bleiben muß.

Im Falle *Faccini Dori* (EuGH, Rs. C-91/92, Slg. 1994, I-3325) hatte sich die Klägerin des Ausgangsverfahrens im Jahre 1989 während einer Reise in der Nähe des Mailänder Bahnhofes dazu überreden lassen, einen Vertrag über die Bestellung eines Fernkurses für Englisch abzuschließen. Nach ihrer Rückkehr zu Hause erklärte die Klägerin den Rücktritt vom Vertrag. Die Richtlinie 85/577 zum Verbraucherschutz bei Haustürgeschäften sieht vor, daß der Verbraucher in einem derartigen Fall ein Rücktrittsrecht innerhalb von sieben Tagen hat (Art. 5). Die Richtlinie hätte bis Ende 1987 in innerstaatliches Recht umgesetzt werden müssen. Italien ist seiner Umsetzungspflicht jedoch erst im Jahre 1992 nachgekommen. Generalanwalt Lenz hat sich für die Zukunft dafür ausgesprochen, die unmittelbare Anwendbarkeit von Richtlinien auch auf die Rechtsbeziehungen von Privaten untereinander zu erstrecken. Danach könnten Richtlinien nicht nur Rechte, sondern auch Pflichten für Einzelne unmittelbar begründen. Zur Begründung hat der Generalanwalt auf die Pflicht zur Veröffentlichung von Richtlinien nach der Neufassung des Art. 254 EG hingewiesen. Demgegenüber hat der Europäische Gerichtshof darauf beharrt, daß Richtlinien Rechte nur gegenüber dem Staat (und seinen Untergliederungen), nicht jedoch gegenüber Privaten begründen können und daß nur durch Verordnungen allgemein geltende Pflichten für Einzelne geschaffen werden können.

Dieser Rechtsprechung zur „kupierten" Drittwirkung von Richtlinien mag man entgegenhalten, daß sie auf halbem Wege stehenbleibt und der Gedanke des *„effet utile"* die Möglichkeit einer umfassenden Drittwirkung nahelegt. Letztlich spricht aber für die

Rechtsprechung, daß dem Einzelnen kaum angesonnen werden kann, in schwierige Überlegungen darüber einzutreten, ob sich hier eine Richtlinie von ihrem Inhalt her für eine unmittelbare Anwendbarkeit eignet und für ihn Pflichten im innerstaatlichen Recht begründen kann oder nicht.

Von der „horizontalen" Drittwirkung zu unterscheiden ist die mögliche Berufung auf die allgemeine Unanwendbarkeit einer nationalen Rechtsvorschrift wegen des Verstoßes gegen eine Harmonisierungsrichtlinie in einem Rechtsstreit zwischen Privaten. Soweit sich aus der Rechtsprechung die Unanwendbarkeit „technischer" Vorschriften (etwa über die Etikettierung von Waren) aus dem Verstoß gegen eine Richtlinie ergibt (hierzu oben, Rn. 184), kann sich hierauf jedermann auch in privatrechtlichen Auseinandersetzungen berufen (siehe zur Verweigerung des Kaufpreises wegen der Nichtetikettierung entgegen nationalem, richtlinienwidrigem Recht EuGH, Rs. C-443/98, EuZW 2001, S. 153 Rn. 45 ff. – *Unilever Italia*).

3. Entscheidungen

Die Entscheidungen (Art. 249 Abs. 4 EG, Art. 161 Abs. 4 EA, Art. 14 Abs. 2 i. V. m. Art. 15 Abs. 2 KS) treffen verbindliche Regelungen im Einzelfall. In der Regel werden Entscheidungen von der Kommission erlassen. Mögliche Adressaten von Entscheidungen sind Mitgliedstaaten und Einzelne. Ausnahmsweise können an Mitgliedstaaten gerichtete Entscheidungen (ähnlich wie Richtlinien) eine begünstigende „Drittwirkung" entfalten, wenn sie unbedingte sowie hinreichend klare Verpflichtungen des Staates zugunsten Einzelner enthalten (EuGH, Rs. 9/70, Slg. 1970, 825 Rn. 5 ff. – *„Leberpfennig"*). Im Verfahren der Mitentscheidung angenommene Entscheidungen sind im Amtsblatt (Teil L) zu veröffentlichen (Art. 254 Abs. 1 EG).

186

4. Empfehlungen und Stellungnahmen

Empfehlungen und Stellungnahmen (Art. 249 Abs. 5 EG, Art. 161 Abs. 5 EA, Art. 14 Abs. 3 und 4 KS) äußern keine rechtliche Verbindlichkeit. Jedoch haben innerstaatliche Gerichte Empfehlun-

187

gen insbesondere dann zu berücksichtigen, wenn diese Aufschluß über die Auslegung des Gemeinschaftsrechtes und über den Inhalt gemeinschaftsrechtlicher Regelungen geben können (EuGH, Rs. C-322/88, Slg. 1989, 4407 – *Grimaldi*).

5. Sonstige Rechtsakte

188 Zu den sonstigen Rechtsakten gehören insbesondere Organisationsakte. Ein Beispiel bildet etwa ein Beschluß des Rates zur Änderung der Zahl der Kommissionsmitglieder (s. Art. 213 Abs. 1 UAbs. 2 EG).

> **Literatur:** *T. v. Danwitz,* Normkonkretisierende Verwaltungsvorschriften im Gemeinschaftsrecht, VerwArch. 84 (1993), S. 73 ff.; *U. Di Fabio,* Richtlinienkonformität als ranghöchstes Normauslegungsprinzip, NJW 1990, S. 947 ff.; *W. Hoppe/O. Otting,* Verwaltungsvorschriften als ausreichende Umsetzung von rechtlichen und technischen Vorgaben der Europäischen Union?, Natur und Recht 1998, S. 61 ff.; *H. D. Jarass,* Folgen der innerstaatlichen Wirkung von EG-Richtlinien, NJW 1991, S. 2665 ff.; *ders.*, Grundfragen der innerstaatlichen Bedeutung des EG-Rechts, 1994; *C. Langenfeld,* Zur Direktwirkung von EG-Richtlinien, DÖV 1992, S. 955 f.; *J. Pietzcker,* Die deutsche Umsetzung der Vergabe- und Nachprüfungsrichtlinien im Lichte der neuen Rechtsprechung, NVwZ 1996, S. 313 ff.; *G. Ress,* Die richtlinienkonforme „Interpretation" innerstaatlichen Rechts, DÖV 1994, S. 489 ff.; *G. C. Rodriguez Iglesias / K. Riechenberg,* Zur richtlinienkonformen Auslegung des nationalen Rechts, in: Festschrift für Ulrich Everling, Bd. I, 1995, S. 1213 ff.; *H. H. Rupp,* Anmerkung, JZ 1991, S. 1032 ff. (zum Urteil des EuGH vom 30. 5. 1991, C-59/83).

IV. Das Prinzip der begrenzten Einzelermächtigung

1. Erfordernis einer vertraglichen Grundlage für die Verbands- und Organkompetenz

189 Die Gemeinschaften verfügen nur über diejenigen Kompetenzen, welche ihnen die Mitgliedstaaten durch die Gründungsverträge übertragen haben. Ohne vertragliche Einwilligung der Mitgliedstaaten können die Gemeinschaften nicht von sich aus neue Kompetenzen an sich ziehen. Diese gegenständlich begrenzte Kompetenz und das Erfordernis einer spezifischen Ermächtigungsgrundlage für ein Tätigwerden der Gemeinschaft und ihrer Organe werden als

§ 9. Rechtsquellen des Gemeinschaftsrechts 153

Prinzip der begrenzten Einzelermächtigung *("compétence d'attribution")* bezeichnet; das begriffliche Gegenstück hierzu ist die sogenannte Kompetenz-Kompetenz. Das Prinzip der begrenzten Einzelermächtigung ist für die Verbandskompetenzen der Europäischen Gemeinschaft in Art. 5 Abs. 1 EG und für die Befugnisse der Gemeinschaftsorgane in Art. 7 Abs. 1 Satz 2 EG, 3 Abs. 1 Satz 2 EA niedergelegt. Die Beschränkung der Gemeinschaftsorgane auf die konkret zugewiesenen Kompetenzen gilt auch für die Wahl der Rechtsform. Die Rechtsakte der Gemeinschaftsorgane müssen ihre Rechtsgrundlage kraft ausdrücklicher Bezugnahme oder aufgrund sonstiger Anhaltspunkte erkennen lassen (EuGH, Rs. 45/86, Slg. 1987, 1493, 1519 Rn. 7 ff. – *APS*).

Die Praxis der Gemeinschaftsorgane folgt vorläufig einem sehr **190** großzügigen Verständnis vom Umfang der Gemeinschaftskompetenzen. Ein *Beispiel* bildet etwa der Kulturprotektionismus im Medienrecht (Quotenregelung der EG-Fernsehrichtlinie), der wenig mit der kompetenzmäßigen Erleichterung des grenzüberschreitenden Dienstleistungsverkehrs zu tun hat. Dabei ist zu beachten, daß auch die Vertreter der Mitgliedstaaten im Rat in vielen Bereichen an einer extensiven Kompetenzausübung auf Gemeinschaftsebene mitwirken, weil sich so manche Bereiche einer normativen Ordnung auf europäischer Ebene eher erschließen als auf nationaler Ebene. Aus staatsrechtlicher Sicht hat das Bundesverfassungsgericht zu Recht die Mitverantwortung des deutschen Vertreters im Rat für die Einhaltung der Kompetenzschranken der Gemeinschaft angemahnt (BVerfGE 92, 203 [235 ff.]).

2. Ungeschriebene Gemeinschaftskompetenzen

In Anlehnung an die im amerikanischen Verfassungsrecht ent- **191** wickelte *„Implied Powers"*-Lehre ist im Gemeinschaftsrecht anerkannt, daß die Gemeinschaften in engen Grenzen Kompetenzen wahrnehmen können, die ihnen nicht ausdrücklich zugewiesen sind, wenn sich deren Inanspruchnahme mit einer gewissen inneren Logik aus ausdrücklich übertragenen Befugnissen ergibt. Der wichtigste Anwendungsfall für die ungeschriebene Zuständigkeit der Gemeinschaft ist die Wahrnehmung von Außenkompetenzen in den Bereichen, in denen die Gemeinschaft nach innen eine ausdrücklich übertragene Zuständigkeit hat (EuGH, Rs. 22/70, Slg. 1971, 263 Rn. 15 ff. – *AETR,* siehe unten § 28 I.).

192 Inwieweit sich sonst noch ungeschriebene Gemeinschaftskompetenzen begründen lassen, ist außerordentlich zweifelhaft. Problematisch sind etwa Regelungen, die den Gemeinschaftsorganen oder sonstigen neugeschaffenen Institutionen der Gemeinschaft ohne vertragliche Grundlage Vollzugskompetenzen einräumen. Ein *Beispiel* bildet etwa die Zuständigkeit von Kommission und Rat bei der Entscheidung über das zulässige Inverkehrbringen von Produkten mit genetisch veränderten Organismen nach der EG-Freisetzungsrichtlinie 90/220/EWG (Art. 13, 21). Ähnlich problematisch sind die Verwaltungskompetenzen von Kommission und Rat sowie der neugeschaffenen Europäischen Arzneimittelagentur nach der EG-Verordnung 2309/93 für biotechnologisch hergestellte Arzneimittel. Solche administrativen Befugnisse aufgrund von Harmonisierungsrichtlinien lassen sich allenfalls auf eine Art „Annexkompetenz" stützen, die sich aus sachlicher Nähe zur Regelungsbefugnis für den jeweiligen Sachbereich ergibt.

3. Die „Generalermächtigung" des Art. 308 EG

193 Die Vorschrift des Art. 308 EG bietet (ebenso wie Art. 203 EA) eine „Abrundungsermächtigung", deren Ausübung die Grenze zur Vertragsänderung tangiert (s. Art. 95 Abs. 3 KS). Die Inanspruchnahme der Kompetenzausweitung nach Art. 308 EG darf nur dann erfolgen, wenn ein Tätigwerden der Gemeinschaft erforderlich ist, um im Rahmen des Gemeinsamen Marktes die Vertragsziele zu verwirklichen.

Regelungen nach Art. 308 EG kann der Rat nur mit Einstimmigkeit (auf Vorschlag der Kommission und nach Anhörung des Europäischen Parlamentes) erlassen. Der Rückgriff auf Art. 308 EG ist gegenüber anderen Ermächtigungsgrundlagen subsidiär. Der Nachrang gegenüber speziellen Ermächtigungen wird vom EuGH streng überprüft (EuGH, Rs. 45/86, Slg. 1987, 1493 Rn. 13 ff. –

§ 9. Rechtsquellen des Gemeinschaftsrechts

APS). In der Vergangenheit ist auf der Grundlage des Art. 308 EG ein umfangreiches Maßnahmenbündel etwa im Bereich der Umwelt-, Sozial- und Währungspolitik erlassen worden. Die Erweiterung des Kompetenzkataloges durch die Einheitliche Europäische Akte und den Vertrag von Maastricht hat nunmehr die Bedeutung der Generalermächtigung wegen des Vorranges speziellerer Regelungsgrundlagen deutlich schwinden lassen.

Nach deutschem Recht setzt die Zustimmung zu auf Art. 308 EG gestützten Maßnahmen das Einvernehmen mit dem Bundesrat voraus, soweit dessen Zustimmung nach innerstaatlichem Recht erforderlich wäre oder soweit die Länder innerstaatlich zuständig wären (§ 5 Abs. 3 des Gesetzes über die Zusammenarbeit von Bund und Ländern in Angelegenheiten der Europäischen Union). Wegen des Einstimmigkeitserfordernisses für die Beschlußfassung kann der Bundesrat insoweit den Rückgriff auf Art. 308 EG blockieren.

Literatur: *R. v. Borries,* Verwaltungskompetenzen der Europäischen Gemeinschaft, in: Festschrift für Ulrich Everling, Bd. I, 1995, S. 147 ff.; *A. Dashwood,* The Limits of European Community Powers, E.L. Rev. 21 (1996), S. 113 ff.; *U. Everling,* Richterliche Rechtsfortbildung in der Europäischen Gemeinschaft, JZ 2000, S. 217 ff.

V. Verfahren der Rechtsetzung

1. Allgemeines

Im allgemeinen ergehen die Rechtsetzungsakte auf Vorschlag der Kommission. Wird der Rat auf Vorschlag der Kommission tätig, darf er hiervon nur mit einem einstimmigen Beschluß abweichen (Art. 250 Abs. 1 EG). Das Europäische Parlament wirkt in unterschiedlich stark ausgeprägter Weise mit. Die Stellungnahmen des Wirtschafts- und Sozialausschusses sowie des Ausschusses der Regionen haben rein empfehlende Wirkung. **194**

2. Mitwirkung des Europäischen Parlaments

Eine schwache Form der Beteiligung liegt in der (fakultativen oder obligatorischen) Anhörung des Europäischen Parlamentes (etwa gem. Art. 172 EG). Die Mißachtung von Anhörungsrechten des Parlamentes stellt die Verletzung einer wesentlichen Formvorschrift im Sinne von Art. 230 Abs. 2 EG dar (s. § 10 III 1.). **195**

Verstärkt wurde die Rechtsstellung des Parlaments durch die Einführung eines *Konzertierungsverfahrens* aufgrund einer gemeinsamen Erklärung von Parlament, Rat und Kommission von 1975, das für Rechtsakte von allgemeiner Tragweite und erheblichen finanziellen Auswirkungen eingeführt worden ist (ABl. 1975 Nr. C 89, S. 1f., 63f.).

196 Eine weitere Stärkung des parlamentarischen Elements enthält das *Verfahren der Zusammenarbeit* (Art. 252 EG). Hier erfolgen zwei Lesungen im Rat und im Europäischen Parlament. Der Rat legt in diesem Verfahren nach Vorschlag der Kommission und nach Stellungnahme des Europäischen Parlamentes mit qualifizierter Mehrheit einen „gemeinsamen Standpunkt" fest, der dem Parlament zur zweiten Lesung zugeleitet wird. Nimmt das Parlament den Standpunkt des Rates an oder äußert es sich binnen einer Dreimonatsfrist nicht, kann der Rat den gemeinsamen Standpunkt mit qualifizierter Mehrheit annehmen. Gegen eine Ablehnung des gemeinsamen Standpunktes durch das Parlament (mit absoluter Mehrheit) kann sich der Rat nur noch mit einem einstimmigen Beschluß durchsetzen. Bei einer Abänderung des gemeinsamen Standpunktes durch das Europäische Parlament kommt es auf die Position der Kommission an. Folgt die Kommission dem Parlament mit einer Übernahme der Änderungen, kann der Rat den geänderten Vorschlag mit qualifizierter Mehrheit annehmen. Folgt die Kommission dem Änderungsvorschlag des Parlamentes nicht, kann der Rat den Rechtsakt nur mit einstimmiger Annahme des geänderten Vorschlages beschließen.

197 Noch stärker ausgeformt ist die Rechtsstellung des Parlaments im *Verfahren der Mitentscheidung* (Art. 251 EG). Hier handelt es sich um ein recht stark parlamentarisiertes Verfahren mit einer gesamthänderischen Rechtsetzungsbefugnis von Rat und Europäischem Parlament. Dieses Verfahren ist auf die Verständigung zwischen Rat und Parlament über einen bestimmten Regelungsinhalt angelegt. Bei Divergenzen ist ein Vermittlungsverfahren (mit einem paritätisch vom Rat und dem Parlament besetzten Vermittlungsausschuß) vorgesehen. Änderungsvorschläge des Parlaments kann der Rat nur mit Einstimmigkeit übernehmen, wenn die Kommission hierzu eine ablehnende Stellungnahme abgegeben hat. Der *Vertrag von Amsterdam* hat das Verfahren der Mitentscheidung deutlich gestrafft. Nunmehr kann das Europäische Parlament den Erlaß eines vorgeschlagenen Rechtsaktes scheitern lassen, wenn es den gemeinsamen Standpunkt des Rates (zu Änderungsvorschlägen des Parlaments) mit absoluter Mehrheit verwirft. Bei Divergenzen zwischen Rat und Parlament kommt es im übrigen darauf an, ob Rat und Parlament einen vom Vermittlungsausschuß gebilligten gemeinsamen Entwurf binnen sechs Wochen annehmen. Im Mitentscheidungsverfahren erlassene Verordnungen und Richtlinien firmieren als Rechtsakte des Europäischen Parlaments und des Rates.

In manchen Fällen setzt der Erlaß von Rechtsakten die *Zustimmung* des Europäischen Parlaments voraus (s. etwa Art. 105 Abs. 6, 107 Abs. 5 EG). **198**

Das Nebeneinander unterschiedlicher Verfahrensarten und die komplizierte Ausgestaltung der parlamentarischen Mitwirkung machen den Rechtsetzungsprozeß auf Gemeinschaftsebene schwer durchschaubar. Hinzu kommt, daß die Form der parlamentarischen Mitwirkung von der Wahl der oft schwer voneinander abgrenzbaren Regelungsgrundlagen abhängt und deshalb in manchen Fällen zufälligen Charakter trägt. So hat beim Erlaß der beiden EG-Gentechnikrichtlinien das Europäische Parlament einmal (bei der auf Art. 175 EG gestützten Systemrichtlinie) nur im Verfahren der Zusammenarbeit mitgewirkt, während es im anderen Falle (bei der nach Art. 94, 95 EG erlassenen Freisetzungsrichtlinie) im Verfahren der Mitentscheidung beteiligt war.

Der *Vertrag von Amsterdam* hat das Verfahren der Mitentscheidung auf 24 neue Politikbereiche erstreckt. Damit geht das bisherige Verfahren der Zusammenarbeit mit wenigen Ausnahmen (insbesondere im Rahmen der Wirtschafts- und Währungsunion) im Mitentscheidungsverfahren auf.

3. Erlaß von Durchführungsvorschriften

Beim Erlaß von Durchführungsvorschriften durch die Kommission ist das einzuhaltende Verfahren in der „Grundverordnung" **199** oder einer sonstigen Ermächtigungsregelung festzulegen. Für die Ausübung der der Kommission übertragenen Durchführungsbefugnisse hat der Rat mehrere Formen der Rückbindung der Entscheidungsfindung an den Rat entwickelt. Eine wesentliche Rolle beim Erlaß von Durchführungsvorschriften spielen Ausschüsse, in denen die einzelnen Mitgliedstaaten vertreten sind und in denen ein Vertreter der Kommission den Vorsitz führt. Für dieses System ist der Begriff der *„Komitologie"* geprägt worden. Für die unterschiedlichen Formen der delegierten Entscheidungsfindung ist nunmehr der Beschluß des Rates vom 28. Juni 1999 zur Festlegung der Modalitäten für die Ausübung der der Kommission übertragenen Durchführungsbefugnisse (ABl. 1999 Nr. L 184, S. 23) maßgebend. Dieser neue „Komitologie"-Beschluß des Rates ersetzt einen Ratsbeschluß von 1987. Der neue Beschluß soll bisherige Blockademöglichkeiten einer einfachen Ratsmehrheit beseitigen und die Stellung des Europäischen Parlaments gegenüber dem früheren Regime stärken.

Beim einfachen Typus der Delegation entscheidet die Kommission ohne Mitwirkung eines Ausschusses (mit unterschiedlichen Möglichkeiten der Bestätigung, Änderung oder Aufhebung durch den Rat). Die Ausschußverfahren lassen sich drei Typen zuordnen. Im *Beratungsverfahren* muß die Kommission die Stellungnahme eines beratenden Ausschusses nur berücksichtigen, kann hiervon aber im Ergebnis abweichen (Art. 3 des Ratsbeschlusses von 1999). Komplizierter ist das *Verwaltungsverfahren* (Art. 4 des Ratsbeschlusses). Hier gibt ein Verwaltungsausschuß eine Stellungnahme zu einem Kommissionsentwurf über die betreffenden Maßnahmen ab. Für die Stellungnahme gelten die Mehrheitserfordernisse, die für mit qualifizierter Mehrheit vom Rat auf Vorschlag der Kommission zu fassende Beschlüsse vorgesehen sind. Die Kommission erläßt in diesem Verfahren unmittelbar geltende Maßnahmen (vorbehaltlich von rechtlichen Einwänden des Europäischen Parlaments, die zu einer neuen Prüfung des Entwurfes durch die Kommission führen). Stimmen die Maßnahmen der Kommission nicht mit der Stellungnahme des Verwaltungsausschusses überein, so teilt die Kommission die erlassenen Maßnahmen unverzüglich dem Rat mit. Der Rat kann binnen drei Monaten mit qualifizierter Mehrheit einen anders lautenden Beschluß fassen. Beim *Regelungsverfahren* holt die Kommission die Stellungnahme eines Regelungsausschusses ein, der ebenso wie ein Verwaltungsausschuß mit qualifizierter Mehrheit votiert (Art. 5 des Ratsbeschlusses). Bei Übereinstimmung mit der Stellungnahme des Regelungsausschusses kann die Kommission die beabsichtigten Maßnahmen erlassen (wieder vorbehaltlich von Einwänden des Europäischen Parlaments). Stimmen die von der Kommission beabsichtigten Maßnahmen mit der Stellungnahme des Regelungsausschusses nicht überein oder gibt dieser keine Stellungnahme ab, so unterbreitet die Kommission dem Rat einen Regelungsvorschlag und unterrichtet das Europäische Parlament. Das Europäische Parlament kann sich zur möglichen Überschreitung der Durchführungsbefugnisse äußern. Der Rat entscheidet mit qualifizierter Mehrheit über den Vorschlag der Kommission. Bei der Ablehnung des Vorschlags kann die Kommission einen geänderten Vorschlag vorlegen, ihren alten Vorschlag erneut vorlegen oder einen Vorschlag für einen Rechtsakt auf der Grundlage des EG-Vertrages vorlegen. Wenn der Rat innerhalb einer bestimmten Frist weder den vorgeschlagenen Durchführungsrechtsakt erlassen noch den Kommissionsvorschlag abgelehnt hat, wird der vorgeschlagene Durchführungsrechtsakt von der Kommission erlassen („*filet*-Verfahren"). Die früher für den Rat bestehende Möglichkeit, durch einen ablehnenden Beschluß mit einfacher Mehrheit eine Kommissionsentscheidung zu blockieren, ist weggefallen. Besondere Vorschriften gelten für Verfahren bei Schutzmaßnahmen (Art. 6 des Ratsbeschlusses von 1999). Das Parlament ist regelmäßig über die Arbeit der Ausschüsse zu unterrichten (Art. 7 Abs. 2 des Ratsbeschlusses).

Literatur: *C. Joerges/J. Falke* (Hrsg.), Das Ausschußwesen der Europäischen Union, 2000.

VI. Auslegung des Gemeinschaftsrechts und richterliche Rechtsfortbildung

Die Auslegung des Gemeinschaftsrechtes folgt eigenen Regeln, **200** die sich von den allgemeinen Interpretationsgrundsätzen völkerrechtlicher Verträge emanzipiert haben. Ausgangspunkt bildet der Wortlaut. Daneben spielen systematische Auslegung sowie die teleologische Interpretation im Lichte des „Geistes der Verträge" eine wichtige Rolle (zur Orientierung an den Vertragszwecken siehe etwa EuGH, Rs. 26/62, 1963, 1, S. 24 ff. – *van Gend & Loos*). Von geringer Bedeutung ist die historische Auslegung.

Die Rechtsprechung des EuGH ist in besonderem Maße von einer integrationsfreundlichen Auslegung und der Orientierung am „*effet utile*" geprägt. Eine über die Auslegung hinausgehende Rechtsfortbildung hat der Gerichtshof etwa mit seiner Rechtsprechung zur unmittelbaren Anwendbarkeit von Richtlinien und einer gemeinschaftsrechtlich vorgegebenen Staatshaftung für die Nichtumsetzung von Richtlinien sowie für Verstöße der Mitgliedstaaten gegen primäres Gemeinschaftsrecht betrieben.

201 Das Bundesverfassungsgericht hat die rechtsfortbildende Spruchpraxis des EuGH im Hinblick auf die Entwicklung eines ungeschriebenen Grundrechtsstandards mit deutlichem Wohlgefallen betrachtet (BVerfGE 73, 339 [378 ff.]). Die rechtsfortbildende Anerkennung der unmittelbaren Anwendung von Richtlinien hat das Bundesverfassungsgericht noch als legitimen richterlichen Aktivismus gedeutet, der sich im Rahmen europäischer Rechtstradition bewegt (BVerfGE 75, 223 [241 ff.]). Demgegenüber hat das Bundesverfassungsgericht in seiner *Maastricht*-Entscheidung betont, daß der beschränkte Charakter der Kompetenzübertragung auf die Gemeinschaften einer extensiven Handhabung der Gemeinschaftsverträge Grenzen zieht (BVerfGE 89, 155 [188]) und deutliche Kritik an allzu dynamischen Ansätzen der Rechtsprechung des EuGH erkennen lassen. Dabei hat das Bundesverfassungsgericht vor einem allzu forschen Umgang mit dem „*effet utile*" als Auslegungsmaxime gewarnt und kaum verhüllt damit gedroht, daß auch dem EuGH bei einer Kompetenzanmaßung die Gefolgschaft zu verweigern sei (BVerfGE 89, 155, [210]):

> „Wenn eine dynamische Erweiterung der bestehenden Verträge sich bisher auf eine großzügige Handhabung des Art. 235 EWGV [Art. 308 EG n. F.] im Sinne einer ‚Vertragsabrundungskompetenz' auf den Gedanken der inhärenten Zuständigkeit der Europäischen Gemeinschaft (‚implied powers') und auf eine Vertragsauslegung im Sinne einer größtmöglichen Ausschöpfung der Gemeinschaftsbefugnisse (‚effet utile') gestützt hat (. . .), so wird in Zukunft bei der Auslegung von Befugnisnormen durch Einrichtungen und Organe der Gemeinschaften zu beachten sein, daß der Unionsvertrag grundsätzlich zwischen der Wahrnehmung einer begrenzt eingeräumten Hoheitsbefugnis und der Vertragsänderung unterscheidet, seine Auslegung deshalb in ihrem Ergebnis nicht einer Vertragserweiterung gleichkommen darf; eine solche Auslegung von Befugnisnormen würde für Deutschland keine Bindungswirkung entfalten."

Es gehört zu den Aufgaben der europäischen Rechtsdogmatik herauszuarbeiten, wo die Grenzlinie zwischen der zulässigen Rechtsfortbildung und der „Kompetenzanmaßung" durch den EuGH verläuft.

Literatur: *K.-D. Borchardt,* Richterrecht durch den Gerichtshof der Europäischen Gemeinschaften, in: Gedächtnisschrift für Eberhardt Grabitz, 1995, S. 29 ff.; *W. Dänzer-Vanotti,* Der Europäische Gerichtshof zwischen Rechtsprechung und Rechtsetzung, in: Festschrift für Ulrich Everling, Bd. I, 1995, S. 205 ff.; *N. Fennelly,* Legal Interpretation at the European Court of Justice, Fordham International Law Journal 20 (1997), S. 656 ff.; *C. Mensching,* Der neue Komitologiebeschluß des Rates, EuZW 2000, S. 268 ff.; *T. Möllers,* Doppelte Rechtsfortbildung contra legem? – Zur Umgestaltung des Bürgerlichen Gesetzbuches durch den EuGH und nationale Gerichte, EuR 1998, S. 20 ff.; *T. Stein,* Richterrecht wie anderswo auch? – Der Gerichtshof der Europäischen Gemeinschaften als „Integrationsfaktor", in: Richterliche Rechtsfortbildung. Festschrift der Juristischen Fakultät zur 600-Jahrfeier der Universität Heidelberg, 1986, S. 649 ff.; *J. Ukrow,* Richterliche Rechtsfortbildung durch den EuGH, 1995.

VII. Gültigkeitsvermutung für Rechtsakte der Gemeinschaftsorgane

Für Rechtsakte der Gemeinschaftsorgane gilt die Vermutung der Gültigkeit. Deshalb entfalten auch fehlerhafte Rechtsakte grundsätzlich Rechtswirkungen, bis sie vom EuGH für nichtig erklärt oder sonst aufgehoben worden sind. Der EuGH hat hierzu festgestellt,

„daß für die Rechtsakte der Gemeinschaftsorgane grundsätzlich die Vermutung der Gültigkeit spricht und sie daher selbst dann, wenn sie fehlerhaft sind, Rechtswirkungen entfalten, solange sie nicht aufgehoben oder zurückgenommen werden" (EuGH, Rs. C-137/92 P, Slg. 1994, I-2555 Rn. 48 – *BASF*).

Als Ausnahme von diesem Grundsatz entfalten allerdings Rechtsakte, die offenkundig mit einem derart schweren Fehler behaftet sind, daß die Gemeinschaftsrechtsordnung sie nicht tolerieren kann, keine – nicht einmal vorläufige – Rechtswirkung, sind also *rechtlich inexistent.* Diese Ausnahme soll einen Ausgleich zwischen den grundlegenden Erfordernissen herstellen, denen eine Rechtsordnung genügen muß, nämlich der „Stabilität der Rechtsbeziehungen und der Wahrung der Rechtmäßigkeit" (EuGH, aaO, Rn. 49). Dabei hat der EuGH betont, daß nur in höchst außergewöhnlichen Fällen ein Fehler zur Inexistenz eines Rechtsaktes der Gemeinschaftsorgane führen kann.

Die Nichtigkeit eines fehlerhaften Rechtsaktes kann (im Gegensatz zur Inexistenz wegen eines besonders schwerwiegenden und offenkundigen Mangels) nur vom EuGH festgestellt werden (etwa im Rahmen einer Nichtigkeitsklage oder einer Vorabentscheidung nach Art. 234 EG). Nationale Gerichte müssen dieses „*Verwerfungsmonopol*" des EuGH beachten (siehe unten, § 10 V.3).

§ 10. System des gemeinschaftlichen Rechtsschutzes

I. Der EuGH als Garant des gemeinschaftlichen Rechtsschutzes

Der EuGH ist zur Wahrung des Gemeinschaftsrechts bei dessen **203** Anwendung und Auslegung berufen (Art. 220 EG, Art. 136 EA, Art. 31 KS). Die Zuständigkeiten des EuGH sind in den Gemeinschaftsverträgen enumerativ aufgeführt. Die Spruchmöglichkeit des EuGH kann sich also nur in den vorgesehenen Verfahren entfalten. Für eine Reihe von Verfahren ist das zur Entlastung des EuGH geschaffene Gericht erster Instanz (EuG) gegründet worden. Mittlerweile müssen alle direkten Klagen Einzelner (von natürlichen und juristischen Personen) beim EuG erhoben werden. Der EuGH ist dabei auf eine Rechtsmittelzuständigkeit beschränkt.

Außerhalb einer Direktklage gegen Rechtsakte der Gemeinschaftsorgane kann der EuGH eine inzidente Prüfung eines entscheidungserheblichen Rechtsaktes im Rahmen eines anhängigen Rechtsstreites vornehmen (so – über den Wortlaut des Art. 241 EG, Art. 156 EA hinaus – EuGH, Rs. 92/78, 1979, 777 Rn. 38 – *Simmenthal III*). Klagen gegen Rechtsakte der Gemeinschaftsorgane haben keine aufschiebende Wirkung. Jedoch kann der EuGH einstweiligen Rechtsschutz dadurch gewähren, daß er die Durchführung der angefochtenen Handlung aussetzt (Art. 242 EG, Art. 157 EA). Außerdem kann der EuGH (etwa bei Untätigkeits- oder Schadensersatzklagen) die erforderlichen einstweiligen Anordnungen treffen (Art. 243 EG, Art. 158 EA).

Die Urteile des EuGH, die auf Zahlung lauten, sind vollstreck- **204** bar, sofern es sich nicht um ein Urteil gegen einen Mitgliedstaat handelt (Art. 244 i. V. m. 256 EG).

Literatur: *O. Dörr/U. Mager,* Rechtswahrung und Rechtsschutz nach Amsterdam – Zu den neuen Zuständigkeiten des EuGH, AöR 125 (2000), S. 386 ff.; *J. Gündisch,* Rechtsschutz in der Europäischen Gemeinschaft, 1994;

I. Pernice, Die Dritte Gewalt im europäischen Verfassungsverbund, EuR 1996, S. 27 ff.; *H.-W. Rengeling/A. Middeke/M. Gellermann*, Rechtsschutz in der Europäischen Union, 1994; *F. Schockweiler*, Die richterliche Kontrollfunktion: Umfang und Grenzen in bezug auf den Europäischen Gerichtshof, EuR 1995, S. 191 ff.; *J. Schwarze*, Grundzüge und neuere Entwicklung des Rechtsschutzes im Recht der Europäischen Gemeinschaft, NJW 1992, S. 1065 ff.; *M. Zuleeg*, Die Rolle der rechtsprechenden Gewalt in der europäischen Integration, JZ 1994, S. 8 ff.

II. Vertragsverletzungsverfahren

1. Klage der Kommission

205 Das Vertragsverletzungsverfahren gegen einen Mitgliedstaat auf Klage der Kommission hin (Art. 226 EG, Art. 141 EA; vgl. auch Art. 88 KS) bildet ein Instrument, in dem die Kommission als „Hüterin der Verträge" fungiert. Der Klage vor dem EuGH ist ein Vorverfahren vorgeschaltet. In der Praxis bilden von der Kommission betriebene Vertragsverletzungsverfahren ein wichtiges Vehikel zur Sicherung der Einhaltung des Gemeinschaftsrechts durch die Mitgliedstaaten. Auch die Bundesrepublik Deutschland ist in einer Reihe von Verletzungsverfahren verurteilt worden (etwa im Verfahren zum deutschen „Reinheitsgebot" für Bier, wegen der unzureichenden Umsetzung von Umweltrichtlinien und wegen der defizitären Durchsetzung von Rechtsakten der Gemeinschaft gegenüber Einzelnen). Im Vertragsverletzungsverfahren trifft der EuGH ein Feststellungsurteil.

Die Verpflichtung des verurteilten Staates zur Abhilfe regelt Art. 228 Abs. 1 EG, Art. 143 Abs. 1 EA. Der Vertrag von Maastricht hat mit einer Änderung der Gemeinschaftsverträge bei einer Nichtbeachtung der Abhilfepflicht die Möglichkeit geschaffen, daß der EuGH auf Antrag der Kommission gegen den verurteilten Mitgliedstaat die Zahlung eines Pauschalbetrags oder eines Zwangsgelds verhängt (Art. 228 Abs. 2 EG, Art. 143 Abs. 2 EA). Beschränkte Sanktionsmöglichkeiten sah bisher nur der EGKS-Vertrag in Art. 88 Abs. 3 vor.

Die Verurteilung zur Zahlung eines Zwangsgeldes hat der EuGH zum ersten Mal gegen Griechenland (wegen Nichtumsetzung eines

Urteils zu Abfallbeseitigungspflichten und zur Aufstellung von Abfallbeseitigungsplänen) ausgesprochen (EuGH, Rs. C-387/97, EuZW 2000, S. 531 – *Kommission ./. Hellenische Republik* m. Anm. v. *U. Karpenstein*). Dabei hat der EuGH (im Einklang mit einer von der Kommission entwickelten Berechnungsmethode) über die Bemessung des Zwangsgeldes auf die Schwere des Verstoßes, die Dauer des Verstoßes und die erforderliche Abschreckungswirkung abgestellt (aaO, Rn. 85). Daneben berücksichtigt der EuGH als Indikator für die finanzielle Leistungsfähigkeit das Bruttoinlandsprodukt und die Zahl der Ratsstimmen (aaO, Rn. 88). Jedoch stellt der Stimmenschlüssel im Rat schon wegen der Gewichtsverzerrung zugunsten der kleineren Mitgliedstaaten keinen sachgerechten Parameter dar.

2. Klage eines Mitgliedstaates

Die Klage eines Mitgliedstaates gegen einen anderen Mitgliedstaat gemäß Art. 227 EG, Art. 142 EA, Art. 89 KS hat gegenüber dem Vertragsverletzungsverfahren auf Betreiben der Kommission geringe praktische Bedeutung. **206**

3. Gegenmaßnahmen nach allgemeinen Grundsätzen des Völkerrechts

Maßnahmen nach allgemeinen Grundsätzen des Völkerrechts von seiten der Gemeinschaften oder eines Mitgliedstaates wegen einer Vertragsverletzung kommen allenfalls dann in Betracht, wenn der vertragswidrig handelnde Mitgliedstaat auch Sanktionen nach Art. 228 Abs. 2 EG, Art. 143 Abs. 2 EA nicht beachtet (Repressalie). **207**

III. Nichtigkeitsklage

1. Allgemeines

Geregelt ist die Nichtigkeitsklage in Art. 230 EG, Art. 146 EA, Art. 33 KS. Die Nichtigkeitsklage kann gegen die in Art. 230 **208**

Abs. 1 EG, Art. 146 Abs. 1 EA, Art. 33 Abs. 1 Satz 1 KS genannten Rechtsakte erhoben werden. Sie ist auf bestimmte Anfechtungsgründe beschränkt: Unzuständigkeit, Verletzung wesentlicher Formvorschriften, Vertragsverletzung und Ermessensmißbrauch (Art. 230 Abs. 2 EG, Art. 146 Abs. 2 EA, Art. 33 Abs. 1 Satz 1 KS). In der Praxis werden diese Anfechtungsgründe („cas d'ouverture") aber in weitem Sinne verstanden. Der Gerichtshof überprüft beispielsweise auch das Vorliegen offensichtlicher Fehler bei der Feststellung und Würdigung von Tatsachen. Bei Klagen gegen Zwangsmaßnahmen hat der Gerichtshof gemäß Art. 229 EG, Art. 144 EA, Art. 36 Abs. 2 KS die Befugnis zur „unbeschränkten Ermessensnachprüfung" und kann nicht nur den angegriffenen Rechtsakt aufheben, sondern diesen auch selbst unter Ausübung eines eigenen Gestaltungsspielraums ändern.

Die Mitgliedstaaten, der Rat und die Kommission sind im Hinblick auf die Klagebefugnis gegenüber dem Europäischen Parlament und anderen Organen sowie Privaten privilegiert. Klagen dieser „privilegierten" Parteien setzen kein qualifiziertes Rechtsschutzbedürfnis voraus. Der *Vertrag von Nizza* erstreckt diese allgemeine Klagebefugnis auch auf das Europäische Parlament (Art. 230 Abs. 2 EG i.d.F. von Nizza). Einzelne (natürliche oder juristische) Personen können nur unter den Voraussetzungen des Art. 230 Abs. 4 EG Nichtigkeitsklage erheben.

Die deutschen Bundesländer oder andere territoriale Untergliederungen der Mitgliedstaaten gehören nicht zu den privilegierten Klagebefugten gemäß Art. 230 Abs. 2 EG. Sie können aber auf eine Klageerhebung durch die nationale Regierung im Namen des jeweiligen Mitgliedstaates hinwirken. In Deutschland kann der Bundesrat von der Bundesregierung verlangen, „von den im Vertrag über die Europäische Union [sic!] vorgesehenen Klagemöglichkeiten" Gebrauch zu machen, „soweit die Länder durch ein Handeln oder Unterlassen von Organen der Union [sic!] in Bereichen ihrer Gesetzgebungsbefugnisse betroffen sind und der Bund kein Recht zur Gesetzgebung hat". Dabei ist die gesamtstaatliche Verantwortung des Bundes zu wahren (§ 7 Abs. 1 des Gesetzes über die Zusammenarbeit von Bund und Ländern in Angelegenheiten der Europäischen Union).

Bei Begründetheit der Nichtigkeitsklage erklärt der Gerichtshof den angegriffenen Rechtsakt für nichtig. Der EuGH kann dabei anordnen, daß eine für nichtig erklärte Verordnung ganz oder teilweise fortgilt (Art. 231 EG, Art. 147 Abs. 2 EA). Die Erhebung der Nichtigkeitsklage ist an bestimmte Fristen gebunden (Zwei-Monatsfrist gemäß Art. 230 Abs. 5 EG und Art. 146 Abs. 5 EA, Monatsfrist gemäß Art. 33 Abs. 3 KS). Läßt ein Mitgliedstaat oder ein Privater die Klagefrist verstreichen, kann er später die Gültigkeit einer nunmehr bestandskräftigen Entscheidung nicht mehr in Frage stellen. Von praktischer Bedeutung ist dies etwa für Kommissionsentscheidungen, die einen Mitgliedstaat zur Rücknahme der einem Unternehmen gewährten Beihilfe verpflichten. Wenn das die Beihilfe empfangende Unternehmen die Kommissionsentscheidung in vollem Umfang kannte und sie mit der Nichtigkeitsklage hätte anfechten können, kann sich das Unternehmen nach Verstreichen der Klagefrist aus Gründen der Rechtssicherheit nicht mehr auf die Rechtswidrigkeit der Entscheidung berufen (EuGH, Rs. C-188/92, Slg. 1994, I-833 Rn. 17 ff. – *Textilwerke Deggendorf I*).

2. „Organstreit"

Die Nichtigkeitsklage ist auch ein Instrument des Rechtsschutzes **209** von Gemeinschaftsorganen gegen die Verletzung ihrer Kompetenzen und anderer organschaftlicher Positionen im institutionellen Gefüge der Gemeinschaften.

Nach dem ursprünglichen Wortlaut der Gemeinschaftsverträge war das Europäische Parlament nicht klagebefugt; ebensowenig zählten zunächst Rechtsakte des Parlaments zu den angreifbaren Maßnahmen. Der Gerichtshof hat die Klagebefugnis des Europäischen Parlaments in richterlicher Rechtsfortbildung bei der Geltendmachung organschaftlicher Rechtspositionen zugelassen (EuGH, Rs. C-70/88, Slg. 1990, I-2041 Rn. 21 ff. – *Tschernobyl*). Ratio dieser Rechtsfortbildung bildete der Schutz des „institutionellen Gleichgewichts". Später hat Art. 230 Abs. 3 EG dem Europäischen Parlament und der Europäischen Zentralbank sowie dem Rechnungshof die Möglichkeit eingeräumt, Nichtigkeitsklagen zu erheben, die auf „die Wahrung ihrer Rechte abzielen" (siehe auch Art. 146 Abs. 3 EA, Art. 33 Abs. 4 KS; zur unbeschränkten Klagebefugnis des Europäischen Parlaments nach dem *Vertrag von Nizza* oben Rn. 208).

210 Umstritten ist, wie die Parteifähigkeit von *Organteilen* des Europäischen Parlamentes (etwa des Präsidenten, des Präsidiums und der Fraktionen) sowie einzelner Abgeordneter zu beurteilen ist. Die Bestimmung des Art. 230 Abs. 3 EG bezieht sich zunächst auf das Parlament als Gesamtorgan im institutionellen Gefüge der Gemeinschaft. Soweit es um die Wahrnehmung organschaftlicher Rechtspositionen auf Grund der Gründungsverträge oder der Geschäftsordnung des Europäischen Parlamentes geht, sprechen gute Gründe für eine erweiternde Anwendung des Art. 230 Abs. 3 EG über den Wortlaut hinaus. Insbesondere eine Parteifähigkeit von Fraktionen, denen die Geschäftsordnung des Parlaments eine Reihe von Mitwirkungsrechten einräumt und die über eine erhebliche organisatorische Selbständigkeit verfügen, läßt sich auf den Gedanken des Minderheitenschutzes stützen. Die Heranziehung der für natürliche und juristische Personen im allgemeinen geltenden Vorschrift des Art. 230 Abs. 4 EG ist nur dann gerechtfertigt, wenn ein einzelner Abgeordneter oder andere Kläger aus dem parlamentarischen Bereich subjektive Rechte und keine organschaftlichen Rechtspositionen geltend machen (s. zur Klage einer ehemaligen Abgeordneten wegen der verweigerten Zahlung einer Übergangsvergütung EuGH, Rs. C-314/91, Slg. 1993, I-1093 – *Weber*).

211 Bei Organstreitverfahren zwischen Parlamentsfraktionen und dem Europäischen Parlament selbst greift die Nichtigkeitsklage nur bei Rechtsakten des Parlamentes, die „Rechtswirkung gegenüber Dritten" haben (Art. 230 Abs. 1 EG). Die Einsetzung eines Untersuchungsausschusses, der sich mit rechtsextremen Umtrieben befassen sollte, hat der EuGH im Hinblick auf die Beanstandung durch eine Parlamentsfraktion nur als parlamentsinternen Akt ohne Rechtswirkungen nach außen eingestuft (EuGH, Rs. 78/85, Slg. 1986, 1753 Rn. 11 – *Fraktion der Europäischen Rechten I*). Eine andere Beurteilung ist dann angezeigt, wenn ein Akt des Parlaments in organschaftliche Mitwirkungsrechte eingreift und damit den Status einer Fraktion oder eines Abgeordneten berührt. Politische Parteien können als Personenmehrheiten nach Art. 230 Abs. 4 EG

§ 10. System des gemeinschaftlichen Rechtsschutzes

gegen Parlamentsbeschlüsse klagen, die sie bei der Vergabe von finanziellen Mitteln im Parteienwettbewerb benachteiligen (EuGH, Rs. 294/83, Slg. 1986, 1339 Rn. 27 f. – *Les Verts*).

3. Nichtigkeitsklage Einzelner

Nach Art. 230 Abs. 4 EG, Art. 146 Abs. 4 EA können Einzelne (natürliche und juristische Personen) nur unter eingeschränkten Voraussetzungen Klage gegen Rechtsakte der Gemeinschaftsorgane erheben (s. zur Klagemöglichkeit von Unternehmen und Unternehmensverbänden in der Montanunion Art. 33 Abs. 2 KS). Dies gilt auch für Gemeinden, Regionen und Länder und andere Personen des öffentlichen Rechts (EuGH, Rs. 222/83, Slg. 1984, 2889 – *Differdange*). Unproblematisch ist die Nichtigkeitsklage Einzelner gegen an sie selbst gerichtete Entscheidungen.

212

a) Klage gegen an Dritte gerichtete Entscheidungen

Gegen Entscheidungen, welche an Dritte gerichtet sind, können Einzelne nur klagen, wenn sie selbst „unmittelbar und individuell" betroffen sind (Art. 230 Abs. 4 EG, Art. 146 Abs. 4 EA). *Unmittelbar* betroffen ist ein Kläger von einer an einen Dritten gerichteten Entscheidung nur dann, wenn von dieser Entscheidung ein hinreichend konkreter Eingriff in seine eigene Rechtssphäre ausgeht. Bei Entscheidungen, die sich an einen Mitgliedstaat richten, kommt es darauf an, ob dem Mitgliedstaat bei der Umsetzung noch ein erheblicher Spielraum bleibt oder nicht. So besteht unmittelbare Betroffenheit eines Privaten, wenn die Kommission von dem Mitgliedstaat die Rückforderung einer dem Privaten gewährten Beihilfe verlangt.

213

Individuell betroffen ist ein Einzelner, wenn ihn die Entscheidung wegen besonderer Umstände und wegen bestimmter persönlicher Eigenschaften in qualifizierter Weise berührt und ihn ähnlich individualisiert wie den Adressaten selbst. In Fällen einer solchen qualifizierten Betroffenheit durch Entscheidungen zugunsten Dritter können Konkurrenten Nichtigkeitsklage erheben. Von besonderer Bedeutung ist die Konkurrentenklage im europäischen Wettbewerbsrecht, insbesondere bei der Fusionskontrolle. Die Rechtsprechung läßt die Nichtigkeitsklage von Konkurrenten gegen die Genehmigung einer Fusion insbesondere dann zu, wenn der Kläger unter Inanspruchnahme von Verfahrensgarantien wesentlich am Verwaltungsverfahren vor der Kommission beteiligt war oder die angegriffene Entscheidung den Kläger unmittelbar in seiner Wettbewerbsstellung berührt (EuG, Rs. T-2/93, Slg. 1994, II-323 Rn. 39 ff. – *Air France/British Airways*).

Eine Ausdehnung der Klagebefugnis auf Umweltschutzverbände (unter Verzicht auf das Merkmal der individuellen Betroffenheit) hat der EuGH abgelehnt (zur Klagebefugnis von Greenpeace gegen eine Finanzierung von Elektrizitätswerken auf den Kanarischen Inseln aus Gemeinschaftsmitteln EuGH, Rs. C-321/85 P, Slg 1998, I-1635 Rn. 27 ff. – *Greenpeace Council*).

b) Klage gegen normative Rechtsakte

214 *Verordnungen* können von Privaten nur dann angegriffen werden, wenn sie den Kläger unmittelbar und individuell betreffen. Die neuere Rechtsprechung zeigt die Bereitschaft des EuGH, Individualklagen unter bestimmten Voraussetzungen auch gegen solche Verordnungen zuzulassen, die wegen ihrer Geltung für einen unüberschaubaren Adressatenkreis generellen Regelungscharakter haben. Entscheidend kommt es dabei darauf an, daß der Kläger durch besondere Umstände in einer qualifizierten Weise betroffen ist, die ihn aus dem Kreis der übrigen Personen heraushebt. Dabei nimmt der EuGH insbesondere eine Analyse der wirtschaftlichen Gesamtsituation vor (EuGH, Rs. C 309/89, Slg. 1994, I-1853 Rn. 19 ff. – *Codorniu*).

215 Der EuGH hat die Zulässigkeit von Individualklagen insbesondere dann angenommen, wenn der Kläger an dem zum Erlaß des angegriffenen Rechtsaktes führenden Verfahren vor der Kommission beteiligt war und dieses Verfahren auch dem Schutz seiner Interessen gedient hat.

So hat der EuGH die Klage eines britischen Unternehmens gegen eine Antidumping-Verordnung des Rats zugelassen, welche die Festlegung eines Antidumping-Zolles gegen Importe aus Drittstaaten mit maßgeblichem Bezug zur wirtschaftlichen Lage dieses Unternehmens zum Gegenstand hat (EuGH, Rs. 264/82, Slg. 1985, 849, Rn. 10 ff. – *Timex*). In diesem Falle ging es um

§ 10. System des gemeinschaftlichen Rechtsschutzes

die Klage des einzigen Herstellers mechanischer Armbanduhren in Großbritannien und größten Produzenten mechanischer Uhrwerke in der Gemeinschaft gegen eine Antidumping-Verordnung wegen Dumpingpraktiken im Bereich mechanischer Uhren und mechanischer Uhrwerke sowjetischen Ursprungs mit der Begründung, die Antidumping-Verordnung des Rats sei unzureichend. Das Verfahren auf Erlaß der Verordnung wurde vor der Kommission vom Verband britischer Uhrenhersteller eingeleitet; im Verlauf des Verfahrens wurde die klagende Firma gehört. Die angegriffene Verordnung besagte, der Antidumping-Zoll sei „in Anbetracht des Ausmaßes der Schäden, die der Timex-Corporation durch die gedumpten Einfuhren zugefügt worden sind", festgesetzt worden. Der EuGH kam daher zu dem Ergebnis, daß die streitige Verordnung auf der individuellen Situation der klagenden Firma Timex beruhe (aaO, Rn. 15). Diese Rechtsprechung eröffnet die Möglichkeit einer Konkurrentenklage (hier gegen gedumpte Einfuhren aus Drittländern).

Auf die besonderen Auswirkungen des angegriffenen Rechtsaktes auf den Kläger im Lichte der wirtschaftlichen Situation hat der EuGH auch abgestellt, um Klagen gegen die Verhängung von Antidumping-Maßnahmen zuzulassen. Im Falle *Extramet* maß der EuGH dem Umstand, daß das klagende Unternehmen in besonderer Weise vom Import des mit einem Antidumping-Zoll belegten Calcium-Metalls aus der Volksrepublik China und der Sowjetunion betroffen war, besondere Bedeutung bei:

„Die Klägerin hat . . . das Vorliegen einer Reihe von Umständen nachgewiesen, die eine . . . besondere, im Hinblick auf die fragliche Maßnahme aus dem Kreis aller übrigen Wirtschaftsteilnehmer heraushebende Situation begründen. Sie ist nämlich der größte Importeur des Erzeugnisses, das Gegenstand der Antidumpingmaßnahme ist, und zugleich Endverbraucher dieses Erzeugnisses. Außerdem hängen ihre wirtschaftlichen Tätigkeiten sehr weitgehend von diesen Einfuhren ab und sind von der streitigen Verordnung schwer getroffen, da nur wenige Produzenten das fragliche Erzeugnis herstellen und die Klägerin Schwierigkeiten hat, es sich bei dem einzigen Hersteller der Gemeinschaft zu beschaffen, der zudem noch ihr Hauptmitbewerber für das Verarbeitungserzeugnis ist" (EuGH, Rs. C-358/89, Slg. 1991, I-2501 Rn. 17).

Die Grenzen des Primärrechtsschutzes gegen normative Akte hat der Gerichtshof im *„Bananenstreit"* aufgezeigt. Die Nichtigkeitsklage von sieben deutschen Bananenimporteuren gegen die Bananen-Verordnung mit der Festsetzung von Zollkontingenten für die Einfuhr von Bananen hat der EuGH für unzulässig erklärt, da es an der individuellen Betroffenheit fehle (EuGH, Rs. C-286/93, Slg. 1993, I-3335 – *Atlanta*):

„Zur Frage des individuellen Betroffenseins der Kläger ist darauf hinzuweisen, daß nach ständiger Rechtsprechung aus dem Umstand, daß sich diejenigen Personen, auf die eine Maßnahme anwendbar ist, mehr oder weniger genau der Zahl nach oder sogar namentlich bestimmen lassen, keineswegs folgt, daß diese Personen als durch diese Maßnahme individuell betroffen anzusehen sind, sofern nur feststeht, daß die Maßnahme nach ihrer Zweckbestimmung aufgrund eines durch sie festgelegten objektiven Tatbestands rechtlicher oder tatsächlicher Art anwendbar ist. . . Als individuell betroffen können diese Personen nur dann angesehen werden, wenn sie in ihrer Rechtsstellung aufgrund von Umständen betroffen sind, die sie aus dem Kreis aller übrigen Personen herausheben und sie in ähnlicher Weise individualisieren wie einen Adressaten . . . Durch die hier angefochtenen Bestimmungen soll nun aber eine Regelung über den Bananenhandel mit Drittländern und über die Aufteilung des Zollkontingents zwischen anhand objektiver Merkmale umschriebenen Gruppen von Wirtschaftsteilnehmern getroffen werden. Demnach gelten diese Vorschriften für objektv festgelegte Sachverhalte und entfalten Rechtswirkungen gegenüber abstrakt und generell erfaßten Personengruppen. Die angefochtene Maßnahme betrifft die Kläger somit nur in ihrer objektiven Eigenschaft als Wirtschaftsteilnehmer im Sektor der Vermarktung von Bananen aus Drittländern und damit nicht anders als alle anderen Wirtschaftsteilnehmer, die sich in derselben Lage befinden" (aaO, Rn. 8 ff.; ähnlich EuGH, Rs. C-257/93, Slg. 1993, I-3335, Rn. 8 ff. – *van Parijis*).

Im „*Bananenstreit*" konnte die Zulässigkeitshürde nur von einer Nichtigkeitsklage der Bundesrepublik Deutschland selbst überwunden werden.

217 Gegen *Richtlinien* können Einzelne eine Nichtigkeitsklage auch dann nicht erheben, wenn der Kreis Betroffener sich in individualisierbarer Weise bestimmen läßt. Dies gilt nach der Rechtsprechung des EuGH jedenfalls dann, wenn die Richtlinie erst noch in innerstaatliches Recht umgesetzt werden muß, um unmittelbar anwendbar zu sein (EuGH, Rs. C-10/95 P, Slg. 1995, I-4149 – *Asocarne*).

Gegen normative Rechtsakte kann die Nichtigkeitsklage von Einzelnen also nur ausnahmsweise erhoben werden. Hierin liegt eine massive Einschränkung des Primärrechtsschutzes gegen Rechtsetzungsakte der Gemeinschaftsorgane. Eine gewisse Kompensation für dieses Defizit liegt in der Möglichkeit einer Schadensersatzklage nach Art. 235 i.V.m. Art. 288 Abs. 2 EG und in der inzidenten Normenkontrolle gemäß Art. 241 EG.

Literatur: *L. Allkemper*, Der Rechtsschutz des einzelnen nach dem EG-Vertrag, 1995; *M. Stauß*, Das Europäische Parlament und seine Untergliederungen im Verfahren der Nichtigkeitsklage (Art. 173 EG), 1996.

IV. Untätigkeitsklage

218 Die Untätigkeitsklage ist in Art. 232 EG, Art. 148 EA, Art. 35 KS geregelt. Sie weist eine ähnliche Struktur auf wie die Nichtig-

§ 10. System des gemeinschaftlichen Rechtsschutzes

V. Vorabentscheidungsverfahren

1. Gegenstand und Bedeutung

Regelungsgrundlage bilden Art. 234 EG und Art. 150 EA. Das **219** Vorabentscheidungsverfahren ist von zentraler Bedeutung für

– die einheitliche Auslegung des Gemeinschaftsrechts und
– die Kontrolle des sekundären Gemeinschaftsrechts.

Das Vorabentscheidungsverfahren bildet wohl das wichtigste Verfahren vor dem Gerichtshof. Für Vorabentscheidungsverfahren ist der Gerichtshof selbst (und nicht das Gericht erster Instanz) zuständig. Der *Vertrag von Nizza* sieht aber in bestimmten Fällen die Möglichkeit von Vorabentscheidungen des Gerichts erster Instanz vor (Art. 225 Abs. 3 EG i.d. Fassung von Nizza).

Gegenstand der Vorlage an den Gerichtshof bilden die Auslegung und die Gültigkeit des Gemeinschaftsrechts (Art. 234 Abs. 1 EG). Keinen tauglichen Gegenstand der Vorlage bildet die Vereinbarkeit nationalen Rechts mit dem Gemeinschaftsrecht. Hierüber haben die nationalen Gerichte selbst im Lichte der Vorabentscheidung des Gerichtshofs zur Auslegung des Gemeinschaftsrechts zu befinden.

2. Vorlageberechtigung und Vorlagepflicht

Die Berechtigung zur Vorlage regelt Art. 234 Abs. 2 EG. Nicht **220** zu den vorlageberechtigten „Gerichten" gehören Schiedsgerichte.

In Deutschland ergeht die Vorlageentscheidung in der Form eines Beschlusses, der das Verfahren aussetzt (etwa nach § 148 ZPO; § 94 VwGO). Der Tenor des Beschlusses enthält eine oder mehrere Fragen an den Gerichtshof. Nicht unmittelbar zum Gegenstand der Vorlageentscheidung kann die Gültigkeit oder Gemeinschaftskonformität nationalen Rechts gemacht werden. Der Gerichtshof entscheidet unmittelbar nur über die Auslegung oder die Gültigkeit des Gemeinschaftsrechts. Daraus ergeben sich mittelbar Rückschlüsse auf die Vereinbarkeit nationalen Rechts mit dem Gemeinschaftsrecht in der Auslegung des Gerichtshofs.

Die Pflicht zur Vorlage ergibt sich aus Art. 234 Abs. 3 EG für Gerichte, deren Entscheidungen nicht mehr mit Rechtsmitteln angefochten werden können. Umstritten ist dabei, ob nur die jeweiligen obersten Gerichte eines Gerichtszweiges vorlagepflichtig sind (so die abstrakte Theorie), oder ob es auf die Nichtanfechtbarkeit im Einzelfall ankommt (konkrete Theorie). Die h. M. folgt der konkreten Theorie. Danach können beispielsweise auch Landgerichte vorlagepflichtig sein, wenn gegen ihre Entscheidungen kein Rechtsmittel mehr gegeben ist.

Eine wichtige Einschränkung der Vorlageberechtigung gilt für Vorschriften des Titels IV des dritten Teils des EG-Vertrages (Visa, Asyl, Einwanderung und andere Politiken betreffend den freien Personenverkehr) und auf diesen Titel gestützte Rechtsakte: Vorlageberechtigt sind hier nur letztinstanzliche Gerichte, also Gerichte, deren Entscheidungen selbst nicht mehr mit innerstaatlichen Rechtsmitteln angefochten werden können (Art. 68 Abs. 1 EG). Unklar sind – im Hinblick auf das „Verwerfungsmonopol" des EuGH – die Konsequenzen, welche sich aus dieser beschränkten Vorlageberechtigung für unterinstanzliche Gerichte in den Fällen ergeben, in denen sie eine Regelung des Gemeinschaftsrechts für ungültig halten (hierzu sogleich unter V. 3.). Ausgeklammert von der Zuständigkeit des Gerichtshofs sind nach Art. 68 Abs. 2 EG Entscheidungen über Maßnahmen und Beschlüsse nach Art. 62 Nr. 1 EG, welche die Aufrechterhaltung der öffentlichen Ordnung und den Schutz der inneren Sicherheit betreffen. Diese Zuständigkeitsbegrenzung dürfte nicht nur für Vorabentscheidungsverfahren gelten, sondern auch für andere Verfahren (wie die Nichtigkeitsklage).

Für den Titel IV des dritten Teils des EG-Vertrages führt Art. 68 Abs. 3 EG ein neuartiges, „abstraktes" Vorlageverfahren ein. Danach können der Rat, die Kommission oder ein Mitgliedstaat dem EuGH Fragen nach der Auslegung des Titels IV und darauf gestützter Rechtsakte zur Entscheidung vorlegen.

§ 10. System des gemeinschaftlichen Rechtsschutzes

3. Zweifel an der Gültigkeit des sekundären Gemeinschaftsrechts: das „Verwerfungsmonopol" des EuGH

Über den Wortlaut von Art. 234 Abs. 3 EG hinaus sind nach der 221
Rechtsprechung des Gerichtshofs auch unterinstanzliche Gerichte
dann zur Vorlage verpflichtet, wenn sie einen entscheidungserheblichen Rechtsakt von Gemeinschaftsorganen deswegen außer acht
lassen wollen, weil er nach Auffassung des Gerichtes wegen Verstoßes gegen höherrangiges Gemeinschaftsrecht ungültig ist. Das
Verwerfungsmonopol des Europäischen Gerichtshofs im Hinblick
auf das sekundäre Gemeinschaftsrecht erfordert hier die Vorlage
nach Art. 234 EG. Der EuGH hat im Fall *Foto-Frost* zur Entscheidung über die Ungültigkeit von Handlungen der Gemeinschaftsorgane durch nationale Gerichte ausgeführt:

„Sie sind ... nicht befugt, Handlungen der Gemeinschaftsorgane für ungültig zu erklären. Wie der Gerichtshof ... hervorgehoben hat, soll nämlich durch die Befugnisse, die Art. 177 [Art. 234 EG n. F.] dem Gerichtshof einräumt, im wesentlichen gewährleistet werden, daß das Gemeinschaftsrecht von den nationalen Gerichten einheitlich angewandt wird. Dieses Erfordernis der Einheitlichkeit ist besonders zwingend, wenn die Gültigkeit einer Gemeinschaftshandlung in Frage steht. Meinungsverschiedenheiten der Gerichte der Mitgliedstaaten über die Gültigkeit von Gemeinschaftshandlungen wären geeignet, die Einheit der Gemeinschaftsrechtsordnung selbst aufs Spiel zu setzen und das grundlegende Erfordernis der Rechtssicherheit zu beeinträchtigen.
Die notwendige Kohärenz des vom Vertrag geschaffenen Rechtsschutzsystems zwingt zu derselben Schlußfolgerung. Insoweit ist darauf hinzuweisen, daß das Vorabentscheidungsersuchen zur Beurteilung der Gültigkeit, ebenso wie die Nichtigkeitsklage, eine Form der Kontrolle der Rechtmäßigkeit der Handlungen der Gemeinschaftsorgane darstellt.
Da Artikel 173 EG [Art. 230 EG n. F.] dem Gerichtshof die ausschließliche Zuständigkeit für die Nichtigerklärung der Handlung eines Gemeinschaftsorgans zuweist, verlangt es die Kohärenz des Systems, daß die Befugnis zur Feststellung der Ungültigkeit dieser Handlung, wenn sie vor einem nationalen Gericht geltend gemacht wird, ebenfalls dem Gerichtshof vorbehalten bleibt"
(EuGH, Rs. 314/85, Slg. 1987, 4199 Rn. 15 ff. – *Foto-Frost*).
Die Beschränkung der Vorlageberechtigung nach Art. 68 Abs. 1 EG versperrt unterinstanzlichen Gerichten die Möglichkeit, den EuGH mit der Gültigkeit sekundären Gemeinschaftsrechts im Wege der Vorabentscheidung zu befassen. Hier bleibt einem unterinstanzlichen Gericht grundsätzlich nichts anderes übrig, als eine Vorschrift des sekundären Gemeinschaftsrechts auch dann

anzuwenden, wenn es diese für rechtswidrig hält. Eine Ausnahme von dieser Anwendungspflicht dürfte jedoch in bestimmten Fällen des einstweiligen Rechtsschutzes (hierzu sogleich unter V. 4.) gelten.

4. Einstweiliger Rechtsschutz

222 Auch im Eilverfahren besteht grundsätzlich die Pflicht zur Vorlage. Bei zweifelhafter *Auslegung* des Gemeinschaftsrechts hindert die Vorlagepflicht den nationalen Richter jedoch nicht, aufgrund eigener Interpretation des anwendbaren Rechtes einstweiligen Rechtsschutz zu gewähren; die Vorabentscheidung des EuGH kann dann bis zur Entscheidung in der Hauptsache abgewartet werden. Wenn der nationale Richter schwerwiegende Zweifel an der Rechtmäßigkeit und *Gültigkeit* von sekundärem Gemeinschaftsrecht hat, geht es um die Durchsetzung des höherrangigen Gemeinschaftsrechts gegenüber nachgeordneten Rechtsakten der Gemeinschaftsorgane im Interesse effektiven Rechtsschutzes. Hier müssen die nationalen Gerichte das „Verwerfungsmonopol" des EuGH beachten.

Nationale Gerichte können sich deshalb über den Geltungsanspruch sekundären Gemeinschaftsrechts beim Erlaß einstweiliger Regelungen nur dann hinwegsetzen, wenn bestimmte Voraussetzungen vorliegen. Geht der nationale Richter im Eilverfahren von der Ungültigkeit eines entscheidungserheblichen Rechtsaktes der Gemeinschaftsorgane aus oder hat er zumindest erhebliche Zweifel an der Gültigkeit, kann ein darauf beruhender nationaler Vollzugsakt nach der Rechtsprechung des EuGH nur ausgesetzt werden, sofern die Entscheidung dringlich ist, dem Antragsteller ein schwerer und nicht wiedergutzumachender Schaden droht und das Interesse der Gemeinschaft an einer effektiven Umsetzung des Gemeinschaftsrechts angemessen berücksichtigt wird. Bei der Aussetzung der Vollziehung eines auf Gemeinschaftsrecht beruhenden nationalen Verwaltungsaktes oder beim Erlaß einer einstweiligen Anordnung muß der nationale Richter die Frage der Gültigkeit des „suspendierten" Rechtsaktes der Gemeinschaftsorgane dem EuGH vorlegen (EuGH, verb. Rs. C-143/88 u. C-92/89, Slg. 1991, I-415 Rn. 22 ff. – *Zuckerfabrik Süderdithmarschen*).

§ 10. System des gemeinschaftlichen Rechtsschutzes

Im „Bananenstreit" hat der EuGH die Voraussetzungen weiter konkretisiert, die für den Erlaß einstweiliger Regelungen gelten, denen ernsthafte Zweifel an der Rechtmäßigkeit sekundären Gemeinschaftsrechts zugrunde liegen. Dabei betonte der Gerichtshof insbesondere, daß vorausgehende Entscheidungen des EuGH zur Rechtmäßigkeit des jeweiligen Rechtsaktes zu beachten sind. Der EuGH hat im Zusammenhang mit der Gewährung zusätzlicher Einfuhrlizenzen für Bananenimporteure unter Durchbrechung einer EG-Verordnung entschieden, daß ein nationales Gericht einstweilige Anordnungen in bezug auf einen zur Durchführung einer Gemeinschaftsverordnung erlassenen nationalen Verwaltungsakt nur erlassen darf,
– wenn es erhebliche Zweifel an der Gültigkeit der Handlung der Gemeinschaft hat und diese Gültigkeitsfrage, sofern der Gerichtshof mit ihr noch nicht befaßt ist, diesem selbst vorlegt;
– wenn die Entscheidung dringlich in dem Sinne ist, daß die einstweiligen Anordnungen erforderlich sind, um zu vermeiden, daß die sie beantragende Partei einen schweren und nicht wiedergutzumachenden Schaden erleidet;
– wenn es das Interesse der Gemeinschaft angemessen berücksichtigt und
– wenn es bei der Prüfung aller dieser Voraussetzungen die Entscheidungen des Gerichtshofes oder des EuG über die Rechtmäßigkeit der Verordnung oder einen Beschluß im Verfahren des vorläufigen Rechtsschutzes betreffend gleichartige einstweilige Anordnungen auf Gemeinschaftsebene beachtet" (EuGH, Rs. C-466/93, Slg. 1995, I-3799 Rn. 51 – *Atlanta Fruchthandelsgesellschaft*).

Das vom EuGH beschworene „Interesse der Gemeinschaft" daran, daß von ihr erlassene Regelungen nicht voreilig wegen Zweifeln an deren Rechtmäßigkeit außer Anwendung gelassen werden, hat im Grunde bei der vorzunehmenden Abwägung keinen eigenen Stellenwert. Denn noch höher ist das Interesse der Gemeinschaft zu veranschlagen, daß übergeordnetes Gemeinschaftsrecht (Primärrecht oder völkerrechtliche Verpflichtungen) nicht durch den Vollzug hiergegen verstoßender Rechtsakte verletzt wird.

5. Bindungswirkung von Vorabentscheidungen

Entscheidungen des Europäischen Gerichtshofs im Vorlageverfahren binden in der Regel unmittelbar nur das vorlegende Gericht und alle anderen Gerichte, die in dem Ausgangsverfahren entscheiden. Jedoch entfalten Urteile, welche die *Ungültigkeit* von sekundärem Gemeinschaftsrecht feststellen, eine allgemeine Wirkung. Gemeinschaftsorgane und nationale Instanzen können den für nichtig erklärten Rechtsakt ohne weiteres als ungültig behandeln.

Darüber hinaus kommt *Auslegungs*entscheidungen des Gerichtshofs faktisch allgemeine Wirkung zu.

6. Der EuGH als gesetzlicher Richter

224 Aus innerstaatlicher Sicht ist die Vorlagepflicht nach Art. 234 EG dadurch abgesichert, daß die Rechtsstellung des EuGH als gesetzlicher Richter im Sinne von Art. 101 Abs. 1 Satz 2 GG anerkannt ist (BVerfGE 73, 339 [366 ff.]; 75, 223 [233 ff.]). Die objektiv willkürliche Verletzung der Vorlagepflicht kann daher mit der Verfassungsbeschwerde gerügt werden (siehe etwa BVerfGE 75, 233). Dies gilt etwa dann, wenn ein letztinstanzliches Gericht sich über die Rechtsprechung des EuGH bewußt hinwegsetzt, ohne den EuGH erneut mit der streitigen Rechtsfrage zu befassen (s. zur Verletzung der Vorlagepflicht bei der Abweichung von einer im selben Verfahren ergangenen Vorabentscheidung des EuGH durch ein oberstes Bundesgericht BVerfGE 75, 223 [245]).

Literatur: *M. A. Dauses,* Das Vorabentscheidungsverfahren nach Art. 177 EG-Vertrag, 2. Aufl., 1995; *U. Everling,* Das Vorabentscheidungsverfahren vor dem Gerichtshof der EG, 1986.

VI. Schadensersatzklage und Haftung der Gemeinschaften

225 Die Schadensersatzklage nach Art. 235 EG, Art. 151 EA, Art. 34 Abs. 2 KS bildet einen eigenständigen Rechtsbehelf neben der Nichtigkeitsklage. Bei fehlerhaften Rechtsetzungsakten (Verordnungsunrecht) kommt der Schadensersatzklage eine wichtige Auffangfunktion zu, da der primäre Rechtsschutz durch Nichtigkeitsklagen wegen des Erfordernisses der unmittelbaren und individuellen Betroffenheit (Art. 230 Abs. 4 EG) empfindlich eingeschränkt ist.

Eine beachtliche Rolle spielt die außervertragliche Haftung der Gemeinschaften. Sie ist in Art. 288 Abs. 2 EG, Art. 188 Abs. 2 EA, Art. 34 Abs. 1 KS geregelt. Beim Verweis auf die allgemeinen Rechtsgrundsätze im Sinne von Art. 288 Abs. 2 EG, Art. 188

Abs. 2 EA kommt es auf eine wertende Rechtsvergleichung an. Bei Rechtsetzungsakten mit wirtschaftspolitischem Einschlag setzt die Haftung der Gemeinschaft nach der Rechtsprechung des EuGH voraus, daß eine „hinreichend qualifizierte Verletzung einer höherrangigen, dem Schutz des Einzelnen dienenden Rechtsnorm" vorliegt (EuGH, Rs. 5/71, Slg. 1971, 975 Rn. 11 – *Schöppenstedt;* Rs. 238/78, Slg. 1979, 2955 Rn. 9 – *Quellmehl;* verb. Rs. C-104/89 und C-37/90, Slg. 1992, I-3061 Rn. 12 – *Mulder II*). Bei Schädigungen von Marktteilnehmern durch eine Verordnung mit wirtschaftspolitischem Charakter reicht die schlichte Rechtswidrigkeit also noch nicht aus, um Haftungsansprüche der Geschädigten zu begründen. Vielmehr stellt der EuGH darauf ab, ob das Rechtsetzungsermessen „offenkundig und erheblich" überschritten worden ist und ob dabei die rechtlich geschützten Belange einer klar abgrenzbaren Gruppe von Wirtschaftsteilnehmern mißachtet worden sind (EuGH, Rs. 238/78, Slg. 1979, 2955 Rn. 9 ff. – *Quellmehl*). Den Hintergrund für diese außerordentlich restriktive Rechtsprechung zur Gemeinschaftshaftung bildet für den EuGH die Erwägung,

„daß die gesetzgebende Gewalt selbst dann, wenn ihre Handlungen richterlicher Kontrolle unterworfen sind, bei ihrer Willensbildung nicht jedesmal durch die Möglichkeit von Schadensersatzklagen behindert werden darf, wenn sie Anlaß hat, im Allgemeininteresse Rechtsnormen zu erlassen, welche die Interessen der einzelnen berühren können" (EuGH, verb. Rs. 83 und 94/76, 4, 15 und 40/77, Slg. 1978, 1209 Rn. 5 – *HNL*).

Literatur: *P. Aubin,* Die Haftung der EWG und ihrer Mitgliedstaaten bei gemeinschaftsrechtswidrigen nationalen Verwaltungsakten, 1982; *M. Herdegen,* Die Haftung der EWG für fehlerhafte Rechtsetzungsakte, 1983; *M. Winkler/ T. Trölitzsch,* Wende in der EuGH-Rechtsprechung zur Haftung der EG für fehlerhafte EG-Rechtsetzungsakte und prozessuale Bewältigung der Prozeßflut, EuZW 1992, S. 663 ff.

VII. Das Maß richterlicher Ermessenskontrolle

Die Kontrolle administrativer Gestaltungsspielräume der Gemeinschaftsorgane durch den EuGH ist stark vom französischen und deutschen Recht inspiriert. Im Einklang mit dem Recht der

180 2. Teil. Die Europ. Gemeinschaften als Herz der Europ. Union

meisten Mitgliedstaaten nimmt die Rechtsprechung des EuGH keine scharfe Trennung zwischen der Konkretisierung unbestimmter Rechtsbegriffe und einer Beurteilungsermächtigung einerseits und dem Ermessen andererseits vor.

Bei der „Würdigung der aus den wirtschaftlichen Tatsachen oder Umständen sich ergebenden Gesamtlage" schränkt Art. 33 Abs. 1 Satz 2 KS die richterliche Prüfung ein. Die Vorschrift läßt sich als Ausdruck eines allgemeinen Rechtsgedankens verstehen. In diesem Sinne erkennt die Rechtsprechung des EuGH den Gemeinschaftsorganen bei der Rechtsanwendung auf komplexe wirtschaftliche Sachverhalte einen beachtlichen Einschätzungsspielraum zu. Dies gilt insbesondere bei der Konkretisierung unbestimmter Begriffe im Wettbewerbsrecht, bei Antidumping-Maßnahmen und sonstigen außenwirtschaftlichen Maßnahmen sowie bei der Gestaltung der Außenbeziehungen. Im Fall *Remia* hat sich der EuGH bei der Anwendung des Art. 81 Abs. 1 EG (im Hinblick auf die Dauer eines Wettbewerbsverbotes nach einem Unternehmensverkauf) zu einer eingeschränkten richterlichen Kontrolle bekannt:

> „Zwar nimmt der Gerichtshof grundsätzlich eine umfassende Prüfung der Frage vor, ob die Tatbestandsmerkmale des Artikel 85 Absatz 1 [Art. 81 Abs. 1 EG n. F.] erfüllt sind, doch verlangt die Bestimmung der zulässigen Dauer eines in einem Kaufvertrag über ein Unternehmen enthaltenen Wettbewerbsverbots von der Kommission eine Würdigung komplexer wirtschaftlicher Gegebenheiten. Der Gerichtshof hat daher seine Prüfung dieser Sachverhaltswürdigung auf die Frage zu beschränken, ob die Verfahrensvorschriften eingehalten worden sind, ob die Begründung ausreichend ist, ob der Sachverhalt zutreffend festgestellt worden ist und ob keine offensichtlich fehlerhafte Würdigung des Sachverhalts und kein Ermessensmißbrauch vorliegen" (EuGH, Rs. 42/84, Slg. 1985, 2545 Rn. 34).

227 Maßstäbe für die Ermessensprüfung liefern neben dem Zweck der Ermessensermächtigung vor allem allgemeine Rechtsgrundsätze mit den im Gemeinschaftsrecht anerkannten Grundrechten, dem Grundsatz der Verhältnismäßigkeit, dem Willkürverbot und dem Vertrauensschutz. Beim Eingriff in Grundrechtspositionen zeigt die jüngere Rechtsprechung des EuGH oft eine sehr großzügige Ermessensprüfung im Hinblick auf einen Abwägungsfehler. Dabei praktiziert die Rechtsprechung zuweilen eine geradezu lax erschei-

§ 10. System des gemeinschaftlichen Rechtsschutzes 181

nende Verhältnismäßigkeitskontrolle. So hat der EuGH bei der Überprüfung der protektionistischen Bananenmarktordnung auf das „weite Ermessen" des Gemeinschaftsgesetzgebers auf dem Gebiet der gemeinsamen Agrarpolitik hingewiesen und daraus den Rückzug der richterlichen Überprüfung auf eine evidente Fehlgewichtung der berührten Interessen abgeleitet:

„Der Gerichtshof hat entschieden, daß die Rechtmäßigkeit einer in diesem Bereich erlassenen Maßnahme nur dann beeinträchtigt sein kann, wenn diese Maßnahme zur Erreichung des Zieles, das das zuständige Organ verfolgt, offensichtlich ungeeignet ist. Ist der Gemeinschaftsgesetzgeber insbesondere für den Erlaß einer Regelung genötigt, die künftigen Auswirkungen dieser Regelung zu beurteilen, und lassen sich diese Auswirkungen nicht genau vorhersehen, so kann seine Beurteilung nur dann beanstandet werden, wenn sie im Hinblick auf die Erkenntnisse, über die er zum Zeitpunkt des Erlasses der Regelung verfügte, offensichtlich irrig erscheint. Diese Einschränkung der Kontrolle des Gerichtshofs ist insbesondere dann geboten, wenn sich der Rat veranlaßt sieht, bei der Verwirklichung einer gemeinsamen Marktorganisation einen Ausgleich zwischen divergierenden Interessen herbeizuführen und auf diese Weise im Rahmen der in seine eigene Verantwortung fallenden politischen Entscheidungen eine Auswahl zu treffen. ... Zwar ist nicht auszuschließen, daß andere Mittel in Betracht kommen konnten, um das angestrebte Ergebnis zu erreichen; der Gerichtshof kann jedoch nicht die Beurteilung des Rates in der Frage, ob die vom Gemeinschaftsgesetzgeber gewählten Maßnahmen mehr oder weniger angemessen sind, durch seine eigene Beurteilung ersetzen, wenn der Beweis nicht erbracht ist, daß diese Maßnahmen zur Verwirklichung des verfolgten Zieles offensichtlich ungeeignet waren" (EuGH, Rs. C-280/93, Slg. 1994, I-4973 Rn. 90ff.).

Diese Rechtsprechung läßt den Gemeinschaftsorganen bei der Abwägung von Grundrechtspositionen mit wirtschaftspolitischen Belangen (einschließlich einer protektionistischen Außenhandelspolitik) im Rahmen einer bloßen Evidenzkontrolle weithin freie Hand. Hierin könnte ein Konflikt zwischen dem EuGH und dem Bundesverfassungsgericht als dem Garanten eines grundrechtlichen Mindeststandards liegen.

Literatur: *W.A. Adam,* Die Kontrolldichte-Konzeption des EuGH und deutscher Gerichte, 1993; *U. Everling,* Die Kontrolle des Gemeinschaftsgesetzgebers durch die Europäischen Gerichte, in: Freundesgabe für Jürgen Gündisch, 1999, S. 89 ff.; *M. Herdegen/S. Richter,* Die Rechtslage in den Europäischen Gemeinschaften, in: J.A. Frowein (Hrsg.), Die Kontrolldichte bei der gerichtlichen Überprüfung von Handlungen der Verwaltung, 1993, S. 209 ff.;

U. Kischel, Die Kontrolle der Verhältnismäßigkeit durch den Europäischen Gerichtshof, EuR 2000, S. 380 ff.; *M. Nettesheim*, Grundrechtliche Prüfdichte durch den EuGH, EuZW 1995, S. 106 ff.; *R. Rausch*, Die Kontrolle von Tatsachenfeststellungen und -würdigungen durch den Gerichtshof der Europäischen Gemeinschaft, 1994.

§ 11. Gemeinschaftsrecht und nationales Recht

I. Vorrang des Gemeinschaftsrechts

Aus der Sicht der Europäischen Gemeinschaften, wie sie vom EuGH artikuliert wird, setzt sich das Gemeinschaftsrecht uneingeschränkt gegen entgegenstehendes nationales Recht durch, sogar gegen Verfassungsrecht. Wegweisend für den Vorrang des Gemeinschaftsrechts ist die Entscheidung des EuGH im Falle *Costa ./. E. N. E. L.* (Rs. 6/64, Slg. 1964, 1251 [1269 ff.]). Begründet hat der EuGH hier den Primat des Gemeinschaftsrechts mit 228

- der Schaffung einer eigenständigen Rechtsordnung durch den E(W)G-Vertrag,
- der Beschränkung der Souveränität der Mitgliedstaaten durch Übertragung von Hoheitsrechten auf die Gemeinschaft,
- dem Grundsatz der Vertragstreue (Art. 10 EG),
- dem Diskriminierungsverbot (Art. 12 EG),
- dem Umkehrschluß aus speziellen Vertragsermächtigungen zu einseitigen Maßnahmen und
- der unmittelbaren Geltung von Verordnungen in jedem Mitgliedstaat (Art. 249 Abs. 2 EG).

Hieraus hat der EuGH geschlossen,

„daß dem vom Vertrag geschaffenen, somit aus einer autonomen Rechtsquelle fließenden Recht wegen dieser seiner Eigenständigkeit keine wie immer gearteten innerstaatlichen Rechtsvorschriften vorgehen können, wenn ihm nicht sein Charakter als Gemeinschaftsrecht aberkannt und wenn nicht die Rechtsgrundlage der Gemeinschaft selbst in Frage gestellt werden soll" (aaO, S. 1270).

Der Vorrang des Gemeinschaftsrechts leuchtet jedenfalls im Grundsatz unmittelbar ein. Die einheitliche Geltung des Gemeinschaftsrechts läßt es nicht zu, daß sich einzelne Mitgliedstaaten außerhalb besonderer vertraglicher Ermächtigungen zur Rechtfertigung eines nationalen Alleinganges auf nationales Recht, insbesondere Verfassungsrecht, berufen können. Denn die Vertragspflichten der Mitgliedstaaten und die vertragliche Begründung der Gemeinschaftskompetenzen stehen unter keinem Vorbehalt zugun- 229 sten der nationalen Rechtsordnungen. Allerdings hat es in manchen Mitgliedstaaten geraume Zeit in Anspruch genommen, bis sich dort in der Rechtsprechung der Vorrang des Gemeinschaftsrechts auch gegenüber dem Verfassungsrecht und späteren Parlamentsgesetzen durchgesetzt hat. Dies gilt vor allen Dingen für Rechtsordnungen, die keine ausdrückliche „Integrationsermächtigung" zur Übertragung von Hoheitsrechten auf zwischenstaatliche Einrichtungen kennen (wie das Grundgesetz in Art. 24 Abs. 1 und Art. 23 Abs. 1 GG). In besonders prononcierter Weise hat der EuGH später den Vorrang des Gemeinschaftsrechts im *Simmenthal II*-Urteil betont (Rs. 106/77, Slg. 1978, 629).

In diesem Falle ging es darum, daß sich der italienische Verfassungsgerichtshof die Entscheidung über die Nichtanwendbarkeit nationalen Rechts wegen Verstoßes gegen Gemeinschaftsrecht vorbehalten und eine Verwerfungsbefugnis der Fachgerichte beim Konflikt nationalen Rechts mit dem Gemeinschaftsrecht abgelehnt hatte. Der EuGH wies demgegenüber auf den Zweck des Vorlageverfahrens nach Art. 234 EG (kein Nachrang gegenüber Vorlagepflichten an die nationalen Verfassungsgerichte) hin und forderte die uneingeschränkte Anwendung des Gemeinschaftsrechts durch den nationalen Richter ohne Rücksicht auf entgegenstehende nationale Vorschriften:
„Darüber hinaus haben nach dem Grundsatz des Vorrangs des Gemeinschaftsrechts die Vertragsbestimmungen und die unmittelbar geltenden Rechtsakte der Gemeinschaftsorgane in ihrem Verhältnis zum internen Recht der Mitgliedstaaten nicht nur zur Folge, daß allein durch ihr Inkrafttreten jede entgegenstehende Bestimmung des geltenden staatlichen Rechts ohne weiteres unanwendbar wird, sondern auch – da diese Bestimmungen und Rechtsakte vorrangiger Bestandteil der im Gebiet eines jeden Mitgliedstaats bestehenden Rechtsordnung sind – daß ein wirksames Zustandekommen neuer staatlicher Gesetzgebungsakte insoweit verhindert wird, als diese mit Gemeinschaftsnormen unvereinbar wären. Würde nämlich staatlichen Gesetzgebungsakten, die auf den Bereich übergreifen, in dem sich die Rechtsetzungsgewalt der Gemeinschaft auswirkt, oder die sonst mit den Bestimmungen des Gemeinschaftsrechts unvereinbar sind, irgendeine rechtliche Wirksamkeit zuerkannt, so würde insoweit die Effektivität der Verpflichtungen, welche die Mitgliedstaaten nach dem Vertrag vorbehaltlos und unwiderruflich übernommen haben, verneint, und die Grundlagen der Gemeinschaft selbst würden auf diese Weise in Frage gestellt. (. . .)
Aus alledem folgt, daß jeder im Rahmen seiner Zuständigkeit angerufene staatliche Richter verpflichtet ist, das Gemeinschaftsrecht uneingeschränkt anzuwenden und die Rechte, die es den einzelnen verleiht, zu schützen, indem er jede möglicherweise entgegenstehende Bestimmung des nationalen Rechts, gleichgültig, ob sie früher oder später als die Gemeinschaftsnorm ergangen ist,

unangewendet läßt. Sonach wäre jede Bestimmung einer nationalen Rechtsordnung oder jede Gesetzgebungs-, Verwaltungs- oder Gerichtspraxis mit den in der Natur des Gemeinschaftsrechts liegenden Erfordernissen unvereinbar, die dadurch zu einer Abschwächung der Wirksamkeit des Gemeinschaftsrechts führen würde, daß dem für die Anwendung dieses Rechts zuständigen Gericht die Befugnis abgesprochen wird, bereits zum Zeitpunkt dieser Anwendung alles Erforderliche zu tun, um diejenigen innerstaatlichen Rechtsvorschriften auszuschalten, die unter Umständen ein Hindernis für die volle Wirksamkeit der Gemeinschaftsnormen bilden. Dies wäre dann der Fall, wenn bei einem Widerspruch zwischen einer gemeinschaftsrechtlichen Bestimmung und einem späteren staatlichen Gesetz die Lösung dieses Normenkonflikts einem über ein eigenes Beurteilungsermessen verfügenden anderen Organ als dem Gericht, das für die Anwendung des Gemeinschaftsrechts zu sorgen hat, vorbehalten wäre, selbst wenn das Hindernis, das sich so der vollen Wirksamkeit dieses Rechts in den Weg stellt, nur vorübergehender Art wäre.

Demnach ist auf die Frage zu antworten, daß das staatliche Gericht, das im Rahmen seiner Zuständigkeit die Bestimmungen des Gemeinschaftsrechts anzuwenden hat, gehalten ist, für die volle Wirksamkeit dieser Normen Sorge zu tragen, indem es erforderlichenfalls jede – auch spätere – entgegenstehende Bestimmung des nationalen Rechts aus eigener Entscheidungsbefugnis unangewendet läßt, ohne daß es die vorherige Beseitigung dieser Bestimmung auf gesetzgeberischem Wege oder durch irgendein anderes verfassungsrechtliches Verfahren beantragen oder abwarten müßte." (aaO, Rn. 17 ff.).

Umstritten ist, ob es sich beim Vorrang des Gemeinschaftsrechts um einen Geltungsvorrang handelt oder aber um einen bloßen Anwendungsvorrang (Kollisionsregel). Bei einem Geltungsvorrang würde der Verstoß nationalen Rechts gegen Gemeinschaftsrecht automatisch zu dessen Unwirksamkeit führen, während bei einer Kollisionsregel das gemeinschaftswidrige innerstaatliche Recht nur im konkreten Falle ohne Anwendung bliebe. Die besseren Gründe sprechen für eine Kollisionsregel, denn dem Primat des Gemeinschaftsrechts wird schon mit einem schlichten Anwendungsvorrang im Einzelfall Genüge getan. Zu bedenken ist auch, daß der Konflikt zwischen nationalem Recht und Gemeinschaftsrecht durch eine spätere Änderung des Gemeinschaftsrechts aufgehoben werden kann. Schließlich ist nicht einzusehen, weshalb nationale Regelungen, die allgemein Sachverhalte mit Auslandsbeziehungen regeln, bei einem Verstoß gegen Gemeinschaftsrecht völlig unwirksam sein sollen, obwohl sie im Hinblick auf Drittstaaten und Drittstaatsangehörige unbedenklich sind.

Der Anwendungsvorrang des Gemeinschaftsrechts greift in bestimmten Fällen auch gegenüber bestandskräftigen Verwaltungsakten. Zwar gilt die Autonomie der Mitgliedstaaten bei der Ausgestaltung des Verwaltungsrechts auch im Hinblick auf das Institut der Bestandskraft von (gemeinschafts-)rechtswidrigen Verwaltungsakten. Aber der Vorrang des Gemeinschaftsrechts setzt sich dann gegenüber der Bestandskraft einer Einzelfallregelung durch, wenn diese vor dem EU-Beitritt des jeweiligen Mitgliedstaates getroffen worden ist:

> In diesem Sinne muß „ein gegen die Dienstleistungsfreiheit verstoßendes Verbot, das vor dem Beitritt eines Mitgliedstaats zur Europäischen Union ... durch eine individuell-konkrete, bestandskräftig gewordene Verwaltungsentscheidung eingeführt wurde, bei der Beurteilung der Rechtmäßigkeit einer Geldstrafe, die nach dem Zeitpunkt des Beitritts wegen der Nichtbeachtung dieses Verbots verhängt wurde, unangewendet bleiben" (EuGH, Rs. C-224/97, Slg. 1999, I-2517, m. Anm. v. *T. Schilling,* EuZW 1999, S. 405).

231 Zum Vorrang des Europäischen Gemeinschaftsrechts gehört auch, daß die nationalen Gerichte effektiven Rechtsschutz gegen nationales Recht bieten, das gemeinschaftsrechtswidrig ist. Zum Gebot effektiver Anwendung des Gemeinschaftsrechts gehört hier auch die Gewährung einstweiligen Rechtsschutzes, selbst wenn damit die Nichtanwendung eines gemeinschaftsrechtswidrigen Parlamentsgesetzes verbunden ist. Dies hat der EuGH insbesondere aus dem Grundsatz der loyalen Mitwirkung bei der Durchsetzung des Gemeinschaftsrechtes (Art. 10 EG) abgeleitet (EuGH, Rs. C-213/89, Slg. 1990, I-2433 Rn. 19 ff. – *Factortame I*).

> Im Falle *Factortame I* ging es um Beschränkungen bei der Registrierung im britischen Fischereifahrzeugregister, die sich gegen den Zugang spanischer Fischereigesellschaften zu diesem Register und damit gegen die „Ausplünderung" der britischen Fangquoten durch unter britischer Flagge segelnde Unternehmen aus Spanien richteten. Gegenüber dem britischen Rechtsgrundsatz, daß gegen die Krone und deren Minister keine einstweiligen Verfügungen (hier zum Schutz der ausgegrenzten spanischen Unternehmer vor diskriminierender Behandlung aus Gründen der Staatsangehörigkeit) erlassen werden können, betonte der EuGH das Gebot effektiver Anwendung des Gemeinschaftsrechts, welches die Anwendung des dem Erlaß der einstweiligen Anordnung entgegenstehenden nationalen Rechts verbiete.

§ 11. Gemeinschaftsrecht und nationales Recht 187

II. Haftung der Mitgliedstaaten für die Verletzung von Gemeinschaftsrecht

1. Staatshaftung für die Nichtumsetzung von Richtlinien

Eine außerordentlich weitgehende Rechtsfortbildung hat der **232** EuGH auf dem Gebiet der Staatshaftung für die Verletzung von Gemeinschaftsrecht betrieben. Diese Rechtsprechung zwingt die Mitgliedstaaten zu einer weitgehenden Neugestaltung ihres Staatshaftungsrechts im Rahmen der vom EuGH entwickelten Vorgaben. Ob es sich dabei um einen gemeinschaftlichen Staatshaftungsanspruch handelt oder aber um einen nationalen Anspruch nach Maßgabe des Gemeinschaftsrechts, ist eine eher akademische Frage, deren Antwort vom Entwicklungsstand des nationalen Rechts abhängt. In den Fällen, in denen das nationale Staatshaftungsrecht überhaupt keine Basis für Schadensersatzansprüche wegen der Verletzung von Gemeinschaftsrecht bietet (etwa mangels eines Instituts für die Haftung für normatives Unrecht), ergibt sich der Schadensersatzanspruch des Einzelnen aus dem Gemeinschaftsrecht selbst.

Grundlegend zur Anerkennung einer Staatshaftung wegen der **233** Nichtumsetzung von Richtlinien ist die Entscheidung des EuGH in der Rechtssache *Francovich* (EuGH, verb. Rs. C-6/90 und C-9–90, Slg. 1991, I-5357).

Hier ging es darum, daß Italien die Richtlinie zum Mindestschutz von Arbeitnehmern bei Zahlungsunfähigkeit des Arbeitgebers mit speziellen Regelungen für die Befriedigung nicht erfüllter Ansprüche der Arbeitnehmer nicht fristgerecht umgesetzt hatte. In den Ausgangsfällen hatten mehrere Arbeitnehmer in Konkurs gegangener Unternehmen Klage gegen die italienische Republik auf Zahlung rückständigen Arbeitslohnes (mindestens für die letzten drei Monate), hilfsweise auf Schadensersatz wegen der Nichtumsetzung der Richtlinie erhoben. Der Gerichtshof gelangte zum Ergebnis, daß die Bestimmungen der Richtlinie im Hinblick auf den begünstigten Personenkreis und das Mindestmaß der zu sichernden Ansprüche hinreichend genau und unbedingt seien, jedoch den Mitgliedstaaten bei der näheren Ausgestaltung des Garantiesystems ein weiter Gestaltungsspielraum verbleibe. Deswegen sei eine unmittelbare Anwendbarkeit der Richtlinie insoweit abzulehnen. Jedoch sei hier eine Staatshaftung wegen Verletzung der Umsetzungspflicht begründet. Dazu hat der Gerichtshof ausgeführt:

"Die volle Wirksamkeit der gemeinschaftsrechtlichen Bestimmungen wäre beeinträchtigt und der Schutz der durch sie begründeten Rechte gemindert, wenn der Einzelne nicht die Möglichkeit hätte, für den Fall eine Entschädigung zu erlangen, daß seine Rechte durch einen Verstoß gegen das Gemeinschaftsrecht verletzt werden, der einem Mitgliedstaat zuzurechnen ist" (aaO, Rn. 33).

234 Hier wird deutlich, daß der EuGH den Schutz subjektiver Rechte aus individualbegünstigenden Richtlinien als Vehikel zur Durchsetzung des Gemeinschaftsrechts versteht. Daneben stützt der EuGH die Verpflichtung der Mitgliedstaaten zum Schadensersatz auch auf Art. 10 EG (aaO, Rn. 36). Im einzelnen knüpft der EuGH die Staatshaftung für die Nichtumsetzung von Richtlinien an drei Voraussetzungen (aaO, Rn. 39 ff.):

- (1.) Die nicht innerhalb der vorgeschriebenen Frist umgesetzte Richtlinie muß dem Ziel dienen, Einzelnen Rechte zu verleihen.
- (2.) Der Inhalt dieser Rechte muß nach Maßgabe der Richtlinie soweit bestimmt sein, daß sich das Mindestmaß der gebotenen Begünstigung konkretisieren läßt.
- (3.) Zwischen dem Verstoß des Mitgliedstaates gegen die Umsetzungspflicht und dem entstandenen Schaden für den Begünstigten muß ein Kausalzusammenhang bestehen.

Die Ausgestaltung der Staatshaftung überläßt der EuGH dem nationalen Haftungsrecht. Dabei dürfen die Voraussetzungen für eine Staatshaftung es dem Einzelnen nicht unmöglich machen oder übermäßig erschweren, die nach Gemeinschaftsrecht gebotene Entschädigung zu erlangen (aaO, Rn. 43). ... zu erlangen (aaO, Rn. 43). Welche Körperschaft für den zu ersetzenden Schaden haftet (etwa die Bundesrepublik Deutschland oder ein Land), richtet sich nach innerstaatlichem Recht (EuGH, Rs. C-307/97, EuZW 1999, S. 639 Rn. 61 ff. – *Konle*). Wenn keine andere Körperschaft den gebotenen Schadensersatz sicherstellt, trifft den (Gesamt-)Staat nach Gemeinschaftsrecht jedenfalls eine subsidiäre Haftung.

Die von der Rechtsprechung entwickelten Haftungsvoraussetzungen hat die Bundesrepublik Deutschland durch die unterlassene Umsetzung der Pauschalreisen-Richtlinie (im Falle des finanziellen Zusammenbruches des Reiseveranstalters *MP-Travel*) verwirklicht (EuGH, verb. Rs. C-178/94 u. a., Slg. 1996, I-4845 – *Dillenkofer*).

§ 11. Gemeinschaftsrecht und nationales Recht 189

2. Die Haftung für Gesetzgebungsakte und für Verwaltungshandeln

Im Anschluß an seine Judikatur zur Haftung wegen der Nichtumsetzung von Richtlinien hat der EuGH Grundsätze für die Haftung wegen der Verletzung von primärem Gemeinschaftsrecht durch den nationalen Gesetzgeber entwickelt (EuGH, verb. Rs. C- 46/93 und C – 48/93, Slg. 1996, I-1029 – *Brasserie du Pêcheur/ Factortame;* hierzu Anm. von *R. Streinz,* EuZW 1996, S. 201 ff.). Kurz darauf hat der EuGH diese Grundsätze auf die fehlerhafte Umsetzung von Richtlinien erstreckt (EuGH, Rs. C-392/93, Slg. 1996, I-1631 – *British Telecommunications*). 235

Für einen Entschädigungsanspruch wegen der Verletzung von Gemeinschaftsrecht durch den nationalen Gesetzgeber stellt der EuGH drei Voraussetzungen auf:

– (1.) die Verletzung einer Rechtsnorm, die dem Einzelnen bestimmte Rechte verleihen soll,
– (2.) einen „hinreichend qualifizierten" Rechtsverstoß und
– (3.) einen Kausalzusammenhang zwischen der Rechtsverletzung durch den Mitgliedstaat und dem entstandenen Schaden (so der EuGH im Falle *Brasserie du Pêcheur/Factortame,* aaO, Rn. 51).

Mit diesen drei Voraussetzungen, insbesondere dem Erfordernis der „hinreichend qualifizierten" Rechtsverletzung, stellt der EuGH eine Parallele zu den strengen Voraussetzungen her, die er für eine Haftung der Gemeinschaft selbst für fehlerhafte Rechtsetzungsakte entwickelt hat. Ausdrücklich lehnt der EuGH ein besonderes Verschulden des verantwortlichen Organs (Vorsatz oder Fahrlässigkeit) als Haftungserfordernis ab. 236

Die Kriterien für eine Haftung der Mitgliedstaaten bei Verstößen gegen das primäre Gemeinschaftsrecht hat der EuGH zunächst im Falle der *Brasserie du Pêcheur* näher konkretisiert (Rs. C-46/93, Slg. 1996, I-1029 Rn. 54 ff.). Hier ging es darum, daß eine französische Brauerei aus dem Elsaß ihre Ausfuhr von Bier nach Deutschland einstellen mußte, weil das von ihr gebraute Bier seit Ende 1981 wegen Verstoßes gegen das deutsche „Reinheitsgebot" im deutschen Biersteuergesetz (grundsätzliche Beschränkung der zugelassenen Ausgangsstoffe auf Hopfen, bestimmtes Malz, Hefe und Wasser) nicht in Deutschland abgesetzt werden konnte. Der EuGH hatte früher entschieden, daß das deutsche „Reinheitsgebot" mit dem Verbot des Inverkehrbringens von in anderen Mitgliedstaaten rechtmäßig hergestelltem Bier unter der Bezeichnung „Bier" und dem Verbot der Einfuhr von Bier mit Zusatzstoffen gegen die Freiheit des Warenverkehrs (Art. 28 EG) verstieß (Rs. 178/84, EuGH, Slg. 1987, 1227; siehe hierzu § 16 III.3.). Daraufhin klagte die französische Brauerei auf Schadensersatz gegen die Bundesrepublik Deutschland. Der Schadensersatzanspruch der französischen Brauerei hatte eine Haftung der Bundesrepublik wegen „legislativen Unrechts" zum Gegenstand, welcher die deutsche Rechtsprechung seit jeher im Grundsatz ablehnend gegenüberstand. Deswegen hat der BGH mit einem Vorlagebeschluß den EuGH mit der Frage befaßt, inwieweit das Gemeinschaftsrecht insoweit eine Erweiterung der Haftung gebietet (BGH, EuZW 1993, S. 226). Der EuGH hat im Hinblick auf den Verstoß der Bundesrepublik gegen das Gemeinschaftsrecht durch das deutsche Biersteuergesetz ausgeführt, daß die verletzte Bestimmung des Art. 28 EG für den Einzelnen Rechte begründet, welche die nationalen Gerichte zu wahren haben. Ein Verstoß der nationalen Gesetzgebung gegen das Gemeinschaftsrecht sei dann in offenkundiger Weise qualifiziert, „wenn er trotz des Erlasses eines Urteils, in dem der Last gelegte Verstoß festgestellt wird, oder eines Urteils im Vorabentscheidungsverfahren oder aber einer gefestigten einschlägigen Rechtsprechung des Gerichtshofs, aus denen sich die Pflichtwidrigkeit des fraglichen Verhaltens ergibt, fortbestanden hat" (Rs. C-46/93, Slg. 1996, I-1029 Rn. 57). Einen solchen offenkundigen Verstoß gegen das Gemeinschaftsrecht sieht der EuGH darin, daß das Verbot, in anderen Mitgliedstaaten rechtmäßig hergestelltes Bier unter der Bezeichnung „Bier" nach Deutschland einzuführen, schon vor der Entscheidung zum „Reinheitsgebot" klar mit der früheren Rechtsprechung des Gerichtshofs nicht vereinbar war. Weniger eindeutig sei dagegen der Verstoß gegen EG-Recht beim Verbot von Zusatzstoffen bei Bier gewesen. Der BGH hat insoweit mangels Evidenz der Ermessensüberschreitung einen hinreichend qualifizierten Rechtsverstoß verneint (BGH, EuZW 1996, S. 761 [763 f.]). Eine Haftungsbeschränkung auf die Schäden, welche *nach* dem Urteil zur Vertragsverletzung durch das „Reinheitsgebot" entstanden sind, verwirft der EuGH in konsequenter Weise.

Wenn ein Mitgliedstaat beim Erlaß von Rechtsvorschriften eine aus der Sicht des EuGH unrichtige Auslegung des Gemeinschaftsrechts zugrunde legt (etwa bei der Umsetzung von Richtlinien), kommt es darauf an, ob die Auslegung ein gewisses Maß an Plausibilität für sich hatte und in diesem Sinne guten Glaubens getroffen werden konnte. Dann fehlt es an einer hinreichend qualifizierten Rechtsverletzung, die eine Haftung des Mitgliedstaates begründen könnte. Indiz für die Vertretbarkeit einer Auslegung ist insbesondere, ob sie auch von einigen anderen Mitgliedstaaten geteilt wurde (EuGH, Rs. C-392/93, Slg. 1996, I-1631 Rn. 42 ff. – *British Telecommunications*).

237 Die Anerkennung einer Staatshaftung für gemeinschaftsrechtswidrige Gesetzgebungsakte bedeutet einen geradezu revolutionären Einbruch in das deutsche Staatshaftungsrecht. Dies ergibt sich auch aus dem Vorlagebeschluß des BGH im Falle *Brasserie du Pêcheur*

§ 11. Gemeinschaftsrecht und nationales Recht

(BGH, EuZW 1993, S. 226 m.w. Nachw.). Denn die Rechtsprechung hat bislang eine Amtshaftung für legislatives Unrecht mit dem grundsätzlichen Argument verneint, der parlamentarische Gesetzgeber unterliege keinen drittgerichteten Amtspflichten. Insoweit steht der BGH einer Anpassung des Amtshaftungssystems an das Gemeinschaftsrecht bei legislativem Unrecht distanziert gegenüber und nimmt stattdessen einen unmittelbar im Gemeinschaftsrecht wurzelnden Haftungstatbestand an (BGH, EuZW 1996, S. 761, 762f.). Auch eine Haftung wegen enteignungsgleichen Eingriffs durch ein formelles Gesetz hat der BGH mit der Erwägung abgelehnt, hierüber könne nur der Gesetzgeber selbst entscheiden.

Ähnliche Grundsätze wie für die Haftung wegen gemeinschaftsrechtswidriger Gesetzgebungsakte gelten nach der Rechtsprechung des EuGH für eine Verwaltungspraxis, die gegen Gemeinschaftsrecht verstößt. Auch hier verlangt die Judikatur die Verletzung einer Norm des Gemeinschaftsrechts, die dem Einzelnen Rechte verleiht, einen hinreichend qualifizierten Rechtsverstoß und schließlich Kausalität zwischen Rechtsverletzung und Schaden. Bei einem Eingriff in die Marktfreiheiten, welche dem nationalen Gesetzgeber keinen nennenswerten Gestaltungsspielraum für Beschränkungen belassen, neigt der EuGH ohne weiteres zur Annahme eines hinreichend qualifizierten Verstoßes (EuGH, Rs. C-5/94, Slg. 1996, I-2553 Rn. 28 – *Hedley Lomas*).

Im Falle *Hedley Lomas* hat das britische Landwirtschaftsministerium die Genehmigung für die Ausfuhr von lebenden Schafen nach Spanien systematisch mit der Begründung verweigert, daß in Spanien die Bestimmungen einer EG-Richtlinie über den Tierschutz beim Schlachten (Einsatz bestimmter Betäubungsmethoden) vielfach nicht beachtet würden. Der EuGH sah in der Verweigerung von Ausfuhrgenehmigungen eine Maßnahme mit gleicher Wirkung wie eine mengenmäßige Ausfuhrbeschränkung (Art. 29 EG), die nicht nach Art. 30 EG gerechtfertigt werden könne. Denn die Berufung auf den Tierschutz sei einem Mitgliedstaat für eine Handelsbeschränkung dann abgeschnitten, wenn dieser Belang bereits zum Gegenstand einer harmonisierenden Gemeinschaftsregelung gemacht worden ist. Dann könne ein Mitgliedstaat nicht einseitige Maßnahmen ergreifen, um einer möglichen Mißachtung der gemeinschaftsrechtlichen Vorschriften durch einen Mitgliedstaat entgegenzuwirken (EuGH, aaO, Rn. 17 ff.).

Literatur: *C. Albers,* Die Haftung der Bundesrepublik Deutschland für die Nichtumsetzung von EG-Richtlinien, 1995; *M. Cornils,* Der gemeinschaftsrechtliche Staatshaftungsanspruch, 1995; *T. v. Danwitz,* Zur Entwicklung der gemeinschaftsrechtlichen Staatshaftung, JZ 1994, S. 335 ff.; *D. Ehlers,* Die Weiterentwicklung des Staatshaftungsrechts durch das europäische Gemeinschaftsrecht, JZ 1996, S. 776 ff.; *M. Herdegen/T. Rensmann,* Die neuen Konturen der gemeinschaftsrechtlichen Staatshaftung, ZHR 1997, S. 522 ff.; *H. Maurer,* Staatshaftung im europäischen Kontext – Zur Umsetzung der Francovich-Rechtsprechung des Europäischen Gerichtshofs im deutschen Recht, in: Festschrift für Karlheinz Boujong, 1996, S. 591 ff.; *F. Ossenbühl,* Der gemeinschaftsrechtliche Staatshaftungsanspruch, DVBl. 1992, S. 993 ff.; *C. Tomuschat,* Das Francovich-Urteil des EuGH – Ein Lehrstück zum Europarecht, in: Festschrift für Ulrich Everling, Bd. I, 1995, S. 1585 ff.; *A. Weber/F. Moos,* Rechtswirkungen von WTO-Streitbeilegungsentscheidungen im Gemeinschaftsrecht, EuZW 1999, S. 229 ff.

III. Gemeinschaftsrecht und Grundgesetz

1. Die verfassungsrechtliche Integrationsermächtigung und ihre Schranken

238 Grundsätzlich beansprucht jeder Staat die volle, ungeteilte Hoheitsgewalt über sein Staatsgebiet und seine Staatsangehörigen. Daran ändern regelmäßig auch vertragliche Verpflichtungen nichts. Denn diese vertraglichen Verpflichtungen beziehen sich nur auf die Ausübung der Hoheitsgewalt, nicht aber auf ihren Bestand oder ihren Umfang. Soweit die Hoheitsgewalt in einem bestimmten Bereich noch voll bei der Bundesrepublik Deutschland verbleibt, erzeugen völkerrechtliche Regelungen im innerstaatlichen Recht keine unmittelbare Wirkung. Maßgeblich bleiben die nationalen Rechtsakte zur Umsetzung dieser völkerrechtlichen Regelungen.

Anders sieht es dann aus, wenn die Befugnis zur Ausübung öffentlicher Gewalt in einem bestimmten Bereich von der Bundesrepublik Deutschland weggegeben und auf eine „supranationale" Organisation übertragen worden ist. Dann können zwischenstaatliche Einrichtungen wie die Gemeinschaften durch den Erlaß von Rechtsnormen oder individuellen Entscheidungen in den innerstaatlichen Bereich hineinwirken. Die durch Kompetenzübertragungen neu geschaffene Gemeinschaftsgewalt wirkt so anstelle der

§ 11. Gemeinschaftsrecht und nationales Recht 193

insoweit geschrumpften öffentlichen Gewalt der Bundesrepublik Deutschland. Aus verfassungsrechtlicher Sicht ist die Übertragung von Hoheitsrechten nur insoweit anzuerkennen, als sie eine Ermächtigung im Grundgesetz selbst findet. Die Einbindung Deutschlands in das Gemeinschaftssystem hat zunächst seine verfassungsrechtliche Grundlage in der Vorschrift des Art. 24 Abs. 1 GG gefunden, welche die Übertragung von Hoheitsrechten durch Gesetz auf zwischenstaatliche Einrichtungen erlaubt. Im Zusammenhang mit der dramatischen Kompetenzerweiterung zugunsten der Europäischen Gemeinschaft und der Schaffung der Europäischen Union im Vertrag von Maastricht ist die Mitgliedschaft Deutschlands in der Europäischen Union mit dem neuen Art. 23 GG auf eine spezielle verfassungsrechtliche Basis gestellt worden.

Die Übertragung von Hoheitsrechten auf die Gemeinschaften **239** bildet einen Einbruch in die bestehende Verfassungsordnung. Denn die Ausübung der übertragenen Hoheitsrechte bildet keinen Akt deutscher Staatsgewalt mehr und ist daher auch nicht mehr an das Grundgesetz gebunden. Die Zustimmungsgesetze zu den Gründungsverträgen und ihren Änderungen haben damit eine Durchbrechung der Verfassung bewirkt. Das Bundesverfassungsgericht hat insofern wiederholt betont, daß die Übertragung von Hoheitsrechten nicht schrankenlos zulässig ist und keine beliebige Aushöhlung der Verfassungsordnung gestattet. Nach der Rechtsprechung zu Art. 24 Abs. 1 GG endet die zulässige Übertragung von Hoheitsrechten dort, wo die Identität der deutschen Verfassungsordnung, d. h. die tragenden Strukturprinzipien der Verfassung, preisgegeben würden (BVerfGE 37, 271 [279]; 58, 1 [40]; 73, 339 [375]). Hierzu gehört auch ein Mindestbestand an grundrechtlichen Gewährleistungen. In Anknüpfung an diese Rechtsprechung legt die Vorschrift des Art. 23 Abs. 1 Satz 1 GG für die künftige Mitwirkung der Bundesrepublik Deutschland bei der Entwicklung der Europäischen Union bestimmte normative Standards fest: die Achtung demokratischer, rechtsstaatlicher, sozialer und föderativer Grundsätze und des Grundsatzes der Subsidiarität sowie die Gewährleistung eines „diesem Grundgesetz im wesentlichen vergleichbaren Grundrechtsschutzes". Daraus ergibt sich, daß sich aus verfassungsrechtlicher Perspektive die weitere Integration nur in diesen Bahnen vollziehen darf.

240 Die verfassungsrechtliche Ermächtigung (zunächst aus Art. 24 Abs. 1 GG, nunmehr aus Art. 23 Abs. 1 GG) gestattet, daß die Ausübung von Gemeinschaftsgewalt kraft übertragener Kompetenzen in den innerstaatlichen Rechtsraum hineinwirkt und dabei sogar entgegenstehendes Verfassungsrecht verdrängen kann. Zusätzlich stuft die neue Vorschrift des Art. 23 Abs. 1 Satz 1 GG die Mitwirkung der Bundesrepublik bei der weiteren Entwicklung der Europäischen Union zum Staatsziel hoch. Ihre Grenzen findet die Ermächtigung zur Kompetenzübertragung und damit zur Anerkennung der innerstaatlichen Wirkungen von Rechtsakten der Gemeinschaftsorgane an den Schranken der tragenden Strukturprinzipien der Verfassung. Dabei reicht die „Tabuzone" wohl weiter als der unaufgebbare Kernbestand der Verfassung im Sinne von Art. 79 Abs. 3 GG (auf den auch Art. 23 Abs. 1 Satz 3 GG verweist). Denn die in Art. 23 Abs. 1 Satz 1 GG für die Europäische Union und deren weitere Entwicklung niedergelegten Standards, insbesondere der „diesem Grundgesetz im wesentlichen vergleichbare Grundrechtsschutz", greifen schon im Vorfeld der „Unabänderlichkeitsgarantie" des Art. 79 Abs. 3 GG ein. Damit ergibt sich gewissermaßen eine Dreistufung des grundgesetzlichen Normenbestandes. „Schlichtes" Verfassungsrecht weicht im Rahmen übertragener Kompetenzen dem Gemeinschaftsrecht, während die Strukturprinzipien des Art. 23 Abs. 1 Satz 1 GG ebenso wie der unantastbare Kernbestand des Art. 79 Abs. 3 GG „integrationsfest" sind. Völlig zwingend ist diese Dreiteilung allerdings nicht. Denn aus dem Verweis auf Art. 79 Abs. 3 GG als materielle Schranke für die Übertragung von Hoheitsrechten gemäß Art. 23 Abs. 1 Satz 3 GG könnte man im Umkehrschluß entnehmen, daß alles außerhalb der „Ewigkeitsgarantie" stehende Verfassungsrecht nicht vor der Preisgabe bei der Integration geschützt ist. Wegen der extensiven Handhabung der „Ewigkeitsgarantie" des Art. 79 Abs. 3 GG als Gewährleistung „grundlegender Gerechtigkeitspostulate" (BVerfGE 84, 90 [121]) hat diese Diskussion eine geringe praktische Bedeutung.

§ 11. Gemeinschaftsrecht und nationales Recht 195

Die Integrationsermächtigung des Grundgesetzes ist damit an 241
bestimmte Schranken gebunden und deckt so den Primat des Gemeinschaftsrechts nur mit Vorbehalt ab. Der aus der Sicht der Gemeinschaften *absolut* geltende Vorrang des Gemeinschaftsrechts gilt also aus der Sicht der Verfassung nur im *Grundsatz*. Das verbleibende Potential an Spannungen zwischen Gemeinschaftsrecht und Grundgesetz läßt sich solange nicht völlig auflösen, als die Bundesrepublik Deutschland nicht in einem europäischen Gesamtstaat aufgegangen ist.

In seiner *Maastricht*-Entscheidung hat das Bundesverfassungsgericht betont, daß der Integrationsprozeß aus verfassungsrechtlicher Sicht die Mitwirkung der nationalen Parlamente als Repräsentanten der einzelnen Staatsvölker gebietet. Das erforderliche „Legitimationsniveau" (BVerfGE 89, 155 [182]) sieht das Bundesverfassungsgericht vor allem dadurch gesichert, daß für das Staatsvolk und seine parlamentarische Repräsentation noch Aufgaben von ausreichender Substanz verbleiben:

„Vermitteln die Staatsvölker – wie gegenwärtig – über die nationalen Parlamente demokratische Legitimation, sind mithin der Ausdehnung der Aufgaben und Befugnisse der Europäischen Gemeinschaften vom demokratischen Prinzip her enge Grenzen gesetzt. Jedes der Staatsvölker ist Ausgangspunkt für eine auf sich selbst bezogene Staatsgewalt. Die Staaten bedürfen hinreichend bedeutsamer eigener Aufgabenfelder, auf denen sich das jeweilige Staatsvolk in einem von ihm legitimierten und gesteuerten Prozeß politischer Willensbildung entfalten und artikulieren kann, um so dem, was es – relativ homogen – geistig, sozial und politisch verbindet (. . .) rechtlichen Ausdruck zu geben.
Aus alledem folgt, daß dem Deutschen Bundestag Aufgaben und Befugnisse von substantiellem Gewicht verbleiben müssen" (BVerfGE 89, 186).

Die Schaffung einer von den politischen Organen der Gemeinschaften und der Mitgliedstaaten unabhängigen Europäischen Zentralbank nach den Vorschriften über die Währungsunion im EG-Vertrag bildet einen erheblichen Einbruch in das Demokratieprinzip. Das Bundesverfassungsgericht rechtfertigt die unabhängige Stellung der Europäischen Zentralbank mit einer sehr interessanten Argumentation, die aus einem empirischen Befund schöpft:

„Die Verselbständigung der meisten Aufgaben der Währungspolitik bei einer unabhängigen Zentralbank löst staatliche Hoheitsgewalt aus unmittelbarer

staatlicher oder supranationaler parlamentarischer Verantwortlichkeit, um das Währungswesen dem Zugriff von Interessentengruppen und der an einer Wiederwahl interessierten politischen Mandatsträger zu entziehen (. . .).
Diese Einschränkung der von den Wählern in den Mitgliedstaaten ausgehenden demokratischen Legitimation berührt das Demokratieprinzip, ist jedoch als eine in Art. 88 Satz 2 GG vorgesehene Modifikation dieses Prinzips mit Art. 79 Abs. 3 GG vereinbar. Die im Blick auf die Europäische Union vorgenommene Ergänzung des Art. 88 GG gestattet eine Übertragung von Befugnissen der Bundesbank auf eine Europäische Zentralbank, wenn diese den strengen Kriterien des Maastrichter Vertrages und der Satzung des Europäischen Systems der Zentralbanken hinsichtlich der Unabhängigkeit der Zentralbank und der Priorität der Geldwertstabilität entspricht (. . .). Der Wille des verfassungsändernden Gesetzgebers zielt also ersichtlich darauf, für die im Unions-Vertrag vorgesehene Währungsunion eine verfassungsrechtliche Grundlage zu schaffen, die Einräumung der damit verbundenen, in der dargelegten Weise unabhängig gestellten Befugnisse und Institutionen jedoch auch auf diesen Fall zu begrenzen. Diese Modifikation des Demokratieprinzips im Dienste der Sicherung des in die Währung gesetzten Einlösungsvertrauens ist vertretbar, weil es der – in der deutschen Rechtsordnung erprobten und, auch aus wissenschaftlicher Sicht, bewährten – Besonderheit Rechnung trägt, daß eine unabhängige Zentralbank den Geldwert und damit die allgemeine ökonomische Grundlage für die staatliche Haushaltspolitik und für private Planungen und Dispositionen bei der Wahrnehmung wirtschaftlicher Freiheitsrechte eher sichert als Hoheitsorgane, die ihrerseits in ihren Handlungsmöglichkeiten und Handlungsmitteln wesentlich von Geldmenge und Geldwert abhängen und auf die kurzfristige Zustimmung politischer Kräfte angewiesen sind. Insofern genügt die Verselbständigung der Währungspolitik in der Hoheitskompetenz einer unabhängigen Europäischen Zentralbank, die sich nicht auf andere Politikbereiche übertragen läßt, den verfassungsrechtlichen Anforderungen, nach denen das Demokratieprinzip modifiziert werden darf" (BVerfGE 89, 208 f.).

242 Außerordentlich umstritten ist, ob die „Ewigkeitsgarantie" des Art. 79 Abs. 3 GG aus deutscher Sicht der Verwirklichung eines europäischen Bundesstaates entgegensteht, bei dem das Grundgesetz zur Verfassung eines Gliedstaates hinabsinken würde. Die „Ewigkeitsgarantie" des Art. 79 Abs. 3 GG verankert die Letztverantwortung des durch das Grundgesetz verfaßten Staatswesens „Bundesrepublik Deutschland" für die dort niedergelegten Prinzipien der Verfassungsordnung. Die Überlegung, daß der verfassungsändernde Gesetzgeber bestimmte Prinzipien, über die er im Rahmen einer „souveränen" deutschen Staatsordnung nicht disponieren kann, auch nicht in der Weise antasten darf, daß Deutschland seine Eigenstaatlichkeit und damit seine Garantenstellung für

§ 11. Gemeinschaftsrecht und nationales Recht   197

die gewährleisteten Prinzipien verliert, hat die innere Logik für sich. Andere Auffassungen sehen in Art. 79 Abs. 3 GG keine absolute Schranke für das Aufgehen Deutschlands in einem europäischen Bundesstaat. Aus dieser Perspektive wird man aber zumindest fordern müssen, daß eine gesamteuropäische Verfassungsordnung der „Ewigkeitsgarantie" des Art. 79 Abs. 3 GG zumindest vergleichbare Standards gewährleistet und diese darüber hinaus vor einer späteren Abänderung in ähnlich kategorischer Weise schützt wie jetzt das Grundgesetz. Dabei ergeben sich wesentliche Schwierigkeiten schon bei der Garantie föderaler Strukturen insbesondere im Hinblick auf die Mitwirkung der Bundesländer an der Gesetzgebung.

2. Die verfassungsgerichtliche Kontrolle

Für die Überprüfung von Rechtsakten der Gemeinschaftsorgane   243
kommen mehrere Verfahren vor dem Bundesverfassungsgericht in Betracht. Rechtsakte der Gemeinschaftsorgane können grundsätzlich im Verfahren der *konkreten Normenkontrolle* in entsprechender Anwendung von Art. 100 Abs. 1 GG vom Bundesverfassungsgericht auf ihre Vereinbarkeit mit den Grundstrukturen der Verfassung hin überprüft werden (BVerfGE 37, 271 [283]). Unvereinbarkeitsentscheidungen durch das Bundesverfassungsgericht hätten zur Konsequenz, daß der jeweilige EG-Rechtsakt innerstaatlich keine Rechtswirkung entfalten könnte. Aus der Sicht der Europäischen Gemeinschaft würde hierin eine Verletzung des Vorranges des Gemeinschaftsrechts und eine Mißachtung des Verwerfungsmonopols des EuGH liegen.

Eine wesentliche Einschränkung hat das Bundesverfassungsgericht für die Überprüfung von Gemeinschaftsrecht am Maßstab der deutschen Grundrechte gemacht. In Abkehr von seiner früheren Rechtsprechung zur Kontrolle von sekundärem Gemeinschaftsrecht im Lichte der Grundrechte (BVerfGE 37, 271 [280 ff.] – *Solange I*) hat das Bundesverfassungsgericht seine Überprüfung von sekundärem Gemeinschaftsrecht auf dessen Vereinbarkeit mit den Grundrechten in seiner berühmten „*Solange II-Entscheidung*" suspendiert:

> „Solange die Europäischen Gemeinschaften, insbesondere die Rechtsprechung des Gerichtshofs der Gemeinschaften einen wirksamen Schutz der Grundrechte gegenüber der Hoheitsgewalt der Gemeinschaften generell gewährleisten, der dem vom Grundgesetz unabdingbar gebotenen Grundrechtsschutz im wesentlichen gleich zu achten ist, zumal den Wesensgehalt der Grundrechte generell verbürgt, wird das Bundesverfassungsgericht seine Gerichtsbarkeit über die Anwendbarkeit von abgeleitetem Gemeinschaftsrecht, das als Rechtsgrundlage für ein Verhalten deutscher Gerichte und Behörden im Hoheitsbereich der Bundesrepublik Deutschland in Anspruch genommen wird, nicht mehr ausüben und dieses Recht mithin nicht mehr am Maßstab der Grundrechte des Grundgesetzes überprüfen; entsprechende Vorlagen nach Art. 100 Abs. 1 GG sind somit unzulässig" (BVerfGE 73, 339 [387]).

244 Das Bundesverfassungsgericht zieht sich damit auf eine „generelle Gewährleistung des unabdingbaren Grundrechtsstandards" zurück (BVerfGE 89, 155 [175]). Zu beachten bleibt dabei, daß das Bundesverfassungsgericht seine Überprüfungskompetenz nicht aufgegeben, sondern in Anbetracht des von ihm als angemessen qualifizierten Grundrechtsschutzes in der Gemeinschaft nur bis auf weiteres zurückgenommen hat. Die latent weiterbestehende Überprüfungskompetenz könnte dann wieder aktualisiert werden, wenn der EuGH in einem wichtigen Grundrechtssektor von dem aus deutscher Sicht „unabdingbaren" Grundrechtsstandard abweicht. Dabei kann nicht jedes Abweichen von dem vorausgesetzten Grundrechtsstandard die Überprüfungsbefugnis des Bundesverfassungsgerichts wiederbeleben. Der Solange-Vorbehalt wird erst dann aktuell, wenn die Rechtsprechung des EuGH in einer Reihe von Entscheidungen oder einem besonders schwerwiegenden Einzelfall dramatisch unter das Niveau des den deutschen Grundrechten im wesentlichen vergleichbaren Grundrechtsschutzes absinkt.

245 Nach der früheren Rechtsprechung des Bundesverfassungsgerichts konnte eine *Verfassungsbeschwerde* nicht unmittelbar gegen supranationale Hoheitsakte gerichtet werden, da es sich dabei nicht um einen Akt deutscher öffentlicher Gewalt handelte (BVerfGE 58, 1 [27]). In seinem *Maastricht*-Urteil hat das Bundesverfassungsgericht diese Rechtsprechung aufgegeben:

> „Auch Akte einer besonderen, von der Staatsgewalt der Mitgliedstaaten geschiedenen öffentlichen Gewalt einer supranationalen Organisation betreffen die Grundrechtsberechtigten in Deutschland. Sie berühren damit die Ge-

§ 11. Gemeinschaftsrecht und nationales Recht

währleistungen des Grundgesetzes und die Aufgaben des Bundesverfassungsgerichts, die den Grundrechtsschutz in Deutschland und insoweit nicht nur gegenüber deutschen Staatsorganen zum Gegenstand haben" (BVerfGE 89, 155 [175]).

Allerdings ist auch hier wieder zu beachten, daß das Bundesverfassungsgericht seine Überprüfungskompetenz auf eine allgemeine Überwachung des Grundrechtsstandards in den Gemeinschaften zurückgenommen hat. Im übrigen ist es erwägenswert, bei unmittelbar wirkenden Rechtsakten der Gemeinschaftsorgane die *abstrakte Normenkontrolle* in analoger Anwendung von Art. 93 Abs. 1 Nr. 2 GG, §§ 13 Nr. 6, 76 ff. BVerfGG zuzulassen (wiederum mit dem „Solange II"-Vorbehalt).

Nach der Rechtsprechung des Bundesverfassungsgerichts in der **246** *Maastricht*-Entscheidung kann eine Verfassungsbeschwerde auf die Behauptung einer Verletzung von Art. 38 Abs. 1 und 2 GG mit der Begründung gestützt werden, die weitere Übertragung von Hoheitsrechten auf die Gemeinschaften nehme dem Deutschen Bundestag soviel an Befugnissen, daß die unaufgebbare Substanz demokratischer Prinzipien beeinträchtigt werde:

„Art. 38 GG schließt es im Anwendungsbereich des Art. 23 GG aus, die durch die Wahl bewirkte Legitimation von Staatsgewalt und Einflußnahme auf deren Ausübung durch die Verlagerung von Aufgaben und Befugnissen des Bundestages so zu entleeren, daß das demokratische Prinzip, soweit es Art. 79 Abs. 3 i. V. m. Art. 20 Abs. 1 und 2 GG für unantastbar erklärt, verletzt wird" (BVerfGE 89, 155 [172]).

Nach der *Maastricht*-Rechtsprechung des Bundesverfassungsge- **247** richts können Rechtsakte der Gemeinschaftsorgane auch dann im innerstaatlichen Recht der Bundesrepublik Deutschland keine Anerkennung beanspruchen, wenn sie die übertragenen *Kompetenzen* der Gemeinschaften überschreiten (BVerfGE 89, 155 [188, 210]). Dabei ist unklar, ob jede Verwaltungsbehörde und jedes Gericht sekundäres Gemeinschaftsrecht wegen Überschreitung der Gemeinschaftskompetenzen von sich aus beiseite zu lassen hat. Hier sollte dem Bundesverfassungsgericht (entsprechend Art. 100 Abs. 1 GG) ein Verwerfungsmonopol zukommen. Offen ist weiterhin, ob das Bundesverfassungsgericht (oder auch ein deutsches Fachgericht) vor der Verwerfung von sekundärem Gemeinschaftsrecht wegen Kompetenzwidrigkeit den EuGH im Vorabentscheidungsverfahren (Art. 234 EG, Art. 150 EA) einzuschalten hat oder nicht. Aus verfassungsrechtlicher Sicht macht eine derartige Vorlagepflicht gegenüber dem EuGH dann keinen Sinn, wenn das deutsche Gericht von einer Kompetenzüberschreitung überzeugt ist. Denn unabhängig von der Entscheidung des EuGH würde das Verfassungsrecht gebieten, daß dem kompetenzwidrigen Rechtsakt der Gemeinschaftsorgane die innerstaatliche Anerkennung versagt wird.

Hierbei handelt es sich nicht nur um eine spezielle „deutsche" Empfindlichkeit. So hat der *dänische Oberste Gerichtshof* in seinem Maastricht-Urteil betont, daß bei Kompetenzüberschreitung einem Rechtsakt der Europäischen Gemeinschaft die Anwendung versagt werden kann (ZaöRV 58 [1998], S. 901 ff.; dazu *F. Thomas,* aaO, S. 879 ff.). Jedoch soll eine solche Unanwendbarkeitserklärung durch ein dänisches Gericht voraussetzen, daß vorher der EuGH im Wege der Vorabentscheidung die Gültigkeit des EG-Rechtsaktes nach Gemeinschaftsrecht klären kann und daß sich im Lichte der EuGH-Entscheidung die Kompetenzüberschreitung mit der erforderlichen Sicherheit diagnostizieren läßt (aaO, S. 905 f.). Ein solches Szenario hält der Oberste Gerichtshof für eine „außergewöhnliche Situation".

248 Das Europäische Parlament hat in einer Entschließung das Monopol des EuGH für die verbindliche Auslegung des Gemeinschaftsrechts eingefordert und gegen die Inanspruchnahme einer Überprüfung von sekundärem Gemeinschaftsrecht durch nationale Gerichte Stellung bezogen (Entschließung des Europäischen Parlaments zu den Beziehungen zwischen dem Völkerrecht, dem Gemeinschaftsrecht und dem Verfassungsrecht der Mitgliedstaaten, EuZW 1998, S. 165):

„Das Europäische Parlament . . .
9. ist besorgt über die Entwicklungen in bestimmten Teilen der nationalen Gerichtsbarkeiten, die die gemeinschaftsrechtswidrige Möglichkeit der Überprüfung von abgeleitetem Gemeinschaftsrecht in Erwägung ziehen;
10. stellt fest, daß es zur Logik des Gemeinschaftsrechts gehört, daß auf Seiten der Judikative nur der EuGH über die Auslegung und die Anwendung des Gemeinschaftsrechts verbindlich entscheiden kann."

Damit distanziert sich das Europäische Parlament besonders von der Rechtsprechung des Bundesverfassungsgerichts zur möglichen Überprüfung von Akten der Gemeinschaftsorgane.

§ 11. Gemeinschaftsrecht und nationales Recht 201

Literatur: *U. Battis/D. T. Tsatsos/D. Stefanou* (Hrsg.), Europäische Integration und nationales Verfassungsrecht, 1995; *K. H. Friauf/R. Scholz* (Hrsg.), Europarecht und Grundgesetz, 1990; *J. A. Frowein,* Europäisches Gemeinschaftsrecht und Bundesverfassungsgericht, in: Festgabe aus Anlaß des 25 jährigen Bestehens des Bundesverfassungsgerichts, Bd. II, 1976, S. 187 ff.; *K. Hasselbach,* Der Vorrang des Gemeinschaftsrechts vor dem nationalen Verfassungsrecht nach dem Vertrag von Amsterdam, JZ 1997, S. 942 ff.; *M. Herdegen,* Die Belastbarkeit des Verfassungsgefüges auf dem Weg zur Europäischen Union, EuGRZ 1992, S. 589 ff.; *M. Hilf,* Solange II: Wielange noch Solange?, EuGRZ 1987, S. 1 ff.; *P. M. Huber,* Bundesverfassungsgericht und Europäischer Gerichtshof als Hüter der gemeinschaftsrechtlichen Kompetenzordnung, AöR 116 (1991), S. 210 ff.; *J. Isensee,* Integrationsziel Europastaat?, in: Festschrift für Ulrich Everling, Bd. I, S. 567 ff.; *ders.,* Vorrang des Europarechts und deutsche Verfassungsbeschwerde – offener Dissens, in: Festschrift für Klaus Stern, 1997, S. 1239 ff.; *P. Kirchhof,* Deutsches Verfassungsrecht und europäisches Gemeinschaftsrecht, EuR 1991, Beiheft 1, S. 11 ff.; *ders.,* Die Gewaltenbalance zwischen staatlichen und europäischen Organen, JZ 1998, S. 965 ff.; *E. Klein,* Der Verfassungsstaat als Glied einer europäischen Gemeinschaft, VVDStRL 50 (1991), S. 56 ff.; *ders.,* Grundrechtsdogmatische und verfassungsprozessuale Überlegungen zur Maastricht-Entscheidung des Bundesverfassungsgerichts, in: Gedächtnisschrift für Eberhard Grabitz, 1995, S. 271 ff.; *P. Lerche,* Europäische Staatlichkeit und die Identität des Grundgesetzes, in: Festschrift für Konrad Redeker, 1993, S. 131 ff.; *J. Pietzcker,* Zur Nichtanwendung europarechtswidriger Gesetze seitens der Verwaltung, in: Festschrift für Ulrich Everling, Bd. II, 1995, S. 1095 ff.; *G. Roller,* Die Mitwirkung der deutschen Länder und der belgischen Regionen an EG-Entscheidungen, AöR 123 (1998), S. 21 ff.; *W. Sandner,* Probleme des vorläufigen Rechtsschutzes gegen Gemeinschaftsrecht vor nationalen Gerichten, DVBl. 1998, S. 262 ff.; *R. Scholz,* Wie lange bis „Solange III"?, NJW 1990, S. 941 ff.; *K.-P. Sommermann,* Staatsziel „Europäische Union", DÖV 1994, S. 596 ff.; *H. Steinberger,* Der Verfassungsstaat als Glied einer europäischen Gemeinschaft, VVDStRL 50 (1991), S. 9 ff.; *R. Streinz,* Bundesverfassungsgerichtlicher Grundrechtsschutz und Europäisches Gemeinschaftsrecht, 1989.
Zur *Maastricht*-Entscheidung des Bundesverfassungsgerichts siehe die Literaturhinweise bei § 6.

IV. Bundesverfassungsgericht und Europäischer Gerichtshof

Das Bundesverfassungsgericht will seine Rechtsprechung in einem „Kooperationsverhältnis" zum EuGH ausüben (BVerfGE 89, 155 [175]). Wesentliche Ausprägung dieses Verhältnisses ist die Rücknahme der Überprüfung von sekundärem Gemeinschaftsrecht

249

am Maßstab der Grundrechte, mit der das Bundesverfassungsgericht seine Kontrollbefugnisse im Vertrauen auf die Gewährleistung eines angemessenen Grundrechtsschutzes durch den EuGH suspendiert (BVerfGE 73, 339 [387]). Ein weiterer Ausdruck der vom Bundesverfassungsgericht angestrebten Kooperation ist die Anerkennung des EuGH als gesetzlicher Richter im Sinne von Art. 101 Abs. 1 Satz 2 GG, soweit es um die Einhaltung von Vorlagepflichten nach Art. 234 EG, Art. 150 EA geht (BVerfGE 73, 339 [366f.]; 75, 223 [233ff.]; siehe oben § 10 V.6.).

250 Aus der Sicht des Europäischen Gemeinschaftsrechtes darf die zunächst wohlklingende Formel vom „Kooperationsverhältnis" zwischen Bundesverfassungsgericht und EuGH nicht verdunkeln, daß damit der Primat des Gemeinschaftsrechtes gegenüber nationalem Recht und das Verwerfungsmonopol des EuGH im Hinblick auf die Überprüfung von sekundärem Gemeinschaftsrecht deutlich relativiert werden. Für die in der Rechtsprechung des Bundesverfassungsgerichts entwickelten Vorbehalte gegenüber dem vom Gemeinschaftsrecht absolut beanspruchten Vorrang bleibt aus der Perspektive der Gemeinschaften und des Gerichtshofs kein Raum. Das Angebot des Bundesverfassungsgerichts zu einer „Kooperation" mit dem EuGH hat insoweit einen etwas grandseigneuralen Unterton. Aus der Sicht des Verfassungsrechts steht hinter der Haltung des Bundesverfassungsgerichts die zutreffende Einsicht, daß die Gemeinschaften und der EuGH die Grenzen ihrer Kompetenzen gegenüber den Mitgliedstaaten aus dem Blickwinkel des Verfassungsrechts nicht abschließend bestimmen können.

Literatur: *M. Heintzen,* Die „Herrschaft" über die Europäischen Gemeinschaftsverträge – Bundesverfassungsgericht und Europäischer Gerichtshof auf Konfliktkurs?, AöR 119 (1994), S. 564ff.; *G. Hirsch,* Europäischer Gerichtshof und Bundesverfassungsgericht – Kooperation oder Konfrontation?, NJW 1996, S. 2457ff.; *W. Graf Vitzthum,* Gemeinschaftsgericht und Verfassungsgericht – rechtsvergleichende Aspekte, JZ 1998, S. 161ff.

V. Nationaler Vollzug des Gemeinschaftsrechts

251 Der Vollzug des Gemeinschaftsrechts liegt in der Regel bei nationalen Organen. Dabei gelangt im Rahmen bestimmter Vorga-

§ 11. Gemeinschaftsrecht und nationales Recht 203

ben des Gemeinschaftsrechts nationales Verfahrensrecht zur Anwendung. Beim nationalen Vollzug des Gemeinschaftsrechts durch staatliche Organe gilt die Pflicht zur effektiven Durchsetzung des Gemeinschaftsrechts unter loyaler Zusammenarbeit mit den Gemeinschaftsorganen und unter Rücksicht auf die Gemeinschaftsbelange (Art. 10 EG).

Mit der Pflicht zum loyalen Vollzug des Gemeinschaftsrechts ist es nicht vereinbar, wenn nationales Verwaltungsprozeßrecht so gehandhabt wird, daß der Zweck der zu vollziehenden Gemeinschaftsregelung vereitelt wird. Dies haben die nationalen Behörden und Gerichte etwa im Hinblick auf die aufschiebende Wirkung von Widersprüchen gegen Vollzugsakte gemäß § 80 Abs. 1 VwGO zu beachten. Hier kann die Rücksicht auf Gemeinschaftsbelange die Anordnung der sofortigen Vollziehung (§ 80 Abs. 2 Satz 1 Nr. 4 VwGO) gebieten.

Im *Tafelwein*-Fall (EuGH, Rs. C-217/88, Slg. 1990, I-2879) legte die Kommission für einzelne Weinanbaugebiete bestimmte Mengen an Tafelwein fest, die einer obligatorischen Destillierung zuzuführen waren, welche einem Verfall des Weinpreises begegnen sollte. In Ausführung der Verordnung der Kommission erließen die deutschen Behörden mehrere Hundert Verwaltungsakte, mit denen unter Umlegung der festgelegten Quote auf die einzelnen Winzer die obligatorische Destillation von Tafelwein angeordnet wurde. Gegen die meisten dieser Bescheide legten die betroffenen Winzer Widerspruch mit aufschiebender Wirkung ein. Unter dem Schutz des Suspensiveffektes verkauften die Winzer ihren Wein auf dem deutschen Markt. Die Destillierungsaktion verfehlte so auf dem deutschen Weinmarkt ihren Zweck. In einem von der Kommission angestrengten Vertragsverletzungsverfahren gegen die Bundesrepublik Deutschland sah der EuGH in der Untätigkeit der deutschen Behörden eine Verletzung der Pflicht zur loyalen Umsetzung von Gemeinschaftsrecht (Art. 10 EG). Denn die deutschen Behörden hätten dem Suspensiveffekt durch die Anordnung des sofortigen Vollzugs der Heranziehungsbescheide (§ 80 Abs. 2 Satz 1 Nr. 4 VwGO) begegnen müssen, um die Durchführung der obligatorischen Destillation sicherzustellen (aaO, Rn. 25).

Der loyale Vollzug des Gemeinschaftsrechts kann auch die **252** Rückforderung von Zahlungen gebieten, die zu Unrecht aufgrund von Gemeinschaftsrecht geleistet worden sind. Wenn auf der Grundlage von Gemeinschaftsrecht Beihilfen geleistet werden und sich im Nachhinein herausstellt, daß die Voraussetzungen für ihre Gewährung nicht vorgelegen haben, wird der nach nationalem

Verwaltungsverfahrensrecht bestehende Vertrauensschutz durch eine Rücksicht auf Belange der Gemeinschaft eingeschränkt. So müssen Behörden bei der Entscheidung über die Rücknahme den Vertrauensschutz (etwa nach § 48 Abs. 2 VwVfG) mit dem Gemeinschaftsinteresse an einer gleichförmigen Durchsetzung des Gemeinschaftsrechts in allen Mitgliedstaaten abwägen:

„Der Grundsatz, wonach bei Anwendung der nationalen Rechtsvorschriften keine Unterschiede zu gleichartigen, rein nationalen Verfahren gemacht werden dürfen, beinhaltet allerdings auch die Verpflichtung, daß bei der Anwendung einer Bestimmung, die wie § 48 Absatz 2 Satz 1 des Verwaltungsverfahrensgesetzes die Rücknahme eines rechtswidrigen Verwaltungsakts von der Würdigung der verschiedenen in Rede stehenden Interessen, also des öffentlichen Interesses an der Rücknahme des Verwaltungsakts einerseits und des Vertrauensschutzes für seinen Adressaten andererseits, abhängig macht, dem Interesse der Gemeinschaft in vollem Umfang Rechnung getragen wird" (EuGH, verb. Rs. 205–215/82, Slg. 1983, 2633 Rn. 32 – *Deutsche Milchkontor*).

253 Das Gemeinschaftsrecht setzt der Berufung auf den Vertrauensschutz des rechtswidrig Begünstigten bei der Rückforderung von Beihilfen Schranken, deren gemeinschaftsrechtswidrige Gewährung die Gefahr einer Wettbewerbsverzerrung in sich birgt. Bei nationalen Beihilfen muß das in Art. 88 Abs. 3 EG vorgesehene Kontrollverfahren eingehalten werden. Dieses Verfahren soll der Kommission die rechtzeitige Kontrolle ermöglichen, ob die staatliche Förderung von Unternehmen mit der Wettbewerbsordnung (Art. 87 EG) vereinbar ist. Die Rechtsprechung des EuGH macht den Vertrauensschutz des begünstigten Unternehmens grundsätzlich davon abhängig, daß das Verfahren nach Art. 88 Abs. 3 EG vor der Beihilfengewährung eingehalten worden ist. Damit wird von einem sorgfältigen Wirtschaftsunternehmen erwartet, daß es sich über die Einhaltung des Vorprüfungsverfahrens durch nationale Behörden Gewißheit verschafft hat:

„Da die Überwachung der staatlichen Beihilfen durch die Kommission in Artikel 93 E(W)G-Vertrag [Art. 88 EG n. F.] zwingend vorgeschrieben ist, darf ein beihilfebegünstigtes Unternehmen auf die Ordnungsmäßigkeit der Beihilfe jedoch grundsätzlich nur dann vertrauen, wenn diese unter Beachtung des dort vorgesehenen Verfahrens gewährt wurde. Einem sorgfältigen Gewerbetreibenden ist es regelmäßig möglich, sich zu vergewissern, ob dieses Verfahren beachtet wurde" (EuGH, Rs. C-5/89, Slg. 1990, I-3437 Rn. 14 – *BUG-Alutechnik*).

§ 11. Gemeinschaftsrecht und nationales Recht   205

Hier wird deutlich, wie wichtig die *Kenntnis* des Gemeinschaftsrechts für einzelne Unternehmen ist. Das bloße Vertrauen auf gemeinschaftskonformes Verhalten der Behörden des eigenen Mitgliedstaates entspricht nicht mehr dem gemeinschaftsrechtlichen Standard an erwarteter Sorgfalt.

Das Bundesverwaltungsgericht nimmt bei der Rückforderung 254 von gemeinschaftsrechtswidrig (unter Verstoß gegen Art. 88 Abs. 3 EG) gewährten Beihilfen eine gemeinschaftsrechtskonforme Auslegung der Bestimmungen über die Rücknahme von begünstigenden Verwaltungsakten (§ 48 VwVfG) vor. Nach der verwaltungsgerichtlichen Rechtsprechung ist das Vertrauen des Begünstigten in den Fortbestand des leistungsgewährenden Verwaltungsaktes grundsätzlich dann nicht schutzwürdig, wenn die Beihilfe unter Verstoß gegen das gemeinschaftsrechtliche Vorprüfungsverfahren bewilligt worden ist (BVerwGE 92, 81; siehe auch den Vorlagebeschluß des BVerwG, EuZW 1995, S. 314). Auf schutzwürdiges Vertrauen kann sich demnach nur derjenige berufen, der sich um die Einhaltung des Gemeinschaftsrechts durch die nationale Bewilligungsbehörde gekümmert hat. Dies bedeutet letztlich, daß in der Interessenabwägung mit dem Vertrauensschutz des Begünstigten das Prinzip der Rechtmäßigkeit des Verwaltungshandelns im Hinblick auf das Gemeinschaftsrecht größeres Gewicht hat als bei der Verletzung nationalen Rechts. Denn die Einwirkung des Gemeinschaftsrechts verstärkt das Gewicht des allgemeinen öffentlichen Interesses an der Rechtmäßigkeit des Verwaltungshandelns (BVerwGE 92, 86).

In konsequenter Weise verneint die Rechtsprechung des Bundesverwaltungsgerichts ein Rücknahmeermessen der nationalen Behörden, wenn die Kommission mit einer bestandskräftigen Entscheidung den Mitgliedstaat zur Rückforderung der gemeinschaftsrechtswidrig gewährten Beihilfe verpflichtet hat. Hier muß der Bewilligungsbescheid zurückgenommen werden (BVerwGE 92, 87). Die Rücksicht auf Gemeinschaftsbelange verbietet es auch, die Jahresfrist des § 48 Abs. 4 VwVfG als absolute Barriere für die Rücknahme eines begünstigenden Verwaltungsaktes anzusehen, wenn es um gemeinschaftsrechtswidrig bewilligte Leistungen geht (siehe EuGH, Rs. C-24/97, Slg. 1997, I-1591 Rn. 27ff. – *Alcan;*

BVerfGE 106, 328 [332 ff.]; hierzu BVerfG, EuGRZ 2000, S. 175). Im Ergebnis bleibt in den Fällen, in denen der durch eine gemeinschaftsrechtswidrige Beihilfe Begünstigte wegen Nichteinhaltung des in Art. 88 EG vorgesehenen Verfahrens kein berechtigtes Vertrauen in die Ordnungsmäßigkeit der Beihilfe haben konnte, für die nationalen Behörden kaum mehr Spielraum, wenn die Kommission in einer bestandskräftigen Entscheidung die Beihilfe für gemeinschaftsrechtswidrig erklärt hat. Dies hat der EuGH in seiner jüngsten Rechtsprechung unmißverständlich deutlich gemacht (EuGH, Rs. C-24/95, Slg. 1997, I-1591 Rn. 27 ff. – *Alcan*, Anm. von *M. Hoenicke*, EuZW 1997, S. 276).

Literatur: *M. Burgi*, Verwaltungsprozeß und Europarecht, 1996; *C. D. Classen*, Die Europäisierung der Verwaltungsgerichtsbarkeit, 1996; *T. v. Danwitz*, Verwaltungsrechtliches System und Europäische Integration, 1996; *C. Engel*, Die Einwirkungen des europäischen Gemeinschaftsrechts auf das deutsche Verwaltungsrecht, DV 1992, S. 437 ff.; *H.-W. Rengeling*, Deutsches und europäisches Verwaltungsrecht – Wechselseitige Einwirkungen, VVDStRL 53 (1994), S. 202 ff.; *E. Schmidt-Aßmann*, Zur Europäisierung des allgemeinen Verwaltungsrechts, in: Festschrift für Peter Lerche zum 65. Geburtstag, 1993, S. 513 ff.; *F. Schoch*, Die Europäisierung des Allgemeinen Verwaltungsrechts, JZ 1995, S. 109 ff.; *R. Scholz*, Zum Verhältnis von europäischem Gemeinschaftsrecht und nationalem Verwaltungsrecht – Zur Rechtsprechung des EuGH im Fall „Alcan", DÖV 1998, S. 261 ff.; *J. Schwarze* (Hrsg.), Europäisches Verwaltungsrecht, zwei Bände, 1988; *ders.* (Hrsg.), Das Verwaltungsrecht unter europäischem Einfluß, 1996; *M. Zuleeg*, Deutsches und europäisches Verwaltungsrecht – Wechselseitige Einwirkungen, VVDStRL 53 (1994), S. 154 ff.

VI. Gemeinschaftsrechtliche Einwirkungen auf die Dogmatik des Verwaltungsrechts

255 Die Normsetzung auf Gemeinschaftsebene und die Rechtsprechung des EuGH lassen eine insuläre Entwicklung der Verwaltungsrechtsdogmatik in den einzelnen Mitgliedstaaten nicht mehr zu. Sie zwingen vielmehr zu einer behutsamen „Europäisierung" der Dogmatik des Verwaltungsrechts im Sinne einer Angleichung verwaltungsrechtlicher Konzepte an gemeinschaftsrechtliche Entwicklungen.

§ 11. Gemeinschaftsrecht und nationales Recht 207

Die Rechtsprechung des EuGH nimmt keine strikte Unterscheidung administrativer Gestaltungsspielräume vor und unterscheidet sich damit vom deutschen Verwaltungsrecht mit dessen strikter Trennung zwischen „Beurteilungsspielraum" und „Ermessen". Die Überprüfung des „Ermessens" (i.S. von Art. 230 Abs. 2 EG, Art. 146 Abs. 2 EA, Art. 33 Abs. 1 KS) erfaßt auch die Konkretisierung unbestimmter Rechtsbegriffe (EuGH, Rs. 730/79, Slg. 1980, 2671 Rn. 24 – *Philip Morris*). Bei komplexen wirtschaftlichen Sachverhalten gehen die Prüfungen einer offensichtlich fehlerhaften Würdigung des Sachverhaltes und eines Ermessensmißbrauchs ineinander über (EuGH, Rs. 42/84, Slg. 1985, 2545 Rn. 34 – *Remia;* EuGH, Rs. 55/75, Slg. 1976, 19 Rn. 8 – *Balkan-Import-Export II*). Großzügiger als die deutsche Verwaltungsrechtsdogmatik verfährt die Rechtsprechung des EuGH bei der Ableitung individueller Rechte aus Normen des Gemeinschaftsrechts. Für den EuGH ist es entscheidend, ob ein Rechtssatz den Einzelnen begünstigt. Zwischen der Finalität dieser Begünstigung und einer bloßen Reflexwirkung unterscheidet die Rechtsprechung des EuGH dabei nicht (s. EuGH, Rs. 8/81, Slg. 1982, 53 Rn. 25 – *Becker*). Der EuGH löst die Verleihung subjektiver Rechte sogar von der unmittelbaren Anwendbarkeit des begünstigenden Rechtsaktes und stützt bei der Nichtumsetzung von Richtlinien hierauf einen individuellen Anspruch auf Schadensersatz wegen Nichtumsetzung (EuGH, verb. Rs. C-6/90 u. 9/90, Slg. 1991, I-5357 Rn. 31 ff. – *Francovich*). Die Rechtsprechung zur unmittelbaren Anwendbarkeit individualbegünstigender Richtlinien und zur Staatshaftung für die Verletzung individualschützenden Gemeinschaftsrechts zeigt, daß der EuGH die großzügige Zuerkennung von subjektiven Rechtspositionen in den Dienst der Durchsetzung des Gemeinschaftsrechts als objektive Rechtsordnung stellt. Bei der Nichtigkeitsklage Einzelner knüpft der EuGH die Klagebefugnis an andere, weniger strenge Kriterien, als sie der deutschen Schutznormtheorie zugrunde liegen. Die individuelle Betroffenheit (i.S. von Art. 230 Abs. 4 EG) ergibt sich insbesondere aus einer schwerwiegenden, den Einzelnen besonders treffenden Einwirkung in seine tatsächliche Position, etwa in Wettbewerbssachen, oder seiner verfahrensmäßigen

Beteiligung am angegriffenen Rechtsakt (s. oben, § 10 III.3.). Der Begriff des subjektiven Rechts ist damit im Gemeinschaftsrecht weiter als der des subjektiv-öffentlichen Rechts im Sinne von Art. 19 Abs. 4 Satz 1 GG, § 42 Abs. 2 VwGO.

256 Eine weitere Einwirkung auf die Dogmatik des deutschen Verwaltungsrechts liegt in der Rechtsprechung zur Umsetzung von Richtlinien (s. oben, § 9 III.2.a). Sie zwingt dazu, die Ansicht vom Rechtssatzcharakter normkonkretisierender Verwaltungsvorschriften grundsätzlich zu überdenken. Einen weiteren massiven Einbruch in das System der nationalen Verwaltungsrechte bringt die Rechtsprechung des EuGH zur Staatshaftung der Mitgliedstaaten für die Verletzung von Gemeinschaftsrecht. Hier wird dem nationalen Verwaltungsrecht gewissermaßen ein Korsett übergestülpt, das zu einer völligen Neugestaltung verwaltungsrechtlicher Strukturen insbesondere bei der Haftung für normatives Unrecht zwingt.

Literatur: *W. A. Adam,* Die Kontrolldichte-Konzeption des EuGH und deutscher Gerichte, 1993; *M. Brenner,* Der Gestaltungsauftrag der Verwaltung in der Europäischen Union, 1996; *T. v. Danwitz,* Normkonkretisierende Verwaltungsvorschriften und Gemeinschaftsrecht, VerwArch. 84 (1993), S. 73 ff.; *ders.,* Verwaltungsrechtliches System und Europäische Integration, 1996; *ders.,* Zur Grundlegung einer Theorie der subjektiv-öffentlichen Gemeinschaftsrechte, DÖV 1996, S. 481 ff.; *U. Everling,* Zur richterlichen Kontrolle der Tatsachenfeststellungen und der Beweiswürdigung durch die Kommission in Wettbewerbssachen, WuW 1989, S. 870 ff.; *ders.,* Durchführung und Umsetzung des Europäischen Gemeinschaftsrechts im Bereich des Umweltschutzes unter Berücksichtigung der Rechtsprechung des EuGH, NVwZ 1993, S. 209 ff.; *E. Schmidt-Aßmann,* Deutsches und Europäisches Verwaltungsrecht, DVBl. 1993, S. 924 ff.; *J. Schwarze,* Konvergenz im Verwaltungsrecht der EU-Mitgliedstaaten – Zugleich ein Beitrag zu Chancen und Risiken der Kodifikation allgemeiner Grundsätze des indirekten Vollzugs von Gemeinschaftsrecht; DVBl. 1996, S. 881 ff.; *K.-P. Sommermann,* Europäisches Verwaltungsrecht oder Europäisierung des Verwaltungsrechts? – Inkonsistenzen in der Rechtsprechung des Europäischen Gerichtshofes, DVBl. 1996, S. 889 ff.

VII. Rechtsschutz gegen transnationale Verwaltungsakte

257 Nach Gemeinschaftsrecht können in einzelnen Bereichen nationale Verwaltungsakte unmittelbare Rechtswirkungen in sämtlichen

§ 11. Gemeinschaftsrecht und nationales Recht

Mitgliedstaaten entfalten. Ein *Beispiel* bildet etwa die Zulassung von Produkten mit gentechnisch veränderten Organismen nach der EG-Freisetzungsrichtlinie 90/220/EWG. Nach deren Art. 13 Abs. 5 dürfen die von einer mitgliedstaatlichen Behörde – nach Zustimmung der Kommission – zugelassenen Produkte „ohne weitere Anmeldung in der gesamten Gemeinschaft verwendet werden". Der Rechtsschutz gegen solche „transnationalen" Verwaltungsakte (etwa zugunsten von Wettbewerbern oder im Dienste des Umweltschutzes) richtet sich gegenwärtig ausschließlich nach dem Prozeßrecht des Mitgliedstaates, dessen Behörde die jeweilige Entscheidung erlassen hat. Das Problem grenzüberschreitender Maßnahmen von Verwaltungsbehörden taucht auch im Bereich der Bankenaufsicht auf. Hier wird deutlich, daß die Entwicklung eines transnationalen Rechtsschutzsystems ein wichtiges Desiderat des europäischen Verwaltungsrechts ist.

Literatur: *V. Neßler,* Der transnationale Verwaltungsakt – Zur Dogmatik eines neuen Rechtsinstituts, NVwZ 1995, S. 863 ff.; *M. Schlag,* Grenzüberschreitende Verwaltungsbefugnisse im EG-Binnenmarkt, 1998.

§ 12. Die Finanzverfassung der Europäischen Gemeinschaften

I. Haushaltsplan

258 Von den drei Gemeinschaften ist ein einziger *Gesamthaushaltsplan* zu erstellen (Art. 20 Fusionsvertrag). In diesen Haushaltsplan sind die Einnahmen und Ausgaben der Gemeinschaften einschließlich derjenigen des Europäischen Sozialfonds (s. Art. 146 ff. EG) einzubringen (Art. 268 Abs. 1 EG, Art. 171 Abs. 1 EA). Im Rahmen der Montanunion geht in den gesamten Haushaltsplan nur der Verwaltungshaushalt ein. Als Rest der finanziellen Autonomie der Montanunion wird für diese ein gesonderter Funktionshaushaltsplan aufgestellt; dies hängt mit der Sonderstellung der Kommission als Haushaltsbehörde der Montanunion und der möglichen Mittelbeschaffung durch die Montanumlage sowie die Aufnahme von Anleihen (Art. 49 KS) zusammen. Daneben werden eine Reihe von finanziellen Tätigkeiten der Europäischen Atomgemeinschaft aus dem Gesamthaushaltsplan ausgeklammert. Die Aussagekraft des Haushaltsplanes wird damit deutlich geschmälert.

259 Zu den *Haushaltsprinzipien* des EG-Vertrages (und der anderen Gründungsverträge) gehören das Prinzip der vollständigen Einstellung der Einnahmen und Ausgaben (Art. 268 Abs. 1 EG), das Prinzip des Ausgleiches von Einnahmen und Ausgaben (Art. 268 Abs. 3, 272 Abs. 10 EG, Art. 20 Abs. 1 Satz 2 Fusionsvertrag), die Jährlichkeit (Art. 268 Abs. 1, 271 Abs. 1 und 2 EG) und die Spezialität (Ausweis von Einnahmen nach ihrem Entstehungsgrund, Ausgaben nach ihrem Verwendungszweck; Art. 271 Abs. 3 EG). Der Haushaltsplan muß zu Beginn eines jeden Haushaltsjahres verabschiedet sein. Gelingt dies nicht, findet das Nothaushaltsrecht (Art. 273 EG) Anwendung. Das Prinzip der Haushaltsdisziplin ist in Art. 270 EG vertraglich verankert worden.

§ 12. Die Finanzverfassung der europäischen Gemeinschaften 211

Die *Aufstellung* des Haushaltsplanes ist in Art. 272 EG, Art. 177 **260** EA, Art. 78 KS geregelt. Am Haushaltsverfahren beteiligt sind Kommission, Rat und Europäisches Parlament. In der Vergangenheit ist die Stellung des Parlaments durch erweiterte Mitspracherechte zunehmend gestärkt worden. In den Haushaltskompetenzen des Europäischen Parlamentes liegt eine besonders wichtige Möglichkeit der Einflußnahme auf die Gemeinschaftspolitik. Unter Einbeziehung der Haushaltsvoranschläge der einzelnen Gemeinschaftsorgane für ihre Ausgaben stellt die Kommission einen Vorentwurf für den Haushaltsplan auf und legt ihn dem Rat vor. Den Entwurf des Haushaltsplanes stellt der Rat mit qualifizierter Mehrheit auf. Stimmt das Europäische Parlament dem Entwurf zu oder trifft es binnen 45 Tagen keine ablehnende Entscheidung, ist der Haushaltsplan endgültig festgestellt. Ändert das Europäische Parlament den Haushaltsentwurf, kommt es zu einem zweiten Durchgang. Dabei kommt der Unterscheidung zwischen den obligatorischen und den sonstigen Ausgaben entscheidende Bedeutung zu. Bei den *obligatorischen* Ausgaben (d. h. allen „Ausgaben . . ., die sich zwingend aus dem Vertrag oder den auf Grund des Vertrages erlassenen Rechtsakten ergeben") liegt die Letztentscheidung beim Rat. Bei den *nicht-obligatorischen* Ausgaben (etwa 30 % der gesamten Ausgaben) hat das Parlament das entscheidende Wort (s. Art. 272 Abs. 4–6 EG). Die endgültige Feststellung des Haushaltsplanes wird vom Präsidenten des Europäischen Parlamentes förmlich bekundet (Art. 272 Abs. 7 EG). Der Feststellungsbeschluß bildet einen Rechtsakt eigener Art, den Rat, Kommission und die Mitgliedstaaten mit einer gegen das Parlament gerichteten Nichtigkeitsklage angreifen können.

Wenn das Parlament mit der Mehrheit der Stimmen seiner Mit- **261** glieder und zwei Dritteln der abgegebenen Stimmen aus wichtigen Gründen den Haushaltsentwurf ablehnt und die Vorlage eines neuen Entwurfes verlangt, beginnt ein neues Haushaltsverfahren (Art. 272 Abs. 8 EG).

Zur Ausgestaltung des Haushaltsverfahrens und zur Verbesserung der Haushaltsdisziplin haben das Europäische Parlament, der Rat und die Kommission interinstitutionelle Vereinbarungen geschlossen. Die Gemeinsame Erklärung des Europäischen Parlaments, des Rates und der Kommission vom 30. Juni 1982 (ABl. 1982 Nr. C 194, S. 1) umschreibt die obligatorischen Ausgaben als „diejenigen Ausgaben, die die Haushaltsbehörde in den Haushaltsplan einsetzen muß, um die Gemeinschaft in die Lage zu versetzen, ihren sich aus den Verträgen oder den aufgrund der Verträge ergangenen Rechtsakten ergebenden Verpflichtungen innerhalb und außerhalb der Gemeinschaft nachzukommen". Die Erklärung führt zur Ausräumung von Meinungsverschiedenheiten einen „Dreiseitendialog" zwischen den Präsidenten des Parlaments, des Rates und der Kommission ein. Die interinstitutionelle Vereinbarung zwischen Parlament, Rat und Kommission vom 29. Oktober 1993 über die Haushaltsdisziplin und die Verbesserung des Haushaltsverfahrens (ABl. 1993 Nr. C 331, S. 1) regelt als „Bezugsrahmen für die interinstitutionelle Haushaltsdisziplin" die finanzielle Vorschau 1993–1999.

II. Einnahmen und Ausgaben

1. Haushaltseinnahmen

262 Ursprünglich speisten sich die Finanzmittel der Gemeinschaften aus den Finanzbeiträgen der Mitgliedstaaten. Diese Beiträge sind zunehmend und seit 1980 vollständig durch die Finanzierung aus Eigenmitteln abgelöst worden (s. Art. 269 Abs. 1 EG). Die maßgeblichen Regelungen finden sich im Ratsbeschluß über das System der Eigenmittel der Europäischen Gemeinschaften vom 29. 9. 2000 (2000/597/EG, Euratom) (ABl. 2000 Nr. L 253, S. 42).

§ 12. Die Finanzverfassung der europäischen Gemeinschaften   213

2. Haushaltsausgaben

Rubrik	Haushalt 2000	Haushalt 2001	Haushalt 2002
1. Landwirtschaft	40 973	43 298	44 480
2. Strukturpolitische Maßnahmen	32 678	32 720	32 287
3. Innere Politikbereiche	6 049	6 232	5 953
4. Externe Politikbereiche	4 790	4 929	7 422
5. Verwaltung	4 702	4 904	5 177
6. Reserven/Garantien	906	916	335
7. Erweiterungen (Hilfen für Beitrittskandidaten)	3 281	3 240	aufgenommen in die Rubrik externe Politikbereiche
Mittel für Verpflichtungen insgesamt	93 280	96 239	95 654
			Angaben in Millionen € Stand: Januar 2002

Die wesentlichen Ausgabeposten entfallen auf den Agrarsektor sowie Maßnahmen zur Verbesserung wirtschaftlicher Strukturen (Regional- und Sozialpolitik).

III. Finanzielle Aktivitäten außerhalb des Haushaltes der Gemeinschaften

Eine Reihe umfangreicher finanzieller Aktivitäten findet keinen Eingang in den Gesamthaushalt. Hierzu gehören insbesondere
- der Funktionshaushalt der Montanunion,
- die Finanzierung des Europäischen Entwicklungsfonds (Unterstützung der assoziierten afrikanischen, karibischen und pazifischen Staaten im Rahmen der Lomé-Abkommen, siehe Art. 182 ff. EG),
- Aufnahme von Anleihen und Vergabe von Darlehen zur Investitionsförderung und für Unterstützungsmaßnahmen für Osteuropa (im Bereich der Europäischen Gemeinschaft auf Art. 157 EG gestützt),
- Tätigkeit der Europäischen Investitionsbank.

Literatur: *D. R. R. Dunnett,* The European Investment Bank: Autonomous instrument of common policy?, CMLRev. 31 (1994), S. 721 ff.; *U. Häde,* Die Finanzverfassung der Europäischen Gemeinschaften – ein Überblick, EuZW 1993, S. 401 ff.; *S. Magiera,* Zur Finanzverfassung der Europäischen Union, in: Gedächtnisschrift für Eberhard Grabitz, 1995, S. 409 ff.; *R. W. Strohmeier,* Aktuelle Fragen des Haushaltsrechts der Europäischen Gemeinschaft, DÖV 1993, S. 217 ff.; *D. Theato/R. Graf,* Das Europäische Parlament und der Haushalt der Europäischen Gemeinschaft, 1994; *H.-J. Timmann,* Die Interinstitutionelle Vereinbarung über die Haushaltsdisziplin vom 29. Juni 1988, EuR 1988, S. 273 ff.

§ 13. Unionsbürgerschaft

I. Bedeutung

Der Unionsvertrag von Maastricht hat in den EG-Vertrag die **265**
Unionsbürgerschaft eingeführt (Art. 17 EG). Die Rechtsstellung
eines Unionsbürgers ist mit der Staatsangehörigkeit eines Mitgliedstaates verbunden (Art. 17 Abs. 1 Satz 2 EG). Dieses neue Rechtsinstitut dokumentiert die Tendenz, im Rahmen der europäischen
Integration den einzelnen EU-Angehörigen Rechtspositionen einzuräumen, die sich von der Teilnahme am Wirtschaftsleben lösen
lassen. Die begriffliche Anleihe bei der Staatsbürgerschaft bezieht
sich auf den Einzelnen als *citoyen* und hat Symbolcharakter für
die weiteren Perspektiven einer „immer engeren Union" (Art. 1
Abs. 2 EU). Den wesentlichen Zugewinn an Rechten für den Einzelnen bilden die Gewährleistung einer allgemeinen Freizügigkeit
sowie der Zugang zur politischen Willensbildung auf kommunaler
Ebene und bei den Wahlen zum Europäischen Parlament.

Trotz begrifflicher Parallelen ist die Unionsbürgerschaft von **266**
der Staatsbürgerschaft wesensverschieden. Sie beinhaltet keine vergleichbar enge Rechts- und Pflichtenbeziehung zwischen dem Einzelnen und seinem Staatsverband, wie sie für die Staatsangehörigkeit kennzeichnend ist. Die Gesamtheit der Unionsbürger bildet
keine politische Willenseinheit. Selbst bei der Vertretung durch das
Europäische Parlament, der Repräsentation der Völker der Mitgliedstaaten, sind die Unionsbürger durch die Zuordnung zu einem
der Mitgliedstaaten im Rahmen des für die einzelnen Staaten geltenden Verteilungsschlüssels „mediatisiert". Die Unionsbürgerschaft bleibt an die Staatsangehörigkeit eines Mitgliedstaates angeseilt. Das Gemeinschaftsrecht kennt nicht einmal Mindeststandards
für die Verleihung der Staatsangehörigkeit, die ihrerseits die Unionsbürgerschaft vermittelt. Eine gewisse Harmonisierung der Erwerbs- und Verlusttatbestände wird um so dringender, je stärker

II. Freizügigkeit als Unionsbürgerrecht

267 Die Bestimmung des Art. 18 EG schafft ein umfassendes Recht der Unionsbürger, sich im Hoheitsgebiet der Mitgliedstaaten frei zu bewegen und aufzuhalten. Die freie Mobilität der Unionsbürger wird damit von einer spezifisch wirtschaftlichen Zwecksetzung abgekoppelt, wie sie der Inanspruchnahme der Arbeitnehmerfreizügigkeit und der Niederlassungsfreiheit oder auch der aktiven Dienstleistungsfreiheit zugrunde liegt. Dieses Freizügigkeitsrecht gilt unmittelbar, erfordert also keine weiteren Rechtsakte der Gemeinschaftsorgane oder der Mitgliedstaaten. Allerdings gilt die Gewährleistung der allgemeinen Freizügigkeit nur „vorbehaltlich der in diesem Vertrag und in den Durchführungsvorschriften vorgesehenen Beschränkungen und Bedingungen" (Art. 18 Abs. 1 EG). Dieser Regelungsvorbehalt bezieht sich insbesondere auf Vorschriften des Sekundärrechts, welche es den Mitgliedstaaten erlauben, das Aufenthaltsrecht von aus dem Erwerbsleben ausgeschiedenen Arbeitnehmern, Studenten und sonstigen EU-Angehörigen von ausreichenden Existenzmitteln und einer Krankenversicherung abhängig zu machen (s. etwa Art. 1 Abs. 1 der Richtlinie 90/364/EWG über das Aufenthaltsrecht, ABl. 1990 Nr. L 180, S. 26). Damit soll verhindert werden, daß die Inanspruchnahme von Sozialhilfe zum Kristallisationspunkt der Mobilität bei nicht berufstätigen EU-Angehörigen wird. Abgesehen von diesem Vorbehalt sehen drei Richtlinien ein umfassendes Aufenthaltsrecht vor, das von einer aktuellen Erwerbstätigkeit im jeweiligen Aufenthaltsstaat unabhängig ist: die allgemeine Aufenthaltsrichtlinie 90/364/EWG (aaO), die Richtlinie 90/365/EWG über das Aufenthaltsrecht der aus dem Erwerbsleben ausgeschiedenen Arbeitnehmer und selbständigen Erwerbstätigen (ABl. 1990 Nr. L 180, S. 28) und die Richtlinie 93/96/EWG über das Aufenthaltsrecht der Studenten (ABl. 1993 Nr. L 317, S. 59).

§ 13. Unionsbürgerschaft 217

In Deutschland ist seit dem 1. September 1997 die Freizügigkeitsverordnung/EG in Kraft, welche die drei genannten Richtlinien zum Aufenthalt in nationales Recht umsetzt.

Nach Art. 18 Abs. 2 EG kann der Rat (einstimmig) auf Vorschlag der Kommission unter Mitwirkung des Europäischen Parlamentes Vorschriften erlassen, welche die Ausübung des allgemeinen Freizügigkeitsrechts fördern.

III. Politische Mitwirkungsrechte

1. Kommunalwahlrecht

Eine Erstreckung des Kommunalwahlrechtes auf Unionsbürger **268** sieht Art. 19 Abs. 1 EG vor (im Hinblick hierauf ist das Grundgesetz geändert worden: Art. 28 Abs. 1 Satz 3 GG n.F.). Auf der Grundlage dieser Vorschrift ist die Kommunalwahlrichtlinie des Rates erlassen worden, die nähere Festlegungen trifft (Richtlinie 94/80/EG vom 19. Dezember 1994, ABl. 1994 Nr. L 368, S. 38).

Danach bleiben allgemeine Bestimmungen über die Mindestwohndauer im Gebiet der jeweiligen Gebietskörperschaft als Voraussetzung für das aktive und passive Wahlrecht unberührt (Art. 4 Abs. 3). Die Richtlinie gilt für „lokale Gebietskörperschaften der Grundstufe" (Art. 2 Abs. 1 *lit.* a; in Deutschland: Gemeinden einschließlich kreisfreier Städte sowie deren Untergliederungen, Kreise, in Hamburg und Berlin Bezirke). Erfaßt werden die Wahlen zu den kommunalen Vertretungskörperschaften und die Direktwahl der Leiter und der Mitglieder des „Exekutivorgans" (Art. 2 Abs. 1 *lit.* b; in Deutschland: Bürgermeister und Landräte). Die Mitgliedstaaten können exekutivische Leitungsfunktionen ihren eigenen Staatsangehörigen vorbehalten (Art. 5 Abs. 3).

Der Zugang von Unionsbürgern zur politischen Willensbildung auf kommunaler Ebene bedeutet, daß die einzelnen Mitgliedstaaten ausländischen EU-Angehörigen insoweit in gleichem Umfang politische Betätigung durch Inanspruchnahme der Meinungs-, Versammlungs- und Vereinigungsfreiheit gewähren müssen wie den eigenen Staatsangehörigen. Auch der Zugang zu politischen Parteien muß ihnen jedenfalls im Hinblick auf Kommunalwahlen (und

Wahlen zum Europäischen Parlament) in gleicher Weise offenstehen wie Inländern. Innerhalb der Europäischen Union verliert die in Art. 16 EMRK vorgesehene Möglichkeit, die politische Betätigung von Ausländern weitreichenden Beschränkungen zu unterwerfen, damit zunehmend an Substanz.

269 Von Interesse ist in diesem Zusammenhang das Urteil des EGMR im Falle *Piermont* zur Einwirkung des Rechts der Europäischen Union und der Europäischen Gemeinschaft auf die Interpretation der Europäischen Menschenrechtskonvention (EGMR, Ser. A, Nr. 314 [1995]). Hier ging es um eine Ausweisungsverfügung der französischen Regierung gegen eine deutsche Abgeordnete des Europäischen Parlaments, die sich durch ihre Mitwirkung an Protesten gegen Atomtests in Französisch-Polynesien mißliebig gemacht hatte. Die Abgeordnete machte mit einer Individualbeschwerde u.a. eine Verletzung der Meinungsfreiheit (Art. 10 EMRK) geltend. Der EGMR wies die Berufung Frankreichs auf die Möglichkeit zu Beschränkungen der politischen Betätigung von Ausländern zurück. Dabei stellt der Gerichtshof darauf ab, daß die Beschwerdeführerin die Staatsangehörigkeit eines Mitgliedstaates der Europäischen Union und zusätzlich den Status eines Mitglieds des Europäischen Parlaments innehatte. Deswegen könne ihr die Beschränkungsmöglichkeit des Art. 16 EMRK nicht entgegengehalten werden, zumal die Bevölkerung der überseeischen Departements Frankreichs an den Wahlen zum Europäischen Parlament teilnehme (Ziff. 64). Aus der Perspektive der Europäischen Union mag diese Argumentation zu begrüßen sein. Aber aus der Sicht der EMRK, die in Art. 16 schlicht zwischen eigenen Staatsangehörigen und Ausländern unterscheidet, ist diese Begründung mit einem privilegierten Ausländerstatus und den politischen Binnenbeziehungen innerhalb der Europäischen Union eine recht kühne Argumentation.

2. Wahl zum Europäischen Parlament

270 Für den Zugang von Unionsbürgern, die sich in einem anderen Mitgliedstaat als ihrem Heimatstaat aufhalten, zu Wahlen zum Europäischen Parlament sieht Art. 19 Abs. 2 EG das aktive und passive Wahlrecht nach dem Wohnsitzprinzip unter den für Inländer geltenden Bedingungen vor (s. Richtlinie 93/109/EG des Rates über die Einzelheiten der Ausübung des aktiven und passiven Wahlrechts bei den Wahlen zum Europäischen Parlament, ABl. 1993 Nr. L 329, S. 34). Die Abkopplung des Wahlrechts zum Europäischen Parlament von der Staatsangehörigkeit bildet deswegen einen Systembruch, weil der EG-Vertrag die „Völker der in der Gemeinschaft zusammengeschlossenen Staaten" als Zurechnungssubjekt parlamentarischer Repräsentation begreift (Art. 189 EG) und sich die Zahl der auf jeden Mitgliedstaat entfallenden Abgeordneten nach einem starren Quotensystem richtet. Bei diesen Quoten bleiben die nach dem Wohnsitzprinzip zur Wahl zugelassenen EU-Ausländer unberücksichtigt.

IV. Diplomatischer Schutz

Für Unionsbürger im Hoheitsgebiet eines Drittstaates, in dem ihr Heimatstaat nicht vertreten ist, sieht Art. 20 EG vor, daß diese den diplomatischen und konsularischen Schutz eines jeden Mitgliedstaates unter denselben Bedingungen wie dessen eigene Angehörige genießen (Art. 20 Satz 1 EG). Die Ausübung konsularischen Schutzes durch einen Staat für Angehörige eines anderen Staates ohne eigene Vertretung ist eine im Völkerrecht seit langem bekannte Erscheinung. Dabei begründet der EG-Vertrag eine Verpflichtung zur Schutzgewährung nur für die anderen Mitgliedstaaten. Der Drittstaat, demgegenüber der diplomatische oder konsularische Schutz ausgeübt werden soll, bleibt in der Entscheidung frei, ob er diese Schutzgewährung anerkennen will oder nicht. Da nach allgemeinem Völkerrecht nur Staaten diplomatischen und konsularischen Schutz auszuüben vermögen, gibt es eine eigene Schutzgewährung durch die Europäische Gemeinschaft oder die (nach h.M. gar nicht rechtsfähige) Europäische Union nicht. Hierin zeigt sich wieder, daß die Unionsbürgerschaft von der Staatsangehörigkeit qualitativ verschieden ist. 271

Literatur: *M. Degen,* Die Unionsbürgerschaft nach dem Vertrag über die Europäische Union unter besonderer Berücksichtigung des Wahlrechts, DÖV 1993, S. 749 ff.; *U. Everling,* Auf dem Weg zu einem europäischen Bürger?, in: R. Hrbek (Hrsg.), Bürger und Europa, 1994, S. 49 ff.; *P. Fischer,* Die Unionsbürgerschaft, Festschrift für Günter Winkler, 1997, S. 237 ff.; *S. Hobe,* Die Unionsbürgerschaft nach dem Vertrag von Maastricht, Der Staat 1993, S. 245 ff.; *A. Randelzhofer,* Marktbürgerschaft – Unionsbürgerschaft – Staatsbürgerschaft, in: Gedächtnisschrift für Eberhard Grabitz, 1995, S. 581 ff.; *T. Stein,* Die Regelung des diplomatischen Schutzes im Vertrag über die Europäische Union, in: G. Ress/T. Stein (Hrsg.), Der diplomatische Schutz im Völker- und Europarecht, 1996, S. 97 ff.; *Ch. Tomuschat,* Staatsbürgerschaft – Unionsbürgerschaft – Wahlbürgerschaft, in: J. Drexl u.a. (Hrsg.), Europäische Union, 1999, S. 73 ff.

§ 14. Gemeinsamer Markt und Herstellung des Binnenmarktes

I. Gemeinsamer Markt und Binnenmarkt als Leitziel wirtschaftlicher Integration

Die Verwirklichung eines Gemeinsamen Marktes gehört zu den 272 Schlüsselzielen der Europäischen Gemeinschaft (Art. 2 EG). Kern des Gemeinsamen Marktes ist die Beseitigung der Handelshemmnisse zwischen den Mitgliedstaaten als Grundlage eines einzigen Marktes. Der EuGH charakterisiert den Begriff „Gemeinsamer Markt" durch

„die Beseitigung aller Hemmnisse im innergemeinschaftlichen Handel mit dem Ziele der Verschmelzung der nationalen Märkte zu einem einheitlichen Markt, dessen Bedingungen denjenigen eines wirklichen Binnenmarktes möglichst nahe kommen" (EuGH, Rs. 15/81, Slg. 1982, 1409 Rn. 33 – *Gaston Schul*).

Das Konzept des Gemeinsamen Marktes hebt die Europäische Gemeinschaft über eine schlichte Zollunion hinaus, die sich ihrerseits von einer bloßen Freihandelszone durch den gemeinsamen Außenzolltarif unterscheidet. Die Verwirklichung des freien Verkehrs von Waren, Personen, Dienstleistungen und Kapital, eine übergreifende Wettbewerbsordnung gegen Störungen des Marktgeschehens durch wettbewerbsverzerrende Einflüsse der öffentlichen Hand und privater Unternehmer sowie die Vergemeinschaftung einzelner Politikbereiche sind die konstituierenden Elemente der Wirtschaftsgemeinschaft. Mit der Wirtschafts- und Währungsunion ist ein Integrationsgrad erreicht worden, wie er sich sonst nur unter dem Dach einer einheitlichen Staatsordnung findet. Kennzeichnend für den Gemeinsamen Markt im gesamten Gemeinschaftsraum ist seine Prägung durch marktwirtschaftliche Ordnungsprinzipien, die aber in einzelnen Bereichen von interventionistischen Mechanismen verdrängt werden (so auf dem Montansektor [etwa Festsetzung von Produktionsquoten nach Art. 58 KS] und in der Landwirtschaft [etwa Marktordnungen für bestimmte Agrarerzeugnisse]).

273 In großer sachlicher Nähe zum „Gemeinsamen Markt" steht der „Binnenmarkt" als Leitziel der Europäischen Gemeinschaft (Art. 14 EG). Zum Abbau noch existierender Beschränkungen im Gemeinsamen Markt hat die Kommission in ihrem „Weißbuch über die Vollendung des Binnenmarktes" von 1985 das Konzept des Binnenmarktes entwickelt. Die Einheitliche Europäische Akte von 1986 hat die Verwirklichung des Binnenmarktes zum Vertragsziel hochgestuft und für seine Verwirklichung eine Frist bis zum 31. Dezember 1992 gesetzt (Art. 14 Abs. 1 EG). Nach der Definition des Art. 14 Abs. 2 EG umfaßt der Binnenmarkt „einen Raum ohne Binnengrenzen, in dem der freie Verkehr von Waren, Personen, Dienstleistungen und Kapital gemäß den Bestimmungen dieses Vertrages gewährleistet ist". Das Verhältnis zwischen dem „Gemeinsamen Markt" und dem „Binnenmarkt" ist umstritten.

274 Während eine Ansicht den Gemeinsamen Markt als Vorstufe zum Binnenmarkt versteht, deuten andere Stimmen den Gemeinsamen Markt umgekehrt als den umfassenderen Begriff. Danach soll der Gemeinsame Markt über die Verkehrsfreiheiten hinaus noch die Vergemeinschaftung der sektoralen Politiken (wie die Wettbewerbspolitik, die Agrarpolitik, die Umweltpolitik und die gemeinsame Handelspolitik) erfassen und damit einen höheren Integrationsgrad aufweisen. Die hinter diesem Meinungsstreit stehenden Unterscheidungen sollten nicht überbewertet werden. Der EuGH hat schon vor Aufnahme des Binnenmarktkonzeptes in den EG-Vertrag die Gewährleistung eines wirksamen Wettbewerbes als Voraussetzung eines einheitlichen Marktes mit binnenmarktähnlichen Verhältnissen im Sinne der Vertragsziele angesehen (EuGH, Rs. 26/76, Slg. 1977, 1875 Rn. 20 – *Metro*). Für die besondere Rechtsangleichungskompetenz zur Verwirklichung des Binnenmarktes in Art. 95 EG ist im übrigen klargestellt, daß diese Kompetenz den speziellen Ermächtigungen im Bereich der vergemeinschafteten Politikbereiche nachrangig ist (Abs. 1) und nicht für die Harmonisierung der Steuern, die Verwirklichung der Freizügigkeit sowie die Rechtspositionen von Arbeitnehmern gilt (Abs. 2).

Für die Verwirklichung des Binnenmarktes hat Art. 14 Abs. 1 EG den 31. Dezember 1992 als Zieltermin vorgegeben. Die-

§ 14. Gemeinsamer Markt und Herstellung des Binnenmarktes   223

ser Termin bedeutet nicht etwa, daß die volle Verwirklichung des Raumes ohne Binnengrenzen mit den Verkehrsfreiheiten automatisch kraft Fristablaufes eingetreten wäre. Vielmehr bedeutet die Zielvorgabe des Art. 14 Abs. 1 EG einen Auftrag an die Gemeinschaftsorgane, unter Einsatz der dort genannten Regelungsgrundlagen die bestehenden Hemmnisse für einen einheitlichen Markt zu beseitigen. Soweit dieser Auftrag bis zum vorgesehenen Datum nicht erfüllt ist, bleibt die Zielvorgabe der vollständigen Verwirklichung des Binnenmarktes weiterhin aktuell.

Literatur: *M. Dauses,* Die rechtliche Dimension des Binnenmarktes, EuZW 1990, S. 8ff.; *K. Mortelmans,* The common market, the internal market and the single market, whats in a market?, CMLRev. 35 (1998), S. 101 ff.; *N. Reich,* Binnenmarkt als Rechtsbegriff, EuZW 1991, S. 203 ff.

II. Instrumentarium zur Verwirklichung des Binnenmarktes

Die Vorschrift des Art. 14 Abs. 1 EG konkretisiert mit den dort genannten Bestimmungen das Instrumentarium zur Verwirklichung des Binnenmarktes. Zentrale Aufgabe ist insoweit die Beseitigung der Hindernisse, die aus den Unterschieden der nationalen Rechtsordnungen erwachsen (siehe Art. 3 Abs. 1 *lit.* h EG). Diesem Ziel dient die Erleichterung der Rechtsangleichung gemäß Art. 95 i.V.m. Art. 94 EG. Ein weiteres, dahinter zurückbleibendes Instrument ist die gegenseitige Anerkennung von nationalen (Produkt- und Qualifikations-)Standards (siehe etwa zur gegenseitigen Anerkennung von Berufsqualifikationen Art. 47 Abs. 1 EG); die allgemeine Vorschrift des Art. 100b EGV a.F. zur gegenseitigen Anerkennung ist mit dem *Vertrag von Amsterdam* entfallen.

Eine teilweise vergemeinschaftete Migrationspolitik hat der Vertrag von Maastricht in Art. 100c EGV a.F. vorgesehen. Danach konnte der Rat (einstimmig) die Einreise der Angehörigen von Drittstaaten durch Visavorschriften regeln. Gestützt auf diese Ermächtigung hat der Rat in einer Verordnung diejenigen Staaten (insgesamt 98) aufgelistet, für deren Staatsangehörige bei der Einreise eine Visumspflicht gilt (ABl. 1995 Nr. L 234, S. 1). Insoweit

275

bleibt es den Mitgliedstaaten unbenommen, den Visumszwang noch auf weitere Staaten auszudehnen.

276 Der *Vertrag von Amsterdam* hat wichtige Bereiche der Regelungen des Personenverkehrs und der Migrationspolitik aus der dritten Säule (polizeiliche und justitielle Zusammenarbeit in Strafsachen) in den Rahmen der Europäischen Gemeinschaft überführt: die Kompetenz zur Regelung des freien Personenverkehrs im Binnenmarkt, des Asylrechts sowie der Einwanderung und des Aufenthalts von Drittstaatsangehörigen (Titel IV in EG „Visa, Asyl, Einwanderung und andere Politiken betreffend den freien Personenverkehr"). Danach kann der Rat Bestimmungen zur Beseitigung von Personenkontrollen an den Binnengrenzen sowie Visumsvorschriften für Angehörige von Drittstaaten erlassen (Art. 62 EG). Daneben hat der Rat Regelungszuständigkeiten für wichtige Fragen des Asyl- und Flüchtlingsrechtes sowie der Einwanderungspolitik erhalten (Art. 63 EG).

Für einen Zeitraum von fünf Jahren seit Inkrafttreten des *Vertrages von Amsterdam* gilt für Beschlüsse des Rates in diesen Bereichen das Prinzip der Einstimmigkeit (s. Art. 67 Abs. 1 EG; zu Ausnahmen Art. 67 Abs. 3 EG; s. zur Fortführung des Einstimmigkeitsprinzips bei den Grundlinien der Asyl- und Einwanderungspolitik die in die *Schlußakte von Nizza* aufgenommene Erklärung zu Art. 67 EG). Der Kompetenzzuwachs der Europäischen Gemeinschaft im Bereich der Personenkontrollen und der Migrationspolitik läßt die Zuständigkeit der Mitgliedstaaten für die Aufrechterhaltung der öffentlichen Ordnung sowie für die Gewährleistung der inneren Sicherheit unberührt (Art. 64 Abs. 1 EG).

Für die vergemeinschafteten Materien des neuen Titels IV des EG-Vertrages sieht der *Vertrag von Amsterdam* eine eigenartige Zuständigkeit des EuGH vor. Die Berechtigung und Verpflichtung zur Einholung einer Vorabentscheidung des EuGH gilt nur für letztinstanzliche Gerichte (Art. 68 Abs. 1 EG). Einzelne Regelungen sind ganz dem Vorabentscheidungsverfahren entzogen (Art. 68 Abs. 2 EG). Außerdem können der Rat, die Kommission oder ein Mitgliedstaat den EuGH um eine Auslegungsentscheidung bitten, die jedoch nicht die Rechtmäßigkeit von bereits rechtskräftigen Urteilen nationaler Gerichte berührt (Art. 68 Abs. 3 EG).

§ 14. Gemeinsamer Markt und Herstellung des Binnenmarktes 225

Trotz des Ausbaus spezieller Regelungsermächtigungen greift **276a** der Rat zuweilen noch auf die „Generalermächtigung" des Art. 308 EG für Regelungen zur Verwirklichung des Binnenmarktes auch in jüngerer Zeit zurück. Ein wichtiges Beispiel ist die Verordnung (EG) Nr. 2157/2001 über das Statut der Europäischen Gesellschaft (SE), welche der Rat auf Art. 308 gestützt hat (ABl. 2001 Nr. L 294, S. 1). Diese Verordnung regelt die Gründung einer europäischen Gesellschaft *(Societas Europeae, SE)*, deren Statut sich völlig nach Gemeinschaftsrecht bestimmt. Die SE ist eine Aktiengesellschaft mit einem Gründungskapital von mindestens 120 000 Euro (Art. 4 Abs. 2 der Verordnung). Eine SE gründen können Kapitalgesellschaften sowie unter bestimmten Voraussetzungen auch andere Gesellschaften und juristische Personen des öffentlichen oder privaten Rechts, wenn zumindest zwei von den gründenden Gesellschaften (juristischen Personen) dem Recht verschiedener Mitgliedstaaten unterliegen; in bestimmten Fällen genügt es auch, daß sie Tochtergesellschaften oder Zweigniederlassungen in einem anderen Mitgliedstaat haben (Art. 2 der Verordnung). Eine SE kann etwa durch Verschmelzung zwei oder mehrer Aktiengesellschaften entstehen (Art. 1 Abs. 2 der Verordnung) oder als Holding-Gesellschaft für zwei oder mehr Kapitalgesellschaften fungieren (Art. 2 der Verordnung). Die Fragen der Mitbestimmung hat der Rat in der (ebenfalls auf Art. 308 EG beruhenden) Richtlinie 2001/86/EG zur Ergänzung des Statuts der Europäischen Gesellschaft hinsichtlich der Beteiligung der Arbeitnehmer (ABl. 2001 Nr. L 294, S. 22) geregelt.

Literatur: *A. Zimmermann,* Der Vertrag von Amsterdam und das deutsche Asylrecht, NVwZ 1998, S. 450 ff.

III. Völkervertragliche Regelungen: die Abkommen von Schengen und Dublin

Nach wohl herrschender Ansicht, die auch von den meisten **277** Mitgliedstaaten vertreten wird, bedeutet die Definition des Binnenmarktes als „Raum ohne Binnengrenzen", daß innerhalb der

Gemeinschaft nicht nur die Grenzen für die Warenkontrollen zu entfallen haben, sondern auch die Personenkontrollen zu beseitigen sind. Der Einsatz des gemeinschaftsrechtlichen Instrumentariums bleibt jedoch hinter dieser Forderung noch zurück. Hier haben mehrere Mitgliedstaaten den Weg einer völkervertraglichen Verwirklichung dieser Facette des Binnenmarktes beschritten. Dieser Weg einer Beseitigung von Beschränkungen auf vertraglicher Grundlage ist eine Ausprägung des „Europas der zwei Geschwindigkeiten". Denn hier geht es um einen Abbau von Verkehrsbeschränkungen, der nur die jeweiligen Vertragsstaaten unter den EU-Mitgliedern erfaßt.

278 Das Vertragssystem von Schengen strebt eine Harmonisierung von Maßnahmen bei der Einreisekontrolle an. Im Anschluß an das Übereinkommen betreffend den schrittweisen Abbau der Kontrollen an den gemeinsamen Grenzen von 1985 – *Schengen I* – (GMBl. 1986, S. 79) ist im Jahr 1990 ein Übereinkommen zur Durchführung dieses Übereinkommens *(Schengen II)* geschlossen worden (BGBl. 1993 II, S. 1013). Ursprüngliche Vertragsstaaten sind Deutschland, Frankreich und die Benelux-Länder. Mittlerweile ist das Abkommen auch von Italien, Griechenland, Portugal, Spanien und Österreich sowie von den skandinavischen Mitgliedstaaten der Europäischen Union ratifiziert worden. Island und Norwegen hatten sich dem Schengen-System angeschlossen. Das Abkommen von Schengen II sieht den Verzicht auf Personenkontrollen an den Binnengrenzen vor (Art. 2 Abs. 1):

„Die Binnengrenzen dürfen an jeder Stelle ohne Personenkontrollen überschritten werden".

279 Hiervon kann ein Mitgliedstaat jedoch aus Gründen der öffentlichen Ordnung oder der nationalen Sicherheit für einen begrenzten Zeitraum abweichen (Art. 2 Abs. 2). Auf diese Klausel hat sich Frankreich berufen, um wegen der niederländischen Drogenpolitik zeitweise an Personenkontrollen festzuhalten.

Das Abkommen von Schengen II trifft Regelungen über die Anerkennung von Sichtvermerken für einen kurzfristigen Aufenthalt und eine Harmonisierung der Visumspolitik (Art. 9 ff.) sowie der Regelungen für den Reiseverkehr von Drittausländern (Art. 19 ff.). Das einheitliche „Schengen-Visum" (welches

§ 14. Gemeinsamer Markt und Herstellung des Binnenmarktes 227

vor der Reise von dem Hauptzielstaat ausgestellt und für Touristen-, Besuchs- und Geschäftsreisende erteilt wird) berechtigt den Inhaber, sich drei Monate lang im gesamten Schengen-Raum aufzuhalten. Bei einer längeren Aufenthaltsdauer muß ein besonderes nationales Visum für den jeweiligen Hauptaufenthaltsstaat beantragt werden. Daneben soll die Zuständigkeit für die Behandlung von Asylbegehren bei einem Staat konzentriert werden (Art. 28 ff.). Der Abbau der Personenkontrollen soll durch eine intensivierte polizeiliche Zusammenarbeit kompensiert werden (Art. 39 ff.). Dazu gehört etwa das Recht der „Nacheile" über die Staatsgrenzen (Art. 41). Von großer Bedeutung ist der Aufbau des Schengener Informationssystems (Art. 92 ff.), einer komplexen Datenbankanwendung mit einem international vernetzten System zur Personen- und Sachfahndung.

In enger Verbindung zum System von Schengen steht das *Übereinkommen von Dublin* aus dem Jahre 1990 über die Bestimmung des zuständigen Staates für die Prüfung eines in einem Mitgliedstaat gestellten Asylantrages (BGBl. 1994 II, S. 792). Dieses Abkommen ist am 1. 9. 1997 in Kraft getreten.

Ein besonderes Protokoll zum *Vertrag von Amsterdam* (Protokoll **280** zur Einbeziehung des Schengen-Besitzstandes in den Rahmen der Europäischen Union) hat die Zusammenarbeit im Rahmen der Schengen-Übereinkommen in den „institutionellen und rechtlichen Rahmen der Europäischen Union" überführt (Art. 1 Satz 2). Nach dem Inkrafttreten des *Vertrages von Amsterdam* ist das bislang verabschiedete Normengefüge zur vertraglichen Zusammenarbeit (der Schengen-Besitzstand) für die beteiligten EU-Mitgliedstaaten unmittelbar anwendbar (Art. 2 Abs. 1 Satz 1). An die Stelle des Schengener Exekutivausschusses ist nunmehr der Rat getreten (Art. 2 Abs. 1 Satz 1). Durch dieses Protokoll von *Amsterdam* wird das Schengen-System zu einer Art „Sondergemeinschaftsrecht" (ähnlich wie früher das Abkommen über die Sozialpolitik). Mit Island und Norwegen ist im Juli 1999 ein Übereinkommen über die Assoziierung bei der Umsetzung, Anwendung und Entwicklung des Schengen-Besitzstandes geschlossen worden (ABl. 1999 Nr. L 176, S. 36).

Literatur: *A. Achermann/R. Bieber/A. Epiney/R. Wehner,* Schengen und die Folgen, 1995; *R. Bieber,* Die Abkommen von Schengen über den Abbau der Grenzkontrollen, NJW 1994, S. 294 ff.; *R. Schütz,* Europaweite Freizügigkeit ohne demokratische Kontrolle?, AöR 120 (1995), S. 509 ff.

§ 15. Die Marktfreiheiten

I. Die Marktfreiheiten als Pfeiler des Binnenmarktes

281 Der gemeinschaftliche Binnenmarkt ist durch den freien Verkehr von Waren, Personen, Dienstleistungen und Kapital gekennzeichnet (Art. 14 Abs. 2 EG). Wegen ihrer konstituierenden Bedeutung für die freien Verkehrsströme und insbesondere den freien Wirtschaftsverkehr werden die Gewährleistungen des freien Warenverkehrs, des freien Personenverkehrs, des freien Dienstleistungsverkehrs und des freien Kapitalverkehrs als die vier „Grundfreiheiten" des EG-Vertrages bezeichnet. In enger Verbindung mit diesen Grundfreiheiten steht die Sicherung des freien Zahlungsverkehrs, die zuweilen auch als fünfte Grundfreiheit verstanden wird. Die Freiheit des Personenverkehrs läßt sich ihrerseits in die Freizügigkeit der Arbeitnehmer und die unternehmerische Niederlassungsfreiheit untergliedern.

Aus einer spezifisch ökonomischen Sicht dient die Gewährleistung der Marktfreiheiten der „optimalen Allokation" von wirtschaftlichen Ressourcen. Von Anfang an haben die Gründungsverträge aber über eine rein ökonomische Betrachtungsweise hinausgeführt. Dies gilt etwa für die sozialpolitischen Bestimmungen, die mit dem Abkommen über die Sozialpolitik (das durch den *Vertrag von Amsterdam* in den EG-Vertrag integriert worden ist) eine deutliche Ausweitung erfahren haben. Insbesondere das neue Institut der Unionsbürgerschaft macht deutlich, daß das Gemeinschaftsrecht den Einzelnen nicht nur als Subjekt wirtschaftlicher Tätigkeit begreift und damit weit über das bisherige Konzept „Marktbürger" hinausführt. Die allgemeine Freizügigkeit des Art. 18 EG koppelt die gewährleistete Mobilität des Unionsbürgers von seiner wirtschaftlichen Betätigung ab.

II. Die gemeinsame Struktur: die Marktfreiheiten als Diskriminierungs- und Beschränkungsverbot

Der EG-Vertrag hat die Marktfreiheiten unterschiedlich ausgestaltet. So ergibt sich aus dem Wortlaut des Vertrages bei der Freiheit des Warenverkehrs, daß diese Gewährleistung umfassenden Schutz vor sachlich nicht berechtigten Beschränkungen bietet und so alle Eingriffe an strenge Rechtfertigungsstandards bindet (Art. 28, 30 EG). Ein vergleichbares Beschränkungsverbot läßt sich der Dienstleistungsfreiheit (Art. 49 ff. EG) entnehmen. Bei der Freizügigkeit der Arbeitnehmer (Art. 39 ff. EG) und der Niederlassungsfreiheit (Art. 43 ff. EG) rückt der Vertragstext dagegen das Verbot einer diskriminierenden Behandlung in den Vordergrund. Erst die Rechtsprechung des EuGH hat diese Marktfreiheiten strukturell an die Freiheit des Warenverkehrs im Sinne eines ähnlich umfassenden Beschränkungsverbotes angeglichen. Beim Kapitalverkehr (Art. 56 ff. EG) hat sich auf vertraglicher Ebene eine ähnliche Entwicklung vollzogen.

282

Heute gilt für *alle* „Grundfreiheiten" des EG-Vertrages ein vierstufiger Rechtfertigungsstandard:

„Aus der Rechtsprechung des Gerichtshofes ergibt sich . . ., daß nationale Maßnahmen, die die Ausübung der durch den Vertrag garantierten grundlegenden Freiheiten behindern oder weniger attraktiv machen können, vier Voraussetzungen erfüllen müssen: Sie müssen in nichtdiskriminierender Weise angewandt werden, sie müssen aus zwingenden Gründen des Allgemeininteresses gerechtfertigt sein, sie müssen geeignet sein, die Verwirklichung des mit ihnen verfolgten Zieles zu gewährleisten, und sie dürfen nicht über das hinausgehen, was zur Erreichung dieses Zieles erforderlich ist. . ." (EuGH, Rs. C-55/94, Slg. 1995, I-4165 Rn. 37 – *Gebhard*).

Damit sind Beschränkungen des freien Warenverkehrs, der Freizügigkeit von Arbeitnehmern, der unternehmerischen Niederlassungsfreiheit, der Dienstleistungsfreiheit sowie der Freiheit des Kapital- und Zahlungsverkehrs gleichermaßen nur dann zulässig, wenn sie

283

– einem gemeinschaftsrechtlich anerkennenswerten Belang dienen,

- weder direkt noch mittelbar zwischen Inland und EU-Ausland (im Hinblick auf Personen oder Wirtschaftsgüter) diskriminieren,
- zur Erreichung des verfolgten Zweckes geeignet und
- erforderlich sind.

Entscheidend für die Rechtfertigung sind damit *Diskriminierungsverbot* und *Verhältnismäßigkeit*. Die vertraglichen Beschränkungsmöglichkeiten sind im Lichte des gemeinschaftlichen Grundrechtsstandards unter Einbeziehung der Europäischen Menschenrechtskonvention auszulegen. Dies bedeutet, daß Maßnahmen der Mitgliedstaaten nur dann gerechtfertigt sein können, wenn sie mit den vom EuGH zu wahrenden Grundrechten in Einklang stehen (EuGH, Rs. C-260/89, Slg. 1991, I-2925 Rn. 43 ff. – *ERT*).

III. Schutzrichtung

284 Die Grundfreiheiten des EG-Vertrages schützen in erster Linie vor staatlichen Maßnahmen. Jedoch kann sich auch durch die Ausnutzung wirtschaftlicher Überlegenheit unter Privaten eine Gefährdung der Belange ergeben, die mit den Marktfreiheiten geschützt werden sollen. Deshalb hat der EuGH in einzelnen Fällen Beschränkungen, die von Privaten ausgehen, den Markfreiheiten unterworfen. Dabei geht es um eine „Drittwirkung" der Marktfreiheiten. Die Rechtsprechung hat eine solche Drittwirkung zunächst in den Fällen entwickelt, in denen es um den Schutz Einzelner vor der Macht privater Verbände geht. So hat der EuGH Sportverbandsregelungen zu Lasten grenzüberschreitender Mobilität von Sportlern an den Freizügigkeitsgarantien des EG-Vertrages gemessen. Spektakulärster Fall ist die Verwerfung der Transferregeln und Ausländerklauseln von Fußballverbänden (EuGH, Rs. C-415/93, Slg. 1995, I-4921 – *Bosman;* siehe § 17 I.2.). Diese frühere Rechtsprechung zur „Drittwirkung" bezieht sich auf Vertragsbeziehungen, die durch überlegene Verbandsmacht asymmetrisch ausgestaltet sind. Hier rechtfertigt die von privaten Verbänden ausgehende Gefährdung der Marktfreiheiten eine Ausdehnung

§ 15. Die Marktfreiheiten 231

der Schutzrichtung auf Private. Schon hier ist aber Behutsamkeit angezeigt. Denn die allgemeinen Rechtsgrundsätze des Gemeinschaftsrechts schützen auch die Privatautonomie des Einzelnen und die Vereinsautonomie. Dies zwingt zu sorgfältiger Abwägung. Im übrigen ist es Aufgabe der Wettbewerbsordnung, den Wettbewerb vor der Errichtung künstlicher Wettbewerbsschranken kraft wirtschaftlicher Überlegenheit zu schützen. In seiner jüngeren Rechtsprechung ist der EuGH jedoch nicht bei der „Drittwirkung" in Fällen überlegener Verbandsmacht stehen geblieben. Im Falle *Angonese* hat der EuGH den von einem privaten Arbeitgeber vor Einstellung geforderten Zweisprachigkeitsnachweis wegen der darin liegenden Diskriminierung als Verstoß gegen die Dienstleistungsfreiheit qualifiziert (EuGH, Rs. C-281/98, Slg. 2000, I-4139 Rn. 30 ff.) und dabei ausgeführt:

„Das in Art. 48 EGV [jetzt: Art. 39 EG] ausgesprochene Verbot der Diskriminierung aufgrund der Staatsangehörigkeit gilt . . . auch für Privatpersonen" (aaO, Rn. 36).

Diese Ausdehnung des subjektiven Schutzbereiches der Marktfreiheiten mit der daraus folgenden Beschränkung der Privatautonomie und der unternehmerischen Gestaltungsfreiheit ist außerordentlich problematisch. Sie berührt die Grenzen zulässiger Rechtsfortbildung, da sie kaum mehr von der vertraglichen Zustimmung der Mitgliedstaaten gedeckt sein dürfte.

Die Bestimmungen über den freien Warenverkehr (Art. 28 ff. **285** EG) stehen Bestrebungen privater Unternehmen entgegen, durch vertragliche Vereinbarungen oder die Ausnutzung gewerblicher Schutzrechte eine Abschottung nationaler Märkte zu erreichen (etwa durch Verträge über ein Exportverbot oder den Einsatz gewerblicher Schutzrechte als Hindernis für Import oder Reimport von Waren). Aber jedenfalls in der neueren, frühere Entscheidungen relativierenden Rechtsprechung des EuGH geht es dabei nicht um eine unmittelbare Drittwirkung, sondern vielmehr um die Durchsetzung des freien Warenverkehrs gegenüber einer Gesetzgebung oder Rechtsanwendung in den Mitgliedstaaten, soweit sie einer Abschottung von Märkten Vorschub leistet. Die jüngere Judikatur des EuGH hat nunmehr klargestellt, daß „sich die Artikel 30 und 34 E(W)G-Vertrag [Art. 28 und 29 EG] nur auf staatliche Maßnahmen, nicht auf Verhaltensweisen von Unternehmen beziehen" (EuGH, Rs. 311/85, Slg. 1987, 3801 Rn. 30 – *Vlaamse Reisbureaus*). Die neuere Rechtsprechung des EuGH zur Warenverkehrsfreiheit anerkennt eine Schutzpflicht der Mitgliedstaaten, Gefährdungen dieser Freiheit durch Private abzuwehren (s. unten § 16 II.2.).

Die Abwehr auch nichtdiskriminierender Beschränkungen weist den Marktfreiheiten größte Bedeutung für die Verhältnismäßigkeitskontrolle nationaler Regelungen zu, welche sich in irgendeiner Weise nachteilig auf den grenzüberschreitenden Verkehr von Waren, Personen, Dienstleistungen oder Kapital auswirken können. So prüft der Europäische Gerichtshof etwa nationale Vorschriften, welche die Diagnose von Sehfehlern den Augenärzten (zu Lasten von Augenoptikern) vorbehält (EuGH, Rs. C-108/96, EuZW 2001, S. 282 Rn. 26 ff. – *MacQuen*). Hierin liegt eine normative Sicherung für rationale Begründungsstandards für Beschränkungen wirtschaftlicher Tätigkeit. Zu beachten ist dabei freilich, daß sich nationale Beschränkungen nicht schon deshalb als unverhältnismäßig erweisen, weil sie strenger sind als das Recht der anderen Mitgliedstaaten (vgl. EuGH, aaO, Rn. 34).

Literatur: *T. O. Ganten*, Die Drittwirkung der Grundfreiheiten, 2000; *H. D. Jarrass*, Die Grundfreiheiten als Grundgleichheiten – Systematische Überlegungen zur Qualifikation und Rechtfertigung von Beschränkungen der Grundfreiheiten, in: Festschrift für Ulrich Everling, Bd. I, 1995, S. 593 ff.; *ders.*, Elemente einer Dogmatik der Grundfreiheiten, EuR 1995, S. 202 ff.; *T. Kingreen*, Die Struktur der Grundfreiheiten des Europäischen Gemeinschaftsrechts, 1999; *W. Kluth*, Die Bindung privater Wirtschaftsteilnehmer an die Grundfreiheiten des EG-Vertrages, AöR 122 (1997), S. 557 ff.; *W.-H. Roth*, Drittwirkung der Grundfreiheiten?, in: Festschrift für Ulrich Everling, Bd. II, 1995, S. 1231 ff.; *R. Streinz/S. Leible*, Die unmittelbare Drittwirkung der Grundfreiheiten, EuZW 2000, S. 459 ff.

§ 16. Freier Warenverkehr

I. Abschaffung der Binnenzölle und Abgaben gleicher Wirkung

Gemäß Art. 23 Abs. 1 EG bildet Grundlage der Gemeinschaft 286
eine *Zollunion,* die sich auf den gesamten Warenaustausch erstreckt.
Die Zollunion schließt das Verbot ein, für den innergemeinschaftlichen Warenverkehr Ein- und Ausfuhrzölle oder Abgaben gleicher Wirkung zu erheben. Konstituierendes Merkmal für die Zollunion ist weiterhin die Einführung eines gemeinsamen Zolltarifs gegenüber dritten Ländern.

In der Montanunion können Waren aus Drittländern grundsätzlich frei verkehren (Art. 4 KS; siehe zu möglichen Beschränkungen Art. 74 Nr. 3 KS).

Die Vorschrift des Art. 25 EG begründet ein striktes Verbot für die Mitgliedstaaten, Einfuhr- oder Ausfuhrzölle oder Abgaben gleicher Wirkung einzuführen. Ebenso verboten waren während der Übergangszeit (mit der schrittweisen Abschaffung der Binnenzölle gemäß Art. 13ff. EGV a. F.) die Erhöhung bestehender Zölle und Abgaben gleicher Wirkung. Die Verbotsregelung des Art. 25 EG gehört zu denjenigen Vertragsbestimmungen, welchen der EuGH frühzeitig unmittelbare Wirkung zugesprochen hat (EuGH, Rs. 26/62, Slg. 1963, 1 S. 25ff. – *van Gend & Loos*). Ein besonderes Verbot steuerlicher Diskriminierung enthält Art. 90 EG.

II. Verbot mengenmäßiger Beschränkungen und Maßnahmen gleicher Wirkung

1. Bedeutung für den Binnenmarkt

Neben der Abschaffung der Binnenzölle bilden die Verbote son- 287
stiger („nichttarifärer") Handelshemmnisse das Herzstück des freien Warenverkehrs innerhalb der Europäischen Gemeinschaft. Grund-

normen sind Art. 28 EG mit dem Verbot nichttarifärer Einfuhrbeschränkungen und die entsprechende Bestimmung des Art. 29 EG für die freie Ausfuhr zwischen den Mitgliedstaaten.

Die Regeln über den freien Warenverkehr erfassen auch den grenzüberschreitenden Transport von Abfällen, selbst wenn diese nicht sicher wiederverwertbar sind (EuGH, Rs. C-2/90, Slg. 1992, I-4431 Rn. 23 ff. – *Abfallimport*).

Von zentraler Bedeutung für die Verwirklichung des Binnenmarktes ist das Verbot „aller Maßnahmen gleicher Wirkung" des Art. 28 EG, welches das Verbot mengenmäßiger Einfuhrbeschränkungen flankiert. Die Rechtsprechung des EuGH zum Verbot solcher (mengenmäßigen Einfuhrbeschränkungen in der Wirkung vergleichbaren) Maßnahmen zeigt ein reiches Panorama von offenen und versteckten Diskriminierungen, mit denen die Mitgliedstaaten zum Schutz des heimischen Handels die Wareneinfuhr behindern. Hier tritt ein erstaunlicher Einfallsreichtum an protektionistischen Maßnahmen zutage. Neben den Beschränkungen mit protektionistischer Motivation finden sich vielfach nationale Regelungen, die bestimmte Allgemeinbelange oder Individualinteressen in an sich wettbewerbsneutraler Weise schützen wollen, sich aber als extensive Eingriffe in den Warenverkehr erweisen. Vielfach geht es dabei um Maßnahmen, die sich bei gemeinschaftsweiter Betrachtung als insulare Auswüchse nationaler Eigenheiten darstellen, welche ihre Plausibilität eingebüßt haben. Beispiele liefert etwa das deutsche Recht mit manchen Ausprägungen eines übervorsorglichen Verbraucherschutzes (etwa Reinheitsgebot für Bier oder Vorschriften gegen unlauteren Wettbewerb). Die recht strengen Voraussetzungen für zulässige Einfuhrbeschränkungen nach der Rechtsprechung des EuGH laufen auf eine Art gegenseitige Anerkennung nationaler Produktstandards hinaus, die nur engen Ausnahmen zum Schutz noch nicht gemeinschaftsrechtlich geregelter Belange unterliegt.

2. Maßnahmen gleicher Wirkung: die „*Dassonville*-Formel"

288 Den Begriff „Maßnahmen gleicher Wirkung" in Art. 28 EG versteht der EuGH in umfassender Weise. Die klassische Definition des Begriffs hat der EuGH im Falle *Dassonville* gegeben:

„Jede Handelsregelung der Mitgliedstaaten, die geeignet ist, den innergemeinschaftlichen Handel unmittelbar oder mittelbar, tatsächlich oder potentiell zu behindern, ist als Maßnahme mit gleicher Wirkung wie eine mengenmäßige Beschränkung anzusehen" (EuGH, Rs. 8/74, Slg. 1974, 837 Rn. 5).

Im Fall *Dassonville* ging es im Ausgangsverfahren vor einem belgischen Gericht um die Strafverfolgung gegen Händler, die schottischen Whisky in Frankreich gekauft und nach Belgien eingeführt hatten. Ihnen wurde zur Last gelegt, daß sie nicht im Besitz einer Ursprungsbescheinigung der britischen Zollbehörden waren und damit gegen belgische Vorschriften verstoßen hatten. Der EuGH qualifizierte derartige Formalitäten zum Nachweis der Echtheit des importierten Erzeugnisses, die sich nur Direktimporteure ohne Schwierigkeiten beschaffen können, als eine vertragswidrige Maßnahme gleicher Wirkung.

Die „*Dassonville*-Formel" erfaßt zunächst jegliche Diskriminierungen eingeführter Waren gegenüber einheimischen Erzeugnissen. Dies gilt auch für versteckte Diskriminierungen, die sich hinter einer formalen Gleichbehandlung mit inländischen Waren verbergen. Ein Beispiel bildet etwa die britische Regelung, daß alle in Großbritannien vermarktete H-Milch in einer im Inland zugelassenen Molkerei verpackt und sterilisiert werden muß. Ein derartiges Erfordernis kam einem vollständigen Einfuhrverbot für ausländische H-Milch gleich (EuGH, Rs. 124/81, Slg. 1983, 203 Rn. 20 ff.; dazu unten Rn. 296). Die besondere Bedeutung der „*Dassonville*-Formel" liegt darin, daß sie darüber hinaus auch diskriminierungsfreie Beschränkungen des Handelsverkehrs erfaßt, die in- und ausländische Waren gleichermaßen treffen.

Zu den Maßnahmen gleicher Wirkung gehören nicht nur rechtliche Beschränkungen, sondern auch sonstige staatliche Maßnahmen, die sich als Beschränkungen des innergemeinschaftlichen Handels darstellen. Ein Beispiel bilden staatlich geförderte und damit dem jeweiligen Mitgliedstaat zurechenbare Werbekampagnen, mit denen der Absatz inländischer Waren gefördert werden soll (EuGH, Rs. 249/81, Slg. 1982, 4005 Rn. 23 ff. – *Buy Irish*).

Aus Art. 28 EG ergeben sich auch Verpflichtungen für Mitgliedstaaten, Behinderungen des grenzüberschreitenden Warenverkehrs durch Private entgegenzutreten. Dies hat der EuGH in einem Vertragsverletzungsverfahren gegen Frankreich klargestellt, in dem die Kommission die Untätigkeit der französischen Behörden bei gewalttätigen Protesten französischer Landwirte gegen importiertes Obst und Gemüse aus Spanien und anderen Mitgliedstaaten gerügt hat (EuGH, Rs. C-265/95, Slg. 1997, I-6990 – *Kommission ./. Frankreich*). Nach den Feststellungen des Gerichtshofs haben die französischen Behörden diesem regelmäßig wiederkehrenden gewalttätigen Treiben nicht Einhalt geboten. Für den EuGH hat Frankreich mit diesem Unterlassen seine Pflicht zum Schutz des freien Warenverkehrs verletzt, die sich aus Art. 28 EG i.V.m. Art. 10 EG ergibt:

„Artikel 30 verbietet den Mitgliedstaaten ... nicht nur eigene Handlungen oder Verhaltensweisen, die zu einem Handelshemmnis führen könnten, sondern verpflichtet sie in Verbindung mit Artikel 5 EG auch dazu, alle erforderlichen und geeigneten Maßnahmen zu ergreifen, um in ihrem Gebiet die Beachtung der Grundfreiheiten sicherzustellen" (aaO, Rn. 32).

3. Die Ausgrenzung nichtdiskriminierender Verkaufsbeschränkungen vom Verbot des Art. 28 EG: die „*Keck*-Formel"

290 Die „*Dassonville*-Formel" ist außerordentlich weit gefaßt. Zur Eingrenzung des umfassenden Verbotes hat der EuGH eine allgemeine Ausnahme vom Anwendungsbereich des Art. 28 EG gemacht: bei nichtdiskriminierenden Verkaufsbeschränkungen, die von ihrer Zielsetzung her gar nicht auf den grenzüberschreitenden Warenverkehr einwirken sollen. Diese Bereichsausnahme hat der Gerichtshof im Fall *Keck* entwickelt (EuGH, verb. Rs. C-267 und C-268/91, Slg. 1993, I-6097). In diesem Falle ging es um ein französisches Verbot, Waren unter dem Einkaufspreis weiter zu veräußern. Der EuGH entschied hier, entgegen der bisherigen Rechtsprechung sei

„die Anwendung nationaler Bestimmungen, die bestimmte Verkaufsmodalitäten beschränken oder verbieten, auf Erzeugnisse aus anderen Mitgliedstaaten nicht geeignet, den Handel zwischen den Mitgliedstaaten im Sinne des Urteils Dassonville ... unmittelbar oder mittelbar, tatsächlich oder potentiell zu behindern, sofern diese Bestimmungen für alle betroffenen Wirtschaftsteilnehmer gelten, die ihre Tätigkeit im Inland ausüben, und sofern sie den Absatz der inländischen Erzeugnisse und der Erzeugnisse aus anderen Mitgliedstaaten rechtlich wie tatsächlich in der gleichen Weise berühren" (aaO, Rn. 16).

Unter diesen Voraussetzungen sei „die Anwendung derartiger Regelungen auf den Verkauf von Erzeugnissen aus einem anderen Mitgliedstaat, die nicht den von diesem Staat aufgestellten Bestimmungen entsprechen, nicht geeignet, den Marktzugang für diese Erzeugnisse zu versperren oder stärker zu behindern, als sie dies für inländische Erzeugnisse tun" (aaO, Rn. 17).

Die in der *Keck*-Rechtsprechung entwickelte Bereichsausnahme **291** für die Freiheit des Warenverkehrs beruht auf einem Rechtsgedanken, der sich auf die anderen Marktfreiheiten erstrecken läßt. Danach sollten staatliche Maßnahmen, die weder direkt noch indirekt (aus Gründen der Staatsangehörigkeit oder des Ursprungs von Wirtschaftsgütern innerhalb der Gemeinschaft) diskriminieren, insoweit nicht an den Marktfreiheiten gemessen werden, als sie den grenzüberschreitenden Verkehr von Waren, Personen, Dienstleistungen und Kapital nicht direkt und nicht erheblich beeinträchtigen (ähnlich zu Ausnahmen von der Waren- und Dienstleistungsfreiheit *S. Weatherill,* CMLRev. 33 [1996], S. 885 ff. [896 f.]).

Diese Bereichsausnahme läßt sich als eine Umsetzung des Subsi- **292** diaritätsprinzips auf der Ebene der Rechtsprechung verstehen. Anknüpfend an die „*Keck*-Formel" hat der EuGH nationale Ladenschlußregelungen aus dem Anwendungsbereich von Art. 28 EG ausgegrenzt (EuGH, verb. Rs. C-69 u. C-258/93, Slg. 1994, I-2355 Rn. 12f. – *Punto Casa*). Problematisch ist, inwieweit frühere Entscheidungen durch die „*Keck*-Formel" zur Ausnahme von Art. 28 EG überholt sind. Dies gilt etwa für die Rechtsprechung zum Verbot vergleichender Preisauszeichnung nach früherem deutschem Recht (zu § 6e UWG a.F., EuGH, Rs. C-126/91, Slg. 1993, I-2361 – *Yves Rocher*). Als Faustregel wird man festhalten können, daß eine Anwendbarkeit von Art. 28 EG um so näher liegt, je mehr die Beschränkung *produktbezogenen* Charakter hat oder sich die Beschränkung nachteilig auf grenzüberschreitende Vermarktungsstrategien auswirkt.

So hat der EuGH nationale Regelungen zur Beschränkung von Warenzeichen bei Verwechslungsgefahr an dem Rechtfertigungsstandard für Handelsbeschränkungen (Art. 30 EG) gemessen und damit als Maßnahme gleicher Wirkung behandelt (EuGH, Rs. 317/91, Slg. 1993, I-6227 – *„quattro"*).

Als unter Art. 28 EG fallende Beschränkung des freien Warenverkehrs hat der EuGH auch ein (auf eine angebliche Irreführung des Verbrauchers im Hinblick auf Preis und Menge gestütztes) Vermarktungsverbot für ein aus einem anderen Mitgliedstaat eingeführtes Schokoladenprodukt eingeordnet, dessen Menge im Rahmen einer Werbekampagne erhöht wurde und mit dem werbewirksamen Verpackungsaufdruck „ + 10 %" versehen wurde (EuGH, Rs. C-470/93, Slg. 1995, I-1923 – *Mars*). Zur Begründung hat der EuGH ausgeführt, das Verbot eines solchen Werbeaufdruckes könne „den Importeur dazu zwingen, die Ausstattung seiner Erzeugnisse je nach dem Ort des Inverkehrbringens unterschiedlich zu gestalten und demgemäß die zusätzlichen Verpackungs- und Werbekosten zu tragen" (aaO, Rn. 13 f.).

Das Verbot von Preisausschreiben in einer Zeitschrift betrifft nicht nur eine Verkaufsmodalität (als verkaufsfördernde Maßnahme), sondern regelt den zulässigen Inhalt des Presseerzeugnisses. Nach der Rechtsprechung des EuGH fällt eine solche Beschränkung als Maßnahme gleicher Wirkung unter Art. 28 EG (EuGH, Rs. C-368/95, Slg. 1997, I-3689 Rn. 12 – *Familiapress*). Dabei weist der Gerichtshof auf einen entscheidenden Gesichtspunkt hin: Das Verbot von Preisausschreiben in periodischen Druckwerken beeinträchtigt den Zugang zum Markt des Einfuhrstaates (aaO, Rn. 12).

Nach der Rechtsprechung des EuGH soll die Bereichsausnahme dann nicht eingreifen, wenn eine nationale Regelung aus anderen Mitgliedstaaten stammende Erzeugnisse beim Marktzugang stärker als inländische Waren behindert. Dies hat der EuGH im Zusammenhang mit einer österreichischen Regelung entschieden, die für den mobilen Handel mit Lebensmitteln die Niederlassung in demselben oder einem benachbarten Verwaltungsbezirk vorschrieb (EuGH, Rs. C-254/98, NVwZ 2000, S. 425 Rn. 25 ff. – *Sass*). Eine solche Relativierung der „Keck"-Ausnahme erscheint in den Fällen nicht zwingend, in denen die nationale Regelung den grenzüberschreitenden Handel weder final beschränkt noch erheblich stärker als den innerstaatlichen Warenverkehr berührt (vgl. den Schlußantrag des Generalanwalts Pergola im Fall *Sass*, aaO).

III. Rechtfertigungen für Handelsbeschränkungen

293 Handelsbeschränkungen im Sinne von Art. 28 ff. EG verbietet der EG-Vertrag nicht absolut. Vielmehr können derartige Maßnahmen durch die Ausnahmevorschrift des Art. 30 EG gerechtfertigt werden. Neben dieser ausdrücklichen Rechtfertigung hat der EuGH immanente Schranken für das Verbot des Art. 28 EG entwickelt, die für bestimmte Beschränkungen eine ausdrückliche Rechtfertigung nach Art. 30 EG entbehrlich machen.

1. Immanente Schranken des Art. 28 EG: die „*Cassis de Dijon*-Formel"

In der Entscheidung *Cassis de Dijon* hat der EuGH das Verbot des 294
Art. 28 EG näher präzisiert (EuGH, Rs. 120/78, Slg. 1979, 649). In diesem Fall ging es um eine deutsche Vorschrift, nach der Trinkbranntweine nur mit einem Mindestweingeistgehalt von 30 % Alkohol, Fruchtliköre ausnahmsweise mit einem Mindestweingeistgehalt von 25 % Alkohol in Verkehr gebracht werden durften. Dies bedeutete für den französischen Johannisbeerlikör *Cassis de Dijon* (15–20 % Alkohol) ein Vermarktungsverbot in Deutschland. Im Vorfeld einer Prüfung des Art. 30 EG als mögliche Rechtfertigung hat der EuGH in das Verbot des Art. 28 EG immanente Schranken hineingelesen. Diese immanenten Schranken sollen es den Mitgliedstaaten unabhängig von einer besonderen Rechtfertigung nach der Ausnahmevorschrift des Art. 30 EG ermöglichen, nichtdiskriminierende und zum Schutz gemeinschaftsrechtlich anerkannter Allgemeinbelange erforderliche Handelsbeschränkungen vorzusehen, soweit in dem jeweiligen Bereich noch keine gemeinschaftliche Regelung existiert:

> „In Ermangelung einer gemeinschaftlichen Regelung der Herstellung und Vermarktung von Weingeist . . . ist es Sache der Mitgliedstaaten, alle die Herstellung und Vermarktung von Weingeist und alkoholischen Getränken betreffenden Vorschriften für ihr Hoheitsgebiet zu erlassen. Hemmnisse für den Binnenhandel der Gemeinschaft, die sich aus den Unterschieden der nationalen Regelungen über die Vermarktung dieser Erzeugnisse ergeben, müssen hingenommen werden, soweit diese Bestimmungen notwendig sind, um zwingenden Erfordernissen gerecht zu werden, insbesondere den Erfordernissen einer wirksamen steuerlichen Kontrolle, dem Schutz der öffentlichen Gesundheit, der Lauterkeit des Handelsverkehrs und des Verbraucherschutzes" (aaO, Rn. 8).

Im Falle *Cassis de Dijon* hatte die deutsche Regierung geltend gemacht, die Festsetzung eines Mindestweingeistgehaltes solle der Gewöhnungsgefahr (bei niedrigprozentigen Getränken) entgegenwirken. Demgegenüber hat der Europäische Gerichtshof auf das reichhaltige Angebot von Erzeugnissen mit geringem oder mittlerem Alkoholgehalt sowie auf die verbreitete Praxis der Verdünnung hochprozentiger Getränke hingewiesen (aaO, Rn. 11). Auch die Berufung der deutschen Regierung auf den Verbraucherschutz vor unlauterem Wettbewerb konnte nicht überzeugen. Denn diesem Belang läßt sich schon durch Kennzeichnungsregelungen angemessen Rechnung tragen (aaO, Rn. 13).

Die Problematik dieser immanenten Schranken liegt darin, daß sie sich auch auf Allgemeinbelange beziehen, welche eine Rechtfertigung nach der Ausnahmevorschrift des Art. 30 EG begründen können. Hierin liegt eine unnötige Verdoppelung von Rechtfertigungsgründen. Die vom Gerichtshof anerkannten immanenten Schranken decken nur solche Maßnahmen, die sich als verhältnismäßig erweisen.

Zu den öffentlichen Belangen, welche Beschränkungen des freien Warenverkehrs (im Sinne einer immanenten Schranke von Art. 28 EG) rechtfertigen können, gehört auch der Umweltschutz. Bei Handelsbeschränkungen im Interesse des Umweltschutzes ist wiederum der Verhältnismäßigkeitsgrundsatz zu beachten (EuGH, Rs. 302/86, Slg. 1988, 4607 Rn. 6 ff. – *dänische Pfandflaschenregelung*).

Die immanenten Schranken gelten nach bislang herrschender Auffassung nur für nicht diskriminierende Maßnahmen. Ausnahmsweise kann die unterschiedliche Behandlung von einheimischen und eingeführten Produkten als nicht diskriminierend eingestuft werden (so zum Verbot des Verbringens von Abfällen aus dem Ausland auf wallonische Deponien EuGH, Rs. C-2/90, Slg. 1992, I-4431 Rn. 33 ff. – *Abfallimport*). Der EuGH hat in seiner Entscheidung zum *deutschen Stromeinspeisungsgesetz* offengelassen, ob Umweltbelange im Sinne der immanenten Schranken eine Ungleichbehandlung zwischen inländischem und ausländischem Strom (gesetzliche Förderung „ökologischer" Stromgewinnung nur im Inland) rechtfertigen können (EuGH, Rs. C-379/98, EuZW 2001, 242).

2. Rechtfertigung nach Art. 30 EG

295 Beschränkungen des innergemeinschaftlichen Handels im Sinne von Art. 28 ff. EG können nach Art. 30 EG ausnahmsweise gerechtfertigt sein. Auch hier gilt eine strenge Verhältnismäßigkeitsprüfung. Außerdem dürfen die Beschränkungen nicht als Vehikel willkürlicher Diskriminierung eingesetzt oder zur verschleierten Handelsbeschränkung mißbraucht werden (Art. 30 Satz 2 EG).

Nach der Rechtsprechung des EuGH taugt die Rechtfertigung nach Art. 30 EG ebensowenig wie die immanenten Schranken zur Verfestigung nationaler Vermarktungsprivilegien gegenüber lauteren Praktiken in anderen Mitgliedstaaten. Im „*Bocksbeutel*-Fall" ging es um ein Verkaufsverbot für in bauchigrunden Bocksbeutelflaschen abgefüllte Weine, die aus anderen Gegenden als aus Franken stammen (wie etwa italienischer Rotwein aus der Provinz Bozen). Hier hat die Bundesrepublik Deutschland ohne Erfolg geltend gemacht, dieses Verkehrsverbot sei aus Gründen der öffentlichen Ordnung, im Interesse des

Verbraucherschutzes und der Lauterkeit des Handelsverkehrs (im Hinblick auf eine traditionelle Herkunftsangabe) sowie des Eigentumsschutzes – nach der „*Cassis-de-Dijon*"-Formel – und gemäß Art. 30 EG gerechtfertigt. Der Gerichtshof betonte demgegenüber, daß damit nicht die Einfuhr von Weinen aus einem anderen Mitgliedstaat verhindert werden könne, die nach einer lauteren Praxis und herkömmlichen Übung in ihrem Heimatstaat in solchen Flaschen abgefüllt sind (EuGH, Rs. 16/83, Slg. 1984, 1299 Rn. 31 ff.). Hier zeigt sich auch, wie sich der zunächst ohne Diskriminierungstendenz geschaffene Schutz traditioneller Vermarktungspraktiken im Binnenmarkt zum unangemessenen Wettbewerbsprivileg auswachsen kann.

Ein anschauliches Beispiel, wie der EuGH überzogener Fürsorge beim Verbraucherschutz als Nährboden für Handelsbeschränkungen entgegentritt, liefert die Entscheidung im Fall *Clinique* (EuGH, Rs. C-315/92, Slg. 1994, I-317). Hier hat der Gerichtshof entschieden, daß ein auf die Bestimmungen des deutschen Rechts gegen unlauteren Wettbewerb gestütztes Verbot, eine Hautcreme unter der Bezeichnung „Clinique" in Deutschland auf den Markt zu bringen, mit Art. 28 EG nicht vereinbar ist und auch nicht durch Art. 30 EG gerechtfertigt werden kann. Diese Hautcreme war in der Europäischen Gemeinschaft anstandslos unter der Bezeichnung „Clinique" in Verkehr gebracht worden. Nur in Deutschland mußte sich die Vermarktung mit auf deutsche Vorschriften gegen unlauteren Wettbewerb gestützten Verbotsbestrebungen gegen die Verwendung dieser Bezeichnung auseinandersetzen. Dabei ging es um die offenbar nur in Deutschland angestellte Erwägung, der Verbraucher könne bei dieser in Drogerien erhältlichen Creme an ein medizinisches oder klinisches Produkt denken (aaO, Rn. 5). Andere Rechtsordnungen in der Europäischen Gemeinschaften sahen ihre Verbraucher(-innen) anscheinend als vor einer derartigen, recht fernliegenden Vorstellung gefeit an.

Die Ausnahmevorschrift des Art. 30 EG bietet keine Rechtfertigung für Handelsbeschränkungen gegenüber einem anderen Mitgliedstaat, wenn der geschützte Belang bereits Gegenstand einer Harmonisierungsregelung des Gemeinschaftsrechts ist. Hier darf ein Mitgliedstaat den Handelsverkehr nicht mehr mit der Begründung einschränken, ein anderer Mitgliedstaat mißachte gemeinschaftsrechtliche Bestimmungen zum Schutz eines der von Art. 30 Satz 1 EG erfaßten Belange (so zu britischen Ausfuhrbeschränkungen im Verhältnis zu Spanien aus Gründen des Tierschutzes EuGH, Rs. C-5/94, Slg. 1996, I-2553 Rn. 18 ff. – *Hedley Lomas*).

3. Verhältnismäßigkeitsprüfung

Bei der Rechtfertigung von Beschränkungen des freien Warenverkehrs im Rahmen der immanenten Schranken des Art. 28 EG oder nach Art. 30 EG spielt die Prüfung der Verhältnismäßigkeit eine entscheidende Rolle.

Bei der Prüfung der Zweck-Mittel-Relation von Handelsbeschränkungen zieht der EuGH zunehmend die Garantien der Europäischen Menschenrechtskonvention heran. So müssen Anforderungen an den Inhalt von Presseerzeugnissen mit dem Schutz der Medienvielfalt vereinbar sein, welche die Meinungsfreiheit nach Art. 10 EMRK gewährleistet (EuGH, Rs. C-368/95, Slg. 1997, I-3689 Rn. 24 ff. – *Familiapress*).

Als nicht von Art. 30 EG gerechtfertigt angesehen hat der EuGH rigorose Einfuhrbeschränkungen für H-Milch in Großbritannien (Erfordernis von Einfuhrlizenzen sowie Verpflichtung zur Neuverpackung und Neubehandlung in Großbritannien). Wie der EuGH zu Recht betonte, hätte sich der von Großbritannien zur Rechtfertigung bemühte Gesundheitsschutz durch mildere Mittel (Erklärungen und Bescheinigungen sowie Stichprobenkontrollen) verwirklichen lassen (EuGH, Rs. 124/81, Slg. 1983, 203 Rn. 16 ff.).

Im Streit um das deutsche *„Reinheitsgebot"* für Bier hatte sich der EuGH mit der Abgrenzung von berechtigtem Gesundheits- und Verbraucherschutz einerseits und verkapptem Protektionismus andererseits auseinanderzusetzen (Rs. 178/84, Slg. 1987, 1227). Hier ging es um das deutsche – auf das bayerische Reinheitsgebot von 1516 zurückgehende – Verbot, in Deutschland unter der Bezeichnung „Bier" ein Getränk in den Verkehr zu bringen, das den Bestimmungen des Biersteuergesetzes und den hierzu ergangenen Durchführungsvorschriften nicht genügt (grundsätzlich nur Verwendung von Gerstenmalz [mit Ausnahmen bei obergärigem Bier], Hopfen, Hefe und Wasser). Bier, das andere Grundstoffe oder Zusatzstoffe enthält (die bei der Herstellung anderer Getränke und Lebensmittel in Deutschland durchaus erlaubt sind), konnte damit nicht nach Deutschland eingeführt werden. Viele Brauereien aus anderen Mitgliedstaaten konnten ihre Produkte nicht nach Deutschland verkaufen, ohne ihre Produktion für den deutschen Markt (unter Verzicht auf andere Malzarten und Zusatzstoffe) umzustellen. In einem von der Kommission angestrengten Vertragsverletzungsverfahren gegen die Bundesrepublik sah der EuGH in dem mit dem Reinheitsgebot verbundenen absoluten Verkehrsverbot (sowohl im Hinblick auf die Beschränkung auf bestimmte Grundstoffe wie den Ausschluß von Zusatzstoffen) eine unverhältnismäßige und damit vertragswidrige Handelsbeschränkung. Dem Schutz des Verbrauchers vor einer Irreführung, auf den sich die Bundesrepublik Deutschland im Hinblick auf die seit altersher vom Reinheitsgebot geprägte Vorstellung von Bier und seinen Inhaltsstoffen berufen hatte, konnte nach Ansicht des EuGH durch eine Kennzeichnungspflicht als milderes Mittel Rechnung getragen werden. Dabei hat der Gerichtshof betont, daß die Beseitigung von Handelsbeschränkungen den Gemeinsamen Markt auch für die Fortentwicklung von neuen Verbrauchergewohnheiten offenhalten solle (aaO, Rn. 31 ff.). Auch dem von der Bundesregierung bemühten Gesundheitsschutz (für den Ausschluß von Zusatzstoffen) vermochte der EuGH keine Rechtfertigung abzugewinnen. Dabei wies der Gerichtshof auf die internationale Forschung, auf die Standards internationaler Organisationen und auf die Möglichkeit einer speziellen Zulassung für einzelne Zusatzstoffe sowie darauf hin, daß bei ausländischen Bieren verwendete Zusatzstoffe auch in Deutschland bei anderen Lebensmitteln zugelassen sind.

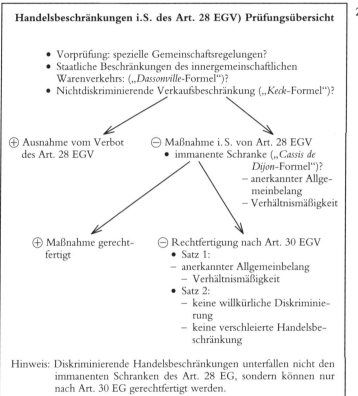

In einer jüngeren Entscheidung hat sich der Europäische Gerichtshof mit den Beschränkungen der Vermarktung alkoholischer Getränke durch ein Einzelhandelsmonopol befaßt (EuGH, Rs.

C-189/95, Slg. 1997, I-5509 – *schwedisches Alkoholmonopol/Franzén*). Das schwedische Alkoholgesetz schreibt für den Großhandel mit Spirituosen, Wein und Starkbier sowie für die Einfuhr dieser alkoholischen Getränke eine Erlaubnis der staatlichen Alkoholinspektion vor. Für den Einzelhandel besteht ein Monopol, das bei einem schwedischen Staatsunternehmen liegt. Dieses Staatsunternehmen kann alkoholische Getränke nur von den Inhabern einer Herstellungs- oder Großhandelserlaubnis beziehen. Eine solche Erlaubnis hat das schwedische Recht an strenge Voraussetzungen (finanzielle Leistungsfähigkeit und bestehende Lagermöglichkeiten) sowie an eine hohe Gebühr geknüpft, die vom Antragsteller zu entrichten ist und die auch bei Ablehnung des Antrages nicht zurückgezahlt wird. Hinzu kommt eine hohe Überwachungsgebühr für Inhaber einer Erlaubnis. Der Europäische Gerichtshof hat diese Erlaubnisvoraussetzungen als Handelsbeschränkung im Sinne von Art. 28 EG eingestuft. Nach Ansicht des Gerichtshofs vermag der Schutz der Gesundheit vor den schädlichen Wirkungen des Alkohols nicht die mit dem schwedischen Erlaubnissystem verbundenen Zugangsbarrieren einschließlich der hohen finanziellen Belastungen zu rechtfertigen. Ein angemessenes Verhältnis dieser Belastungen zu dem verfolgten Gesundheitsschutz und deren Erforderlichkeit seien durch die schwedische Regierung nicht dargetan (aaO, Rn. 75 f.).

Weitreichende praktische Auswirkungen hat die neue Rechtsprechung zu nationalen Regelungen im Sozialversicherungsrecht, welche die Erstattung von Kosten für medizinische Hilfsmittel beim Erwerb im EU-Ausland beschränken. Wenn eine Krankenkasse die Kostenerstattung für eine Brille, die (aufgrund ärztlicher Verordnung) in einem anderen Mitgliedstaat gekauft worden ist, deswegen versagt, weil der Erwerb medizinischer Hilfsmittel im Ausland der vorherigen Genehmigung bedarf, liegt hierin eine Verletzung der Freiheit des Warenverkehrs nach Art. 28 und 30 EG (EuGH, Rs. C-120/95, Slg. 1998, I-1831 – *Decker*). Für den EuGH vermögen insoweit weder die finanziellen Belange des sozialen Sicherungssystems noch der Gesundheitsschutz ohne weiteres einen zwingenden Rechtfertigungsgrund für diese Beschränkung des freien Warenverkehrs zu liefern.

299 Allgemein läßt sich sagen, daß nationale Handelsbeschränkungen unter Berufung auf den Gesundheits-, Verbraucher- oder Umweltschutz sowie sonstige Belange im Sinne des Art. 30 Satz 1 EG dann suspekt sind, wenn sie sich von den in anderen Mitgliedstaaten üblichen Standards unterscheiden (ohne daß schon alleine daraus die Unverhältnismäßigkeit folgen würde). Dies gilt etwa für Lauterkeitsvorschriften des deutschen Rechts, die dem Verbraucher eine höhere Irrtumsanfälligkeit unterstellen als andere Rechtsordnungen in der Europäischen Union.

4. Der Schutz des gewerblichen und kommerziellen Eigentums

Die Ausnahmevorschrift des Art. 30 EG deckt auch Maßnahmen zum Schutz des gewerblichen und kommerziellen Eigentums. Hierzu gehören insbesondere das Patentrecht, das Markenrecht und das Urheberrecht. Diese Immaterialgüterrechte begründen für den Berechtigten (Inhaber oder Lizenznehmer) ausschließliche Rechte im Hinblick auf die Vermarktung geistiger Leistungen. Der Bezug dieser Immaterialgüterrechte auf das Gebiet eines bestimmten Staates (Territorialität) kann zu erheblichen Einschränkungen des freien Warenverkehrs führen. Dies gilt insbesondere dann, wenn sich der Berechtigte unter Berufung auf sein ausschließliches Vermarktungsrecht gegen die Einfuhr von Erzeugnissen aus einem anderen Mitgliedstaat wendet, in dem das Produkt vorher in Verkehr gebracht worden ist (sog. „Reimporte" bei Herstellung des Produktes im Inland, sonst „Parallelimporte"). Hier besteht die Gefahr, daß gewerbliche Schutzrechte oder sonstige Rechte am geistigen Eigentum in einer Weise eingesetzt werden, die zu einer Abschottung der Märkte führt. Dieses Problem stellt sich etwa bei Preisunterschieden innerhalb der Europäischen Gemeinschaft, wenn Händler unter Ausnutzung dieses Preisgefälles ein in einem Mitgliedstaat zu einem niedrigeren Preis auf den Markt gebrachtes Produkt im Ursprungsland zu einem höheren Preis verkaufen. Nach der Rechtsprechung des EuGH dürfen gewerbliche Schutzrechte nicht dazu benutzt werden, um die Einfuhr von Produkten zu verhindern, die mit Zustimmung des Rechtsinhabers innerhalb der Europäischen Gemeinschaft auf den Markt gebracht worden

300

sind. Wenn ein Patentinhaber das geschützte Erzeugnis in einem Mitgliedstaat in Verkehr bringt, in dem hierfür kein gesetzlicher Patentschutz besteht, darf er den Reimport nicht unter Berufung auf sein Patentrecht verbieten (EuGH, Rs. 187/80, Slg. 1981, 2063 – *Merck*). Dahinter steht die Erwägung, daß der Patentinhaber mit der freien Entscheidung über die erstmalige Vermarktung sein Patentrecht gewissermaßen „erschöpft":

> „Es ist nämlich Aufgabe des Patentinhabers, in voller Kenntnis der Sachlage über die Bedingungen zu entscheiden, unter denen er sein Erzeugnis in Verkehr bringt, was die Möglichkeit einschließt, das Erzeugnis in einem Mitgliedstaat abzusetzen, in dem dafür kein gesetzlicher Patentschutz besteht. Entscheidet er sich in dieser Weise, so hat er die Konsequenzen seiner Wahl hinzunehmen, soweit es um den Verkehr des Erzeugnisses innerhalb des Gemeinsamen Marktes geht, ein Grundprinzip, das zu den rechtlichen und wirtschaftlichen Faktoren gehört, denen der Patentinhaber bei Festlegung der Ausübungsmodalitäten seines Ausschließlichkeitsrechts Rechnung tragen muß" (aaO, Rn. 11).
>
> „Würde man also dem Erfinder oder seinen Rechtsnachfolgern erlauben, sich auf das Patent, das sie in einem ersten Mitgliedstaat besitzen, zu berufen, um sich der Einfuhr des Erzeugnisses zu widersetzen, das von ihnen in einem anderen Mitgliedstaat, in dem dieses Erzeugnis nicht patentfähig war, frei in den Verkehr gebracht worden ist, so würde dies zu einer Abschottung der nationalen Märkte führen, die den Zielen des Vertrages zuwiderliefe" (aaO, Rn. 13).

301 Auf der gleichen Linie liegt die Rechtsprechung des EuGH zur Ausübung von Urheberrechten. Wenn ein Erzeugnis, das in einem Mitgliedstaat Gegenstand eines Urheberrechtes ist, in einem anderen Mitgliedstaat vom Inhaber des Urheberrechts oder mit dessen Zustimmung in den Verkehr gebracht worden ist, kann der Inhaber des Urheberrechts die Einfuhr des Erzeugnisses nicht mehr verhindern. Wenn ein Musikwerk sowohl im Herstellungsland als auch in einem anderen Mitgliedstaat urheberrechtlich geschützt ist, deckt die (gebührenpflichtige) Lizenz für die Vermarktung im Herstellungsland zugleich die weitere Vermarktung innerhalb der Gemeinschaft. Dies hat der EuGH in einem Fall entschieden, in dem die *GEMA* (Gesellschaft für musikalische Aufführungs- und mechanische Vervielfältigungsrechte) einem Hersteller von Schallplatten und Musikkassetten gegen eine Gebühr eine Lizenz für das EG-Ausland erteilt hatte, aber nicht für die Bundesrepublik

Deutschland (wo die Lizenzgebühren deutlich höher liegen). Nachdem der ausländische Lizenznehmer unter Ausnutzung des Gebührengefälles Tonträger in die Bundesrepublik Deutschland eingeführt hatte, verlangte die *GEMA* Schadensersatz in Höhe der Differenz zwischen der Lizenzgebühr für das Ausland und der höheren Inlandsgebühr. Der EuGH betonte auch hier die Gefahr, daß die Ausübung des Urheberrechtes zu einer Isolierung der nationalen Märkte führen würde, die der EG-Vertrag gerade beseitigen will (EuGH, verb. Rs. 55 und 57/80, Slg. 1981, 147 Rn. 18 ff. – *membran/GEMA*). Nachdem der Inhaber des Urheberrechts mit der einmal für die Vermarktung in einem Mitgliedstaat erteilten Lizenz sein Urheberrecht für die Gemeinschaft insgesamt erschöpft habe, könne es nicht mehr der Einfuhr in einen anderen Mitgliedstaat entgegengehalten werden. Dies gelte auch dann, wenn der Lizenznehmer sich durch die grenzüberschreitende Vermarktung Wettbewerbsvorteile (hier durch die Ausnutzung eines bestehenden Gebührengefälles) zunutze machen möchte. Dabei wies der EuGH darauf hin,

„daß der Urheber innerhalb eines durch den freien Waren- und Dienstleistungsverkehr gekennzeichneten gemeinsamen Marktes in der Lage ist, selbst oder über seinen Verleger den Ort, an dem er sein Werk in Verkehr bringt, in irgendeinem Mitgliedstaat frei zu wählen. Er kann diese Wahl entsprechend seinen Interessen treffen, wobei nicht nur das in dem betreffenden Mitgliedstaat gewährleistete Vergütungsniveau, sondern auch noch andere Faktoren, wie zum Beispiel die Vertriebsmöglichkeiten für sein Werk sowie Absatzerleichterungen eine Rolle spielen, die im übrigen durch den freien Warenverkehr innerhalb der Gemeinschaft zugenommen haben. Unter diesen Umständen kann einer Gesellschaft zur Wahrnehmung von Urheberrechten nicht gestattet werden, bei der Einfuhr in einen anderen Mitgliedstaat aufgrund des unterschiedlichen Vergütungsniveaus in den einzelnen Mitgliedstaaten die Zahlung einer zusätzlichen Gebühr zu verlangen" (aaO, Rn. 25).

Schwierige Probleme können sich beim Parallelimport von Arzneimitteln ergeben, die im Staat der Einfuhr Gegenstand geschützter Marken sind. Die neue Aufmachung nach dem Umpacken tangiert die mit der Marke verbundene Herkunftsgarantie. Der EuGH hat deshalb bei der Erschöpfung des Markenrechts das Inverkehrbringen innerhalb der Gemeinschaft bei umverpackten Arzneimitteln an bestimmte Voraussetzungen geknüpft. Dabei geht es um die

Fälle, in denen der Importeur das Arzneimittel in einer neuen äußeren Verpackung vermarktet, welche die Marke auf der Originalverpackung sichtbar macht, oder die äußere originale Verpackung verändert, aber die vom Hersteller angebrachte Marke stehenläßt. Dem Berechtigten kann die Erschöpfung der Marke nur dann entgegengehalten werden, wenn

(1.) die Umverpackung für eine Vermarktung im Einfuhrstaat sachlich geboten ist und eine Berufung auf die Marke zu einer künstlichen Abschottung der Märkte führen würde,

(2.) der Originalzustand der in der Verpackung enthaltenen Ware nicht beeinträchtigt wird,

(3.) auf der neuen Verpackung das umpackende Unternehmen sowie der Hersteller deutlich gemacht werden,

(4.) die neue Aufmachung den Ruf der Marke und ihres Inhabers nicht beeinträchtigt und

(5.) der Importeur den Markeninhaber vorab von der Vermarktung des umgepackten Arzneimittels unterrichtet (und ihm auf Verlangen ein Muster der umgepackten Ware liefert).

Diese Voraussetzungen für eine Erschöpfung der Marke leitet der EuGH aus Art. 30 EG ebenso wie aus Art. 7 der Ersten EG-Markenrechtsrichtlinie (Richtlinie 89/104/EWG) her (EuGH, verb. Rs. C-71/94, C-72/94 und C-73/94, Slg. 1996, I-3607 Rn. 42 ff. – *Eurim-Pharm*). Der EuGH unterscheidet in diesen Fällen einer einmal mit Zustimmung des Rechtsinhabers erfolgten Vermarktung innerhalb der Gemeinschaft zwischen dem gemeinschaftsrechtlich unangetasteten Bestand eines gewerblichen Schutzrechtes (s. Art. 295 EG) und den gemeinschaftsrechtlichen Schranken seiner Ausübung.

Das Recht aus einer Gemeinschaftsmarke (s. § 8 VIII. 2.) ist bei Waren dann erschöpft, wenn diese unter der Marke vom Rechtsinhaber oder mit seiner Zustimmung einmal in der Gemeinschaft in den Verkehr gebracht worden sind (Art. 13 Abs. 1 der EG-Verordnung 40/94, ABl. 1994 Nr. L 11, S. 1). Aufgrund des EWR-Übereinkommens gilt diese Erschöpfung eines Markenrechts auch für das Inverkehrbringen der Ware in einem Mitgliedstaat des Europäischen Wirtschaftsraums. Jedoch kann sich der In-

§ 16. Freier Warenverkehr 249

haber der Marke auch in diesem Falle dem weiteren Vertrieb der Waren durch Dritte widersetzen, wenn besondere Gründe es rechtfertigen, insbesondere wenn der Zustand der Waren nach ihrem Inverkehrbringen verändert oder verschlechtert ist (Art. 13 Abs. 2 der Verordnung).

Anders als die Vermarktung in einem Mitgliedstaat ist das Inverkehrbringen eines Produkts außerhalb der Gemeinschaft (bzw. des Europäischen Wirtschaftsraums) etwa in den USA zu beurteilen. Damit ist noch keine Erschöpfung gewerblicher Schutzrechte verbunden. Hier kann etwa der Inhaber eines Warenzeichens sein Ausschließlichkeitsrecht dazu benutzen, die Einfuhr der mit dem Warenzeichen versehenen Erzeugnisse aus einem Drittland in die Gemeinschaft zu verhindern (EuGH, Rs. 51/75, Slg. 1976, 811 – *EMI*). Ähnlich hat der EuGH zur Nichterschöpfung eines Markenrechts (nach Art. 7 Abs. 1 der Richtlinie 89/104/EWG) in den Fällen entschieden, in denen die Ware unter der geschützten Marke vom Markeninhaber selbst oder mit dessen Zustimmung außerhalb des Europäischen Wirtschaftsraumes in den Verkehr gebracht worden ist (EuGH, Rs. C-355/96, Slg. 1998, I-4799 Rn. 18 ff. – *Silhouette International Schmied*)

IV. Die rationalitätsstiftende Wirkung der Rechtsprechung des EuGH

Die Rechtsprechung des EuGH zu Art. 28, 30 EG bildet einen wichtigen Beitrag zur Rationalitätsgewähr im Hinblick auf nationale Beschränkungen des innergemeinschaftlichen Handelsverkehrs. Sie macht deutlich, daß unter der Flagge des Gesundheitsschutzes und Verbraucherschutzes mancher verkappte Protektionismus segelt. Ein Beispiel bildet die Entscheidung zum Reinheitsgebot für Bier. Der Verbraucher kann nunmehr entscheiden, ob er Bier mit Gerstenmalz oder aber mit einem anderen Grundstoff kaufen möchte. Der Verkehr von Bier, das dem alten deutschen Reinheitsgebot nicht entspricht, ermöglicht es den Brauereien, die in Einklang mit dem Reinheitsgebot produzieren, **303** damit Werbung zu treiben. Insgesamt ist es zu begrüßen, daß die Warenverkehrsfreiheit des EG-Vertrages manch alten Zopf abgeschnitten hat. So hat der EuGH mit seiner Rechtsprechung einen verdienstvollen Beitrag zur „Durchforstung" verkrusteter Regeln des deutschen Rechts zum Schutz gegen unlauteren Wettbewerb und des Lebensmittelrechts geleistet. Ein Stück der rationalitätsstiftenden Wirkung der Rechtsprechung geht verloren, wenn der EuGH mit der „*Keck*-Formel" wieder mehr Raum für nationale Beschränkungen läßt, die sich heute nur noch schwer rational rechtfertigen lassen. Dies ist die andere Seite einer Zurücknahme der gemeinschaftsrechtlichen Kontrolle im Dienste des Subsidiaritätsgedankens.

V. Handelsmonopole

304 Der EG-Vertrag läßt staatliche Handelsmonopole (Exklusivrechte staatlicher Stellen beim An- und Verkauf von Waren) zu. Aber nach Art. 31 EG müssen bestehende Handelsmonopole so ausgestaltet sein, daß jede Diskriminierung in den Versorgungs- und Absatzbedingungen ausgeschlossen ist. Dabei ist zu gewährleisten, daß Waren aus anderen Mitgliedstaaten gegenüber einheimischen Waren weder rechtlich noch tatsächlich benachteiligt werden (EuGH, Rs. C-189/95, Slg. 1997, I-5909 – *schwedisches Alkoholmonopol/Franzén*). Gemessen an diesen Maßstäben hat der EuGH das schwedische Einzelhandelsmonopol für alkoholische Getränke als mit Art. 31 EG vereinbar angesehen (EuGH, aaO).

Literatur: *H.-W. Arndt,* Warenverkehrsfreiheiten und nationale Verkaufsbeschränkungen, ZIP 1994, S. 188 ff.; *F.-K. Beier,* Gewerblicher Rechtsschutz und freier Warenverkehr im europäischen Binnenmarkt und im Verkehr mit Drittstaaten, GRUR Int. 1989, S. 603 ff.; *M.A. Dauses,* Die Rechtsprechung des EuGH zum Verbraucherschutz und zur Werbefreiheit im Binnenmarkt, EuZW 1995, S. 425 ff.; *C. T. Ebenroth,* Neue Ansätze zur Warenverkehrsfreiheit im Binnenmarkt der Europäischen Union, in: Festschrift für Henning Piper, 1996, S. 133 ff.; *ders./W. Hübschle,* Gewerbliche Schutzrechte und Marktaufteilung im Binnenmarkt der Europäischen Union, 1994; *U. Everling,* Der Einfluß des EG-Rechts auf das nationale Wettbewerbsrecht im Bereich des Täuschungsschutzes, ZLR 1994, S. 221 ff.; *K.-H. Fezer,* Europäisierung des

Wettbewerbsrechts, JZ 1994, S. 317 ff.; *T. Meurer,* Verpflichtung der Mitgliedstaaten zum Schutz des freien Warenverkehrs, EWS 1998, S. 196 ff.; *P. Oliver,* Free Movement of Goods in the European Community under Articles 30 to 36 of the Rome Treaty, 1996; *N. Reich,* The „November Revolution" of the European Court of Justice: *Keck, Meng* and *Audi* revisited, CMLRev. 31 (1994), S. 459 ff.; *O. Remien,* Grenzen der gerichtlichen Privatrechtsangleichung mittels der Grundfreiheiten des EG-Vertrages, JZ 1994, S. 349 ff.; *W.-H. Roth,* Freier Warenverkehr und Keck, in: Festschrift für Bernhard Großfeld, 1999, S. 929 ff.; *P. Szczekalla,* Grundfreiheitliche Schutzpflichten – eine „neue" Funktion der Grundfreiheiten des Gemeinschaftsrechts, DVBl. 1998, S. 219 ff.; *S. Weatherill,* After *Keck:* Some Thoughts on How to Clarify the Clarification, CMLRev. 33 (1996), S. 885 ff.

§ 17. Freiheiten des Personenverkehrs

305 Zu den Freiheiten des Personenverkehrs gehört die Freizügigkeit für Arbeitnehmer und die Niederlassungsfreiheit für den unternehmerischen Bereich. Daneben steht die allgemeine Freizügigkeit für Unionsbürger (Art. 18 EG), die von einer wirtschaftlichen Betätigung unabhängig ist (s. § 13 II).

I. Freizügigkeit der Arbeitnehmer

306 Die Freizügigkeit der Arbeitnehmer zielt auf die Mobilität der unselbständig Tätigen. Die rein ökonomische Perspektive, welche die Freizügigkeit der Arbeitnehmer als freie Allokation des Produktionsfaktors Arbeit begreift, ist von Anfang an durch die soziale und gesellschaftspolitische Dimension der Mobilitätsgewährleistung überlagert worden. Die Rechtsgrundlagen für die Arbeitnehmerfreizügigkeit finden sich in Art. 39 ff. EG sowie dem gemäß Art. 40 und 42 EG erlassenen Sekundärrecht.

1. Gegenstand der Freizügigkeit der Arbeitnehmer

307 Der Begriff des *Arbeitnehmers* i.S. von Art. 39 ff. EG erfaßt alle Personen, die eine abhängige Tätigkeit ausüben und in einem Lohn- oder Gehaltsverhältnis stehen. Im Interesse einer größtmöglichen Ausdehnung der Mobilitätsgarantie versteht der EuGH den Arbeitnehmerbegriff in einem sehr weiten Sinne. So faßt die Rechtsprechung hierunter auch Studenten, wenn bei Unterbrechung der beruflichen Laufbahn zwischen der früheren Berufstätigkeit und dem Studium ein sachlicher Zusammenhang besteht (EuGH, Rs. 39/86, Slg. 1988, 3161 – *Lair*). Auf den zeitlichen Umfang der Tätigkeit und das erzielte Einkommen kommt es nicht an. Auch in Teilzeitarbeit Beschäftigte mit einem niedrigen Einkommen fallen unter den Begriff des Arbeitnehmers (EuGH, Rs. 53/81, Slg. 1982, 1053 Rn. 12 ff. – *Levin*).

§ 17. Freiheiten des Personenverkehrs

Die Vorschrift des Art. 39 Abs. 2 EG verbürgt den Grundsatz **308** der individuellen Gleichbehandlung und begründet dadurch zunächst ein *Diskriminierungsverbot*. Erfaßt werden damit nicht nur unmittelbare, sondern auch versteckte Diskriminierungen, die an regelmäßig mit der Staatsangehörigkeit zusammenhängende Tatbestandsmerkmale (wie Herkunftsort oder Wohnort) anknüpfen. Der Standard der Inländergleichbehandlung wird flankiert von den Rechten des Art. 39 Abs. 3 EG (Einreise, Aufenthalt, Zugang zum Arbeitsmarkt unter den für Inländer geltenden Rechts- und Verwaltungsvorschriften, Bleiberecht). Das Aufenthaltsrecht von Arbeitnehmern ergibt sich aus dem Gemeinschaftsrecht selbst und ist nicht erst von der Gewährung einer Aufenthaltserlaubnis der einzelnen Mitgliedstaaten abhängig. Dabei ergibt sich das Aufenthaltsrecht bei den Wanderarbeitnehmern unmittelbar aus Art. 39 Abs. 2 und Abs. 3 EG und bei ihren Familienangehörigen (Ehegatten, Kinder) aus dem auf der Grundlage von Art. 40 EG erlassenen Sekundärrecht (EuGH, Rs. 48/75, Slg. 1976, 497 Rn. 33 ff. – *Royer*).

Der Grundsatz der Inländergleichbehandlung des Art. 39 Abs. 2 **309** EG setzt auch der *steuerlichen* Diskriminierung Grenzen. Dies gilt etwa für die nachteilige Anwendung von Regelungen zur beschränkten Steuerpflicht auf EG-Angehörige mit Wohnsitz im Ausland (EuGH, Rs. C-279/93, Slg. 1995, I-225 – *Schumacker;* hierzu *B. Knobbe-Keuk,* Freizügigkeit und direkte Besteuerung, EuZW 1995, S. 167 ff.).

Danach ist es unzulässig, wenn ein belgischer Grenzpendler, der seinen alleinigen Wohnsitz und ständigen Aufenthaltsort in Belgien hat, aber in Deutschland arbeitet, steuerlich schlechter gestellt wird als in Deutschland ansässige Steuerpflichtige, weil ihm bestimmte Steuervergünstigungen (wie das Ehegattensplitting) versagt werden. In der Anknüpfung dieser Benachteiligung an die Gebietsansässigkeit liegt eine materielle Diskriminierung gebietsfremder Gemeinschaftsbürger gegenüber den in Deutschland wohnenden Inländern.

Die jüngste Rechtsprechung des EuGH mißt nicht nur die dis- **310** kriminierende Behandlung an Art. 39 EG, sondern jegliche (also auch diskriminierungsfreie) Beschränkungen der Freizügigkeit, welche die Mobilität der Arbeitnehmer zu behindern drohen. Dies bedeutet die Ausweitung der Freizügigkeit zum umfassenden *Beschränkungsverbot:*

"Bestimmungen, die einen Staatsangehörigen eines Mitgliedstaates daran hindern oder davon abhalten, sein Herkunftsland zu verlassen, um von seinem Recht auf Freizügigkeit Gebrauch zu machen, stellen ... Beeinträchtigungen dieser Freiheit dar, auch wenn sie unabhängig von der Staatsangehörigkeit der betroffenen Arbeitnehmer Anwendung finden" (EuGH, Rs. C-415/93, Slg. 1995, I-4921 Rn. 96 – *Bosman* = EuZW 1996, S. 82 m. Anm. von *J. Wertenbruch* = JZ 1996, S. 248 m. Anm. von *W. Schroeder*).

Beschränkungen der Freizügigkeit sieht der EuGH nur dann als gerechtfertigt an, wenn sie „einen mit dem Vertrag zu vereinbarenden berechtigten Zweck verfolgen würden und aus zwingenden Gründen des Allgemeininteresses gerechtfertigt wären" (aaO, Rn. 104).

Mit dieser Fortentwicklung der Freizügigkeit der Arbeitnehmer zum umfassenden Beschränkungsverbot genießt diese Marktfreiheit eine ähnliche Schutzintensität wie der freie Warenverkehr.

2. Drittwirkung

311 Im Arbeitsleben spielen bestimmte Beschränkungen der Freizügigkeit durch Private, insbesondere durch Regelwerke von Sportverbänden, eine wichtige Rolle. Von besonderer Bedeutung ist deshalb, daß der EuGH den Gewährleistungen der Arbeitnehmerfreizügigkeit eine *Drittwirkung* im Hinblick auf Verbandsregelungen zuspricht (so zunächst zu Staatsangehörigkeitsklauseln im internationalen Radsport EuGH, Rs. 36/74, 1974, 1405 – *Walrave*).

Aufsehen erregt hat das Urteil des EuGH zu den Transferregeln und Ausländerklauseln des belgischen Fußballverbandes und des Europäischen Fußballverbandes UEFA im Falle *Bosman* (EuGH, Slg. 1995, I-4921; siehe unter 1.). In diesem Urteil hat der EuGH nicht nur die Beschränkung der Zulassung von Spielern mit der Staatsangehörigkeit anderer Mitgliedstaaten zum Wettkampf, sondern auch das allgemeine (also völlig diskriminierungsfrei) geltende System des Spielertransfers (Verpflichtung des neuen Vereins zur Zahlung einer Entschädigungssumme an den bisherigen Verein) als Beschränkung der Freizügigkeit aufgefaßt und einer strengen Rechtfertigung unterworfen.

Im Falle *Bosman* ging es im Grunde um eine Kollision zwischen der Marktfreiheit der Freizügigkeit einerseits und der auch im Gemeinschaftsrecht anerkannten Verbandsautonomie andererseits. Im Ergebnis hat der EuGH sowohl die beschränkte Zulassung von EU-Ausländern als Spieler im Profifußball als auch die Verpflichtung zu Transferzahlungen als Verletzung der Arbeitnehmerfreizügigkeit qualifiziert.

Die jüngere Rechtsprechung des EuGH hat die „Drittwirkung" der Freizügigkeit für Arbeitnehmer dramatisch ausgeweitet und ganz allgemein auf Einstellungsvoraussetzungen ausgedehnt, die von privaten Arbeitgebern aufgestellt werden. Im Fall *Angonese* hat der EuGH den von einer Bank in der italienischen Provinz Bozen geforderten Nachweis der Zweisprachigkeit als Einstellungsvoraussetzung unmittelbar an der Dienstleistungsfreiheit des Art. 39 EG gemessen (EuGH, Rs. C-281/98, EuZW 2000, S. 468). Etwas apodiktisch gelangt der EuGH zur allgemeinen Aussage, daß das mit der Freizügigkeit verbundene Verbot der Diskriminierung aufgrund der Staatsangehörigkeit „auch für Privatpersonen" gilt (aaO, Rn. 36).

Im konkreten Fall konnte der Zweisprachigkeitsnachweis nur in der Provinz Bozen erlangt werden, in der die Mehrheit der Einwohner die italienische Staatsangehörigkeit besitzt. Dies genügte dem EuGH, um eine Diskriminierung der Staatsangehörigen anderer Mitgliedstaaten anzunehmen.

3. Schranken und Ausnahmen

Die Rechte des Art. 39 Abs. 3 EG stehen unter dem Vorbehalt **312** der öffentlichen Ordnung, Sicherheit und Gesundheit. Dieser Vorbehalt ist eng auszulegen (EuGH, Rs. 41/74, Slg. 1974, 1337 Rn. 18 f. – *van Duyn*). Nach Art. 3 Abs. 1 und Abs. 2 der Richtlinie 64/221/EWG zur Koordinierung der Sondervorschriften für die Einreise und den Aufenthalt von Ausländern, soweit sie aus Gründen der öffentlichen Ordnung, Sicherheit oder Gesundheit gerechtfertigt sind, dürfen nur schwere, im persönlichen Verhalten des Einzelnen liegende Gründe für ein Einreiseverbot oder eine Ausweisung herhalten (s. EuGH, Rs. 48/75, Slg. 1976, 497 Rn. 45 ff. – *Royer;* zur Unzulässigkeit einer automatisch aufgrund einer strafrechtlichen Verurteilung verfügten Ausweisung auf Lebenszeit EuGH, Rs. C-348/96, Slg. 1999, I-11 – *Calfa*).

313 Eine Ausnahme für die Freizügigkeit gilt gemäß Art. 39 Abs. 4 EG für die Beschäftigung in der *öffentlichen Verwaltung*. Diese Ausnahme soll die in der Staatsangehörigkeit liegende besondere Loyalitätsbeziehung als Voraussetzung für die Wahrnehmung bestimmter staatlicher Funktionen sichern. Der EuGH legt Art. 39 Abs. 4 EG sehr eng aus:

> „Diese Bestimmung nimmt diejenigen Stellen vom Anwendungsbereich der ersten drei Absätze dieses Artikels aus, die eine unmittelbare oder mittelbare Teilnahme an der Ausübung hoheitlicher Befugnisse und an der Wahrnehmung solcher Aufgaben mit sich bringen, die auf die Wahrung der allgemeinen Belange des Staates oder anderer öffentlicher Körperschaften gerichtet sind. Die Beschäftigung auf derartigen Stellen setzt nämlich ein Verhältnis besonderer Verbundenheit des jeweiligen Stelleninhabers zum Staat sowie die Gegenseitigkeit von Rechten und Pflichten voraus, die dem Staatsangehörigkeitsband zugrunde liegen" (EuGH, Rs. 149/79, *Kommission ./. Belgien,* Slg. 1980, 1845 Rn. 10).

Danach läßt sich etwa der Ausschluß von Angehörigen anderer Mitgliedstaaten nicht für den Dienst als Eisenbahnarbeiter oder Krankenschwester rechtfertigen (EuGH, aaO). Wie der EuGH entschieden hat, soll diese Ausnahme des Art. 39 Abs. 4 EG auch nicht für den Vorbereitungsdienst für Gymnasiallehrer (Studienreferendare in Deutschland) gelten (EuGH, Rs. 66/85, Slg. 1986, 2121 Rn. 24 ff. – *Lawrie-Blum*). Die jüngste Rechtsprechung des Gerichtshofs läßt im Bereich des Schuldienstes von der Ausnahme des Art. 39 Abs. 4 EG kaum noch etwas übrig (EuGH, Rs. C-4/91, Slg. 1991, I-5627 – *Bleis*).

In Deutschland ist durch eine Änderung des Beamtenrechts der Zugang zum Beamtenverhältnis für Angehörige anderer EG-Mitgliedstaaten geöffnet worden (§ 7 Abs. 1 Nr. 1 BBG, § 4 Abs. 1 Nr. 1 BRRG). Bestimmte Ämter bleiben Deutschen vorbehalten (§ 7 Abs. 2 BBG, § 4 Abs. 2 BRRG: „Wenn die Aufgaben es erfordern, darf nur ein Deutscher im Sinne des Artikels 116 des Grundgesetzes in ein Beamtenverhältnis berufen werden [Artikel 48 Abs. 4 EWG-Vertrag]").

4. Sekundärrecht

314 Zur Verwirklichung der Arbeitnehmerfreizügigkeit sind (gestützt auf Art. 40 und 42 EG) eine Reihe von sekundärrechtlichen Regelungen zur Rechtsstellung der Wanderarbeitnehmer und deren

Familienangehörigen erlassen worden. Zentrale Bedeutung nimmt die EWG-Verordnung Nr. 1612/68 über die Freizügigkeit der Arbeitnehmer innerhalb der Gemeinschaft (Freizügigkeitsverordnung) ein. Die Freizügigkeitsverordnung geht in Anknüpfung an den EG-Vertrag vom Grundsatz der Gleichbehandlung beim Zugang zum Arbeitsmarkt und bei der Berufsausübung aus (Art. 1). Sie konkretisiert das Diskriminierungsverbot näher, etwa durch die Unanwendbarkeit von Quotenregelungen zu Lasten von Wanderarbeitnehmern aus der Gemeinschaft (Art. 4). Ein Arbeitnehmer aus einem anderen Mitgliedstaat darf „hinsichtlich der Beschäftigungs- und Arbeitsbedingungen, insbesondere im Hinblick auf Entlohnung, Kündigung und, falls er arbeitslos geworden ist, im Hinblick auf die berufliche Wiedereingliederung oder Wiedereinstellung, nicht anders behandelt werden als die inländischen Arbeitnehmer" (Art. 7 Abs. 1). Ihm müssen die gleichen sozialen und steuerlichen Vergünstigungen eingeräumt werden wie inländischen Arbeitnehmern (Art. 7 Abs. 2). Diskriminierende Vorschriften zu Arbeits- und Kündigungsbedingungen in Tarifverträgen und in sonstigen Kollektivvereinbarungen sowie in Individualarbeitsverträgen sind nichtig (Art. 7 Abs. 4).

Danach darf etwa ein Tarifvertrag für den öffentlichen Dienst bei der Anrechnung von Dienstzeiten für den Aufstieg in eine höhere Vergütungsgruppe nicht Beschäftigungszeiten ausblenden, die der Beschäftigte vorher in einem vergleichbaren Tätigkeitsfeld im öffentlichen Dienst eines anderen Mitgliedstaats zurückgelegt hat (EuGH, Rs. C-15/96, Slg. 1998, I-47 – *Schöning-Kougebetopoulou* = JZ 1998, S. 562 m. Anm. von *T. v. Danwitz*).

Daneben hat ein Arbeitnehmer aus einem anderen Mitgliedstaat 315 Anspruch auf diskriminierungsfreie Zugehörigkeit zur Gewerkschaft und die Ausübung gewerkschaftlicher Rechte (Art. 8). Nahe Familienangehörige dürfen bei dem Arbeitnehmer Wohnung nehmen (Art. 10). Ferner haben Ehegatten und (unter 21 Jahren oder Unterhalt beziehende) Kinder ein Recht auf die Ausübung einer selbständigen oder unselbständigen Tätigkeit (Art. 11). Diese Rechte gelten auch für getrennt lebende Ehegatten, solange das eheliche Band nicht förmlich aufgelöst worden ist (EuGH, Rs. 267/83, Slg. 1985, 567 Rn. 15 ff. – *Diatta*). Nach Art. 12 der Freizügigkeitsverordnung haben die Kinder des Arbeitnehmers das Recht, am allgemeinen Unterricht sowie an der Lehrlings- und Berufsausbildung unter den Bedingungen teilzunehmen, die auch für die Angehörigen des Gastlandes gelten. Diese Gewährleistung erfaßt nicht nur den Zugang zur Ausbildung, sondern auch ausbildungsfördernde Maßnahmen. Daraus können sich Ansprüche auf staatliche Förderung ergeben (s. zu Leistungsansprüchen nach dem Bayerischen Ausbildungsförderungsgesetz EuGH Rs. 9/74, Slg. 1974, 773 – *Casagrande*). Dabei versteht der Europäische Gerichtshof den Anspruch auf Gleichbehandlung im Hinblick auf staatliche Förderung im Sinne einer völligen Gleichstellung mit Inländern. So darf dem Kind eines italienischen Wanderarbeitnehmers, der seit langer Zeit in der Bundesrepublik Deutschland beschäftigt ist, staatliche Ausbildungsförderung für ein Hochschulstudium (nach dem Bundesausbildungsförderungsgesetz) nicht deshalb verweigert werden, weil das Studium nicht in der Bundesrepublik Deutschland als dem Aufnahmestaat durchgeführt wird, sondern an einer italienischen Universität (EuGH, Rs. C-309/89, Slg. 1990, I-4185 Rn. 12 ff. – *di Leo*).

316 Das Reise- und Aufenthaltsrecht der Wanderarbeitnehmer und ihrer Familienangehörigen ist Gegenstand der Richtlinie 68/360/EWG. In der Bundesrepublik ist diese Richtlinie durch das Aufenthaltsgesetz/EWG von 1980 in innerstaatliches Recht umgesetzt worden (BGBl. 1980 I, S. 116, zuletzt geändert BGBl. 1997 I, S. 51). Das Bleiberecht von Wanderarbeitnehmern (und deren Familienangehörigen) nach Beendigung einer Beschäftigung regelt die EWG-Verordnung Nr. 1251/70. Zwar benötigen Arbeitnehmer aus anderen Mitgliedstaaten in der Bundesrepublik Deutschland weiterhin eine Aufenthaltserlaubnis für einen Aufenthalt von mehr als 3 Monaten. Sie haben aber auf diese Aufenthaltserlaubnis einen Rechtsanspruch, der sich unmittelbar aus Art. 39 EG und der Freizügigkeitsverordnung Nr. 1612/68 ergibt. Insoweit hat die Aufenthaltserlaubnis nur deklaratorischen Charakter. Ihre Erteilung setzt einen Nachweis über die Erwerbstätigkeit voraus (§ 3 Abs. 1 Aufenthaltsgesetz/EWG).

Der EG-Vertrag sieht in Art. 42 EG im Zusammenhang mit den notwendigen Maßnahmen zur Herstellung der Arbeitnehmerfreizü-

§ 17. Freiheiten des Personenverkehrs

gigkeit auf dem Gebiet der sozialen Sicherheit die Einführung eines Systems vor, welches den Wanderarbeitnehmern und deren anspruchsberechtigten Angehörigen die Zusammenrechnung aller nach den verschiedenen innerstaatlichen Rechtsvorschriften berücksichtigten Zeiten für den Erwerb und die Aufrechterhaltung des Leistungsanspruchs sowie für die Berechnung der Leistungen sichert (*lit.* a) und die Zahlung der Leistung an Personen gewährleistet, die in Hoheitsgebieten der Mitgliedstaaten wohnen (*lit.* b). Damit soll eine Anrechnung von sozialversicherungsrechtlichen Positionen sichergestellt werden, die ein Arbeitnehmer in verschiedenen Mitgliedstaaten aufgebaut hat. Diesem Ziel dient die EWG-Verordnung Nr. 1408/71 zur Anwendung der Systeme der sozialen Sicherheit der Arbeitnehmer und ihrer Familien, die innerhalb der Gemeinschaft zu- und abwandern. Im Jahr 1981 ist der Geltungsbereich dieser Verordnung auf Selbständige ausgedehnt worden, die im Rahmen von Systemen der sozialen Sicherheit versichert sind (EWG-Verordnung Nr. 1390/81, ABl. 1981 Nr. L 143, S. 1). Die Verordnung Nr. 1408/71 koordiniert die nationalen Rechtsvorschriften, etwa im Hinblick auf die Berücksichtigung der in anderen Mitgliedstaaten zurückgelegten Versicherungszeiten bei der Berechnung von Leistungsansprüchen gegen einen nationalen Versicherungsträger. Dieses Koordinierungssystem geht nicht so weit, daß die in verschiedenen Mitgliedstaaten aufgebauten Sozialversicherungspositionen in einen einheitlichen Anspruch münden. Vielmehr hat der Berechtigte selbständige Leistungsansprüche gegen die einzelnen nationalen Versicherungsträger. Die Rechtsprechung des Europäischen Gerichtshofs geht in einzelnen Bereichen im Interesse der Wanderarbeitnehmer über den Wortlaut der Verordnung Nr. 1408/71 hinaus. Dies hat dem Gerichtshof vor allem dort Kritik eingebracht, wo Leistungsansprüche nach deutschem Recht unter Bezug auf ausländische Sachverhaltselemente ausgedehnt worden sind.

So hat der Europäische Gerichtshof entschieden, daß in Deutschland Kindergeldleistungen für arbeitslose Jugendliche im Ausland nicht deswegen verweigert werden dürfen, weil diese in einem anderen Mitgliedstaat leben und damit nicht der deutschen Arbeitsverwaltung zur Vermittlung zur Verfügung stehen (EuGH, Rs. 228/88, Slg. 1990, I-531 – *Bronzino*).

Nach einer Vorabentscheidung des EuGH dürfen Leistungen der Pflegeversicherung an einen Erwerbstätigen (Arbeitnehmer oder Selbständigen) aus einem anderen Mitgliedstaat gemäß der Verordnungen Nr. 1408/71 (Art. 19 Abs. 1, 25 und 28 Abs. 1) nicht davon abhängig gemacht werden, daß der Versicherte im Inland wohnt (EuGH, Rs. C-160/96, Slg. 1998, I-843 – *Molenaar*). Danach darf etwa einem niederländischen Staatsangehörigen, der in Verbindung mit einer Erwerbstätigkeit in Deutschland dort der Pflegeversicherung angeschlossen ist, nicht die Zahlung von Pflegegeld deshalb versagt werden, weil er seinen Wohnsitz nicht im Inland hat.

Literatur: *E. Eichenhofer*, Das Europäische Sozialrecht – Bestandsaufnahme und Entwicklungsperspektiven, JZ 1992, S. 269 ff.; *S. Magiera*, Die neuen Entwicklungen der Freizügigkeit für Personen: Auf dem Wege zu einem europäischen Bürgerstatut, EuR 1992, S. 434 ff.

II. Niederlassungsfreiheit

1. Inhalt

317 Die Niederlassungsfreiheit ist in Art. 43 ff. EG näher geregelt. Hier geht es um die Freizügigkeit der unternehmerischen Tätigkeiten und die Freiheit der Standortwahl des Unternehmers. Der EuGH versteht den Begriff der „Niederlassung" in einem weiten Sinne und grenzt ihn dabei von der Dienstleistungsfreiheit durch das Merkmal der Kontinuität ab: als die Verschaffung der Möglichkeit,

„in stabiler und kontinuierlicher Weise am Wirtschaftsleben eines anderen Mitgliedstaats als seines Herkunftsstaats teilzunehmen und daraus Nutzen zu ziehen, wodurch die wirtschaftliche und soziale Verflechtung innerhalb der Gemeinschaft im Bereich der selbständigen Tätigkeiten gefördert wird" (EuGH, Rs. C-55/94, Slg. 1995, I-4165 Rn. 25 – *Gebhard*).

Geschützt sind nach Art. 43 Abs. 2 EG die Aufnahme und Ausübung selbständiger Erwerbstätigkeiten sowie die Gründung und Leitung von Unternehmen nach den für Inländer geltenden Bestimmungen des Aufnahmestaates. Es können also insbesondere Agenturen, Zweigniederlassungen und Tochtergesellschaften gegründet werden (s. Art. 43 Abs. 1 Satz 2 EG).

318 Dagegen erfaßt die Niederlassungsfreiheit nicht das allgemeine Recht einer in einem Mitgliedstaat gegründeten Gesellschaft, den

§ 17. Freiheiten des Personenverkehrs

Sitz ihrer Geschäftsleitung ohne Aufgabe des bisherigen Gesellschaftsstatus und ohne sonstige Beschränkungen durch das Recht des Gründungsstaates in einen anderen Mitgliedstaat zu verlegen (identitätswahrende Sitzverlagerung).

Im Falle *Daily Mail* wollte eine britische Aktiengesellschaft mit Sitz in London ohne vorherige Legitimation ihren Sitz in die Niederlande legen, um der Besteuerung des Wertzuwachses des Gesellschaftsvermögens in Großbritannien zu entgehen. Das britische Recht verlangte für eine derartige Sitzverlagerung ohne Auflösung der Gesellschaft eine Genehmigung. Diese Genehmigung wurde vom britischen Finanzministerium verweigert. Das Unternehmen hätte deshalb bei einer Sitzverlegung in die Niederlande eine neue Gesellschaft gründen müssen. Der EuGH entschied, daß die Niederlassungsfreiheit keinen Schutz vor gesellschaftsrechtlichen Bindungen gewährt, wie ihn die Aktiengesellschaft *Daily Mail* beanspruchte (EuGH, Rs. 81/87, Slg. 1988, 5483 Rn. 15 ff. – *Daily Mail*).

Die Niederlassungsfreiheit deckt andererseits eine Unternehmensstrategie, welche sich unterschiedliche Standards für die Errichtung von Gesellschaften innerhalb der Gemeinschaft zunutze macht. Dies gilt etwa dann, wenn eine Kapitalgesellschaft in einem Mitgliedstaat mit relativ leichten Gründungsvoraussetzungen errichtet wird und dort ihren Sitz hat, aber ihre gesamte Gesellschaftstätigkeit über ihre Zweigniederlassung in einem anderen Mitgliedstaat entfaltet. Im *Centros*-Fall hat der EuGH entschieden, daß eine derartige Strategie von Art. 43 und 48 EG gedeckt ist (EuGH, Rs. C-212/97, Slg. 1999, I-1459).

Danach darf ein Mitgliedstaat in einem solchen Falle die Eintragung der Zweigniederlassung einer ausländischen Gesellschaft nicht deswegen verweigern, weil mit der Abwicklung der Geschäftstätigkeit allein über die Zweigniederlassung das inländische Recht über die Kapitalaufbringung umgangen wird. Unberührt bleibt nach Ansicht des EuGH die Möglichkeit des Mitgliedstaates, Maßnahmen gegen betrügerische Machenschaften zu treffen. Im Ausgangsfalle hatten dänische Staatsangehörige eine Gesellschaft mit niedrigem Gründungskapital in Großbritannien gegründet, um die strengeren Vorschriften des dänischen Gesellschaftsrechts zu unterlaufen. Bei einer derartigen Fallgestaltung mit einem bloß nominellen Sitz in anderen Mitgliedstaaten der Europäischen Union erlaubt die Niederlassungsfreiheit eine faktische Sitzverlagerung. Erstaunlich ist, daß das *Centros*-Urteil des EuGH die „*Daily Mail*"-Entscheidung überhaupt nicht erwähnt. Dort ging es freilich um eine rechtliche Sitzverlagerung (siehe *W. Ebke*, Das Schicksal der Sitztheorie nach Centros, JZ 1999, S. 656 ff.; *P. Ulmer*, Schutzinstrumente gegen die Gefahren aus der Geschäftstätigkeit ausländischer Zweigniederlassungen von Kapitalgesellschaften mit fiktivem Auslandssitz, JZ 1999, S. 662 ff.).

319 Die Vorschrift des Art. 43 Abs. 2 EG normiert den Grundsatz der Inländergleichbehandlung (so zur inländischen Staatsangehörigkeit als vertragswidriger Voraussetzung für die Zulassung eines EG-Ausländers als Rechtsanwalt EuGH, Rs. 2/74, Slg. 1974, 631 Rn. 51 ff. – *Reyners*).

Die Gewährleistung der Niederlassungsfreiheit in Art. 43 EG erschöpft sich nicht im Grundsatz der *Inländergleichbehandlung*. Vielmehr verbietet sie auch formal diskriminierungsfreie Standards, welche die Verwirklichung der Niederlassungsfreiheit im Kernbedrohen. So ist es unzulässig, wenn nach nationalem Standesrecht einem Rechtsanwalt die Zweigniederlassung in einem anderen Mitgliedstaat verboten wird, da es sich hier um ein angesichts der modernen Kommunikationsmöglichkeiten nicht gerechtfertigtes Hindernis für die Niederlassungsfreiheit handelt (EuGH, Rs. 107/83, Slg. 1984, 2971 – *Klopp*). Damit hat die Rechtsprechung des EuGH die Niederlassungsfreiheit von einem bloßen Diskriminierungsverbot nach Art. 43 Abs. 2 EG zu einem *allgemeinen Beschränkungsverbot* ausgebaut.

Dies dokumentiert die Entscheidung des EuGH im Fall *Gebhard* (EuGH, Rs. C-55/94, Slg. 1995, I-4165). Hier ging es um standesrechtliches Vorgehen gegen einen deutschen Rechtsanwalt in Italien, der (bei Zulassung als Rechtsanwalt in Stuttgart) seine anwaltliche Tätigkeit in einer eigenen Kanzlei in Italien ausübte und dabei die italienische Bezeichnung „avvocato" verwendet hat.

320 Ähnlich wie bei den anderen Marktfreiheiten dürfen Beschränkungen der Niederlassungsfreiheit keinen diskriminierenden Charakter haben, sie müssen aus „zwingenden Gründen des Allgemeininteresses" gerechtfertigt, „zur Verwirklichung des verfolgten Zieles geeignet und hierfür erforderlich sein (EuGH, aaO, Rn. 37).

Von besonderer Bedeutung ist dabei, daß in einem anderen Mitgliedstaat erworbene Qualifikationen und Kenntnisse berücksichtigt werden (so zu Beschränkungen der anwaltlichen Tätigkeit eines deutschen Rechtsanwaltes der EuGH im Falle *Gebhard,* aaO, Rn. 38).

2. Schranken und Ausnahmen

Die Ausgrenzung *hoheitlicher Tätigkeiten* gemäß Art. 45 EG legt die Rechtsprechung eng aus. Der EuGH beschränkt diese Ausnahme von der Niederlassungsfreiheit auf die „unmittelbare und spezifische Teilnahme an der Ausübung öffentlicher Gewalt" (EuGH, Rs. 2/74, Slg. 1974, 631 Rn. 45 – *Reyners*). Sie findet beispielsweise keine Anwendung auf die Tätigkeit als Rechtsanwalt (EuGH, aaO, Rn. 51 ff.). Nach Art. 46 EG gilt ähnlich wie bei der Freizügigkeit der Arbeitnehmer ein Vorbehalt zugunsten der öffentlichen Ordnung, Sicherheit und Gesundheit. **321**

3. Sekundärrecht

Den Erlaß von Vorschriften zur Verwirklichung der Niederlassungsfreiheit sieht das Rechtsetzungsprogramm des Art. 44 EG vor. Von großer Bedeutung ist dabei eine Fülle von Maßnahmen zur Angleichung der mitgliedstaatlichen Rechtsvorschriften, beispielsweise Regelungen zur Harmonisierung des Gesellschaftsrechts (Art. 44 Abs. 2 *lit.* g EG). Den Erlaß von Richtlinien zur gegenseitigen Anerkennung von Diplomen, Prüfungszeugnissen und sonstigen Befähigungsnachweisen sieht Art. 47 Abs. 1 EG vor. Der Erlaß von Harmonisierungsrichtlinien für die Aufnahme und Ausübung selbständiger Tätigkeiten findet seine Grundlage in Art. 47 Abs. 2 EG (etwa Richtlinien für die Tätigkeit von Architekten, Ingenieuren oder ärztlichen Berufen). Auf Art. 47 Abs. 2 EG ist auch die umstrittene Richtlinie 94/19/EG über Einlagensicherungssysteme gestützt worden. Eine hiergegen gerichtete Nichtigkeitsklage der Bundesrepublik Deutschland hat der Gerichtshof abgewiesen (EuGH, Rs. C-233/94, Slg. 1997, I-2405 – *Deutschland ./. Parlament und Rat;* Anm. von *S. Wernicke* EuZW 1997, S. 436). **322**

Vielfach sind die Richtlinien zur Koordinierung der Rechts- und Verwaltungsvorschriften für einzelne Berufszweige nicht nur auf Art. 47 Abs. 2 EG, sondern zugleich auf Harmonisierungsermächtigungen für die Freizügigkeit der Arbeitnehmer (Art. 40 EG) und den Dienstleistungsbereich (Art. 55 EG) gestützt. Die allgemeine Hochschuldiplom-Richtlinie 89/48/EWG löst die Harmonisierung von einer berufsspezifischen Koordinierung und knüpft generell an Ausbildungsstandards für staatlich reglementierte Berufe an. Inhaltlich baut diese Hochschulrichtlinie mit der Anerkennung von Hochschuldiplomen aus einem anderen Mitgliedstaat auf der gegenseitigen Anerkennung nationaler Qualifikationsstandards auf (Annahme der inhaltlichen Gleichwertigkeit der Hochschuldiplome, die eine mindestens dreijährige Berufsausbildung abschließen). Die Mitgliedstaaten können aber diesen Mindeststandard des dreijährigen Hochschulstudiums für einzelne Berufe in beschränktem Umfang durch das Erfordernis von Eignungsprüfungen (die für den Rechtsanwaltsberuf zwingend sind) oder von Anpassungslehrgängen oder zusätzlicher Berufserfahrung anreichern (s. Art. 4 der Richtlinie).

Literatur: *U. Everling,* Der Gegenstand des Niederlassungsrechts in der EG, 1990; *ders.,* Das Niederlassungsrecht in der EG als Beschränkungsverbot – Tragweite und Grenzen, Gedächtnisschrift für Brigitte Knobbe-Keuk, 1997, S. 607 ff.; *M. Lutter,* Europäisches Unternehmensrecht, 4. Aufl., 1996; *A. Nachbaur,* Niederlassungsfreiheit, 1999; *R. Wägenbaur,* Inhalt und Etappen der Niederlassungsfreiheit, EuZW 1991, S. 427 ff.

III. Umgekehrte Diskriminierung

323 Die Freizügigkeitsvorschriften des Gemeinschaftsrechts verbieten nicht absolut die umgekehrte Diskriminierung zu Lasten eigener Staatsangehöriger. Vielmehr setzen die im Rahmen der Marktfreiheiten bestehenden Diskriminierungsverbote ein grenzüberschreitendes Element voraus (s. zur Ablehnung des Nachzugsrechts eines Angehörigen eines Drittstaates, der mit einem Inländer mit Beschäftigung im Inland verheiratet ist, EuGH, verb. Rs. 35 und 36/82, Slg. 1982, 3723 Rn. 18 – *Morson*). Bei einer grenzüberschreitenden Inanspruchnahme der Marktfreiheiten schützen die Bestimmungen über die Freizügigkeit auch Inländer, etwa bei der Anerkennung von im EG-Ausland erworbenen Befähigungsnachweisen und Zeugnissen (EuGH, Rs. 115/78, Slg. 1979, 399 – *Knoors*). Dagegen stehen einer umgekehrten Diskriminierung die Bestimmungen über die Niederlassungsfreiheit dann nicht entgegen, wenn es an einem grenzüberschreitenden Element fehlt. Dies hat der EuGH für berufsqualifizierende Abschlüsse etwa im Fall *Aubertin* klargestellt (EuGH, verb. Rs. C-29–35/94, Slg. 1995, I-301). Bei dieser Vorabentscheidung ging es im Ausgangsfall um ein französisches Gesetz, das für den Betrieb eines Friseur-Salons ein Friseur-Diplom vorschrieb. Hiervon waren aber – in Umset-

§ 17. Freiheiten des Personenverkehrs

zung einer EG-Richtlinie zur Erleichterung der Niederlassungs- und Dienstleistungsfreiheit der Friseure – EU-Angehörige befreit, die den Friseurberuf bereits längere Zeit in einem anderen Mitgliedstaat ausgeübt hatten. Nach Ansicht des EuGH steht es den Mitgliedstaaten insoweit frei, für eigene Staatsangehörige ohne im EU-Ausland erworbene Berufspraxis am Erfordernis eines Friseur-Diploms festzuhalten (aaO, Rn. 9 ff.).

Literatur: Siehe die Literaturhinweise in § 17 II.

§ 18. Dienstleistungsfreiheit

I. Gegenstand der Dienstleistungsfreiheit

324 Die Dienstleistungsfreiheit (Art. 49 ff. EG) bezieht sich auf Leistungen im Sinne von Art. 50 Abs. 1 und Abs. 2 EG. Neben der Freiheit des Personenverkehrs hat die Dienstleistungsfreiheit eine eher lückenfüllende Funktion. Für die Abgrenzung zur Niederlassungsfreiheit ist der vorübergehende Charakter der Dienstleistung (Art. 50 Abs. 3 EG) entscheidend. Dabei kommt es auf die Dauer, Häufigkeit, Regelmäßigkeit und Kontinuität der erbrachten Leistungen an (EuGH, Rs. C-55/94, Slg. 1995, I-4165 Rn. 27 – *Gebhard*). Voraussetzung für die Inanspruchnahme der Dienstleistungsfreiheit ist einmal ein grenzüberschreitendes Element und zum anderen das Merkmal der Entgeltlichkeit.

Anwendungsfälle der Dienstleistungsfreiheit sind
– die aktive Dienstleistungsfreiheit bei Erbringung der Leistung in einem anderen Mitgliedstaat,
– die passive Dienstleistungsfreiheit bei Entgegennahme der Leistung durch den Empfänger in einem anderen Mitgliedstaat (zum Anwendungsbereich des allgemeinen Diskriminierungsverbotes aus Art. 12 EG bei Touristen als Empfängern von Dienstleistungen EuGH, Rs. 186/87, Slg. 1989, 195 – *Cowan*) und
– die Grenzüberschreitung nur durch die Dienstleistung selbst (*Beispiel:* Rundfunk- oder Fernsehsendungen).

Die Gewährleistung der Dienstleistungsfreiheit enthält in Art. 49 EG über den Grundsatz der Inländergleichbehandlung (Diskriminierungsverbot, siehe Art. 50 Abs. 3 EG) hinaus ein umfassendes Beschränkungsverbot (zur unmittelbaren Anwendbarkeit von Art. 49 Abs. 1 und Art. 50 Abs. 3 EG EuGH, Rs. 33/74, Slg. 1974, 1299 Rn. 24 ff. – *van Binsbergen*). Beschränkungen können nur durch zwingende Gründe des Allgemeininteresses und nur insoweit gerechtfertigt werden, als sie zur Verwirklichung des

§ 18. Dienstleistungsfreiheit 267

angestrebten Zieles geeignet und erforderlich sind (EuGH, Rs. C-288/89, Slg. 1991, I-4007 Rn. 15 – *Collectieve Antennevoorziening Gouda*). Die Dienstleistungsfreiheit kann auch im Bereich von Leistungen der öffentlichen Krankenversicherung oder sonstigen Sozialversicherung eine Rolle spielen. So liegt in Beschränkungen der Erstattungspflicht von Krankenkassen für medizinische Behandlungen im EU-Ausland nach innerstaatlichem Recht ein Eingriff in die Dienstleistungsfreiheit der Leistungsanbieter aus anderen EU-Mitgliedstaaten (zu Zahnbehandlungen im EU-Ausland EuGH, Rs. C-158/96, Slg. 1998, I-1931 – *Kohll*). Dabei können sich die Mitgliedstaaten auf die finanzielle Sicherung eines funktionsfähigen Systems sozialer Sicherheit als anerkanntem Allgemeinbelang im Sinne von Art. 55, 46 EG berufen. Dies rechtfertigt Regelungen, welche die Erstattungsfähigkeit der Krankenhausbehandlung in einem anderen EU-Mitgliedstaat an eine vorherige Genehmigung dieser Behandlung knüpfen und die Genehmigung davon abhängig machen, daß eine Krankenhausbehandlung anerkannten ärztlichen Standards folgt und die medizinische Behandlung des Versicherten nicht angemessen sowie rechtzeitig bei einer inländischen Einrichtung geleistet wird, die durch eine vertragliche Vereinbarung mit der Krankenkasse verbunden ist (EuGH, Rs. C-157/99, EuZW 2001, S. 464 Rn. 72 ff. – *Smits-Geraets)*. Dieser Rechtfertigungsmaßstab zielt letztlich auf die angemessene Befriedigung medizinischer Nachfrage. Hier zeigt sich, daß die Grundfreiheiten in Ergänzung des EG-Wettbewerbsrechts auch dem Wettbewerb um das bessere Qualitätsprofil von Dienstleistungen und anderen Wirtschaftsgütern dienen. Aus der Dienstleistungsfreiheit hat der EuGH auch abgeleitet, daß eine öffentliche Krankenkasse bei einer medizinisch indizierten Krankenhausbehandlung in einem anderen EU-Mitgliedstaat eine Kostenerstattung im Rahmen des für inländische Behandlungen geltenden Rahmens nicht deswegen versagen darf, weil die Behandlung im Ausland durchgeführt worden ist (EuGH, Rs. C-368/98, EuZW 2001, S. 471 Rn. 46 ff. – *Vanbraekel;* hierzu Anm. von *M. Novak,* aaO, S. 476 f.).

Eine interessante Entscheidung des EuGH betrifft die Verbreitung von Informationen in Irland durch Studenten über Namen und Adressen von Kliniken in Großbritannien, in denen ärztliche Schwangerschaftsabbrüche vorgenommen werden. Die irische Verfassung verbietet nicht nur die Abtreibung, sondern nach der Rechtsprechung der irischen Gerichte auch die Verbreitung derartiger Informationen. Der EuGH entschied in einem Vorabentscheidungsverfahren, daß der ärztliche Schwangerschaftsabbruch unter die Dienstleistungsfreiheit fällt. Jedoch handele es sich bei den Informationen über Abtreibungsmöglichkeiten im Ausland im konkreten Falle nicht um die Inanspruchnahme der Dienstleistungsfreiheit, sondern vielmehr der Meinungs- und Informationsfreiheit durch außenstehende Dritte, welche von der wirtschaftlichen Tätigkeit der in einem anderen Mitgliedstaat zugelassenen Abtreibungskliniken zu trennen sei (EuGH, Rs. C-159/90, Slg. 1991, I-4685 Rn. 22 ff. – *Grogan*). In einem Protokoll zum Vertrag über die Europäische Union und zu den Verträgen zur Gründung der Europäischen Gemeinschaften haben die Mitgliedstaaten vereinbart, daß diese Verträge nicht die Anwendung der irischen Verfassung im Hinblick auf den Schutz des ungeborenen Lebens in Irland berühren. Hier handelt es sich um einen interessanten Fall des Vorranges von Verfassungsrecht gegenüber Gemeinschaftsrecht (Gefahr der Präzedenzwirkung).

II. Zulässige Beschränkungen

325 Nach Art. 55 EG finden auf die Dienstleistungsfreiheit die Schranken der Niederlassungsfreiheit (Art. 45 ff. EG) entsprechende Anwendung.

Für die Rechtfertigung innerstaatlicher Beschränkungen gelten ähnliche Kriterien wie bei den anderen Marktfreiheiten. Beschränkungen sind danach nur zulässig, wenn sie einem gemeinschaftskonformen Allgemeinbelang dienen, diskriminierungsfrei vorgenommen werden und verhältnismäßig (geeignet und erforderlich) sind. Im Rahmen der Verhältnismäßigkeitsprüfung spielt es bei der aktiven Dienstleistungsfreiheit (Grenzüberschreitung durch den Leistungserbringer) und bei der Grenzüberschreitung durch die Dienstleistung selbst eine Rolle, ob im Ausgangsstaat zur Sicherung des zu schützenden Allgemeinbelanges bereits ausreichende Standards bestehen.

Ein Beispiel für eine unzulässige Beschränkung der Dienstleistungsfreiheit bildete das Niederlassungserfordernis für *Direktversicherungsunternehmen* im deutschen Recht (EuGH, Rs. 205/84, Slg. 1986, 3755 – *Kommission ./.*

§ 18. Dienstleistungsfreiheit 269

Bundesrepublik Deutschland). Dabei hat der EuGH ausgeführt, daß das Erfordernis der Niederlassung in der Bundesrepublik nicht notwendig sei, um die Überwachung der Versicherungstätigkeit wirksam durchführen zu können (aaO, Rn. 52 ff.). Insoweit hat der Gerichtshof auf die Möglichkeit hingewiesen, im Rahmen einer Zulassungsregelung die Belegenheit bestimmter Aktiva im Bestimmungsstaat sowie die Vorlage von aussagekräftigen Geschäftsunterlagen unabhängig von einem Niederlassungserfordernis zu verlangen.

Zu den Belangen, die Einschränkungen zu rechtfertigen vermögen, gehört insbesondere der Schutz des Verbrauchers und – noch allgemeiner – der „Schutz der Sozialordnung" (EuGH, Rs. C-275/92, Slg. 1994, I-1039 Rn. 58 ff. – *Schindler*). Die jüngere Rechtsprechung des EuGH läßt den Mitgliedstaaten bei Beschränkungen im Hinblick auf bestimmte ordnungsrechtliche Belange recht großzügig Spielraum. So hat der EuGH das Verbot von Lotterien nach (früherem) britischen Recht mit dem Schutz der Sozialordnung „nach Maßgabe der soziokulturellen Besonderheiten jedes Mitgliedstaates" gerechtfertigt (aaO, Rn. 60 f.).

326

Eine Konkretisierung der zulässigen Beschränkungen im Bereich des Wertpapierhandels hat der EuGH mit seiner Vorabentscheidung im Falle *Alpine Investments* gegeben (EuGH, Rs. C-384/93, Slg. 1995, I-1141). Im Ausgangsfall ging es um eine niederländische Regelung, welche den Finanzvermittlern untersagte, im außerbörslichen Warenterminhandel potentiellen Kunden (im In- und Ausland) Kapitalanlagen anzubieten. Da dieses Verbot des „cold calling" auch Angebote an Empfänger in einem anderen Mitgliedstaat erfaßte, sah der EuGH hierin eine Beschränkung des innergemeinschaftlichen Dienstleistungsverkehrs. Für den EuGH liegt im Schutz des Vertrauens in den inländischen Finanzmarkt und im Schutz potentieller Anleger vor aggressiven Werbemethoden ein hinreichender Rechtfertigungsgrund (aaO, Rn. 40 ff.). Die Erforderlichkeit eines Verbotes durch den Heimatstaat des Anbieters ergebe sich daraus, daß dieser am ehesten zu einer effektiven Kontrolle der telefonischen Werbung imstande sei.

Zu den möglichen Rechtfertigungsgründen für Beschränkungen der Dienstleistungsfreiheit gehört auch der soziale Schutz der Arbeitnehmer. Hier praktiziert der EuGH eine strenge Verhältnismäßigkeitsprüfung namentlich dann, wenn die Erbringung von Dienstleistungen an eine Niederlassung im Inland geknüpft wird. So hat der EuGH Vorschriften des deutschen Arbeitnehmerüberlassungsgesetzes als unverhältnismäßige Beschränkungen der Dienstleistungsfreiheit eingestuft. Diese Vorschriften haben Unternehmen aus anderen EU-Mitgliedstaaten die Erbringung von Baudienstleistungen im Rahmen einer Arbeitsgemeinschaft sowie die grenzüberschreitende Überlassung von Arbeitnehmern nur dann gestattet, wenn sie Bindungen an deutsche

270 2. Teil. Die Europ. Gemeinschaften als Herz der Europ. Union

Tarifverträge unterliegen und deshalb notwendigerweise eine Niederlassung in Deutschland haben (EuGH, Rs. C-493/99, NJW 2001, S. 3767 Rn. 14 ff. – *Kommission ./. Bundesrepublik Deutschland*). Die Dienstleistungsfreiheit wirkt hier als Vehikel für den Abbau allzu rigider Regulierungen des Arbeitsmarktes.

III. Sekundärrecht

327   Zur Liberalisierung (auch) des Dienstleistungsverkehrs sind eine Reihe von Richtlinien zur gegenseitigen Anerkennung berufsqualifizierender Diplome und Befähigungsnachweise sowie zur Koordinierung der Berufsausübung erlassen worden. Der EuGH ist gelegentlichen Versuchen der Mitgliedstaaten entgegengetreten, die Liberalisierung des Dienstleistungsverkehrs im Wettbewerbsinteresse des einheimischen Berufszweiges zu unterlaufen.

Ein *Beispiel* bildet die deutsche Umsetzung einer EG-Richtlinie zur Liberalisierung des Dienstleistungsverkehrs der Rechtsanwälte (Richtlinie 77/249/EWG). Nach dieser Richtlinie kann nationales Recht die Tätigkeit von Anwälten aus einem anderen Mitgliedstaat an die Bedingung knüpfen, daß sie im Einvernehmen mit einem bei dem angerufenen Gericht zugelassenen Rechtsanwalt handeln. In den deutschen Umsetzungsbestimmungen zu dieser Richtlinie verlangte die entsprechende „Gouvernantenklausel", daß Rechtsanwälte aus anderen Mitgliedstaaten stets nur im Einvernehmen mit einem inländischen Anwalt handeln durften und in einer mündlichen Verhandlung nur in Begleitung eines in Deutschland zugelassenen Anwaltes auftreten durften. Diese Erfordernisse galten auch in den Fällen, in denen das deutsche Prozeßrecht selbst überhaupt keine anwaltliche Vertretung fordert. Der EuGH sah deshalb in den deutschen Regelungen eine unverhältnismäßige und mit der Richtlinie unvereinbare Beschränkung des Dienstleistungsverkehrs (EuGH, Rs. 427/85, Slg. 1988, 1123 Rn. 10 ff.).

In den Fällen, in denen Sekundärrecht die Anerkennung von im EU-Ausland erworbenen Kenntnissen und Fertigkeiten regelt, bedürfen rein formale Zulassungshürden für Dienstleister einer strengen Rechtfertigung im Hinblick auf ihre Verhältnismäßigkeit (siehe zur Eintragungspflicht in die Handwerksrolle EuGH, Rs. C-58/98, EuZW 2000, S. 763 Rn. 30 ff. – *Corsten;* hierzu Anmerkung von *G. Früh,* aaO, 767 f.).

328   Die auf Art. 47 Abs. 2 und Art. 55 EG gestützte *EG-Fernsehrichtlinie* (Richtlinie 89/552/EWG, ABl. 1989 Nr. L 298, S. 23) er-

§ 18. Dienstleistungsfreiheit 271

streckt die Liberalisierung (auch) im Rahmen der Dienstleistungsfreiheit auf einen wichtigen Mediensektor. Grundanliegen der Richtlinie ist die Freiheit des Empfanges und der Weiterverbreitung von Fernsehsendungen aus anderen Mitgliedstaaten (Art. 2 Abs. 2). Die Überwachung einheitlicher Standards soll in erster Linie bei dem Mitgliedstaat liegen, dessen Rechtshoheit der jeweilige Fernsehveranstalter unterworfen ist oder zu dem der Fernsehveranstalter (über die Nutzung von dem Mitgliedstaat zugeteilten Frequenzen oder Übertragungskapazitäten eines Satelliten oder einer dort gelegenen Erd-Satelliten-Sendestation) sonst die engste Verbindung hat (Art. 2 Abs. 1). Der Grundsatz der freien Weiterverbreitung von Fernsehsendungen mit dem Vorrang der Kontrolle durch den Ursprungsstaat (Sendestaatsprinzip) gilt auch für die Weiterverbreitung von Fernsehsendungen über Kabel. Die Weiterverbreitung von Fernsehsendungen nach der Kabeleinspeisung kann von einem anderen Mitgliedstaat nur unter engen Voraussetzungen (etwa bei erheblichen Verstößen gegen den Jugendschutz) eingeschränkt werden (zur Unzulässigkeit einer Genehmigungspflicht der Weiterverbreitung von Kabelsendungen EuGH, Rs. C-11/95, Slg. 1996, I-4153 Rn. 20ff., 29ff. – *Kommission ./. Belgien*).

Problematisch sind die Regelungen der Richtlinie, die bei den **329** Anforderungen an die Gestaltung des Fernsehprogrammes und an Investitionen aus dem Programmbudget „europäische Werke" – bis hin zu Mindestquoten – begünstigen (Art. 4 und 5). Besondere Fürsorge läßt die Richtlinie europäischen Werken von Produzenten angedeihen, die von den Fernsehveranstaltern unabhängig sind (Art. 5). Mit diesen Bestimmungen wird nicht nur massiver Kulturprotektionismus im Verhältnis zu Drittländern betrieben, sondern ebenso massiv in die Programm-Gestaltungsfreiheit der Fernsehveranstalter eingegriffen (s. zur staatsrechtlichen Problematik aus deutscher Sicht § 8 II.5.). Der EG-Vertrag bietet keine hinreichende Grundlage für derartige kulturpolitische Vorschriften. Der Eingriff in die Freiheit der Programmgestaltung durch die Quotenbestimmungen und andere Vergünstigungen für europäische Werke dürften (im Lichte von Art. 10 EMRK) nicht mit allgemeinen

Rechtsgrundsätzen des Gemeinschaftsrechts vereinbar sein. Im Jahre 1997 ist die EG-Fernsehrichtlinie unter Einbeziehung neuer Bereiche (Übertragung von Veranstaltungen mit großer Öffentlichkeitsbedeutung wie die Olympischen Spiele) und die Zulassung neuer Werbeformen sowie des Teleshoppings aktualisiert worden (Änderungsrichtlinie 97/36/EG, ABl. 1997 Nr. L 202, S. 60). Zugleich wird jetzt das Sitzlandprinzip (Rechtshoheit des Mitgliedstaates, in dem der Fernsehveranstalter seine Hauptverwaltung hat und die Entscheidung über das Programmangebot trifft) ausdrücklich verankert (Art. 2).

Literatur: *F. Berger,* Novellierung der Fernsehrichtlinie ohne Novellierung des Fernsehübereinkommens? ZUM 1996, S. 119 ff.; *A. v. Bogdandy,* Europäischer Protektionismus im Medienbereich, EuZW 1992, S. 9 ff.; *K. Hailbronner/A. Nachbaur,* Die Dienstleistungsfreiheit in der Rechtsprechung des EuGH, EuZW 1992, S. 105 ff.; *M. Kort,* Schranken der Dienstleistungsfreiheit im europäischen Recht, JZ 1996, S. 132 ff.; *H.-J. Prieß,* Das öffentliche Auftragswesen in der Europäischen Union, 1994; *V. Salvatore,* Quotas on TV Programmes and EEC Law, CMLRev. 29 (1992), S. 927 ff.; *P. Trober,* Medianet und kein Ende: Dienstleistungsfreiheit und Fernseh-Rechtsprechung des EuGH, ZEuP 1994, S. 100 ff.; *R. Wallace/D. Goldberg,* Television broadcasting: the Communitys response, CMLRev. 26 (1989), S. 717 ff.

§ 19. Freiheit des Kapital- und Zahlungsverkehrs

Die Freiheit des *Kapitalverkehrs* („vierte Marktfreiheit") ist in 330
Art. 56 ff. EG niedergelegt. Hierbei geht es um den grenzüberschreitenden Transfer von Geld- und Sachkapital, und zwar in erster Linie zu Anlage- oder Investitionszwecken. Den entscheidenden Schritt zur völligen Verwirklichung des freien Kapitalverkehrs bildet die Richtlinie 88/361/EWG zur Durchführung des Art. 67 EGV a. F. (ABl. 1988 Nr. L 178, S. 5). Art. 1 Abs. 1 der Richtlinie verpflichtet die Mitgliedstaaten, die Beschränkungen des Kapitalverkehrs zwischen den Gebietsansässigen der Mitgliedstaaten zu beseitigen. Seit dem 1. 1. 1994 setzen die unmittelbar geltenden Art. 56 ff. EG Beschränkungen des Kapital- und Zahlungsverkehrs enge Grenzen. Beschränkungen der Mitgliedstaaten sind etwa zulässig, um Verstöße gegen ihre Rechts- und Verwaltungsvorschriften zu verhindern sowie durch Meldeverfahren administrative oder statistische Informationen insbesondere auf dem Gebiet des Steuerrechts oder Bankenaufsichtsrechts zu gewinnen (Art. 4 Abs. 1 der Richtlinie). Der EuGH mißt der Verpflichtung der Mitgliedstaaten, alle Beschränkungen des Kapitalverkehrs zu beseitigen, unmittelbare Wirkung bei und läßt Genehmigungspflichten bei der Devisenausfuhr nur in engen Grenzen zu.

Im Falle *Bordessa* hatte sich der EuGH mit einem Vorabentscheidungsersuchen zur Vereinbarkeit einer nationalen Devisenvorschrift zu befassen, die allgemein für die Ausfuhr von Hartgeld, Banknoten und Inhaberschecks in inländischer oder ausländischer Währung jenseits eines bestimmten Betrages pro Person und Reise eine spezielle Genehmigung forderte (EuGH, verb. Rs. C-358/93 und C-416/93, Slg. 1995, I-361 = JZ 1995, S. 1007 m. Anm. von *H. K. Ress*). Im Ausgangsfall ging es um die ungenehmigte Ausfuhr von Banknoten von Spanien nach Italien. Der EuGH legt den Vorbehalt zugunsten von Kontrollmaßnahmen der Mitgliedstaaten (Art. 4 Abs. 1 der Richtlinie) so aus, daß mit einer Beschränkung des Kapitalverkehrs neben steuer- und bankenaufsichtsrechtlichen Zwecken auch die Bekämpfung von hinreichend schwerwiegenden Rechtsverstößen „wie der Geldwäsche, des Drogenhandels und des Terrorismus" verfolgt werden darf (aaO, Rn. 19). Die Pflicht zur Beseitigung der Beschränkungen des Kapitalverkehrs (Art. 1 der Richtlinie) sei für die unmittelbare Anwendbarkeit hinreichend klar und unbedingt formuliert und bedürfe auch keiner besonderen Durchführungsmaßnahme (aaO, Rn. 33). Daraus ergibt sich, daß die umfassende Liberalisierung des Kapitalverkehrs nicht mehr von nationalen Umsetzungsakten abhängig ist.

331 Die Freiheit des *Zahlungsverkehrs* („fünfte Marktfreiheit") ist in Art. 56 Abs. 2 EG gewährleistet. Diese Freiheit dient vor allem der Aufrechterhaltung des freien Binnenmarktes bei der Erbringung von Gegenleistungen im Zusammenhang mit dem Waren- und Dienstleistungsverkehr.

Ausnahmen vom freien Kapital- und Zahlungsverkehr sind in Art. 57 ff. EG vorgesehen.

§ 20. Rechtsangleichung

I. Sekundäres Gemeinschaftsrecht

Nach Art. 3 Abs. 1 *lit.* h EG gehört es zu den Zielen der Gemeinschaft, die innerstaatlichen Rechtsvorschriften anzugleichen, soweit es für das Funktionieren des Gemeinsamen Marktes erforderlich ist. Dabei geht es auch um die Beseitigung der indirekten Wettbewerbsverzerrungen, die in unterschiedlichen Rahmenbedingungen für die wirtschaftliche Tätigkeit liegen. Die Rechtsangleichung (Harmonisierung, Koordinierung von Rechts- und Verwaltungsvorschriften) kann bis zur weitestgehenden Vereinheitlichung eines Rechtsgebietes gehen (völlige Angleichung) oder sich mit der Festlegung gemeinschaftsrechtlicher Mindeststandards begnügen. Unterscheiden lassen sich die horizontale Harmonisierung (Festlegung allgemeiner Standards etwa zum Gesundheitsschutz bei Lebensmitteln) und die vertikale Harmonisierung (detaillierte Vorschriften etwa zur Herstellung und Zusammensetzung bestimmter Lebensmittel). Dem Subsidiaritätsgedanken entspricht es, die Rechtsangleichung soweit wie möglich auf ein bestimmtes Mindestniveau materieller Regelungen als Grundlage für die gegenseitige Anerkennung nationaler Standards zurückzuführen. Daran orientiert sich auch der Regulierungsansatz seit 1985 („Neue Strategie"). 332

Allgemeine Ermächtigungen zur Rechtsangleichung finden sich in Art. 94 ff. EG. Grundnorm bildet die Vorschrift des Art. 94 EG mit der Ermächtigung zum Erlaß von Richtlinien „für die Angleichung derjenigen Rechts- und Verwaltungsvorschriften der Mitgliedstaaten, die sich unmittelbar auf die Errichtung oder das Funktionieren des Gemeinsamen Marktes auswirken". Für die Verwirklichung der Ziele des Art. 14 EG erleichtert Art. 95 EG die Rechtsangleichung im Binnenmarkt (Mehrheitsbeschluß im Rat anstelle von Einstimmigkeit). Zu beachten ist die Möglichkeit, daß ein Mitgliedstaat zum Schutze wichtiger Belange im Sinne des 333

Art. 30 EG oder in Bezug auf den Schutz der Arbeitsumwelt oder den Umweltschutz „nach oben" von Harmonisierungsmaßnahmen abweicht (Art. 95 Abs. 4 bis 6 EG). Möglich ist nicht nur die Beibehaltung strengerer nationaler Regelungen (Art. 95 Abs. 4 EG). Vielmehr sieht Art. 95 Abs. 5 EG jetzt auch ausdrücklich vor, daß ein Mitgliedstaat „auf neue wissenschaftliche Erkenntnisse gestützte einzelstaatliche Bestimmungen zum Schutz der Umwelt . . ." einführt. Sowohl bei der Beibehaltung bestehender Regeln als auch beim Erlaß neuer Vorschriften steht der „Alleingang" eines Mitgliedstaats unter dem Vorbehalt einer Prüfung durch die Kommission (Art. 95 Abs. 6 EG). Trifft die Kommission innerhalb von sechs Monaten nach der erforderlichen Mitteilung durch den jeweiligen Mitgliedstaat keine Entscheidung, gelten die verschärften einzelstaatlichen Standards als gebilligt (Art. 95 Abs. 6 UAbs. 2 EG; zur früheren Rechtslage EuGH, Rs. C-41/93, Slg. 1994, I-1841 Rn. 23 ff. – *PCP-Verbot*). Diese Kommissionsentscheidung hat für die Rechtfertigung eines „nationalen Alleingangs" (im Sinne einer Verschärfung des gemeinschaftsrechtlichen Standards) also konstitutiven Charakter (so jetzt eindeutig Art. 95 Abs. 6 EG). Spezielle Vorschriften für die Rechtsangleichung finden sich etwa in Art. 40, 44, 47, 55 (i. V. m. 47), 93, 137 und 175 EG. Subsidiär kann Art. 308 EG herangezogen werden.

Die allgemeine Harmonisierungskompetenz für den Binnenmarkt (Art. 95 EG) und die speziellen Rechtsangleichungsbefugnisse im Rahmen der Marktfreiheiten liefern der Europäischen Gemeinschaft keinen Freibrief dafür, jedwede Unterschiede zwischen nationalen Rechtsvorschriften unter abstrakter Berufung auf mögliche Gefährdungen der Marktfreiheiten und denkbare Wettbewerbsverzerrungen einzuebnen. Dies hat der EuGH in seiner grundlegenden Entscheidung zum *Werbeverbot für Tabakprodukte* klargestellt (EuGH, Rs. C-376/98, Slg. 2000, I-8419 – *Tabakwerbeverbot*).

In diesem Fall hatte die Bundesrepublik Deutschland erfolgreich auf die Nichtigerklärung der Richtlinie 98/43/EG über Werbung und Sponsoring von Tabakerzeugnissen geklagt, die ein umfassendes Verbot von Werbung und Sponsoring zugunsten von Tabakprodukten vorsah. Der EuGH sah in dem

§ 20. Rechtsangleichung 277

umfassenden Werbeverbot im Interesse des freien Warenverkehrs und der Dienstleistungsfreiheit schon deswegen eine überschießende Regelung, weil die betroffenen Werbeträger vielfach gar nicht Gegenstand des grenzüberschreitenden Handels waren (EuGH, aaO, Rn. 96 ff.). Daneben konnte der EuGH auch keine spürbaren Wettbewerbsverzerrungen erkennen, welche die Richtlinie beseitigen würde (EuGH, aaO, Rn. 106 ff.).

Die Harmonisierungsbefugnis aus Art. 95 EG greift nur dann, wenn es um die Beseitigung von Hemmnissen für den Binnenmarkt geht, die gerade aus (aktuellen oder potentiellen) Unterschieden in den Rechtsordnungen der Mitgliedstaaten erwachsen. Danach muß ein auf Art. 95 EG gestützter Rechtsakt „zudem tatsächlich den Zweck haben, die Voraussetzungen für die Errichtung und das Funktionieren des Binnenmarktes zu verbessern" (EuGH, Rs. C-376/98, Slg. 2000, I-8419, Rn. 84 – *Tabakwerbeverbot*).

Nach diesen Maßstäben überschreitet die EG-Verordnung Nr. 2560/2001 über grenzüberschreitende Zahlungen in Euro (ABl. 2001 Nr. L 344, S. 13 ff.) die Harmonisierungskompetenz aus Art. 95 EG. Denn die Verordnung, welche die Höhe von Gebühren für grenzüberschreitende Transaktionen innerhalb der Europäischen Union auf die Höhe der Inlandsgebühr begrenzt, setzt nicht bei der Einebnung von gesetzlichen Regelungsunterschieden an (die es gar nicht gibt). Vielmehr schreibt die Verordnung – von Mitgliedstaat zu Mitgliedstaat und innerhalb der einzelnen Staaten von Bank zu Bank – unterschiedliche Gebührenobergrenzen (nach Maßgabe der unterschiedlichen Inlandsgebühren) fest (hierzu *M. Herdegen*, Zum Verordnungsvorschlag der Europäischen Kommission über grenzüberschreitende Zahlungen, WM 2001, S. 2081).

Zu den wichtigen Rechtsgebieten, auf denen die Europäische 334 Gemeinschaft eine rege Rechtsangleichung betrieben hat, gehören etwa das Gesellschaftsrecht, das Arbeitsrecht, die Produkthaftung, das Bank- und Börsenrecht, das Telekommunikationswesen, der gewerbliche Rechtsschutz und das öffentliche Auftragswesen.

Die Rechtsharmonisierung gerät oft wegen ganz unterschiedlicher Regelungsphilosophien zur schwierigen Aufgabe. Häufig prallen gegensätzliche Vorstellungen einzelner Mitgliedstaaten aufeinander.

Wie heikel es sein kann, unterschiedliche Positionen – auch im Verhältnis zwischen Rat und Parlament – bei der Harmonisierung zu überbrücken, zeigen die langwierigen Auseinandersetzungen um die Richtlinie 98/44/EG über den rechtlichen Schutz biotechnologischer Erfindungen (ABl. 1998 Nr. L 213,

S. 13); hier geht es um die Balance zwischen dem angemessenen Schutz wissenschaftlicher und technischer Innovation einerseits und der Furcht andererseits, daß Lebensformen einem ausschließlichen Nutzungsrecht unterworfen werden („Patent auf Leben"). Der schließlich vom Parlament und Rat verabschiedete Text sieht die Patentfähigkeit biologischen Materials, insbesondere genetischer Sequenzen, nicht nur von Pflanzen und Tieren, sondern auch des menschlichen Körpers vor. Patentierbare Erfindungen können dabei sowohl Verfahren zur Herstellung von Genen sein als auch Produkte, die solche Gene enthalten. Ein Beispiel für derartige Produkte bilden gentechnisch veränderte Organismen (etwa Labortiere mit besonderen Eigenschaften wie die in Europa höchst umstrittene Harvard-"Krebsmaus"). Nicht patentfähig sind Pflanzensorten und Tierrassen sowie im wesentlichen biologische Verfahren zur Züchtung von Pflanzen und Tieren. Keinen Patentschutz genießt die bloße Entdeckung von Bestandteilen des menschlichen Körpers (etwa von Genen). Dagegen kann ein durch ein technisches Verfahren gewonnenes, insbesondere isoliertes menschliches Gen eine patentierbare Erfindung darstellen. Wegen Verstoßes gegen den *ordre public* nicht patentierbar sind Verfahren zum Klonen von Menschen und zur Keimbahntherapie am Menschen.

Eine von den Niederlanden mit Unterstützung Italiens und Norwegens erhobene Nichtigkeitsklage gegen die Biopatentrichtlinie hat der EuGH abgewiesen (EuGH, Rs. C-377/98, EuZW 2001, S. 691).

335 Häufig ist es nicht einfach zu beurteilen, inwieweit gemeinschaftsrechtliche Vorschriften zur Rechtsangleichung noch Raum für ergänzende Regelungen der Mitgliedstaaten lassen oder aber „Sperr-wirkung" für nationales Recht äußern. Bei Harmonisierungsrichtlinien nach Art. 94, 95 EG kommt es entscheidend darauf an, ob damit eine erschöpfende Regelung bestimmter Belange (etwa Sicherheitsstandards für ein bestimmtes Produkt) oder aber nur eine Teilharmonisierung angestrebt wird (siehe etwa EuGH, Rs. 88/79, Slg. 1980, 1827 Rn. 5 ff. – *Grunert*). Bei Vorschriften für berufsqualifizierende Standards können die Mitgliedstaaten dann strengere Anforderungen für den Berufszugang der eigenen Staatsangehörigen festlegen, wenn die Gemeinschaftsregelung nur die Ausübung von Marktfreiheiten (Freizügigkeit oder Dienstleistungsfreiheit) erleichtern soll, ohne das Recht der Berufsausbildung anzugleichen (EuGH, verb. Rs. C-29–35/94, Slg. 1995, I-301 Rn. 12 f. – *Aubertin*).

Literatur: *P. Alexiadis,* European Union Telecommunications Policy, in: C. D. Long (Hrsg.), Telecommunications – Law and Practice, 2. Aufl. 1995, S. 223 ff.; *R. Birk,* Europäisches Arbeitsrecht, 1990; *T. Bruha,* Rechtsangleichung in der Europäischen Wirtschaftsgemeinschaft – Deregulierung durch „Neue Strategie"?, ZaöRV 46 (1986), S. 1 ff.; *R. M. Buxbaum/G. Hertig/ A. Hirsch/K. J. Hopt*, European Business Law, 1991; *U. Everling/W.-H. Roth* (Hrsg.), Mindestharmonisierung im Europäischen Binnenmarkt, 1997; *A. Furrer*, Die Sperrwirkung des sekundären Gemeinschaftsrechts auf die nationalen Rechtsordnungen, 1994; *J. Gundel*, Die Neuordnung der Rechtsangleichung durch den Vertrag von Amsterdam – Neue Voraussetzungen für den „natio-nalen Alleingang", JuS 1999, S. 1171 ff.; *W. Kilian*, Europäisches Wirtschaftsrecht, 1996; *M. Lutter*, Europäisches Unternehmensrecht, 4. Aufl. 1996; *C. O. Lenz*, Immanente Grenzen des Gemeinschaftsrechts, EuGRZ 1993, S. 57 ff.; *P.-Ch. Müller-Graff*, Die Rechtsangleichung zur Verwirklichung des Binnenmarktes, EuR 1989, S. 107 ff.; *H.-J. Prieß*, Das öffentliche Auftragswesen in der Europäischen Union, 1994; *G. Schaub*, Europäisierung des deutschen Arbeitsrechts, NZA 1994, S. 769 ff.; *A. J. Strub*, Bankdienstleistungen im Binnenmarkt, 1994; *P. M. Wiesner*, Stand des europäischen Unternehmensrechts, EuZW 1995, S. 821 ff.; *ders.*, Überblick über den Stand des Europäischen Unternehmensrechts, EuZW 1998, S. 619 ff.

II. Völkervertragliche Rechtsangleichung

Die Vorschrift des Art. 293 EG sieht für bestimmte Bereiche **336** (Individualschutz, Doppelbesteuerung, Anerkennung von Gesellschaften und andere Aspekte des Gesellschaftsrechts sowie die gegenseitige Anerkennung und Vollstreckung richterlicher Entscheidungen und Schiedssprüche) völkervertragliche Vereinbarungen vor, die neben die Angleichung durch Sekundärrecht treten können. Wichtigstes Beispiel für eine völkervertragliche Vereinbarung im Sinne von Art. 293 EG ist das *(Brüsseler) Übereinkommen über die gerichtliche Zuständigkeit und die Vollstreckung gerichtlicher Entscheidungen in Zivil- und Handelssachen (EuGVÜ)* von 1968 mit ergänzenden Protokollen. Die Verordnung (EG) Nr. 44/2001 des Rates über die gerichtliche Zuständigkeit und die Anerkennung und Vollstreckung von Entscheidungen in Zivil- und Handelssachen (ABl. 2001 Nr. L 12, S. 1) setzt den Inhalt des EuGVÜ in unmittelbar geltendes Gemeinschaftsrecht um. Besonderheiten (im Sinne eines Fortgelten des EuGVÜ) gelten dabei im Verhältnis zu Dänemark.

Literatur: *J. Dietze/D. Schnichels*, Die aktuelle Rechtsprechung des EuGH zum EuGVÜ, EuZW 1996, S. 455 ff.; *J. Kropholler*, Europäisches Zivilprozeßrecht, 6. Aufl. 1998; *P. Schlosser*, EuGVÜ (Kommentar), 1996.

§ 21. Landwirtschaft

337 Der besonderen Stellung der Landwirtschafts- und Fischereipolitik entspricht es, daß ihr im EG-Vertrag ein spezieller Titel gewidmet worden ist (Art. 32 ff. EG). Der Gemeinsame Markt für die Landwirtschaft erfaßt die landwirtschaftlichen Erzeugnisse einschließlich der Fischerei und die damit unmittelbar in Zusammenhang stehenden Erzeugnisse der ersten Verarbeitungsstufe (Art. 32 Abs. 1 EG). Der EG-Vertrag gibt für die Gemeinsame Agrarpolitik (GAP) nur einen Rahmen mit recht geringer normativer Dichte vor. Ziel der Gemeinsamen Agrarpolitik ist es gemäß Art. 33 Abs. 1 EG,

– die Produktivität der Landwirtschaft zu steigern,
– der landwirtschaftlichen Bevölkerung eine angemessene Lebenshaltung zu gewährleisten,
– die Märkte zu stabilisieren,
– die Versorgung sicherzustellen und
– angemessene Verbraucherpreise zu gewährleisten.

338 Im Grundsatz finden die Vorschriften über die Errichtung des Gemeinsamen Marktes auch auf landwirtschaftliche Erzeugnisse Anwendung, soweit nicht in Art. 33 ff. EG etwas anderes bestimmt ist (Art. 32 Abs. 2 EG). Damit gelten prinzipiell auch die Grundfreiheiten für den Agrarmarkt. Die Wettbewerbsregeln und die allgemeinen Bestimmungen des EG-Vertrages zu Beihilfen finden nur eingeschränkt, nach Maßgabe von Regelungen des Rates, Anwendung (Art. 36 Abs. 1 EG). Das Spannungsverhältnis zwischen agrarrechtlichen Vorschriften und dem Prinzip des unverfälschten Wettbewerbes hat der EuGH (ungeachtet der Grundnorm des Art. 3 Abs. 1 *lit.* g EG) im *„Bananenstreit"* zugunsten der landwirtschaftlichen Marktregulierung gelöst (EuGH, Rs. C-280/93, Slg. 1994, I-4973).

339 Die Mittel zur Verwirklichung der Gemeinsamen Agrarpolitik sind in Art. 34 bis 36 EG niedergelegt. Sie sind stark durch interventionistische Maßnahmen geprägt. Die unterschiedlichen Typen umfassen ein Spektrum von einfachen Qualitätsstandards über Beihilfen bis zu vollständigen *Preissystemen*. Von besonderer Bedeutung sind sog. *„Marktordnungen"* für die meisten landwirtschaftlichen Erzeugnisse. Die Preissysteme für Marktordnungen (insbesondere für Getreide) zielen auf eine Angleichung des Preisniveaus innerhalb der Gemeinschaft und auf eine Einkommenssicherung für Landwirte. Beim Preissystem für Getreide spielt der vor Beginn eines jeden Erntejahres festgesetzte *„Richtpreis"* als Orientierung für die weitere Preisentwicklung eine Schlüsselrolle. Der Richtpreis bildete bis 1995 die Bezugsgröße für den *Schwellenpreis* (Mindestpreis), zu dem landwirtschaftliche Erzeugnisse aus Drittstaaten eingeführt werden durften. Unter dem Schwellenpreis importierte Erzeugnisse wurden mit einer *Abschöpfung* in Höhe der Differenz belegt. Dieses System mit Schwellenpreis und Einfuhrabschöpfungen wurde im Zuge der Reform der Welthandelsordnung (Agrarabkommen im Rahmen der GATT-Reform) durch ein neues Regime abgelöst. An die Stelle der bisherigen Einfuhrabschöpfungen auf landwirtschaftliche Produkte sind nunmehr feste Zölle getreten. Innerhalb der Gemeinschaft soll die Festsetzung des *Interventionspreises* ein stabiles Preisniveau gewährleisten. Zum Interventionspreis kaufen (von den Mitgliedstaaten bestimmte) Interventionsstellen die landwirtschaftlichen Erzeugnisse auf. Um ein Mindestmaß an freier Preisbildung auf dem Markt zu gewährleisten, muß der Interventionspreis unter dem Richtpreis liegen. Zur Förderung des Exports von Gemeinschaftserzeugnissen werden bei einem niedrigen Weltpreisniveau Beihilfen *(Ausfuhrerstattungen)* gewährt.

Auf Gemeinschaftsebene ist die Kommission für die administrative Durchführung landwirtschaftlicher Marktordnungen zuständig. In Deutschland ist vor allem die Bundesanstalt für landwirtschaftliche Marktordnung (BALM) mit dem Verwaltungsvollzug betraut. Die Finanzierung der gemeinsamen Agrarmärkte läuft über den Europäischen Ausrichtungs- und Garantiefonds für die Landwirtschaft (EAGFL). Dieser Fonds ist in den Gemeinschaftshaushalt eingegliedert und nimmt etwa zwei Drittel der EG-Haushaltsmittel auf.

Über Jahrzehnte hinweg war die Gemeinsame Agrarpolitik auf ein System garantierter Mindestpreise für Getreide und andere Erzeugnisse fixiert. Dieses System hat die Produktion von Überschüssen angeheizt und die Agrarausgaben der Gemeinschaft in unerträgliche Höhen getrieben. Die vom Rat im Juni 1992 beschlossene Grundsatzreform der Agrarpolitik soll dieser Entwicklung entgegenwirken. Wesentliche Elemente der Reform sind eine Senkung der Preise für Rindfleisch unter allmählicher Angleichung an das Weltmarktniveau sowie der Abbau von Produktionskapazitäten (Stillegung von Anbauflächen und Reduzierung des Viehbestandes) verbunden mit der Gewährleistung von Beihilfen für die betroffenen Landwirte. Trotz dieser Reform ist die Landwirtschaftspolitik der Gemeinschaft weiterhin mit großen Problemen befrachtet, die insbesondere in der hohen Haushaltsbelastung, in übermäßigen Produktionsanreizen und im Potential für handelspolitische Konflikte mit Drittstaaten innerhalb der neuen Welthandelsorganisation liegen. Im Rahmen der Agenda 2000 hat der Rat (der Landwirtschaftsminister) im Mai 1999 Maßnahmen zu einer grundlegenden Agrarreform verabschiedet (hierzu der Bericht in EuZW 1999, S. 482). Zu diesen Maßnahmen gehört die schrittweise Senkung der Interventionspreise. Nach näher festgelegten Kriterien können künftig die Mitgliedstaaten in einem gewissen Umfang Gemeinschaftsprämien aufstocken und Direktbeihilfen gewähren.

Literatur: *H.-C. Eiden,* Die Agrarmarktordnungen der Europäischen Gemeinschaften, DVBl. 1988, S. 1087 ff.; *K. Ipsen/U. R. Haltern,* Landwirtschaft und internationaler Handel – Beschert die Gemeinsame Agrarpolitik der EG dem GATT eine „Mißernte"?, EuZW 1991, S. 464 ff.; *R. Priebe,* Einigung des Rates über die Agrarreform, EuZW 1992, S. 506 f.; *C. A. Trotman,* Agricultural Policy Management. A Lesson in Unaccountability, CMLRev. 32 (1995), S. 1385 ff.

§ 22. Wettbewerbsordnung

I. Allgemeines

Die Schaffung eines „Systems, das den Wettbewerb innerhalb 342
des Binnenmarkts vor Verfälschungen schützt", gehört zu den
grundlegenden Tätigkeitsfeldern der Europäischen Gemeinschaft
(Art. 3 Abs. 1 *lit.* g EG). Die Vorschrift des Art. 4 Abs. 1 EG verpflichtet die Tätigkeit der Mitgliedstaaten und der Europäischen
Gemeinschaft auf den „Grundsatz einer offenen Marktwirtschaft
mit freiem Wettbewerb". Dem Ziel eines freien Wettbewerbes
dienen die Wettbewerbsvorschriften des EG-Vertrages mit den
beiden Generalklauseln des Art. 81 EG (Verbot wettbewerbsbeschränkender Verhaltensweisen) und des Art. 82 EG (Mißbrauchsverbot bei marktbeherrschender Stellung). Auf der Ebene des sekundären Gemeinschaftsrechts hat der Rat mit der Fusionskontroll-Verordnung von 1989 einen gemeinschaftsrechtlichen Ordnungsrahmen für Unternehmenszusammenschlüsse geschaffen.

Neben der Sicherung des freien Wettbewerbs hat der EG-Vertrag 343
industriepolitische Zielsetzungen aufgenommen. So zählt im
Hinblick auf den globalen Wettbewerb „die Stärkung der Wettbewerbsfähigkeit der Industrie der Gemeinschaft" zu den Aufgaben
der Europäischen Gemeinschaft (Art. 3 Abs. 1 *lit.* m EG). Diesem
Ziel sind die Bestimmungen über die Industriepolitik der Gemeinschaft (Art. 157 EG) verpflichtet. Die industriepolitische Zielsetzung steht in einem Spannungsverhältnis zur Sicherung eines
freien Wettbewerbs. Die hierin liegende Problematik wird dadurch
verschärft, daß die gemeinschaftliche Wettbewerbsaufsicht in den
Händen der Kommission und damit bei einem politischen Organ
liegt. Der EG-Vertrag nimmt auf das geschilderte Spannungsverhältnis zwischen freiem Wettbewerb und Industriepolitik Bedacht:
Die industriepolitische Kompetenz der Gemeinschaft (gemäß Titel XVI EG) „bietet keine Grundlage dafür, daß die Gemeinschaft

irgendeine Maßnahme einführt, die zu Wettbewerbsverzerrungen führen könnte" (Art. 157 Abs. 3 UAbs. 2 EG).

Eine weiche Flanke des unverfälschten Wettbewerbs bilden staatliche Beihilfen. Deswegen kommt dem (grundsätzlichen) Verbot wettbewerbsverzerrender Beihilfen und dessen Überwachung (Art. 87 ff. EG) größte Bedeutung zu.

II. Das Kartellverbot des Art. 81 EG

1. Verbot wettbewerbsbeschränkender Verhaltensformen (Art. 81 Abs. 1 EG)

344 Die Generalklausel des Art. 81 Abs. 1 EG verbietet „alle Vereinbarungen zwischen Unternehmen, Beschlüsse von Unternehmensvereinigungen und aufeinander abgestimmte Verhaltensweisen, welche den Handel zwischen Mitgliedstaaten zu beeinträchtigen geeignet sind und eine Verhinderung, Einschränkung oder Verfälschung des Wettbewerbs innerhalb des Gemeinsamen Marktes bezwecken oder bewirken". Konkretisiert wird dieses Verbot durch die (nicht abschließende) Auflistung untersagter Verhaltensweisen.

345 Für die *aufeinander abgestimmten Verhaltensweisen* ist kennzeichnend, daß sie auf einer bewußten Willensübereinstimmung beruhen und sich nach außen als einheitliches Verhalten darstellen, aber noch nicht die Schwelle zu einer vertraglichen Zusammenarbeit überschreiten (EuGH, Rs. 48/69, Slg. 1972, 619 Rn. 64 ff. – *ICI/Teerfarbenkartell*). Paralleles Verhalten von Wettbewerbern kann ein wichtiges Indiz für abgestimmtes Verhalten darstellen (EuGH, aaO, Rn. 67). Das Kartellverbot des Art. 81 Abs. 1 EG erfaßt nur solche Verhaltensformen, die eine spürbare Beeinträchtigung des zwischenstaatlichen Handels herbeiführen (EuGH, Rs. 42/84, Slg. 1985, 2545 Rn. 22 – *Remia*).

346 Die Generalklausel des Art. 81 Abs. 1 EG verbietet nicht nur „Kartelle" im eigentlichen Sinne, also *horizontale* Wettbewerbsbeschränkungen (d. h. ein Zusammenwirken von auf dem gleichen

Markt miteinander konkurrierenden Unternehmen). Vielmehr erfaßt dieses allgemeine Beschränkungsverbot auch *vertikale* Beschränkungen im Rahmen von Vertragsbeziehungen zwischen Partnern, die gar nicht auf ein und derselben Wirtschaftsstufe tätig sind und deshalb nicht untereinander im Wettbewerb stehen. Hierher gehören etwa wettbewerbsbeschränkende Absprachen zwischen Herstellern und Absatzmittlern wie Alleinvertriebsvereinbarungen (EuGH, verb. Rs. 56 und 58/64, Slg. 1966, 321 Rn. 8 ff. – *Consten-Grundig*), langfristige Belieferungsverträge (EuGH, Rs. C-234/89, Slg. 1991, I-935 Rn. 10 ff. – *Delimitis*) oder vereinbarte Ausfuhrbeschränkungen zwischen den Tochterunternehmen eines Konzerns in verschiedenen Mitgliedstaaten und mit den Tochterunternehmen in ständigen Geschäftsbeziehungen stehenden Großhändlern (EuG, Rs. T-41/96, EuR 2001, S. 566 – *Bayer*).

Die Einbeziehung vertikaler Wettbewerbsbeschränkungen in Austauschverträgen bildet einen erheblichen Einschnitt in die privatautonome Gestaltung von Vertragsbeziehungen. Deshalb ist die Gleichbehandlung vertikaler Bindungen mit horizontalen Absprachen rechtspolitisch umstritten.

Die Vorschrift des Art. 81 EG gilt unmittelbar nur für das Verhalten von *Unternehmen,* nicht aber für Gesetze und andere hoheitliche Maßnahmen der Mitgliedstaaten. Jedoch können Mitgliedstaaten dadurch gegen ihre Verpflichtungen aus Art. 10 EG und Art. 81 EG verstoßen, daß sie Unternehmen Kartellabsprachen vorschreiben, solche Absprachen in sonstiger Weise fördern oder die Verantwortung für Wettbewerbsbeschränkungen privaten Wirtschaftsteilnehmern übertragen (zur Festlegung einheitlicher Leistungstarife durch eine Unternehmensvereinigung nach Maßgabe eines Gesetzes, EuGH Rs. C-35/96, RIW 1998, S. 727 Rn. 53 ff. – *CNSD*).

2. Nichtigkeit verbotener Absprachen

Wettbewerbshindernde Absprachen, welche unter das Verbot des Art. 81 Abs. 1 EG fallen, sind automatisch nach Art. 81 Abs. 2

347

EG nichtig. Einer besonderen Verwaltungsentscheidung bedarf es zur Herbeiführung dieser Rechtsfolge also nicht.

3. Freistellung (Art. 81 Abs. 3 EG)

348 Nach Art. 81 Abs. 3 EG kann die Kommission einzelne Vereinbarungen oder Typen („Gruppen") von Vereinbarungen zwischen Unternehmen, von Beschlüssen von Unternehmensvereinigungen sowie von aufeinander abgestimmten Verhaltensweisen vom Kartellverbot durch eine Freistellung ausnehmen, wenn die freigestellten Maßnahmen zur Verbesserung der Warenerzeugung oder Warenverteilung oder aber zur Förderung des technischen oder wirtschaftlichen Fortschritts beitragen. Förmliche *Einzelfreistellungen* für konkrete Absprachen (etwa Vereinbarungen von Eisenbahnunternehmen über die Nutzung des Kanaltunnels) sind selten. Von größter praktischer Bedeutung sind die *Gruppenfreistellungen*, die als Verordnung der Kommission aufgrund einer Ermächtigung des Rates erlassen werden. Hiervon erfaßt sind etwa Alleinvertriebsvereinbarungen, Handelsvertreterverträge und Alleinbezugsvereinbarungen.

Von aktuellem Interesse ist die Freistellung bestimmter Gruppen von Vereinbarungen zum Technologietransfer durch die neue EG-Verordnung Nr. 240/96 (ABl. 1996 Nr. L 31, S. 2; EuZW 1996, S. 370; hierzu *R.M. Winkler/H.-P. Jugel,* Die neue EG-Gruppenfreistellungsverordnung für Technologietransfer-Vereinbarungen, EuZW 1996, S. 364 ff.). Diese Freistellungsverordnung soll den Technologietransfer über Produktlizenz- oder Know-how-Vereinbarungen fördern. Problematisch in dieser Verordnung ist insbesondere der mögliche Entzug der Freistellungswirkung bei hohen Marktanteilen des Lizenznehmers (Art. 7 der Verordnung).

In ihrem „Weissbuch über die Modernisierung der Vorschriften zur Anwendung der Artikel 85 und 86 EG-Vertrag" von 1999 (ABl. 1999 Nr. C 132, S. 1) schlägt die Europäische Kommission grundlegende Änderungen vor. Danach soll das gegenwärtige System eines umfassenden Kartellverbots mit möglicher Freistellung durch die Kommission durch ein Verbot mit Legalausnahme (Verordnung des Rates) abgelöst werden. Über das Vorliegen einer Ausnahme sollen neben der Kommission auch die nationalen Behörden und Gerichte entscheiden. Die damit verbundene Dezentralisierung der Anwendung des EG-Wettbewerbsrechts würde die Kommission von den massenhaften Freistellungsverfahren nach gegenwärtigem Recht entlasten. Die Verwirklichung dieser kontroversen Vorschläge der Kommission würde jedenfalls eine Änderung des EG-Vertrages (Art. 81 EG) voraussetzen.

III. Mißbrauchsverbot des Art. 82 EG

Die Vorschrift des Art. 82 Abs. 1 EG verbietet „die mißbräuchliche Ausnutzung einer beherrschenden Stellung auf dem Gemeinsamen Markt oder auf einem wesentlichen Teil desselben durch ein oder mehrere Unternehmen, soweit dies dazu führen kann, den Handel zwischen Mitgliedstaaten zu beeinträchtigen". Näher konkretisiert wird der Mißbrauchstatbestand durch die Beispiele in Art. 82 Abs. 2 EG. 349

Der EuGH begreift als beherrschende Stellung „die wirtschaftliche Machtstellung eines Unternehmens . . ., die dieses in die Lage versetzt, die Aufrechterhaltung eines wirksamen Wettbewerbs auf dem relevanten Markt zu verhindern, indem sie ihm die Möglichkeit verschafft, sich seinen Wettbewerbern, seinen Abnehmern und schließlich den Verbrauchern gegenüber in einem nennenswerten Umfang unabhängig zu verhalten" (EuGH, Rs. 27/76, Slg. 1978, 207 Rn. 66 – *Chiquita*).

Besondere Bedeutung kommt der Abgrenzung des für die Beherrschung relevanten Marktes im Hinblick auf wirtschaftlich vergleichbare Produkte zu (Substituierbarkeit). Für das Vorliegen einer marktbeherrschenden Stellung auf dem relevanten Markt sind die Struktur des Unternehmens einschließlich des Zuliefersystems, die Marktanteile und die Bedingungen für den Marktzutritt entscheidende Kriterien (vgl. EuGH, aaO, Rn. 67 ff.). 350

Neben den Verbotsfolgen nach Gemeinschaftsrecht kann auch das nationale Recht Wirkungen an das mißbräuchliche Ausnutzen einer marktbeherrschenden Stellung knüpfen (etwa Nichtigkeit darauf beruhender Vereinbarungen nach § 134 BGB, Unterlassungs- und Schadensersatzansprüche aus § 823 Abs. 2 BGB).

In recht weitgehender Weise hat der EuGH aus dem Mißbrauchsverbot des Art. 82 EG für marktbeherrschende Unternehmen unter besonderen Umständen die Verpflichtung abgeleitet, mit ihnen in Wettbewerb stehende Unternehmen zu beliefern. Die Leitentscheidung ist im Falle *Commercial Solvents Cooperation* ergangen (EuGH, verb. Rs. 6/73 und 7/73, Slg. 1974, 223). Hier hatte der Hersteller des Ausgangsstoffes für ein Arzneimittel gegen Tuberkulose (mit marktbeherrschender Stellung) die Lieferbeziehung zu einem Abnehmer abgebrochen, nachdem er beschlossen hatte, selbst das Arzneimittel herzustellen. Das andere Unternehmen war auf die weitere Belieferung angewiesen, nachdem eine anderweitige Bezugsquelle für den Grundstoff versiegt war. Der EuGH sah in der Lieferverweigerung eine mißbräuchliche Ausschaltung des Wettbewerbs auf dem Markt für Derivate.

351 Die neuere Rechtsprechung des EuGH leitet aus dem Mißbrauchsverbot des Art. 82 EG in bestimmten Fällen Einschränkungen für die Ausübung gewerblicher Schutzrechte ab.

So hat der EuGH geprüft, ob die Entscheidung eines Autoherstellers, keine Ersatzteile mehr herstellen zu lassen und trotzdem die Lizenzgewährung für die Herstellung von Karosserieteilen durch Dritte zu verweigern, willkürlich ist und deshalb eine mißbräuchliche Ausübung eines Geschmacksmusterrechts vorliegt (EuGH, Rs. 238/87 P, Slg. 1988, 6211 Rn. 9 ff. – *Volvo*). Im Fall *Magill* war das Verhalten der großen irischen Fernsehsender zu beurteilen, die selbst (urheberrechtlich geschützte) Übersichten über ihre eigenen Programme herausgaben und Lizenzen für die Veröffentlichung nur an Tageszeitungen vergaben, welche tägliche Übersichten veröffentlichen durften. Wegen der Herausgabe einer Programmzeitschrift mit ihren Sendeprogrammen ohne die (verweigerte) Lizenz gingen die Fernsehanstalten gegen den Verlag gerichtlich vor. Der EuGH sah die Ausübung des Urheberrechtes der Fernsehsender mit dem Ziel, sich ein Monopol auf dem Markt der Fernsehprogrammführer zu sichern, als mißbräuchliche Ausübung einer marktbeherrschenden Stellung im Sinne von Art. 82 Abs. 2 *lit.* b EG an (EuGH, verb. Rs. C-241/91 P und Rs. C-242/91 P, Slg. 1995, I-743 Rn. 46 ff. – *RTE und ITP*).

352 Diese Rechtsprechung fügt sich in neuere Entwicklungen zum erzwungenen Angebot von Dienstleistungen an Wettbewerber und zum „offenen Netzzugang" (etwa bei Einrichtungen der Energieversorgung oder bei Telekommunikationsnetzen) ein. Dahinter steht der Gedanke, daß ohne bestimmte Leistungsangebote marktbeherrschender Unternehmen oder ohne den Netzzugang für Mitbewerber auf manchen Märkten gar kein wirksamer Wettbewerb möglich ist. Stark beeinflußt sind diese Erwägungen von der *„essential facilities"*-Doktrin des amerikanischen Wettbewerbsrechts. Diese Doktrin zielt auf die Verpflichtung marktbeherrschender Unternehmen, bestimmte Einrichtungen zu öffnen, wenn Wettbewerber hierauf angewiesen sind. Die grundrechtliche Problematik solcher Eingriffe in (rechtmäßig erworbene) Positionen marktbeherrschender Unternehmen ist noch nicht ausgelotet. Das Zwangsangebot an Teilleistungen für Mitbewerber bedeutet einen erheblichen Einschnitt in die unternehmerische Gestaltungsfreiheit und Organisationsautonomie. An die Erforderlichkeit solcher Verpflichtungen sind deshalb hohe Anforderungen zu stellen, damit sich daraus keine diskriminierenden und unverhältnismäßigen Belastungen für marktbeherrschende Unternehmen ergeben, die ihrerseits innovationshemmend wirken können.

Die jüngere Rechtsprechung des EuGH hat klargestellt, daß dem Anspruch eines Wettbewerbers auf Leistungen eines Unternehmens mit marktbeherrschender Stellung dann enge Grenzen gezogen sind, wenn es nicht um ein natürliches Monopol oder leitungsgebundene Netze geht. Besonderes Interesse verdient die Entscheidung des EuGH im Fall *Bronner* (EuGH, Rs. C-7/97, Slg. 1998, I-7791 = EuZW 1999, S. 86 m. Anm. v. *D. Ehle*). Hier ging es um den Anspruch eines Zeitungsunternehmens darauf, in das System der Hauszustellung eines Konkurrenten mit marktbeherrschender Stellung aufgenommen zu werden. An einen solchen aus Art. 82 EG (im Sinne der *„essential facilities"*-Doktrin) abgeleiteten Anspruch hat der EuGH strenge Anforderungen gestellt. Der Mißbrauch einer marktbeherrschenden Stellung sei in einem solchen Fall nur dann anzunehmen,

„wenn die Verweigerung der in der Hauszustellung liegenden Dienstleistung zum einen geeignet wäre, jeglichen Wettbewerb auf dem Tageszeitungsmarkt durch denjenigen, der die Dienstleistung begehrt, auszuschalten, und nicht objektiv zu rechtfertigen wäre, und zum anderen die Dienstleistung selbst für die Ausübung der Tätigkeit des Wettbewerbers in dem Sinne unentbehrlich wäre, daß kein tatsächlicher oder potentieller Ersatz für das Hauszustellungssystem bestünde" (aaO, Rn. 41).

IV. Zuständigkeit und Verwaltungsverfahren

Die Regelung des Verwaltungsverfahrens auf Gemeinschaftsebene zur Durchsetzung des EG-Kartellrechts ist in der sog. „Kartellverordnung" des Rates (EWG-Verordnung Nr. 17/62, ABl. 1962 S. 204) geregelt. Der Verwaltungsvollzug liegt bei der Kommission (Generaldirektion Wettbewerb). In der Gemeinschaft gibt es – auch von der Bundesrepublik Deutschland geförderte – Bestrebungen, etwa nach dem Vorbild des Bundeskartellamtes mit seinen sachlich unabhängigen Beschlußabteilungen, eine eigene europäische Kartellbehörde zu schaffen. Auf der anderen Seite hat die Konzentrierung von wettbewerbspolitischen Kompetenzen und von Aufsichtsbefugnissen bei ein und demselben Organ auch manches für sich.

Für die Verfolgung von Verstößen gegen Art. 81 Abs. 1 EG und Art. 82 EG besteht eine subsidiäre Zuständigkeit der nationalen Behörden. Die Zuständigkeit der Mitgliedstaaten besteht solange, wie kein Verwaltungsverfahren vor der Kommission eingeleitet ist (Art. 9 Abs. 3 KartellVO). Für Ausnahmen nach Art. 81 Abs. 3 EG liegt die ausschließliche Zuständigkeit bei der Kommission (Art. 9 Abs. 1 KartellVO).

354 Bei Verhaltensweisen, die nach Ansicht der Kommission im Hinblick auf Art. 81 oder 82 EG unbedenklich sind, kann die Kommission förmlich erklären, daß ein Verbotstatbestand nicht erfüllt ist (sog. *„Negativattest"* gemäß Art. 2 KartellVO). Rechtliche Bindung äußert ein derartiges Negativattest nur für die Kommission selbst. Eine große Rolle spielen in der Praxis schlichte Verwaltungsschreiben, in denen die Kommission den Beteiligten mitteilt, daß sie angesichts der vorgetragenen Tatsachen keinen Anlaß sieht, gegen eine mitgeteilte Vereinbarung einzuschreiten (sog. *„comfort letters"*). Die Einzelfreistellung gemäß Art. 81 Abs. 3 EG ist vor Durchführung der jeweiligen Maßnahmen bei der Kommission zu beantragen. Bis zum Erlaß einer begünstigenden Entscheidung bleiben die Beteiligten an das Kartellverbot des Art. 81 Abs. 1 EG gebunden. Mit der Anmeldung einer Vereinbarung durch die Beteiligten erlischt die subsidiäre Kompetenz nationaler Wettbewerbsbehörden zur Durchsetzung des Kartellverbotes (s. Art. 9 Abs. 1 und Abs. 3 KartellVO).

355 Bei Verstößen gegen Art. 81 und 82 EG kann die Kommission die beteiligten Unternehmen verpflichten, die festgestellte Zuwiderhandlung abzustellen (Art. 3 KartellVO). Als Sanktionen kann die Kommission Geldbußen (bis zu 1 Million ECU oder darüber

§ 22. Wettbewerbsordnung 291

hinaus bis zu 10 % des Jahresumsatzes des betroffenen Unternehmens) zur Ahndung verbotener Wettbewerbsbeschränkungen verhängen (Art. 15 KartellVO). Mit der Festsetzung eines Zwangsgeldes kann ein bestimmtes Verhalten für die Zukunft erzwungen werden (Art. 16 KartellVO).

Im Rahmen des kartellrechtlichen Verwaltungsverfahrens hat die Kommission erhebliche Ermittlungsbefugnisse. Sie kann von nationalen Regierungen und Behörden sowie von Unternehmen und Unternehmensvereinigungen Auskünfte verlangen (Art. 11 KartellVO) und die Mitgliedstaaten um Nachprüfungen durch ihre Behörden ersuchen (Art. 13 KartellVO). Gegenüber Unternehmen und Unternehmensvereinigungen verfügt die Kommission über umfassende Nachprüfungskompetenzen (Art. 14 KartellVO). Bei der Ausübung dieser Ermittlungsbefugnisse (etwa durch das Betreten von Geschäftsräumen und die Anforderung von Unterlagen) gilt der Grundsatz der Verhältnismäßigkeit (EuGH, verb. Rs. 46/87 und 227/88, Slg. 1989, 2859 Rn. 12 – *Hoechst*). Eine Ausdehnung des für Wohnungen geltenden Grundrechtsschutzes auf Geschäftsräume lehnt der EuGH dagegen ab (aaO, Rn. 17 ff.). Bei Widerstand der beteiligten Unternehmen gegen Nachprüfungen kann die Kommission auf die Amtshilfe durch nationale Behörden zurückgreifen (hierzu EuGH, aaO, Rn. 32 ff.).

V. Fusionskontrolle

Zur Regelung der Kontrolle von Unternehmenszusammenschlüssen hat der Rat (auf der Grundlage von Art. 83 und 308 EG) die EWG-Verordnung Nr. 4064/89 von 1989 (Fusionskontroll-Verordnung, ABl. 1989 Nr. L 395, in der Fassung v. 30. 6. 1997, ABl. 1997, Nr. L 180, S. 1) erlassen. Die Verordnung findet auf Zusammenschlüsse von „gemeinschaftsweiter Bedeutung" Anwendung (Art. 1 Abs. 1 i. V. m. Abs. 2). Hierzu regelt die Verordnung in Art. 1 Abs. 2 bestimmte „Aufgreifschwellen" (bei deren Überschreiten ein Zusammenschluß von der Verordnung erfaßt wird). Bei der Beurteilung der Vereinbarkeit von Zusammenschlüssen mit dem Gemeinsamen Markt hat die Kommission die in Art. 2 enthaltenen Maßstäbe zugrunde zu legen. Dabei hat die Kommission einen erheblichen Beurteilungsspielraum. Umstritten ist, inwieweit industriepolitische Bewertungen im Hinblick auf die durch den Zusammenschluß geschaffene Position im globalen Wettbewerb 356 eine Rolle spielen dürfen. Nach Art. 2 Abs. 1 *lit.* b der Verordnung hat die Kommission unter anderem „die Entwicklung des technischen und wirtschaftlichen Fortschritts" zu berücksichtigen. Die Kommission kann die Genehmigung von Zusammenschlüssen an bestimmte Auflagen oder Bedingungen knüpfen und damit auf Betriebsstrukturen Einfluß nehmen (s. die Entscheidung der Kommission im Fusionsfall *Nestlé/Perrier,* ABl. 1992 Nr. L 356, S. 1).

357 Die Verordnung äußert Sperrwirkung für die Anwendung nationalen Rechtes. Nach Art. 21 Abs. 2 Satz 1 der Verordnung wenden die Mitgliedstaaten ihr innerstaatliches Wettbewerbsrecht nicht auf Zusammenschlüsse von gemeinschaftsweiter Bedeutung an. Unter den Voraussetzungen des Art. 9 Abs. 3 *lit.* b der Verordnung (Bestehen eines besonderen räumlichen Marktes) kann die Kommission den Fall an die zuständige Wettbewerbsbehörde des jeweiligen Mitgliedstaates verweisen, die den Fall dann nach nationalem Wettbewerbsrecht behandelt.

VI. Extraterritoriale Geltung des Wettbewerbsrechts

358 Der Europäische Gerichtshof folgt (wie auch § 98 Abs. 2 GWB) einem weiten Verständnis des territorialen Bezuges der Wettbewerbsbeschränkung. Art. 81 und 82 EG erfassen alle wettbewerbsbeschränkenden Handlungen, die sich im Gemeinsamen Markt auswirken oder auf eine derartige Auswirkung gerichtet sind. Im sogenannten *Zellstoff*-Fall hat der Europäische Gerichtshof sich zu diesem Wirkungsprinzip bekannt und ausgeführt, daß es nicht allein darauf ankommt, wo das Kartell gebildet wird, sondern vielmehr darauf, wo das Kartell durchgeführt wird (EuGH, verb. Rs. 89, 104, 114, 116, 117, 125 bis 129/85, Slg. 1988, 5193 Rn. 16f. – *Zellstoff*).

Die Brisanz der Anwendung der EG-Wettbewerbsordnung etwa auf Zusammenschlüsse außerhalb der Gemeinschaft haben die Auseinandersetzungen um die Fusion der amerikanischen Flugzeughersteller *Boeing* und *McDonnell Douglas* gezeigt. Boeing hält als der größte Hersteller kommerziell eingesetzter Flugzeuge auf dem Weltmarkt einen Anteil von etwa 65 %. Auf McDonnell Douglas entfallen 5 % Marktanteil. Nennenswerter Wettbewerber ist das Airbus-Konsortium mit einem Marktanteil von etwa 30 %. Angesichts der drohenden Ablehnung des Zusammenschlusses durch die Europäische Kommission wegen der Auswirkungen auf den europäischen Wettbewerb ging die Regierung der USA so weit, mit einem Handelskrieg zu drohen. In letzter Stunde gelang eine Verständigung zwischen Boeing und der Europäischen Gemeinschaft. Daraufhin hat die Kommission den Zusammenschluß mit recht einschneidenden Bedingungen (etwa Verzicht auf die Ausschließlichkeitsklausel in langfristigen Lieferverträgen mit drei großen amerikanischen Luftverkehrsgesellschaften, Ausgliederung des zivilen Fluggeschäftes von McDonnell Douglas, Transfer militärischer Hochtechnologien durch Lizenzen an Wettbewerber) genehmigt (ABl. 1997 Nr. L 336, S. 16).

VII. Öffentliche Unternehmen (Art. 86 EG)

Nach Art. 86 Abs. 1 EG gilt für öffentliche Unternehmen **359** grundsätzlich auch die Wettbewerbsordnung des EG-Vertrages. Im Sinne dieser Bestimmung sind dies Unternehmen, auf welche die öffentliche Hand (aufgrund ihrer Beteiligung, durch vertragliche oder gesetzliche Bestimmungen zur Tätigkeit des Unternehmens) beherrschenden Einfluß besitzt (vgl. Art. 2 Abs. 1 der Transparenzrichtlinie 80/723/EWG, ABl. 1980 Nr. L 195, S. 35). Hierzu gehört etwa die *Deutsche Bahn AG*, deren Alleinaktionär der Bund ist. Die Vorschrift des Art. 86 Abs. 1 EG erstreckt die Wettbewerbsregeln im Grundsatz auch auf Unternehmen, denen die Mitgliedstaaten besondere oder ausschließliche Rechte gewähren (Beispiel: befristete Exklusivlizenz der *Deutschen Post AG* für bestimmte Postsendungen nach § 51 Abs. 1 Satz 1 des Postgesetzes).

Die grundsätzliche Unterwerfung staatsgetragener Unternehmen **360** unter die Wettbewerbsbestimmungen der Art. 81 ff. EG läßt der Frage große Bedeutung zukommen, welche staatlichen Einrichtungen mit wirtschaftlicher Betätigung überhaupt als „Unternehmen" im Sinne der Wettbewerbsbestimmungen zu verstehen sind. Dabei läßt die neue Rechtsprechung des EuGH die Tendenz erkennen, den Anwendungsbereich der Wettbewerbsvorschriften des EG-Vertrages auch auf die Wahrnehmung klassischer Staatsfunktionen zu erstrecken, wenn Verwaltungsträger mit dem Angebot von Leistungen in Wettbewerb mit privaten Unternehmen treten.

In diesem Sinne hat der EuGH eine französische Sozialversicherungsanstalt als Unternehmen im Sinne der Art. 81 ff. EG qualifiziert, das auf der Grundlage eines freiwilligen Beitrittes eine Zusatzrentenversicherung anbietet und dabei ähnlich wie private Lebensversicherungen nach dem Kapitalisierungsprinzip arbeitet (EuGH, Rs. C-244/94, Slg. 1995, I-4013 – *Caisse centrale de la mutualité sociale agricole*).

361 Nach Art. 86 Abs. 2 EG gelten „für Unternehmen, die mit Dienstleistungen von allgemeinem wirtschaftlichem Interesse betraut sind oder den Charakter eines Finanzmonopols haben, . . . die Vorschriften dieses Vertrags, insbesondere die Wettbewerbsregeln, soweit die Anwendung dieser Vorschriften nicht die Erfüllung der ihnen übertragenen besonderen Aufgabe rechtlich oder tatsächlich verhindert". An die Ausnahme des Art. 86 Abs. 2 EG stellt die Rechtsprechung des EuGH zunehmend strenge Anforderungen. Insbesondere drängt das EG-Wettbewerbsrecht Sonderrechte öffentlicher Unternehmen insoweit zurück, als diese mit Standards effizienter Leistungserbringung kollidieren und moderne Marktbedürfnisse nicht mehr befriedigend erfüllen.

362 Im Zusammenhang mit dem Arbeitsvermittlungsmonopol der *Bundesanstalt für Arbeit* hat der EuGH die Zulässigkeit eines derartigen Privileges für ein öffentliches Unternehmen an strenge Voraussetzungen geknüpft (EuGH, Rs. C-41/90, Slg. 1991, I-1979). Ein derartiges Monopol einer öffentlich-rechtlichen Anstalt verstößt nach Ansicht des EuGH dann gegen das Verbot der mißbräuchlichen Ausnutzung einer beherrschenden Stellung (Art. 86 Abs. 1 i. V. m. Art. 82 EG), wenn

– das Monopol sich auf Tätigkeiten zur Vermittlung von Führungskräften der Wirtschaft erstreckt,
– die Anstalt offenkundig nicht in der Lage ist, selbst die Nachfrage auf dem Markt nach solchen Leistungen zu befriedigen,
– die tatsächliche Ausübung der Vermittlungstätigkeit durch private Beratungsunternehmen durch nationales Recht (Nichtigkeit von Verträgen/ Strafandrohung) unmöglich gemacht wird und
– sich die Vermittlungstätigkeiten auch auf Angehörige oder das Gebiet anderer Vertragsstaaten erstrecken können (aaO, Rn. 34).

363 Zur gemeinschaftsrechtlichen Zulässigkeit von Postmonopoldiensten hat sich der EuGH im Fall *Corbeau* geäußert. Dort ging es um das Monopol der belgischen Staatspost, im gesamten König-

§ 22. Wettbewerbsordnung 295

reich alle Postsendungen zu sammeln, zu befördern und zu verteilen. Im Ausgangsverfahren wurde ein Unternehmer deswegen angeklagt, weil er im Bereich der Stadt Lüttich und ihrer Umgebung Postsendungen beim Absender abholte und in diesem Gebiet vor dem Mittag des folgenden Tages verteilte und Briefsendungen an Empfänger außerhalb dieses Gebietes beim Absender abholte und per Post verschickte. Zur Vereinbarkeit eines derartigen Dienstleistungsmonopoles mit Art. 86 Abs. 1 und Abs. 2 i. V. m. Art. 82 EG hat der EuGH ausgeführt:

„Der Ausschluß des Wettbewerbs ... ist nicht gerechtfertigt, wenn es sich um spezifische, von den Dienstleistungen von allgemeinem Interesse trennbare Dienstleistungen handelt, die besonderen Bedürfnissen von Wirtschaftsteilnehmern entsprechen und bestimmte zusätzliche Leistungen verlangen, die der herkömmliche Postdienst nicht anbietet, wie die Abholung beim Absender, eine schnellere oder zuverlässigere Verteilung oder auch die Möglichkeit, den Bestimmungsort während der Beförderung zu ändern, und sofern diese Dienstleistungen aufgrund ihrer Art und der Umstände, unter denen sie angeboten werden – wie etwa des Gebietes, in dem sie erbracht werden –, das wirtschaftliche Gleichgewicht der vom Inhaber des ausschließlichen Rechts übernommenen Dienstleistung von allgemeinem wirtschaftlichem Interesse nicht in Frage stellen" (EuGH, Rs. C-320/91, Slg. 1993, I-2533 Rn. 19).

Für die Rechtfertigung von Wettbewerbsbeschränkungen zugunsten öffentlicher Unternehmen stellt die Rechtsprechung des EuGH entscheidend darauf ab, ob sie der Erfüllung öffentlicher Aufgaben in verhältnismäßiger Weise dienen. Unzulässig ist danach etwa die Herstellung von Endgeräten im Telekommunikationsbereich durch staatliche Unternehmen, die zugleich die Befugnis zur normativen Festlegung von Produktstandards haben (EuGH, Rs. C-18/88, Slg. 1991, I-5941 – *RTT*). Zu Recht begründete der EuGH, daß eine Beschränkung des Wettbewerbes auf dem Markt für Fernsprechgeräte nicht durch eine öffentliche Aufgabe im Sinne von Art. 86 Abs. 2 EG gerechtfertigt sein könne. Im Rahmen normativer Standards und eines administrativen Zulassungsverfahrens müsse jedes Unternehmen Zugang zu diesem Produktionssektor haben können (aaO, Rn. 22). Die Vereinigung der Befugnis, normative Standards für bestimmte Geräte festzulegen, mit deren eigener Herstellung sei mit einem System unverfälschten Wett- **364** bewerbs nicht zu vereinbaren (aaO, Rn. 25). Unzulässig sind auch diskriminierende Praktiken staatlicher Rundfunk- und Fernsehanstalten aufgrund einer marktbeherrschenden Stellung mit einem Sendemonopol (EuGH, Rs. C-260/89, Slg. 1991, I-2925 – *ERT*).

Von großer praktischer Bedeutung sind die Wettbewerbsregeln für Energieversorgungsunternehmen. Der EuGH hat zunächst in recht großzügiger Weise die Privilegierung von Stromversorgerunternehmen durch Ausschließlichkeitsvereinbarungen (die etwa dem Empfänger den Bezug von billigerem Strom aus anderen Mitgliedstaaten untersagen) nach Art. 86 Abs. 2 EG als gerechtfertigt angesehen. Entscheidend hat der EuGH auf die hohen wirtschaftlichen Risiken der Energieversorger (etwa wegen der Kosten für den Umweltschutz) abgestellt (EuGH, Rs. C-393/92, Slg. 1994, I-1477 Rn. 46 ff. – *Almelo*; hierzu *B. Rapp-Jung*, Der Energiesektor zwischen Marktwirtschaft und öffentlicher Aufgabe, EuZW 1994, S. 464 ff.). Die Elektrizitätsbinnenmarkt-Richtlinie (96/92/EG) des Europäischen Parlaments und des Rates vom 19. 12. 1996 (ABl. 1997 Nr. L 27, S. 20) stellt ihre marktöffnenden Vorschriften unter einen Vorbehalt zugunsten „gemeinwirtschaftlicher Verpflichtungen" von Elektrizitätsunternehmen (Art. 3 Abs. 3).

VIII. Verhältnis des EG-Wettbewerbsrechts zum nationalen Wettbewerbsrecht

365 Das Verhältnis zwischen dem EG-Wettbewerbsrecht zu den Wettbewerbsbestimmungen der nationalen Rechtsordnungen ist nur vereinzelt ausdrücklich geregelt. In dem Bereich der Unternehmenszusammenschlüsse schreibt die Fusionskontroll-Verordnung vor, daß die Mitgliedstaaten ihr innerstaatliches Wettbewerbsrecht nicht auf Zusammenschlüsse von gemeinschaftsweiter Bedeutung anwenden (Art. 21 Abs. 2). Außerhalb der Fusionskontrolle ist es denkbar, daß das Recht eines Mitgliedstaates an einen unter die EG-Wettbewerbsregeln fallenden Sachverhalt andere Rechtsfolgen als das Gemeinschaftsrecht knüpft. Probleme ergeben sich hier insbesondere dann, wenn nationales Recht ein nach

Gemeinschaftsrecht zulässiges Verhalten verbietet. Die Pflicht der Mitgliedstaaten zur loyalen Umsetzung des Gemeinschaftsrechts (Art. 10 EG) bedeutet, daß nationales Recht die hinter einer Freistellung gemäß Art. 81 Abs. 3 EG stehenden Wertungen zu berücksichtigen hat. Während eines laufenden Verfahrens auf eine beantragte Freistellung müssen die nationalen Wettbewerbsbehörden sich zumindest mit der Kommission vor einer Entscheidung abstimmen oder das Verfahren aussetzen. Nach der Rechtsprechung des EuGH ist die Anwendung des nationalen Wettbewerbsrechtes neben dem Gemeinschaftsrecht nur statthaft,

„soweit sie die einheitliche Anwendung des Gemeinschaftskartellrechts und die volle Wirksamkeit der zu seinem Vollzug ergangenen Maßnahmen auf dem gesamten Gemeinsamen Markt nicht beeinträchtigt" (EuGH, Rs. 14/68, Slg. 1969, 1 Rn. 4 – *Walt Wilhelm*).

Bei parallelen Verbotstatbeständen sind doppelte Sanktionen möglich. Gründe der Verhältnismäßigkeit und Billigkeit gebieten aber die Berücksichtigung einer früheren Sanktionsentscheidung bei einer nochmaligen Ahndung (EuGH, aaO, Rn. 11).

IX. Staatliche Beihilfen

366 Ein grundsätzliches Verbot wettbewerbsverfälschender Beihilfen enthält Art. 87 Abs. 1 EG. Hiervon erfaßt sind freiwillig erbrachte staatliche Leistungen, welche ein Unternehmen ohne adäquate Gegenleistung begünstigen und dadurch den Wettbewerb im Gemeinsamen Markt verzerren.

Wirtschaftliche Vergünstigungen, die nicht zu Lasten öffentlicher Haushalte erfolgen, erfüllen nach der Rechtsprechung des EuGH nicht den Begriff der Beihilfe (so zur Förderung sogenannten „Ökostroms" durch gesetzliche Abnahmepflichten für Stromnetzbetreiber unter staatlicher Preisfestsetzung nach dem deutschen Stromeinspeisungsgesetz EuGH, Rs. 379/98, EuZW 2001, S. 242 Rn. 58 ff. – *PreussenElektra*).

Der EuGH und die Europäische Kommission stellen bei staatlichen Vergünstigungen auf den Maßstab des unter Marktbedingungen rational handelnden (rentabilitätsorien-tierten) Investors ab (EuGH, Rs. C-234/84, Slg. 1986, 2263 Rn. 14 – *Belgien* ./. *Kommission*; Mitteilung der Kommission über öffentliche Unternehmen, ABl. 1993 Nr. C 307, S 3 Nr 27 ff.). Entspricht eine staatliche Vergünstigung nicht derart rationalen Gewinnerwartungen (etwa eine ohne Gegenleistung gewährte Staatsbürgschaft für ein notleidendes Unternehmen), indiziert dies den Beihilfecharakter.

Nach einer umstrittenen, aber vordringenden Ansicht erfüllen etwa die Vergünstigungen für öffentlich-rechtliche Kreditinstitute (wie Sparkassen und Landesbanken in Deutschland) in Gestalt gesetzlicher Einstandspflichten (etwa der bürgschaftsähnlichen „Gewährträgerhaftung" öffentlich-rechtlicher Körperschaften) das Merkmal einer Beihilfe.

Bei öffentlichen Unternehmen kann die Rechtfertigung von Wettbewerbsbeschränkungen durch besondere Aufgaben im Allgemeininteresse (Art. 86 Abs. 2 EG) auch die Gewährung staatlicher Beihilfen decken. Öffentliche Vergünstigungen müssen sich dabei aber strikt im Rahmen des Erforderlichen halten. Dies gestaltet die Anwendung des Beihilfeverbotes zuweilen zu einem schwierigen Balanceakt.

Ein anschauliches Beispiel für solche Gratwanderungen bildet die Schlußerklärung der Mitgliedstaaten auf der Vertragskonferenz von Amsterdam zu den öffentlich-rechtlichen Kreditinstituten in Deutschland. Darin wird einerseits die besondere Aufgabe des öffentlichen Bankensektors für die regionale Kreditversorgung anerkannt, andererseits das Prinzip eines unverfälschten Wettbewerbs betont. Entscheidend ist nach der Schlußerklärung, daß Vergünstigungen für öffentlich-rechtliche Kreditinstitute nicht weitergehen dürfen, als dies zur Erfüllung gesetzlicher Aufgaben und zum Ausgleich damit verbundener Nachteile geboten ist. Diese Erklärung geht auf Bestrebungen der deutschen Bundesländer zurück, die Privilegien für den öffentlichen Bankensektor durch ein besonderes Protokoll (also eine Vertragsänderung) abzusichern. Die schließlich angenommene Erklärung bleibt weit hinter diesem Wunsch zurück. Sie dokumentiert sogar ausdrücklich die wettbewerbsrechtliche Problematik dieser Privilegien. Hier zeigt sich, zu welch bitteren Früchten eine riskante Verhandlungsstrategie führen kann. Demgegenüber ist es der deutschen Bundesregierung gelungen, für die öffentlich-rechtlichen Rundfunk- und Fernsehanstalten eine klare Absicherung der (ebenfalls umstrittenen) Gebührenfinanzierung durchzusetzen: durch ein spezielles Protokoll zum EG-Vertrag.

Im Hinblick auf die Privilegien der öffentlichen Banken in Deutschland ist mittlerweile eine Verständigung mit der Europäischen Kommission erreicht worden. Danach soll bei Landesbanken und Sparkassen der in der Anstaltslast und Gewährträgerhaftung liegende Wettbewerbsvorteil bis Mitte des Jahres 2005 beseitigt werden.

Für die Überwachung staatlicher Beihilfen enthält Art. 88 EG **367** wichtige Vorschriften. Von großer praktischer Bedeutung für „neue" (d. h. nach dem Inkrafttreten des EG-Vertrags gewährte) Beihilfen ist das Anzeigeverfahren gemäß Art. 88 Abs. 3 Satz 3 EG, welches die nationalen Behörden vor der Gewährung von Beihilfen zur Durchführung eines Vorprüfungsverfahrens vor der Kommission verpflichtet. Nach der Rechtsprechung des EuGH führt die Verletzung dieser Verpflichtung zur „Ungültigkeit" der nationalen Rechtsakte zur Durchführung von Beihilfemaßnahmen. Dieser Mangel werde auch nicht dadurch geheilt, daß später die Kommission die notifizierten Maßnahmen für gemeinschaftsrechtskonform erklärt hat (EuGH, Rs. C-354/90, Slg. 1991, I-5505 Rn. 16 f. – *Fédération Nationale du Commerce Extérieur des Produits Alimentaires*).

Nach der Rechtsprechung des EuGH kann sich ein Unternehmen auf Vertrauensschutz gegenüber der Rückforderung grundsätzlich dann nicht berufen, wenn das Anzeigeverfahren nach Art. 88 Abs. 3 EG nicht eingehalten worden ist (EuGH, Rs. C-5/89, Slg. 1990, I-3437 – *BUG-Alutechnik*). Der sorgfältige Unternehmer muß sich also darum kümmern, ob die nationalen Behörden bei der Gewährung von Beihilfen das Gemeinschaftsrecht eingehalten haben (s. § 11.V.).

X. Internationale Wettbewerbsordnung

Zu den großen Schwächen des internationalen Wirtschaftsrechts **368** gehört das Fehlen einer zentralen Regelungsinstanz für Fusionen und wettbewerbsbeschränkende Praktiken, die globale Auswirkungen haben. Die Schaffung einer internationalen Kartellbehörde (etwa im Rahmen der neuen Welthandelsorganisation) wird auf längere Sicht bloßes Desiderat bleiben. Um so wichtiger ist eine Kooperation der Kartellbehörden untereinander. Seit mehreren

Jahren arbeitet die Europäische Kommission mit der Kartellbehörde der USA auf der Grundlage eines Kooperationsabkommens zusammen (ABl. 1995 Nr. L 95, S. 45). Dieses Kooperationsabkommen regelt die Zusammenarbeit in kartellrechtlichen Verfahren, die wichtige Interessen der jeweils anderen Partei berühren können. Vorgesehen ist eine gegenseitige Unterrichtung (Art. II Abs. 1) und eine wechselseitige Unterstützung der Wettbewerbsbehörden bei der Durchführung von Kartellverfahren (Art. IV).

Ein besonderes Anliegen des Abkommens ist es, bei Vorgängen mit transatlantischen Auswirkungen Konflikte aufgrund unterschiedlicher Regelungsansätze zu entschärfen. Hierzu gehört, daß eine Vertragspartei die andere Seite um ein Vorgehen gegen wettbewerbsbeschränkende Aktivitäten auf deren Gebiet ersucht, wenn dadurch wichtige Interessen der ersten Vertragspartei berührt werden (Prinzip der *„positive comity"*; Art. V). Daneben sollen die Vertragsparteien in den einzelnen Phasen eines wettbewerbsrechtlichen Verfahrens die wichtigen Interessen der jeweils anderen Seite berücksichtigen (Art. VI; Grundsatz der *„international comity"*). Die für eine Interessenabwägung maßgeblichen Faktoren listet das Abkommen eigens auf (Art. VI Abs. 3 *lit.* a–f). Eine wesentliche Einschränkung dieses Interessenausgleichs liegt im Vorbehalt des jeweils geltenden Rechts der beiden Vertragsparteien, das unberührt bleibt (Art. IX). Ergänzt wird dieser Vertrag durch ein Abkommen zwischen der Europäischen Gemeinschaft und den USA über die Anerkennung der „positive comity"-Grundsätze bei der Durchsetzung ihrer Wettbewerbsregeln (ABl. 1998 Nr. L 173, S. 26).

XI. Offener Netzzugang auf dem Energiesektor und in anderen Bereichen

369 Der Bestand von Leitungsnetzen zur Energieversorgung (Strom- und Gasnetze) kann ein Hindernis für den Wettbewerb begründen und zu einer Abschottung nationaler Märkte führen. Schon wegen der Kosten und der mangelnden Rentabilität des Aufbaus neuer Leitungen bilden bestehende Netze eine Art „natürliches Monopol". Die Verwirklichung des Binnenmarkts drängt hier zur Öffnung des Netzzugangs für Wettbewerber. Das rechtliche Instrument zur Öffnung des Wettbewerbs sind Durchleitungsverpflichtungen der Netzbetreiber. Für den Stromsektor haben das Europäische Parlament und der Rat nach längerem Ringen die Richt-linie 96/92/EG betreffend gemeinsame Vorschriften für den Elektrizitätsbinnenmarkt (ABl. 1997 Nr. L 27, S. 20) erlassen. Diese Richtlinie stützt sich auf Art. 47 Abs. 2, 55 und 95 EG. Sie sieht drei verschiedene Möglichkeiten zur Verwirklichung des offenen Netzzugangs vor:

– (1.) den mit dem Netzbetreiber frei ausgehandelten Netzzugang („Netzzugang auf Vertragsbasis") als Grundlage für Lieferverträge zur Stromversorgung (Art. 17 Abs. 1 bis Abs. 3),
– (2.) ein staatlich geregeltes System mit einem Netzzugangsrecht auf der Grundlage veröffentlichter Tarife (Art. 17 Abs. 4) und
– (3.) den Netzzugang im Alleinabnehmersystem, das die Belieferung der zugelassenen Kunden durch Energieerzeuger innerhalb und außerhalb des vom System abgedeckten Gebiets ermöglicht (Art. 18).

Eine entsprechende Richtlinie für den Gassektor ist in Vorbereitung. Probleme des offenen Netzzugangs bestehen auch in anderen Bereichen. Hierzu gehört insbesondere die Telekommunikation (Zugang zu Telefonnetzen). Auf die Öffnung des Zugangs zu Telefonnetzen zielt die Richtlinie 90/387/EWG (ABl. 1990 Nr. L 192, S. 1). Besondere Wettbewerbsfragen ergeben sich beim „offenen Netzzugang" im Postwesen. Hier besteht ein „Netz" (anders als im Strom-, Gas- oder Telefonsektor) nicht in einem physischen Leitungssystem, sondern in einer von (Transport-) Dienstleistungen geprägten Infrastruktur. Offener Netzzugang bedeutet hier letztlich den Zugang zu einem bestimmten Ausschnitt des Leistungsprogramms für Wettbewerber (s. Art. 11 ff. der Postdienste-Richtlinie 97/67/EG, ABl. 1998 Nr. L 15, S. 14).

Literatur: *J. Basedow*, Die Dienstleistungsmonopole und der Netzzugang in der Europäischen Wirtschaftsverfassung, Jahrbuch für Politische Ökonomie 16 (1997), S. 121 ff.; *ders.*, Weltkartellrecht, 1998; *R. Bechtold*, Zwischenbilanz zum EG-Fusionskontrollrecht, EuZW 1994, S. 653 ff.; *ders.*, Abwägung zwischen wettbewerblichen Vor- und Nachteilen eines Zusammenschlusses in der europäischen Fusionskontrolle, EuZW 1996, S. 389 ff.; *M. Burgi,* Die öffentlichen Unternehmen im Gefüge des primären Gemeinschaftsrechts, EuR 1997, S. 261 ff.; *C. T. Ebenroth/M. Bohne,* Gewerbliche Schutzrechte und Art. 86 EG-Vertrag nach der Magill-Entscheidung, EWS 1995, S. 367 ff.; *C. T. Ebenroth/K. W. Lange,* Zukunftsmärkte in der Europäischen Fusionskontrolle, EWS 1995, S. 1 ff.; *C. Ehlermann,* Zukünftige Entwicklungen des Europäischen Wettbewerbsrechts, EuZW 1994, S. 647 ff.; *S. Eser,* Strategische Allianzen im EU-Wettbewerbsrecht, 1996; *E. M. Fox,* Toward World Antitrust and Market Access, AJIL 91 (1997), S. 1 ff.; *D. G. Goyder,* EC Competition Law, 3. Aufl. 1998; *K. W. Grewlich,* „Cyberspace": Sector-specific Regulation and Competition Rules in European Telecommunications, CMLRev. 36 (1999), S. 937 ff.; *A. Heinemann,* Grenzen staatlicher Monopole im EG-Vertrag, 1996; *U. Hüffer/K. Ipsen/P. J. Tettinger,* Die Transitrichtlinie für Gas und Elektrizität, 1991; *U. Immenga,* Wettbewerbspolitik contra Industriepolitik nach Maastricht, EuZW 1994, S. 14 ff.; *U. Immenga/E. J. Mestmäcker,* EG-Wettbewerbsrecht, zwei Bde. 1997; *Ch. Koenig,* Europäischer Systemwettbewerb durch Wahl der Rechtsregeln in einem Binnenmarkt für mitgliedstaatliche Regulierungen?, EWS 1999, S. 401 ff.; *ders./J. Kühling,* Grundfragen des EG-Beihilfenrechts, NJW 2000, S. 1065 ff.; *K. W. Lange,* Beteiligungsrechte Dritter im Fusionskontrollverfahren, in: Festschrift für Karlheinz Boujong, 1996, S. 885 ff.; *E.-J. Mestmäcker,* Versuch einer kartellpolitischen Wende in der EU, EuZW 1999, S. 523 ff.; *K. van Miert,* Die Wettbewerbspolitik der neuen Kommission, WuW 1995, S. 553 ff.; *F. Montag,* Gewerbliche Schutzrechte, wesentliche Einrichtungen und Normung im Spannungsfeld zu Art. 86 EG, EuZW 1997, S. 71 ff.; *H.-J. Papier,* Durchleitungen und Eigentum, BB 1997, S. 1213 ff.; *B. Rapp-Jung,* Die EU-Richtlinie für Elektrizität im Spannungsfeld zwischen den Wettbewerbsregeln des Vertrags und den verbliebenen energiepolitischen Befugnissen der Mitgliedstaaten, RdE 1997, S. 133 ff.; *F. Rittner,* Das europäische Kartellrecht, JZ 1996, S. 377 ff.; *K. Schmid/ T. Vollmöller,* Öffentliche Kreditinstitute und EU-Beihilfenrecht, NJW 1998, S. 716 ff.; *W. Schön,* Taxation and State Aid Law in the European Union, CMLRev. 36 (1999), S. 911 ff.; *W. Schroeder,* Vernünftige Investition oder Beihilfe? – Gemeinschaftsrechtliche Optionen zur Finanzierung öffentlicher Unternehmen, ZHR 161 (1997), S. 805 ff.; *J. Schwarze,* Die Auswirkungen des Vorrangs des Gemeinschaftsrechts auf das deutsche Kartell- und Wettbewerbsrecht, JZ 1996, S. 57 ff.; *ders.,* Der Staat als Adressat des europäischen Wettbewerbsrechts, EuZW 2000, S. 213 ff.; *P. Stockenhuber,* Die Europäische Fusionskontrolle, 1995; *S. Turnbull,* Barriers to Entry, Article 86 ECT and the Abuse of a Dominant Position: An Economic Critique of European Community Competition Law, ECLR 2 (1996), S. 96 ff.; *H. Ungerer,* EC Competition Law in the Telecommunications, Media and Information Technology Sectors, Fordham International Law Journal 19 (1996), S. 1111 ff.; *S. Graf von Wallwitz,* Das Kooperationsabkommen zwischen der EU und den USA, EuZW 1997, S. 525 ff.; *R. Zäch,* Wettbewerbsrecht der Europäischen Union, 1994.

§ 23. Handelspolitik

I. Allgemeines

Die gemeinsame Handelspolitik ist in Art. 3 Abs. 1 *lit.* b und **370**
Art. 131 ff. EG geregelt. Im Kern geht es dabei um die äußere
Wirtschaftspolitik. Leitlinien der gemeinsamen Handelspolitik sind
in Art. 131 EG niedergelegt. Die zentrale Bestimmung für die
Durchführung der gemeinsamen Handelspolitik bildet Art. 133
EG. Schutzmaßnahmen der Mitgliedstaaten unterliegen den in
Art. 134 EG normierten Voraussetzungen.

Inwieweit das handelspolitische Instrumentarium der Europäischen Gemeinschaft auch Maßnahmen mit außenpolitischer Zwecksetzung deckt, war lange Zeit umstritten. Jetzt bildet Art. 301 EG eine ausdrückliche Grundlage (s. auch Art. 60 EG).

Von großer Bedeutung für die gemeinsame Handelspolitik ist die EWG-Verordnung Nr. 260/69 über die Festlegung einer gemeinsamen Ausfuhrregelung. Danach gilt der Grundsatz der Ausfuhrfreiheit (Art. 1 der Verordnung: „Die Ausfuhren der Europäischen Wirtschaftsgemeinschaft nach Drittländern sind frei, d. h. keinen mengenmäßigen Beschränkungen unterworfen, mit Ausnahme derjenigen, die in Übereinstimmung mit den Vorschriften dieser Verordnung Anwendung finden"). Besondere Bestimmungen gelten für Maßnahmen, mit denen einem Mangel an lebenswichtigen Gütern entgegengewirkt werden soll (Art. 6 ff.). Daneben können die Mitgliedstaaten mengenmäßige Ausfuhrbeschränkungen verhängen, „die aus Gründen der öffentlichen Sittlichkeit, Ordnung und Sicherheit, zum Schutz der Gesundheit und des Lebens von Menschen, Tieren oder Pflanzen des nationalen Kulturgutes von künstlerischem, geschichtlichem oder archäologischen Wert oder des gewerblichen, kommerziellen Eigentums gerechtfertigt sind" (Art. 11).

Die handelspolitische Zuständigkeit der Gemeinschaft nach **371**
Art. 133 EG hat *ausschließlichen* Charakter. Daraus ergibt sich, daß

handelspolitische Maßnahmen eines Mitgliedstaates wie Beschränkungen des Handelsverkehrs mit Drittstaaten grundsätzlich nicht im nationalen Alleingang erlassen werden dürfen. Ein Mitgliedstaat darf eigene handelspolitische Maßnahmen nur dann erlassen, wenn sie ausnahmsweise von einer speziellen Ermächtigung der Kommission gedeckt sind, in einer besonderen Vorschrift, in einer EG-Verordnung oder in einem völkerrechtlichen Vertrag der Europäischen Gemeinschaft zugelassen sind oder sich gemäß den Sondervorschriften der Art. 296 Abs. 1 *lit.* b und Art. 297 EG rechtfertigen lassen (EuGH, Rs. 174/84, Slg. 1986, 559 Rn. 31 – *Bulk Oil*).

372 Daraus ergeben sich weitreichende Beschränkungen für den außenpolitischen Aktionsradius der Mitgliedstaaten, soweit es um den Einsatz wirtschaftlicher Druckmittel geht. Das Erfordernis einer besonderen Rechtfertigung gilt einmal für die „egoistische" Durchsetzung eigener Interessen gegenüber Drittstaaten (*Beispiel:* die Embargo-Maßnahmen Griechenlands gegen Mazedonien).

Zum anderen engt die Vergemeinschaftung handelspolitischer Druckmittel auch die einzelnen Mitgliedstaaten beim „altruistischen" Schutz völkerrechtlich geschützter Belange (etwa bei Menschenrechtsverletzungen anderer Staaten) ein. Der EuGH tendiert hier dazu, Verordnungsvorbehalte zugunsten der Mitgliedstaaten im Interesse der „öffentlichen Sicherheit" weit auszulegen und hierunter auch die Bekämpfung von „erheblichen Störungen der auswärtigen Beziehungen oder des friedlichen Zusammenlebens der Völker" zu fassen (so zur Beschränkung des Außenwirtschaftsverkehrs nach § 7 Abs. 1 Nr. 2 und Nr. 3 des deutschen Außenwirtschaftsgesetzes, EuGH, Rs. C-83/93, Slg. 1995, I-3231 Rn. 26 ff. – *Leifer*).

373 Diese Beschränkungen beim Einsatz handelspolitischer Druckmittel verstärken die Notwendigkeit der intergouvernementalen Kooperation zwischen den Mitgliedstaaten im Rahmen der Gemeinsamen Außen- und Sicherheitspolitik. Eine wichtige Nahtstelle zwischen der außenpolitischen Koordinierung durch die Annahme gemeinsamer Standpunkte (Art. 15 EU) oder gemeinsamer Aktionen (Art. 14 EU) bildet die Vorschrift des Art. 301 EG. Sie

§ 23. Handelspolitik 305

erlaubt die Inanspruchnahme der handelspolitischen Kompetenzen zur Durchsetzung von GASP-Beschlüssen, die im Rahmen der Europäischen Union gefaßt worden sind (eine ähnliche Ermächtigung für das Gebiet des Kapital- und Zahlungsverkehrs enthält Art. 60 EG).

Bei Embargo-Maßnahmen gegen Drittstaaten kann es zu einer „Parallelgesetzgebung" der Gemeinschaftsorgane und der Mitgliedstaaten kommen. So hat die Bundesrepublik Deutschland die Embargo-Vorschriften gegen den Irak nach der Besetzung Kuwaits besonders in die Außenwirtschaftsverordnung aufgenommen, um auch ihre strafrechtliche Durchsetzung zu sichern (zu den sich hieraus ergebenden Fragen einer Haftung für Embargoschäden BGHZ 125, 27 = JZ 1994, S. 726 ff. m. Anm. von *M. Herdegen*).

Im Bereich der gemeinsamen Handelspolitik können die Mitgliedstaaten den Güterverkehr mit Drittstaaten über Regelungen des Gemeinschaftsrechts hinaus nicht weitergehenden Beschränkungen unterwerfen. Dies gilt auch dann, wenn hinter diesen Beschränkungen Gründe der Außen- und Sicherheitspolitik stehen. Zwar ist die Außen- und Sicherheitspolitik nicht vergemeinschaftet, aber außen- und sicherheitspolitische Ziele dürfen nur im Einklang mit handelspolitischen Regelungen der Gemeinschaft durchgesetzt werden. **374**

Dies hat der Europäische Gerichtshof im Falle *Centro-Com* klargestellt (EuGH, Rs. C-124/95, Slg. 1997, I-81). In diesem Falle ging es um eine EG-Verordnung, die einen Sanktionsbeschluß des Sicherheitsrats der Vereinten Nationen gegen die Bundesrepublik Jugoslawien (Serbien und Montenegro) mit der Verhängung eines Handelsembargos umgesetzt hatte. Die EG-Verordnung sah Ausnahmen von dem Ausfuhrverbot für medizinischen Zwecken dienende Güter vor. In Einklang mit der Verordnung genehmigten die italienischen Behörden die Ausfuhr bestimmter Produkte nach Montenegro. Die Zahlung sollte über ein Konto der Nationalbank Jugoslawiens bei einer britischen Bank geleistet werden. Die Bank of England verweigerte jedoch die nach britischer Gesetzgebung erforderliche Freigabe des Kontos zum Zwecke der Zahlung. Der Europäische Gerichtshof sah hierin eine Beschränkung der Ausfuhrfreiheit, die einen nach Gemeinschaftsrecht zulässigen Güteraustausch aus Gründen nationaler Außen- und Sicherheitspolitik blockiere. Ein solcher Übergriff in die handelspolitischen Kompetenzen der Gemeinschaft könne nicht unter Berufung auf die nationalen Befugnisse in der Außen- und Sicherheitspolitik gerechtfertigt werden.

Aufgrund der handelspolitischen Kompetenz der Gemeinschaft aus Art. 133 EG (sowie aufgrund der Art. 57 und 308 EG) hat der Rat die Abwehrverordnung gegen den Helms-Burton-Act und andere extraterritorial wirkende Gesetze der USA, die sich gegen Investitionen in (und Handel mit) Kuba, Iran und Libyen richten, erlassen (EG-Verordnung Nr. 2271/96, ABl. 1996 Nr. L 309, S. 1). Diese Abwehrverordnung verbietet es sowohl Unionsangehörigen als auch in der Gemeinschaft Ansässigen, Anordnungen aufgrund dieser amerikanischen Gesetze nachzukommen. In den USA nach der extraterritorialen Gesetzgebung geleistete Zahlungen können vor den Gerichten der EG-Mitgliedstaaten zurückgefordert werden. Problematisch an dieser Abwehrverordnung ist vor allem, daß sie Einzelne mit ihren Verbotsregelungen US-amerikanischen Sanktionen aussetzt, ohne dafür Entschädigung vorzusehen.

Wirtschaftliche Sanktionen sind ein wichtiges Instrument zur Sicherung völkerrechtlicher Grundwerte. Ein Beispiel ist die auf Art. 301 EG gestützte Verhängung eines Flugverbots zwischen der Bundesrepublik Jugoslawien und der Europäischen Gemeinschaft (EG-Verordnung Nr. 1901/98, ABl. 1998 Nr. L 248, S. 1). Mit diesem Flugverbot reagierte die Europäische Gemeinschaft auf „die ernsthafte Verletzung der Menschenrechte und des humanitären Völkerrechts im Kosovo". Soweit das Flugverbot in bilaterale Luftverkehrsabkommen mit der Bundesrepublik Jugoslawien eingreift, läßt es sich (nur) als Repressalie gegen die Verletzung völkerrechtlicher Verpflichtungen *erga omnes* (grundlegende Verpflichtungen, die gegenüber der gesamten Staatengemeinschaft bestehen) rechtfertigen.

II. Gemeinsamer Zolltarif

375 Ein konstitutives Element für die Verwirklichung der Zollunion bildet die Einführung des Gemeinsamen Zolltarifs gegenüber Drittstaaten (Art. 23 EG). Das Bestehen gemeinsamer Außenzölle unterscheidet die Zollunion von der bloßen Freihandelszone. Die Festlegung der Einfuhrabgaben und deren Höhe (siehe zur Aufstellung des Gemeinsamen Zolltarifs Art. 18 ff. EGV a. F. [nunmehr aufgehoben]) liegt als Gegenstand der Zolltarifhoheit ausschließlich bei der Europäischen Gemeinschaft. In weltwirtschaftlicher Hinsicht bekennt sich der EG-Vertrag zum Abbau der Zollschranken im internationalen Handelsverkehr (Art. 131 EG).

376 Die Zollsätze des Gemeinsamen Zolltarifs ergeben sich weithin aus vertraglichen Bestimmungen, wie sie im GATT oder in anderen Handelsabkommen niedergelegt sind. Privilegierten Handelspartnern gegenüber räumt die Europäische Gemeinschaft eine besondere Senkung von Zöllen ein. Dies gilt im Rahmen der sog. *Lomé-Abkommen* für Staaten aus Afrika, der Karibik und dem pazi-

§ 23. Handelspolitik

fischen Raum (AKP-Staaten) und für die durch sog. „Europaabkommen" assoziierten Staaten Mittel- und Osteuropas.

Das allgemeine Zollrecht, welches die Modalitäten der Erhebung von Zöllen regelt, ist im „*Zollkodex*" zusammengefaßt. Damit ist ein wichtiger Bereich des Verwaltungsverfahrensrechts der Europäischen Gemeinschaft kodifiziert.

Literatur: *R. Morawitz,* Die neueste Entwicklung der Handelspolitik der Europäischen Union als Folge der Vollendung des Binnenmarktes, in: Festschrift für Ulrich Everling, Bd. II, 1995, S. 885 ff.; *A. Reuter,* Außenwirtschafts- und Exportkontrollrecht Deutschland/Europäische Union, 1995; *P. Witte* (Hrsg.), Zollkodex (Kommentar), 2. Aufl. 1998.

§ 24. Wirtschafts- und Währungspolitik: die Wirtschafts- und Währungsunion

377 Der Maastrichter Unionsvertrag hat in den EG-Vertrag eine enge Koordinierung der Wirtschaftspolitik der Mitgliedstaaten im Zeichen der Haushaltsdisziplin sowie das Programm einer Vergemeinschaftung der Währungspolitik eingeführt. Ziel war die „*Wirtschafts- und Währungsunion*". Dieses Begriffspaar bringt die Verzahnung der Währungspolitik mit der Wirtschaftspolitik (insbesondere der Haushaltspolitik) deutlich zum Ausdruck. Die Wirtschafts- und Währungsunion baut auf zwei Säulen auf: zum einen auf der Koordinierung der Wirtschaftspolitik (durch den Rat der Wirtschafts- und Finanzminister) und zum anderen auf der Ausübung der währungshoheitlichen Befugnisse durch die Europäische Zentralbank im Verbund mit den nationalen Zentralbanken (Europäisches System der Zentralbanken).

Zentrales Anliegen der Wirtschafts- und Währungsunion ist die Schaffung einer stabilen Währung bei gesunder Finanzlage der Mitgliedstaaten. Das vertragliche Konzept weist fünf normative Eckpunkte auf:

- (1.) die Schaffung einer Europäischen Zentralbank mit völliger Unabhängigkeit,
- (2.) die Sicherung der Preisstabilität als vorrangiges Gemeinschaftsziel,
- (3.) die Konvergenzlage als Voraussetzung des Beitritts zur Währungsgemeinschaft,
- (4.) der dauernde Zwang zur Haushaltsdisziplin und
- (5.) die Alleinhaftung eines Mitgliedstaates für seine Verbindlichkeiten.

I. Wirtschaftspolitik

1. Vertragliche Grundlagen

378 Nach Art. 98 Satz 1 EG haben die Mitgliedstaaten ihre abgestimmte Wirtschaftspolitik (Art. 4 Abs. 1 EG) auf die Verwirkli-

§ 24. Wirtschafts- und Währungspolitik: 309

chung der Gemeinschaftsziele (im Sinne von Art. 2 EG) auszurichten. Orientierungspunkt für die Wirtschaftspolitik der Mitgliedstaaten der Gemeinschaft ist der „Grundsatz einer offenen Marktwirtschaft mit freiem Wettbewerb", der einen „effizienten Einsatz der Ressourcen" fördern soll (Art. 98 Satz 2 EG). Forum für die Koordinierung der Wirtschaftspolitik der Mitgliedstaaten ist der Rat (Art. 99 Abs. 1 EG). Dabei kommt es nicht zu einer Ablösung der Mitgliedstaaten für die Verantwortlichkeit der Wirtschaftspolitik durch die Gemeinschaft. Insbesondere haften die Mitgliedstaaten alleine für ihre Verbindlichkeiten (Prinzip des „*no bail-out*"; Art. 103 EG).

Für allgemeine wirtschaftspolitische Leitlinien ist der Rat der Wirtschafts- und Finanzminister (sog. „ECOFIN-Rat") zuständig. Eine informelle wirtschaftspolitische Abstimmung erfolgt im engeren Kreis der Wirtschafts- und Finanzminister der (jetzt zwölf) an der Währungsgemeinschaft teilnehmenden Mitgliedstaaten („Euro-12-Gruppe").

Von zentraler Bedeutung für eine abgestimmte Wirtschaftspoli- **379** tik ist die Pflicht der Mitgliedstaaten, übermäßige *öffentliche Defizite* zu vermeiden und sich an bestimmte Standards der *Haushaltsdisziplin* zu halten (Art. 104 EG). Das Bemühen um Haushaltsdisziplin bildet eine wesentliche Grundlage für die Währungsunion, welche zur stabilitätsorientierten Vergemeinschaftung der währungshoheitlichen Kompetenzen geführt hat. Für die Haushaltsdisziplin stellt der EG-Vertrag in erster Linie auf das Verhältnis des öffentlichen Defizits sowie des öffentlichen Schuldenstandes zum Bruttoinlandsprodukt eines Mitgliedstaates ab (Art. 104 Abs. 2 EG). Die relevanten Bezugsgrößen konkretisiert das Protokoll zum Maastrichter Unionsvertrag über das Verfahren bei einem übermäßigen Defizit näher. Danach dürfen das öffentliche Defizit nicht 3 % des Bruttoinlandsprodukts und der öffentliche Schuldenstand nicht 60 % des Bruttoinlandsprodukts überschreiten (Art. 1 des Protokolls). Bei einem übermäßigen Defizit sieht der EG-Vertrag eine Stufung von Maßnahmen des Rates vor, die bis hin zu empfindlichen Sanktionen (einschließlich der Hinterlegung einer unverzinslichen Einlage bei der Gemeinschaft oder einer Geldbuße) reichen können

(Art. 104 Abs. 6 bis 11 EG). Eine uneingeschränkte Verpflichtung, übermäßige öffentliche Defizite zu vermeiden, gilt erst seit Beginn der dritten Stufe (Art. 116 Abs. 3 und 4 EG). Das volle Instrumentarium gegen die Mißachtung der Haushaltsdisziplin greift nur bei den an der gemeinsamen Währung teilnehmenden Mitgliedstaaten ein (Art. 122 Abs. 3 EG).

2. Stabilitäts- und Wachstumspakt

380 Der dauernden Sicherung der Haushaltsdisziplin und damit auch der Währungsstabilität in der dritten Stufe dient der sog. „Stabilitäts- und Wachstumspakt", den der Europäische Rat auf seiner Tagung in Amsterdam im Juni 1997 beschlossen hat. Der Stabilitätspakt umfaßt drei Komponenten:
- (1.) die Entschließung des Europäischen Rates über den Stabilitäts- und Wachstumspakt (ABl. 1997 Nr. C 236, S. 1),
- (2.) die EG-Verordnung Nr. 1466/97 über den Ausbau der haushaltspolitischen Überwachung und Koordinierung der Wirtschaftspolitiken (ABl. 1997 Nr. L 209, S. 1) und
- (3.) die EG-Verordnung Nr. 1467/97 über die Beschleunigung und Klärung des Verfahrens bei einem übermäßigen Defizit (ABl. 1997, Nr. L 209, S. 6).

381 Die EG-Verordnung Nr. 1467/97 sieht in Konkretisierung von Art. 104 Abs. 6–11 EG einen gestuften Mechanismus vor, der im Sinne eines „Halb-Automatismus" aufeinanderfolgender Entscheidungen letztlich zur Verhängung von Sanktionen bei fortdauerndem Verstoß eines an der gemeinsamen Währung teilnehmenden Mitgliedstaates gegen die Haushaltsdisziplin führt (Feststellung eines übermäßigen Defizits, Empfehlungen mit Fristsetzung, Inverzugsetzung, Verhängung von Sanktionen).

Als Sanktion wird „in der Regel" eine unverzinsliche Einlage verhängt (Art. 11 der Verordnung). Diese Einlage kann bis zu 0,5% des Bruttoinlandsprodukts des säumigen Mitgliedstaates betragen (Art. 12 Abs. 3 der Verordnung). Bei beharrlichem Verstoß gegen die Haushaltsdisziplin (keine Verminderung des übermäßigen Defizits binnen zwei weiterer Jahre) wird die Einlage in eine Geldbuße

§ 24. Wirtschafts- und Währungspolitik: 311

umgewandelt werden (Art. 13 der Verordnung). Außerdem kann der Rat (ergänzend) von dem betreffenden Mitgliedstaat verlangen, vor der Emission von Schuldverschreibungen und sonstigen Wertpapieren vom Rat näher zu bezeichnende Angaben zu veröffentlichen, sowie die Europäische Investitionsbank ersuchen, ihre Darlehenspolitik gegenüber dem Mitgliedstaat zu überprüfen (Art. 104 Abs. 11 erster und zweiter Spiegelstrich EG, Art. 11 Satz 1 und Satz 2 der EG-Verordnung Nr. 1467/97).

Der disziplinierende Maßnahmen auslösende Tatbestand läßt Raum für die Berücksichtigung außergewöhnlicher und unvorhersehbarer Situationen, die einen Staat in ein übermäßiges Defizit treiben (wie Naturkatastrophen oder ein plötzlicher konjunktureller Einbruch). Eine Befreiung von dem Sanktionsregime greift ein, wenn das Bruttoinlandsprodukt binnen eines Jahres um mindestens 2 % zurückgeht (Art. 2 Abs. 2 der EG-Verordnung Nr. 1467/97).

Die Wirksamkeit des Stabilitätspakts ist außerordentlich umstritten. Dies zeigt sich schon bei der Frage nach dem Sinn einer Sanktion in volkswirtschaftlich spürbarer Größenordnung für einen bereits kurz vor dem Abgrund stehenden Staat. Letztlich dürfte sich die Bedeutung solcher Sanktionen nicht in ihrem Einsatz verwirklichen, sondern mit der Glaubwürdigkeit der Drohung in ihrer abschreckenden Wirkung. Die verbleibenden Gestaltungsspielräume für den Rat bei der Verhängung von Sanktionen im Regelfall dürften es nach Wortlaut und Zielsetzung der Verordnung nicht erlauben, Staaten mit Defiziten dann eine Sonderbehandlung zuzuerkennen, wenn diese Defizite aus der Finanzierung von beschäftigungspolitischen Maßnahmen mit Krediten erwachsen. Denn sonst würde entgegen dem EG-Vertrag das Stabilitätsziel durch beschäftigungspolitische Belange neutralisiert. Im übrigen wird das Überzeugungspotential von Sanktionen wohl wenig mehr bewirken als die Sensibilität der Kapitalmärkte für eine nicht solide Haushaltspolitik. Interessant ist, daß der Stabilitätspakt mit seinem Sanktionsregime ganz auf die Eindämmung des Haushaltsdefizits ausgerichtet ist und dabei der öffentliche Schuldenstand in den Hintergrund tritt. Abzuwarten bleibt, ob die nationalen Regierungen im Rat wirklich die Entschlußkraft aufbringen, das ganze Arsenal des Sta-   **382** bilitätspaktes bis hin zur Anordnung einer unverzinslichen Einlage gegen einen anderen Partner, vielleicht sogar einen der größeren Mitgliedstaaten, voll zur Geltung zu bringen. Bei aller Unvollkommenheit des Stabilitätspakts wird man seinen Kritikern aus rechtswissenschaftlicher Sicht entgegenhalten müssen, daß ein Mehr im Sinne eines strengen Automatismus die Steuerungskraft des Rechts schlechthin überfordern würde.

II. Währungspolitik

383 Der Maastrichter Unionsvertrag hat in den EG-Vertrag ein Programm zur stufenweisen Überführung der Währungspolitik in die Zuständigkeit der Gemeinschaft eingefügt, das nunmehr in die Schaffung einer Währungsunion mit einer einheitlichen europäischen Währung und der Europäischen Zentralbank, die (im Zusammenwirken mit den Zentralbanken der Mitgliedstaaten) die währungshoheitlichen Kompetenzen innerhalb der Währungsgemeinschaft ausübt, gemündet ist. Für die Wechselkurspolitik gegenüber Drittstaaten ist der Rat zuständig (Art. 111 EG). Dieses Programm gibt dem Maastrichter Unionsvertrag geradezu revolutionäre Züge. Denn die Vergemeinschaftung der Währungshoheit greift stärker als die bisherigen Kompetenzübertragungen in das staatsrechtliche Eigenleben der Mitgliedstaaten ein. Sie trifft die mit „Souveränität" umschriebene Bündelung nationaler Hoheitsrechte im Kern. Das Gemeinschaftsrecht greift damit tief in die Gestaltung der Arbeitsmarkt- und Wachstumspolitik sowie die verschiedenen Felder der Sozialpolitik ein. Der EG-Vertrag hat zu einer unwiderruflichen Festlegung der Wechselkurse im Hinblick auf die Einführung einer einheitlichen Währung geführt und verpflichtet zur „Festlegung und Durchführung einer einheitlichen Geld- und Wechselkurspolitik, die beide vorrangig das Ziel der Preisstabilität verfolgen und unbeschadet dieses Zieles die allgemeine Wirtschaftspolitik in der Gemeinschaft unter Beachtung des Grundsatzes einer offenen Marktwirtschaft mit freiem Wettbewerb unterstützen sollen" (Art. 4 Abs. 2 EG).

III. Die Währungsunion als Stabilitätsgemeinschaft

Der EG-Vertrag definiert die (Wirtschafts- und) Währungsunion **384** als stabilitätsorientierten Verband. Wie sich aus der allgemeinen Vorschrift des Art. 4 Abs. 2 EG und der (für das neu geschaffene System der Europäischen Zentralbanken geltenden) Vorschrift des Art. 105 Abs. 1 Satz 1 EG ergibt, ist die Gewährleistung der *Preisstabilität* „vorrangiges Ziel". Der EZB-Rat definiert die Preisstabilität als „Anstieg des Harmonisierten Verbraucherpreisindex (HVPI) für das Euro-Währungsgebiet von unter 2 % gegenüber dem Vorjahr" (Beschluß des EZB-Rates vom 13. Oktober 1998). Wegen der Ausstrahlung dieser Zielsetzung auf den gesamten wirtschaftspolitischen Aktionsbereich der Gemeinschaft läßt sich die Verpflichtung zur Sicherung der Preisstabilität gewissermaßen als eine Grundnorm der gesamten Gemeinschaftsordnung verstehen. Die Vorschrift des Art. 4 Abs. 3 EG benennt weiter als „richtungweisende Grundsätze" für die Wirtschafts- und Währungspolitik neben stabilen Preisen „gesunde öffentliche Finanzen und monetäre Rahmenbedingungen sowie eine dauerhaft finanzierbare Zahlungsbilanz".

In zutreffender Weise hat das Bundesverfassungsgericht die Wäh- **385** rungsunion als „Stabilitätsgemeinschaft" charakterisiert (BVerfGE 89, 155 [204]). Die Verpflichtung auf die Preisstabilität als beherrschende Zielsetzung ist von herausragender Bedeutung für die Gemeinschaftsentwicklung. Sie bildet aus der Sicht der Rechtsvergleichung ein Novum. Nicht einmal im Staatsrecht der Bundesrepublik Deutschland, die als Protagonist einer stabilitätsorientierten Währungsunion gewirkt hat, ist die Dominanz des Stabilitätsgedankens ähnlich stark ausgeprägt. Vielmehr erscheint im deutschen Verfassungsrecht die Preisstabilität mit anderen, oft widerstreitenden Zielen in eine Art Kräfteparallelogramm eingebunden: dem gesamtwirtschaftlichen Gleichgewicht (s. Art. 109 Abs. 2 GG). Das deutsche Stabilitätsgesetz fügt die Preisstabilität neben einem hohen Beschäftigungsstand, dem außenwirtschaftlichen Gleichgewicht sowie einem stetigen und angemessenen Wirtschaftswachstum in das

„magische Viereck" gleichgeordneter Ziele ein (§ 1 Satz 2 StWG). Auf Gemeinschaftsebene wird mit der Preisstabilität jetzt einer dieser vier Vektoren in dem Kräftevereck besonders gestärkt. Gemäß dem neu in das Grundgesetz eingefügten Art. 88 Satz 2 gilt die Verpflichtung zur vorrangigen Sicherung der Preisstabilität jetzt auch kraft Verfassungsrechts. Die Vorschrift des Art. 88 Satz 2 GG bezieht sich bei zutreffender Lesart auf das gesamte ESZB und damit auch auf die hierin integrierte Deutsche Bundesbank (deren Präsident als Mitglied des EZB-Rates fungiert). Die Preisstabilität wird damit verfassungsrechtlich vom wirtschaftspolitischen Teilziel (als Komponente des gesamtwirtschaftlichen Gleichgewichts) zu einem eigenständigen Staatsziel mit besonderem Geltungsrang hochgestuft. Diese normative Aufwertung der Preisstabilität im EG-Vertrag und im Grundgesetz kann sich eines Tages als enges Korsett bei der Lösung von Zielkonflikten mit anderen Belangen des „magischen Vierecks" in Lagen mit außerordentlichen Belastungen erweisen.

Das Bundesverfassungsgericht hat in seinem *Maastricht*-Urteil die Ausrichtung der Währungsunion auf die Preisstabilität in prononcierter Weise hervorgehoben. Dabei hat das Gericht in methodisch bedenklicher Weise bei einer Verfehlung des Stabilitätszieles eine Austrittsmöglichkeit für die Bundesrepublik Deutschland angenommen (BVerfGE 89, 155 [204]). Hiervon ist in dem „Euro-Beschluß" von 1998 nicht mehr die Rede (BVerfGE 97, 350).

IV. Institutionelles System der Währungsunion

386 Schon vor dem Eintritt in die Endstufe (dritte Stufe) der Währungsunion sind das *Europäische System der Zentralbanken* (ESZB) und die *Europäische Zentralbank* (EZB) errichtet worden (Art. 8, 123 Abs. 1 EG). Sie nehmen ihre Befugnisse seit dem 1. Januar 1999 wahr. Das ESZB besteht aus der Europäischen Zentralbank, die gemäß Art. 107 Abs. 2 EG Rechtspersönlichkeit besitzt, und den nationalen Zentralbanken (Art. 107 Abs. 1 EG). Die nationalen Zentralbanken handeln gemäß den Leitlinien und Weisungen der EZB (Art. 14.3 ESZB-Satzung). Sie zeichnen das Kapital nach einem bestimmten Verteilungsschlüssel (Art. 28 f. ESZB-Satzung). Nur die Zentralbanken der an dem Währungsverband teilnehmenden Staaten zahlen ihren Kapitalanteil auch ein, sofern nicht ausnahmsweise eine abweichende Regelung getroffen wird (Art. 48 ESZB-Satzung). Auf die Deutsche Bundesbank entfällt zunächst ein Kapitalanteil von knapp einem Viertel (24,4096 %). Die Zentralbanken der Teilnehmerstaaten statten die EZB mit Devisenreserven im Gegenwert von bis zu 50 Milliarden ECU aus (Art. 30 ESZB-Satzung).

Das Direktorium der Europäischen Zentralbank setzt sich aus dem Präsidenten, dem Vizepräsidenten und vier weiteren Mitgliedern zusammen, die von den Regierungen der Mitgliedstaaten auf der Ebene der Staats- und Regierungschefs für acht Jahre ernannt werden (Art. 112 Abs. 2 EG). Mit den Präsidenten der nationalen Zentralbanken der Teilnehmerstaaten bildet das Direktorium den EZB-Rat (Art. 112 Abs. 1 EG). Das Direktorium der EZB führt

387

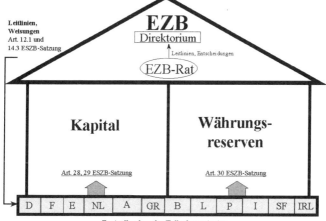

die Geldpolitik gemäß den Leitlinien und Entscheidungen des EZB-Rates aus (Art. 12.1 ESZB-Satzung). Die Präsidenten der nationalen Zentralbanken bleiben (bei aller Unabhängigkeit) als Vertreter von Staatsorganen den (verfassungs-)rechtlichen Bindungen ihres „Heimatstaates" unterworfen. Die zahlenmäßige Dominanz der nationalen Zentralbankpräsidenten im EZB-Rat gibt dem EZB-System einen stark dezentralen Charakter. Dem Erweiterten EZB-Rat, dem auch die Präsidenten der Zentralbanken der Nichtteilnehmerstaaten angehören, stehen nur begrenzte Befugnisse zu (Art. 45 ff. ESZB-Satzung).

388 Bei währungspolitischen Beschlüssen (wie etwa Mindestreserveregelungen oder Leitlinien für das Offenmarktgeschäft der Europäischen Zentralbank) werden die Stimmen der nationalen Zentralbankpräsidenten (anders als bei den Binnenbereich der Europäischen Zentralbank betreffenden Fragen) nicht gewogen (Art. 10.2 der ESZB-Satzung). Es gilt hier das Prinzip der formalen Gleichheit („one State, one vote"). Aus demokratietheoretischer Perspektive steckt hierin ein grundlegendes Problem für die bevölkerungsreicheren und finanzkräftigeren Mitgliedstaaten. Die Unabhängigkeit der nationalen Zentralbankpräsidenten (Art. 108 EG) entschärft mit deren Abschottung gegen politische Einflüsse das Problem der gleichgewichtigen Beteiligung weitgehend. Jedoch bleiben gewisse Bedenken im Hinblick auf unterschiedliche nationale „Stabilitätskulturen". In der Praxis ist das vertragliche Modell vor allem deswegen akzeptabel, weil gerade die kleineren Mitgliedstaaten, wie etwa die Niederlande oder Luxemburg, gewissermaßen zu den „Stabilitätsrittern" innerhalb der Europäischen Gemeinschaft gehören. Verschärfen wird sich das Problem aber spätestens dann, wenn die Ost-Erweiterung der Europäischen Union mit dem einen oder anderen Euro-reifen Kandidaten ansteht. Spätestens dann ist über eine Gewichtung der Stimmen im EZB-Rat nachzudenken.

389 Die Europäische Zentralbank hat das ausschließliche Recht, die Ausgabe von Banknoten innerhalb der Gemeinschaft zu genehmigen (Art. 106 Abs. 1 Satz 1 EG). Die Europäische Zentralbank und die nationalen Zentralbanken sind zur Ausgabe von Banknoten

§ 24. Wirtschafts- und Währungspolitik: 317

berechtigt, die als einzige Banknoten in der Gemeinschaft als gesetzliches Zahlungsmittel gelten (Art. 106 Abs. 1 Satz 2 und 3 EG). Zu den Funktionen der EZB gehören weiter etwa die Durchführung von Offenmarkt- und Kreditgeschäften (Art. 18 ESZB-Satzung) und der Erlaß von Mindestreservenregelungen (Art. 19 der ESZB-Satzung). Rechtsakte der Europäischen Zentralbank können mit der Nichtigkeitsklage (Art. 230 EG) der Kontrolle durch den EuGH zugeführt werden.

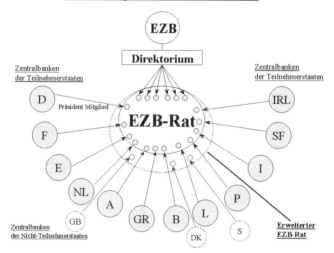

Die Europäische Zentralbank und die nationalen Zentralbanken sowie die Mitglieder ihrer Beschlußorgane handeln bei der Wahrnehmung der vertragsgemäßen Aufgaben in völliger Unabhängigkeit von den anderen Organen der Gemeinschaft und den Regierungen der Mitgliedstaaten (Art. 108 EG). Aus staatsrechtlicher Sicht hat das Bundesverfassungsgericht diese Unabhängigkeit als Durchbrechung des Demokratieprinzips in seinem *Maastricht*-Urteil in interessanter Weise mit einem empirischen Befund, nämlich den positiven Erfahrungen mit einer von kurzfristigen politischen Interessen abgekoppelten Zentralbank, gerechtfertigt (BVerfGE 89, 155 [208]; hierzu oben, § 11.III.1).

V. Das europäische Währungssystem als Vorstufe der gemeinsamen Währung

390 Die Einführung einer einheitlichen Währung baute auf dem bestehenden Europäischen Währungssystem (EWS) auf, welches im Jahr 1979 (auf der Grundlage des heutigen Art. 308) geschaffen worden ist. Kern des EWS bildete die Europäische Währungseinheit ECU *(European Currency Unit)*, ein Währungskorb aus der gewichteten Anzahl von Währungseinheiten der Mitgliedstaaten, welcher die Bezugsgröße für den Wechselkursmechanismus des EWS bildet. Ein ECU entsprach etwa zwei DM. Seit Inkrafttreten des Unionsvertrages von Maastricht bleibt die Zusammensetzung des ECU-Währungskorbes unverändert (Art. 118 Abs. 1 EG). Dies erklärt, warum die Währungen der neu hinzugekommenen Mitgliedstaaten (Finnland, Österreich und Schweden) nicht in den ECU-Währungskorb eingehen.

391 Für die am Wechselkursmechanismus des EWS teilnehmende Währung eines Mitgliedstaates bestand ein Leitkurs in ECU, der nur im gegenseitigen Einvernehmen aller hieran teilnehmenden Mitgliedstaaten sowie der Kommission geändert werden konnte. Das EWS zielte auf Wechselkurse mit bestimmten Schwankungsbreiten, bei deren Überschreiten Interventionspflichten der Zentralbanken einsetzten. Bis zum Jahr 1993 galt eine geringe Schwankungsmarge von 2,25 % nach oben und unten. Nach Turbulenzen im EWS war im August 1993 (also nach Unterzeichnung des Maastrichter Unionsvertrags) die Schwankungsbreite auf 15 % erweitert worden. Großbritannien und Schweden haben sich nicht am Wechselkursmechanismus des EWS beteiligt.

Mit dem Eintritt in die Endstufe der Währungsunion ist auf der Grundlage unwiderruflich fixierter Wechselkurse die Währungseinheit ECU in die gemeinsame Währung überführt worden (Art. 123 Abs. 4 Satz 1 EG). Für die Währung hat der Europäische

Rat auf seiner Tagung in Madrid im Dezember 1995 die Bezeichnung „*Euro*" festgelegt. An die Stelle des EWS ist mit der Schaffung der europäischen Währung ein neuer Wechselkursmechanismus getreten, der das Verhältnis der Währungen der dem Euro-Gebiet zunächst fernbleibenden Mitglieder zum Euro steuern soll (hierzu unter VI.2.d).

VI. Stufenweise Verwirklichung der Wirtschafts- und Währungsunion

Der EG-Vertrag regelt in Art. 116 ff. EG die stufenweise Verwirklichung der Wirtschafts- und Währungsunion. 392

1. Die erste und zweite Stufe

Die *erste Stufe* der Wirtschafts- und Währungsunion begann bereits am 1. Juli 1990. Sie war mit der völligen Liberalisierung des Kapitalverkehrs verbunden. In ihre *zweite Stufe* trat die Verwirklichung der Wirtschafts- und Währungsunion am 1. Januar 1994 ein (Art. 116 Abs. 1 EG). Zu Beginn der zweiten Stufe wurde das Europäische Währungsinstitut (EWI) als Vorläufer der Europäischen Zentralbank errichtet. Das EWI verfügte über Rechtspersönlichkeit und hatte seinen Sitz in Frankfurt am Main. Das EWI sollte insbesondere mit den nationalen Zentralbanken zusammenarbeiten, im Interesse der Preisstabilität die Geldpolitik der Mitgliedstaaten koordinieren, das Funktionieren des Europäischen Währungssystems überwachen und die Verwendung der ECU erleichtern (Art. 117 Abs. 2 EG). Daneben war das EWI wesentlich an der Vorbereitung der dritten Stufe beteiligt (Art. 117 Abs. 3 EG). 393

2. Der Eintritt in die dritte Stufe

Für den Eintritt in die dritte und letzte Stufe der Währungsunion war im EG-Vertrag ein präziser Zeitplan enthalten, der mit bestimmten materiellen Kriterien verknüpft war. 394

a) Die Konvergenzkriterien

395 Maßgeblich für die Verwirklichung der Währungsunion – mit dem Eintritt von zunächst 11 Mitgliedstaaten in diesen Verbund – war die Erfüllung der vier sog. *„Konvergenzkriterien"* des Art. 121 Abs. 1 Satz 3 EG:

- die Erreichung eines hohen Grades an Preisstabilität (bemessen nach der Inflationsrate),
- die Finanzlage der öffentlichen Hand (öffentliche Haushaltslage ohne übermäßiges Defizit),
- die Wechselkursstabilität (Einhaltung der normalen Bandbreiten des Wechselkursmechanismus des EWS seit mindestens zwei Jahren ohne Abwertung gegenüber der Währung eines anderen Mitgliedstaates),
- die langfristigen Zinssätze als Ausdruck dauerhafter Konvergenzfähigkeit.

396 Nähere Festlegungen zu diesen Maßstäben enthält das Protokoll zum Maastrichter Unionsvertrag über die Konvergenzkriterien nach Art. 121 EG. Die durchschnittliche *Inflationsrate* eines Mitgliedstaates als Indikator für die Preisstabilität darf danach im Jahr vor der Eintrittsprüfung höchstens 1,5 % über derjenigen der – höchstens drei – Mitgliedstaaten liegen, die auf dem Gebiet der Preisstabilität das beste Ergebnis erzielt haben. Für die Inflationsrate ist der Verbraucherpreisindex auf vergleichbarer Grundlage maßgebend (Art. 1 des Protokolls über die Konvergenzkriterien). Das Kriterium der Preisstabilität ist durch seine relative Natur (Verknüpfung mit der Entwicklung von maximal drei Ländern mit der geringsten Inflationsrate) recht volatil formuliert. Unklar ist, ob es auf einen Durchschnittswert der preisstabilsten Länder ankommen soll. Sollte die Inflationsrate nur des drittbesten Mitgliedstaates maßgeblich sein, droht dieses Kriterium (verbunden mit der Toleranzmarge von 1,5 %) bei mäßiger Stabilitätsbilanz dieses Staates seine Aussagekraft einzubüßen. Denkbar ist auch, auf den „best performer" unter den Mitgliedstaaten im Rahmen einer wertenden Geamtbetrachtung (wirtschaftliche Bedeutung, außergewöhnliche Entwicklung im Vergleich mit anderen Mitgliedstaaten) abzustellen.

397 Das zweite Kriterium der *Finanzlage der öffentlichen Hand* bezieht sich einmal auf das Verhältnis des öffentlichen Haushaltsdefizits

§ 24. Wirtschafts- und Währungspolitik: 321

zum Bruttoinlandsprodukt – BIP – (d.h. zur Wertschöpfung der jeweiligen Volkswirtschaft) und zum anderen auf das Verhältnis des öffentlichen Schuldenstandes zum Bruttoinlandsprodukt (Art. 104 Abs. 2 EG, Art. 1 des Protokolls über das Verfahren bei einem übermäßigen Defizit). Jedoch wird das Kriterium der Finanzlage nicht strikt durch diese Bezugsgrößen konkretisiert. Entscheidend soll vielmehr sein, ob der Rat ein übermäßiges Defizit festgestellt hat (s. Art. 2 des Protokolls über die Konvergenzkriterien). Dabei ermöglicht auch eine stetige Annäherung an die Referenzwerte (Haushaltsdefizit von höchstens 3 % des BIP, Schuldenstand von maximal 60 % des BIP) eine Teilnahme.

Zu kontroverser Beurteilung gibt das Kriterium *stabiler Wechsel-* **398** *kurse* Anlaß. Damit ist gemeint, daß ein Mitgliedstaat die im Rahmen des Wechselkursmechanismus des EWS vorgesehene „normale Bandbreite" zumindest in den letzten zwei Jahren vor der Prüfung ohne starke Spannungen eingehalten und den Leitkurs seiner Währung innerhalb dieses Zeitraumes gegenüber der Währung eines anderen Mitgliedstaates nicht von sich aus abgewertet hat (Art. 3 des Protokolls über die Konvergenzkriterien). Bei der Unterzeichnung des Maastrichter Unionsvertrages im Jahre 1992 sind die Vertragsparteien von der *damaligen* EWS-Bandbreite von 2,25 % nach oben oder unten für Wechselkursschwankungen ausgegangen. Seit August 1993 gelten aber weitere Schwankungsbreiten von 15 %. Die EU-Finanzminister haben sich im Herbst 1994 auf eine flexible Handhabung verständigt, die auf die faktische Wechselkursentwicklung abstellt. Mit einer stabilitätsorientierten Betrachtungsweise ist diese „weiche" Konkretisierung wohl solange zu vereinbaren, als sie nur kurzfristige Überschreitungen des ursprünglich engen Bandes deckt.

Das *Zinskriterium* stellt auf den durchschnittlichen langfristi- **399** gen Nominalzins ab, der nicht mehr als 2 % über dem entsprechenden Satz in den – höchstens drei – Mitgliedstaaten mit der höchsten Preisstabilität liegen darf. Maßgeblich kommt es dabei auf die Zinssätze für langfristige Staatsanleihen an (Art. 4 des Protokolls über die Konvergenzkriterien). Nach Art. 6 des Protokolls über die Konvergenzkriterien kann der Rat *einstimmig* in einem näher bestimmten Verfahren genauere Festlegungen zu den Konvergenzkriterien treffen, die dann an die Stelle dieses Protokolls treten. Dabei handelt es sich um eine Art immanente Vertragsänderung, die aber keinerlei Verwässerung der im Vertragstext selbst (Art. 121 Abs. 1 EG) festgelegten Konvergenzkriterien erlaubt.

400 Die vier Konvergenzkriterien mögen aus ökonomischer Sicht unvollständig sein, weil die Konvergenz der Arbeitsmarktlage ausgeblendet wird. Dennoch umschreiben sie die wesentlichen Parameter für eine tragfähige Stabilitätsprognose. Dies gilt insbesondere für das Kriterium der niedrigen Inflationsrate sowie die Referenzwerte für eine tragbare Finanzlage (Haushaltsdefizit von höchstens 3 % des BIP, Schuldenstand von maximal 60 % des BIP). Die Problematik des vertraglichen Konvergenzregimes liegt in seinem „offenen" Normengefüge, das auf fortschreitende Konkretisierung durch die beteiligten Gemeinschaftsorgane angelegt ist. Die Konvergenzkriterien eröffnen bewußt beachtliche Einschätzungs- und Prognosespielräume, die Raum für politische Wertung lassen. Dies hat auch das Bundesverfassungsgericht in seinem „Euro-Beschluß" vom März 1998 anerkannt (BVerfGE 97, 350 [373 ff.]). Eine entscheidende Rolle kam dabei der Entscheidung durch den Rat in der Zusammensetzung der Staats- und Regierungschefs über die Konvergenzlage der einzelnen Staaten (Art. 121 Abs. 4 Satz 1 EG) auf dem Brüsseler Gipfel Anfang Mai 1998 zu.

401 Die politische Diskussion in Deutschland und anderen Ländern hat etwas verdunkelt, daß bei dem offenen Normengeflecht der Konvergenzkriterien der Schlachtruf nach einer „strikten" Auslegung nur begrenzt Überzeugungskraft haben kann. Der vertragliche Referenzwert für das tragbare Haushaltsdefizit lautet eben schlicht 3 % (und nicht 3,0 %). Im übrigen läßt der Kreis der öffentlichen Schulden (im Hinblick auf die mögliche Auslagerung bestimmter Verbindlichkeiten aus dem Staatshaushalt) Raum für eine gewisse Flexibilität. Mögliche oder angebliche Webfehler des Vertragswerks von Maastricht lassen sich nicht mehr auf der Ebene der Auslegung zuverlässig beseitigen. Auf der anderen Seite setzen nicht nur der Wortlaut der Konvergenzbegriffe, sondern auch die

§ 24. Wirtschafts- und Währungspolitik:

überwölbende Finalität der Währungsunion den Spielräumen bei der Vertragskonkretisierung Grenzen: Die Konvergenzkriterien dürfen nicht so gehandhabt werden, daß sie ihre Aussagekraft für eine verläßliche Stabilitätsprognose verlieren.

Die Erfüllung der Konvergenzkriterien durch die Mitgliedstaaten

	Inflationsrate			Haushaltsdefizit in % des BIP			Schuldenstand in % des BIP			Lanfristiger Zins
	1998	1999	2000	1998	1999	2000	1998	1999	2000	
Referenzwert	2,6	3,2		–3,0	–3,0	–3,0	60	60	60	
Deutschland	1,1	1,9	1,9	–2,6	–2,6	–1,4	61,7	61,8	61,1	4,9
Frankreich	1,0	1,4	1,7	–2,9	–2,6	–1,8	58,2	58,7	58,9	5,0
Italien	2,1	2,1	2,5	–2,6	–2,4	–1,9	119,0	116,5	115,1	5,1
Großbritannien	2,3	2,8	0,7	–0,4	–0,3	–	51,2	49,0	–	5,3
Spanien	2,0	2,4	3,3	–2,4	–2,3	–1,1	67,4	66,8	63,7	5,1
Niederlande	1,9	2,5	2,2	–1,7	–1,3	1,0	10,1	67,5	62,9	5,0
Belgien	1,1	2,0	2,7	–1,6	–1,5	–0,7	118,0	113,7	116,1	5,2
Schweden	1,6	2,0	1,2	0,5	0,6	–	72,3	67,9	–	5,4
Österreich	1,3	1,7	1,8	–2,5	–2,3	–2,1	65,2	63,8	65,2	5,1
Dänemark	1,9	2,3	2,8	1,2	1,8	2,8	58,5	54,9	52,6	5,3
Finnland	1,8	2,0	3,0	0,2	0,6	3,2	53,7	51,2	45,2	5,0
Portugal	1,9	2,3	2,5	–2,3	–2,2	–2,0	61,0	60,0	55,8	5,2
Griechenland	5,6	5,1	2,0	–3,6	–3,2	–1,3	106,2	102,3	103,7	6,4
Irland	2,8	3,6	5,0	1,1	0,9	–1,9	62,0	58,0	50,1	5,1
Luxemburg	1,5	2,0	3,4	1,0	0,6	4,4	7,1	7,6	6,0	5,1

Quelle: Eurostat, EZB
Stand: Dezember 2000

Gerät eine großzügige Begriffskonkretisierung an die Grenze des Wortlautes, sind völkerrechtliche Auslegungskriterien zu bedenken. Dies gilt insbesondere für die Bejahung der Beitrittsfähigkeit von Staaten, deren Schuldenstand deutlich über 100 % des BIP liegt (nämlich Belgien und Italien). Eine solche Großzügigkeit bedarf wohl der Absicherung durch einen Konsens unter allen Mitgliedstaaten als Grundlage für die vertragskonkretisierende Praxis (siehe Art. 31 Abs. 3 *lit.* b des Wiener Übereinkommens über das Recht der Verträge). Denn kein Mitgliedstaat darf gezwungen werden, sich mit einem anderen Land in ein Boot zu setzen, dessen Schuldenstand etwa das Eineinhalbfache oder gar das Doppelte des Referenzwertes überschreitet.

Aktuelle Angaben zur Finanzlage der öffentlichen Haushalte bieten etwa die Monatsberichte der Europäischen Zentralbank (http://www.ecb.int).

b) Zeitplan und Verfahren

402 Auf der Grundlage von Berichten der Kommission und des EWI sowie auf Empfehlung der Kommission hat der Rat (der Wirtschafts- und Finanzminister) mit qualifizierter Mehrheit eine Beurteilung darüber vorgenommen, inwieweit die Mitgliedstaaten im Lichte der Konvergenzkriterien die notwendigen Voraussetzungen für die Einführung einer einheitlichen Währung erfüllen. Die auf der Grundlage dieser Beurteilung getroffene Empfehlung des Ministerrats wurde ebenso wie eine Stellungnahme des Europäischen Parlaments dem Rat in der Zusammensetzung der Staats- und Regierungschefs zugeleitet (Art. 121 Abs. 2 EG). Das Maß der *normativen Bindungen* des Rates (in der Zusammensetzung der Staats- und Regierungschefs) bei der Entscheidung über den Kreis der Erstteilnehmer an der Währungsunion (also über die für die dritte Stufe reifen Mitgliedstaaten) erschließt sich dabei nicht eindeutig aus dem Vertragstext. Nach Art. 121 Abs. 3 EG liefert die Empfehlung des (Minister-)Rates (Art. 121 Abs. 2 EG) die „Grundlage" für die endgültige Entscheidung. Demgegenüber hat die „gebührende Berücksichtigung" der Berichte von Kommission und EWI sowie der Stellungnahme des Europäischen Parlamentes nur untergeordnetes Gewicht. Sie ist vor allem für die Zweckmäßigkeitsentscheidung über den Eintritt in die dritte Stufe von Bedeutung. In keinem Fall ergibt sich daraus eine Ermächtigung, die Stabilitätskriterien als Maßstab für den Reifegrad eines Mitgliedstaates zu verwässern.

403 Nachdem kein früherer Zeitpunkt für den Beginn der dritten Stufe festgelegt worden war, begann die dritte Stufe am 1. Januar

§ 24. Wirtschafts- und Währungspolitik: 325

1999 (Art. 121 Abs. 4 Satz 1 EG). Entgegen der Auffassung des Bundesverfassungsgerichts (BVerfGE 89, 155 [201, 203]) handelte es sich bei diesem Zeitfahrplan des EG-Vertrages nicht um eine bloße politische Zielsetzung, sondern um eine verbindliche Festlegung. In einem besonderen Protokoll über den Übergang zur dritten Stufe der Wirtschafts- und Währungsunion haben sich *alle* Mitgliedstaaten zur „Unumkehrbarkeit des Übergangs der Gemeinschaft zur dritten Stufe der Wirtschafts- und Währungsunion" und zur Achtung des Willens der Gemeinschaft bekannt, rasch in die dritte Stufe einzutreten. Der Rat (in der Zusammensetzung der Staats- und Regierungschefs) hat auf seiner Brüsseler Tagung Anfang Mai 1998 den Eintritt in die dritte Stufe der Wirtschafts- und Währungsunion mit elf Mitgliedstaaten beschlossen.

Am ersten Tag der dritten Stufe wurden die Währungsparitäten der teilnehmenden Währungen und die Umrechnungskurse für die Ersetzung der nationalen Währungen durch die gemeinsame Währung unwiderruflich fixiert (Art. 123 Abs. 4 Satz 1 EG). Zugleich entstand die eigenständige (nach dem Madrider Konferenzbeschluß *Euro* genannte) Gemeinschaftswährung. Die Festlegung der Kurse hat der Rat aufgrund eines *einstimmigen* Beschlusses der Mitgliedstaaten getroffen (Art. 123 Abs. 4 EG). An diesem Beschluß wirkten die Mitgliedstaaten, für die eine Ausnahmeregelung (i.S. von Art. 122 Abs. 1 UAbs. 2 EG) gilt, nicht mit (Art. 123 Abs. 4 Satz 1 EG). Bei diesem Beschluß (und nur hier) bestand eine Art „Vetorecht" der einzelnen Teilnehmerstaaten. Zu beachten war dabei, daß die Mitwirkung an der Beschlußfassung durch die Protokollverpflichtung zur raschen Verwirklichung der dritten Stufe der Wirtschafts- und Währungsunion und das Loyalitätsgebot des Art. 10 EG rechtlich gebunden war.

c) Ursprüngliche und spätere Teilnehmerstaaten

Der Rat (in der Zusammensetzung der Staats- und Regierungschefs) hat mit einer gewissen Großzügigkeit gegenüber einzelnen Beitrittskandidaten Anfang Mai 1998 einstimmig die Schaffung einer großen Euro-Zone beschlossen. Danach hat die dritte Stufe zum 1. Januar 1999 mit elf Mitgliedstaaten (d.h. ohne *Dänemark,*

404

Griechenland, Großbritannien und *Schweden*) begonnen. *Großbritannien* ist in einem Protokoll zum Maastrichter Unionsvertrag die freie Entscheidung darüber vorbehalten worden, ob es (nach Maßgabe eines besonderen Beschlusses seiner Regierung oder des Parlamentes) in die dritte Stufe der Wirtschafts- und Währungsunion eintritt oder nicht. Zunächst wird *Großbritannien* der Euro-Zone fernbleiben und deren Entwicklung abwarten. *Dänemark* hat auf der Grundlage eines Protokolls zum Maastrichter Unionsvertrag von der ihm eingeräumten Möglichkeit Gebrauch gemacht, zunächst der dritten Stufe fernzubleiben, bis es einen Antrag auf Einleitung des Verfahrens nach Art. 122 Abs. 2 EG stellt (Nr. 4 des Protokolls über einige Bestimmungen betreffend Dänemark). *Schweden* wird und will zunächst der dritten Stufe fernbleiben. Der hohe Schuldenstand insbesondere *Italiens* (und in geringerem Maße *Belgiens*) bildet eine gewisse Hypothek für die Euro-Zone. Ein Beitritt *Griechenlands* kam zunächst wegen fehlender Konvergenz (insbesondere hohe Defizitquote und hoher Schuldenstand) nicht in Betracht. Mittlerweile hat sich die Konvergenzlage Griechenlands deutlich verbessert. Der Rat hat trotz fortbestehender Bedenken wegen des hohen Schuldenstandes (die auch im Bericht der Europäischen Zentralbank anklingen) die Aufnahme Griechenlands in die Euro-Zone und die Aufhebung des Ausnahmestatus mit Wirkung zum 1. Januar 2001 beschlossen (zum Verfahren nach Art. 122 Abs. 3 EG sogleich unter d).

Die bei Italien, Belgien und jetzt auch bei Griechenland praktizierte Großzügigkeit hat über den Gleichbehandlungsgrundsatz auch normative Wirkungen: nämlich im Sinne einer Art Selbstbindung des Rates bei der Aufnahme weiterer Mitgliedstaaten. Dies mag sich langfristig zu einer Belastung für den Außenwert des Euro auswachsen.

d) Mitgliedstaaten mit Ausnahme- oder Sonderstatus

405 Die Mitgliedstaaten, die beim Eintritt in die dritte Stufe der Währungsunion nicht zum Teilnehmerkreis gehören, bezeichnet der EG-Vertrag als „Mitgliedstaaten, für die eine Ausnahmeregelung gilt" (Art. 122 Abs. 1 UAbs. 2 Satz 2 EG). Diese Staaten sind von mehreren Vertragsbestimmungen ausgenommen (Art. 122 Abs. 3 EG). So können gegen sie keine Sanktionen für ein übermäßiges Haushaltsdefizit verhängt werden. Sie behalten auch die Kompetenz für die Ausgabe von Banknoten. Ihre Zentralbanken verfügen weiterhin über ihre währungspolitischen Befugnisse nach innerstaatlichem Recht (Art. 43.2 ESZB-Satzung). Schließlich sind Mitgliedstaaten mit Ausnahmeregelungen von der Mitwirkung an der Besetzung des Direktoriums der Europäischen Zentralbank ausgeschlossen. Die Rechtsstellung *Dänemarks* wird bis auf weiteres, d.h. bis zur Stellung eines Antrages auf Aufhebung seiner Freistellung, dem Status der Mitgliedstaaten entsprechen, für die eine Ausnahmeregelung gilt (Nr. 2 des Protokolls über einige Bestimmungen betreffend Dänemark). Mit dem negativen Ausgang eines Referendums über den Beitritt Dänemarks zur Euro-Zone im September 2000 hat sich das dänische Volk für die Beibehaltung dieses Status entschieden. Bei *Großbritannien* bleibt es im wesentlichen bei dem Status, den es (wie die anderen Mitgliedstaaten auch) vor Beginn der dritten Stufe innehatte. Auf dem *Gipfel von Amsterdam* vom Juni 1998 hat der Europäische Rat eine Entschließung über die Einführung eines Wechselkursmechanismus in der dritten Stufe der Wirtschafts- und Währungsunion gefaßt (ABl. 1997 Nr. C 236, S. 5). Danach wird für die Währung jedes nicht der Euro-Zone angehörenden Mitgliedstaates, der am neuen Wechselkursmechanismus teilnimmt, ein Leitkurs gegenüber dem Euro festgelegt. Dabei gibt es eine Standardschwankungsbreite von 15 % gemessen am Leitkurs.

Über die spätere Aufnahme eines Mitgliedstaates in die Währungsgemeinschaft (Aufhebung des Ausnahmetatbestandes) entscheidet der Rat (in der Zusammensetzung der Staats- und Regierungschefs) auf Vorschlag der Kommission mit qualifizierter Mehrheit auf der Grundlage der Konvergenzkriterien (Art. 122 Abs. 2 Satz 2 EG). Die Umrechnungskurse legt der Rat aufgrund eines einstimmigen Beschlusses der Mitglieder der Euro-Zone und des Beitrittskandidaten fest (Art. 123 Abs. 5 EG). Zum ersten Mal ist dieses Verfahren bei der Aufnahme Griechenlands in die Euro-Zone praktiziert worden.

e) Bindungen nach deutschem Staatsrecht

406 Im *Maastricht*-Urteil läßt das Bundesverfassungsgericht in seinen Ausführungen zur stufenweisen Mitwirkung der Bundesregierung und des Bundestages an den einzelnen zur Wirtschafts- und Währungsunion hinführenden Schritten die Vorstellung von einer Art „Parlamentsvorbehalt" anklingen:

> „Im Ergebnis unterwirft sich die Bundesrepublik Deutschland mit der Ratifikation des Unions-Vertrags ... nicht einem unüberschaubaren, in seinem Selbstlauf nicht mehr steuerbaren ‚Automatismus' zu einer Währungsunion; der Vertrag öffnet den Weg zu einer stufenweisen weiteren Integration der Europäischen Rechtsgemeinschaft, der in jedem weiteren Schritt entweder von gegenwärtig für das Parlament voraussehbaren Voraussetzungen oder aber von einer weiteren, parlamentarisch zu beeinflussenden Zustimmung der Bundesregierung abhängt" (BVerfGE 89, 155 [203 f.])."

407 Die verfassungsrechtliche Grundlage für eine derartige parlamentarische Rückbindung zur Verwirklichung des Vertragsprogramms von Maastricht bleibt im Dunkeln. Der Bundestag hat im Zusammenhang mit dem Zustimmungsgesetz zum Vertrag von Maastricht eine Entschließung zur Wirtschafts- und Währungsunion gefaßt (BT-Drucks. 12/3906). Darin erklärt sich der Deutsche Bundestag (in etwas forscher Tonart) zum Hüter der in Maastricht vereinbarten Stabilitätskriterien. Zugleich stellte die Entschließung das Stimmverhalten der Bundesregierung bei Beschlüssen nach Art. 121 Abs. 3 EG unter den Vorbehalt eines zustimmenden Votums des Deutschen Bundestages. Eine weitgehend gleichlautende Entschließung hat später der Bundesrat angenommen. Nach Ansicht des Bundesverfassungsgerichts ist die Entschließung des Bundestages „im Sinne der Organtreue" zu handhaben (BVerfGE 89, 155 [203]). In seinem „Euro-Beschluß" hat das Bundesverfassungsgericht dieses Konzept der parlamentarischen Mitverantwortung wieder aufgegriffen (BVerfGE 97, 350 [374 f.]). Ohne weitere Begründung ging das Bundesverfassungsgericht auch davon aus, daß der Bundesrat über eine von der Bundesregierung zu berücksichtigende Stellungnahme an der deutschen Mitwirkung bei der Entscheidung nach Art. 121 Abs. 4 Satz 2 EG zu beteiligen gewesen wäre (BVerfGE 97, 350 [374 f.]).

§ 24. Wirtschafts- und Währungspolitik: 329

Demgegenüber ist zu betonen, daß die Bundesregierung bei **408** bindenden Beschlüssen mit Außenwirkung im Rahmen der Währungsunion eine Stellungnahme des Bundestages lediglich nach Art. 23 Abs. 3 Satz 2 GG „berücksichtigen" muß, hieran also nicht gebunden ist. In diesem Sinne ist auch die Vorschrift des § 5 Satz 3 des Gesetzes über die Zusammenarbeit von Bundesregierung und Deutschem Bundestag in Angelegenheiten der Europäischen Union (nach der die Bundesregierung die Stellungnahme des Bundestages in Verhandlungen „zugrundelegen" muß) verfassungskonform auszulegen. Die Entscheidung des Rates über die Erfüllung der materiellen Voraussetzungen durch die einzelnen Mitgliedstaaten gemäß Art. 121 Abs. 3 und 4 EG war und bleibt in Zukunft (bei allen Beurteilungsspielräumen) eine vertraglich gesteuerte Entscheidung unter dem Primat der Währungsstabilität, die sich aus staatsrechtlicher Sicht nicht mehr unter Parlamentsvorbehalt stellen läßt. Auch der Gesichtspunkt der Organtreue führt nicht zu einer rechtlichen Bindung der Bundesregierung. Im übrigen könnten staatsrechtliche Bindungen der Bundesregierung gegenüber dem Bundestag nicht den Spielraum der Bundesrepublik Deutschland bei der Umsetzung der vertraglichen Programmatik erweitern. Insoweit hat die Bundesrepublik Deutschland eben einen anderen Weg beschritten als etwa Großbritannien, das seinen Eintritt in die dritte Stufe einer besonderen Beschlußfassung von Regierung und Parlament vorbehalten hat. Die hier angestellten Überlegungen zu staatsrechtlichen Bindungen bleiben auch für eine spätere Erweiterung der „Euro-Zone" von Interesse.

f) Nachträgliches Ausscheiden eines Teilnehmerstaates

Das Szenario eines nachträglichen Ausscheidens eines Mitglied- **409** staates ist im EG-Vertrag nicht geregelt und gilt im übrigen als höchst unwahrscheinlich. Dennoch kann sich die Rechtswissenschaft dieser Problematik nicht entziehen. Der EG-Vertrag geht von der „Unumkehrbarkeit" des währungspolitischen Integrationsprozesses aus (Protokoll über den Übergang zur dritten Stufe der Wirtschafts- und Währungsunion). Das Bundesverfassungsgericht hat in seinem Maastricht-Urteil recht kühn die Option eines Ausscheidens der Bundesrepublik Deutschland bei einem Scheitern des Stabilitätsziels betont (BVerfGE 89, 155 [204]).

In Bankenkreisen wird über die Möglichkeit eines späteren Ausscherens einzelner Mitgliedstaaten aus einer übermächtig werdenden Haushaltsdisziplin diskutiert. Insoweit lassen sich ein „Frustrationsszenario" (Verfehlung des Stabilitätszieles insbesondere wegen mangelnder Haushaltsdisziplin eines Mitgliedstaates) wie ein „Überforderungsszenario" (Flucht aus der „Euro-Zone" bei schwerwiegenden wirtschaftlichen Belastungen) unterscheiden. Der EG-Vertrag sieht solche Szenarien nicht vor. Man wird aber die im Konsens beschlossene Entlassung eines Mitgliedstaates aus dem europäischen Währungsverband auch ohne förmliche Vertragsrevision gestatten müssen. Daneben kommt ein einseitiger Rückzug bei einer grundlegenden und unvorhergesehenen Änderung der Verhältnisse (s. Art. 62 des Wiener Übereinkommens über das Recht der Verträge) in Betracht, wenn ein weiterer Verbleib in der Währungsgemeinschaft für einen Teilnehmerstaat unzumutbar wird. Die dann neu begründete Währung des jeweiligen Mitgliedstaates wäre mit der ursprünglichen nationalen Währung nicht identisch. Sie würde vielmehr die übernächste Währung bilden. Die Begründung einer neuen nationalen Währung durch einen ausscheidenden Teilnehmerstaat erlangt nicht einfach aufgrund der mit der Staatlichkeit verbundenen „Souveränität" Wirksamkeit. Konkret kommt es entscheidend auf die Anerkennung durch die Europäische Gemeinschaft, durch die anderen EU-Mitgliedstaaten und durch Drittstaaten (und deren Gerichte) an. Beim vertragswidrigen Ausscheiden eines Staates aus der Währungsgemeinschaft ist nicht einmal sicher, daß die eigenen Gerichte dieses Staates der Umstellung von Euro-Verbindlichkeiten auf die neue nationale Währung im Konflikt mit dem Gemeinschaftsrecht ohne weiteres Folge leisten werden. Hier zeigt sich ganz deutlich, daß der Weg in die Euro-Zone mehr ist als die Überlassung einer Kompetenz zur bloßen Ausübung, weil das Substrat der Währungshoheit zur Europäischen Gemeinschaft abgewandert ist.

§ 24. Wirtschafts- und Währungspolitik:

3. Durchführung der Währungsumstellung

Der Prozeß der Währungsumstellung geschieht in drei Phasen. **410**
Die *Phase A* ist mit der Entscheidung des Rates (in der Zusammensetzung der Staats- und Regierungschefs) auf dem Brüsseler Gipfel vom Mai 1998 über den Eintritt in die dritte Stufe der Wirtschafts- und Währungsunion zum 1. Januar 1999 mit elf Teilnehmerstaaten eingeleitet worden.

In die *Phase B* fiel der tatsächliche Beginn der Währungsunion zum 1. Januar 1999 mit der Festlegung der Umrechnungskurse der teilnehmenden Währungen sowie der Übernahme der währungshoheitlichen Befugnisse durch die Europäische Zentralbank und das ESZB. An die Stelle des Währungskorbes der ECU ist der Euro als eigenständige Gemeinschaftswährung getreten. Die zunächst weiter bestehenden nationalen Währungen der Teilnehmerstaaten sind lediglich unterschiedliche Ausprägungen einer einheitlichen Währung (vollkommene Substitute). Die amtlichen Devisenmärkte für die nationalen Währungen der teilnehmenden Mitgliedstaaten sind weggefallen. Eine einheitliche Geld- und Wechselkurspolitik verlangte, daß für den Einsatz des geldpolitischen Instrumentariums der Euro Bezugsgröße wurde. Im Rahmen des Möglichen sind alle Bankemissionen der öffentlichen Hand auf die neue Gemeinschaftswährung umgestellt worden. Seit Anfang 1999 werden an den Börsen der Teilnehmerstaaten Wertpapiere in Euro notiert und die Transaktionen in Euro durchgeführt.

Nähere Bestimmungen über die Einführung des Euro hat der Rat in der EG-Verordnung Nr. 974/98 – Euro-Einführungsverordnung (ABl. 1998 Nr. L 139, S. 1 = EuZW 1998, S. 402) getroffen. Danach ist seit dem 1. Januar 1999 der Euro einheitliche Währung für die teilnehmenden Mitgliedstaaten; die Währungseinheit Euro ist in 100 Cent unterteilt (Art. 2 der Euro-Verordnung). Zum jeweils festgelegten Umrechnungskurs ist der Euro an die Stelle der Währungen der teilnehmenden Mitgliedstaaten getreten (Art. 3 der Euro-Verordnung). Trotz der Währungsersetzung durch den Euro bleiben die nationalen Währungsbezeichnungen zunächst unberührt (Art. 7 der Euro-Verordnung).

Die *Phase C* war der endgültigen Umstellung auf die einheitliche Währung gewidmet. In dieser Phase wurden Banknoten und Münzen in nationaler Währung physisch durch Zahlungsmittel der einheitlichen Währung ersetzt, die damit zum alleinigen gesetzlichen Zahlungsmittel wurde. Euro-Banknoten und Euro-Münzen wurden ab dem 1. Januar 2002 in Umlauf gebracht (Art. 10 und 11 der Euro-Verordnung). Der Bargeldaustausch und die Währungsumstellung auch aller privaten Sektoren mußte spätestens nach einem weiteren halben Jahr (d.h. bis Ende Juni 2002) abgeschlossen sein (Art. 15 der Euro-Verordnung).

411 Bei der Festlegung der *Umrechnungskurse* gemäß Art. 123 Abs. 4 Satz 1 EG verfügte der Rat (mit den Vertretern der an der dritten Stufe teilnehmenden Mitgliedstaaten) über gewisse Gestaltungsspielräume, die aber nicht unbeschränkt waren. Eine Festlegung von Umrechnungskursen für die teilnehmenden Währungen auf der Grundlage von Durchschnittskursen für einen längeren Zeitraum vor der Währungsumstellung (sechs Monate oder länger), welche den Einfluß spekulativer Währungsschwankungen minimiert hätte, wäre unbedenklich gewesen. Bereits auf dem Brüsseler Gipfel vom Mai 1998 hatten sich die elf Erstteilnehmerstaaten an der gemeinsamen Währung (zusammen mit der Kommission und dem Europäischen Währungsinstitut) auf die zeitige Festlegung von bilateralen Leitkursen als Grundlage für die jeweiligen Umrechnungskurse verständigt, um spekulativen Verzerrungen bei dem Eintritt in die dritte Stufe entgegenzutreten.

Die endgültige Festlegung der Umrechnungskurse hat der Rat am 31. Dezember 1998 aufgrund eines Beschlusses der Mitgliedstaaten in der EG-Verordnung Nr. 2866/98 (Art. 1) getroffen (ABl. 1998 Nr. L 359, S. 1; geändert aus Anlaß des Beitritts Griechenlands durch EG-Verordnung Nr. 1478/2000, ABl. 2000 Nr. L 167, S. 1):

1 Euro = 40,3399 Belgische Franken
= 1,95583 Deutsche Mark
= 340,750 Griechische Drachmen
= 166,386 Spanische Peseten
= 6,55957 Französische Franken
= 0,787564 Irische Pfund

§ 24. Wirtschafts- und Währungspolitik: 333

= 1936,27 Italienische Lire
= 40,3399 Luxemburgische Franken
= 2,20371 Niederländische Gulden
= 13,7603 Österreichische Schilling
= 200,482 Portugiesische Escudos
= 5,94573 Finnmark

Ein besonderes Problem stellt sich bei der Behandlung längerfri- **412** stiger Verbindlichkeiten, die auf den Euro umzustellen sind. Das Interesse an Rechtssicherheit und an einer einheitlichen Rechtsanwendung legte hier eine Gemeinschaftsregelung zur Fortgeltung von Verträgen nahe. Der Rat hat (gestützt insbesondere auf Art. 308 EG) mit der EG-Verordnung Nr. 1103/97 über bestimmte Vorschriften im Zusammenhang mit der Einführung des Euro (ABl. 1997 Nr. L 162, S. 1) wichtige Fragen der Währungsumstellung geregelt. Den zentralen Grundsatz bildet die Vertragskontinuität, die nicht von der Währungsumstellung berührt werden soll (Art. 3 der Verordnung). Die vorgesehene Umstellung von Verbindlichkeiten in ECU auf den Euro betrifft privatautonom begründete Verpflichtungen, deren Entwicklung die Vertragsparteien im Hinblick auf die Währungsumstellung nicht immer konkret antizipiert haben. Die Verordnung des Rates sieht vor, daß jede Bezugnahme in einem Rechtsinstrument auf die ECU im Sinne des Art. 118 EG und der EG-Verordnung Nr. 3320/94 durch die Bezugnahme auf den Euro im Verhältnis 1 : 1 ersetzt wird. Bei Rechtsinstrumenten, welche auf die ECU ohne eine nähere definitorische Festlegung verweisen, wird eine solche Bezugnahme vermutet. Diese Vermutung kann im Lichte der Absichten der Vertragsparteien widerlegt werden (Art. 2 Abs. 1 der Verordnung). Dabei ist darauf zu achten, daß das vertragliche Gleichgewicht zwischen Schuldnern und Gläubigern möglichst erhalten bleibt.

Bei allen Risiken hat der Euro beste Aussichten, in ernsthafter Konkurrenz zum Dollar weltweit zur Reservewährung zu werden. Auch Regierungsanleihen von Drittstaaten werden in zunehmendem Maße auf Euro lauten. Nach gegenwärtigen Schätzungen werden im Jahre 2010 über 25 % aller Devisenreserven in Euro gehalten werden. Dann dürfte weltweit die Handelsfakturierung zu etwa 35 % in Euro erfolgen.

Die Ersetzung der nationalen Währungen durch den Euro kann mit der Anerkennung durch Drittstaaten und deren Gerichte rechnen. Der Staat New York und andere Bundesstaaten der USA haben sogar spezielle Regelungen erlassen, welche die Anerkennung der Währungsumstellung vorsehen.

Literatur: *Z. Bognar*, Europäische Währungsintegration und Außenwirtschaftsbeziehungen, 1997; *R. v. Borries/R. Repplinger-Hach*, Rechtsfragen der Einführung der Europawährung, EuZW 1996, S. 492 ff.; *K. Clausius*, Vertragskontinuität und Anpassungsbedarf, NJW 1998, S. 3148 ff.; *S. Collignon/ S. Mundschenk*, Die internationale Bedeutung der Währungsunion, Integration 2/1998, S. 77 ff.; *J. Endler*, Europäische Zentralbank und Preisstabilität, 1998; *Europäische Kommision*, Eine Währung für Europa, Grünbuch über die praktischen Fragen zur Einführung der Einheitswährung, 1995; *Europäisches Währungsinstitut*, Konvergenzbericht, 1998; *European Central Bank*, The single monetary policy in Stage Three: General documentation on ESCB monetary policy instruments and procedures, 1998; *R. J. Goebel*, European Economic and Monetary Union: Will the EMU Ever Fly?, Columbia Journal of European Law 4 (1998), S. 249 ff.; *S. Griller* (Hrsg.), Auf dem Weg zur europäischen Wirtschafts- und Währungsunion, 1993; *H. J. Hahn* (Hrsg.), Das Währungswesen in der europäischen Integration, 1996; *ders.*, Das Entstehen der Europawährung – Szenarien ihrer Einführung, JZ 1996, S. 321 ff.; *ders.*, Der Stabilitätspakt für die Europäische Währungsunion, JZ 1997, S. 1133 ff.; *H. J. Hahn/U. Häde*, Europa im Wartestand: Bemerkungen zur Währungsunion, in: Festschrift für Ulrich Everling, Bd. I, 1996, S. 381 ff.; *M. Herdegen*, Die Belastbarkeit des Verfassungsgefüges auf dem Weg zur Europäischen Union, EuGRZ 1992, S. 589 ff.; *ders.*, Price stability and budgetary restraints in the Economic and Monetary Union: The law as guardian of economic wisdom, CMLRev. 35 (1998), S. 9 ff.; *ders.*, Die Währungsgemeinschaft als dauerhafte Rechtsgemeinschaft – Ausstiegsszenarien aus rechtlicher Perspektive –, EWU-Monitor Nr. 52 (1998); *W. Heun*, Die Europäische Zentralbank in der Europäischen Währungsunion, JZ 1998, S. 866 ff.; *C. Koenig*, Institutionelle Überlegungen zum Aufgabenzuwachs beim Europäischen Gerichtshof in der Währungsunion, EuZW 1993, S. 661 ff.; *H. Kortz*, Die Entscheidung über den Übergang in die Endstufe der Währungsunion, 1996; *J. V. Louis*, A legal and institutional approach for building a Monetary Union, CMLRev. 35 (1998), S. 33 ff.; *B. Martenczuk*, Der Europäische Rat und die Wirtschafts- und Währungsunion, EuR 1998, S. 151 ff.; *ders.*, Die Außenvertretung der Europäischen Gemeinschaft auf dem Gebiet der Währungspolitik, ZaöRV 59 (1999), S. 93 ff.; *G. Meier*, Die Europäische Währungsunion als Stabilitätsgemeinschaft und das Grundgesetz, NJW 1996, S. 1027 ff.; *P.-C. Müller-Graff*, Euro, Bundesverfassungsgericht und Gerichtshof der Europäischen Gemeinschaften – Währungsstabilität und richterliche Kontrolle, Integration 2/1998, S. 86 ff.; *J. Pipkorn*, Legal arrangements in the Treaty of Maastricht for the effectiveness of the Economic and Monetary Union, CMLRev. 31 (1994), S. 263 ff.;

§ 24. Wirtschafts- und Währungspolitik:

W.-H. Roth, Der rechtliche Rahmen der Wirtschafts- und Währungsunion, Europarecht 1994/Beiheft 1, S. 45 ff.; *O. Sandrock,* Der Euro und sein Einfluß auf nationale und internationale privatrechtliche Verträge, RIW 1997, Beilage 1 zu Heft 8; *W. Schönfelder/E. Thiel,* Stabilitätspakt und Euro-X-Gremium – Die stabilitätspolitische Untermauerung der WWU, Integration 2/1998, S. 69 ff.; *M. Seidel,* Konstitutionelle Schwächen der Währungsunion, EuR 2000, S. 861 ff.; *R. Smits,* The European Central Bank, 1997; *R. Stadler,* Der rechtliche Handlungsspielraum des Europäischen Systems der Zentralbanken, 1996; *E. Steindorff,* Währungsunion, Beitritt, Finanzausgleich und Maastricht II, EuZW 1996, S. 6 ff.; *H. Ungerer,* A Concise History of European Monetary Integration, 1997; *H. Wagner,* Europäische Wirtschaftspolitik – Perspektiven einer Europäischen Wirtschafts- und Währungsunion (EWWU), 1996; *A. Weber,* Die Wirtschafts- und Währungsunion nach dem Maastricht-Urteil des Bundesverfassungsgerichts, JZ 1994, S. 53 ff.

§ 25. Umweltpolitik

413 Die Einheitliche Europäische Akte führte in den EG-Vertrag einen besonderen Abschnitt zur Umweltpolitik ein (Titel XIX mit den Art. 174 ff. EG). Aber schon vorher hatte die Europäische Gemeinschaft eine Vielfalt von Regelungen in dem Bereich des Umweltschutzes erlassen. Rechtsgrundlage bildete dabei die Kompetenz zur Rechtsangleichung im Binnenmarkt aus Art. 94 EG (im Hinblick auf die Beseitigung ungleicher Wettbewerbsbedingungen im Gemeinsamen Markt durch einheitliche Umweltstandards) sowie hilfsweise die Generalklausel des Art. 308 EG (im Dienste einer Verbesserung der Lebens- und Beschäftigungsbedingungen).

Gestützt auf diese beiden Vorschriften hat die Gemeinschaft mit einer intensiven Rechtsetzungstätigkeit verschiedene Bereiche gemeinschaftsrechtlichen Standards unterstellt: etwa den Gewässerschutz (z. B. Richtlinie 75/440/EWG, ABl. 1975, Nr. L 194, S. 34 – Qualitätsanforderungen an Oberflächenwasser für die Trinkwassergewinnung; Richtlinie 76/464/EWG, ABl. 1976, Nr. L 129, S. 23 – Verschmutzung durch Einleitung bestimmter gefährlicher Stoffe in die Gewässer der Gemeinschaft), die Luftreinhaltung (Richtlinie 70/220/EWG, ABl. 1970, Nr. L 76, S. 1 – Emissionen von Kraftfahrzeugen; Richtlinie 80/779/EWG, ABl. 1980, Nr. L 229, S. 30 – Grenzwerte für die Konzentration von Schwefeldioxyd und Schwebstaub; Richtlinie 84/360/EWG, ABl. 1984, Nr. L 188, S. 20 – Emissionen von Industrieanlagen), den Lärmschutz (etwa Richtlinie 84/538/EWG, ABl. 1984, Nr. L 300, S. 171 – Rasenmäher) oder die Abfallwirtschaft. Von allgemeiner Bedeutung für das Umweltrecht ist die Richtlinie zur Umweltverträglichkeitsprüfung (Richtlinie 85/337/EWG, ABl. 1985, Nr. L 175, S. 40).

414 Nach der Zielsetzung des Art. 174 Abs. 1 EG dient die Umweltpolitik der Gemeinschaft der Erhaltung und dem Schutz der Umwelt sowie einer Verbesserung ihrer Qualität, dem Schutz der menschlichen Gesundheit, der umsichtigen rationellen Verwendung natürlicher Ressourcen und schließlich der Förderung von Maßnahmen auf internationaler Ebene zur Bewältigung regionaler oder globaler Umweltprobleme. Die Umweltpolitik der Gemeinschaft hat sich an einem „hohen Schutzniveau" zu orientieren (Art. 174 Abs. 2 UAbs. 1 Satz 1 EG).

§ 25. Umweltpolitik 337

Nach Art. 174 Abs. 2 UAbs. 1 Satz 2 EG liegen der Umweltpolitik drei Leitprinzipien zugrunde:
- das Vorsorge- und Vorbeugungsprinzip (Verhinderung von Umweltbeeinträchtigungen durch Risikominimierung und langfristige Ressourcensicherung),
- das Ursprungsprinzip (vorrangige Bekämpfung von Umweltbeeinträchtigungen an ihrer Quelle) und
- das Verursacherprinzip (Inanspruchnahme des jeweiligen Verursachers auf Beseitigung oder Linderung von Umweltbeeinträchtigungen sowie auf Haftung für Umweltschäden; Gegensatz: Gemeinlastprinzip).

Über die „Querschnittsklausel" des Art. 6 EG strahlen die Prinzipien des Umweltrechts auf andere gemeinschaftliche Politikbereiche aus: „Die Erfordernisse des Umweltschutzes müssen bei der Festlegung und Durchführung der in Artikel 3 genannten Gemeinschaftspolitiken und -maßnahmen insbesondere zur Förderung einer nachhaltigen Entwicklung einbezogen werden". 415

Die Rechtsprechung des EuGH rechnet seit längerem den Umweltschutz zu den wesentlichen Allgemeinbelangen, welche zwischenstaatliche Handelshemmnisse rechtfertigen können (EuGH, Rs. 302/86, Slg. 1988, 4607 Rn. 8 ff. – *dänische Pfandflaschenregelung*; Rs. C-2/90, Slg. 1992, I-4431 Rn. 29 ff. – *Abfallimport*).

Kompetenzgrundlage für Rechtsakte mit dem Ziel des Umweltschutzes bildet die Vorschrift des Art. 175 EG. Nunmehr beschließt der Rat mit dem Europäischen Parlament im Verfahren der Mitentscheidung unter Anhörung des Wirtschafts- und Sozialausschusses sowie des Ausschusses der Regionen über die umweltrechtlichen Maßnahmen (Art. 175 Abs. 1 EG). Ausnahmsweise (bei Vorschriften überwiegend steuerlicher Art, bei Maßnahmen im Bereich der Raumordnung, der Bodennutzung – mit Ausnahme der Abfallbewirtschaftung und allgemeiner Maßnahmen – sowie der Bewirtschaftung von Wasserressourcen und bei Maßnahmen von besonderer energiepolitischer Bedeutung für einen Mitgliedstaat) beschließt der Rat auf Vorschlag der Kommission mit Einstimmigkeit nach Anhörung des Europäischen Parlaments und des Wirtschafts- und Sozialausschusses sowie des Ausschusses der Regionen (Art. 175 Abs. 2 UAbs. 1 EG). Allgemeine Aktionsprogramme, in denen in anderen Bereichen die vorrangigen Ziele 416 festgelegt werden, beschließt der Rat im Verfahren der Mitentscheidung des Europäischen Parlaments (Art. 251 EG) und nach Anhörung des Wirtschafts- und Sozialausschusses sowie des Ausschusses der Regionen (Art. 175 Abs. 3 UAbs. 1 EG). Die Zustimmung zu internationalen Übereinkommen, die in erster Linie auf den Schutz und die Verbesserung der Qualität von Gewässern zielen und bei denen die Bewirtschaftung von Wasserressourcen nur untergeordnete Bedeutung hat, kann auf Art. 175 Abs. 1 EG (i.V.m. mit Art. 300 Abs. 2 Uabs. 1 Satz 1 und Abs. 3 Uabs. 1 EG) gestützt werden (EuGH Rs C-36/98, EuZW 2001, S 208 Rn. 45 ff. – *Donauschutzübereinkommen*).

417 Wie sich schon aus der „Querschnittsklausel" (Art. 6 EG) ergibt, kann der Umweltschutz auch Gegenstand von Rechtsakten im Rahmen der Durchführung anderer Gemeinschaftspolitiken sein. Problematisch ist dabei vor allem die Abgrenzung der Rechtsangleichungskompetenz gemäß Art. 94, 95 EG und der speziellen umweltrechtlichen Ermächtigungsgrundlage des Art. 175 EG. Grundsätzlich kommt es darauf an, wo der Schwerpunkt der jeweiligen Regelung liegt, ob im Bereich der Herstellung einheitlicher Forschungs- und Produktionsstandards im Binnenmarkt (dann Rechtsangleichung gemäß Art. 94, 95 EG) oder in der Sicherung von Umweltbelangen (dann Art. 175 EG). Der EuGH läßt eine gewisse Präferenz für das Verfahren nach Art. 95 EG (mit seiner stärkeren Mitwirkungsbefugnis des Europäischen Parlaments gemäß Art. 95 Abs. 1 Satz 2 i.V.m. Art. 251 EG) erkennen (EuGH, Rs. C-300/89, Slg. 1991, I-2867 – *Titandioxid-Richtlinie*).

418 Eine Regelung läßt sich jedoch nicht allein deswegen auf Art. 94, 95 EG stützen, weil sie auch (nebenbei) eine Harmonisierung der Wettbewerbsbedingungen innerhalb der Gemeinschaft bewirkt. Entscheidend ist vielmehr der Hauptzweck des Rechtsaktes (EuGH, Rs. C-155/91, Slg. 1993, I-939 – *Abfallrichtlinie*).

Zuweilen lassen sich in der Regelungspraxis zu ein und derselben umweltrelevanten Technologie für die Heranziehung der einen oder anderen Ermächtigungsgrundlage kaum sachgesetzliche Rechtfertigungen für eine unterschiedliche Behandlung finden. Ein Beispiel liefert die Regelung der Gentechnik. Während die EG-Systemrichtlinie (Richtlinie 90/219/EWG über die Anwendung genetisch veränderter Mikroorganismen in geschlossenen Systemen, ABl. 1990, Nr. L 117, S. 1; geändert durch die Richtlinie 98/81/EG des Rates vom 26. Oktober 1998 zur Änderung der Richtlinie 90/219/EWG über die Anwendung genetisch veränderter Mikroorganismen in geschlossenen Systemen, ABl. 1998, Nr. L 330, S. 13) auf Art. 175 EG gestützt wurde (als Umweltschutzrichtlinie), beruht die EG-Freisetzungsrichtlinie (Richtlinie 90/220/EWG über die absichtliche Freisetzung genetisch veränderter Organismen in die Umwelt, ABl. 1990, Nr. L 117, S. 15) auf der Ermächtigung des Art. 95 EG (als Binnenmarktrichtlinie).

Auf der Grundlage von Art. 175 EG wurden etwa Richtlinien über den freien Zugang zu Umweltinformationen (Richtlinie 90/313/EWG, ABl. 1990, Nr. L 158, S. 56) und über die Abfallbewirtschaftung (beispielsweise Rahmenrichtlinie 91/156/EWG, ABl. 1991, Nr. L 78, S. 32; Richtlinie 91/689/ EWG, ABl. 1991, Nr. L 377, S. 20 zu giftigen und gefährlichen Abfällen) sowie die Verordnung über das „Öko-Audit-System" (EWG-Verordnung Nr. 1836/93, ABl. 1993, Nr. L 168, S. 1) und die Richtlinie über die integrierte Vermeidung und Verminderung der Umweltverschmutzung (Richtlinie 96/61/EG, ABl. 1996, Nr. L 257, S. 26) erlassen.

419 Bei Umweltregelungen auf der Grundlage von Art. 175 EG haben die Mitgliedstaaten die Freiheit zu „nationalen Alleingängen" im Interesse eines verstärkten Umweltschutzes. Nach Art. 176 Satz 1 EG können die Mitgliedstaaten nämlich gegenüber der Gemeinschaftsregelung verschärfte Umweltschutzvorschriften beibehalten oder neu erlassen. Solche innerstaatlichen Maßnahmen müssen mit dem EG-Vertrag vereinbar sein (Art. 176 Satz 2 EG) und der Kommission mitgeteilt werden (Art. 176 Satz 3 EG). Dieser Notifizierung kommt keine konstitutive Bedeutung für die Wirksamkeit der verschärfenden nationalen Regelungen zu. Hierin liegt ein wesentlicher Unterschied zur Harmonisierungsrichtlinie. Denn dort bedarf gemäß Art. 95 Abs. 4–6 EG eine nationale Verschärfung nach der Rechtsprechung des EuGH der vorherigen Bestätigung durch die Kommission und steht damit unter Genehmigungsvorbehalt.

420 Auf der Grundlage einer Verordnung (EWG-Verordnung Nr. 1210/90, ABl. 1990, Nr. L 120, S. 1) wurde die *Europäische Umweltagentur* mit Sitz in Kopenhagen und eigener Rechtspersönlichkeit geschaffen, die Ende 1993 ihre Tätigkeit aufgenommen hat. Der Aufgabenbereich der Europäischen Umweltagentur beschränkt sich gegenwärtig auf die Sammlung, die Auswertung und den Austausch von Informationen über die Umwelt.

2. Teil. Die Europ. Gemeinschaften als Herz der Europ. Union

Literatur: *C. Bail,* Das Klimaschutzregime nach Kyoto, EuZW 1998, S. 454 ff.; *T. Beyer,* Europa 1992: Gemeinschaftsrecht und Umweltschutz nach der EEA, JuS 1990, S. 962 ff.; *S. Breier,* Die völkerrechtlichen Vertragsschlußkompetenzen der Europäischen Gemeinschaft und ihrer Mitgliedstaaten im Bereich des Umweltschutzes, EuR 1993, S. 340 ff.; *X. Debroux,* Le choix de la base juridique dans l'action environnementale de l'Union Européenne, Cahiers de droit européen 1995, S. 383 ff.; *A. Epiney,* Die Maßstabsfunktion des Art. 30 EG für nationale umweltpolitische Maßnahmen. Zu den Rückwirkungen der neueren Rechtsprechung des EuGH zu Art. 30 EG im Bereich des Umweltrechts, Zeitschrift für Umweltrecht 1995, S. 24 ff.; *U. Everling,* Durchführung und Umsetzung des europäischen Gemeinschaftsrechts im Bereich des Umweltschutzes unter Berücksichtigung der Rechtsprechung des EuGH, NVwZ 1993, S. 209 ff.; *G. Federhoff-Rink,* Umweltschutz und Wettbewerbsrecht im europäischen Binnenmarkt, 1994; *K. Hansmann,* Schwierigkeiten bei der Umsetzung und Durchführung des europäischen Umweltrechts, NVwZ 1995, S. 320 ff.; *H.-D. Jarrass,* Binnenmarktrichtlinien und Umweltschutzrichtlinien, EuZW 1991, S. 530 ff.; *L. Krämer,* Die Rechtsprechung des Gerichtshofs der Europäischen Gemeinschaften zum Umweltrecht 1992–1994, EuGRZ 1995, S. 45 ff.; *M. Nettesheim,* Das Umweltrecht der Europäischen Gemeinschaften, Jura 1994, S. 337 ff.; *I. Pernice,* Auswirkungen des europäischen Binnenmarktes auf das Umweltrecht – Gemeinschafts(verfassungs-)rechtliche Grundlagen, NVwZ 1990, S. 201 ff.; *H.-W. Rengeling* (Hrsg.), Europäisches Umweltrecht und europäische Umweltpolitik, 1988; *D. Ryland,* The European Environment Agency, European Environmental Law Review 1994, S. 138 ff.; *M. Schenek,* Das Gentechnikrecht der Europäischen Gemeinschaft, 1995; *D. Scheuing,* Umweltschutz auf der Grundlage der Einheitlichen Europäischen Akte, EuR 1989, S. 152 ff.; *M. Schröder,* Aktuelle Entwicklungen im europäischen Umweltrecht, NuR 1998, S. 1 ff.; *P.-C. Storm/S. Lohse,* EG-Umweltrecht. Systematische und ergänzbare Sammlung der Verordnungen, Richtlinien und sonstigen Rechtsakte der Europäischen Union zum Schutz der Umwelt, Stand: 1998.

§ 26. Sozialpolitik

I. Allgemeines

Der *Vertrag von Amsterdam* widmet der Sozialpolitik einen eigenen Abschnitt im Titel XI (Art. 136 ff. EG). Die Vorschrift des Art. 136 Abs. 1 EG enthält ein Bekenntnis zu den sozialen Grundrechten und einer Reihe sozialpolitischer Ziele. Das Betätigungsfeld der Gemeinschaft in sozialen Fragen erstreckt sich nach Art. 137 Abs. 1 EG auf **421**
- die Verbesserung insbesondere der Arbeitsumwelt zum Schutz der Gesundheit und der Sicherheit der Arbeitnehmer,
- Arbeitsbedingungen,
- Unterrichtung und Anhörung der Arbeitnehmer,
- berufliche Eingliederung der aus dem Arbeitsmarkt ausgegrenzten Personen, unbeschadet des Artikels 150;
- Chancengleichheit von Männern und Frauen auf dem Arbeitsmarkt und Gleichbehandlung am Arbeitsplatz.

Zur Rechtsangleichung auf diesen Gebieten im Sinne der Festlegung von Mindeststandards durch Richtlinien ermächtigt die Vorschrift des Art. 137 Abs. 2 EG (enger Art. 118 a Abs. 2 EGV a. F.). Dabei können die Mitgliedstaaten Regelungen mit einem höheren Schutzniveau beibehalten oder neu treffen (Art. 137 Abs. 5 EG).

Nach einer Entscheidung des EuGH konnte die – von Großbritannien scharf bekämpfte – Arbeitszeitrichtlinie des Rates auf die Ermächtigung zu arbeitsschutzrechtlichen Regelungen gestützt werden (EuGH, Rs. C-84/94, Slg. 1996, I-5755 – *Vereinigtes Königreich ./. Rat*). Als nicht mehr von der Ermächtigung gedeckt sah der EuGH aber die (kulturpolitische) Regelung zum Arbeitsverbot an Sonntagen an.

Seit dem *Vertrag von Amsterdam* ist der Rat ermächtigt, auf Vorschlag der Kommission und nach Anhörung des Europäischen Parlaments im Rahmen der Kompetenzbereiche der Gemeinschaft einstimmig geeignete Maßnahmen zu erlassen, „um Diskriminierungen aus Gründen des Geschlechts, der Rasse, der ethnischen Herkunft, der Religion oder der Weltanschauung, einer Behinderung, des Alters oder der sexuellen Ausrichtung zu bekämpfen" (Art. 13 EG). Gestützt auf Art. 13 EG hat der Rat die Richtlinie 2000/78/EG zur Festlegung eines allgemeinen Rahmens für die Verwirklichung der Gleichbehandlung in Beschäftigung und Beruf vom 27. November 2000 erlassen (ABl. 2000, Nr. L 303, S. 16). Diese Richtlinie zielt auf die Schaffung eines allgemeinen Rahmens zur Bekämpfung der Diskriminierung wegen der Religion oder der Weltanschauung, einer Behinderung, des Alters oder der sexuellen Ausrichtung in Beschäftigung und Beruf im Hinblick auf die Verwirklichung des Grundsatzes der Gleichbehandlung in den Mitgliedstaaten" (Art. 1). Interessant ist dabei die mögliche Rechtfertigung mittelbarer Ungleichbehandlungen, die in verhältnismäßiger Weise einem rechtmäßigen Ziele dienen (Art. 3 Abs. 2 *lit.* b Ziff. i).

II. Die Überführung des Abkommens über die Sozialpolitik in den EG-Vertrag

422 Mit den Bestimmungen des Titels XI EG überführt der *Vertrag von Amsterdam* das Abkommen über die Sozialpolitik in den EG-Vertrag. Das (mit dem Vertrag von Maastricht geschlossene) „Abkommen zwischen den Mitgliedstaaten der Europäischen Gemeinschaft mit Ausnahme des Vereinigten Königreichs von Großbritannien und Nordirland über die Sozialpolitik" zielte auf eine weitere Öffnung der Gemeinschaftsordnung für die soziale Dimension. Dieses Abkommen wurde im Zusammenhang mit dem Maastrichter Unionsvertrag zwischen den Mitgliedstaaten mit Ausnahme des Vereinigten Königreiches abgeschlossen (und galt später auch für Finnland, Österreich und Schweden). Die Brücke dieser besonderen völkervertraglichen Vereinbarung bildet das Protokoll über die Sozialpolitik, welches für *alle* Mitgliedstaaten gilt und dem EG-Vertrag beigefügt wurde. Hier ging es um einen Sonderweg der Mitgliedstaaten mit Ausnahme Großbritanniens, welches als ausscherendes Mitglied hierzu (im Protokoll über die Sozialpolitik) seine Zustimmung gegeben hat. Seit dem *Vertrag von Amsterdam* ist diese Sonderstellung beendet.

III. Spezielle Mechanismen der Rechtsetzung

Die Vertragsbestimmungen zur Sozialpolitik erweitern nicht nur **423** die Rechtsgrundlagen für den Erlaß von Sekundärrecht, sondern bringen erhebliche Verschiebungen im Prozeß der Rechtsetzung. Den Sozialpartnern (Gewerkschaften und Arbeitgeberverbände) werden beachtliche Gestaltungsbefugnisse im Rahmen des „sozialen Dialoges", d.h. des Dialoges zwischen den Sozialpartnern auf Gemeinschaftsebene (Art. 138 und 139 EG), eingeräumt. Die Sozialpartner können nach Art. 139 Abs. 1 EG auf Gemeinschaftsebene Vereinbarungen schließen. Für die Durchführung dieser Sozialpartnervereinbarungen sieht Art. 139 Abs. 2 EG zwei Alternativen vor: einmal die Durchführung „nach den jeweiligen Verfahren und Gepflogenheiten der Sozialpartner und der Mitgliedstaaten" und zum anderen – in den in Art. 137 EG erfaßten Bereichen – die Durchführung durch Beschluß des Rates auf gemeinsamen Antrag der Unterzeichnerparteien und auf Vorschlag der Kommission. Hierin liegt eine ebenso interessante wie problematische Neuerung im Rechtsquellensystem. Den Sozialpartnern wachsen dabei gesetzgeberische Mitwirkungsbefugnisse zu, die mit dem Demokratieprinzip nicht leicht zu vereinbaren sind. Bei der Verbindlichkeitserklärung von Sozialvereinbarungen durch einen Ratsbeschluß bleiben dem Rat keine wesentlichen Gestaltungsmöglichkeiten mehr. Die Funktionen des Rates schrumpfen hier gewissermaßen zu denen einer Ratifikationsmaschine. Bedenklich ist auch die Ausschaltung des Europäischen Parlaments bei dieser Form der Rechtsetzung. Ein erstes Beispiel der Normgebung auf der Grundlage von Sozialpartnervereinbarungen bildet die Richtlinie zum Elternurlaub (Richtlinie 96/34/EG) vom 3. Juni 1996.

Die Problematik von Richtlinien, mit denen der Rat Vereinbarungen der Europäischen Sozialpartner zum Rechtssatz erhebt, ist im Fall *UEAPME* deutlich geworden (EuG, Rs. T-135/96, Slg. 1998, II-2335 – *UEAPME/Rat*). Hier hat eine europäische Vereinigung, welche die Interessen kleiner und mittlerer Unternehmen auf europäischer Ebene vertritt, gegen die Richtlinie 96/34/EG über den Elternurlaub Nichtigkeitsklage erhoben. Zur Begründung hat die Klägerin geltend gemacht, daß ihr die angestrebte Beteiligung an den Verhandlungen der Sozialpartner versagt worden sei. Statt dessen sei die Vereinbarung allein von der Union der Industrien der Europäischen Gemeinschaft, der Europäischen Zentrale der Öffentlichen Wirtschaft und vom Europäischen Gewerkschaftsbund ausgehandelt worden. Das EuG verneinte die Beeinträchtigung der Klägerin in einer individuellen Rechtsposition durch das beanstandete Verfahren (und wies deshalb die Nichtigkeitsklage gegen die Richtlinie als unzulässig ab). Das Gericht anerkannte aber, daß die an der (zum Richtlinieninhalt erhobenen) Vereinbarung beteiligten Sozialpartner hinreichend repräsentativ sein müssen:

> „Die Wahrung des demokratischen Prinzips, auf dem die Union beruht, macht es, wenn das Europäische Parlament an einem Gesetzgebungsverfahren nicht beteiligt ist, erforderlich, daß die Beteiligung der Völker an diesem Verfahren auf andere Weise sichergestellt wird, im zu entscheidenden Fall durch Vermittlung der Sozialpartner, die die Vereinbarung geschlossen haben, der der Rat durch einen mit qualifizierter Mehrheit gefaßten Beschluß eine legislative Grundlage auf Gemeinschaftsebene verleiht. Um die Einhaltung dieses Erfordernisses zu kontrollieren, haben Kommission und Rat die Repräsentativität der betreffenden Sozialpartner zu überprüfen" (aaO, Rn. 89)."

IV. Gleichbehandlung von Männern und Frauen im Arbeitsleben

424 Der Grundsatz des gleichen Entgeltes für Männer und Frauen bei gleicher Arbeit ist in Art. 141 EG verankert. Der EuGH hat dem Prinzip der Lohngleichheit unmittelbare Wirkung zugesprochen. Zugleich hat der EuGH diese Rechtswirkung über die Beschäftigung im öffentlichen Dienst hinaus auf alle tarif- oder individualvertraglich geregelten Arbeitsverhältnisse erstreckt. Die Leitentscheidung ist im Falle *Defrenne II* ergangen (EuGH, Rs. 43/75, Slg. 1976, 455 Rn. 7 ff.). In diesem Falle ging es um eine Klausel in den Arbeitsverträgen für das fliegende Personal der belgischen Fluggesellschaft Sabena, nach der das Arbeitsverhältnis von Stewardessen ohne weiteres mit Vollendung des 40. Lebensjahres en-

§ 26. Sozialpolitik 345

dete. Der EuGH betonte hier, daß das Diskriminierungsverbot des Art. 141 EG unmittelbar für gesetzliche oder vertragliche Ungleichbehandlungen gilt. In der Folgeentscheidung *Defrenne III* hat der EuGH jedoch klargestellt, daß die Festsetzung einer besonderen Altersgrenze ungeachtet ihrer finanziellen Auswirkungen nicht in den Anwendungsbereich der Lohngleichheit gemäß Art. 141 EG fällt (EuGH, Rs. 149/77, Slg. 1978, 1365 Rn. 19).

Die jüngere Rechtsprechung des EuGH zieht der mittelbaren Diskriminierung von Frauen im Rahmen des Art. 141 EG enge Grenzen. Dies gilt etwa für den Ausschluß geringfügig Beschäftigter von tarifvertraglich vorgesehenen Jahressonderzuwendungen (Weihnachtsgeld). In einer derartigen Benachteiligung geringfügig Beschäftigter sieht der EuGH eine mittelbare Diskriminierung aufgrund des Geschlechts, wenn eine solche Regelung im Ergebnis prozentual erheblich mehr Frauen als Männer trifft (EuGH, Rs. C-281/97, EuZW 1999, S. 664f. – *Krüger*). Hieran ändere auch das sozial- und beschäftigungspolitische Ziel der an sich geschlechtsneutralen Regelung nichts. Im Hinblick auf den sozialpolitischen Gestaltungsspielraum der Mitgliedstaaten hat der EuGH darauf hingewiesen, daß es sich bei dieser tarifvertraglichen Benachteiligung geringfügig Beschäftigter weder um eine Regelung des nationalen Gesetzgebers noch um einen tragenden Grundsatz des deutschen Systems der sozialen Sicherheit handele (EuGH aaO, Rn. 25 ff.)

Abweichend vom allgemeinen Gemeinschaftsrecht können die Mitgliedstaaten zur Erleichterung der Berufstätigkeit des unterrepräsentierten Geschlechts oder zur Verhinderung bzw. zum Ausgleich von Benachteiligungen in ihrer beruflichen Laufbahn spezifische Vergünstigungen beibehalten oder beschließen (Art. 141 Abs. 4 EG).

Von großer Bedeutung für die Beseitigung geschlechtsbezogener **425** Diskriminierungen im Arbeitsleben ist die auf Art. 308 EG (Art. 235 EGV) gestützte *Gleichbehandlungsrichtlinie* (Richtlinie 76/207/EWG zur Verwirklichung des Grundsatzes der Gleichbehandlung von Männern und Frauen hinsichtlich des Zuganges zur Beschäftigung, zur Berufsbildung und zum beruflichen Aufstieg).

Nach Art. 2 Abs. 1 der Richtlinie darf keine unmittelbare oder mittelbare Diskriminierung auf Grund des Geschlechts erfolgen. Ungleichbehandlungen lassen sich unter den Voraussetzungen des Art. 2 Abs. 2 der Richtlinie (tätigkeitsbezogene Gründe) sowie des Art. 2 Abs. 4 der Richtlinie (Förderungsmaßnahmen) im Interesse der Chancengleichheit rechtfertigen.

Die Vorschrift des Art. 2 Abs. 4 der Richtlinie läßt Maßnahmen der Chancengleichheit für Männer und Frauen zu:

„Diese Richtlinie steht nicht den Maßnahmen zur Förderung der Chancengleichheit für Männer und Frauen, insbesondere durch Beseitigung der tatsächlich bestehenden Ungleichheiten, die die Chancen der Frauen in den in Art. 1 Abs. 1 genannten Bereichen beeinträchtigen, entgegen."

Diese Klausel zielt in erster Linie auf die faktische Gleichstellung von Frauen im Arbeitsleben unter Beseitigung bestehender Nachteile (zu „Frauenquoten" unten Rn. 426). Jedoch deckt nach der Rechtsprechung des EuGH diese Vorschrift (entgegen ihrer typischen Zielrichtung) auch mittelbar diskriminierende Maßnahmen zum Ausgleich bestimmter Nachteile für Männer, etwa die Berücksichtigung des Wehrdienstes beim Zugang zum Referendariat (EuGH, Rs. C-79/99, NJW 2001, S 1045 Rn 40 ff. – *Schnorbus*).

Der EuGH hat aus der Verpflichtung der Mitgliedstaaten zur gerichtlichen Durchsetzbarkeit der Gleichbehandlungsregeln der Richtlinie (Art. 6) das Erfordernis einer effektiven Sanktion im Fall geschlechtsspezifischer Benachteiligungen bei der Einstellung abgeleitet (so im Hinblick auf die erforderliche Substanz eines Entschädigungsanspruches als Sanktionsinstrument EuGH, Rs. 14/83, Slg. 1984, 1891 – *von Colson & Kamann*).

426 Von weitreichendem praktischem Einfluß ist die Judikatur des EuGH zur Unvereinbarkeit von „Frauenquoten" und anderen Bevorzugungen aus Gründen des Geschlechts mit der Gleichbehandlungsrichtlinie. Der EuGH hat im Fall *Kalanke* deutlich gemacht, daß derartige Ungleichbehandlungen aus Gründen des Geschlechtes sehr leicht mit den Diskriminierungsverboten der Gleichbehandlungsrichtlinie in Konflikt geraten (EuGH, Rs. C-450/93, Slg. 1995, I-3051; hierzu Anmerkung *K.-G. Loritz*, EuZW 1995, S. 763 ff.). Im Ausgangsfall ging es darum, daß bei der Besetzung

§ 26. Sozialpolitik

einer Beförderungsstelle eine Frau einem männlichen Mitbewerber bei gleicher Qualifikation vorgezogen wurde, weil das bremische Landesgleichstellungsgesetz bei „Unterrepräsentation" von Frauen im Rahmen gleicher Qualifikation die vorrangige Berücksichtigung weiblicher Bewerber vorschrieb. Der EuGH verneinte eine Rechtfertigung nach der Vorschrift des Art. 2 Abs. 4 der Richtlinie, welche Maßnahmen zur Förderung der Chancengleichheit erlaubt. Er bezieht diesen Vorbehalt zugunsten von Fördermaßnahmen auf die Verbesserung der Konkurrenzbedingungen von Frauen im Vorfeld einer Auswahlentscheidung. Dieser – als Ausnahme des individuellen Schutzes vor Diskriminierung aus Gründen des Geschlechtes eng auszulegende – Vorbehalt im Interesse einer Förderung der Chancengleichheit rechtfertige keine nationale Regelung, die Frauen bei Ernennungen oder Beförderungen absolut und unbedingt den Vorrang einräumt (aaO, Rn. 22). Unzulässig sind demnach Quotenregelungen oder ähnliche Bestimmungen jedenfalls insoweit, als damit eine automatische Bevorzugung von Frauen verbunden ist.

Im Fall *Marshall* hat der EuGH den Gestaltungsspielraum präzisiert, der den Mitgliedstaaten bei Regelungen zur Bevorzugung von Frauen bei der Einstellung und Beförderung im öffentlichen Dienst bis zur Erreichung einer bestimmten „Quote" verbleibt (EuGH, Rs. C-409/95, Slg. 1997, I-6363 – *Marshall*). Der EuGH sieht eine grundsätzliche Bevorzugung von Frauen dann nicht als unzulässige Diskriminierung im Sinne von Art. 2 Abs. 1 der Gleichbehandlungsrichtlinie an, wenn sie im Einzelfall für eine Berücksichtigung besonderer Umstände zugunsten des männlichen Bewerbers offen ist und so Raum für eine Durchbrechung der Regelbevorzugung von Frauen läßt. Der EuGH sieht die Rechtfertigung für die grundsätzliche Bevorzugung von Frauen darin, daß selbst bei gleicher Qualifikation eine Neigung bestehe, vorrangig männliche Bewerber zu befördern (aaO, Rn. 29). Im Ausgangsfall ging es um eine Vorschrift des Beamtengesetzes für das Land Nordrhein-Westfalen, welche (bei Unterrepräsentation von Frauen im jeweiligen Beförderungsamt) eine bevorzugte Beförderung von Frauen bei gleicher Eignung, Befähigung und fachlicher Leistung

427

vorschreibt, „sofern nicht in der Person eines Mitbewerbers liegende Gründe überwiegen". Der EuGH stuft solche Fördermaßnahmen mit einer „Öffnungsklausel" zugunsten männlicher Bewerber als eine nach Art. 2 Abs. 4 der Gleichbehandlungsrichtlinie zulässige Ausnahme vom Diskriminierungsverbot (Art. 2 Abs. 1 der Richtlinie) ein,

„vorausgesetzt,
– diese Regelung garantiert den männlichen Bewerbern, die die gleiche Qualifikation wie die weiblichen Bewerber besitzen, in jedem Einzelfall, daß die Bewerbungen Gegenstand einer objektiven Beurteilung sind, bei der alle die Person der Bewerber betreffenden Kriterien berücksichtigt werden, und der den weiblichen Bewerbern eingeräumte Vorrang entfällt, wenn eines oder mehrere dieser Kriterien zugunsten des männlichen Bewerbers überwiegen, und
– solche Kriterien haben gegenüber den weiblichen Bewerbern keine diskriminierende Wirkung" (aaO, Rn. 35).

Da die Kriterien für eine mögliche Ausnahme von der Regelbevorzugung nicht näher bestimmt sind, bleibt den nationalen Behörden bei gleicher Qualifikation von Bewerbern unterschiedlichen Geschlechts ein sehr großer Spielraum. Auch die Entscheidung des EuGH zum hessischen Gleichbehandlungsgesetz folgt dieser großzügigen Linie (EuGH, Rs. C-158/97, NJW 2000, S. 1549 – *Badeck*).

428 Unter strengen Voraussetzungen erlaubt die Gleichbehandlungsrichtlinie in Art. 2 Abs. 2 ausnahmsweise eine Ungleichbehandlung aus Gründen des Geschlechts: „Diese Richtlinie steht nicht der Befugnis der Mitgliedstaaten entgegen, solche beruflichen Tätigkeiten und gegebenenfalls die dazu jeweils erforderliche Ausbildung, für die das Geschlecht auf Grund ihrer Art oder der Bedingungen ihrer Ausübung eine unabdingbare Voraussetzung darstellt, von ihrem Anwendungsbereich auszuschließen.

Zu brisanten Problemen hat der Ausschuß von Frauen im Bereich der Streitkräfte geführt. Im Falle *Sirdar* hat der EuGH klargestellt, daß die Gleichbehandlungsrichtlinie auch für die Beschäftigung von Frauen in den Streitkräften gilt (EuGH, Rs. 273/97, NJW 2000, S. 499 ff.). In diesem Fall hatte eine bei den britischen Streitkräften beschäftigte Köchin erfolglos ihre Aufnahme in die – nur aus Männern bestehende – Marineinfanterie beantragt. Bei der Marineinfanterie muß jeder Soldat (einschließlich der Köchin) zu Kampf-

§ 26. Sozialpolitik 349

einsätzen an vorderster Front bereit und in der Lage sein. Diese allseitige Verwendbarkeit der Marineinfanteristen rechtfertigt nach Ansicht des EuGH den Ausschluß von Frauen nach Art. 2 Abs. 2 der Gleichbehandlungsrichtlinie (aaO, Rn. 29 ff.).

Im Falle *Kreil* hatte sich der Europäische Gerichtshof mit dem Ausschluß von Frauen von Kampfeinheiten der Bundeswehr auseinanderzusetzen (EuGH, Rs. 285/98, NJW 2000, S. 497 ff.). In diesem Falle wurde die Bewerbung einer Elektronikerin für den freiwilligen Dienst in der Bundeswehr mit der Begründung abgelehnt, nach deutschem Recht dürften Frauen in der Bundeswehr nur im Sanitäts- und Militärmusikdienst beschäftigt werden. Der Ausschluß von Frauen von Kampfeinheiten ist nach herrschender (wenngleich höchst umstrittener) Auffassung vom Grundgesetz (Art. 12a Abs. 4 Satz 2 GG) geboten. Der EuGH sieht in diesem kategorischen Ausschluß eine Benachteiligung von Frauen, die sich in ihrer Allgemeinheit nicht durch funktionale Erwägungen rechtfertigen ließe wie im übrigen gegen den Grundsatz der Verhältnismäßigkeit verstoße (aaO, Rn. 27 ff.).

429 Der Verwirklichung des Grundsatzes der Gleichbehandlung von Männern und Frauen im Bereich der sozialen Sicherheit dient die Richtlinie 79/7/EWG. Die danach gebotene Gleichbehandlung bedeutet den Fortfall aller unmittelbaren oder mittelbaren Diskriminierungen aufgrund des Geschlechts im Bereich der sozialen Sicherungssysteme zum Schutz gegen Krankheit, Invalidität, Alter, Arbeitsunfall und Berufskrankheit sowie Arbeitslosigkeit und ergänzender Sozialhilferegelungen (Art. 4 Abs. 1 i. V. m. Art. 3 Abs. 1 der Richtlinie). Dieses Gleichbehandlungsgebot steht der Anwendung einer nationalen Maßnahme entgegen, „die zwar neutral formuliert ist, tatsächlich aber einen wesentlich höheren Prozentsatz Frauen als Männer benachteiligt, sofern diese Maßnahme nicht durch objektive Faktoren gerechtfertigt ist, die nichts mit einer Diskriminierung aufgrund des Geschlechts zu tun haben" (EuGH, Rs. C-317/93, Slg. 1995, I-4625 Rn. 28 – *Nolte*). Hier kommt es vor allem darauf an, ob eine faktisch mehr Frauen als Männer benachteiligende Maßnahme einem legitimen Ziel der Sozialpolitik des jeweiligen Mitgliedstaates dient und dieses Ziel in verhältnismäßiger Weise verwirklicht. Dabei kommt den Mitgliedstaaten ein weiter Entscheidungsspielraum zu. Nach diesen Grundsätzen kann die Herausnahme der geringfügig Beschäftigten aus der obligatorischen Erwerbsunfähigkeits- und Altersversicherung in vertretbarer Weise mit sozialpolitischen Gründen (etwa

Leistungsfähigkeit des sozialen Sicherungssystems und Nachfrage nach geringfügigen Beschäftigungen) gerechtfertigt werden (aaO, Rn. 29 ff.).

Literatur: *R. Blanpain/M. Schmidt/U. Schweibert,* Europäisches Arbeitsrecht, 2. Aufl. 1996; *G. Britz/M. Schmidt,* Die institutionalisierte Mitwirkung der Sozialpartner an der Rechtsetzung der Europäischen Gemeinschaft – Herausforderung des gemeinschaftsrechtlichen Demokratieprinzips, EuR 1999, S. 467 ff.; *H.-G. Dederer,* Durchführung von Vereinbarungen der europäischen Sozialpartner, RdA 2000, S. 216 ff.; *E. Eichenhofer,* Sozialrecht der Europäischen Union, 2001; *E. Franssen/A. T. J. M. Jacobs,* The Question of Representativity in the European Social Dialogue, CMLRev. 35 (1998), S. 1295 ff.; *M. Fuchs* (Hrsg.), Kommentar zum Europäischen Sozialrecht, 2. Aufl. 2000; *M. Fuchs/F. Marhold,* Europäisches Arbeitsrecht, 2001; *R. Giesen,* Die Vorgaben des EG-Vertrages für das Internationale Sozialrecht, 1999; *K. Hailbronner,* Die EG-Sozialpolitik nach Maastricht, in: Gedächtnisschrift für Eberhardt Grabitz, 1995, S. 125 ff.; *M. Heinze,* Zum Einfluß des europäischen Rechts auf das deutsche Arbeits- und Sozialrecht, in: Festschrift für Ulrich Everling, Bd. I, 1995, S. 433 ff.; *A. Kliemann,* Die europäische Sozialintegration nach Maastricht, 1997; *C. Koenig,* Die Europäische Sozialunion als Bewährungsprobe der supranationalen Gerichtsbarkeit, EuR 1994, S. 175 ff.; *D. Krimpove,* Europäisches Arbeitsrecht, 1996; *C. Langenfeld,* Die Gleichbehandlung von Mann und Frau im Europäischen Gemeinschaftsrecht, 1990; *R. Pitschas* (Hrsg.), Sozialer Dialog für Europa, 1998; *G. Ress/T. Stein* (Hrsg.), Europäischer Sozialraum, 1995; *O. Schulz,* Maastricht und die Grundlagen einer europäischen Sozialpolitik, 1996.

§ 27. Sonstige Politikbereiche

I. Beschäftigungspolitik

Der *Vertrag von Amsterdam* räumt der Beschäftigungspolitik einen **430** erhöhten Stellenwert ein. In der Reihung der Gemeinschaftsziele in Art. 2 EG wird ein „hohes Beschäftigungsniveau" nunmehr noch vor dem „beständigen, nichtinflationären Wachstum" genannt. Dies ändert freilich nichts an der Dominanz der Preisstabilität als vorrangiges Ziel der Geld- und Wechselkurspolitik (Art. 4 Abs. 2 und Art. 105 Abs. 1 Satz 1 EG). Insbesondere auf französisches Drängen wurde in den EG-Vertrag ein neuer Titel zur Beschäftigung aufgenommen (Titel VIII, Art. 125 ff. EG). Nach Art. 125 EG arbeiten die Mitgliedstaaten und die Gemeinschaft auf die Entwicklung einer koordinierten Beschäftigungsstrategie hin. Dabei findet aber keine wesentliche Kompetenzverschiebung zugunsten der Europäischen Gemeinschaft auf dem Gebiet der Beschäftigungspolitik statt. Die Sicherung eines hohen Beschäftigungsniveaus verbleibt letztlich in der Kompetenz der Mitgliedstaaten. Die Gemeinschaft hat lediglich die Zusammenarbeit zwischen den Mitgliedstaaten zu fördern und deren beschäftigungspolitische Maßnahmen zu flankieren. Dabei „wird die Zuständigkeit der Mitgliedstaaten beachtet" (Art. 127 Abs. 1 Satz 2 EG).

Auf seiner Kölner Tagung vom 3./4. Juni 1999 hat sich der Europäische Rat auf einen „Europäischen Beschäftigungspakt" verständigt (Bull.BReg. 1999, Nr. 49, S. 509 [519 f.]). Grundlagen dieses Paktes sollen (1.) eine koordinierte Beschäftigungsstrategie, (2.) Wirtschaftsreformen und (3.) der „Makroökonomische Dialog" für mehr Wachstum und Beschäftigung sein. Beim „Makroökonomischen Dialog" sollen die Sozialpartner sowie die Finanz- und Beschäftigungspolitik „möglichst spannungsfrei" zusammenwirken und ein Beschäftigungswachstum bei Preisstabilität anstreben. Damit wird – wenn auch in verhüllter Form – anerkannt, daß eine beschäftigungsorientierte Finanzpolitik und eine stabilitätsorientierte Geldpolitik sehr wohl in einem Spannungsverhältnis stehen können.

Literatur: *E.-J. Mestmäcker,* Beschäftigungspolitik als neue Aufgabe der Europäischen Union, in: Festschrift für Ulrich Drobnig, 1998; *E. Piehl/H.-J. Timmermann* (Hrsg.), Der Europäische Beschäftigungspakt, 2000.

II. Verkehrspolitik

431   Die Verkehrspolitik ist in Titel V des EG-Vertrages (Art. 70 ff. EG) geregelt. Die Stillhalteverpflichtung des Art. 72 EG hindert nach der Rechtsprechung des EuGH die Mitgliedstaaten daran, die Wettbewerbsbedingungen zwischen inländischen Verkehrsteilnehmern und Konkurrenten aus einem anderen Mitgliedstaat zu Lasten der EU-Angehörigen zu verändern (absolutes Verschlechterungsverbot). Dies soll auch dann gelten, wenn es um den Abbau von Bevorzugungen für ausländische Wettbewerber geht. So hat der EuGH die Einführung einer Schwerverkehrsabgabe für Transportunternehmer unter gleichzeitigem Abbau der Steuerbelastung für inländische Unternehmer als Verstoß gegen Art. 72 EG eingestuft (EuGH, Rs. C-195/90, Slg. 1992, I-3141). Für den Auf- und Ausbau transeuropäischer Netze in den Bereichen der Verkehrsinfrastruktur ist mit der Vorschrift des Art. 154 EG eine neue Zuständigkeit der Europäischen Gemeinschaft begründet worden.

Lange Zeit hat der Rat die Liberalisierung des Personen- und Güterverkehrs eher schleppend vorangetrieben. Mittlerweile gelten für den Sektor des Landverkehrs eine Reihe von Rechtsakten (etwa Regelungen zum Zugang von nicht gebietsansässigen Verkehrsunternehmen zum Verkehr innerhalb des Binnenmarktes, zu einheitlichen technischen Vorschriften für Nutzfahrzeuge oder zu Ruhezeiten des Fahrpersonals). Den Luftverkehr hat der Rat durch ein Bündel von Rechtsakten in drei Stufen (in den Jahren 1987, 1990 und 1992) weitgehend liberalisiert und schrittweise für den Wettbewerb geöffnet.

Literatur: *J. Balfour,* Air Transport: A Community Success Story?, CML-Rev. 31 (1994), S. 1025 ff.; *K.-H. Böckstiegel,* Rahmenbedingungen für einen zukünftigen Luftverkehr auf dem Marktplatz EG, Zeitschrift für Luft- und Weltraumrecht, 1993, S. 117 ff.; *D. Carl,* Der Verkehr im europäischen Binnenmarkt, Transportrecht 1992, S. 81 ff.; *S. Heselhaus,* Gemeinschaftsrechtliche Vorgaben für Straßenbenutzungsgebühren für den Schwerverkehr, EuZW 1993, S. 311 ff.; *G. W. Wenglorz,* Die Deregulierung des Linienluftverkehrs im Europäischen Binnenmarkt, 1992.

III. Bildungs- und Kulturpolitik

Die Zuständigkeit der Gemeinschaft für die Bildungspolitik ist 432 in Art. 149 EG, die Einbeziehung der beruflichen Bildung in Art. 150 EG geregelt. Die Gemeinschaft hat zu diesen Bereichen mehrere Programme entwickelt: „SOKRATES" umfaßt die Programme „ERASMUS" zur Zusammenarbeit der Hochschulen sowie „COMENIUS" für den Schulbereich. Das Aktionsprogramm „LEONARDO da VINCI" dient zur Durchführung der Berufsbildungspolitik der Gemeinschaft unter Einschluß der bereits vorher bestehenden Programme COMETT, EUROTECNET, FORCE, PETRA und LINGUA. Dieses Aktionsprogramm soll die Qualität der Berufsbildungspraxis in den europäischen Teilnehmerstaaten fördern und so zur Steigerung der Leistungsfähigkeit der Berufsbildungssysteme im internationalen Wettbewerb beitragen.

Die begrenzten kulturpolitischen Kompetenzen der EG sind in Art. 151 EG geregelt. Der Gemeinschaft ist im Kulturbereich nur eine unterstützende und ergänzende Tätigkeit zugewiesen. Im Unterschied zur Bildungspolitik darf sie nach Art. 151 EG keine eigene Kulturpolitik entwickeln oder durchführen. Die bisherigen drei Kulturförderprogramme ARIANE (Förderung im Bereich Buch und Lesen sowie Übersetzungen), KALEIDOSKOP (Förderung von Aktivitäten künstlerischer und kultureller Art) und RAPHAEL (Erhalt des kulturellen Erbes) sollen demnächst über ein Kulturrahmenprogramm gebündelt werden. Nach der Querschnittsklausel des Art. 151 Abs. 4 EG berücksichtigt die Gemeinschaft die kulturellen Aspekte bei ihrer Tätigkeit aufgrund anderer

Bestimmungen des EG. Das für Fördermaßnahmen und Empfehlungen des Rates nach Art. 151 Abs. 5 EG geltende Einstimmigkeitsprinzip trägt der besonderen Sensibilität der Mitgliedstaaten im Bereich der kulturpolitischen Kompetenzen Rechnung.

> **Literatur:** *H. Hablitzel,* Subsidiaritätsprinzip und Bildungskompetenzen im Vertrag über die Europäische Union, 1994; *I. Hochbaum,* Der Begriff der Kultur im Maastrichter und im Amsterdamer Vertrag, BayVBl. 1997, S. 641 ff., 680 ff.; *K. Lenaerts,* Education in European Community law after „Maastricht", CMLRev. 31 (1994), S. 7 ff.; *M. Nettesheim,* Das Kulturverfassungsrecht der Europäischen Union, JZ 2002, S. 157 ff.; *M. Niedobitek,* Die kulturelle Dimension im Vertrag über die Europäische Union, EuR 1995, S. 349 ff.; *B. Wemmer,* Die neuen Kulturklauseln des EG-Vertrages, 1996.

IV. Gesundheitspolitik

433 Die Vorschrift des Art. 152 EG begründet ausdrücklich gesundheitspolitische Kompetenzen der Gemeinschaft. Nach der Querschnittsklausel des Art. 152 Abs. 1 UAbs. 1 EG sind die Erfordernisse des Gesundheitsschutzes zugleich Bestandteil der übrigen Politiken der Gemeinschaft.

V. Verbraucherschutz

434 Durch den *Maastricht*-Vertrag sind in den EG-Vertrag ausdrücklich Kompetenzen im Bereich des Verbraucherschutzes aufgenommen worden (Art. 153 EG). Die Vorschrift des Art. 153 Abs. 3 *lit.* a EG verweist explizit auf die Rechtsangleichung durch Richtlinien gemäß Art. 95 EG. Mittlerweile haben eine Reihe von auf Art. 94, 95 EG gestützte (teilweise schon vor dem Maastrichter Unionsvertrag erlassene) Richtlinien den Verbraucherschutz zum Gegenstand (Produkthaftungsrichtlinie, Richtlinie über Haustürgeschäfte, Richtlinie über Verbraucherkredite).

> Wie der EuGH klargestellt hat, ändert die Vorschrift des Art. 153 EG nichts daran, daß Richtlinien auch im Bereich des Verbraucherschutzes keine unmittelbare Wirkung zwischen Privaten äußern (EuGH, Rs. C-192/94, Slg. 1996, I-1281 Rn. 18 ff. – *El Corte Inglés SA).*

> **Literatur:** *N. Reich,* Europäisches Verbraucherrecht, 3. Aufl., 1996.

VI. Energiepolitik

Im EG-Vertrag finden sich über die allgemeine Zielsetzung des Art. 3 Abs. 1 *lit.* u EG hinaus keine speziellen Regelungsermächtigungen für die Energiepolitik. Jedoch hat die Montanunion die Kompetenzen für den Kohlebereich. Außerdem ist der Europäischen Atomgemeinschaft die Forschung, Versorgung und Kontrolle über Kernbrennstoffe und die Herstellung eines gemeinsamen Marktes für Kernbrennstoffe übertragen (Art. 2 EA). Schließlich ist mit dem Maastrichter Unionsvertrag eine spezielle Kompetenz der Europäischen Gemeinschaft für transeuropäische Netze auch im Bereich der Energieinfrastruktur eingeführt worden (Art. 154 ff. EG). **435**

Literatur: *P. J. Tettinger*, Energierecht in Europa, in: Festschrift für Ulrich Everling, Bd. II, 1995, S. 1529 ff.

VII. Industriepolitik

Eine besondere industriepolitische Kompetenz wurde mit dem Art. 157 EG geschaffen. Nach Art. 157 Abs. 1 UAbs. 1 EG sorgen die Gemeinschaft und die Mitgliedstaaten dafür, daß „die notwendigen Voraussetzungen für die Wettbewerbsfähigkeit der Industrie der Gemeinschaft gewährleistet sind". Die Tätigkeit hat sich an einem „System offener und wettbewerbsorientierter Märkte" zu orientieren (Art. 157 Abs. 1 UAbs. 2 EG). **436**

Literatur: *C.-P. Frees*, Das neue industriepolitische Konzept der Europäischen Gemeinschaft, EuR 1991, S. 281 ff.; *R. Hellmann*, Europäische Industriepolitik, 1994; *W. Möschel*, Industriepolitik auf dem Vormarsch?, in: Festschrift für Karl Beusch, 1993, S. 593 ff.; *E. Steindorff*, Industriepolitik der EG, in: Festschrift für Arved Deringer, 1993, S. 175 ff.

VIII. Regionalpolitik

Der Ausgleich regionaler Unterschiede als Gegenstand wirtschaftspolitischer Maßnahmen (Förderung von Investitionen und **437**

Infrastrukturvorhaben) ist in dem Abschnitt über den wirtschaftlichen und sozialen Zusammenhalt geregelt (Art. 158 ff. EG).

Bei der Verwirklichung des Zieles, die Unterschiede im Entwicklungsstand der verschiedenen Regionen und den Rückstand der am stärksten benachteiligten Gebiete zu verringern (Art. 158 Abs. 2 EG), spielt der Europäische Fonds für regionale Entwicklung eine besondere Rolle (Art. 160 EG). Strukturfonds und Kohäsionsfonds sind in Art. 161 EG geregelt. Die Verordnung (EG) Nr. 1260/1999 des Rates mit allgemeinen Bestimmungen über die Strukturfonds (ABl. 1999, Nr. L 161, S. 42) beschränkt in Art. 1 die vorrangigen Ziele des Strukturfonds von bislang sechs auf nunmehr drei Aufgaben: die Förderung von Regionen, in denen das durchschnittliche Pro-Kopf-Bruttoinlandsprodukt weniger als 75 Prozent des Gesamtdurchschnitts der EU beträgt (Art. 3), die Förderung von Regionen mit strukturellen Schwierigkeiten (Art. 4) sowie die Unterstützung und Anpassung der Bildungs-, Ausbildungs- und Beschäftigungspolitiken und -systeme (Art. 5).

IX. Forschungspolitik

438 Die Kompetenzen der Gemeinschaft für Forschung und technologische Entwicklung sind in Art. 163 ff. EG niedergelegt. Dabei bestehen gemäß Art. 163 Abs. 1 EG enge Bezugspunkte zur Industriepolitik.

Literatur: *E. Schmidt-Aßmann,* Organisationsfragen der europäischen Forschungspolitik, in: Festschrift für Ulrich Everling, Bd. II, 1995, S. 1281 ff.

§ 28. Außenbeziehungen

I. Außenkompetenzen

Die Außenkompetenzen sind vor allen Dingen für den Abschluß 439
völkerrechtlicher Verträge wichtig. Nach der Rechtsprechung des
EuGH verlaufen die Außenkompetenzen parallel zu den Innenkompetenzen (EuGH, Rs. 22/70, Slg. 1971, 263 Rn. 15 ff. –
AETR). Die Außenkompetenzen können auch ohne vorherige Inanspruchnahme der Befugnisse nach innen in Anspruch genommen
werden. Wichtig für die Begründung von Außenkompetenzen sind
insbesondere die Bestimmungen der Art. 133 EG (gemeinsame
Handelspolitik), Art. 182 ff. EG (konstitutionelle Assoziierung) und
Art. 310 EG (Assoziierungsabkommen).

Im Fall von Verträgen, bei denen sowohl Kompetenzen der Euro- 440
päischen Gemeinschaft als auch Befugnisse der Mitgliedstaaten tangiert sind, werden sogenannte „gemischte Verträge" abgeschlossen
(Beispiel: *Lomé-Verträge mit AKP-Staaten, Rohstoffübereinkommen*).

Dem Abkommen über die Welthandelsorganisation und mehreren hiermit verbundenen neuen multilateralen Handelsabkommen im Rahmen der
GATT-Reform sind sowohl die Europäische Gemeinschaft als auch die einzelnen Mitgliedstaaten beigetreten. Diesem Abschluß als „gemischtem" Abkommen ist ein Gutachten des EuGH vorausgegangen (EuGH, Gutachten 1/94,
Slg. 1994, I-5267 – *GATT/WTO*). Im Hinblick auf die multilateralen Abkommen zum Warenhandel hat der EuGH entschieden, daß die Gemeinschaft
hier aufgrund von Art. 133 EG die ausschließliche Kompetenz innehat (aaO,
Rn. 22 ff.). Bei Dienstleistungen (Allgemeines Abkommen über den Handel
mit Dienstleistungen, GATS) umfasse die handelspolitische Kompetenz der
Gemeinschaft nur die Grenzüberschreitungen durch Dienstleistungen selbst,
nicht aber Fälle, in denen der internationale Dienstleistungsverkehr mit Grenzüberschreitungen von Personen verbunden ist (aaO, Rn. 36 ff.). Jedoch habe
die Gemeinschaft insoweit eine ausschließliche Kompetenz (also auch Vertragsschlußkompetenz), als EG-Rechtsakte zur Rechtsposition von Angehörigen von Drittstaaten ergangen sind oder die Gemeinschaft zu Verhandlungen
mit Drittstaaten ermächtigen. Im Bereich der Rechte an geistigem Eigentum
(TRIPS-Abkommen) verweist der Gerichtshof darauf, daß der Bereich des
gewerblichen Rechtsschutzes bislang nur unvollkommen von Harmonisierungsmaßnahmen abgedeckt worden ist (aaO, Rn. 55 ff.). Im Ergebnis gelangt
der Gerichtshof zu einer ausschließlichen Abschlußkompetenz der Gemein-

schaft im Hinblick auf das GATT-Abkommen, im Hinblick auf GATS und das TRIPS-Abkommen zu einer gemeinschaftlichen Abschlußkompetenz von Gemeinschaft und Mitgliedstaaten. Die gemeinsame vertragliche Beteiligung von Gemeinschaft und Mitgliedstaaten am neuen Welthandelssystem zwingt zu einer schwierigen Koordinierung im Interesse eines einheitlichen Auftretens. Der EuGH betont hier die Pflicht von Gemeinschaft und Mitgliedstaaten zur Zusammenarbeit (aaO, Rn. 109). Dabei weist der EuGH zu Recht auf die Verflechtung von Gemeinschaft und Mitgliedstaaten bei den Rechtsfolgen von Vertragsverstößen und deren Behandlung im Rahmen des neuen Streitbeilegungsverfahrens hin.

Der *Vertrag von Amsterdam* sieht die mögliche Erweiterung der handelspolitischen Kompetenzen der Gemeinschaft auf internationale Verhandlungen über Dienstleistungen und geistiges Eigentum (durch einstimmigen Ratsbeschluß) vor (Art. 133 Abs. 5 EG). Der *Vertrag von Nizza* unterstellt die Vertragsschlußkompetenzen der Gemeinschaft in diesem Sektor einem komplexen Regime (Art. 133 Abs. 5 und Abs. 6 EG i. d. F. von Nizza). Frankreich hat sich dabei mit der Forderung durchgesetzt, daß Abkommen über den Handel mit kulturellen und audiovisuellen Dienstleistungen, Bildungsdienstleistungen sowie sozialen und Gesundheitsdienstleistungen in die Zuständigkeit der Gemeinschaft *und* der Mitgliedstaaten fallen; solche Verträge sind demnach als gemischte Abkommen zu schließen (Art. 133 Abs. 6´EG i. d. F. von Nizza).

Soweit im Rahmen gemischter Abkommen zu internationalen Organisationen die Stimmabgabe (durch die Kommission oder die einzelnen Mitgliedstaaten) nach Zuständigkeitsbereichen durch eine Vereinbarung zwischen Rat und Kommission geregelt ist, liegt in einer solchen Interorganvereinbarung die Konkretisierung der Pflicht zur Zusammenarbeit (zur Stimmabgabe in der FAO EuGH, Rs. C-25/94, Slg. 1996, I-1469 Rn. 48 f. – *Kommission ./. Rat*).

441 Das Verfahren beim Abschluß völkerrechtlicher Verträge ist in Art. 300 EG geregelt (s. auch Art. 101 EA, Art. 6 Abs. 4 KS). Nach Art. 300 Abs. 2 EG liegt die Abschlußbefugnis innerhalb der Europäischen Gemeinschaft grundsätzlich beim Rat („vorbehaltlich der Zuständigkeiten, welche die Kommission auf diesem Gebiet besitzt"). In besonderen Fällen bedarf der Abschluß von Abkommen der Zustimmung des Europäischen Parlaments (Art. 300 Abs. 3 UAbs. 2 EG). Die Kommission verfügt nur in eng begrenzten Fällen über eine eigenständige Vertragsschlußbefugnis (s. etwa Art. 7 Abs. 1 UAbs. 1 des Protokolls über die Vorrechte und Befreiungen der Europäischen Gemeinschaften). Die interne Zuständigkeit der Kommission zum Erlaß von einzelnen Maßnahmen – etwa im Wettbewerbsrecht – verleiht ihr keine Befugnis zum Abschluß von Verwaltungsabkommen auf diesem Gebiet.

In diesem Sinne hat der EuGH den Abschluß eines Abkommens durch die Kommission mit den USA über die Anwendung der Wettbewerbsgesetze der Europäischen Gemeinschaften und der USA wegen Kompetenzüberschreitungen für vertragswidrig erklärt (EuGH, Rs. C-327/91, Slg. 1994, I-3641 Rn. 19 ff. – *Frankreich ./. Kommission*). Daraufhin hat der Rat (in einem gemeinsamen Beschluß mit der Kommission) den Abschluß des Kooperationsabkommens mit den USA genehmigt und rückwirkend für wirksam erklärt (ABl. 1995, Nr. L, S. 45).

Literatur: *J. Sack,* Die Europäische Gemeinschaft als Mitglied internationaler Organisationen, in: Gedächtnisschrift für Eberhard Grabitz, 1995, S. 631 ff.; *M. Hilf,* EG-Außenkompetenzen in Grenzen – Das Gutachten des EuGH zur Welthandelsorganisation, EuZW 1995, S. 7 f.

II. Wirkungen völkerrechtlicher Verträge im Gemeinschaftsrecht

Die Wirkung völkerrechtlicher Verträge innerhalb des EG-Rechts ist in Art. 300 Abs. 7 EG geregelt. Nach der Rechtsprechung des EuGH nehmen völkerrechtliche Verträge der Gemeinschaft einen Zwischenrang unterhalb des Primärrechts, aber über dem Sekundärrecht ein (EuGH, verb. Rs. 21 bis 24/72, Slg. 1972, 1219 Rn. 5 ff. – *International Fruit Company*).

442

Ob ein völkerrechtliches Abkommen der Gemeinschaft unmittelbare Wirkung äußert, hängt von der Auslegung des jeweiligen Vertrages ab. Entscheidend ist, ob eine Vertragsbestimmung eine klare und unbedingte Verpflichtung begründen soll, deren Wirkung nicht von weiteren Akten abhängt (EuGH, Rs. 12/86, Slg. 1987, 3719 Rn. 14 – *Demirel*).

Literatur: *A. Epiney,* Zur Stellung des Völkerrechts in der EG, EuZW 1999, S. 5 ff.; *M.J. Hahn/G. Schuster,* Le droit des états membres de se prévaloir en justice d'un accord liant la Communauté, R.G.D.I.P. 1995, S. 367 ff.

III. Die Europäische Gemeinschaft und die Welthandelsordnung (GATT/WTO)

1. Völkerrechtliche Bindung der Europäischen Gemeinschaft

443 Das im Jahre 1947 entstandene GATT (*General Agreement on Tariffs and Trade*, Allgemeines Zoll- und Handelsabkommen) bildet seit langem den Kern einer liberalen Welthandelsordnung. Grundprinzipien des GATT sind das Prinzip der Meistbegünstigung (Erstreckung der einem Vertragsstaat gewährten Handelsvergünstigungen auf alle anderen Mitglieder, Art. I), das Verbot der diskriminierenden Behandlung von Waren aus anderen Mitgliedstaaten gegenüber inländischen Produkten (Art. III), der fortschreitende Abbau von Zöllen (s. Art. II) und die Beseitigung zollfremder Handelshemmnisse (tariffs only-Maxime, Art. XI). Zollunionen (wie die Europäische Gemeinschaft) sind im Hinblick auf die Erstreckung der unter ihren Mitgliedern bestehenden Vergünstigungen privilegiert (Ausnahme vom Grundsatz der Meistbegünstigung gemäß Art. XXIV). Die Europäische Gemeinschaft ist zunächst dem GATT nicht förmlich beigetreten. Sie ist durch ihre zoll- und handelspolitischen Kompetenzen in die Rechte ihrer Mitgliedstaaten „hineingewachsen" und hat damit faktisch die Stellung einer Vertragspartei erlangt. Für die Europäische Gemeinschaft hat sich daraus auch nach ihrem eigenen Verständnis ergeben, daß sie an das GATT gebunden ist.

444 Mit dem Abschluß der sogenannten Uruguay-Runde ist das gesamte GATT-System im Jahre 1994 grundlegend reformiert worden. Die Prinzipien des bisherigen GATT („GATT 1947") gelten auch in der (hiermit weitgehend identischen) neuen Fassung des GATT („GATT 1994"). Im Zentrum der jetzigen Welthandelsordnung steht die neu geschaffene Welthandelsorganisation (World Trade Organisation, WTO). Das GATT-Regime ist durch eine Reihe multilateraler Abkommen ergänzt worden, welche die Prinzipien der Liberalisierung und Nichtdiskriminierung auf weitere Bereiche erstrecken. Von großer Bedeutung sind das Allgemeine

Dienstleistungsabkommen (*General Agreement on Trade in Services*, GATS) und das Abkommen über handelsbezogene Aspekte des geistigen Eigentums (TRIPS-Abkommen). Ein Abkommen zur Streitbeilegung sieht die Regelung von Streitigkeiten zwischen den Vertragsparteien in einem (schieds-)gerichtsähnlichen Verfahren vor. Als Reaktion auf Vertragsverletzungen eines Staates dürfen die anderen Vertragsparteien nur mit Ermächtigung des Streitbeilegungsorganes Gegenmaßnahmen ergreifen. Im Interesse eines effektiveren Sanktionsmechanismus sieht das neue Streitbeilegungsverfahren auch sektorenübergreifende Gegenmaßnahmen vor *("cross retaliation")*. So können Vertragsverletzungen im Agrarbereich mit Gegenmaßnahmen auf dem Elektroniksektor beantwortet werden.

Die Europäische Gemeinschaft ist dem Abkommen der neuen Welthandelsorganisation von 1994 (gemäß Art. XI des WTO-Abkommens), dem „GATT 1994" und den neuen multilateralen Handelsabkommen förmlich beigetreten. Daneben sind auch die einzelnen EU-Mitgliedstaaten Vertragsparteien des WTO-Abkommens und mehrerer WTO-Handelsübereinkommen.

2. Anwendbarkeit der WTO-Vorschriften im Gemeinschaftsrecht

Ob die Vorschriften des GATT im Gemeinschaftsrecht unmittelbar anwendbar sind und zum Prüfungsmaßstab für Handlungen der Gemeinschaftsorgane gemacht werden können, ist seit alters her umstritten. Der EuGH steht in ständiger Rechtsprechung der unmittelbaren Anwendbarkeit von GATT-Vorschriften im Gemeinschaftsrecht grundsätzlich ablehnend gegenüber (EuGH, Rs. 21 bis 24/72, Slg. 1972, 1219 – *International Fruit Company*). Jedoch können sich auch nach seiner Rechtsprechung Einzelne auf GATT-Bestimmungen dann berufen, wenn sich dies ausnahmsweise aus dem Sekundärrecht (durch dessen Verweis auf das GATT) ergibt (EuGH, Rs. 70/87, Slg. 1989, 1781 – *Fediol III*). **445**

Die Diskussion um die Bedeutung von GATT-Vorschriften innerhalb des Gemeinschaftsrechts ist im Streit um die sogenannte „Bananenmarktordnung" der Europäischen Gemeinschaft erneut **446** aufgeflammt. Dabei geht es um die Neuordnung des Bananenmarktes durch eine EG-Verordnung von 1993. Die EG-Bananenmarktordnung will den Wettbewerbsnachteilen (durch deutliche Preis- und Qualitätsunterschiede) der „Gemeinschaftsbananen" (insbesondere von den Kanarischen Inseln und den überseeischen Departements Frankreichs) und der AKP-Bananen (aus den AKP-Staaten Afrikas, der Karibik und des pazifischen Raumes) gegenüber den (schmackhafteren und billigeren) „Dollar-Bananen" Mittel- und Südamerikas entgegenwirken. Während die „Gemeinschaftsbananen" durch Subventionen gefördert werden, setzen Einfuhren in die Gemeinschaft Einfuhrlizenzen voraus. Im Rahmen des traditionellen Handelsumfanges können „AKP-Bananen" zollfrei eingeführt werden. Für die nicht-traditionellen (d. h. jenseits der zollfreien Einfuhrquote liegenden) „AKP-Bananen" und die Bananen aus sonstigen Drittstaaten (insbesondere „Dollar-Bananen") wird ein Zollkontingent (bemessen nach Gewichtsmengen) festgelegt, das mit einem mäßigen Einfuhrzoll belegt wird. Jenseits dieses Kontingents schnellt der Einfuhrzoll in prohibitiv wirkende Höhen. Durch die neue Bananenmarktordnung wurden die mit „Dollarbananen" handelnden deutschen Importeure auf etwa 40 % ihres bisherigen Absatzes zurückgeworfen. Dieses System verstößt gegen mehrere Vorschriften des GATT (Gewichtszollregelung anstelle der Wertzollregelung: Verstoß gegen Art. II; Bevorzugung der AKP-Länder: Verstoß gegen das Meistbegünstigungsprinzip des Art. I und das Diskriminierungsverbot des Art. III).

Nachdem Anfang 1994 ein Sachverständigengremium *(panel)* im Rahmen des Streitbeilegungsverfahren festgestellt hatte, daß die EG-Bananenmarktordnung gegen das GATT verstößt, hat die Europäische Gemeinschaft mit einigen bananenexportierenden Ländern Mittel- und Südamerikas ein Rahmenabkommen abgeschlossen, welches das Zollkontingent für diese Länder erhöht. Im Gegenzug wurde vereinbart, daß diese Staaten die Annahme des für die Gemeinschaft ungünstigen *panel*-Berichtes nicht betreiben werden und auf die weitere Inanspruchnahme des vertraglichen Streitbeilegungsmechanismus verzichten. Die Vertragsstaaten des Rahmenabkommens haben sich damit von der Europäischen Gemeinschaft gewissermaßen die Durchsetzung ihrer Rechtsposition aus dem GATT abkaufen lassen. Dieses Rahmenübereinkommen bewirkt eine Ungleichbehandlung zugunsten der Importeure von Bananen aus den süd- und mittelamerikanischen Partnerländern des Rahmenabkommens.

§ 28. Außenbeziehungen 363

Deshalb hat der EuGH den Zustimmungsbeschluß des Rates zu diesem Abkommen (unter Bezug auf das allgemeine Diskriminierungsverbot des Gemeinschaftsrechts) für nichtig erklärt (EuGH, Rs. C-122/95, Slg. 1998, I-973 – *Deutschland ./. Rat*). Die völkerrechtliche Vertragsbindung nach außen bleibt davon zunächst unberührt.

Im „Bananenstreit" hat der EuGH daran festgehalten, daß **447** GATT-Vorschriften im EG-Recht grundsätzlich nicht unmittelbar anwendbar sind (EuGH, Rs. C-280/93, Slg. 1994, I-4973). Im Rahmen einer von der Bundesrepublik Deutschland angestrengten Nichtigkeitsklage gegen die der Bananenmarktordnung zugrunde liegende EG-Verordnung des Rates hat es der EuGH abgelehnt, die Bestimmungen des GATT als Prüfungsmaßstab heranzuziehen und hat ihnen unmittelbare Anwendbarkeit im Gemeinschaftsrecht mit einer höchst problematischen Begründung abgesprochen. Dabei hat der Gerichtshof auf die angebliche „große Flexibilität" der GATT-Vorschriften, die zahlreichen Ausnahmeregelungen und die – nach altem GATT-Recht – politisch-konsensualen Elemente bei der Streitbeilegung abgestellt:

„Die verschiedenen . . . Besonderheiten lassen . . . erkennen, daß die Vorschriften des GATT keinen unbedingten Charakter haben und daß die Verpflichtung, ihnen die Bedeutung von Vorschriften des internationalen Rechts beizumessen, die in den internen Rechtsordnungen der Vertragsparteien unmittelbar anwendbar sind, nicht auf Sinn, Aufbau oder Wortlaut des Abkommens gestützt werden kann" (aaO, Rn. 110).

Damit wird im Grunde der normative Charakter der GATT-Verpflichtungen überhaupt in Zweifel gezogen.

Von deutschen Verwaltungs- und Finanzgerichten ist für Bananenimporteure im Hinblick auf mögliche Grundrechtsbeeinträchtigungen (Art. 14 Abs. 1, 19 Abs. 4 Satz 1 GG) und die naheliegende Völkerrechtsverletzung durch die EG-Bananenmarktordnung mehrfach einstweiliger Rechtsschutz für Bananenimporteure gewährt worden (VGH Kassel, EuZW 1995, S. 222; FG Hamburg, EuZW 1995, S. 413; BFH, NJW 1996, S. 1367; siehe auch BVerfG, NJW 1995, S. 950; BVerfG, EuZW 1995, S. 412; zur Frage, ob die Vorschriften der EG-Bananenmarktordnung wegen Verstoßes gegen deutsche Grundrechte nicht angewendet werden darf, VG Frankfurt, EuZW 1997, S. 182). Hier hat sich das Potential eines Konfliktes zwischen den deutschen Gerichten und dem EuGH aufgebaut. Der EuGH hat dieses Potential durch eine den Belangen der Importeure entgegenkommende Auslegung einer (von der Kommission durch nähere Regelungen auszufüllende) Härteklausel etwas entschärft (EuGH, Rs. C-68/95, Slg. 1996, I-6065 Rn. 34 ff. – *Port*). Im Anschluß an die Rechtsprechung des EuGH hat das Bundesverfassungsgericht seinerseits Vorlagebeschlüsse deutscher Gerichte und Verfassungsbeschwerden (die eine Grundrechtsverletzung des sekundären Gemeinschaftsrechts geltend machen) unter Hinweis auf die „Solange II"-Entscheidung (BVerfGE 73, 339 [378 ff.]) von vornherein für unzulässig erklärt, wenn sie nicht „im einzelnen darlegen, daß der jeweils als unabdingbar gebotene Grundrechtsschutz generell nicht gewährleistet ist" (EuGRZ 2000, S. 328 [333] – *Bananenmarktordnung*).

Nach der grundlegenden Reform des GATT-Systems und dem förmlichen Beitritt der Europäischen Gemeinschaft zu den Verträgen der neuen Welthandelsordnung bleibt dringend zu hoffen, daß sich der EuGH stärker als bisher auf seine Verantwortung bei der Einhaltung völkerrechtlicher Verpflichtungen der Gemeinschaft und ihrer Mitgliedstaaten besinnt (gegen eine unmittelbare Anwendbarkeit des GATT aber wiederum EuGH, Rs. C-469/93, Slg. 1995, I-4533 – *Chiquita Italia*; ebenso grundsätzlich ablehnend zur Überprüfung von Rechtsakten der Gemeinschaftsorgane am Maßstab der WTO-Übereinkommen EuGH, Rs. C-149/96, EuZW 2000, S. 276 Rn. 36 ff. – Portugal ./. Rat). Zumindest sollte der EuGH bindenden Entscheidungen des WTO-Streitbeilegungsorgans unmittelbare Wirkung im Gemeinschaftsrecht beimessen (vorsichtige Andeutung in diesem Sinne in EuGH, Rs. C-104/97 P, EuGRZ 1999, S. 567 Rn. 17 ff. – *Atlanta III*).

448 Der Ratsbeschluß zur Ratifikation der neuen Welthandelsverträge (ABl. 1994, Nr. L 336, S. 1) bestimmt in der Präambel:

„Das Übereinkommen zur Errichtung der Welthandelsorganisation einschließlich seiner Anhänge ist nicht so angelegt, daß es unmittelbar von den Rechtsprechungsorganen der Gemeinschaft und der Mitgliedstaaten angewendet werden kann".

Aus dieser bloßen Begründungserwägung ergibt sich jedoch nicht, daß der EuGH sekundäres Gemeinschaftsrecht nicht auf seine Vereinbarkeit mit dem GATT und mit anderen Verträgen der neuen Welthandelsordnung überprüfen kann. Zu bedenken ist dabei auch, daß der neue Streitbeilegungsmechanismus der Welthandelsorganisation für die Europäische Gemeinschaft bei GATT-Verletzungen das Risiko außerordentlich empfindlicher Sanktionen (insbesondere im Hinblick auf die mögliche „*cross retaliation*") birgt.

§ 28. Außenbeziehungen 365

In einem Verfahren vor dem neuen WTO-Streitbeilegungs- **449**
gremium hat ein Sachverständigengremium wieder einen Verstoß
der EG-Bananenmarktordnung gegen das GATT diagnostiziert. In
der Berufungsinstanz hat das Streitbeilegungsgremium der Welthandelsorganisation im September 1997 die Feststellungen und
Empfehlungen des Berufungsgremiums zur EG-Bananenmarktordnung angenommen (EuZW 1997, S. 722 ff.; hierzu *H. D. Kuschel*,
Bananenstreit und kein Ende?, RIW 1998, S. 122 ff.; *G. Meier*, WTO-Revisionsentscheidung zur EG-Bananenmarktordnung,
EuZW 1997, S. 719 ff.). Danach hat die Europäische Gemeinschaft
durch die diskriminierenden Einfuhrbeschränkungen gegen verschiedene Bestimmungen des GATT (Art. I und Art. II Abs. 4
GATT) sowie durch die diskriminierenden Regelungen zum Einfuhrverfahren und zur Vermarktung gegen das GATS (Prinzip
der Inländergleichbehandlung gemäß Art. XVII GATS und das
Meistbegünstigungsprinzip des Art. II GATS) verstoßen. Auch
die darauf beschlossene Änderung der EG-Bananenmarktordnung
vom Juli 1998 (EG-Verordnung Nr. 1637/98, ABl. 1998, Nr. L
210, S. 28) mit dem Import von „Dollar-Bananen" verletzt in
wesentlichen Punkten WTO-Recht (Bericht des WTO-Panels
vom April 1999, EuZW 1999, S. 431; hierzu *G. Meier*, Bananas IV, Bericht des WTO-Panels vom 12. 4 1999, EuZW 1999,
S. 428 ff.). Im Dezember 2000 hat der Rat eine grundlegende Änderung der EG-Bananenmarktordnung beschlossen, die den Entscheidungen des WTO-Streitbeilegungsgremiums Rechnung tragen soll.

Der förmliche Beitritt (auch) der Europäischen Gemeinschaft zur **450**
WTO und den multilateralen Handelsabkommen hat zur Folge,
daß diese Abkommen gemäß Art. 300 Abs. 7 EG „für die Organe
der Gemeinschaft und für die Mitgliedstaaten verbindlich" sind.
Dies legt nahe, daß Rechtsakte der Gemeinschaftsorgane vom
EuGH am Maßstab dieser Abkommen zu messen sind. Eine andere
Frage ist, ob sich auch Einzelne unmittelbar auf Vertragsbestimmungen des neuen Welthandelssystems berufen können. Hierfür
spricht der Gesichtspunkt einheitlicher Entscheidungsstandards.
Denn es wäre merkwürdig, wenn der EuGH über eine Nichtig-

keitsklage Einzelner gegen WTO-widrige Rechtsakte anders entscheiden müßte als über die Nichtigkeitsklage eines Mitgliedstaates.

451 Auch aus staatsrechtlicher Sicht wirft gegen WTO-Recht verstoßendes Gemeinschaftsrecht heikle Fragen auf. So wird ernsthaft erwogen, daß die Ausübung der handelspolitischen Kompetenzen der Gemeinschaft und deren Anerkennung im deutschen Recht durch die Einhaltung von GATT-Regeln begrenzt sei (vgl. BFH, NJW 1996, S. 1367 [1368]). Dabei wird auch (im Hinblick auf die bisherigen Vertragsbindungen der Bundesrepublik Deutschland an das GATT) auf die Vorschrift des Art. 307 Abs. 1 EG verwiesen, nach der das Gemeinschaftsrecht frühere völkerrechtliche Vereinbarungen der Mitgliedstaaten unberührt läßt. Jedoch ist Vorsicht gegenüber dem Argument angezeigt, hier gehe es um eine Kompetenzüberschreitung durch die Gemeinschaftsorgane, welche nicht mehr von der Zustimmung zum EG-Vertrag gedeckt sei. Denn die gebotene Rücksicht auf völkerrechtliche Verpflichtungen der Mitgliedstaaten bedeutet keine gegenständliche Begrenzung übertragener Kompetenzen. Auf der anderen Seite haben die Gemeinschaftsorgane und damit auch der EuGH eine besondere Verpflichtung, die Mitgliedstaaten vor einer völkerrechtlichen Haftung wegen eines Vertragsverstoßes zu bewahren.

Die jüngere Rechtsprechung des EuGH relativiert in behutsamer Weise die Absage an eine unmittelbare Anwendbarkeit von WTO-Vorschriften. Dies gilt namentlich für klar konturierte Verfahrensvorschriften, wie sie Art. 50 des TRIPS-Abkommens zum gerichtlichen Schutz der Rechte des geistigen Eigentums durch einstweilige Maßnahmen enthält (EuGH, Rs. C-53/96, Slg. 1998, I-3603 Rn. 28 – *Hermès International*). Diese Verfahrensbestimmungen des TRIPS-Abkommens begründen Verpflichtungen, die sowohl von der Europäischen Gemeinschaft als auch von den EU-Mitgliedstaaten übernommen worden sind. Dabei fordert der EuGH in den Bereichen, in denen die Gemeinschaft bereits Rechtsvorschriften erlassen hat, von den nationalen Gerichten eine vertragskonforme Anwendung nationalen Rechts:

„In einem Bereich, auf den das TRIPS-Abkommen anwendbar ist und in dem die Gemeinschaft bereits Rechtsvorschriften erlassen hat, wie es beim Markenrecht der Fall ist, sind die Gerichte der Mitgliedstaaten . . . nach dem Gemeinschaftsrecht verpflichtet, bei der Anwendung ihrer nationalen Rechtsvorschriften im Rahmen der Anordnung einstweiliger Maßnahmen zum Schutz von Rechten, die zu diesem Bereich gehören, soweit wie möglich den Wortlaut und den Zweck von Art. 50 TRIPS-Abkommen zu berücksichtigen" (EuGH verb. Rs. C-300/98 und C-392/98, EuZW 2001, S. 117 Rn. 47).

Die einheitliche Auslegung derartiger WTO-Vorschriften durch den EuGH soll im Vorabentscheidungsverfahren gewährleistet werden.

Literatur: *J. M. Beneyto*, The EU and the WTO – Direct Effect of the New Dispute Settlement System?, EuZW 1996, S. 295 ff.; *T. Cottier*, Dispute Settlement in the World Trade Organization: Characteristics and structural implications for the European Union, CMLRev. 35 (1998), S. 325 ff.; *U. Everling*, Will Europe Slip on Bananas? The Bananas Judgement of the Court of Justice and National Courts, CMLRev. 33 (1996), S. 401 ff.; *Ch. J. Hermes*, Das TRIPS-Abkommen vor dem EuGH: Auslegungszuständigkeit und unmittelbare Anwendbarkeit, EuR 2001, S. 253 ff.; *M. Hilf/B. Eggers*, Der WTO-Panelbericht im EG/USA-Hormonstreit, EuZW 1997, S. 559 ff.; *M. Hilf/ E. U. Petersmann* (Hrsg.), GATT und Europäische Gemeinschaft, 1986; *P. Hilpold*, Die EU im GATT/WTO-System, 2. Aufl. 2000; *K. J. Kuilwijk*, The European Court of Justice and the GATT Dilemma: Public Interest versus Individual Rights?, 1996; *H.-D. Kuschel*, Die Bananenmarktordnung der Europäischen Union, RIW 1995, S. 218 ff.; *T. Oppermann*, Die Europäische Gemeinschaft und Union in der Welthandelsorganisation (WTO), RIW 1995, S. 919 ff.; *A. Ott*, GATT und WTO im Gemeinschaftsrecht, 1997; *H. J. Rabe*, Ausgerechnet Bananen, NJW 1996, S. 1320 ff.; *P. Royla*, WTO-Recht – EG-Recht: Kollision, Justiziabilität, Implementation, EuR 2001, S. 495 ff.; *T. Stein*, „Bananen-Split?", EuZW 1998, S. 261 ff.; *A. Weber/F. Moos*, Rechtswirkungen von WTO-Streitbeilegungsentscheidungen im Gemeinschaftsrecht, EuZW 1999, S. 229 ff.

IV. Assoziationsabkommen

Die *Assoziierung* zielt auf die enge Anbindung bestimmter Staaten, Gebiete oder internationaler Organisationen an das Gemeinschaftssystem und ist in unterschiedlichen Formen ausgeprägt. Die *konstitutionelle* Assoziierung bezieht sich auf die Einbeziehung unselbständig gebliebener überseeischer Hoheitsgebiete der Mitgliedstaaten (Art. 182 ff. EG). Hiervon zu unterscheiden ist die *vertragliche* Assoziierung von Drittstaaten und internationalen Organisationen gemäß Art. 310 EG. Die vertragliche Assoziierung umfaßt die *Entwicklungsassoziierung* (Förderung der wirtschaftlichen Entwicklung anderer Staaten), die *Freihandelsassoziierung* (Schaffung enger Wirtschaftsbeziehungen unter Abbau von Zollschranken) und schließlich die *Beitrittsassoziierung* (Vorbereitung eines späteren Beitritts zur Europäischen Union).

453 Für Verträge im Dienste der Entwicklungszusammenarbeit enthält die Vorschrift des Art. 177 EG nähere Zielvorgaben. Hierzu gehört nicht nur die Förderung der wirtschaftlichen und sozialen Entwicklung der Entwicklungsländer (Art. 177 Abs. 1 EG). Vielmehr erstreckt sich die Zusammenarbeit der Europäischen Gemeinschaft mit Entwicklungsländern auch auf „das allgemeine Ziel einer Fortentwicklung und Festigung der Demokratie und des Rechtsstaats sowie das Ziel der Wahrung der Menschenrechte und Grundfreiheiten" (Art. 177 Abs. 2 EG). Diesen Zielen dient die Zusammenarbeit von Gemeinschaft und Mitgliedstaaten mit dritten Ländern innerhalb internationaler Organisationen und auf spezieller vertraglicher Grundlage (Art. 181 EG). Die Vorschrift des Art. 181 EG deckt auch Vorschriften über Menschenrechte und Demokratie in Entwicklungsabkommen mit Drittstaaten (EuGH, Rs. C-268/94, Slg. 1996, I-6177 Rn. 23 ff. – *Kooperationsabkommen mit Indien*).

Zur Entwicklungsförderung der Staaten aus dem afrikanischen, karibischen und pazifischen Raum (sogenannte *AKP-Staaten*) sind eine Reihe von Kooperationsverträgen *(„Lomé-Abkommen")* abgeschlossen worden. Als Nachfolgeabkommen ist im Jahre 2000 ein Partnerschaftsabkommen zwischen den AKP-Staaten und der Europäischen Gemeinschaft und ihren Mitgliedstaaten ausgehandelt worden (siehe KOM [2000] 804 endgültig; ABl. 2000 Nr. L 317, S. 3 ff.). Dieses neue Abkommen verknüpft die Bereiche Politik, Handels- und Entwicklungspolitik. Ein besonderes Anliegen des Abkommens ist die Verstärkung des politischen Dialogs zwischen den Vertragsparteien unter Betonung der Menschenrechte sowie der Grundsätze der Demokratie und des Rechtsstaates.

§ 28. Außenbeziehungen

Mit den Staaten Mittel- und Osteuropas (Bulgarien, Estland, **454**
Lettland, Litauen, Polen, Rumänien, Slowakische Republik, Slowenien, Tschechische Republik und Ungarn) sind sogenannte *Europaabkommen* abgeschlossen worden (siehe zum Recht auf Niederlassung und – davon abgeleitet – zum Recht auf Einreise nach dem Europaabkommen mit der Tschechischen Republik, EuGH, Rs. C-257/99, EuZW 2001, S. 696 m. Anm. von *W. Weiß – Barkoci und Malik*). Ziel der Abkommen ist es insbesondere, die Vertragsstaaten in ihrer gegenwärtigen Phase politischer und wirtschaftlicher Transition an wichtige Strukturprinzipien der Gemeinschaftsordnung heranzuführen. Neben einer Handelsliberalisierung durch wechselseitige Öffnung der Märkte zielen diese Abkommen darauf, daß die Vertragspartner der Gemeinschaft ihre Rechtsordnungen an gemeinschaftsrechtliche Prinzipien anpassen. Die meisten assoziierten Staaten Mittel- und Osteuropas haben ihre Aufnahme in die Europäische Union beantragt. Für sie stellt sich die Angleichung ihrer Rechtsordnungen an gemeinschaftsrechtliche Standards als ein wichtiger Schritt zur allmählichen Beitrittsfähigkeit" dar. Ein Assoziationsabkommen verbindet die Europäische Gemeinschaft auch mit Rußland.

Assoziationsabkommen bilden einen „integrierenden Bestandteil der Gemeinschaftsrechtsordnung" (EuGH, Rs. 12/86, Slg. 1987, 3719 Rn. 7 – *Demirel*). Ob Bestimmungen in einem Assoziationsabkommen unmittelbar anwendbar sind, hängt von der Auslegung des Abkommens ab. Ähnliches gilt für die Rechtsakte von durch Assoziationsabkommen geschaffenen Beschlußgremien, wenn sie im Einklang mit dem Abkommen unmittelbar wirkende Verpflichtungen der Vertragsparteien begründen sollen.

Die Bestimmungen über die Freizügigkeit von Arbeitnehmern **455**
aus Drittstaaten (und deren Angehörigen) in Assoziationsabkommen sind nach dem Zweck des jeweiligen Assoziationsverhältnisses auszulegen. Eine unmittelbare Anwendbarkeit einzelner Regelungen oder deren weitere Auslegung im Interesse der einzelnen Drittstaatsangehörigen liegen bei einer auf künftigen Beitritt des Drittstaates angelegten Assoziierung (wie etwa im mittlerweile umstrittenen Falle der Türkei) näher als bei einer schlichten Entwicklungs- oder Kooperationsassoziierung.

456 Von großer praktischer Bedeutung ist die unmittelbare Wirkung von Beschlüssen des Assoziationsrates EG-Türkei. Dies gilt insbesondere für den Assoziationsratsbeschluß Nr. 1/80. Dieser Beschluß bestimmt in Art. 6 Abs. 1:

„1. Vorbehaltlich der Bestimmungen in Artikel 7 über den freien Zugang der Familienangehörigen zur Beschäftigung hat der türkische Arbeitnehmer, der dem regulären Arbeitsmarkt eines Mitgliedstaates angehört, in diesem Mitgliedstaat

– nach einem Jahr ordnungsgemäßer Beschäftigung Anspruch auf Erneuerung seiner Arbeitserlaubnis bei dem gleichen Arbeitgeber, wenn er über einen Arbeitsplatz verfügt;

– nach drei Jahren ordnungsgemäßer Beschäftigung – vorbehaltlich des den Arbeitnehmern aus den Mitgliedstaaten der Gemeinschaft einzuräumenden Vorrangs – das Recht, sich für den gleichen Beruf bei einem Arbeitgeber seiner Wahl auf ein unter normalen Bedingungen unterbreitetes und bei den Arbeitsämtern dieses Mitgliedstaates eingetragenes anderes Stellenangebot zu bewerben;

– nach vier Jahren ordnungsgemäßer Beschäftigung freien Zugang zu jeder von ihm gewählten Beschäftigung im Lohn- oder Gehaltsverhältnis".

Der EuGH mißt dieser Bestimmung unmittelbare Wirkung für die Rechtsstellung türkischer Arbeitnehmer bei (EuGH, Rs. C-192/89, Slg. 1990, I-3461 Rn. 13 ff. – *Sevince*; siehe auch EuGH, Rs. C-237/91, Slg. 1992, I-6781 Rn. 27 ff. – *Kus*). An die „ordnungsgemäße Beschäftigung" auf dem Arbeitsmarkt eines Mitgliedstaates knüpfen sich somit weitreichende Folgerungen für die Rechtsstellung und das Aufenthaltsrecht des türkischen Arbeitnehmers (EuGH, Rs. C-434/93, Slg. 1995, I-1475 Rn. 28 ff. – *Bozkurt*). Im Ergebnis reduzieren sich damit erheblich die Möglichkeiten für die Mitgliedstaaten, den Zugang ausländischer (hier: türkischer) Arbeitnehmer zum inländischen Arbeitsmarkt zu steuern. Die größte Freiheit verbleibt den Mitgliedstaaten noch bei der Kontrolle der erstmaligen Einreise. Unmittelbare Wirkungen äußert der Assoziationsratsbeschluß Nr. 1/80 auch im Hinblick auf den Zugang von Familienangehörigen zum Arbeitsmarkt und ein sich daraus ergebendes Aufenthaltsrecht in dem jeweiligen Mitgliedstaat (Art. 7; hierzu EuGH, Rs. C-355/93, Slg. 1994, I-5113 Rn. 11 – *Eroglu*).

Literatur: *R. Gutmann*, Die Assoziationsfreizügigkeit türkischer Staatsangehöriger, 2. Aufl., 1999; *K. Hailbronner*, Privilegierte Drittstaatsangehörige in der Europäischen Union, in: Festschrift für Ulrich Everling, Bd. I, 1995, S. 399 ff.; *F. Hoffmeister*, Menschenrechts- und Demokratieklauseln in den vertraglichen Außenbeziehungen der Europäischen Gemeinschaft, 1998; *M. Maresceau/E. Montaguti*, The relations between the European Union and Central and Eastern Europe: A legal appraisal, CMLRev. 32 (1995), S. 1327 ff.; *A. Nachbaur*, Türkische Arbeitnehmer in der EU – Drittstaatsangehörige Unionsbürger?, NVwZ 1995, S. 344 ff.; *S. Richter*, Die Assoziierung osteuropäischer Staaten durch die Europäischen Gemeinschaften, 1993; *J. Scott/W. Mansell*, Trading Partners: The European Community Trade Agreements with Poland, Hungary and the Czech and Slovak Republic, British Yearbook of International Law 64 (1993), S. 391 ff.; *K.R. Simmonds*, The Fourth Lomé-Convention, CMLRev. 28 (1991), S. 521 ff.

V. Europäischer Wirtschaftsraum

Die Europäische Gemeinschaft und die Montanunion sowie die Mitgliedstaaten der Gemeinschaften haben mit den meisten Staaten der „Rumpf-EFTA" (nach dem EU-Beitritt von Finnland, Schweden und Österrreich heute noch: Island, Liechtenstein und Norwegen) das Abkommen über den Europäischen Wirtschaftsraum (EWR) (BGBl. 1993 II, S. 267) abgeschlossen. Die Schweiz ist nach einer negativen Volksabstimmung dem EWR-Abkommen ferngeblieben. Im EWR gelten weitgehend die Grundsätze des EG-Vertrages über die Marktfreiheiten und die Wettbewerbsregeln. Nicht vorgesehen sind gemeinsame Außenzölle, eine gemeinsame Agrar- und Handelspolitik sowie eine Harmonisierung der indirekten Steuern.

457

Literatur: *O. Jacot-Guillarmod* (Hrsg.), Accord CEE/EWR-Abkommen/EEA Accord von 1992; *A. Streit*, Das Abkommen über den Europäischen Wirtschaftsraum, NJW 1994, S. 555 ff.

VI. Transatlantische Beziehungen

Auf dem Gipfeltreffen zwischen der Europäischen Union und den USA im Dezember 1995 in Madrid haben der Präsident des Europäischen Rates und der Präsident der Europäischen Kommis-

458

sion einerseits und der Präsident der Vereinigten Staaten von Amerika andererseits die „*Neue Transatlantische Agenda*" unterzeichnet, der ein gemeinsamer Aktionsplan beigefügt ist (Bull. EU-12/ 1995, S. 41 ff.). Dabei haben sich die EU und die USA darauf verständigt, einen neuen Transatlantischen Markt zu schaffen. Gewidmet ist die Agenda folgenden Hauptzielen:
– der Förderung von Frieden und Stabilität, Demokratie und Entwicklung in der Welt,
– der Reaktion auf globale Herausforderungen (wie internationaler Drogenhandel und Terrorismus),
– der Ausweitung des Welthandels und
– der Schaffung engerer Wirtschaftsbeziehungen und der Stärkung des multilateralen Handelssystems (Welthandelsorganisation) sowie
– dem Brückenschlag über den Atlantik durch Vertiefung der kommerziellen, kulturellen, wissenschaftlichen und bildungspolitischen Verbindungen.

459 Im Interesse einer normativen Verzweigung der Wirtschaftsbeziehungen zwischen der Europäischen Union und dem Nordamerikanischen Handelsblock befindet sich die Diskussion über die Schaffung einer transatlantischen Freihandelszone *(Transatlantic Free Trade Area)* im Aufkeimen. Umstritten ist dabei, ob die Schaffung einer solchen Freihandelszone mit wechselseitiger Vorzugsbehandlung dieser beiden Handelsblöcke eher als diskriminierend für Drittstaaten oder als wichtiger Schritt zu einer globalen Liberalisierung zu deuten wäre. In einzelnen Bereichen bildet die gegenseitige Anerkennung von Produktstandards auf vertraglicher Grundlage ein wichtiges Desiderat. So sprechen gute Gründe dafür, etwa die Produkte mit gentechnisch veränderten Organismen aus den USA angesichts vergleichbarer Standards der Risikobewältigung grundsätzlich auch für den europäischen Binnenmarkt zuzulassen.

Ein Konflikt zwischen den unterschiedlichen Regelungsphilosophien der Europäischen Gemeinschaft und den USA ist im „Hormonstreit" zum Ausbruch gekommen. Die Berufung auf gesundheitliche Risiken zur Rechtfertigung von Handelsbeschränkungen zwingt zuweilen zu schwierigen Balanceakten. Hier ging es um ein Einfuhrverbot der EG im Hinblick auf das Fleisch von Rindern, denen in den USA Wachstumshormone zugeführt worden sind. Das im Rahmen der WTO abgeschlossene Abkommen über sanitäre und phytosanitäre Maßnahmen verlangt für solche Einfuhrbeschränkungen eine wissenschaftlich fundierte Rechtfertigung (Art. 2 Abs. 2, 3 Abs. 3, 5 Abs. 2). Im Gegensatz zu einem erstinstanzlichen Panelbericht läßt der Spruch der Berufungsinstanz des WTO-Streitbeilegungsorgans auch die Berufung auf eine wissenschaftliche Mindermeinung zu ungeklärten Risiken zu, verlangt aber ein beachtliches Mindestmaß an empirischer Fundierung (WTO-Focus, No. 27 (Februar 1998), S. 4; hierzu *M. M. Slotboom*, The Hormones Case: an increased risk of illegality and phytosanitary measures, CMLRev. 36 [1999], S. 471 ff.). Diesen Anforderungen hat das EG-Hormonverbot auch nach Ansicht der Berufungsinstanz nicht entsprochen.

Einen wichtigen Schritt der Annäherung bildet das Abkommen zwischen der Europäischen Gemeinschaft und den USA über die gegenseitige Anerkennung von 1998 (ABl. 1999 Nr. L 31, S. 3), das sich auf Produktstandards bestimmter Sektoren (etwa Telekommunikations- oder medizinische Geräte) bezieht. Neben einer fortschreitenden Anerkennung von Produktstandards bilden die Annäherung der Wettbewerbsvorschriften (s. § 22, X.) und die Öffnung der Finanzmärkte ein Anliegen von großer Bedeutung.

Im November 1998 hat der Rat der Europäischen Union den von der Kommission entwickelten Aktionsplan für eine *„Transatlantic Economic Partnership"* (Dok. KOM [98] 125 endg.) verabschiedet. Dabei geht es vor allem um die Beseitigung von Regulierungshemmnissen für den transatlantischen Handel und das Zusammenwirken bei weiteren Liberalisierungsschritten im Rahmen der WTO.

Durch den Ausbau der vertraglichen Beziehungen mit der Gewährung von weitreichenden Zollpräferenzen und ein „Interregionales Rahmenabkommen über die Zusammenarbeit zwischen der Europäischen Gemeinschaft und ihren Mitgliedstaaten und dem Mercosur und seinen Teilnehmerstaaten" (Argentinien, Brasilien, Paraguay, Uruguay, ABl. 1996, Nr. L 69, S. 4) sollen die Länder Lateinamerikas näher an die Europäische Union herangeführt werden. Die Vision eines „atlantischen Dreiecks" unter Einbeziehung der NAFTA-Staaten (USA, Kanada und Mexiko) bildet eine weitergehende Zielvorstellung in der Gestaltung der Außenbeziehungen zu den Regionen des amerikanischen Kontinents.

Literatur: *G. Bermann/M. Herdegen/P. Lindseth* (Hrsg.), Transatlantic Regulatory Cooperation, 2001; *J. H. Mathis,* Mutual Recognition Agreements, JWT 32/6 (1998), S. 5 ff.; *W. H. Reinicke,* Die Transatlantische Wirtschaftsgemeinschaft, 1997; *H. Siebert/R. J. Langhammer/D. Piazolo,* The Transatlantic Free Trade Area, JWT 30/3 (1996), S. 45 ff.

3. Teil. Intergouvernementale Zusammenarbeit und Reformperspektiven in der Europäischen Union

§ 29. Gemeinsame Außen- und Sicherheitspolitik

Die Gemeinsame Außen- und Sicherheitspolitik (GASP) bildet **460** die zweite „Säule" des Unionssystems (Titel V EU). Dabei geht es nicht um eine Übertragung von Hoheitsrechten, sondern um eine quasi gesamthänderische Bündelung von Handlungsformen im gemeinsamen Interesse der Mitgliedstaaten und im Dienste eines einheitlichen Profils nach außen. Damit wird die bisherige Europäische Politische Zusammenarbeit (EPZ) institutionell fortentwickelt. Die Ziele der GASP sind breit gefächert. Sie reichen von der Wahrung gemeinsamer Werte und grundlegender Interessen einschließlich der militärischen Sicherheit bis zur Durchsetzung von Belangen der Völkergemeinschaft (Art. 11 Abs. 1 EU). Interessant ist dabei der Verweis auf die Grundprinzipien der OSZE (früher: KSZE), die in der Schlußakte von Helsinki und der Charta von Paris (EuGRZ 1990, S. 517) niedergelegt sind. Daneben wird die GASP auf eine Demokratie-, Rechtsstaats- und Menschenrechtsmission verpflichtet.

Bei der GASP geht es um eine Koordinierung des mitgliedstaatlichen Handelns im Sinne einheitlicher Positionen. Die Europäische Union erscheint hier als Forum der Zusammenarbeit der Mitgliedstaaten und als begriffliches Kürzel für das gesamthänderische Wirken der Mitgliedstaaten nach außen. Dabei entscheidet der (Minister-)Rat grundsätzlich mit Einstimmigkeit (Art. 23 Abs. 1 EU). Jeder Mitgliedstaat konnte also bislang einen Beschluß zu gemeinsamem Vorgehen (auch durch bloße Stimmenthaltung) sabotieren. Der *Vertrag von Amsterdam* brachte hier eine Erleichterung der Beschlußfassung. Danach steht die Stimmenthaltung von anwesenden oder vertretenen Mitgliedstaaten nicht dem Zustandekommen eines einstimmig zu fassenden Beschlusses entgegen (Art. 23 Abs. 1 UAbs. 1 EU). Nach Maßgabe einer förmlichen Erklärung kann sich ein Mitgliedstaat bei Enthaltung von der Verpflichtung befreien, einen Beschluß durchzuführen. In diesem Falle akzeptiert der betreffende Staat die Verbindlichkeit des Beschlusses für die Union und wird die Umsetzung des Beschlusses nicht behindern (Art. 23 Abs. 1 UAbs. 2 EU).

461 Ein eigenes Handlungsinstrumentarium des Gebildes „Europäische Union" sieht der EU-Vertrag nicht vor. Akteure bleiben die in der Union zusammengeschlossenen Mitgliedstaaten. Dadurch wird die Wirkungskraft der GASP von vornherein empfindlich beschränkt. Eine impulsgebende Rolle innerhalb der GASP spielt der Europäische Rat (gebildet aus den Staats- und Regierungschefs der Mitgliedstaaten sowie dem Präsidenten der Kommission gemäß Art. 4 Abs. 2 EU), der die Grundsätze und allgemeinen Leitlinien bestimmt (Art. 13 Abs. 1 EU). Der (Minister-)Rat der Gemeinschaften ist mit der Konkretisierung der vom Europäischen Rat niedergelegten Leitlinien durch die erforderlichen Entscheidungen betraut (Art. 13 Abs. 3 EU). Das Europäische Parlament muß über wichtige Entwicklungen der GASP unterrichtet werden und kann von sich aus mit Anfragen oder Empfehlungen an den Rat tätig werden (Art. 21 EU). Mitzubeteiligen ist auch die Kommission (Art. 27 EU).

Die Verwaltungsausgaben der Europäischen Union im Rahmen der GASP werden aus dem Haushalt der Europäischen Gemeinschaften bestritten (Art. 28 Abs. 2 EU). Dabei könnte für das Europäische Parlament die Versuchung entstehen, sich über seine haushaltspolitischen Kompetenzen eine inhaltliche Mitsprache zu sichern, die ihm nach den GASP-Bestimmungen an sich nicht zusteht.

462 Als Maßnahmen der GASP sieht der Unionsvertrag gemeinsame Standpunkte sowie gemeinsame Aktionen vor. Zu jeder außen- und sicherheitspolitischen Frage von allgemeiner Bedeutung findet im (Minister-)Rat der Gemeinschaften eine gegenseitige Unterrichtung und Abstimmung zwischen den Mitgliedstaaten statt (Art. 16 EU). Soweit es erforderlich erscheint, legt der Rat einen *gemeinsamen Standpunkt* fest (Art. 15 Satz 1 EU). Die Mitgliedstaaten sind verpflichtet, ihre einzelstaatliche Politik mit den gemeinsamen Standpunkten in Einklang zu bringen (Art. 15 Satz 3 EU). Als weiteres Handlungsmittel der GASP kann der (Minister-)Rat *gemeinsame Aktionen* beschließen, die in der Regel ein ganzes Maßnahmenbündel einschließen (Art. 14 EU). Gemeinsame Aktionen haben eine noch etwas schärfer konturierte Verpflichtungswirkung für alle Mitgliedstaaten: Sie sind für Stellungnahmen und sonstiges Vorgehen der Mitgliedstaaten bindend (Art. 14 Abs. 3 EU).

Der *Vertrag von Amsterdam* hat das Handlungsinstrumentarium **463** der GASP um *„gemeinsame Strategien"* angereichert, die jeweils Zielsetzung, Dauer sowie die von der Union und den Mitgliedstaaten bereitgestellten Mittel zu bezeichnen haben (Art. 13 Abs. 2 EU). Während Grundsatzbeschlüsse des Rates der Einstimmigkeit bedürfen, kann der Rat über die Umsetzung einer gemeinsamen Strategie und spezielle Durchführungsmaßnahmen mit qualifizierter Mehrheit entscheiden (Art. 23 Abs. 1 und Abs. 2 EU). Dabei gilt aber ein wichtiger Vorbehalt. Erklärt nämlich ein Mitglied des Rates, daß es aus wichtigen (und zu konkretisierenden) Gründen der nationalen Politik der Durchführungsmaßnahme entgegentritt, so erfolgt keine Abstimmung. Der Rat kann dann nur noch mit qualifizierter Mehrheit die Frage zur einstimmigen Beschlußfassung an den Europäischen Rat verweisen (Art. 23 Abs. 2 UAbs. 2 EU). Dies läuft letztlich in Streitfragen von zentraler Bedeutung für einen Mitgliedstaat auf das Einstimmigkeitsprinzip hinaus.

Außerdem wird nach dem *Vertrag von Amsterdam* die Handlungsfähigkeit der Union im Bereich der GASP durch die neu geschaffene Figur des „Hohen Vertreters für die Gemeinsame Außen- und Sicherheitspolitik" gesteigert, dessen Aufgaben vom Generalsekretär des Rates wahrgenommen werden (Art. 18 Abs. 3, Art. 26 EU). Mit dem Vorsitzenden des (Außenminister-)Rates und dem Vertreter der Kommission (Art. 18 Abs. 4 Satz 1 EU) bildet der Hohe Vertreter für die Gemeinsame Außen- und Sicherheitspolitik die sog. „Troika", die um den Vertreter des den nachfolgenden Ratsvorsitz wahrnehmenden Mitgliedstaates erweitert werden kann (Art. 18 Abs. 4 Satz 2 EU).

464 Von besonderer Bedeutung ist die Einbeziehung der *verteidigungspolitischen* Komponente in die GASP (Art. 17 EU). Langfristig wird die Entwicklung einer gemeinsamen Verteidigungspolitik mit der Perspektive einer „gemeinsamen Verteidigung" anvisiert (Art. 17 Abs. 1 EU). Damit rührt die GASP an den Nerv eines Politikbereiches, der zum klassischen Kern der einzelstaatlichen Souveränität gerechnet wird.

Eine Schlüsselrolle bei der gemeinsamen Verteidigungspolitik spielt die Verlagerung von Aufgaben der *Westeuropäischen Union* (WEU) auf die Europäische Union im Rahmen der GASP (siehe § 17.II). Dabei ist zu beachten, daß die Europäische Union und die WEU keine deckungsgleichen Mitgliederkreise haben. Die EU-Mitgliedstaaten Dänemark, Finnland, Irland und Schweden haben bei der WEU lediglich Beobachterstatus. Island, Norwegen, Polen, die Tschechische Republik, die Türkei und Ungarn sind der WEU als assoziierte Mitglieder angegliedert, gehören aber nicht der Europäischen Union an.

Im Interesse eines nuklearen Abwehrschirms wird erwogen, das Atomwaffenpotential Frankreichs in eine verteidigungspolitische Abstimmung mit den anderen WEU-Mitgliedstaaten im Rahmen der GASP einzubinden. Ein derartiges Konstrukt ließe sich auch mit dem für alle WEU-Mitgliedstaaten geltenden Atomwaffensperrvertrag in Einklang bringen. Langfristig läßt sich eine gemeinsame Verteidigungspolitik mit Erfolg nur dann betreiben, wenn sie die Rüstungspolitik der einzelnen Mitgliedstaaten kanalisiert. Ein Hindernis hierfür bildet gegenwärtig noch die Vorschrift des Art. 296 Abs. 1 *lit.* b EG, welche den Mitgliedstaaten bei der Erzeugung von militärischem Material und dem Handel hiermit nationale Alleingänge zur Wahrung „wesentlicher Sicherheitsinteressen" erlaubt. Als Militärallianz, die effektiv die Sicherheit ihrer Mitgliedstaaten gewährleisten kann, fungiert gegenwärtig nur die

NATO. Der EU-Vertrag steht der Entwicklung einer engeren Zusammenarbeit zwischen EU-Mitgliedstaaten auf zweiseitiger Ebene im Rahmen der WEU und der NATO grundsätzlich nicht entgegen (Art. 17 Abs. 4 EU).

Die bisherigen Erfahrungen mit der GASP, etwa im Hinblick **465** auf das frühere Jugoslawien, sind recht ernüchternd. Die GASP findet vor allem in einer Vielzahl unverbindlicher gemeinsamer Erklärungen Ausdruck. Nur in wenigen Fällen konnte der Rat gemeinsame Standpunkte oder gemeinsame Aktionen beschließen. Mit einer Vergemeinschaftung der GASP anstelle der intergouvernementalen Struktur ist in absehbarer Zeit nicht zu rechnen. Eine gesteigerte Effizienz setzt die Schaffung zentraler Planungseinheiten und eine weitere Abschwächung des Konsensprinzipes voraus. Letztlich läßt sich eine erfolgreiche GASP wohl nur dann verwirklichen, wenn die Europäische Union vertraglich mit eigenen Rechten ausgestattet wird und damit völkerrechtliche Persönlichkeit erlangt.

Der EU-Gipfel von Nizza im Dezember 2000 hat die Grund- **466** lagen für eine wirksame Europäische Sicherheits- und Verteidigungspolitik (ESVP) in der Europäischen Union gelegt, die zugleich eine eigene Europäische Sicherheits- und Verteidigungsidentität (ESVI) innerhalb der NATO schaffen soll. Zentrales Anliegen ist die Fähigkeit, im Rahmen der GASP koordinierte Maßnahmen ziviler und militärischer Art zur Konfliktverhütung und Krisenbewältigung zu ergreifen. Zur Verwirklichung dieses Ziels sollen aus bestehenden nationalen und multinationalen Stäben und Verbänden rasch verfügbare Einsatzkräfte mit einer Stärke von bis zu 60.000 Soldaten gebildet werden. Die ständige politische und militärische Infrastruktur ruht auf drei neuen Beschluß- und Steuerungseinheiten: (ABl. 2001 Nr. L 27, S. 1):
– dem Politischen und sicherheitspolitischen Komitee,
– dem Militärausschuß der Europäischen Union und
– dem Militärstab der Europäischen Union.

Literatur: *G. Burghardt/G. Tebbe,* Die Gemeinsame Außen- und Sicherheitspolitik der Europäischen Union, Rechtliche Struktur und politischer Prozeß, EuR 1995, S. 1 ff.; *I. Canor,* „Can two walk together, except they agreed?", CMLRev. 35 (1998), S. 137 ff.; *F. Dehousse,* After Amsterdam: A report on the Common Foreign and Security Policy of the European Union, European Journal of International Law 9 (1998), S. 525 ff.; *D. Fleck,* Rechtsanwendung im Rahmen der Gemeinsamen Außen- und Sicherheitspolitik der EU, in: S. Hobe (Hrsg.), Kooperation oder Konkurrenz internationaler Organisationen, 2001, S. 104 ff.; *J. A. Frowein,* Die Europäische Union mit WEU als Sicherheitssystem, in: Festschrift für Ulrich Everling, Bd. I, 1995, S. 315 ff.; *T. Jürgens,* Die Gemeinsame europäische Außen- und Sicherheitspolitik, 1994; *K. W. Lange,* Die Gemeinsame Außen- und Sicherheitspolitik der Europäischen Union, JZ 1996, S. 422 ff.; *E. Regelsberger,* Die Gemeinsame Außen- und Sicherheitspolitik nach Nizza, Integration Nr. 2/2001, S. 156 ff.; *S. Semrau,* Die Gemeinsame Außen- und Sicherheitspolitik der Europäischen Union, 1998; *T. Stein,* Das Zusammenspiel von Mitgliedstaaten, Rat und Kommission bei der Gemeinsamen Außen- und Sicherheitspolitik der Europäischen Union, in: *G. Ress/J. Schwarze/T. Stein* (Hrsg.), Die Organe der Europäischen Union im Spannungsfeld zwischen Gemeinschaft und Zusammenarbeit, EuR 1995/Beiheft 2, S. 69.

Dokumentation: *Auswärtiges Amt* (Hrsg.), Gemeinsame Außen- und Sicherheitspolitik der Europäischen Union (GASP), 11. Aufl. 1998.

§ 30. Polizeiliche und justitielle Zusammenarbeit in Strafsachen

Die polizeiliche und justitielle Zusammenarbeit in Strafsachen (früher: Zusammenarbeit in den Bereichen Justiz und Inneres) macht die dritte „Säule" der Europäischen Union aus (Titel VI EU). Die Ausgestaltung dieses dritten Pfeilers dient vor allem der Bewältigung von Folgeerscheinungen einer konsequenten Verwirklichung des Binnenmarktes, namentlich im Hinblick auf die Freizügigkeit. Der EU listet eine Reihe von Gegenständen als Angelegenheiten von gemeinsamem Interesse im Rahmen der Zusammenarbeit in der dritten „Säule" auf (Art. 29 EU). Durch den neuen Titel IV des EG-Vertrages (Visa, Asyl, Einwanderung und andere Politiken betreffend den freien Personenverkehr) überführt der *Vertrag von Amsterdam* wesentliche Regelungsbereiche aus der dritten „Säule" in den Rahmen der Europäischen Gemeinschaft (s. § 14 II.).

Für die Festlegung gemeinsamer Standpunkte oder gemeinsamer Maßnahmen durch den Rat gilt das Prinzip der Einstimmigkeit. Der Vorbehalt zugunsten der Zuständigkeit der Europäischen Gemeinschaft (Art. 29 Abs. 1 EU) läßt sich so deuten, daß hier ein konkurrierendes Tätigwerden der Gemeinschaft (etwa nach Art. 308 EG) möglich bleibt.

Eine Brücke („passerelle") zwischen dem dritten Pfeiler und dem EG-Vertrag bildet die Vorschrift des Art. 42 EU. Diese Bestimmung sieht vor, daß einzelne Materien der polizeilichen und justitiellen Zusammenarbeit in Strafsachen in die Gemeinschaftskompetenz aufgrund eines einstimmigen Ratsbeschlusses geführt werden können, welcher von den Mitgliedstaaten nach ihren verfassungsrechtlichen Vorschriften angenommen werden muß. Nach deutschem Verfassungsrecht ist hierfür ein Zustimmungsgesetz mit verfassungsändernder Mehrheit erforderlich (Art. 23 Abs. 1 Satz 3 GG). Hierin liegt nur eine unwesentliche Erleichterung gegenüber einer förmlichen Vertragsänderung.

469 Der *Vertrag von Amsterdam* sieht eine neue Handlungsform für die polizeiliche und justitielle Zusammenarbeit vor: den sog. Rahmenbeschluß zur Angleichung der Rechts- und Verwaltungsvorschriften der Mitgliedstaaten (Art. 34 Abs. 2 Satz 2 *lit.* b EU). In Anlehnung an das Instrument der Richtlinie sind Rahmenbeschlüsse für die Mitgliedstaaten hinsichtlich des zu erreichenden Ziels verbindlich, überlassen ihnen jedoch die Wahl und Form der Mittel. Ausdrücklich ist klargestellt, daß Rahmenbeschlüsse keine unmittelbare Wirksamkeit entfalten können. Auf einen Rahmenbeschluß zum Europäischen Haftbefehl und die Übergabeverfahren zwischen den Mitgliedstaaten haben sich die Vertreter der Mitgliedstaaten im Rat grundsätzlich verständigt (siehe Vorschlag der Kommission ABl. 2001 Nr. C 332 E, S. 305).

Der *Vertrag von Amsterdam* hat die Möglichkeit der Vorabentscheidung durch den EuGH über die Gültigkeit und die Auslegung der Rahmen- und anderen Beschlüsse, über die Auslegung der geschlossenen Übereinkommen im Rahmen der polizeilichen und justitiellen Zusammenarbeit sowie über die Gültigkeit und Auslegung der hierzu ergangenen Durchführungsmaßnahmen eingeführt (Art. 35 Abs. 1 EU; siehe Gesetz betreffend die Anrufung des Gerichtshofes der Europäischen Gemeinschaften im Wege des Vorabentscheidungsverfahrens auf dem Gebiet der polizeilichen Zusammenarbeit und der justitiellen Zusammenarbeit in Strafsachen nach Artikel 35 des EU-Vertrages, BGBl. 1998 I, S. 2035). Voraussetzung hierfür ist eine besondere Erklärung der einzelnen Mitgliedstaaten, welche die Zuständigkeit des Gerichtshofs für solche Vorabentscheidungen anerkennt (Art. 35 Abs. 2 EU). Insoweit übt der EuGH eine klassisch völkerrechtliche Zuständigkeit (ähnlich dem Internationalen Gerichtshof) aus. Eine Beschränkung der Kontrollbefugnisse des Europäischen Gerichtshofs im Hinblick auf Ordnungs- und Strafverfolgungsmaßnahmen der Mitgliedstaaten sieht Art. 35 Abs. 5 EU vor. Eine besondere Art der Nichtigkeitsklage gegen Rechtsakte des Rates eröffnet Art. 35 Abs. 6 EU.

Auf dem EU-Gipfel von Tampere (15./16. Oktober 1999) hat sich der Europäische Rat auf die Schaffung eines „europäischen

§ 30. Polizeiliche und justitielle Zusammenarbeit in Strafsachen 383

Rechtsraumes" verständigt. Hierzu sollen Mindeststandards den Zugang zum gerichtlichen Rechtsschutz, eine verbesserte gegenseitige Anerkennung gerichtlicher Entscheidungen und eine weitere Harmonisierung im Bereich des Zivilrechts gehören. Daneben soll die unionsweite Kriminalitätsbekämfung verbessert werden. Des weiteren strebt der Europäische Rat ein Gemeinsames Europäisches Asylsystem an (welches sich auf die umfassende Anwendung der Genfer Flüchtlingskovention von 1951 stützt).

Die Vorschrift des Art 65 EG begründet (in Verbindung mit Art. 61 *lit.* c und Art. 67 EG) Regelungsbefugnisse des Rates zur Verbesserung der justiziellen Zusammenarbeit in Zivilsachen. Die auf Art 61 *lit* c und Art 67 EG gestützte Verordnung (EG) Nr. 44/2001 des Rates über die gerichtliche Zuständigkeit und die Anerkennung und Vollstreckung von Entscheidungen in Zivil- und Handelssachen setzt nicht nur das Brüsseler Übereinkommen (EuGVÜ) in unmittelbar geltendes Gemeinschaftsrecht um. Die Verordnung vereinheitlicht darüber hinaus die Regeln für Gerichtstandsvereinbarungen. Für das Familienprozeßrecht von großer praktischer Bedeutung ist die Verordnung (EG) Nr. 1347/2000 des Rates über die Zuständigkeit und die Anerkennung und Vollstreckung von Entscheidungen in Ehesachen und in Verfahren betreffend die elterliche Verantwortung für die gemeinsamen Kinder der Ehegatten (ABl. 2000 Nr. L 160, S. 19).

Auf der Grundlage eines vom Rat der Europäischen Union vorgelegten Übereinkommens für die Mitgliedstaaten (Europol-Übereinkommen, ABl. 1995, Nr. C 316, S. 1; BGBl. 1997 II, S. 2150) ist das Europäische Polizeiamt (Europol) mit Sitz in Den Haag eingerichtet worden. Vorrangige Aufgabe von Europol ist ein verbesserter Informationsfluß zwischen den Mitgliedstaaten und die Sammlung von Erkenntnissen über Straftaten sowie deren Weitergabe an die nationalen Behörden (Art. 29 Abs. 6 des Europol-Übereinkommens). Nach dem *Vertrag von Amsterdam* wird das Tätigkeitsfeld von Europol auf die Durchführung operativer Aktionen zusammen mit den nationalen Behörden und weitere Formen der Unterstützung nationaler Ermittlungsmaßnahmen erweitert (Art. 30 Abs. 2 EU). Der Direktor und die sonstigen Bediensteten für Europol genießen völlige Weisungsfreiheit auch im Verhältnis zu den politischen Organen der Gemeinschaften. Mit dem Demokratieprinzip ist eine derartige Unabhängigkeit schwer zu vereinbaren. Jeder Mitgliedstaat hat eine nationale Kontrollinstanz zu bezeichnen, welche für die Überprüfung der Eingabe und des Abrufs personenbezogener Daten und der Übermittlung dieser Daten an Europol im Hinblick auf mögliche Verletzungen individueller Rechte auf nationaler Ebene zuständig ist (Art. 23 des Europol-Übereinkommens). Für die Kontrolle der Speicherung, Verarbeitung und Nutzung der bei Europol vorhandenen Daten durch Europol wird eine unabhängige gemeinsame Kontrollinstanz geschaffen, welche sich aus Mitgliedern der nationalen Kontrollinstanzen zusammensetzt (Art. 24 des Europol-Übereinkommens). Ein Protokoll eröffnet die Möglichkeit für nationale Gerichte, Vorabentscheidungen des EuGH über die Auslegung des Europol-Übereinkommens einzuholen (Europol-Auslegungsprotokoll, BGBl. 1997 II, S. 2170). Voraussetzung ist eine entsprechende Erklärung des jeweiligen Mitgliedstaates, die auch den Kreis der vorlageberechtigten Gerichte zu bezeichnen hat (Art. 2 des Protokolls). Nach dem deutschen Europol-Auslegungsprotokollgesetz ist jedes Gericht, dessen Entscheidungen selbst nicht mehr mit Rechtsmitteln angefochten werden können, verpflichtet, den EuGH anzurufen, wenn in einem schwebenden Verfahren die Auslegung des Europol-Übereinkommens fraglich ist (Art. 2 Abs. 2). Im übrigen kann jedes Gericht eine Vorabentscheidung zur Auslegung des Europol-Übereinkommens einholen (Art. 2 Abs. 1).

Das Protokoll über die Vorrechte und Immunitäten für Europol (BGBl. 1998 II, S. 974) räumt Europol Immunität von der Gerichtsbarkeit in bezug auf die Haftung wegen unzulässiger oder unrichtiger Datenverarbeitung (Art. 38 Abs. 1 des Europol-Übereinkommens) ein (Art. 2 Abs. 1). Weitreichende Immunität für in amtlicher Eigenschaft vorgenommene Äußerungen und Handlungen wird den Mitgliedern der Europol-Organe und dem sonstigen Personal gewährt (Art. 8 des Immunitäten-Protokollgesetzes). Hieran hat sich in Deutschland eine verfassungsrechtliche Kontroverse entzündet.

470 a Nach einem Beschluß des Europäischen Rates von Tampere soll im Rahmen der Gestaltung der Zusammenarbeit im Bereich des

§ 30. Polizeiliche und justitielle Zusammenarbeit in Strafsachen

Strafrechts neben Europol die Dokumentations- und Clearingstelle „EUROJUST" errichtet werden. Diese Stelle soll die Koordinierung nationaler Staatsanwaltschaften vor allem bei der Verfolgung schwerer organisierter Kriminalität fördern und die strafrechtlichen Ermittlungen im Zusammenwirken mit Europol unterstützen. Nach den bisherigen Überlegungen soll sich EUROJUST aus Mitgliedern, Delegierten oder Verbindungsbeamten der einzelnen EU-Mitgliedstaaten zusammensetzen, die nach Maßgabe ihres Heimatrechts tätig werden (siehe Mitteilung der Kommission zur Einrichtung von EUROJUST, KOM [2000], 746 endg.).

Literatur: *M. Baldus,* Europol und Demokratieprinzip, ZRP 1997, S. 286 ff.; *H. G. Fischer,* Die Zusammenarbeit in den Bereichen Justiz und Inneres – die „3. Säule" des Vertrages über die Europäische Union, EuZW 1994, S. 747 ff.; *J. A. Frowein/N. Krisch,* Der Rechtsschutz gegenüber Europol, JZ 1998, S. 589 ff.; *B. Meyring,* Die Reform der Bereiche Justiz und Inneres durch den Amsterdamer Vertrag, EuR 1999, S. 309 ff.; *P.-Ch. Müller-Graff* (Hrsg.), Europäische Zusammenarbeit in den Bereichen Justiz und Inneres, 1996; *K. Waechter,* Demokratische Steuerung und Kontrolle einer Europäischen Polizei, ZRP 1996, S. 167 ff.

§ 31. Entwicklungsperspektiven für die Europäische Union

471 Die Aufnahme unter das Dach der Europäischen Union entspricht den legitimen Erwartungen vieler Nachbarn in Mittel- und Osteuropa oder aus dem Mittelmeerraum. Nach dem Ergebnis des *Gipfels von Amsterdam* hat die Europäische Kommission mit ihrem Programm „Agenda 2000" ein Signal für die beitrittswilligen Länder gesetzt. Danach bilden Polen, Ungarn, die Tschechische Republik, Estland und Slowenien die nächsten Beitrittskandidaten. Eine gleiche Anwartschaft auf einen Beitritt will die Kommission dem geteilten Inselstaat Zypern einräumen. Mit den ersten Beitritten aus dem Kreis dieser Staaten dürfte um das Jahr 2004 zu rechnen sein. Der EU-Gipfel von Helsinki (November 1999) hat auch Lettland, Litauen, der Slowakei, Rumänien, Bulgarien, Malta und (nach erheblichem Ringen) der Türkei eine Beitrittsperspektive eröffnet.

Um die Beitrittskandidaten aus Mittel- und Osteuropa zur Beitrittsreife zu führen, hat die Europäische Kommission das Konzept einer „Beitrittspartnerschaft" entwickelt (mit der Übernahme bestimmter Verpflichtungen der Bewerber im Hinblick auf politische und wirtschaftliche Standards einerseits und der Gewährung erheblicher Strukturhilfen durch die Europäische Union andererseits).

472 Die geplante Erweiterung der Europäischen Union hat die Reform des institutionellen Systems zu einer dringlichen Aufgabe gemacht. Das *Vertragswerk von Nizza* hat sich dieser Aufgabe angenommen. Namentlich die stärkere Berücksichtigung des demographischen Faktors bei den Stimmengewichten im Rat und bei der Sitzverteilung im Europäischen Parlament sowie die Begrenzung der Zahl der Kommissionsmitglieder sind wichtige Schritte in Richtung auf die Erweiterungsfähigkeit der Europäischen Union. Letztlich dürfte bei einer erweiterten Europäischen Union auch eine Veränderung der Gewichte im EZB-Rat angezeigt sein.

Die Revisionskonferenz von *Nizza* hat Zweifel daran genährt, ob Regierungskonferenzen mit ihrem zähen Ringen um nationale Positionen überhaupt das geeignete Forum für Reformprozesse darstellen. Auf der anderen Seite bildet der Austrag nationaler Interessenkonflikte ein „natürliches" Element in der Geschichte der europäischen Integration.

Das vielfach diagnostizierte „Demokratiedefizit" der Entscheidungsprozesse bildet weiterhin ein wichtiges Thema der Diskussion über das System der Europäischen Union und der Gemeinschaften. Zu bedenken ist dabei, daß sich der bestimmende Einfluß des Rates der Europäischen Union und damit der nationalen Regierungen nur mit großer Behutsamkeit beschneiden läßt. Denn die Mitwirkung der Regierungsvertreter transportiert staatsrechtliche Bindungen, welche die Rücksicht auf nationale Verfassungssubstanz und Einflußmöglichkeiten der nationalen Parlamente sichern.

Das bisherige Erfordernis der Zustimmung aller Mitgliedstaaten zu Neuaufnahmen darf sich nicht langfristig zum Hindernis für weitere Beitrittskandidaten im Wartestand auswachsen. Zu fragen ist auch, ob künftig jede Änderung der Europäischen Verträge weiterhin vom Konsens aller Mitgliedstaaten abhängig sein soll. Hieran knüpfen sich – etwa aus deutscher Sicht – schwierige verfassungsrechtliche Probleme.

Schließlich bleibt zu hoffen, daß die Perspektive einer Osterweiterung der Europäischen Union die nötigen Impulse für eine grundlegende Reform der kostenintensiven Agrar- und Strukturpolitik freisetzen wird. In der „Agenda 2000" schlägt die Kommission vor, die neuen Mitgliedstaaten in die Vergünstigungen der Strukturfonds aufzunehmen und deswegen die Leistungen an die bisherigen Mitgliedstaaten langfristig zu reduzieren (von 31,3 Milliarden ECU im Jahre 1997 auf 27,3 Milliarden ECU im Jahre 2006). Kürzungen bei den Agrarzahlungen sollen nach den Kommissionsvorschlägen sicherstellen, daß die (Ost-)Erweiterung der Europäischen Union nicht zu einer dramatischen Aufblähung der Agrarausgaben führt. Die Vorschläge der Kommission zur Agenda 2000 haben mit einigen Änderungen die Billigung der Staats- und

Regierungschefs auf dem Berliner Gipfel im März 1999 und des Europäischen Parlaments gefunden. Vor allem in Deutschland nimmt die Diskussion über eine „europäische Verfassung" seit einiger Zeit breiten Raum ein. In einem weiteren Sinne läßt sich schon das Gefüge des Vertrags über die Europäische Union und der Gemeinschaftsverträge als eine Art „Verfassungssystem" verstehen, wenn man sich der Unterschiede zu einer Staatsverfassung bewußt bleibt. Bei dem Ruf nach einem besonderen Verfassungsdokument schwingen verschiedene Sehnsüchte mit: verstärkte Beteiligung der Unions-"Bürger" an der rechtlichen Grundordnung der Europäischen Union, verstärkter Schutz der Grundrechte, Absicherung bestimmter Strukturprinzipien (wie etwa der sozialen Gerechtigkeit), welche die Kompetenzen der Europäischen Union und der Gemeinschaften mit schärferen Konturen begrenzt. Hier scheinen oftmals überspannte Erwartungen an die Leistungsfähigkeit einer solchen Verfassungsurkunde mitzuschwingen. Als Weg zur Sicherung von nationalen Regelungsspielräumen wird – namentlich in Deutschland – über die Schaffung eines Kompetenzkataloges diskutiert, welcher einer überbordenden Inanspruchnahme von Regelungszuständigkeiten der Europäischen Gemeinschaften entgegenwirken soll. Ein solcher Kompetenzkatalog soll aus deutscher Sicht nicht nur die Balance zwischen der Europäischen Union und den Mitgliedstaaten wahren helfen, sondern auch das staatsrechtliche Eigenleben der deutschen Länder sichern. Bei unbefangener Betrachtungsweise erscheint der Weg einer konturenschärferen Kompetenzabgrenzung nach dem Vorbild föderaler Verfassungen durchaus geeignet, den „Kompetenzhunger" der Gemeinschaften und ihrer Organe zu dämpfen. Auch das Argument mancher Kritiker, ein solcher Katalog würde die Integrationsdynamik der Europäischen Union zerstören, erscheint nicht überzeugend. Jedoch würde eine enumerative Auflistung von Gemeinschaftskompetenzen nach Sachgebieten (wie sie etwa das Grundgesetz mit seinen Kompetenzkatalogen kennt) einen völligen Umbruch der gegenwärtigen Zuständigkeitsordnung darstellen. Denn in den Europäischen Gemeinschaften herrscht eine ganz andere Kompetenzstruktur als im Grundgesetz. Hier stehen finale, vor allem auf die Verwirklichung des Binnenmarktes ausgerichtete Kompetenzen im Vordergrund. Derartige finale Kompetenzen sind es auch, welche die Sorge vor einer weiteren Aushöhlung nationaler Gestaltungsspielräume nähren. Eine grundsätzliche Umpolung der Gemeinschaftskompetenzen von einer finalen Ausrichtung zugunsten einer gegenständlichen Umschreibung erscheint (auch im Hinblick auf den transatlantischen Wettbewerb) wenig sinnvoll und wäre auch politisch ein kaum aussichtsreiches Unterfangen. Die Problematik einer Neustrukturierung der Kompetenzverteilung zeigen die bisherigen Bemühungen zur Ausarbeitung detaillierter Kompetenzkataloge. In ihrem Bemühen um Vollständigkeit erinnern diese Entwürfe an die Kodifikationswerke des aufgeklärten Absolutismus. Sie machen ein Fundamentalproblem jeder Kompetenzabgrenzung nach Regelungsmaterien deutlich: Denn sie weisen in vielen Bereichen den Europäischen Gemeinschaften mehr an Kompetenzen zu, als sie gegenwärtig zu beanspruchen vermögen. Auf der anderen Seite mag man in einzelnen Bereichen sehr wohl über eine Beschneidung der Gemeinschaftskompetenzen nachdenken, um dem „Systemwettbewerb" der nationalen Rechtsordnungen innerhalb der Europäischen Union größeren Raum zu geben. Dies gilt namentlich im Rahmen der Ermächtigung zur Harmonisierung im Interesse des Binnenmarktes (Art. 95 EG); dort spricht manches für eine Erweiterung zulässiger nationaler „Alleingänge". Im übrigen steht das Streben nach einer Sicherung nationaler Regelungsspielräume durch eine gegenständliche Kompetenzabgrenzung in einem merkwürdigen Gegensatz mit dem vor allem von deutscher Seite geforderten Ausbau des Mehrheitsprinzips. Daneben belegt ein Blick auf die Praxis der europäischen Gesetzgebung und der Rechtsprechung, daß viele Kompetenzprobleme gar nicht in den Ermächtigungen der Gemeinschaftsverträge wurzeln. Vielmehr stehen hinter der wirklichen oder angeblichen „Regelungswut" der Europäischen Gemeinschaften auch von deutscher Seite mitgetragene Interessen von Wirtschaftsverbänden und anderen „Fachbruderschaften". Der Vorwurf, mit beachtlicher Blauäugigkeit und fröhlicher Unbefangenheit am dichteren Netzwerk des sekundären Gemeinschaftsrechts mitgestrickt zu haben, trifft wohl alle Bundeskabinette der letzten Jahrzehnte. In nicht wenigen Verfahren vor dem Europäischen Gerichtshof hat die Bundesregierung sich auf Umsetzungsschwierigkeiten berufen, welche sich schon bei der Zustimmung zu den entsprechenden Regelungen aufgedrängt haben.

Beim Ruf nach einer europäischen „Verfassung" ist daran zu erinnern, daß auf absehbare Zeit kein genuin „europäischer" *pouvoir constituant* (verfassungsgebende Gewalt) bestehen wird, welcher sich von den Mitgliedstaaten als eigenständige Legitimationsquelle abhebt. Vielmehr wird sich auch in näherer Zukunft die Fortentwicklung der rechtlichen Grundordnung der Europäischen Union im Wege der Vertragsänderung (unter maßgeblicher Mitwirkung der nationalen Parlamente) vollziehen. Es ist bezeichnend, daß die Debatte um eine europäische Verfassung außerhalb Deutschlands die Gemüter recht wenig bewegt. Immerhin hat auf der Ebene des Europäischen Rates eine Facette der Verfassungsdebatte Gestalt angenommen: die im Dezember 2000 proklamierte Charta der Grundrechte der Europäischen Union.

Zuspruch hat der Vorschlag einer Arbeitsgruppe (Dehaene, Lord Simon und von Weizsäcker) gefunden, die vertraglichen Grundlagen aufzuspalten. Danach sollen die tragenden Prinzipien in einer „verfassungsvertraglichen Grundordnung" enthalten sein, die wie bisher nur mit Einstimmigkeit geändert werden kann. Die eher „technischen" Regelungen ohne grundlegende Bedeutung könnten nach diesem Vorschlag dagegen mit qualifizierter Mehrheit einer Änderung zugeführt werden, ohne daß es hierfür jeweils einer schwerfälligen Staatenkonferenz bedarf. Dieses Modell birgt allerdings für manche Mitgliedstaaten (auch die Bundesrepublik Deutschland) verfassungsrechtliche Probleme.

Das *Vertragswerk von Nizza* hat als institutionelle „Mini-Reform" wesentliche Fragen der künftigen Gestalt der Europäischen Union und der Gemeinschaften offen gelassen. Deshalb hat sich die Konferenz von Nizza (in einer in die Schlußakte aufgenommenen Erklärung zur Zukunft der Europäischen Union) darauf verständigt, im Jahre 2004 eine neue Revisionskonferenz einzuberufen. Der Revisionsprozeß soll sich vor allem auf

§ 31. Entwicklungsperspektiven für die Europäische Union

- die präzise Kompetenzverteilung im Verhältnis von Europäischer Union und Mitgliedstaaten,
- den rechtlichen Status der Charta der Grundrechte der Europäischen Union,
- die technische Vereinfachung der Verträge im Interesse besserer Verständlichkeit und
- die Rolle der nationalen Parlamente in der „Europäischen Architektur"

erstrecken.

Zur Vorbereitung der nächsten Regierungskonferenz zu einer Reform der vertraglichen Grundlagen der Europäischen Union hat der Europäische Rat auf seiner Konferenz von Laeken am 14./15. Dezember 2001 beschlossen, einen Konvent zu berufen. Dieses Gremium soll nach dem Vorbild des Konvents agieren, der die Charta der Grundrechte der Europäischen Union ausgearbeitet hat. Dem Konvent werden 15 Vertreter der Staats- und Regierungschefs der Mitgliedstaaten (ein Vertreter pro Mitgliedstaat), 30 Mitglieder der nationalen Parlamente (zwei Abgeordnete pro Mitgliedstaat), 16 Mitglieder des Europäischen Parlaments und zwei Vertreter der Kommission angehören. Sich um einen Beitritt zur Europäischen Union bewerbende Länder werden an den Beratungen des Konvents beteiligt und mit je einem Regierungsvertreter sowie zwei Abgeordneten des nationalen Parlaments mitwirken. Dabei können sie einen Konsens, der sich zwischen den EU-Mitgliedstaaten ergibt, nicht verhindern. Zum Präsidenten des Konvents hat der Europäische Rat den früheren französischen Staatspräsidenten Valéry Giscard d'Estaing ernannt. Als Beobachter sind Vertreter des Wirtschafts- und Sozialausschusses, der europäischen Sozialpartner, des Ausschusses der Regionen und der europäische Bürgerbeauftragte eingeladen.

Literatur: *A. v. Bogdandy/J. Bast,* Die vertikale Kompetenzordnung der Europäischen Union, EuGRZ 2001, S. 441 ff.; *T. Fischer/N. Schley,* Europa föderal organisieren, 1999; *D. Grimm,* Braucht Europa eine Verfassung?, JZ 1995, S. 581 ff.; *J. F. Lindner,* EG-Grundrechtscharta und gemeinschaftsrechtlicher Kompetenzvorbehalt, DÖV 2000, S. 543 ff.; *O. Mayer/H.-E. Scharrer* (Hrsg.), Osterweiterung der Europäischen Union, 1997; *I. Pernice,* Kompetenzabgrenzung im Europäischen Verfassungsverbund, JZ 2000, S. 866 ff.; *T. Schmitz,*

Integration in der supranationalen Union, 2001; *R. Steinberg,* Grundgesetz und Europäische Verfassung, ZRP 1999, S. 365 ff.; *R. Scholz/H. Hofmann,* Perspektiven der europäischen Rechtsordnung, ZRP 1998, S. 295 ff.; *J. Schwarze,* Auf dem Wege zu einer europäischen Verfassung, DVBl. 1999, S. 1677 ff.

4. Teil. Sonstige Formen der Zusammenarbeit auf dem Gebiet der Verteidigungs- und Sicherheitspolitik

§ 32. Westeuropäische Union (WEU)

I. Die WEU als Verteidigungsbündnis und als System kollektiver Sicherheit

Die Westeuropäische Union (WEU) bildet im Kern ein System kollektiver Selbstverteidigung (Verteidigungsbündnis). Ihre Ursprünge liegen in einer Allianz westeuropäischer Staaten (zunächst Frankreich und Großbritannien, später auch die Benelux-Staaten) zum Schutz gegen politische und militärische Bedrohungen durch die Sowjetunion und Deutschland (Vertrag von Dünkirchen von 1947, Brüsseler Vertrag von 1948). In ihrer gegenwärtigen Gestalt geht die WEU auf den Brüsseler Vertrag von 1954 und Änderungsprotokolle aus dem gleichen Jahre zurück, welche mit einer neuen Zielsetzung im Dienste der fortschreitenden Integration Europas dem Beitritt Deutschlands und Italiens Rechnung tragen. Wesentliches Vertragsziel ist der wechselseitige Beistand „bei der Aufrechterhaltung des internationalen Friedens und der internationalen Sicherheit und im Widerstand gegen jede Angriffspolitik" (Präambel WEU-Vertrag). In jüngerer Zeit ist die Mitwirkung der WEU bei Maßnahmen der regionalen Friedenssicherung unter dem Dach der Vereinten Nationen und der OSZE in den Vordergrund getreten. Während der Washingtoner NATO-Vertrag (Nordatlantikpakt) im Falle eines Angriffes auf einen oder mehrere Vertragsparteien die Entscheidung über die erforderlichen Beistandsmaßnahmen in das Ermessen der Mitglieder stellt (Art. 5 NATO-Vertrag), enthält der WEU-Vertrag eine wesentlich umfassendere Beistandspflicht (Art. V WEU-Vertrag):

473

"Sollte einer der Hohen Vertragschließenden Teile das Ziel eines bewaffneten Angriffs in Europa werden, so werden ihm die anderen Hohen Vertragschließenden Teile im Einklang mit den Bestimmungen des Artikels 51 der Satzung der Vereinten Nationen alle in ihrer Macht stehende militärische und sonstige Hilfe und Unterstützung leisten".

474 Mitglieder der WEU sind Belgien, Deutschland, Frankreich, Griechenland, Italien, Luxemburg, die Niederlande, Portugal, Spanien und Großbritannien. Als assoziierte Mitglieder sind der WEU Island, Norwegen, Polen, die Tschechische Republik, die Türkei und Ungarn verbunden. Bloßen Beobachterstatus haben Dänemark, Finnland, Irland, Österreich und Schweden. Eine Reihe mittel- und osteuropäischer Staaten haben den Status assoziierter Partner.

Organe der WEU sind die Versammlung (bestehend aus Vertretern der Vertragsmächte bei der Beratenden Versammlung des Europarates) und der (sich aus Vertretern der einzelnen Regierungen zusammensetzende) Rat.

475 Eine wesentliche Funktionsänderung hat die WEU durch die allmähliche Heranführung an die Europäische Union und die Erweiterung ihrer Zielsetzungen auf eine militärische Konfliktbewältigung im Dienste der internationalen Friedenssicherung erfahren. Die sogenannte *„Petersberg-Erklärung"* der Außen- und Verteidigungsminister von 1992 (Bull. BReg. 1992, Nr. 68, S. 649; EA 1992, D 479) bietet die Unterstützung der WEU für die Durchführung von Maßnahmen der Konfliktbewältigung der KSZE (jetzt: OSZE) oder des Sicherheitsrates der Vereinten Nationen an und sieht dafür auch die Bereitstellung militärischer Einheiten unter der Befehlsgewalt der WEU vor:

„I.2. In dem Maße, wie die WEU ihre operativen Fähigkeiten im Einklang mit der Maastrichter Erklärung weiterentwickelt, sind wir bereit, je nach den Umständen des betreffenden Falles und nach Maßgabe unserer eigenen Verfahren die wirksame Durchführung von Konfliktverhütungs- und Krisenbewältigungsmaßnahmen einschließlich friedenserhaltender Aktivitäten der KSZE oder des Sicherheitsrats der Vereinten Nationen zu unterstützen. Dies wird unbeschadet möglicher Beiträge anderer KSZE-Staaten und anderer Organisationen zu diesen Aktivitäten geschehen.
...
II.4. Militärische Einheiten der WEU-Mitgliedstaaten, die unter der Befehlsgewalt der WEU eingesetzt werden, könnten neben ihrem Beitrag zur

gemeinsamen Verteidigung in Übereinstimmung mit Artikel 5 des Washingtoner Vertrags bzw. Artikel V des geänderten Brüsseler Vertrages auch für folgende Zwecke eingesetzt werden:
- humanitäre Aufgaben und Rettungseinsätze;
- friedenserhaltende Aufgaben;
- Kampfeinsätze bei der Krisenbewältigung, einschließlich Maßnahmen zur Herbeiführung des Friedens".

Diese Zwecke wurden durch den *Amsterdamer Vertrag* in den EU ausdrücklich übernommen (Art. 17 Abs. 2 EU). Mittlerweile hat die EU die sog. „Petersberg-Aufgaben" übernommen (hierzu unten, II). Hiervon unberührt bleibt das Recht der einzelnen WEU-Mitglieder, nach ihrem innerstaatlichen Recht über die Teilnahme an bestimmten Operationen zu entscheiden. Mit dieser Mitwirkung an der Durchsetzung von Resolutionen des Sicherheitsrates zur internationalen Friedenssicherung (etwa Überwachung des Waffen- und Handelsembargos gegen Restjugoslawien [Bundesrepublik Jugoslawien] in der Adria) hat sich die WEU als Regionalorganisation im Sinne des VIII. Kapitels der UN-Charta betätigt. **476**

Für das Bundesverfassungsgericht bleibt diese von den Außen- und Verteidigungsministern vereinbarte Funktionserweiterung noch unterhalb der Schwelle einer vertraglichen Regelung und bedurfte deshalb nicht der parlamentarischen Zustimmung nach Art. 59 Abs. 2 Satz 1 GG (BVerfGE 90, 286 [365 ff.]).

In der sogenannten „*Kirchberg-Erklärung*" von 1994 (Bull. BReg. 1994, Nr. 46, S. 405) betont der Rat der WEU die Bereitschaft, mit der NATO bei der Bewältigung von Krisen zusammenzuarbeiten und eine verbesserte Abstimmung der Strukturen beider Organisationen herbeizuführen. Besondere Vereinbarungen zwischen NATO und WEU zielen auf den Aufbau einer gemeinsamen Sicherheitsarchitektur. Von besonderer Bedeutung ist dabei der Aufbau Alliierter Streitkräftekommandos für Operationen im Sinne der „*Petersberg-Erklärung*" unter dem Dach der NATO *(Combined Joined Task Forces, CJTF)*.

Der WEU-Vertrag kann nach Ablauf von 50 Jahren unter Einhaltung einer einjährigen Frist von den Vertragspartnern gekündigt werden (Art. XII Abs. 3 WEU-Vertrag).

II. Übergang von WEU-Aufgaben auf die Europäische Union

477 Die sog. „Petersberg-Aufgaben" bei der Krisenbewältigung hat der *Vertrag von Amsterdam* in die GASP miteinbezogen (Art. 17 Abs. 2 EU): „humanitäre Aufgaben und Rettungseinsätze, friedenserhaltende Aufgaben sowie Kampfeinsätze bei der Krisenbewältigung einschließlich friedensschaffender Maßnahmen".

Der Europäische Rat hat auf seiner Tagung in Köln (3./4. Juni 1999) beschlossen, daß die (militärischen und sonstigen) Fähigkeiten der Mitgliedstaaten bei der Krisenbewältigung sowie die geeigneten Strukturen für eine effektive Beschlußfassung der Europäischen Union entwickelt werden sollen. Die Europäische Union hat die sog. „Petersberg-Aufgaben" der WEU an sich gezogen und zu diesem Zweck eigene operative Fähigkeiten entwickelt. Der Rat der WEU hat auf der Tagung von Marseille (13. November 2000) beschlossen, einer Aufgabenverlagerung auf die Europäische Union durch einen weitgehenden funktionelle und strukturellen Rückschnitt der WEU Rechnung zu tragen. Residualfunktionen der WEU beziehen sich im wesentlichen auf Aufgaben eines Verteidigungsbündnisses (Art V WEU-Vertrag). Daneben nimmt die WEU weiterhin gewisse Aufgaben bei der Rüstungszusammenarbeit der WEU-Mitglieder und der assoziierten Mitglieder wahr. Das Gene-ralsekretariat der WEU ist von Paris nach Brüssel verlagert worden, während der WEU-Militärstab ganz aufgelöst wurde. Im Lichte dieser Entwicklung sollen nach dem *Vertrag von Nizza* die Verweise auf die Verflechtung der Gemeinsamen Verteidigungspolitik der Europäischen Union mit der WEU in Art. 17 EU entfallen.

Dokumente: Communiqué zur Ministertagung des Nordatlantik-Rates vom 3. Juni 1996 in Berlin (Bull.BReg. 1996, Nr. 47, S. 505); Birmingham-Erklärung des Rates der WEU vom 7. Mai 1996 (Bull.BReg. 1996, Nr. 48, S. 517); „Marseiller Erklärung" des Rates der WEU vom 13. November 2000 (http://www.weu.int/eng/comm/00-marseille.htm.).

§ 32. Westeuropäische Union (WEU)

Literatur: *A. Bloed/R. A. Wessel* (Hrsg.), The Changing Functions of the Western European Union (WEU), 1994; *G. Nolte,* Die neuen Aufgaben von NATO und WEU: Völker- und verfassungsrechtliche Fragen, ZaöRV 54 (1995), S. 95 ff.

§ 33. Organisation für Sicherheit und Zusammenarbeit in Europa (OSZE)

I. Entwicklung des KSZE-Prozesses bis hin zur OSZE

478 Die Organisation für Sicherheit und Zusammenarbeit in Europa (OSZE) bildet den organisatorischen Rahmen für einen ständigen zwischenstaatlichen Verständigungsprozeß, bei dem sich allmählich bestimmte Institutionen herausgebildet haben. Die ursprüngliche Bezeichnung „Konferenz für Sicherheit und Zusammenarbeit in Europa" (KSZE) bringt diesen prozeßhaften Charakter mit der Fortentwicklung durch Regierungskonferenzen zum Ausdruck. Erster Meilenstein des KSZE-Prozesses ist die Schlußakte der Konferenz von *Helsinki* (1975), die von den Repräsentanten der politischen Führung der beteiligten Staaten (Staats-, Regierungs- und Parteichefs) unterzeichnet wurde (Bull. BReg. 1975, Nr. 102, S. 965; EA 1975, D 437; ILM 14 [1975], S. 1292). Teilnehmer waren 34 Staaten Europas und Nordamerikas (USA und Kanada) und der Heilige Stuhl. Herzstück der KSZE-Schlußakte ist die Erklärung der Teilnehmerstaaten zu den ihre Beziehungen untereinander bestimmenden zehn Leitprinzipien:

> (I.) Souveräne Gleichheit und Achtung der mit der Souveränität verbundenen Rechte, (II.) Absage an die Androhung oder Anwendung von Gewalt, (III.) Unverletzlichkeit der Grenzen, (IV.) territoriale Integrität der Staaten, (V.) friedliche Beilegung von Streitigkeiten, (VI.) keine Einmischung in innere Angelegenheiten, (VII.) Anerkennung der Menschenrechte und Grundfreiheiten einschließlich der Gedanken-, Gewissens-, Religions- und Glaubensfreiheit, (VIII.) Gleichberechtigung und Selbstbestimmungsrecht der Völker, (IX.) Zusammenarbeit zwischen den Staaten und (X.) die Erfüllung völkerrechtlicher Verpflichtungen nach Treu und Glauben.

479 Die Schlußakte soll ausdrücklich keine völkerrechtlichen Verpflichtungen begründen und deswegen nicht wie völkerrechtliche Verträge bei den Vereinten Nationen hinterlegt werden. Dennoch hat die KSZE-Schlußakte von Helsinki ebenso wie die Dokumente der nachfolgenden Konferenzen weiterreichende Bedeutung als eine bloße politische Absichtserklärung. Alle Prinzipien, zu denen sich die Teilnehmerstaaten förmlich bekennen, werden auf die Ebene völkerrechtlicher Verbindlichkeit gehoben und zum Maßstab zwischenstaatlicher Beziehungen gemacht. Dies gilt auch für Prinzipien mit einer binnengerichteten Dimension wie dem Schutz der Menschenrechte und Grundfreiheiten, die klar aus den vom Einmischungsverbot gedeckten inneren Angelegenheiten herausgelöst werden. In der Relativierung des Interventionsverbotes liegt von Anfang an einer der wesentlichen Impulse, die vom KSZE-Prozeß für eine gesamteuropäische Wertegemeinschaft ausgegangen sind. Freilich hat sich erst mit dem Zusammenbruch des kommunistischen Systems in Osteuropa das „westliche" Verständnis der Menschenrechte als staatengerichtete Gewährleistungen in einer pluralistischen Ordnung umfassend im KSZE-Teilnehmerkreis durchgesetzt.

Im Dokument der Pariser Gipfelkonferenz der KSZE, der **480** *„Charta von Paris für ein neues Europa"* vom 21. November 1990 (Bull. BReg. 1990, Nr. 137, S. 1409; EA 1990, D 656; EuGRZ 1990, S. 517; ILM 30 [1991], S. 190) findet die Überwindung des Ost-West-Gegensatzes auf der Basis gemeinsamer Grundwerte markanten Ausdruck. Die Staats- und Regierungschefs der Teilnehmerstaaten der Pariser KSZE-Konferenz bekennen sich in diesem Dokument zu Menschenrechten, Demokratie und Rechtsstaatlichkeit als miteinander verflochtenen Grundsätzen. Ausdrücklich Niederschlag findet dabei das Bekenntnis der Gewährleistung des Eigentums, des Minderheitenschutzes und des effektiven Rechtsschutzes gegen die Verletzung subjektiver Rechte. In prononcierter Weise betont die Charta von Paris den Zusammenhang von wirtschaftlicher Freiheit und politischem Pluralismus bei der Entwicklung marktwirtschaftlicher Ordnungen:

„Freiheit und politischer Pluralismus sind notwendige Elemente unserer gemeinsamen Bemühungen um die Entwicklung von Marktwirtschaften hin zu dauerhaftem Wirtschaftswachstum, Wohlstand, sozialer Gerechtigkeit, wachsender Beschäftigung und rationeller Nutzung der wirtschaftlichen Ressourcen. Der Erfolg von Ländern, die den Übergang zur Markwirtschaft anstreben, ist wichtig und liegt in unser aller Interesse."

481 Ein Zusatzdokument zur Charta von Paris ist dem institutionellen Ausbau des KSZE-Systems gewidmet. Das Dokument des Moskauer Treffens der Konferenz über die menschliche Dimension der KSZE vom 3. Oktober 1991 (EA 1991, D 579; EuGRZ 1991, S. 495; ILM 30 [1991], S. 1670) löst die Verpflichtung zu demokratischen Strukturen in prägnanter Weise aus dem Binnenbereich der einzelnen Staaten heraus. In bis vor kurzem schlicht unvorstellbarer Deutlichkeit wird eine gemeinsame Verantwortung für demokratische Prinzipien in den einzelnen KSZE-Teilnehmerstaaten statuiert und im Falle von Umsturzversuchen die solidarische Unterstützung demokratisch legitimierter Organe eingefordert. Die Anforderungen an eine demokratische Binnenstruktur werden damit „internationalisiert":

> „Die Teilnehmerstaaten ... werden – in Übereinstimmung mit der Charta der Vereinten Nationen – im Falle eines durch undemokratische Mittel herbeigeführten Sturzes oder des versuchten Sturzes einer rechtmäßig gewählten Regierung eines Teilnehmerstaates die rechtmäßigen Organe dieses Staates, die für Menschenrechte, Demokratie und Rechtsstaatlichkeit stehen, mit großem Nachdruck unterstützen, um ihrer gemeinsamen Verpflichtung nachzukommen, sich jeglichem auf eine Verletzung dieser Grundsätze abzielenden Versuch entgegenzustellen" (Beschlüsse von Moskau, II.17.2).

482 In diesem Beistandsbekenntnis liegt (im Gegensatz zu einem gelegentlich in der Rechtslehre erweckten Eindruck) nicht etwa eine Ermächtigung zur gewaltsamen Intervention im Dienste von Demokratie, Menschenrechten und Rechtsstaatlichkeit. Dies ergibt sich schon aus dem Verweis auf die UN-Charta und damit auf das völkerrechtliche Gewaltverbot. Außerdem handelt es sich bei dem Moskauer Dokument nicht um eine Ermächtigung in Vertragsform. Wohl aber hebt das Moskauer Dokument diese Prinzipien aus dem Kreis der internen Angelegenheiten heraus und befreit die Teilnehmerstaaten bei solidarischen Aktionen zur Sicherung demokratischer Strukturen von den Fesseln des Interventionsverbotes. Möglich sind danach etwa wirtschaftliche Sanktionen. Denkbar ist auch, dem Moskauer Dokument eine antizipierte Einwilligung zur Suspendierung von Vertragspflichten beim gemeinsamen Vorgehen gegen Umsturzversuche zu entnehmen.

Das Dokument der Helsinki-Gipfelkonferenz vom 10. Juli 1992 **483**
(Bull. BReg. 1992, Nr. 82, S. 777; EA 1992, D 533; EuGRZ
1992, S. 372; ILM 31 [1992], S. 1385) rückt die politische Krisenbewältigung als neue Aufgabe der KSZE und die Entwicklung hierfür angemessener Strukturen in den Vordergrund. Besonders hervorgehoben werden dabei die Mechanismen der Frühwarnung, Konfliktverhütung und Krisenbewältigung sowie vertragliche Regelungen zur friedlichen Beilegung von Streitfällen (Helsinki-Beschlüsse, III.). Vorgesehen ist dabei die Unterstützung durch NATO, WEU oder die Gemeinschaft Unabhängiger Staaten (GUS). Die KSZE erklärt sich selbst zu einer „regionalen Abmachung" im Sinne von Kapitel VIII der UN-Charta (Beschlüsse, IV.2). Die Generalversammlung der Vereinten Nationen verlieh der KSZE den Beobachterstatus. In Zusammenarbeit mit den Vereinten Nationen hat die KSZE Missionen in mehrere Nachfolgestaaten Jugoslawiens und der Sowjetunion entsandt.

Im Dezember 1992 verständigten sich die KSZE-Staaten auf ein **484**
Übereinkommen über Vergleichs- und Schiedsverfahren innerhalb der KSZE, das im Dezember 1994 in Kraft getreten ist (BGBl. 1994 II, S. 1326; EuGRZ 1995, S. 346). Auf der Grundlage dieses Übereinkommens wurde ein Vergleichs- und Schiedsgerichtshof errichtet, der die ihm unterbreiteten Streitigkeiten zwischen den Vertragsstaaten beilegen soll. Zu den Staaten, die das Übereinkommen ratifiziert haben, gehören Albanien, Dänemark, Deutschland, Finnland, Frankreich, Griechenland, Italien, Kroatien, Liechtenstein, Monaco, Österreich, Polen, Rumänien, San Marino, Schweden, die Schweiz, Slowenien, Tadschikistan, Ukraine, Ungarn, Usbekistan und Zypern.

Das Dokument der Budapester Gipfelkonferenz der KSZE vom **485**
6. Dezember 1994 (Bull. BReg. 1994, Nr. 120, S. 1097; EuGRZ 1995, S. 329; ILM 34 [1995], S. 764) „krönt" den institutionellen Ausbau des KSZE-Systems durch eine Umbenennung: Seit Beginn des Jahres 1995 firmiert die bisherige KSZE als *„Organisation für Sicherheit und Zusammenarbeit in Europa"* (OSZE). Zugleich beschloß die Gipfelkonferenz von Budapest eine weitere Stärkung des

institutionellen Gefüges. An diese Umbenennung sollen sich jedoch keine unmittelbaren Rechtsfolgen knüpfen:

„Durch den Namenswechsel von KSZE zu OSZE ändert sich weder der Charakter unserer KSZE-Verpflichtungen noch der Status der KSZE und ihrer Institutionen. Die KSZE wird in ihrer organisatorischen Entwicklung flexibel und dynamisch bleiben." (Beschlüsse von Budapest, I.29).

Damit wird klargestellt, daß die OSZE jedenfalls zunächst auch keine Organisation mit eigenen Rechten und Pflichten (also keine internationale Organisation im engeren Sinne) sein soll. Nach außen handeln immer noch nur die einzelnen Teilnehmerstaaten in ihrer Verbundenheit durch die KSZE-Institutionen. Es ist aber denkbar, daß sich die OSZE in absehbarer Zeit zu einem Gebilde mit Völkerrechtspersönlichkeit und eigenständiger Handlungsfähigkeit nach außen entwickelt. Einen Schritt in diese Richtung bildet der Abschluß einer Vereinbarung zwischen der OSZE und der Bundesrepublik Jugoslawien über die Überwachung von Maßnahmen zur Befriedung des Kosovo vom 16. Oktober 1998.

Im Rahmen des Abkommens von *Dayton* von 1995 (ILM 35 [1996], 75) ist die OSZE mit der Umsetzung wichtiger ziviler Aspekte der Befriedung von Bosnien-Herzegowina betraut worden. Dabei soll die OSZE insbesondere freie und faire Wahlen garantieren sowie mit den Konfliktparteien über vertrauensbildende Maßnahmen verhandeln.

Auf der Gipfelkonferenz von Istanbul 1999 hat die OSZE die Europäische Sicherheitscharta (ILM 39 [2000], S. 255; EA 4/2000, S. 75) angenommen. In diesem Dokument bekennen sich die Teilnehmerstaaten zu effektiven Mechanismen für die Konfliktvorbeugung und die Bewältigung von stabilitätsbedrohenden Krisen. Unter anderem sollen innerhalb des Konfliktverhütungszentrums der OSZE ein Operationszentrum und „schnelle Einsatzgruppen für Expertenhilfe und Kooperation" (Rapid Expert Assistance and Co-operation Teams, REACT) eingerichtet werden.

II. Institutionen

Mittlerweile hat die OSZE ein stark ausdifferenziertes institutio- **486**
nelles System entwickelt (siehe Beschlüsse von Budapest, aaO,
I.15ff.; Zusatzdokument zur Charta von Paris, aaO, I.). Wichtigstes
Forum der OSZE sind die *Gipfeltreffen* der Staats- und Regierungschefs. Als zentrales beschlußfassendes und lenkendes Gremium der
OSZE fungiert der *Ministerrat* (auf Ebene der Außenminister).
Unterhalb der Ministerebene erörtert der *Hohe Rat* (zusammengesetzt aus hochrangigen Beamten der Außenministerien) den Erlaß politischer und allgemeiner budgetärer Richtlinien. Dieses Organ kommt mindestens zweimal jährlich in Prag zusammen. Der
Ständige Rat bildet das „reguläre, für die politische Konsultation
und Entscheidungsfindung zuständige Gremium". Er setzt sich aus
den ständigen Vertretern der Teilnehmerstaaten zusammen und
tagt in Wien. Die Gesamtverantwortung für die laufenden Aufgaben und die Koordinierung der OSZE-Aktivitäten liegt beim *Amtierenden Vorsitzenden*. Diese Position rotiert unter den Außenministern der Teilnehmerstaaten. Zusammen mit dem vorausgehenden
und dem nachfolgenden Vorsitzenden bildet der Amtierende Vorsitzende die sog. „*Troika*". Die *Parlamentarische Versammlung* (mit
Sitz in Kopenhagen) setzt sich aus parlamentarischen Delegationen
der Mitgliedstaaten zusammen (deren Umfang sich nach der Größe
der Länder richtet). Der Vorsitzende des Ministerrates erstattet der
Versammlung über die Arbeit der OSZE Bericht. Der (vom Ministerrat für drei Jahre mit Verlängerungsmöglichkeit) ernannte *Generalsekretär* handelt als Vertreter des Ministerrates und führt die
Aufsicht über das OSZE-Sekretariat, das Sekretariat des Konfliktverhütungszentrums und das Büro für Demokratische Institutionen
und Menschenrechte. Er bereitet die OSZE-Treffen vor und ist für
die Umsetzung der Beschlüsse zuständig. Das Amt des *Hohen
Kommissars für nationale Minderheiten* (mit Sitz in Den Haag) wurde
zur frühzeitigen Bewältigung von Minderheitenproblemen geschaffen. Das *Sekretariat* der OSZE hat seinen Sitz in Wien und
unterhält ein Zweigbüro in Prag. Eng mit dem Sekretariat ver-

flochten ist das *Konfliktverhütungszentrum*, das den Rat beim Abbau von Konfliktpotentialen unterstützt. Mit der Unterstützung von Wahlen und anderen Fragen der Demokratie sowie der Verwirklichung der Menschenrechte und rechtsstaatlicher Prinzipien befaßt sich das *Büro für Demokratische Institutionen und Menschenrechte*, das in Warschau seinen Sitz hat. Weiterhin hat die OSZE das Amt eines *Beauftragten für Medienfreiheit* (mit Sitz in Wien) eingerichtet. Als Element der OSZE-"Sicherheitsarchitektur" behandelt das *Forum für Sicherheitskooperation* Fragen der Rüstungskontrolle sowie vertrauens- und sicherheitsbildende Maßnahmen.

487 Die OSZE-Organe mit Ausnahme der Parlamentarischen Versammlung handeln grundsätzlich nach dem Konsensprinzip. Dies bedeutet, daß bei der Bewältigung von Konflikten grundsätzlich die Zustimmung aller Parteien erforderlich ist. Jedoch können nach dem Prager Dokument von 1992 (EA 1992, D 167; Abschnitt IV) bei groben Verstößen gegen die Menschenrechte oder gegen die demokratische und rechtsstaatliche Ordnung Maßnahmen auch ohne Zustimmung des betroffenen Staates getroffen werden (Konsensus minus eins-Verfahren). Nach den Bestimmungen über einen Vergleich auf Anordnung von 1992 (EuGRZ 1995, S. 351) können die an einem Konflikt beteiligten Teilnehmerstaaten auch ohne ihre Zustimmung angewiesen werden, sich einem Vergleichsverfahren zu unterziehen. OSZE-Staaten können sich zur Lösung eines Konfliktes untereinander eines Vermittlungsmechanismus für die Streitbeilegung (unter Einschaltung des Konfliktverhütungszentrums) bedienen („Valetta-Verfahren" für die friedliche Beilegung von Streitigkeiten, Verfahren vor einer Vergleichskommission). Dieser Mechanismus ist vom Streitbeilegungssystem nach dem Übereinkommen über Vergleichs- und Schiedsverfahren von 1992 zu unterscheiden.

488 Der KSZE-(Außen-)Ministerrat hat auf seiner Tagung von Rom „Bestimmungen über die Rechtsfähigkeit der KSZE-Institutionen sowie über Vorrechte und Immunitäten" beschlossen (Bull. BReg. 1993, Nr. 112, S. 1242). Darin ist für das Sekretariat, das Büro für Demokratische Institutionen und Menschenrechte und alle anderen vom OSZE-Ministerrat festgelegten Institutionen die Gewährung

§ 33. Sicherheit und Zusammenarbeit in Europa

von *Rechtsfähigkeit* im innerstaatlichen Rechtsverkehr vorgesehen, die insbesondere im Zivilrechtsverkehr die erforderliche Handlungsfähigkeit der Institutionen sichert. Außerdem sind nach diesen Bestimmungen den ständigen Missionen und den Vertretern von Teilnehmerstaaten sowie den OSZE-Beamten und den Teilnehmern von OSZE-Missionen näher umschriebene *Vorrechte* und *Immunitäten* zu gewähren.

Zum OSZE-System gehört der *Vergleichs- und Schiedsgerichtshof* in Genf, der durch das Übereinkommen über Vergleichs- und Schiedsverfahren von 1992 errichtet worden ist.

Literatur: *U. Fastenrath* (Hrsg.), Dokumente der Konferenz und der Orgarnistaion für Sicherheit und Zusammenarbeit in Europa (Stand: September 1999), Einführung; *M. Halberstam,* The Copenhagen Document: Intervention in Support of Democracy, Harvard International Law Journal 34 (1993), S. 163 ff.; *H. Honsowitz,* „OSZE zuerst": Die Neugestaltung des Verhältnisses zwischen UN und OSZE, VN 1995, S. 49 ff.; OSCE (Hrsg.), OSCE Handbook, 3. Aufl., Stand: Juni 2000; *B. Schlotter,* Die OSZE-Leistungsfähigkeit einer internationalen Organisation, Die Friedens-Warte 75 (2000), S. 11 ff.; Die *T. Schweisfurth,* Die juristische Mutation der KSZE – Eine internationale Organisation in statu nascendi, in: Festschrift für Rudolf Bernhardt, 1995, S. 213 ff.; *I. Seidl-Hohenveldern,* Internationale Organisationen aufgrund von soft law, in: Festschrift für Rudolf Bernhardt, 1995, S. 229 ff.; *H. Tretter,* Von der KSZE zur OSZE, EuGRZ 1995, S. 296 ff.

Sachverzeichnis

Die Angaben beziehen sich auf Randnummern.
Urteile des EuGH und des EGMR sind kursiv gesetzt.

Abfallimport 287, 294, 415
Abfallrichtlinie 418
Abgeordnete siehe Europäisches Parlament
Abkommen von Dublin 54, 280
acquis communautaire 160
AETR 191, 439
Agenda 2000, 471 f.
Agrarpolitik siehe Landwirtschaft
Air France./.British Airways 213
AKP-Staaten, siehe auch Lomé-Abkommen 63, 376, 453
Akzo 135
Alcan 254
Allgemeines Zoll- und Handelsabkommen siehe GATT
Almelo 364
Alpine Investments 326
Amsterdamer Vertrag, siehe Gipfel von Amsterdam, Vertrag von Amsterdam
Amtsblatt 176
Amtshaftung siehe Staatshaftung
Anerkennung von Diplomen 322
Angonese, 284, 311
Antidumpingzölle 215
APS 189, 193
Arbeitnehmerfreizügigkeit siehe Freizügigkeit der Arbeitnehmer
Arbeitnehmerüberlassungsgesetz 326
Arbeitsvermittlungsmonopol 362
Arbeitszeitrichtlinie 421
Arzneimittelagentur 192
Asorcarne 217
Assoziationsabkommen 452 ff.
– Beitrittsassoziierung 452
– Europaabkommen 454
– Freihandelsassoziierung 452

Asylpolitik 467
Atlanta 216
Atlanta III 447
Atlanta Fruchthandelsgesellschaft 222
Aubertin 323, 335
Aufenthaltsgesetz/EWG 316
Aufenthaltsrecht 314
Aufenthaltsrichtlinie 267
Ausfuhrregelung 370
Ausschüsse 199
Ausschuß der Regionen 156
Ausschuß der Ständigen Vertreter 116
Außenbeziehungen 60, 439 ff.
– Assoziierungsabkommen 452
– Außenkompetenzen 439 f.
– Entwicklungspolitik 63
– Europaabkommen 454
– Europäische Freihandelsassoziation 60
– Europäischer Wirtschaftsraum 60, 457
– GATT und Welthandelsorganisation 440 ff.
– Transatlantische Wirtschaftsbeziehungen 458

Badeck, 427
Balkan-Import-Export II 255
Bananenmarktordnung 447
Bananenstreit 216, 227, 338, 446 ff.
Banken 366
Barkoci und Malik 454
BASF 135, 202
Baustahlgewebe GmbH, 171
Becker 183, 255
Beihilfen 252 ff., 343, 366
Belgien ./. Kommission 366
Benthem ./. Niederlande 25

Beschäftigungspolitik 430
Bickel 98
Bildungspolitik 432
Binnenmarkt 272 ff., siehe auch Gemeinsamer Markt
– Abkommen von Schengen und Dublin 277
– Binnengrenzen 273
– Instrumentarium zur Verwirklichung 275
– Verhältnis zum Gemeinsamen Markt 274
– Zieltermin 274
Binnenzölle siehe Zölle
Biopatentrichtlinie 334
Biotechnologische Erfindungen 334
Bleis 313
Bocksbeutel 295
Bordessa 330
Bosman 284, 310 f.
Bozkurt 456
Brasserie du Pecheur 235 ff.
Brasserie du Pecheur (Vorlagebeschluß BGH) 237
British Telecommunications 235 f.
Bronner 351
Bronzino 316
BSE 172
BUG-Alutechnik 253, 367
Buitoni 172
Bulk Oil 371
Bundesländer siehe Rat der Europäischen Gemeinschaften
Bundesrat siehe Rat der Europäischen Gemeinschaften
Bundestag siehe Rat der Europäischen Gemeinschaften, Währungsunion
Buy Irish 289

Caisse centrale de la mutualitàsociale agricole 360
Calfa 312
Casagrande 315
Cassis-de-Dijon 294
Centro-Com 374
Centros 318

Chancengleichheit von Männern und Frauen 408
Charta der Grundrechte der Europäischen Union 174 a f., 472
Charte européenne des langues régionales ou minoritaires 17
Charta von Paris 8, 460, 486
Chassagnou ./. Frankreich 19, 31
Chiquita 349
Chiquita Italia 447
CIA Security 184
Clinique 295
CNSD 346
Codorniu 214
Collectieve Antennevoorziening Gouda 324
Comfort Letters 354
Commercial Solvents Cooperation 350
Consten-Grundig 346
Corbeau 363
COREPER 116
Corsten 327
Costa ./. E. N. E. L. 80, 228
Cowan 97, 324

D ./. Vereinigtes Königreich 27
Dänische Pfandflaschenregelung 294, 415
Daily Mail 318
Dassonville 284 ff.
Decker 298
Defrenne II 168, 424
Defrenne III 424
Delimitis 346
Demirel 442, 454
Demokratiedefizit (Europäische Union) 141, 472
Deutsches Milchkontor 173, 252
Deutschland ./. Rat 429
Diatta 315
Differdange 212
di Leo 303
Dienstleistungsfreiheit 324 ff.
– Beschränkungen 325 f.
– Gegenstand 324
– Sekundärrecht 327
– Fernsehrichtlinie 328

Sachverzeichnis

Differdange 212
di Leo 315
Dillenkofer 234
Diplomatischer Schutz 271
Diskriminierung
- umgekehrte 99, siehe auch Inländerdiskriminierung 99
- Verbot 98 ff., 308, siehe auch Europäische Menschenrechtskonvention
Dublin, Abkommen von 54, 280
Durchgriffswirkung siehe Gemeinschaftsrecht

EAG siehe Europäische Atomgemeinschaft
ECOFIN-Rat 115
ECU 390
- Zusammensetzung Währungskorb 390
effet utile 184, 200 f.
EFTA siehe Europäische Freihandelsassoziation
EG-Bürger siehe Unionsbürgerschaft
EGKS siehe Europäische Gemeinschaft für Kohle und Stahl
EGMR siehe Europäischer Gerichtshof für Menschenrechte
Eigentumsgarantie 30 ff., 170
Einheitliche Europäische Akte 47, 193, 273, 413
Einlagensicherungssysteme 322
Einwanderungspolitik 57, 276, 467
El Corte Inglà SA 434
Embargo 70, 373, siehe auch Handelspolitik
Embargo-Urteil (BGH) 373
EMI 302
Empfehlungen 187
Energiepolitik 435
Entwicklungspolitik 63
Entwicklungszusammenarbeit 453
Eroglu 456
erstes *EWR-Gutachten* 90, 162 f., 166

ERT 283, 364
ESZB siehe Europäisches System der Zentralbanken
EuGVÜ siehe Europäisches Gerichtsstands- und Vollstreckungsübereinkommen
Euratom siehe Europäische Atomgemeinschaft
Eurim-Pharm 302
Euro 391
„Euro-11-Gruppe" 378
Euro-Beschluß (BVerfG) 129, 385, 400, 407
EUROJUST 470 a
Europaabkommen 62, 454
Europäische Agentur für die Beurteilung von Arzneimitteln 158
Europäische Atomgemeinschaft 43
Europäische Freihandelsassoziation 9, 60
Europäische Gemeinschaften
- Bindung an das allgemeine Völkerrecht 75
- Einheitliche Europäische Akte 47
- Entwicklung 43
- Funktionsteilung 110
- Gemeinschaftsgewalt 11
- Gemeinschaftstreue 94 f.
- Gewaltenteilung 110
- Hilfsorgane 109
- institutionelles Gleichgewicht 159
- Institutionen 104 ff.
- Interorganvereinbarungen 113
- Kompetenzen 110
- Maastrichter Vertrag siehe Maastricht-Vertrag
- Mitglieder 46
- Nebenorgane 155 f.
- Organe 104 ff.
- Rat der Gemeinschaften, siehe unten Rat der Europäischen Gemeinschaften 108, 114 ff.
- Rechtsfähigkeit im innerstaatlichen Rechtsverkehr 77
- Rechtspersönlichkeit 73
- Römische Verträge 43, 92

- Sitz der Organe 111
- Supranationalität 79
- Verhältnis zu den Mitgliedstaaten 88
- Verhältnis zur Europäischen Union 69
- Vertretungsbefugnis 74
- Verwaltungspersonal 112
- Völkerrechtspersönlichkeit 73
- Vorrechte und Immunitäten 78

Europäische Gemeinschaft für Kohle und Stahl 40 ff.
- Beratender Ausschuß 109
- Durchgriffswirkung 41
- Entwicklung 40
- Hohe Behörde 41, 104, 114, 133
- Organisationsstruktur 41
- Schuman-Plan 40
- Vertragsdauer 42
- Vertragszwecke 44

Europäische Investitionsbank 157

Europäische Kommission 133 ff.
- Aufgaben 136 ff.
- Beschlußfassung und Geschäftsordnung 135
- Generaldirektionen 140
- Hüter der Verträge 133
- Präsident 134
- Rechtsetzung 137
- Sitz 111
- Verwaltungsorganisation 140
- Verwaltungspersonal 112
- Zusammensetzung 134

Europäische Menschenrechtskonvention 6, 18 ff.
- Abschiebung, D./. Vereinigtes Königreich, 27
- Autonome Auslegung der Konventionsrechte 24
- Bedeutung 42
- Beitritt EG 166
- Demokratieprinzip 144
- Diskriminierungsverbot 33
- Eigentumsgarantie 30
- Entschädigung 23
- Europäische Gemeinschaften 144
- Europäische Kommission für Menschenrechte 20
- Europäischer Gerichtshof für Menschenrechte 20 f.
- Geltung im innerstaatlichen Recht 37
- Große Kammer 21 f.
- Individualbeschwerde 22
- Konventionsorgane 20
- Konventionsrechte 18
- Meinungsfreiheit 29, 34
- Ministerkomitee des Europarates 21 f.
- Mitglieder 21
- Rechtshilfe 27
- Schranken der Konventionsrechte 34
- Schutz der Familie und der Privatsphäre 28
- Schutz der Wohnung 38
- Schutzpflichten 26
- Staatenbeschwerde 22
- Verfahren 22
- Zusatzprotokolle 18

Europäische Politische Zusammenarbeit 46

Europäische Sicherheitscharta 485

Europäische Sicherheits- und Verteidigungspolitik 466a

Europäische Stiftung zur Verbesserung der Lebens- und Arbeitsbedingungen 158

Europäische Umweltagentur 158

Europäische Union 64 ff.
- Begründung 50
- Entwicklung 48
- Entwicklungsperspektiven 471
- Erweiterung 53
- Europäischer Rat 66
- Geltungsdauer 91
- intergouvernementale Zusammenarbeit 50
- Kohärenz 67, 69
- Mitwirkung der Gemeinschaftsorgane 67 f.

Sachverzeichnis

- Rat der Europäischen Union 68, 82, siehe unten Rat der Europäischen Gemeinschaften
- Rechtsnatur 82
- Rechtspersönlichkeit 83
- Säulen 50, 64 ff.
- "Staatenverbund" 84 ff.
- Struktur 64 ff.
- Subsidiarität 101 f., 178
- Verhältnis zu den Gemeinschaften 69
- Verhältnis zu den Mitgliedstaaten 85, 88 ff.
- Vernetzung mit der GASP 70

Europäische Wirtschaftsgemeinschaft 12, 43

Europäische Wirtschafts- und Währungsunion siehe Wirtschafts- und Währungsunion

Europäische Zentralbank 106, 158, 387 ff.

Europäischer Ausgleichs- und Garantiefonds für die Landwirtschaft 340

Europäischer Gerichtshof 203 ff.
- Aufgaben, Zuständigkeiten 203
- Direktklage 203
- einstweiliger Rechtsschutz 222
- Entscheidungskompetenzen 70
- Gegenmaßnahmen nach allgemeinen Völkerrechtsgrundsätzen 207
- Generalanwalt 150
- Gericht erster Instanz 149, 152
- gesetzlicher Richter 224
- Integrationsfaktor 153
- Kammern 151
- Klage der Kommission 205
- Klage eines Mitgliedstaates 206
- Klage gegen an Dritte gerichtete Entscheidungen 213
- Klage gegen normative Rechtsakte 214
- Klagebefugnis Europäisches Parlament 159
- Maß richterlicher Ermessenskontrolle 226
- Nichtigkeitsklage 208
- Nichtigkeitsklage Einzelner 212
- Organisation 150
- Organstreit 209
- Parteifähigkeit von Organteilen 210
- Parteistellung Europäische Zentralbank 209
- Rechtsfortbildung 153, 200 f.
- Rechtsprechungsgewalt 163
- Rechtsschutzsystem 203
- Schadensersatzklage und Haftung der Gemeinschaften 225
- Sitz 111
- Unabhängigkeit 107
- Untätigkeitsklage 218
- Verfahrensregeln 151
- Vertragsverletzungsverfahren 205 ff.
- Verwerfungsmonopol 202, 221
- Vorabentscheidungsverfahren 219 ff.

Europäischer Gerichtshof für Menschenrechte 21 ff.
- Große Kammer 21
- Individualbeschwerde 22
- neuere Rechtsprechung zu einzelnen Konventionsrechten 24 ff.
- Richter 21
- Staatenbeschwerde 22
- Unterwerfungserklärung 22
- Verfahren 22
- Zuständigkeit 22

Europäischer Rat 13, 66
- Leitorgan der EU 66
- Zusammensetzung 66

Europäischer Rechnungshof 105, 107, 154

Europäischer Rechtsraum 469

Europäischer Wirtschaftsraum 60, 79

Europäisches Gericht erster Instanz 149, 152, 219

Europäisches Gerichtsstands- und Vollstreckungsübereinkommen 336

Europäisches Harmonisierungsamt für den Binnenmarkt 158

Europäisches Markenamt 158
Europäisches Parlament 141 ff.
- Abgeordnete 144
- Aufgaben 146 ff.
- "Demokratiedefizit" 141
- Direktwahl 143
- Fraktionen 145
- Kontrollinstrumente 146
- Konzertierungsverfahren 195
- Länderquoten für Abgeordnete 143
- Mitentscheidungsverfahren 197
- Organisation 143
- Politische Parteien 147
- Sitz 111
- Verfahren der Zusammenarbeit 196
- Verwaltungspersonal 112
- Wahl 144, 270
- Zusammensetzung 143
Europäisches System der Zentralbanken 106, 387 ff.
Europäisches Währungsinstitut 393
Europäisches Währungssystem 390
- Währungskorb ECU 390
- Wechselkursmechanismus 391
Europäisches Zentrum für die Förderung der Berufsbildung 158
Europarat 6, 14 ff.
- Abkommen 17
- Aufgaben 14
- Mitglieder 15
- Organe 16
Europarecht
- Entwicklung 48
- im engeren Sinne 2
- im weiteren Sinne 5
- primäres Gemeinschaftsrecht 4, siehe auch Gemeinschaftsrecht
- sekundäres Gemeinschaftsrecht 4, siehe auch Gemeinschaftsrecht
- System vernetzter Ordnungen 1
- unterschiedliche Finalität europarechtlicher Ordnungen 11
Europol 470
EWG siehe Europäische Wirtschaftsgemeinschaft

EWI siehe Europäisches Währungsinstitut
EWR siehe Europäischer Wirtschaftsraum
EWR-Vertrag 79
EWS siehe Europäisches Währungssystem
Exportkontrolle 71
Extramet 215
EZB siehe Europäische Zentralbank

Faccini Dori 185
Factortame I 94, 231
Factortame III/Brasserie du Pecheur 235 f.
Familiapress 292, 296
Fédération Nationale du Commerce Extérieur des Produits Alimentaires 367
Fediol III 445
Fernsehrichtlinie 118, 190, 328
Feuerwehrabgabe 33
filet-Verfahren 199
Finanzverfassung 258 ff., siehe auch Haushaltspolitik
Finnland, Beitritt 53
Flexibilität siehe verstärkte Zusammenarbeit
Flora-Fauna-Habitat-Richtlinie (BVerwG) 179
Forschungspolitik 438
Foto-Frost 221
Fraktion der Europäischen Rechten I 211
Francovich 94, 233, 255
Franzén 298, 304
Frauenquoten 426
Freier Warenverkehr 285 ff.
- Abbau nichttarifärer Handelshemmnisse 285
- Abschaffung der Binnenzölle 286
- *Cassis-de-Dijon*-Formel 294
- *Dassonville*-Formel 288 ff.
- gewerbliche Schutzrechte 300
- Handelsbeschränkungen - Prüfungsübersicht 299
- Handelsmonopole 304
- *Keck*-Formel 290

Sachverzeichnis

- Maßnahmen gleicher Wirkung 287 ff.
- Rechtfertigungen für Handelsbeschränkungen 293, 295
- Verbot mengenmäßiger Beschränkungen 287
- Zollunion 286

Freiheit des Kapital- und Zahlungsverkehrs 330
Freiheit des Personenverkehrs 305 ff.
Freisetzungsrichtlinie 192
Freistellungen 348
Freizügigkeit 98, 284
Freizügigkeit der Arbeitnehmer 306 ff.
- Ausnahmen 313
- *Bosman*-Urteil 284, 310 f.
- Diskriminierungsverbot 308
- Drittwirkung 311
- Freizügigkeitsverordnung 267
- Inhalt 307
- Rechtsstellung der Wanderarbeitnehmer 316
- Schranken 312
- Sekundärrecht 314

Fressot ./. Frankreich 29
Fusionsvertrag 45, 104
Fusionskontrollverordnung 342

GASP siehe Gemeinsame Außen- und Sicherheitspolitik
Gaston Schul 272
GATT 61, 443 ff.
- Abschlußkompetenz der Gemeinschaft 440
- Anwendbarkeit im Gemeinschaftsrecht 445
- Bananenstreit 446 ff.
- Beitritt EG 440, 450
- cross retaliation 444, 448
- Entwicklungsgeschichte 443
- Hormonstreit 459
- Meistbegünstigung 443
- Streitbeilegung 444
- tariffs only-Maxime 443
- Uruguay-Runde 444

GATT/WTO-Gutachten 440, 444
GATS 444
Gebhard 282, 317, 319 f., 324
gegenseitige Anerkennung 273, 287, 322, 327, 336
Gema siehe *membran*
Gemeinsame Außen- und Sicherheitspolitik 3, 460 ff.
- Änderungen nach dem Amsterdamer Vertrag 463
- Embargo 70
- gemeinsame Aktionen 462
- gemeinsame Strategie 463
- gemeinsame Verteidigungspolitik 464 ff.
- Handlungsmittel 462
- Hoher Vertreter für die Gemeinsame Außen- und Sicherheitspolitik 463
- NATO 464
- WEU 464
- Ziele 460

Gemeinsamer Markt 272 ff., siehe auch Binnenmarkt
Gemeinsames Europäisches Asylsystem 469
Gemeinschaftsrecht 2, 160 ff.
- acquis communautaire 160
- allgemeine Rechtsgrundsätze 169
- Auslegung 200
- autonome Rechtsordung 80
- Durchgriffswirkung 81
- Einwirkungen auf die Verwaltungsrechtsdogmatik 255
- Empfehlungen und Stellungnahmen 187
- Entscheidungen 186
- Erlaß von Durchführungsvorschriften 199
- Gemeinschaftsverträge siehe Gemeinschaftsverträge
- Generalermächtigung des Art. 235 EGV 193
- Gewohnheitsrecht 160, 165
- Grundrechtsstandard 170
- Gültigkeitsvermutung 202

- Haftung der Mitgliedstaaten bei Verletzung 232
- Kollisionsregel 230
- Komitologie 199
- Mitentscheidungsverfahren 197
- Mitwirkung des Europ. Parlaments an Rechtsetzung 195
- nationaler Vollzug 251
- Nichtumsetzung von Richtlinien 232
- Normenhierarchie 160
- Organisationsakte 188
- primäres Gemeinschaftsrecht 160 f.
- Prinzip der begrenzten Einzelermächtigung 85, 189
- Rechtsangleichung 332 ff.
- Rechtsschutz gegen transnationale Verwaltungsakte 257
- Rechtssicherheit 173
- richterliche Rechtsfortbildung 200
- Richtlinie 177 ff., siehe auch Richtlinie
- Schutz- und Notstandsklauseln 103
- sekundäres Gemeinschaftsrecht 81, 160, 175 ff., 332 ff.
- Sondergemeinschaftsrecht 52
- ungeschriebene Gemeinschaftskompetenzen 191
- Verfahren der Rechtsetzung 194
- Verfahren der Zusammenarbeit 196
- Verhältnis zum Grundgesetz 238 ff.
- Verhältnismäßigkeit 172
- Verordnung 176
- Vertrauensschutz 173
- Vorrang 228
- Willkürverbot 171
- Wirkung völkerrechtlicher Verträge 442

Gemeinschaftsverträge 162 ff.
- Rechtsprechungsgewalt des EuGH 163
- unmittelbare Anwendbarkeit 167
- Verflechtung mit EUV 72
- Vertragsänderungen 164

Gemischte Verträge siehe Verträge
General Agreement on Tariffs and Trade siehe GATT
General Agreement on Trade in Services siehe GATS
Gentechnik
- Freisetzungsrichtlinie 192, 257, 418
- Systemrichtlinie 418
Gesundheitspolitik 433
Gewerbliche Schutzrechte 300
Gleichbehandlungsrichtlinie 425 f.
Gleichstellungsrichtlinie 182
Greenpeace Council 213
Griechenland 404 f.
Grimaldi 187
Grogan 324
Grundfreiheiten siehe Marktfreiheiten
Grundgesetz
- Einbindung Deutschlands in Gemeinschaftssystem 238
- Maastricht-Entscheidung 241, 245 ff.
- Mindestbestand grundrechtlicher Gewährleistungen 239
- Übertragung von Hoheitsrechten 239 ff.
- verfassungsgerichtliche Kontrolle 243
- verfassungsrechtliche Integrationsermächtigung 240 f.
Grundrechtscharta, europäische siehe Charta der Grundrechte der Europäischen Union
Grundrechtsstandard des Gemeinschaftsrechts 38, 170
Grunert 335
Gutachten 1/91 90, 162 f., 166
Gutachten 2/94 38, 166

Haftung (Europäische Gemeinschaft), außervertragliche 169
Haftung (Mitgliedstaaten)
- für Gesetzgebungsakte und für Verwaltungshandeln 235

Sachverzeichnis

- Nichtumsetzung von Richtlinien 232
- Handelsmonopole 304
- Handelspolitik 370 ff.
  - Ausfuhrfreiheit 370
  - Embargomaßnahmen 373
  - Gemeinsamer Zolltarif 375
  - Handelsbeschränkungen 374
  - handelspolitische Maßnahmen 370
  - Schutz völkerrechtlicher Belange 372
  - Zuständigkeit der Gemeinschaft 371
- *Hauer* 170, 172
- Haushaltspolitik 258 ff.
  - Haushaltsausgaben und -einnahmen 262 ff.
  - Haushaltsplan 258
  - Haushaltsprinzipien 259
  - Haushaltsverfahren 260
- *Hedley Lomas* 76, 237, 295
- Helms-Burton-Act 374
- *Hentrich ./. Frankreich* 32
- Herren der Verträge 89
- *Heyes* 98
- *H. L. R. ./. Frankreich*, 27
- HNL 225
- Hoechst 38, 170, 172, 355
- Hohe Behörde siehe Europäische Gemeinschaft für Kohle und Stahl
- Hormonstreit 459
- *Hubbard* 98
- Human Rights Act 1999, 37

- *ICI/Teerfarbenkartell* 345
- Immunität 78
- Individualbeschwerde siehe Europäische Menschenrechtskonvention
- Industriepolitik 436
- Informationsrichtlinie, 184
- *Informationsverein Lentia ./. Österreich* 29
- Inländerdiskriminierung 99
- Inländergleichbehandlung 309, 319

- Institutionelles Gleichgewicht siehe Europäische Gemeinschaften
- Institutionen siehe Europäische Gemeinschaften
- Integration 11 f.
- *Inter-Environnement Wallonie* 179
- Intergouvernementale Zusammenarbeit 50, 65, 88, 373, siehe auch Europäische Union
- *International Fruit Company* 442, 445
- *Internationale Handelsgesellschaft* 170
- Interorganvereinbarungen 113

- *Kalanke* 426
- Kapital- und Zahlungsverkehr 330
- Kartelle
  - Kartellverbot 344 ff.
  - Kooperation zwischen EG und USA 368
- Kartellverordnung 353
- *Keck* 290 ff.
- *Keegan ./. Irland* 28
- *Klopp* 319
- *Knoors* 99, 323
- *König ./. Deutschland* 25
- *Kohll* 324
- Komitologie 199
- Kommission 133 ff.
- *Kommission ./. Helenische Republik* 205
- Kommunalwahlrecht 267
- Kompromiß von Ioannina 123, 165
- Konferenz für Sicherheit und Zusammenarbeit in Europa 478 ff.
- *Konigljike Scholten-Honig* 171
- *Konle* 234
- Konvergenzkriterien 395, siehe auch Währungsunion
- *Kooperationsabkommen mit Indien* 453
- *Kraus* 100
- Kreditinstitute 366
- *Kreil* 425, 428
- *Krüger* 424
- KSZE siehe Konferenz für Sicherheit und Zusammenarbeit in Europa
- Kulturpolitik 432
- *Kus* 456

Lair 307
Landwirtschaft 337 ff.
- Abschöpfungen 339
- Ausfuhrerstattungen 339
- Interventionspreis 339
- Marktordnungen 339
- Richtpreise 339
- Schwellenpreis 339
- Ziele der gemeinsamen Agrarpolitik 337
Lawrie-Blum 313
Leberpfennig 184
Leifer 372
Lemmens 184
Les Verts 211
Levin 307
Lithgow ./. Vereinigtes Königreich 31 f.
Lomé-Abkommen 63, 440, 453
López Ostra ./. Spanien 28
Lütticke 168
Luxemburger Vereinbarung 122, 165

Maastricht-Vertrag 48 ff.
- Bundesverfassungsgerichtsentscheidung 72, 86, 93, 201, 241, 245 ff.
- Volksabstimmungen 49
Mac Quen 285
Magill 351
Man 172
Marktfreiheiten 281 ff.
- als Diskriminierungs- und Beschränkungsverbot 282
- Arbeitnehmerfreizügigkeit 306 ff.
- Dienstleistungsfreiheit 324 ff., siehe auch Dienstleistungsfreiheit
- Drittwirkung 284
- gemeinsame Struktur 282
- Niederlassungsfreiheit 317, siehe auch Niederlassungsfreiheit
- Rechtfertigungsstandard 282
- Schutzrichtung 284
- Warenverkehrsfreiheit 285 ff., siehe auch freier Warenverkehr, Warenverkehrsfreiheit
Marleasing 182

Mars 292
Marschall 427
Marshall I 185
Maßnahmen gleicher Wirkung siehe freier Warenverkehr
Matthews ./. Vereinigtes Königreich 39, 144
McCann 26
McDonnell Douglas / Boeing 358
Meinungsfreiheit siehe Europäische Menschenrechtskonvention
Meistbegünstigung siehe GATT
Melchers 39
membran / Gema 301
mengenmäßige Beschränkungen siehe freier Warenverkehr
Menschenrechte siehe Europäische Menschenrechtskonvention
Merck 300
Mercosur-Staaten 459
Metro 274
Migrationspolitik 276
Mitgliedstaaten
- als Herren der Verträge 89 f.
- Ausscheiden einzelner Mitgliedstaaten 92
- Diskriminierungsverbot 97
- Gemeinschaftstreue 94 f.
- Grundprinzipien im Verhältnis zu den Gemeinschaften 94 ff.
- Koordinierung der Wirtschaftspolitik 96
- Loyalitätspflicht 94
- Vertragstreue 94
Mitwirkungsrechte, politische 268 ff.
Molenaar 316
Montanunion siehe Europäische Gemeinschaft für Kohle und Stahl
Morson 99, 323
MP Travel 234
Mulder II 225
Mund + Fester 98

Negativattest 354
Nestlà Perrier-Fusion 356
Netzzugang 369

Neue Transatlantische Agenda 458
Nichtigkeitsklage siehe Europäischer Gerichtshof
Niederlassungsfreiheit 317 ff.
- Diskriminierungsverbot 97, 99
- Inhalt 317 ff.
- Inländergleichbehandlung 319
- Schranken und Ausnahmen 321
- Sekundärrecht 322
- umgekehrte Diskriminierung 323

Niemitz ./. Deutschland 38
Nizza siehe Vertrag von Nizza
Nold 170
Nolte 429

Observer und Guardian ./. Vereinigtes Königreich 34
OECD siehe Organisation für wirtschaftliche Zusammenarbeit und Entwicklung
Öztürk ./. Deutschland 24
Organisation für Europäische wirtschaftliche Zusammenarbeit 10
Organisation für wirtschaftliche Zusammenarbeit und Entwicklung 10
Organisation für Sicherheit und Zusammenarbeit in Europa 8, 478 ff.
- Abkommen von Dayton 485
- Entwicklung 478
- Institutionen 486
- Mitglieder 478
- Schlußakte von Helsinki 478 ff.
- Übereinkommen über Vergleichs- und Schiedsverfahren 488

Österreich, Beitritt 53
Osterweiterung 62, 471
OSZE siehe Organisation für Sicherheit und Zusammenarbeit in Europa
Otto-Preminger-Institut ./. Österreich 36

Panasonic 170
Parteien, politische 147
Patentrichtlinie siehe biotechnologische Erfindungen
Pauschalreiserichtlinie-Haftung 234

Personenverkehr, freier 276, 305 ff.
Philip Morris 255
Piermont 269
Politik des leeren Stuhles 95, 122
Polizeiliche und justitielle Zusammenarbeit in Strafsachen 467 ff.
- Asylpolitik 467
- Europol 470
- Vertrag von Amsterdam 469
- Visapolitik 467

Port 447
Portugal ./. Rat 447
PreussenElektra 366
Primäres Gemeinschaftsrecht 160 f., siehe auch Gemeinschaftsrecht
Prinzip der begrenzten Einzelermächtigung 85, 189 ff.
Probstmeier ./. Deutschland 25
Punto Casa 292

Quattro 292
Quellmehl 225

Racke, 75
Rahmenbeschlüsse 469
Rat der Europäischen Gemeinschaften (Rat der Europäischen Union) 114 ff.
- Aufgaben 114, 123
- Ausschuß der Ständigen Vertreter 116
- Beschlußfassung 119 ff.
- Bundesländer, Mitwirkung 132
- Bundesrat, Mitwirkung 131
- Bundesregierung, Mitwirkung 129
- Bundestag, Mitwirkung 129
- COREPER 116
- deutsche Mitwirkung 130
- föderales Kompetenzgefüge 130
- Generalsekretariat 116
- Geschäftsordnung 117
- Kompetenzen 123 ff.
- Rechtsetzung 124
- Sperrminorität 123
- staatsrechtliche Bindungen des Ratsvertreters 126

- uneigentliche Ratsbeschlüsse 114, 150
- Zusammensetzung 115

Rechtsangleichung 332
Rechtspersönlichkeit der Union 69
Rechtsquellen siehe Gemeinschaftsrecht
Rechtsschutz siehe Europäischer Gerichtshof, Europäischer Gerichtshof für Menschenrechte
Regionalpolitik 437
Regionen 437
Rekvényi ./. Ungarn 19
Reinheitsgebot (Bier) 99, 297
Remia 226, 255, 345
Repressalie 207
Reyners 319, 321
Richtlinien 177 ff.
- Direktwirkung 184
- Gebot effektiver Umsetzung 180
- horizontale Drittwirkung 185
- richtlinienkonforme Auslegung 182
- Staatshaftung bei Nichtumsetzung 232
- Umsetzungsfrist 178
- unmittelbare Wirkung 183
- vertikale Drittwirkung 183
- Vorwirkung 179

Römische Verträge 43
Rohstoffübereinkommen 440
Roquette 146, 159
Royer 308, 312
RTE/ITP 351
RTT 364
Rundfunkrichtlinie (BVerfG) 130

Sass 292
Schengener Abkommen 54, 278 ff.
Schengen-Besitzstand 57
Schindler 326
Schlußakte von Helsinki 478
Schmidt ./. Deutschland 33
Schnorbus 425
Schöning Kougebetopoulou 314
Schöppenstedt 225
Schumacker 309

Schuman-Plan 40
Schutz- und Notstandsklauseln 103
Schweden, Beitritt 53
Schwedisches Alkoholmonopol/Franzà 298, 304
Schweiz 60
Schwerverkehrsabgabe 431
Sekundäres Gemeinschaftsrecht 175 ff., siehe auch Gemeinschaftsrecht
Sevince 456
Silhouette International Schmied 302
Simmenthal II 229
Simmenthal III 203, 229
Sirdar 425, 428
Smits-Geraets 324
Soering 27
Solange I-Entscheidung (BVerfG) 243
Solange II-Entscheidung (BVerfG) 174, 243
Sondergemeinschaftsrecht 422
Sozialer Dialog 428
Sozialpolitik 57, 421 ff.
- Abkommen 52, 281, 422
- Arbeitszeitrichtlinie 421
- Gleichbehandlungsrichtlinie 425
- gleiches Entgelt 424
Sporrong und Lönnroth ./. Schweden 31
Staatshaftung 200, 232 ff.
Stabilitäts- und Wachstumspakt 380 ff.
Stauder 169
Stellungnahmen 187
steuerliche Diskriminierung 309
Stran Greek Refineries ./. Griechenland 32
Straßenverkehr siehe Verkehrspolitik
Stromeinspeisungsgesetz 294
Subsidiaritätsprinzip 101 f.
Supranationalität 79

Tabakwerbeverbot 333
TA Luft 180
Tafelwein 251
TBKP ./. Türkei 35
Textilwerke Deggendorf I 208
Timex 215

Titandioxidrichtlinie 417
Transatlantische Beziehungen 458 f.
TRIPS 440
Tschernobyl 159, 209
Türkei, Assoziationsabkommen 456

Überstaatlichkeit siehe Supranationalität
UEAPME/Rat, 423
Umweltpolitik 413
– Europäische Umweltagentur 420
– Leitprinzipien 414
Umweltrecht
– einheitliche Forschungs- und Produktionsstandards 417
– Öko-Audit-System 418
– Querschnittsklausel 415
– verschärfende nationale Regelungen 419
Ungleichbehandlung siehe Diskriminierung
Unilever Italia 185
Unionsbürgerschaft
– Bedeutung 265
– diplomatischer Schutz 271
– Freizügigkeit 267
– politische Mitwirkungsrechte 268
Unionstreue 69
Urheberrecht 301

Vanbraekel 324
van Binsbergen 324
van Duyn 168, 312
van Gend + Loos 167, 200, 286
van Parijs, 216
Verbraucherschutz 434
Verfassung, europäische 472
Vergaberichtlinien 181
Vergleichende Werbung (BGH) 182
Verhältnismäßigkeit 38, 172, 227, 296
Verkehrspolitik 431
Verordnung 176
Versorgungsagentur der Europäischen Atomgemeinschaft 158
verstärkte Zusammenarbeit 58, 72 a
Vertrag von Amsterdam 55 ff.

– Binnenmarkt 276
– Flexibilität 58
– GASP 460
– Numerierung 56
– Ratifikation 55, 59
– Sozialpolitik 421 ff.
Vertrag von Nizza 59
Vertragsverletzungsverfahren 205 ff.
Verträge 162 ff.
– Änderungsbefugnis 164
– gemischte 440
– völkerrechtliche 75, 89, 160, 166, 439
Vertrauensschutz 173
Visapolitik 57
Vlaamse Reisbureaus 285
Völkerrecht und Gemeinschaftsrecht 160
Völkerrechtliche Bindung der Europäischen Gemeinschaften 75, 439
Völkerrechtliche Verträge siehe Verträge
Völkervertragliche Rechtsangleichung 336
Vogt ./. Deutschland 35
Volvo 351
von Colson & Kamann 182, 425
Vorabentscheidungsverfahren siehe Europäischer Gerichtshof

Währung, einheitliche europäische 390
Währungspolitik 383, 390
Währungssystem siehe Europäisches Währungssystem
Währungsunion
– Bindungen nach deutschem Staatsrecht 406
– Bundestag, Mitwirkung 406
– ECU 390
– Euro 391
– Europäische Zentralbank 387
– Europäisches System der Zentralbanken 387
– Europäisches Währungssystem 390
– Gemeinsame Währung 390

- Haushaltsdisziplin 379
- Institutionelles System 386
- Konvergenzkriterien 395
- *Maastricht*-Urteil (BVerfG) 406
- Mitgliedstaaten mit Ausnahme- oder Sonderstatus 404
- Nachträgliches Ausscheiden 409
- Preisstabilität 396
- Stabilitäts- und Wachstumspakt 380
- stufenweise Verwirklichung 392 ff.
- Teilnehmerstaaten 404
- Umrechnungskurse 411
- Verfahren 403
- Währungsumstellung 410
- Währungsunion als Stabilitätsgemeinschaft 384
- Zeitplan 402

Waiter 19
Walrave 311
Walt Wilhelm 365
Wanderarbeitnehmer 316
Warenverkehrsfreiheit 286 ff., 300 ff.
- gewerbliches und kommerzielles Eigentum 300
- Markenrechte 302
- Parallelimporte 300
- Patente 300
- Reimporte 300

Weber 210
Welthandelsorganisation 444 ff.
- Anwendbarkeit im Gemeinschaftsrecht 445
- Bananenstreit 446 ff.
- Beitritt EG 450
- cross retaliation 444, 448
- GATS 440, 444, 449
- Hormonstreit 459
- Streitbeilegung 449

Werbeverbot für Tabakprodukte 333
Westeuropäische Union 7, 464, 473 ff.
- Amsterdamer Vertrag 476
- Atomwaffensperrvertrag 465
- Beistandspflicht 473
- *Kirchberg*-Erklärung 476
- Mitglieder 474
- Organe 474
- *Petersberg*-Erklärung 475
- Verflechtung mit EU 477

Wettbewerbsordnung
- extraterritoriale Geltung 358
- Freistellung 348
- Fusionskontrolle 356
- Internationale Wettbewerbsordnung 368
- Kartellverbot 344
- Mißbrauchsverbot 349
- Negativattest 354
- öffentliche Unternehmen 359
- Sanktionen 355
- staatliche Beihilfe 343, 366 f.
- Verbot wettbewerbsbeschränkender Verhaltensformen 344
- verbotene Absprachen 347
- Verhältnis zum nationalen Recht 365
- Verwaltungsverfahren 353
- Wettbewerbsbeschränkungen 346
- Zuständigkeit 353

WEU siehe Westeuropäische Union
Willkürverbot 171
Wirtschaftspolitik 378, siehe auch Wirtschafts- und Währungsunion
- Koordinierung 96

Wirtschafts- und Sozialausschuß 109, 155
Wirtschafts- und Währungsunion 377 ff.
- Übertragung der Währungshoheit 383
- Währungspolitik 383 ff.
- Wirtschaftspolitik 378 ff.

World Trade Organization siehe Welthandelsorganisation
WTO siehe Welthandelsorganisation

X ./. Kommission 170
X und Y ./. Niederlande 26

Yves-Rocher 292

Zahlungsverkehrsfreiheit 331
Zander ./. Schweden 25
Zellstoffkartell 75, 358
Zölle
– Antidumping 215
– Binnenzölle 272
– Gemeinsamer Zolltarif 375
– Zollkodex 376
Zollunion 44, 272
Zuckerfabrik Süderdithmarschen 222
Zugang zu Dokumenten 118
Zwartfeld 94